Ningxia Survey Yearbook

宁夏调查年鉴

2022

国家统计局宁夏调查总队 编

Compiled by
Survey Office of the National Bureau of Statistics in Ningxia

中国统计出版社
China Statistics Press

图书在版编目（CIP）数据

宁夏调查年鉴. 2022 = Ningxia Survey Yearbook 2022 : 汉、英 / 国家统计局宁夏调查总队编. -- 北京 : 中国统计出版社, 2022.8
ISBN 978-7-5037-9811-5

Ⅰ. ①宁… Ⅱ. ①国… Ⅲ. ①统计资料—宁夏—2022—年鉴—汉、英 Ⅳ. ①C832.43-54

中国版本图书馆 CIP 数据核字(2022)第 088193 号

宁夏调查年鉴 2022

作　　者/ 国家统计局宁夏调查总队
责任编辑/ 张　洁
封面设计/ 黄　晨
出版发行/ 中国统计出版社有限公司
地　　址/ 北京市丰台区西三环南路甲 6 号　邮政编码/100073
发行电话/ 邮购（010）63376909　书店（010）68783171
网　　址/ http://www.zgtjcbs.com
印　　刷/ 河北鑫兆源印刷有限公司
经　　销/ 新华书店
开　　本/ 890mm×1240mm　1/16
字　　数/ 816 千字
印　　张/ 24.75　0.75 彩页
版　　别/ 2022 年 8 月第 1 版
版　　次/ 2022 年 8 月第 1 次印刷
定　　价/ 380.00 元

The Grain Output in Main Years

主要年份粮食产量

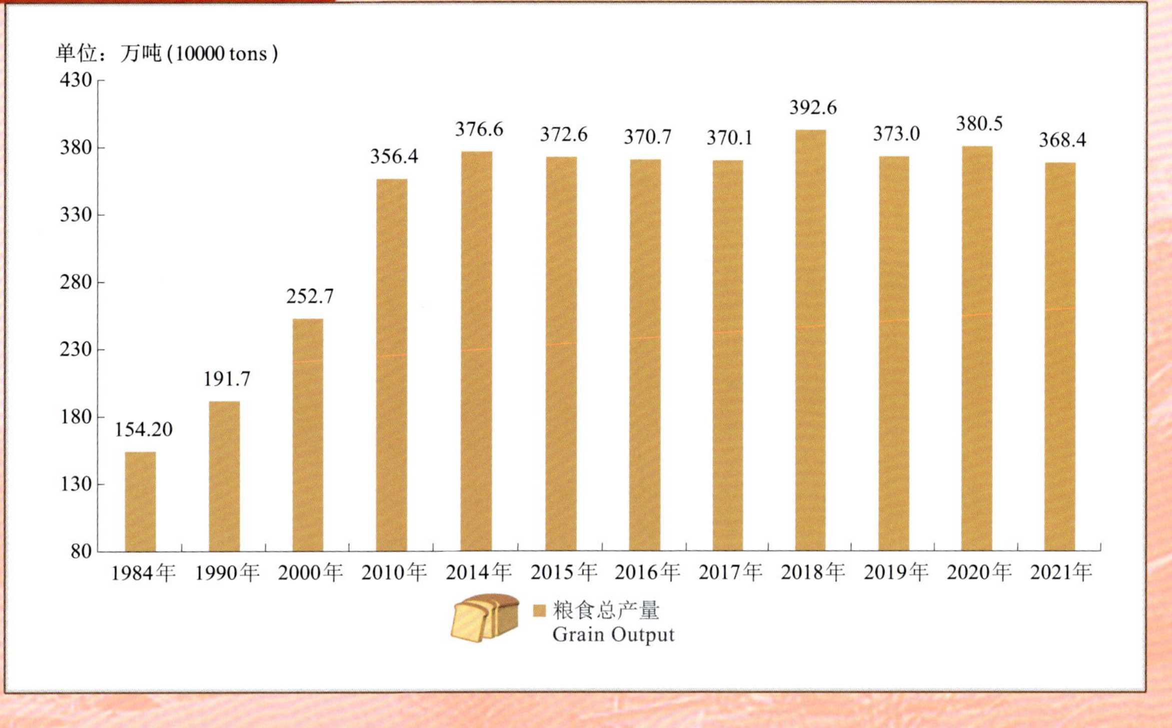

The Grain Output of Summer and Autumn in Main Years

主要年份夏、秋粮产量

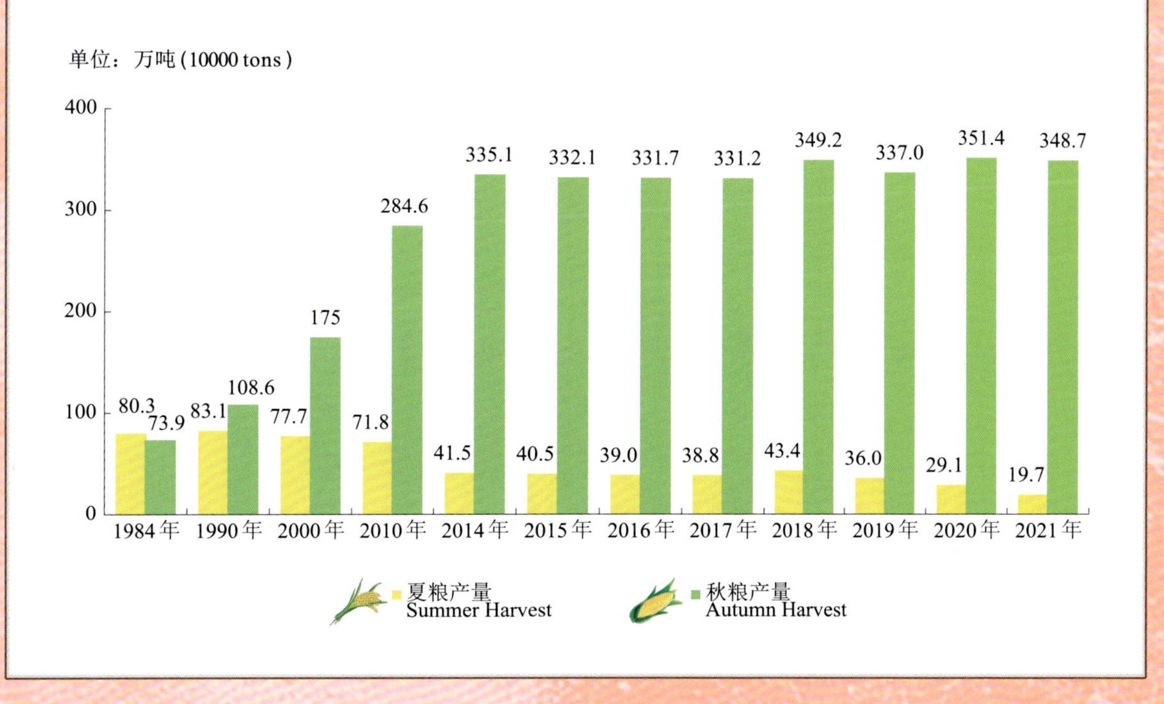

2010-2021年主要牲畜存栏

Number of Livestock in Stock（2010-2021）

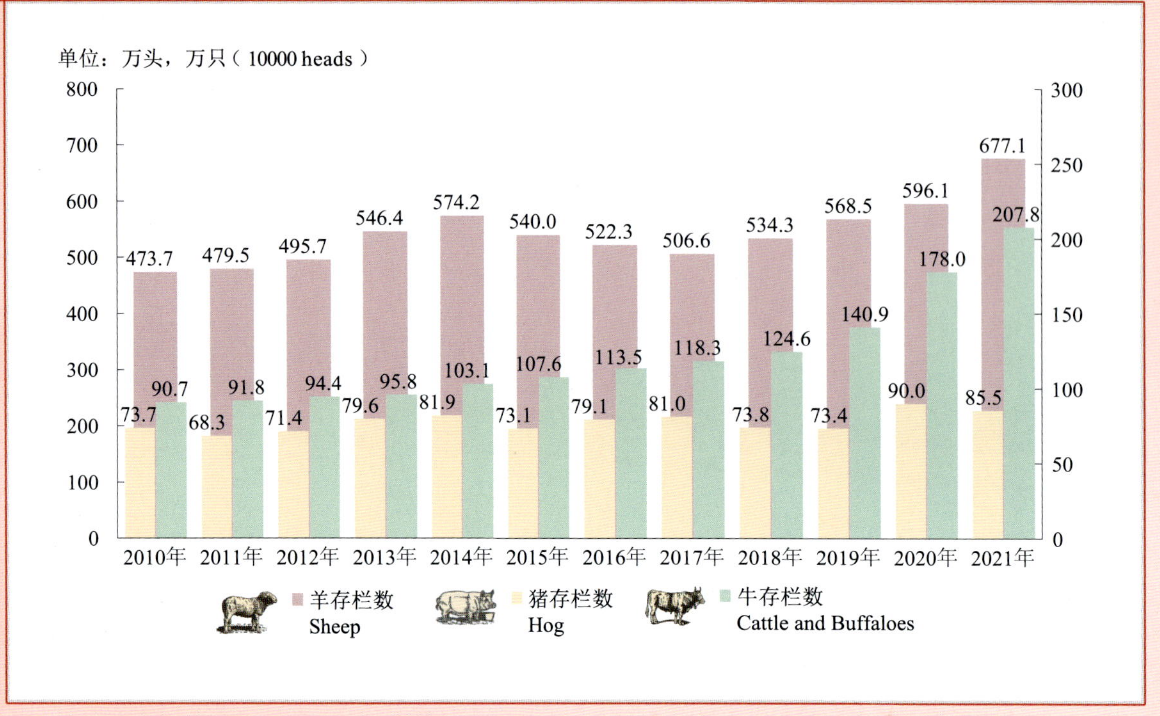

2010-2021年主要牲畜出栏

Number of Slaughtered Livestock（2010-2021）

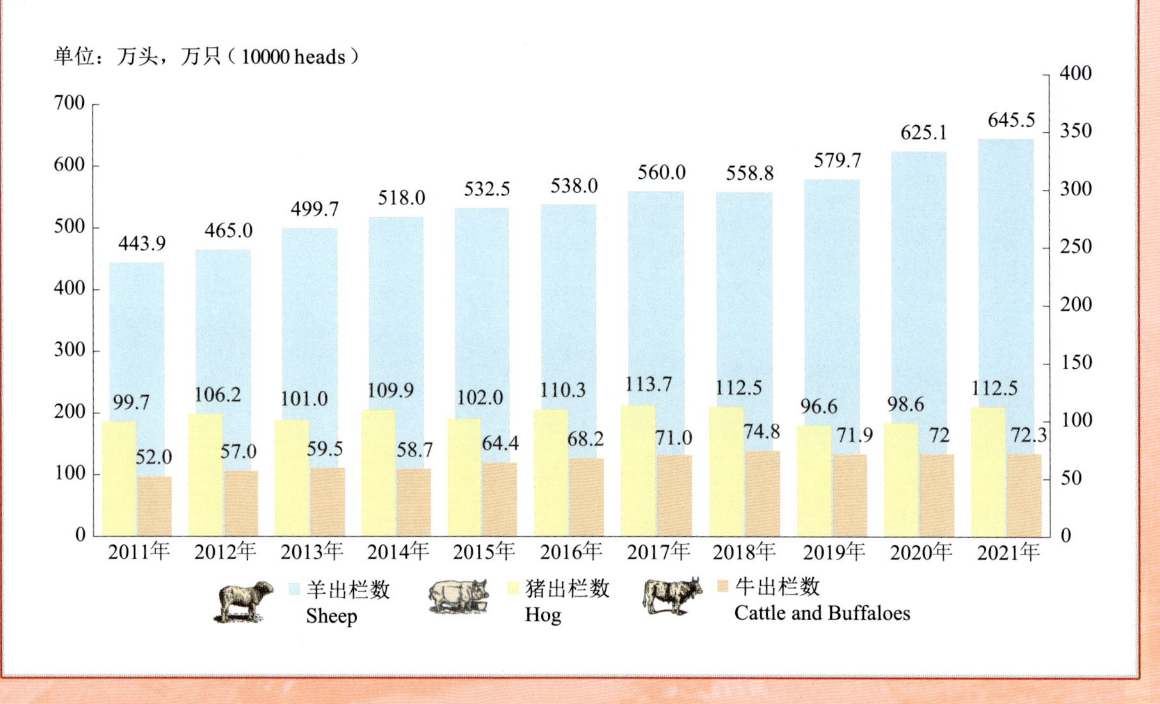

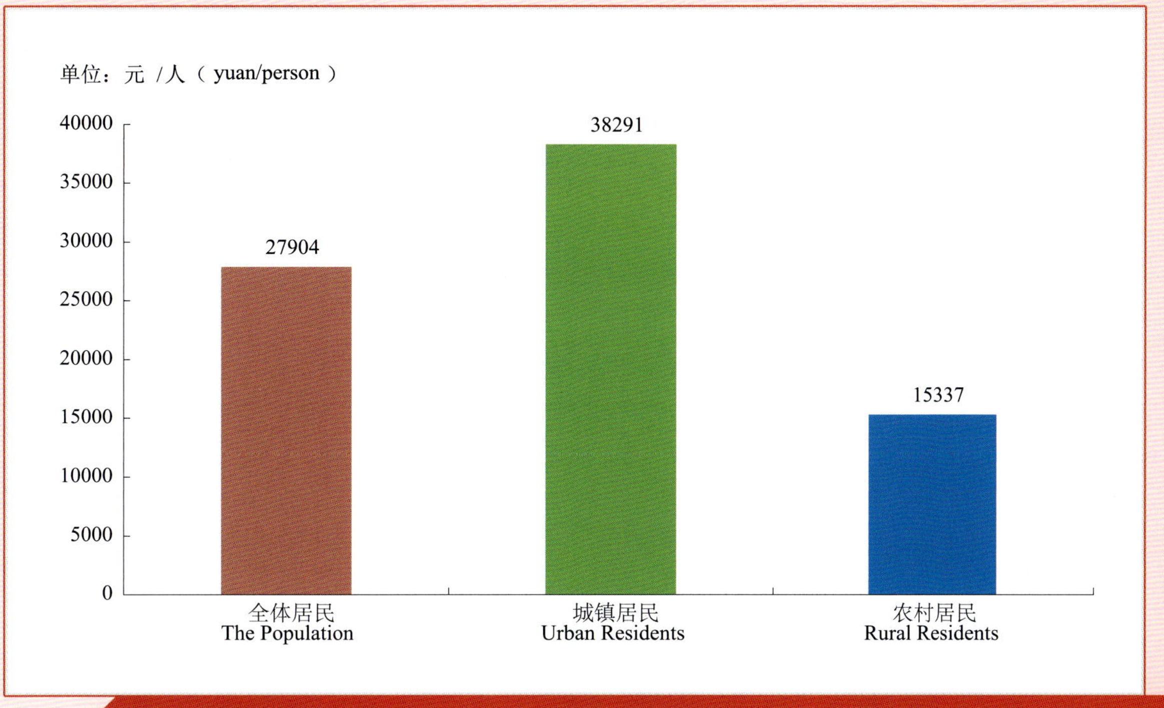

2021年宁夏居民人均可支配收入

Per Capita Disposable Income of Residents in Ningxia （2021）

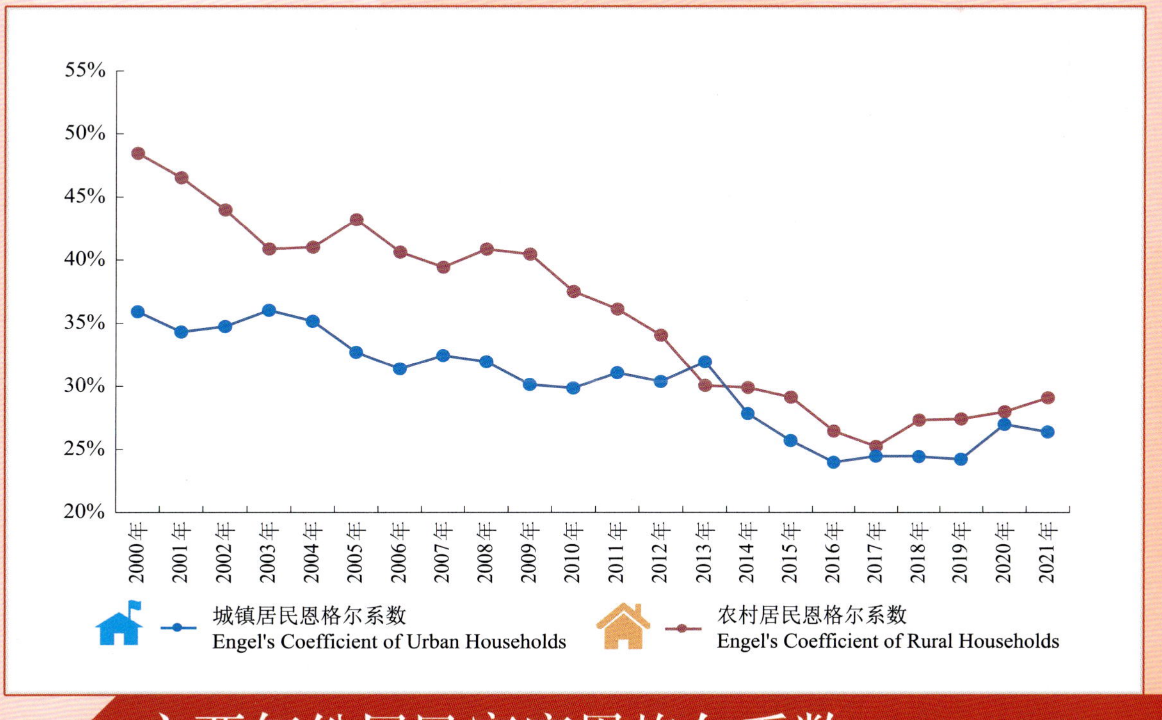

主要年份居民家庭恩格尔系数

Household's Engle's Coefficient in Main Years

主要年份城镇居民人均可支配收入

Per Capita Disposable Income of Urban Households in Main Years

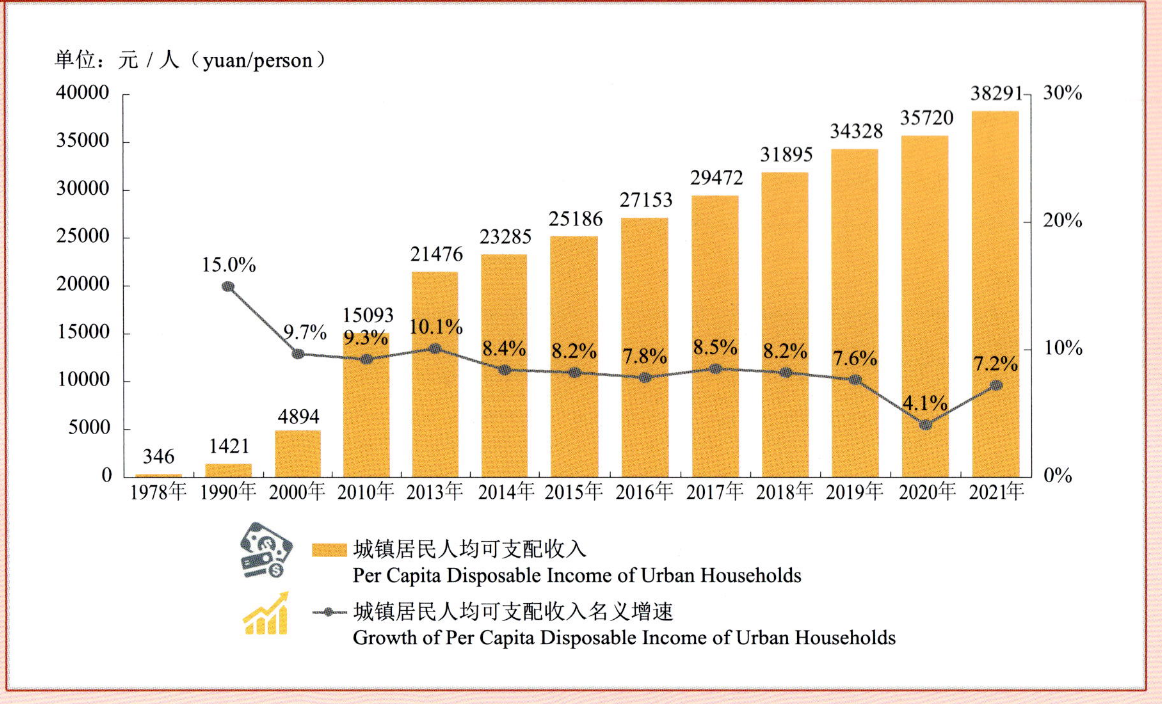

主要年份农村居民人均可支配收入

Per Capita Disposable Income of Rural Households in Main Years

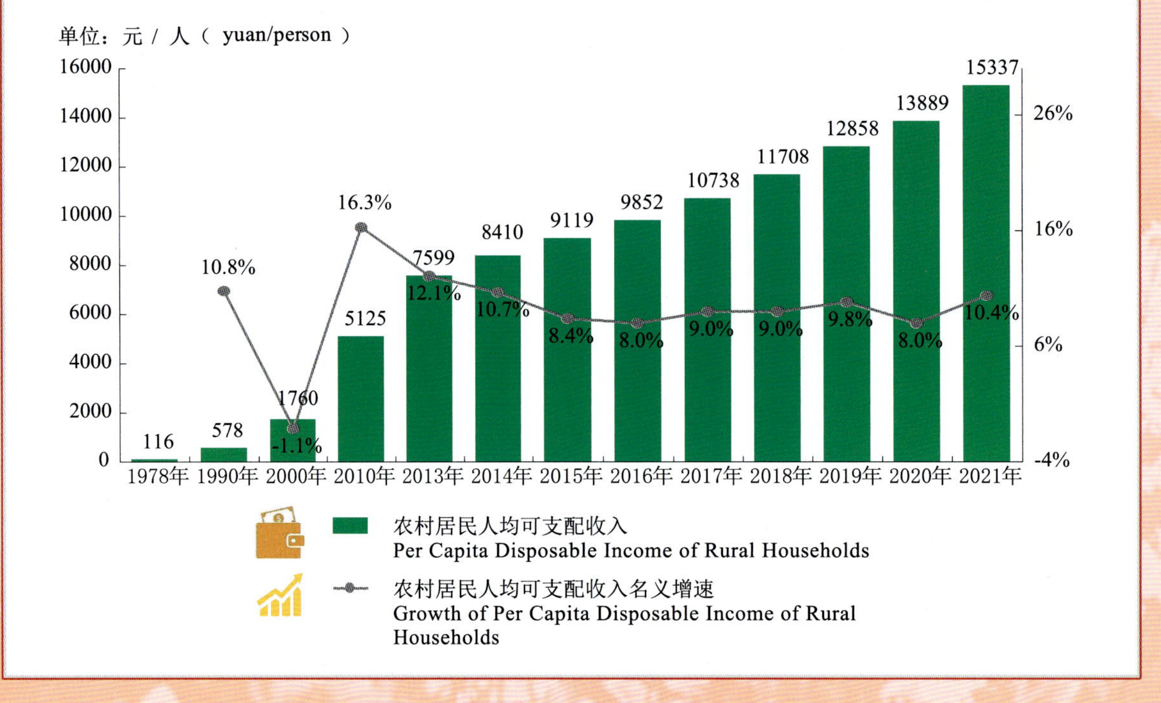

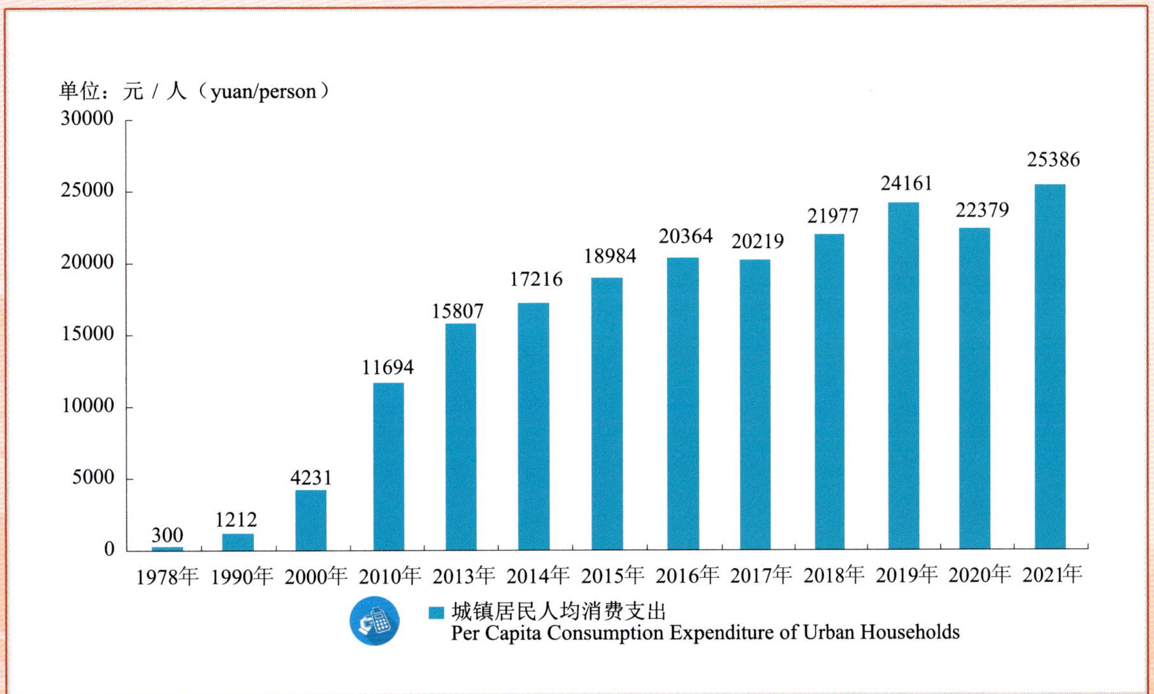

主要年份城镇居民人均消费支出

Per Capita Consumption Expenditure of Urban Households in Main Years

主要年份农村居民人均消费支出

Per Capita Consumption Expenditure of Rural Households in Main Years

城镇居民生活消费支出构成情况

The Composition of Expenditure of Urban Households

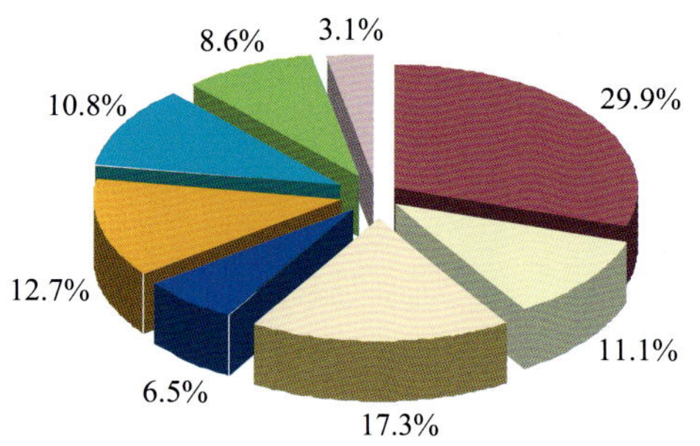

食品烟酒	Food, Tobacco and Liquor
衣着	Clothing
居住	Residence
生活用品及服务	Household Facilities, Articles and Services
交通通信	Transport and Communications
教育文化娱乐	Education, Culture and Recreation Services
医疗保健	Health Care and Medical Services
其他用品和服务	Miscellaneous Goods and Services

2010年

2021年

食品烟酒	Food, Tobacco and Liquor
衣着	Clothing
居住	Residence
生活用品及服务	Household Facilities, Articles and Services
交通通信	Transport and Communications
教育文化娱乐	Education, Culture and Recreation Services
医疗保健	Health Care and Medical Services
其他用品和服务	Miscellaneous Goods and Services

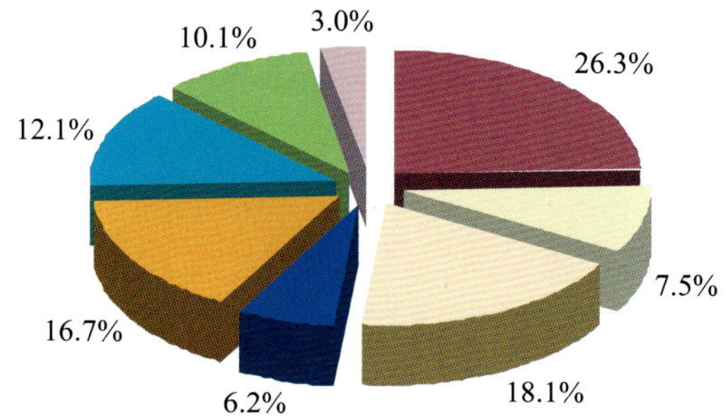

农村居民生活消费支出构成情况

The Composition of Expenditure of Rural Households

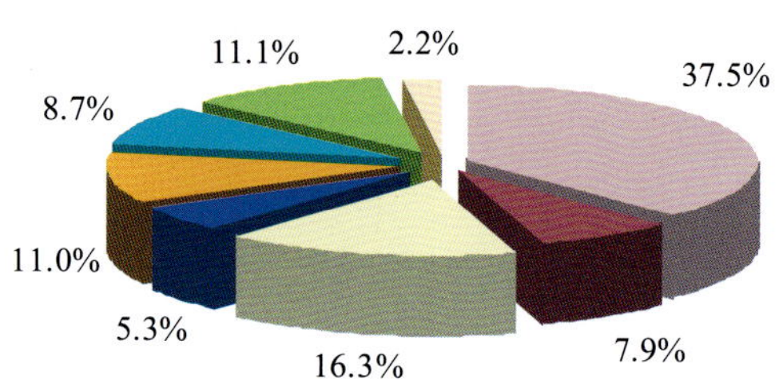

食品烟酒	Food, Tobacco and Liquor
衣着	Clothing
居住	Residence
生活用品及服务	Household Facilities, Articles and Services
交通通信	Transport and Communications
教育文化娱乐	Education, Culture and Recreation Services
医疗保健	Health Care and Medical Services
其他用品和服务	Miscellaneous Goods and Services

2010年

2021年

食品烟酒	Food, Tobacco and Liquor
衣着	Clothing
居住	Residence
生活用品及服务	Household Facilities, Articles and Services
交通通信	Transport and Communications
教育文化娱乐	Education, Culture and Recreation Services
医疗保健	Health Care and Medical Services
其他用品和服务	Miscellaneous Goods and Services

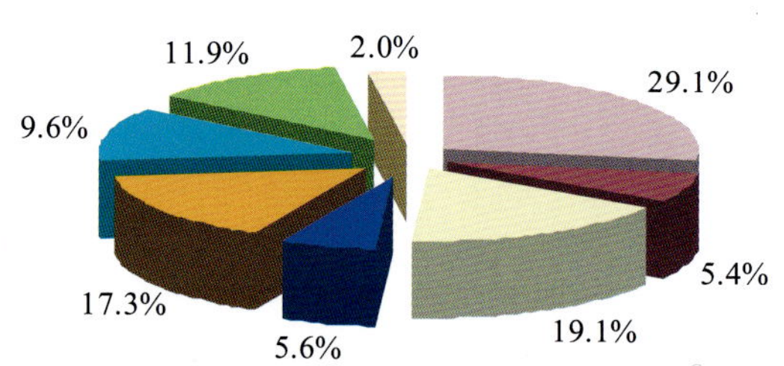

主要年份流通消费价格指数

Circulation Consumer Price Indices in Main Years

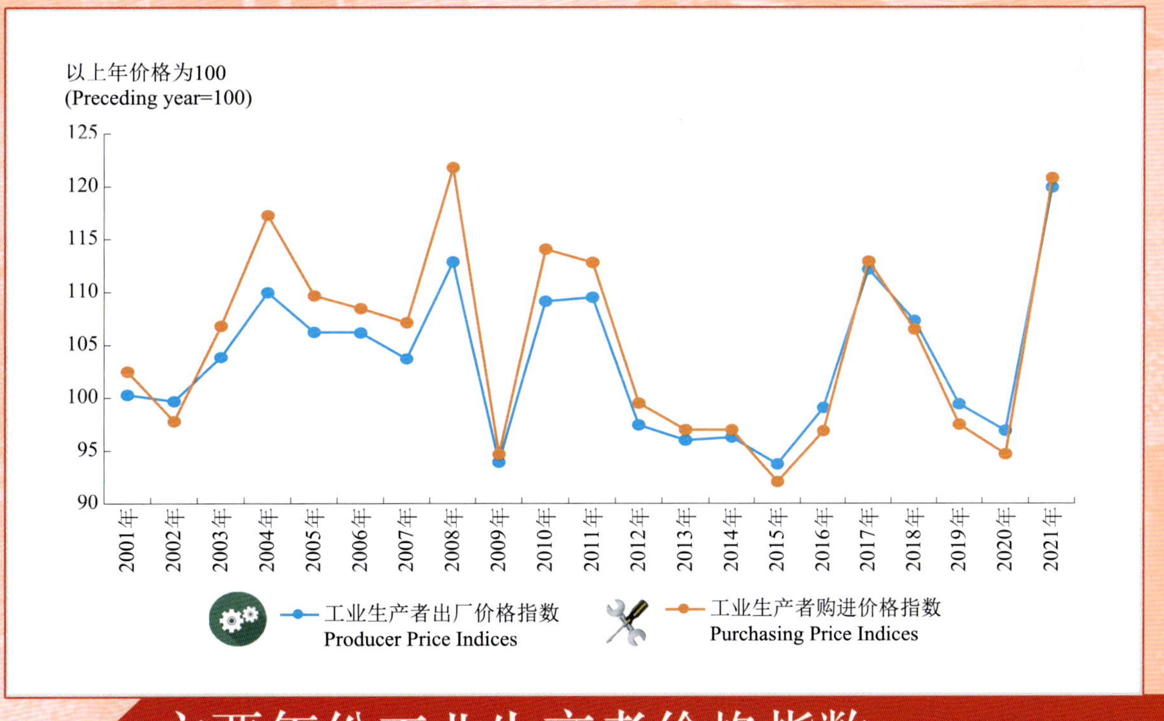

主要年份工业生产者价格指数

Producer Price Indices for Industry in Main Years

2021年银川市新建商品住宅和二手住宅价格指数

Price Indices for Newly Built Commercial House and Second-Hand House in Yinchuan (2021)

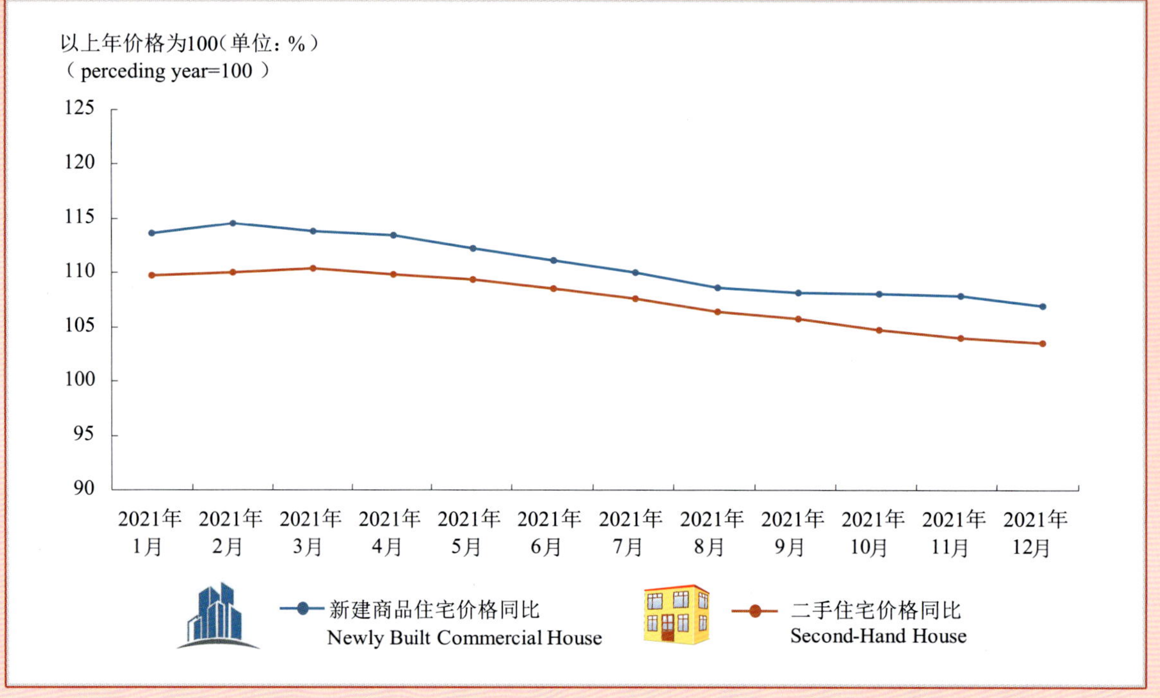

主要年份农产品生产者价格指数

Producer Price Indices for Farm Products in Main Years

《宁夏调查年鉴 2022》

编委会和编辑人员

编 委 会

主　　任：李　强

副 主 任：李清和　邓永旭　张　毅　叶光军　黄自义　刘晓冰

编　　委：(以姓氏笔画为序)

于　晶　王亚娟　牛海莉　刘　虹　苏春燕　李天明　李振弼
张　坚　张　明　郎　玲　赵学斌　徐志宏　姬博文　龚淑玲
潘　瑜　魏　荣

编辑工作人员

主　　编：邓永旭

副 主 编：龚淑玲

编辑校对人员：(以姓氏笔画为序)

王　娟　化　伟　刘晓鹏　江　宁　吴志浩　余　璐　哈　婷
贺俊峰　晏　霞　黎　雪　潘　晶

执行编辑：龚淑玲　晏　霞

制　　图：晏　霞

英文翻译：龚淑玲

NINGXIA SURVEY YEARBOOK 2022
EDITORIAL BOARD AND EDITORIAL STAFF

编者说明

一、《宁夏调查年鉴 2022》是国家统计局宁夏调查总队编辑的集调查分析报告和统计调查数据于一体的资料性书籍。

二、《宁夏调查年鉴 2022》系统收录了宁夏全区及沿黄地区、中南部地区和各市、县（区）2021 年城乡居民收入、物价、粮食产量、畜禽产品产量、农民工就业、农村贫困等统计调查数据，同时还整理了历史重要年份全国、全区主要统计调查数据，是一部从不同侧面反映宁夏经济和社会发展情况的资料性年刊。

三、本书正文内容分为七大篇章，即，1. 综合；2. 住户调查；3. 价格调查；4. 农业调查；5. 农民工调查；6. 脱贫县农村住户监测调查；7. 附录。为方便读者使用，每篇调查数据前后分别附简要说明和主要指标解释，对本项调查的数据来源、主要指标口径变动情况、主要指标涵义等作了说明和解释。

四、本书所涉及的调查数据有的是调查样本数据超级汇总的结果，有的是根据调查样本数据计算的平均数，有的是根据调查样本数据计算的结构数，有的是根据调查样本数据加权推算的总体数据，在每篇数据前附有具体说明。

五、根据宁夏区情特点，本书除提供全区、市、县（市、区）调查数据外，还根据调查样本数据推算出沿黄地区、中南部地区汇总数据。沿黄地区包括兴庆区、西夏区、金凤区、永宁县、贺兰县、灵武市、大武口区、惠农区、平罗县、利通区、青铜峡市、沙坡头区、中宁县。中南部地区包括红寺堡区、盐池县、同心县、原州区、西吉县、隆德县、泾源县、彭阳县、海原县。银川市辖区包括：兴庆区、金凤区、西夏区。石嘴山市辖区包括：大武口区、惠农区。

六、本书中有些历史数据由于制度方法的改革，调查指标口径、范围、涵义等发生变化，为了便于可比，有的指标按现行方案规定作了调整，有的指标口径无法调整仍沿用过去口径。有的指标最近几年有，而过去没有；有的指标过去有，而现行指标体系已经取消。使用时要注意。

七、本年鉴所涉及的全国性统计数据均未包括香港、澳门特别行政区和台湾省数据。

八、本书所使用的度量衡单位，均采用国际统一标准计量单位。

九、本书中部分数据合计数或相对数由于单位取舍不同而产生的计算误差，均未作机械调整。

十、符号使用说明：表中的“空格”表示该项统计指标数据不足本表最小单位数、不详或无该项数据；“#”表示其中的主要项；“*”或“①”表示本表下有注解。

Editor's Notes

Ⅰ. *Ningxia Survey Yearbook 2022* is an annual statistical publication compiled by Survey Office of the National Bureau of Statistics in Ningxia, which reflects comprehensively investigation analysis report and statistical data.

Ⅱ. *Ningxia Survey Yearbook 2022* covers income of urban and rural residents, price, grain yield, livestock and poultry yield, employment in migrant, rural poverty, etc of Ningxia, Plain Areas, Mountain Areas and Counties in 2021. It digested statistical data from historically important years at the national and the district, is an informative publication yearly which reflected Ningxia economic and social development from different aspects.

Ⅲ.The Yearbook contains 7 chapters: 1.General Survey; 2.Household Survey; 3.Price Survey; 4.Agriculture Survey; 5.Migrant Workers Survey; 6. Rural Household Survey of County Lifted out of Poverty; 7.Appendix. Brief description and explanatory note on main statistical indicators before and after each chapter is attached to the readers to use, it elaborates on the data source, the main indicators caliber changes in meaning, main index of the survey.

Ⅳ. The survey data of the Yearbook have a plenty of the super summary results, have a plenty of the average, have a plenty of the sample data structure, have a plenty of the weighted overall data, with details before each data.

Ⅴ. According to provincial characteristics of Ningxia, the Yearbook provides the survey data in addition to district, city and county (city, area), and calculates the summary data according to the sample data of Plain Areas and Mountain Areas. Plain Areas include Xingqing, Xixia, Jinfeng, Yongning, Helan, Lingwu, Dawukou, Huinong, Pingluo, Litong, Qingtongxia, Shapotou, Zhongning. Mountain Areas include Hongsipu, Yanchi, Tongxin, Yuanzhou, Xiji, Longde, Jingyuan, Pengyang, Haiyuan. Yinchuan area includes Xingqing, Jinfeng, Xixia district. Shizuishan area includes Dawukou, Huinong district.

Ⅵ. Some historical data as the reform of the system method, survey indicators caliber, scope, meaning, etc, in order to facilitate comparable, some indexes have adjusted on the current system, some indicators caliber are still using the past as failing adjust. Some indicators are in recent years, but not in the past; some index in the past and the current index system has been cancelled. Pay attention when using.

Ⅶ. The national data in this book do not include those of the Hong Kong Special Administrative Region, the Macao Special Administrative Region and Taiwan Province.

Ⅷ. The units of measurement used in this Yearbook are internationally standard measurement units.

Ⅸ. Statistical discrepancies on total and relative figures due to rounding are not adjusted in the Yearbook.

Ⅹ. Notations used in the Yearbook: (blank space) indicates that the figure is not large enough to be measured with the smallest unit in the table, or data are unknown, or are not available; "#" indicates a major breakdown of the total; and "*" or "①" indicates footnotes at the end of the table.

目　　录

Contents

第一篇　综　合

General Survey

第二篇　住户调查

Household Survey

第三篇 价格调查

Price Survey

第五篇　农民工调查
Migrant Workers Survey

第六篇　脱贫县农村住户监测调查
Rural Household Survey of County Lifted out of Poverty

第七篇　附　录
Appendix

第一篇

综合

General Survey

宁夏回族自治区2021年国民经济和社会发展统计公报[1]

宁夏回族自治区统计局　国家统计局宁夏调查总队

2022年4月14日

2021年，面对复杂严峻的发展环境，在自治区党委和政府的正确领导下，全区上下深入学习贯彻习近平总书记视察宁夏重要讲话精神，坚决落实党中央、国务院各项决策部署，以建设黄河流域生态保护和高质量发展先行区为统揽，坚持稳中求进工作总基调，完整、准确、全面贯彻新发展理念，主动融入新发展格局，科学统筹常态化疫情防控和经济社会发展，扎实做好“六稳”工作，全面落实“六保”任务，全区经济运行呈现总体平稳、稳中有进的发展态势，主要经济指标保持稳定增长，发展活力持续增强，转型升级积极推进，质量效益明显改善，民生保障更加有力，高质量发展取得新成效，实现了“十四五”良好开局。

一、综合

初步核算，全年全区实现生产总值[2]4522.31亿元，按不变价格计算，比上年增长6.7%，两年平均增长5.3%。其中，第一产业增加值364.48亿元，增长4.7%；第二产业增加值2021.55亿元，增长6.6%；第三产业增加值2136.28亿元，增长7.1%。第一产业增加值占地区生产总值的比重为8.1%，第二产业增加值比重为44.7%，第三产业增加值比重为47.2%。按常住人口计算，人均地区生产总值62549元，比上年增长6.1%。

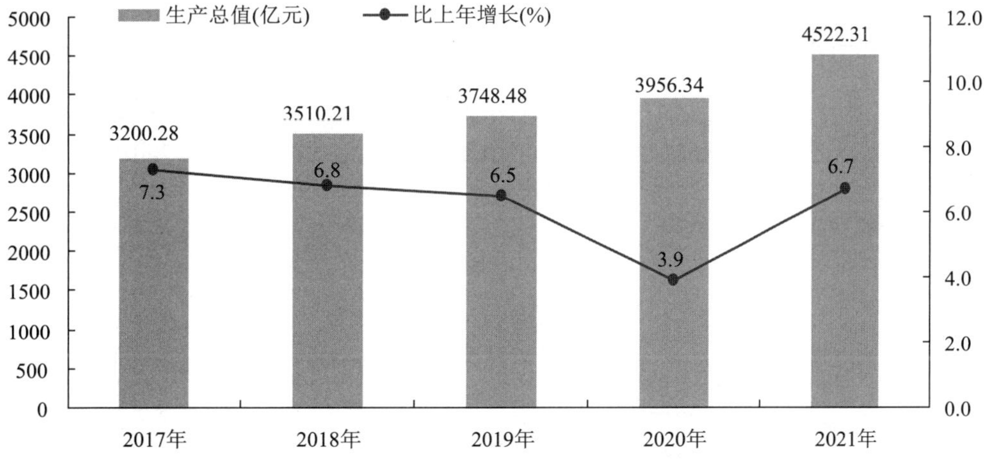

图1　2017-2021年全区生产总值及其增长速度

年末全区常住人口725.0万人，比上年末增加4.0万人。其中城镇常住人口478.8万人，占常住人口比重（常住人口城镇化率）为66.04%，比上年末提高1.08个百分点。全年全区出生人口8.4万人，出生率为11.62‰；死亡人口4.4万人，死亡率为6.09‰；自然增长率为5.53‰。

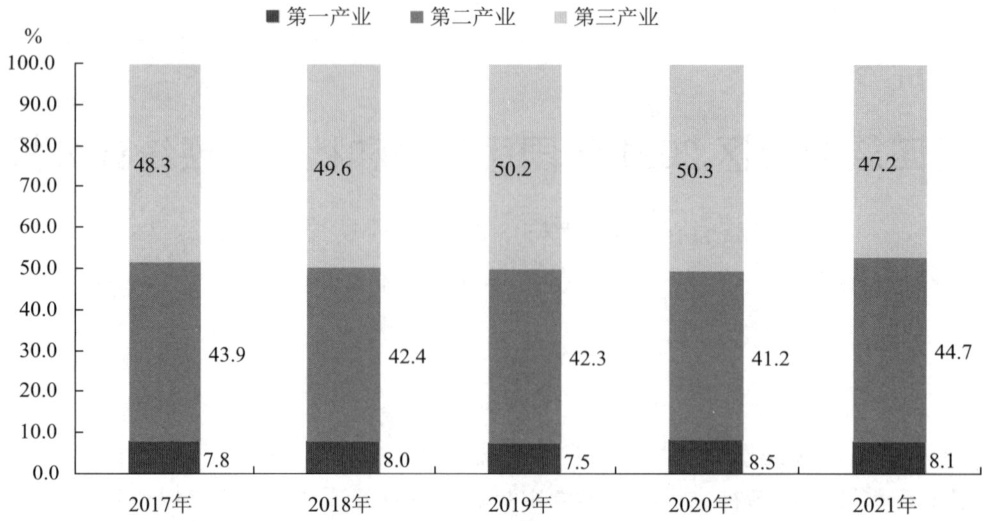

图 2 2017-2021 年全区三次产业增加值占地区生产总值比重

表 1 2021 年年末全区人口数及其结构

指　　标	年末数 （万人）	比重 （%）
年末常住人口	725.0	100.00
其中：城镇	478.8	66.04
乡村	246.2	33.96
其中：男性	370	51.03
女性	355	48.97
其中：0-15 周岁（含不满 16 周岁）	155	21.38
16-59 周岁（含不满 60 周岁）	472	65.10
60 周岁及以上	98	13.52
其中：65 周岁及以上	73	10.07

全年全区城镇新增就业人员 8.15 万人，农村劳动力转移就业 81.27 万人，年末全区城镇登记失业率为 4.13%。全年全区农民工[3]总量为 99.5 万人，比上年增加 1.4 万人，增长 1.4%。其中，外出农民工 76.3 万人，比上年减少 0.6 万人，下降 0.8%；本地农民工 23.2 万人，增加 2.0 万人，增长 9.4%。

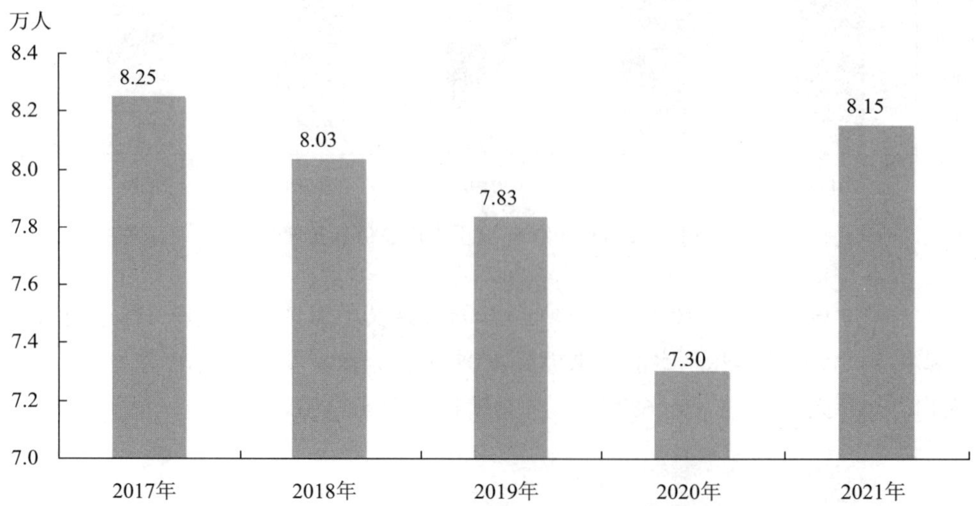

图 3 2017-2021 年全区城镇新增就业人数

全年全区居民消费价格比上年上涨 1.4%，工业生产者出厂价格上涨 19.9%，工业生产者购进价格上涨 20.8%，农产品生产者价格[4] 上涨 6.5%。

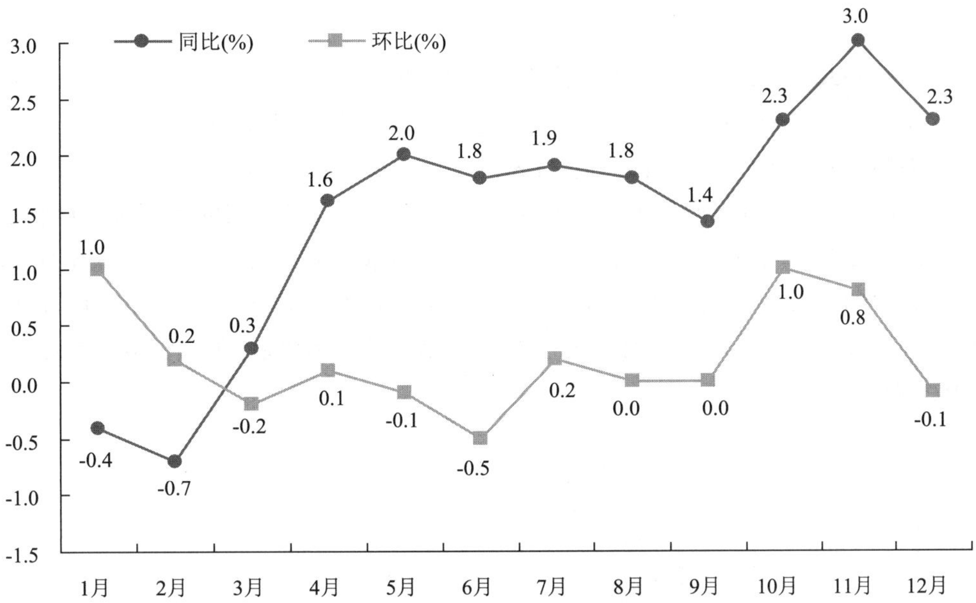

图 4　2021 年全区居民消费价格月度涨跌幅度

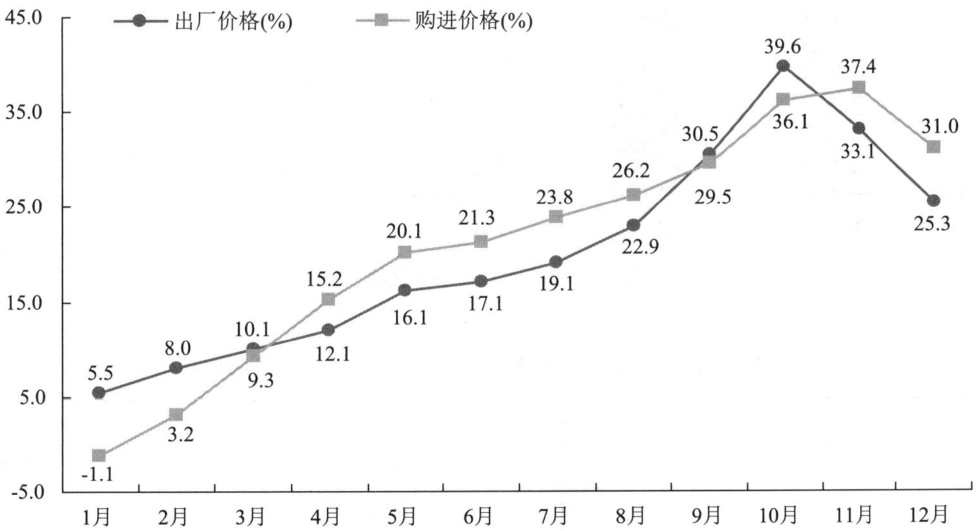

图 5　2021 年全区工业生产者出厂价格和购进价格月度同比涨跌幅度

新兴动能茁壮成长。高技术和装备制造业快速增长。全年全区规模以上工业高技术制造业[5]增加值比上年增长 22.5%，装备制造业[6]增加值比上年增长 12.7%，分别比全部规模以上工业增加值增速高 14.5 个和 4.7 个百分点。水电、风电、太阳能等可再生能源发电量 485.2 亿千瓦时，增长 37.7%。互联网经济快速发展。全年全区网上零售额[7]302.8 亿元，比上年增长 46.0%，其中，实物商品网上零售额 83.5 亿元，增长 30.4%。

二、农业

全年全区粮食种植面积 1033.93 万亩，比上年增加 15.18 万亩。其中，小麦种植面积 100.56 万亩，减少 38.82 万亩；水稻种植面积 76.26 万亩，减少 14.97 万亩；玉米种植面积 551.13 万亩，增加 67.04 万亩；薯类种植面积 149.98 万亩，增加 7.32 万亩。油料种植面积 40.88 万亩，减少 8.62 万亩。蔬菜种植面积 197.66 万亩，减少 5.12 万亩。瓜果种植面积 84.37 万亩，减少 11.24 万亩。园林水果种植面积 156.06 万亩，减少 0.98 万亩。

全年全区粮食总产量 368.44 万吨，比上年减产 12.06 万吨，下降 3.2%，实现十八连丰。其中，夏粮产量 19.73 万吨，下降 32.1%；秋粮产量 348.70 万吨，下降 0.8%。全年全区小麦产量 18.95 万吨，下降 31.8%；水稻产量 41.00 万吨，下降 17.0%；玉米产量 263.39 万吨，增长 5.8%；马铃薯产量（折粮）36.19 万吨，下降 12.9%。

全年全区蔬菜产量 532.94 万吨，比上年下降 5.9%；红枣产量 7.70 万吨，下降 6.2%；枸杞产量 8.60 万吨，下降 12.2%；油料产量 4.81 万吨，下降 27.7%。全年全区肉类总产量 35.0 万吨，比上年增长 4.7%。其中，猪肉产量 9.1 万吨，增长 13.9%；牛肉产量 11.8 万吨，增长 3.4%；羊肉产量 11.5 万吨，增长 3.4%；禽肉产量 2.6 万吨，下降 11.1%。禽蛋产量 12.9 万吨，下降 7.1%。牛奶产量 280.5 万吨，增长 30.3%。水产品产量 16.60 万吨，增长 2.7%。年末全区生猪存栏 85.5 万头，下降 5.0%；肉牛存栏 137.6 万头，增长 14.0%；奶牛存栏 70.2 万头，增长 22.3%；羊存栏 677.1 万只，增长 13.6%；活家禽存栏 1231.0 万只，增长 4.2%。全年生猪出栏 112.5 万头，增长 14.1%；肉牛出栏 72.3 万头，增长 0.4%；羊出栏 645.5 万只，增长 3.3%；活家禽出栏 1224.7 万只，下降 11.7%。

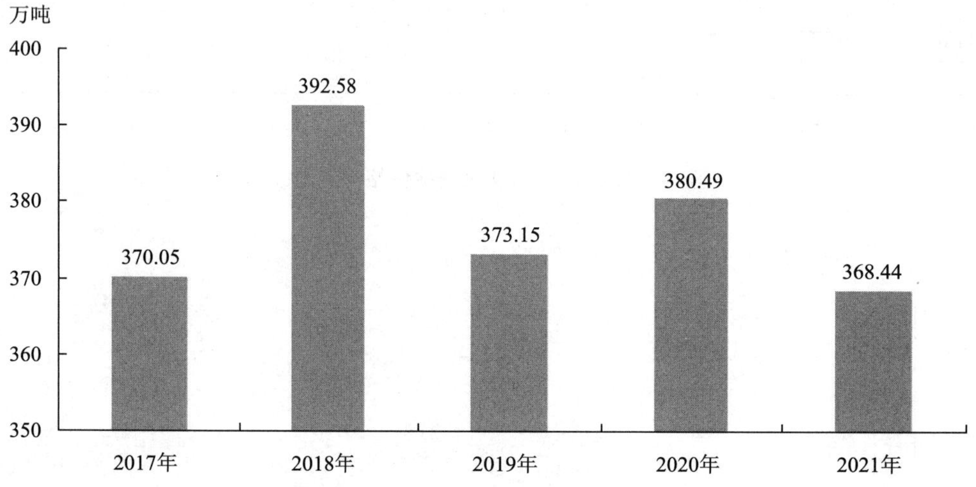

图 6　2017-2021 年全区粮食产量

表 2　2021 年全区主要农林牧渔业产品产量及其增长速度

指　　标	产　量 （万吨）	比上年增长 （%）
粮食	368.44	-3.2
小麦	18.95	-31.8
水稻	41.00	-17.0
玉米	263.39	5.8
油料	4.81	-27.7
蔬菜	532.94	-5.9
瓜果	185.18	17.5
枸杞	8.60	-12.2
肉类总产量	35.0	4.7
其中：猪、牛、羊肉产量	32.4	6.2
禽蛋	12.9	-7.1
牛奶	280.5	30.3
水产品	16.60	2.7

三、工业和建筑业

全年全区全部工业增加值 1677.83 亿元，比上年增长 7.9%。规模以上工业增加值增长 8.0%。在规模以上工业中，分轻重工业看，轻工业增加值增长 12.8%，重工业增长 7.6%。分经济类型看，国有控股企业增加值增长 6.5%；股份制企业增长 7.8%；外商及港澳台商投资企业增长 5.7%；非公有工业增长 9.4%，其中，私营企业增长 10.3%。分门类看，采矿业增加值增长 11.5%，制造业增长 5.8%，电力、热力、燃气及水生产和供应业增长 11.8%。

全年全区规模以上工业中，煤炭行业增加值增长 15.1%、电力行业增长 13.5%、化工行业增长 0.6%、冶金行业增长 5.3%、有色行业增长 2.0%、轻纺行业增长 11.9%、机械行业增长 3.2%、建材行业下降 4.8%、医药行业增长 26.5%、其他行业增长 18.9%。工业产品销售率为 98.3%。

年末全区发电装机容量 6214.3 万千瓦，比上年末增长 4.6%。其中，火电装机容量 3333.0 万千瓦，增长 0.2%；水电装机容量 42.6 万千瓦，与上年持平；风电装机容量 1454.8 万千瓦，增长 5.7%；太阳能发电装机容量 1384.0 万千瓦，增长 15.6%。

全年全区规模以上工业企业利润 462.6 亿元，比上年增长 1.1 倍。分经济类型看，国有控股企业利润 106.0 亿元，增长 1.2 倍；股份制企业 344.0 亿元，增长 1.4 倍；外商及港澳台商投资企业 97.6 亿元，增长 62.3%。分门类看，采矿业利润 68.5 亿元，同比扭亏增盈 70.0 亿元；制造业利润 389.4 亿元，增长 1.5 倍；电力、热力、燃气及水生产和供应业利润 4.7 亿元，下降 92.1%。

表 3　2021 年全区主要工业产品产量及其增长速度

指　　标	单位	产量	比上年增长（%）
原　煤	万吨	8632.9	5.9
发电量	亿千瓦时	2081.9	10.4
焦　炭	万吨	964.7	4.8
原铝（电解铝）	万吨	120.8	1.3
农用化肥（折纯）	万吨	62.4	-6.0
精甲醇	万吨	873.7	10.8
电石（碳化钙）	万吨	442.7	7.8
水　泥	万吨	1867.7	-6.1
铁合金	万吨	371.5	10.9
乳制品	万吨	181.8	23.7
金属切削机床	台	2657	35.8

全区具有资质的总承包和专业承包建筑业企业 768 家，全年完成建筑业总产值 681.52 亿元，比上年增长 6.2%。建筑业企业房屋建筑施工面积 1989.74 万平方米，下降 5.6%；房屋竣工面积 839.93 万平方米，增长 11.0%；竣工产值 387.11 亿元，增长 20.9%。按建筑业总产值计算的劳动生产率 38.83 万元/人，比上年增长 28.3%。

四、服务业

全年全区批发和零售业增加值 210.66 亿元，比上年增长 6.7%；交通运输、仓储和邮政业增加值 204.02 亿元，增长 12.1%；住宿和餐饮业增加值 54.50 亿元，增长 10.8%；金融业增加值 331.41 亿元，增长 1.3%；房地产业增加值 191.96 亿元，增长 1.4%；信息传输、软件和信息技术服务业增加值 158.61 亿元，增长 17.4%；租赁和商务服务业增加值 67.53 亿元，增长 2.2%。

全年全区货物运输总量 4.69 亿吨，比上年增长 9.5%；货物运输周转量 812.54 亿吨公里，增长 16.3%。

全年全区旅客运输总量0.38亿人，下降0.8%；旅客运输周转量105.40亿人公里，增长5.7%。

年末全区民用汽车保有量（含三轮汽车和低速货车）194.44万辆，比上年末增长13.4%。其中，私人汽车保有量168.09万辆，增长8.0%。民用轿车保有量86.49万辆，增长6.7%。其中，私人轿车82.83万辆，增长6.8%。

表4　2021年全区各种运输方式完成运输量及其增长速度

运输方式	货物				旅客			
	运输总量		运输周转量		运输总量		运输周转量	
	绝对值(万吨)	比上年增长(%)	绝对值(亿吨公里)	比上年增长(%)	绝对值(万人)	比上年增长(%)	绝对值(亿人公里)	比上年增长(%)
总计	46931.01	9.5	812.54	16.3	3774.48	-0.8	105.40	5.7
铁路	9422.74	9.1	234.50	9.3	720.29	29.2	29.03	19.8
公路	37506.00	9.6	577.70	19.4	2713.00	-6.5	26.81	-5.0
航空	2.27	-22.5	0.33	-11.6	341.19	-1.6	49.56	4.9

全年全区完成邮政业务总量[8]22.46亿元，比上年增长24.1%。邮政业完成邮政函件业务174.39万件；包裹业务5.50万件；快递业务量9962.97万件，快递业务收入15.41亿元。全年全区完成电信业务总量[9]104.00亿元，增长30.9%。年末全区电话用户总数914.10万户，其中移动电话用户866.12万户。（固定）互联网宽带接入用户317.13万户，比上年增加33.49万户。移动互联网用户750.80万户，比上年增加38.09万户；移动互联网接入流量149178.00万GB，增长28.9%。

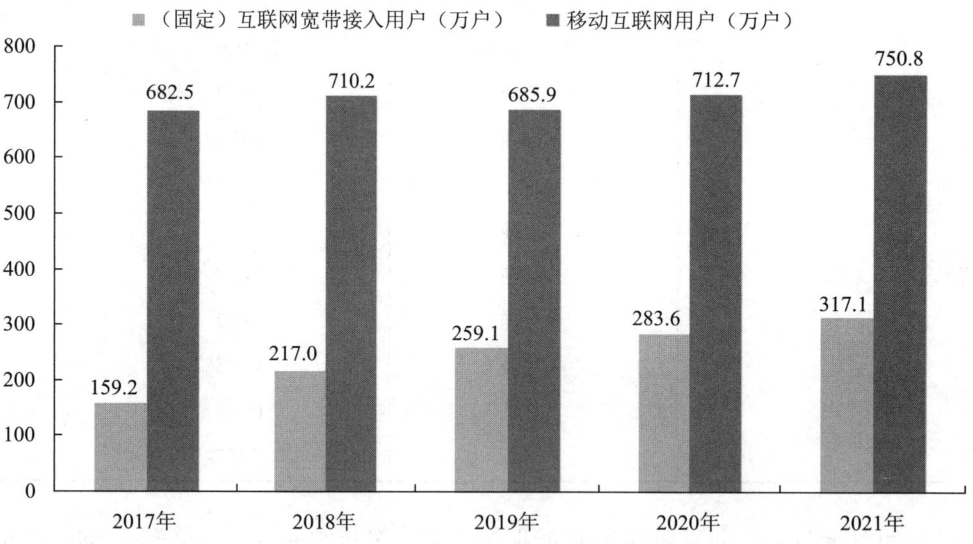

图7　2017-2021年年末全区（固定）互联网宽带接入用户数和移动互联网用户数

五、固定资产投资

全年全区全社会固定资产投资比上年增长2.7%。其中，固定资产投资（不含农户）增长2.2%。

在固定资产投资（不含农户）中，第一产业投资比上年增长45.7%，第二产业投资下降1.5%，第三产业投资增长2.0%。工业投资下降1.5%，占固定资产投资（不含农户）的比重为43.8%。基础设施投资[10]下降2.8%，占固定资产投资（不含农户）的比重为16.6%。民间固定资产投资[11]增长3.2%，占固定资产投资（不含农户）的比重为57.4%。

全年全区房地产开发投资466.95亿元，比上年增长7.8%。其中，住宅投资344.24亿元，增长11.6%；

办公楼投资 1.96 亿元，下降 52.0%；商业营业用房投资 55.12 亿元，下降 10.9%。

表 5　2021 年全区房地产开发和销售主要指标及其增长速度

指　　标	单位	绝对数	比上年增长（%）
房地产开发投资	亿元	466.95	7.8
房屋施工面积	万平方米	5606.88	0.8
其中：住宅	万平方米	3760.32	3.5
其中：本年新开工面积	万平方米	1396.73	34.4
房屋竣工面积	万平方米	1144.42	48.2
其中：住宅	万平方米	762.80	48.5
商品房销售面积	万平方米	1014.45	-7.4
其中：住宅	万平方米	845.77	-13.0
商品房待售面积	万平方米	1027.40	3.5
其中：住宅	万平方米	309.98	-6.3
商品房销售额	亿元	675.13	-3.3
其中：住宅	亿元	584.93	-6.6
本年实际到位资金	亿元	734.31	3.7
其中：国内贷款	亿元	38.93	-25.1
自筹资金	亿元	129.32	12.5
其他资金来源	亿元	566.06	4.6

六、国内贸易

全年全区实现社会消费品零售总额 1335.12 亿元，比上年增长 2.6%。按经营地统计，城镇消费品零售额 1181.49 亿元，增长 2.8%；乡村消费品零售额 153.63 亿元，增长 0.8%。按消费类型统计，商品零售额 1168.41 亿元，增长 2.8%；餐饮收入额 166.71 亿元，增长 1.4%。

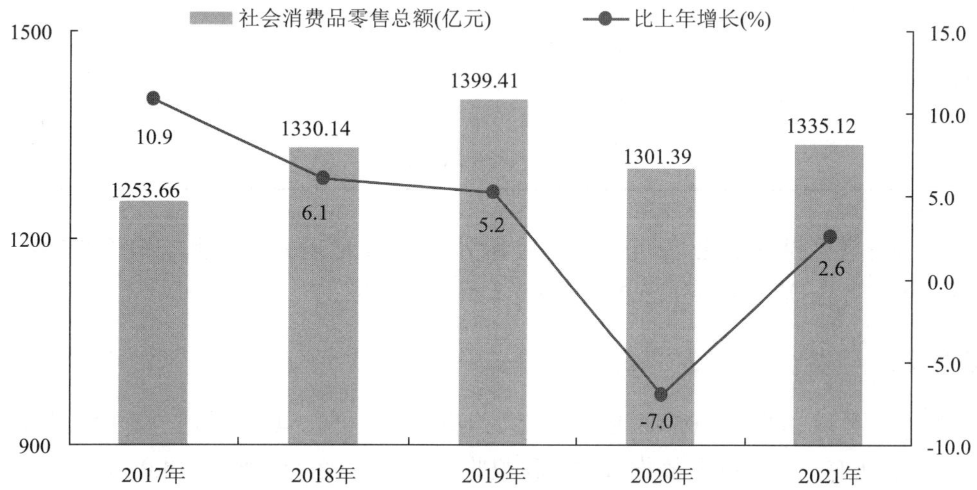

图 8　2017-2021 年全区社会消费品零售总额及其增长速度

在限额以上单位商品零售额中，粮油、食品类零售额比上年增长 0.3%，饮料类增长 12.3%，烟酒类增长 4.1%，服装、鞋帽、针纺织品类下降 14.7%，化妆品类下降 1.9%，金银珠宝类增长 1.6%，日用品类下降

10.0%，家用电器和音像器材类增长 12.5%，中西药品类增长 0.1%，文化办公用品类下降 7.8%，通讯器材类下降 17.8%，石油及制品类增长 21.1%，汽车类下降 0.8%。

七、对外经济[12]

全年全区货物进出口总额 214.04 亿元，比上年增长 73.4%。其中，出口 174.81 亿元，增长 101.7%；进口 39.23 亿元，增长 6.8%。货物贸易进出口差额（出口减进口）135.58 亿元。对“一带一路”沿线国家进出口总额 67.00 亿元，增长 71.5 %。其中，出口 62.96 亿元，增长 79.8%；进口 4.04 亿元，下降 0.1%。

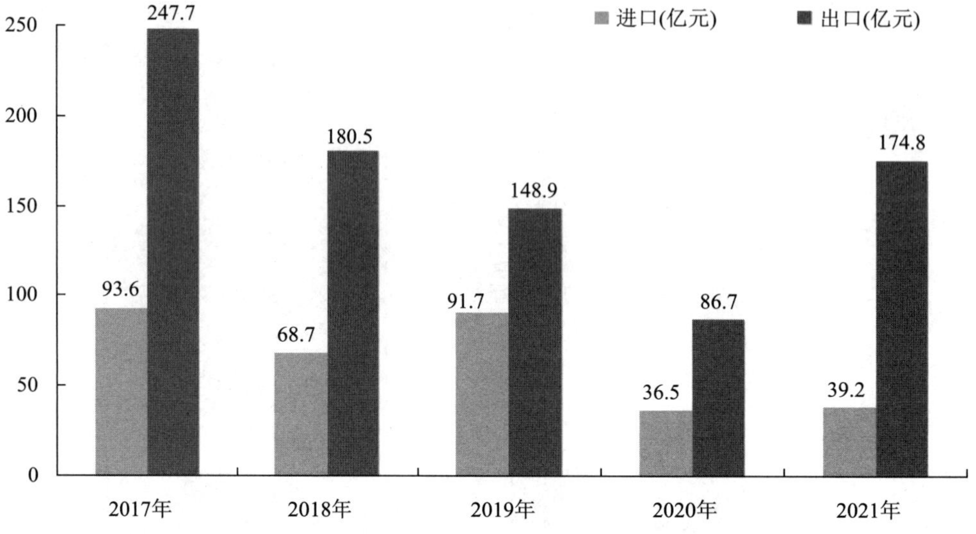

图 9　2017-2021 年全区货物进出口总额

表 6　2021 年全区主要商品出口金额及其增长速度

商品名称	出口值（亿元）	比上年增长（%）
枸杞	2.21	-19.1
泰乐菌素	7.42	16.0
维生素 C 及其衍生物	3.21	62.4
双氰胺	11.09	58.7
金属锰	10.93	171.5
钽铌铍制品	4.32	31.3
机床及铸件	4.05	9.3

全年全区新设外商直接投资企业 29 个，实际使用外资 2.93 亿美元，比上年增长 7.5%。其中，信息传输、软件和信息技术服务业实际使用外资 0.9 亿美元，增长 12.5%。

八、财政金融

全年全区一般公共预算总收入 795.06 亿元，比上年增长 12.9%。其中，地方一般公共预算收入 460.01 亿元，增长 9.7%。在地方一般公共预算收入中，税收收入 300.74 亿元，增长 14.0%，占地方一般公共预算收入的 65.4%。

年末全区金融机构本外币各项存款余额 7484 亿元，其中，人民币各项存款余额 7466 亿元。金融机构本外币各项贷款余额 8461 亿元，其中，人民币各项贷款余额 8284 亿元。

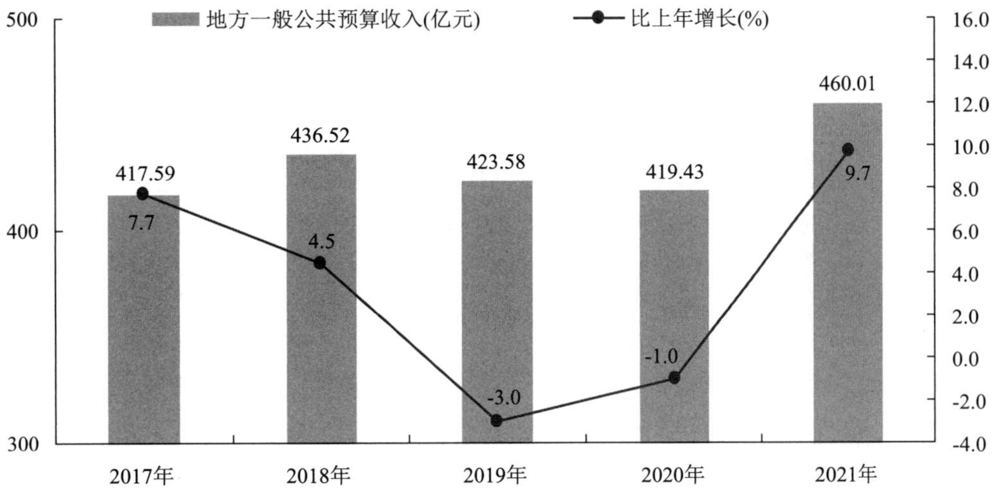

图 10 2017-2021 年全区地方一般公共预算收入及其增长速度[13]

表 7 2021 年年末全区金融机构存贷款余额及其增长速度

指　　标	年末数 （亿元）	比上年末增长 （%）
本外币各项存款余额	7484	4.9
人民币存款余额	7466	4.8
其中：住户存款	4269	8.3
非金融企业存款	1463	-2.4
机关团体及财政性存款	1504	-0.5
本外币各项贷款余额	8461	6.0
人民币贷款余额	8284	6.5
其中：短期贷款	2091	-0.8
中长期贷款	5318	7.9
票据融资	863	17.9

年末全区上市公司 16 家，总股本 213.87 亿股，总市值 2126.07 亿元，比上年末增长 56.6%。其中，流通市值 1130.71 亿元，增长 56.3%。全年证券交易额 14053.09 亿元，增长 10.3%。年末全区在全国中小企业股份转让系统[14]挂牌公司 41 家，比上年末下降 14.6%。

年末全区省级营业性保险分公司 24 家，全年实现保费收入 211.14 亿元，比上年增长 0.2%。其中，财产险收入 65.35 亿元，下降 3.7%；寿险收入 100.80 亿元，增长 4.3%；健康险收入 38.04 亿元，下降 4.8%；意外伤害险收入 6.95 亿元，增长 10.8%。支付各类赔款和给付 73.04 亿元，增长 10.5%。其中，财产险赔款 45.82 亿元，增长 19.4%；寿险业务给付 13.79 亿元，下降 20.9%；健康险给付 11.20 亿元，增长 29.2%；意外伤害险赔款 2.24 亿元，增长 34.7%。

九、居民收入消费和社会保障

全年全区全体居民人均可支配收入 27904 元，比上年增长 8.4%。按常住地分，城镇居民人均可支配收入 38291 元，增长 7.2%；农村居民人均可支配收入 15337 元，增长 10.4%。

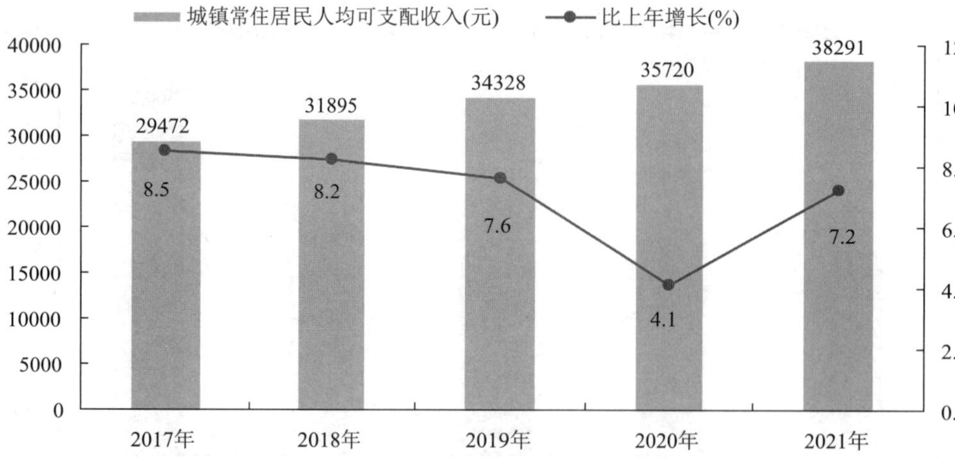

图 11　2017-2021 年全区城镇居民人均可支配收入及其增长速度

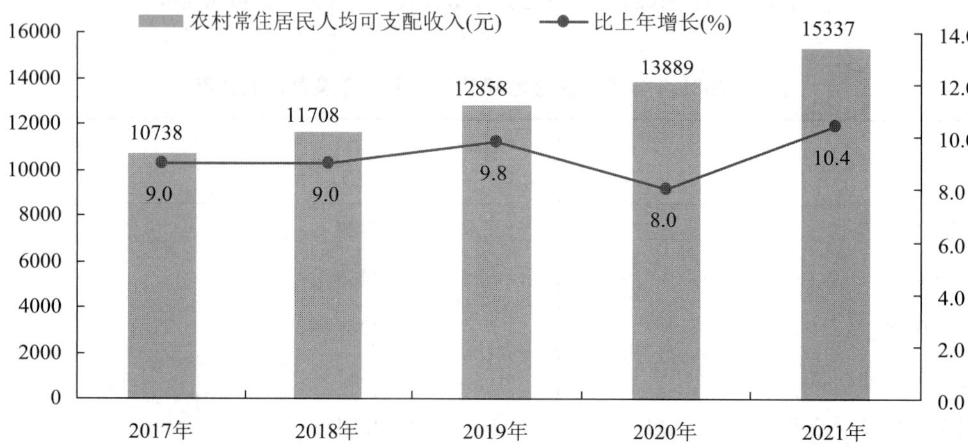

图 12　2017-2021 年全区农村居民人均可支配收入及其增长速度

全年全区居民人均消费支出 20024 元，比上年增长 14.4%。按常住地分，城镇居民人均消费支出 25386 元，增长 13.4%；农村居民人均消费支出 13536 元，增长 15.5%。全区全体居民恩格尔系数为 27.2%，其中城镇为 26.4%，农村为 29.1%。

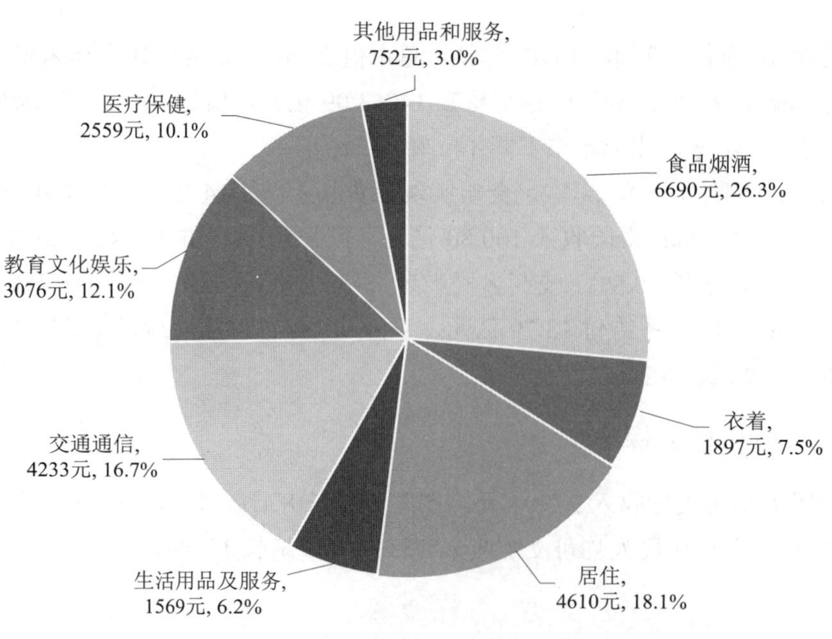

图 13　2021 年全区城镇居民人均生活消费支出及其构成

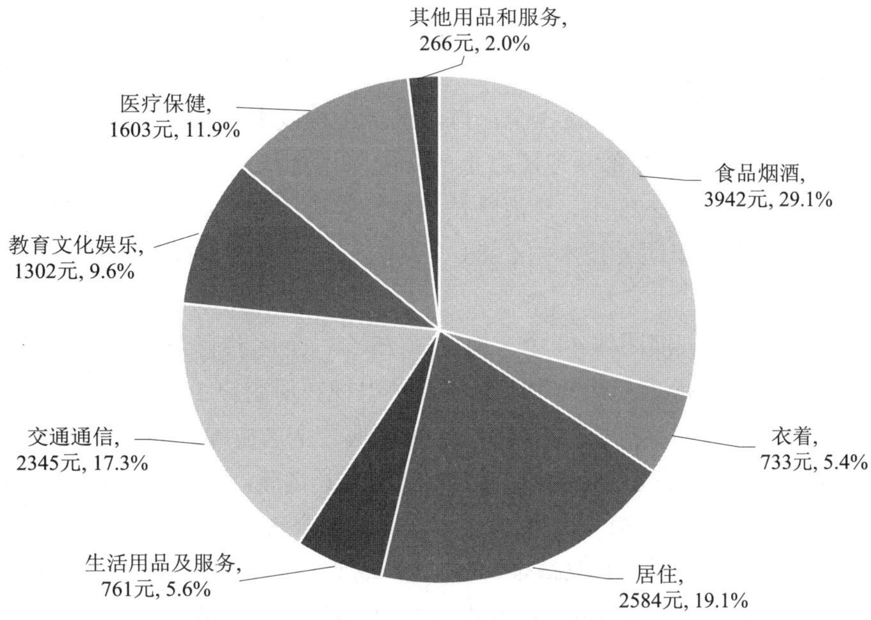

图 14　2021 年全区农村居民人均生活消费支出及其构成

年末全区参加城镇职工基本养老保险人数 252.11 万人，比上年末增加 12.00 万人。参加城乡居民基本养老保险人数 230.74 万人，减少 7.91 万人。参加基本医疗保险人数 663.41 万人，增加 4.65 万人。其中，参加城镇职工基本医疗保险 159.59 万人，增加 6.64 万人；参加城乡居民基本医疗保险 503.82 万人，减少 1.99 万人。参加失业保险人数 109.07 万人，增加 6.34 万人。参加工伤保险人数 143.79 万人，增加 11.23 万人。参加生育保险人数 111.5 万人，增加 6.13 万人。

十、教育、科学技术和文化体育

年末全区各级各类学校 3442 所（含小学教学点 484 所），教职工 120607 人。全年全区学前教育毛入园率为 90.2%，小学学龄人口入学率为 100%，初中阶段毛入学率为 118.3%，高中阶段毛入学率为 93.89%，高等教育毛入学率为 58.6%，九年义务教育巩固率为 100 %。

表 8　2021 年全区各级教育招生、在校、毕业生人数

类　　别	校数（所）	招生数（人）	在校学生数（人）	毕业学生数（人）
普通高等学校	20	55592	172581	37372
#研究生	0	4536	11527	2611
成人高等学校	1	11665	25632	13233
中等职业教育学校	31	28183	76339	23721
普通中学	318	151774	454301	150473
#高　中（含完全中学）	70	57485	167356	50447
初　中（含完全中学）	248	94289	286945	100026
普通小学（含教学点）	1129	103543	603706	94303
幼儿园	1490	103399	261440	104764
特殊教育学校	15	1284	7436	1417

全年全区登记自治区级科技成果 399 项，比上年增长 71.2%。其中，基础理论成果 54 项，应用技术成

果 324 项，软科学成果 21 项。全年申请专利量 12924 件，增长 39.4%。其中，发明专利 3049 件，增长 20.8%。专利授权量 7709 件，增长 38.9%。其中，发明专利授权量 703 件，增长 17.6%。全年共签订技术合同 3127 项，技术合同成交金额 25.16 亿元。

年末全区拥有国家级工程技术研究中心 3 个，自治区级工程技术研究中心 83 个；国家级重点实验室 3 个，自治区级重点实验室 40 个（含省部共建国家重点实验室培育基地 2 个）；自治区级产业技术协同创新中心 5 个，自治区临床医学研究中心 25 个，自治区技术创新中心 404 个；国家级企业（集团）技术中心（含分中心）12 个，自治区级企业（集团）技术中心 83 个；国家地方联合工程研究中心 26 个，自治区工程研究中心 50 个。

年末全区文化系统共有艺术表演团体 44 个，博物馆 75 个。全区共有公共图书馆 27 个，文化馆 27 个。预计[15]有线电视在册用户数 137.86 万户，其中，有线数字电视在册用户 131.31 万户。年末全区广播节目综合人口覆盖率为 99.92%；电视节目综合人口覆盖率为 99.98%。全区出版各类报纸 14 种，出版期刊 37 种，出版图书 2383 种。2020 年，全区文化及相关产业增加值 103.26 亿元，比 2019 年增长 1.6%（未扣除价格因素）；占全区地区生产总值的比重为 2.61%，比 2019 年降低 0.1 个百分点。

全年全区运动员参加国际国内比赛共取得金牌 5 枚、银牌 8 枚、铜牌 16 枚。全年有 83 人达国家一级运动员等级标准，268 人达国家二级运动员等级标准，55 人获得国家一级裁判员等级称号。

十一、旅游和社会服务

全年全区接待国内外游客 3623.67 万人次，比上年增长 5.7%。其中，国内游客 3622.51 万人次，增长 5.7%。国内旅游收入 286.38 亿元，增长 44.1%。实现旅游总收入 286.65 亿元，增长 44.0%。

年末[16]全区共有各类提供住宿的社会服务机构 153 个，其中养老服务机构 131 个，儿童收养救助服务机构 10 个。社会服务床位 27353 张（不包括社区床位数），其中养老机构床位 25392 张（不包括社区日间照料床位 5185 张、社区全托服务床位 1945 张），儿童福利和救助机构床位 970 张。年末全区共有社区服务机构和设施 2308 个（不包括社区养老服务机构和设施），社区服务中心 44 个，社区服务站 2155 个。

十二、资源、环境和应急管理

全年全区水资源总量 9.34 亿立方米。平均降水量 274 毫米，比上年下降 11.7%。总用水量 68.09 亿立方米，下降 3.0%。其中，生活用水 3.67 亿立方米，下降 0.9%；工业用水 4.24 亿立方米，增长 1.2%；农业用水 56.86 亿立方米，下降 3.0%。万元地区生产总值用水量[17]161.4 立方米，下降 9.1%；万元工业增加值用水量 30.1 立方米，下降 6.2%。

全年全区完成营造林面积 104958 公顷，其中人工营造林面积 49584 公顷。森林抚育面积 20285 公顷。年末全区自然保护区 14 个，其中国家级自然保护区 9 个，自治区级自然保护区 5 个。

全年[18]黄河干流宁夏段入境至出境断面水质均为II类优水质，地表水国控考核断面达到或好于III类水质比例为 80.0%。5 个地级城市环境空气质量平均优良天数为 306 天，比例为 83.8%，细微颗粒（$PM_{2.5}$）平均浓度为 27 微克/立方米，比上年下降 18.2%；可吸入颗粒物（PM_{10}）平均浓度为 62 微克/立方米，下降 4.6%。全区五地市城市区域昼间噪声等效声级为 52.0 分贝，比上年下降 1.5 分贝，昼间区域声环境质量等级为二级，总体水平评价为较好。

全年全区累计发生各类生产经营性事故 171 起，比上年下降 12.8%，死亡 166 人，下降 1.2%。亿元 GDP 生产安全事故死亡人数为 0.037 人，下降 14.0%。道路交通万车死亡率为 2.016，下降 11.4%。煤矿生产安全死亡事故 7 起，死亡 7 人，煤矿百万吨死亡率为 0.081。

注释：

[1] 本公报中数据均为初步统计数，正式数据以《宁夏统计年鉴-2022》为准。部分数据因四舍五入的原因，存在总计与分项合计不等的情况。

[2] 地区生产总值、各产业增加值绝对数按现价计算，增长速度按不变价格计算。

[3] 年度农民工数量包括年内在本乡镇以外从业 6 个月及以上的外出农民工和在本乡镇内从事非农产业 6 个月及以上的本地农民工。

[4] 农产品生产者价格是指农产品生产者直接出售其产品时的价格。

[5] 高技术制造业包括医药制造业，航空、航天器及设备制造业，电子及通信设备制造业，计算机及办公设备制造业，医疗仪器设备及仪器仪表制造业，信息化学品制造业。

[6] 装备制造业包括金属制品业，通用设备制造业，专用设备制造业，汽车制造业，铁路、船舶、航空航天和其他运输设备制造业，电气机械和器材制造业，计算机、通信和其他电子设备制造业，仪器仪表制造业。

[7] 网上零售额是指通过公共网络交易平台（包括自建网站和第三方平台）实现的商品和服务零售额之和。商品和服务包括实物商品和非实物商品（如虚拟商品、服务类商品等）。

[8] 邮政行业业务总量按 2020 年价格计算。

[9] 电信业务总量按 2020 年价格计算。

[10] 基础设施投资包括交通运输、邮政业，电信、广播电视和卫星传输服务业，互联网和相关服务业，水利、环境和公共设施管理业投资。

[11] 民间固定资产投资是指具有集体、私营、个人性质的内资调查单位以及由其控股（包括绝对控股和相对控股）的调查单位建造或购置固定资产的投资。

[12] 货物进出口采用人民币计价。实际使用外商直接投资由于技术原因仍主要沿用美元计价。

[13] 2021 年数据为初步数，正式数据以自治区财政厅决算数据为准。

[14] 全国中小企业股份转让系统又称“新三板”，是 2012 年经国务院批准设立的全国性证券交易场所。

[15] 此数据为自治区广播电视局预计数，正式数据以自治区广播电视局正式公布数据为准。

[16] 此部分数据为民政厅预计数，正式数据以民政厅公布数据为准。

[17] 万元地区生产总值用水量、万元工业增加值用水量按 2020 年价格计算。

[18] 数据来源于《2021 年宁夏生态环境质量状况》。地表水达到或好于Ⅲ类水体比例为 15 个国控断面监测统计结果；环境空气质量优良天数及比例为未剔除沙尘天气数据，PM_{10}、$PM_{2.5}$平均浓度均为剔除沙尘天气后数据。

资料来源：

本公报中城镇新增就业、登记失业率、社会保障数据来自自治区人力资源和社会保障厅；财政数据来自自治区财政厅；水资源数据来自自治区水利厅；林业数据来自自治区林业和草原局；发电装机容量数据来自国网宁夏电力公司；铁路运输数据来自中国铁路兰州局集团有限公司；公路运输数据来自自治区交通运输厅；民航数据来自西部机场集团宁夏机场有限公司；电信业务总量、电话用户、宽带用户、移动互联网接入流量、互联网普及率等数据来自宁夏通信管理局；货物进出口数据来自银川海关；外商直接投资等数据来自自治区商务厅；民用汽车数据来自自治区公安厅；邮政业务数据来自宁夏邮政管理局；货币金融数据来自人民银行银川中心支行；上市公司数据来自宁夏证监局；保险业数据来自宁夏银保监局；社会服务数据来自自治区民政厅；教育数据来自自治区教育厅；国家工程研究中心、国家工程实验室、企业技术中心等数据来自自治区科技厅；专利数据来自自治区市场监管厅（自治区知识产权局）；艺术表演团体数据来自自治区文化和旅游厅；报纸、期刊、图书数据来自自治区党委宣传部；广播电视数据来自自治区广播电视局；体育数据来自自治区体育局；环境监测数据来自自治区生态环境厅；安全生产数据来自自治区应急管理厅；道路交通事故数据来自公安厅；其他数据均来自自治区统计局和国家统计局宁夏调查总队。

第二篇

住户调查

Household Survey

简要说明

为满足城乡统筹发展，更加全面准确地反映居民收入分配格局，国家统计局对长期分开进行的城镇住户调查和农村住户调查实施了一体化改革，建立了城乡一体化住户收支调查制度，并于 2013 年起在全国统一实施。从 2014 年开始，本年鉴中增加了宁夏全区、5 个地级市及 22 个县（市、区）全体居民可支配收入及来源数据，增加了全体居民消费情况数据。同时为了和历史数据对比，在城乡一体化住户调查改革完成后，再统一对指标口径和历史数据进行调整。

城乡居民收支调查数据是根据抽样方法随机抽取的，分布在全区 22 个市县（区）范围的 328 个调查小区，3280 户城乡居民家庭记账资料得到的。全区及银川市、石嘴山市、吴忠市、固原市、中卫市 5 个地级市、22 个县（市、区）城乡可比的全体居民可支配收入与消费等数据，是根据城乡住户收支与生活状况调查记账数据和城镇化率加权汇总计算得出，住户人口特征、就业情况、住房情况、耐用消费品拥有情况等数据通过问卷方式获取。

Brief Description

In order to satisfy development of urban and rural as a whole, reflect the residents income distribution pattern more comprehensively and accurately, the National Bureau of Statistics carried out reform on the integration of urban and rural household survey, set up a unified survey system, and implemented throughout the whole country from 2013. Since 2014, the yearbook has added all the residents' disposable income and the source data of Ningxia district, 5 cities and 22 counties (city, area) in it, and added all the residents' consumption data. At the same time in order to contrast the historical data, after the completion of the integration of urban and rural household survey, uniformly adjust indicators caliber and historical data.

The survey data of urban and rural residents are based on random sampling method, distributed in 22 counties (districts) range of 328 survey area, from accounting information of 3280 urban and rural residents families. All the residents' disposable income and consumption data are weighted and summed according to the urban and rural residents and living conditions and urbanization rate of Ningxia district and 5 cities, 22 counties (cities, districts), the data of resident population characteristics, employment, housing, consumer durables are obtained through the questionnaire survey.

2021 年居民收入稳步增长

2021 年，自治区党委、政府统筹疫情防控和民生发展，扎实推进“六稳”“六保”，精心部署实施“四大提升行动”，采取积极有力措施稳定市场，做强产业、扩大就业、保障民生，力促城乡居民收入增加。2021 年宁夏全体居民人均可支配收入 27904 元，同比增加 2169 元，增长 8.4%。其中城镇居民可支配收入 38291 元，增长 7.2%；农村居民可支配收入 15337 元，增长 10.4%。城乡居民收入均完成目标任务，实现了“十四五”良好开局。

表 1　宁夏居民人均可支配收入情况表

单位：元

指标名称	全体居民			城镇居民			农村居民		
	2021 年	2020 年	增速	2021 年	2020 年	增速	2021 年	2020 年	增速
可支配收入	27904	25735	8.40%	38291	35720	7.20%	15337	13889	10.40%
工资性收入	16759	15526	7.90%	25908	24273	6.70%	5689	5150	10.50%
经营净收入	4781	4418	8.20%	3660	3465	5.60%	6137	5549	10.60%
财产净收入	867	882	-1.70%	1292	1293	-0.10%	353	393	-10.20%
转移净收入	5498	4909	12.00%	7431	6689	11.10%	3158	2796	12.90%

一、居民收入增长有利因素

（一）就业形势平稳向好

一是各级党委、政府继续落实稳就业政策，提升就业服务水平，通过重大项目开工建设及扩展本地就业务工资源等途径，创造就业机会，增加就业；二是坚持疫情防控与经济发展统筹安排，市场主体经营稳定性和市场活跃度增强，带动城乡居民务工增加；三是稳定就业人员增多，后疫情时代务工人员就业心态有所变化，离职跳槽人员减少，有效就业时间增加。

（二）工资水平有所增加

一是企业经营形势向好，质量效益稳步提高，规模以上工业企业利润大幅增长，带动企业职工工资奖金增加；二是本地务工工资标准提高，调研显示，建筑业用工和设施农业用工日工资水平增加 10 元~20 元左右；三是义务教育阶段教师增资、事业单位绩效工资增加以及社区工作者待遇提高，带动了城乡居民工资性收入增长。

（三）农业产品价格上涨

虽然旱情对农产品产量有所影响，但农产品价格全面上涨，对农村居民农业收入的增加起到了积极作用。一是谷物价格较快上涨，住户收支调查汇总数据显示：2021 年小麦、水稻和玉米出售均价同比分别增长 9.2%、4.5%和 26.5%；二是瓜果枸杞价格明显上涨，与上年相比，西瓜出售价格上涨 40%，有机枸杞和苹果价格上涨 25%和 8%左右；三是青储玉米价格普遍上涨，据调研了解，青储玉米出售价格每吨 550 元左右，同比上涨 10%。

（四）非农收入恢复增长

随着疫情变化和防控措施的精准实施，居民非农经营活动逐步恢复正常，个体工商户和小规模经营户在严格遵守疫情防控要求的前提下，在政府一系列刺激消费、促进旅游政策的引导下，有序恢复经营活动，市场活跃度大幅提升。城乡居民来自于二三产业的收入恢复性增长，经营净收入实现了 8.3%的增长，特别是批发零售业和交通运输业较快恢复，增幅分别达到 14.9%和 24.9%。

（五）民生保障持续跟进

民生投入持续发力，城乡居民转移净收入快速增加，同比增长 12%。通过提高城乡居民医保财政补助标准、二级医疗机构住院费用报销比例、失业保险待遇等一系列措施，加大兜底保障力度；通过上调退休人员和城乡居民养老金标准，加大特殊困难群体参保补助力度，提高残疾人护理及生活补贴标准等，持续关注老弱病残群体；加速产业扶持，加大特色种植、规模养殖等惠农补贴力度，助力乡村振兴。

二、影响收入持续增长不利条件

（一）工资性收入对居民收入增长拉动不足

企业员工和灵活就业人员工资受企业经营状况变动和市场环境变化影响，难以保持稳定增长，对居民收入增长的稳定性支撑不足。2021 年宁夏全体居民工资性收入人均增加 1233 元，对居民增收的贡献率为 56.8%，是近五年来次低（最低为 2020 年的 48.3%）。

（二）非农产业增长还未恢复到正常水平

2021 年，宁夏全体居民来自于二三产业人均收入为 2739 元，同比增长 8.3%，两年平均增长 3.2%，低于正常年份增速。其中城镇居民非农产业人均收入 3299 元，仅比 2019 年高 81 元，两年平均增长 1.2%；农村居民非农产业人均收入 2061 元，比 2019 年高 242 元，两年平均增长 6.4%。

（三）养殖成本增加，牧业收入带动作用减弱

籽粒玉米和青储玉米价格上涨幅度较大，带动饲草料价格同步上涨，养殖户养殖成本增加，同时牛羊肉价格已处于高位，生猪价格大幅度下滑，养殖户畜牧业产品养殖收益减少，养殖风险进一步加大。

（贺俊峰）

2021年宁夏农村居民收入保持两位数增长

2021年自治区党委、政府统筹推进疫情防控和“三农”重点工作发展，持续巩固脱贫攻坚成果，全面推进乡村振兴战略实施，农村居民收入稳步增长。全区农村居民人均可支配收入15337元，比上年增长10.4%，比2019年增长19.3%，两年平均增长9.2%。

一、三大收入助力农村居民收入平稳增长

（一）“稳岗扩岗”促进工资性收入增长10.5%

一是乡村振兴稳步推进，农村人居环境整治、规模化种养殖、农田水利和生态绿化建设等项目带动农村居民就业增加，各市县继续加大农村公益性岗位供给，解决低收入及困难群体就业问题。二是随着企业和经营主体恢复生产经营活动，农民工总量有所增加，比上年增长1.4%，外出务工人员人均从业时间恢复到2019年水平。三是本地务工人员工资水平有所增长，建筑业务工人员和农业用工工资人均增加10—20元左右，企业务工人员月工资上涨100元~200元。企业稳定发展、就业岗位增多、工资水平上涨等因素合力推动宁夏农村居民人均工资性收入达5689元，比上年增长10.5%，比2019年增长14.6%，两年平均增长7.1%，对可支配收入增长的贡献率为37.2%。

（二）一二三产业全面发展带动经营净收入增长10.6%

一是农牧产品出售价格上涨带动农牧业收入增加。玉米、小麦、水稻等谷物价格分别上涨33.4%、10.5%、3.4%，硒砂瓜价格大幅上涨26.8%等，带动农业收入增长9.7%，较2019年增长25.8%，两年平均增长12.2%；牛羊价格及出栏量均有所增长，带动牧业收入增长15.0%，较2019年增长40.2%，两年平均增长18.4%。二是随着疫情逐步得到控制和各项惠企政策加快落实，二三产业恢复良好，农村居民二三产收入增长8.0%，较2019年增长13.3%，两年平均增长6.4%。一二三产业全面发展带动农村居民人均经营净收入增加588元，达到6137元，比上年增长10.6%，较2019年增长23.3%，两年平均增长11.1%，对可支配收入增长的贡献率达40.6%。

（三）惠农政策持续发力拉动转移净收入增长12.9%

一是农村养老金标准上调、残疾人生活补贴提标、社会救济和补助增加等多因素带动农村居民转移性收入增加237元。二是2020年、2021年社保缴纳时间差导致农村居民社保支出大幅下降21.6%，农村居民人均转移性支出减少124元。2021年，农村居民人均转移净收入达3158元，比上年增长12.9%，较2019年增长24.7%，两年平均增长11.7%，对可支配收入增长的贡献率为25.0%。

二、制约农村居民收入持续增长的因素

（一）工资性收入持续增长缺乏后劲

一是农村居民务工人员专业知识及技能缺乏，外出或本地务工工种受限，所从事行业多以建筑小工、农业用工、零时用工等为主，工资水平偏低。二是企业和经营主体分布不均，本地就近务工稳定性差。

（二）经营性收入竞争力不强

一是农牧业作为农村居民收入增长的“主力军”，受自然条件及市场波动影响较大，农牧业持续增收的稳定性较差。2021年宁夏农业受旱情影响严重，粮食减产3.2%，影响农业收入增长。粮食、青饲草等作物价格上涨明显，牧业费用大幅增加，加上生猪价格大幅下跌，牧业收入增长受限。二是非农经营以批发零售、交通运输及住宿餐饮业为主，现代服务业发展相对落后，发展渠道窄，增收空间相对小。

（三）财产性收入增收潜力待挖掘

目前农村居民财产性收入主要以转让承包土地经营权及出租房屋收入为主，利息、红利及保险收益份

额较小，发展潜力有待进一步挖掘，财产性收入渠道有待进一步拓宽。

三、助力农村经济社会持续健康发展的对策建议

一是搭上政策快车，以“四大提升行动”和“九个重点产业”发展为契机，充分挖掘农村旅游资源、特色农产品资源、特色种植养殖等，鼓励扶持农村居民自主创业，发展壮大优势特色龙头企业和农业合作社，激发农村经济社会发展活力，带动就业。

二是整合农村土地、剩余劳动力等资源、发展壮大村集体经济，不断提高农牧业生产标准化、规模化建设，大力发展订单式农业，提升农牧业抵御自然及市场风险的能力，增强产业竞争力。

三是强化农村居民专业技能培训针对性，鼓励农村居民提升专业技能水平，培养一批农牧业生产专业人才，提高农牧业生产的技术含量，帮助拓宽农民工务工渠道。不断提升农民自主增收软实力。

（马仙蓉）

2-1 全体居民家庭基本情况

指标名称	Item	单位	Unit	2013
一、户主文化程度	**Cultural Level of Head of a Household**			
(一)未上过学	No Schooling	%	%	6.1
(二)小学	Primary School	%	%	21.3
(三)初中	Junior Secondary School	%	%	35.9
(四)高中	Senior Secondary School	%	%	18.5
(五)大学专科	Junior College	%	%	11.2
(六)大学本科	Undergraduate College	%	%	6.8
(七)研究生	Postgraduate	%	%	0.3
二、按家庭规模分的住户类型	**Households Type Divided by Family Size**			
(一)一人户	One Person	%	%	3.3
(二)二人户	Two Persons	%	%	18.8
(三)三人户	Three Persons	%	%	30.5
(四)四人户	Four Persons	%	%	23.7
(五)五人户	Five Persons	%	%	13.6
(六)六人及以上户	Six Persons and over	%	%	10.1
三、按世代分的住户类型	**Households Type Divided by Generation**			
(一)一代户	One-Generation Households	%	%	11.8
(二)二代户	Two-Generation Households	%	%	30.4
(三)三代户	Three-Generation Households	%	%	8.9
(四)四代及以上户	Four-Generation Households and over	%	%	0.2
四、住户特征	**Household Characteristics**			
(一)纯老人户	Households of only the old	%	%	12.2
(二)家中有未成年子女户	Households of Couple with Minor Children	%	%	81.8
(三)年轻夫妻无子女户	Households of Young Couple without Children	%	%	0.0
(四)无劳动力户	Households without Labour Force	%	%	6.0
五、住户经营情况	**Household Business Situation**			
(一)生产经营户	Production Business Households	%	%	50.5
农业户	Agriculture	%	%	43.2
农业兼业户	Agriculture and Business Households	%	%	
非农兼业户	Non-agriculture and Business Households	%	%	
非农业户	Non-agriculture Households	%	%	15.6
(二)非生产经营户	Non-production Business Households	%	%	49.6
六、参加医疗保险情况	**Medical Insurance Participation**			
(一)参加城乡居民基本医疗保险	Basic Medical Insurance for Urban and Rural Residents	%	%	74.2
(二)参加城镇职工基本医疗保险	Basic Medical Insurance for Urban Employee	%	%	18.5
(三)商业及其他医疗保险	Commercial and Other Health Insurance	%	%	1.9
(四)没有参加任何医疗保险	Non-joined any Medical Insurance	%	%	5.4

Basic Statistics of Urban and Rural Households

2014	2015	2016	2017	2018	2019	2020	2021
5.8	4.9	4.1	4.2	4.0	4.1	4.3	5.0
19.9	20.5	20.6	20.3	20.2	19.8	20.1	20.1
36.8	37.5	37.9	38.1	36.6	37.2	37.1	38.9
18.4	17.4	18.7	18.8	17.9	17.5	17.1	17.4
11.0	11.9	10.8	10.8	11.0	11.3	11.9	10.3
7.9	7.6	7.6	7.6	9.6	9.4	9.1	7.6
0.3	0.1	0.2	0.2	0.6	0.8	0.5	0.6
3.0	2.7	3.3	3.1	3.4	4.0	3.7	3.7
19.4	20.7	26.2	27.6	28.0	28.9	30.5	33.1
31.3	29.6	31.4	31.4	28.7	27.6	28.1	25.6
23.8	24.9	21.5	20.7	21.5	21.8	20.7	21.1
12.9	12.8	10.7	10.3	10.4	9.4	8.9	8.3
9.6	9.3	6.9	7.0	7.9	8.3	8.1	8.2
23.0	24.3	24.2	24.9	26.4	26.6	27.9	29.8
60.3	59.6	59.8	59.9	58.0	57.7	57.7	56.6
16.3	15.7	15.6	14.8	15.6	15.5	14.0	13.5
0.4	0.4	0.4	0.5	0.0	0.2	0.4	0.1
13.3	15.1	15.1	17.4	15.5	17.9	20.1	22.0
79.8	78.1	79.7	78.5	80.6	78.8	78.3	77.5
1.1	1.2	0.7	0.8	1.8	1.2	0.9	0.1
5.8	5.6	4.5	3.3	2.1	2.2	0.8	0.4
52.0	49.3	36.7	48.4	72.0	49.6	51.5	51.8
81.8	83.3	60.3	59.5	53.2	59.7	56.8	58.6
		7.3	7.6	3.6	6.9	5.4	5.1
		10.0	9.3	4.4	7.1	7.6	5.8
10.2	10.4	33.4	32.6	38.9	34.6	30.7	30.5
48.0	50.7	63.3	51.6	28.0	50.4	48.5	48.2
75.9	77.5	77.9	77.5	80.3	78.5	77.9	79.1
17.9	16.7	17.5	17.7	17.2	18.6	19.3	20.4
4.3	1.6	2.2	2.1	3.0	5.0	5.8	3.6
5.2	4.8	4.1	4.2	2.1	2.3	2.3	0.4

2-2 全体居民家庭就业年龄及学历构成情况

指标名称	Item	单位	Unit
一、基本情况	**Basic Statistics of Households Surveyed**		
(一)户均常住人口	Average Number of Permanent Residents per Household	人/户	person/household
(二)户均常住从业人口	Average Number of Employed Persons per Household	人/户	person/household
(三)平均每户家庭从业人口比重	Proportion of Employed Persons per Household	%	%
(四)平均每一从业人口负担人数	Average Number of Dependency Coefficient per Employed Persons	人	person
(五)由本户供养的在校学生	Supported Students in School by the Family	人/户	person/household
(六)户均整半劳动力人口	Whole and Half Labor Force per Household	人/户	person/household
(七)平均每户家庭整半劳动力人口比重	Proportion of Whole and Half Labor Force per Household	%	%
二、家庭劳动力年龄构成	**Age Composition of Permanent Employed Persons**		
(一)16-19岁	Aged 16-19	%	%
(二)20-24岁	Aged 20-24	%	%
(三)25-29岁	Aged 25-29	%	%
(四)30-34岁	Aged 30-34	%	%
(五)35-40岁	Aged 35-40	%	%
(六)41-50岁	Aged 41-50	%	%
(七)51-60岁	Aged 51-60	%	%
(八)61-65岁	Aged 61-65	%	%
(九)66岁及以上	Aged 66 and over	%	%
三、家庭劳动力文化程度构成	**Composition of Education Level for Labor Force**		
(一)未上过学	No Schooling	%	%
(二)小学	Primary School	%	%
(三)初中	Junior Secondary School	%	%
(四)高中	Senior Secondary School	%	%
(五)大学专科	Junior College	%	%
(六)大学本科及以上	Bachelor Degree or above	%	%
(七)研究生	Graduate Student	%	%
四、常住从业人员就业类型	**Type of Employment of Permanent Employed Persons**		
(一)雇主	Employer	%	%
(二)公职人员	Civil Servants	%	%
(三)事业单位人员	Institution Officers	%	%
(四)国有企业雇员	State-owned Enterprises Employees	%	%
(五)其他雇员	Other Employees	%	%
(六)农业自营	Self-employed of Agriculture	%	%
(七)非农自营	Self-employed of Non-Agriculture	%	%
五、常住从业人员从事主要行业	**Type of Industry for Permanent Employed Persons**		
(一)第一产业	Primary Industry	%	%
(二)第二产业	Secondary Industry	%	%
(三)第三产业	Tertiary Industry	%	%

Composition Statistics of Employment Age and Education for Urban and Rural Households

2013	2014	2015	2016	2017	2018	2019	2020	2021
3.4	3.4	3.4	3.4	3.3	3.4	3.3	3.3	3.3
1.7	1.8	1.7	1.7	1.7	1.7	1.7	1.6	1.6
51.2	53.3	51.4	51.7	51.0	49.6	49.6	48.5	49.7
2.0	1.9	1.9	1.9	2.0	2.0	2.0	2.1	2.0
0.7	0.8	0.8	0.8	0.7	0.7	0.7	0.7	0.8
2.2	2.2	2.2	2.2	2.2	2.2	2.2	2.2	2.2
63.4	63.9	64.4	66.0	66.6	65.9	66.0	67.7	67.9
2.2	2.1	2.0	1.9	1.4	1.3	0.9	0.7	0.6
7.6	6.0	5.5	6.1	4.9	5.0	4.6	4.6	3.2
8.8	7.9	7.9	7.0	6.8	8.7	7.6	5.9	4.9
10.1	10.4	8.7	7.8	7.2	9.7	9.6	9.4	8.4
15.7	15.7	15.6	14.5	13.3	13.3	13.1	12.2	12.9
29.6	30.5	30.9	31.8	32.3	29.7	29.2	27.6	26.5
16.4	17.5	18.7	20.6	22.2	19.8	21.2	23.0	24.9
5.3	5.5	5.5	5.4	5.8	7.1	7.5	7.5	7.1
4.3	4.3	5.1	5.0	6.1	5.5	6.3	8.9	11.4
8.5	8.2	8.3	7.6	7.5	8.9	8.6	9.3	9.4
22.4	21.4	20.9	20.4	20.2	20.6	20.7	20.8	21.2
35.0	35.4	36.3	36.9	36.4	33.8	33.5	33.2	35.0
16.5	16.4	16.1	16.5	16.7	16.0	15.9	15.5	16.1
11.2	11.2	11.3	11.0	11.3	11.4	11.7	12.2	9.8
6.3	7.1	6.7	7.3	7.7	9.0	8.8	8.6	7.9
0.2	0.2	0.4	0.3	0.3	0.5	0.6	0.4	0.5
2.1	1.3	0.4	0.3	0.1	0.5	0.4	0.4	0.2
2.7	3.0	2.3	2.4	2.2	2.1	1.9	1.9	2.0
6.7	6.5	5.5	5.7	5.9	5.4	5.2	4.7	5.2
7.4	6.8	6.9	6.6	6.4	4.3	4.6	4.2	3.4
39.2	40.5	45.4	46.6	48.4	52.2	50.7	52.0	51.0
31.4	30.1	27.9	25.6	24.9	23.1	24.7	24.5	26.4
10.6	11.9	11.6	12.8	12.1	12.4	12.5	12.2	11.7
33.4	32.0	30.5	28.9	28.8	26.4	28.3	28.7	30.4
25.2	24.7	25.7	25.1	24.1	24.4	22.5	21.9	21.5
41.4	43.3	43.8	46.0	47.1	49.2	49.2	49.4	48.1

2-3 全体居民家庭房屋基本情况

指标名称	Item	单位	Unit
一、期末现住房情况	**Current House Condition of Term End**		
(一)人均现住房面积	Per Capita Current Housing Area	平方米/人	sq.m/person
人均自有现住房面积	Per Capita Self-owned Current Housing Area	平方米/人	sq.m/person
户均现住房面积	Per Household Current Housing Area	平方米/户	sq.m/household
户均自有现住房面积	Per Household Self-owned Current Housing Area	平方米/户	sq.m/household
(二)现住房市场价月租金	Monthly Rent of Current Housing	元/人	yuan/person
自有现住房市场价月租金	Monthly Rent of Self-owned Current Housing	元/人	yuan/person
二、期内新购建住房情况	**Newly Bought or Built Residential Buildings Condition During Period**		
(一)新建住房竣工建筑面积	Completing Floor Space of Newly Built Residential Buildings	平方米/人	sq.m/person
(二)新建住房总费用	Total Cost of Newly Built Residential Buildings	元/人	yuan/person
(三)新建住房价值	Value of Newly Built Residential Buildings	元/平方米	yuan/sq.m
三、期末现住房构成	**Current Housing Constitute of Term End**		
(一)本住户居住类型	Residence Type		
其中：普通住宅	General Residence	%	%
(二)本住户居住空间样式	House Construction Space Style		
1.单栋楼房	Single Building	%	%
2.单栋平房	Single Bungalow	%	%
3.四居室及以上单元房	House with Four Bedrooms and Above	%	%
4.三居室单元房	House with Three Bedrooms	%	%
5.二居室单元房	House with Two Bedrooms	%	%
6.一居室单元房	House with One Bedrooms	%	%
7.其他	Others	%	%
(三)主要建筑材料	Main Building Materials		
1.钢筋混凝土	Reinforced Concrete	%	%
2.砖混材料	Brick and Concrete	%	%
3.砖瓦砖木	Brick and Wood	%	%
4.竹草土坯	Bamboo Grass Adobe	%	%
5.其他	Others	%	%
(四)现住房房屋来源	Current Housing Source		
1.租赁公房	Public House Leasing	%	%
2.租赁私房	Private House Leasing	%	%
3.自建住房	Self-built Housing	%	%
4.购买商品房	Commercial Residential Building	%	%
5.购买房改住房	Reformed Housing	%	%
6.购买保障性住房	Security Housing	%	%
7.拆迁安置房	Removal Settlement Housing	%	%
8.继承或获赠住房	Inheritance or Gift Housing	%	%
9.免费借用房	Borrow Housing for Free	%	%
10.其他	Others	%	%
(五)现住房建筑面积	Current Residential Buildings Area		
1.10平方米以内	Less than 10 sq.m	%	%
2.10−20平方米	10-20 sq.m	%	%
3.20−30平方米	20-30 sq.m	%	%
4.30−60平方米	30-60 sq.m	%	%
5.60−90平方米	60-90 sq.m	%	%
6.90−120平方米	90-120 sq.m	%	%
7.120−200平方米	120-200 sq.m	%	%
8.200平方米以上	200 sq.m above	%	%

Basic Statistics of House for Urban and Rural Households

2013	2014	2015	2016	2017	2018	2019	2020	2021
28.4	29.8	30.5	31.7	32.0	31.7	32.5	33.5	33.8
26.7	28.4	29.3	30.6	30.9	30.7	31.5	32.5	33.0
97.0	100.7	102.7	106.2	106.6	106.5	108.4	110.8	110.3
90.9	96.1	98.5	102.6	102.8	102.9	105.0	107.6	107.7
136.5	154.1	162.0	170.9	177.6	178.5	183.7	184.7	190.6
124.4	144.7	154.0	163.4	169.6	171.9	176.8	178.5	185.6
0.9	1.1	0.7	0.6	0.9	0.4	0.4	0.6	
662.9	806.4	584.7	6553.7	746.0	419.3	343.0	529.8	
744.7	702.9	790.2	10459.7	868.1	1076.6	859.7	870.2	
98.6	99.4	98.8	99.3	99.6	100.0	100.0	100.0	100.0
1.8	1.4	2.7	3.2	2.7	1.6	1.3	0.7	0.8
47.6	48.1	46.6	44.2	43.4	40.7	43.8	43.1	42.8
1.2	1.6	1.0	1.8	1.9	1.5	1.2	1.1	1.6
15.1	16.2	17.7	19.6	20.6	24.6	25.0	25.7	22.5
29.2	29.6	28.8	29.7	29.7	26.5	27.6	28.1	30.7
3.5	1.6	2.1	1.0	1.1	1.1	1.0	1.2	1.4
1.5	1.5	1.1	0.5	0.5	4.1	0.0	0.2	0.3
7.8	10.0	11.5	18.2	18.7	36.2	36.1	36.5	37.1
51.2	50.2	51.0	49.0	48.6	34.6	35.8	36.5	36.0
33.9	34.0	33.0	30.5	30.5	28.0	27.1	26.4	26.8
6.5	5.2	3.7	2.1	1.9	1.0	0.8	0.4	
0.6	0.6	0.9	0.3	0.3	0.2	0.2	0.2	0.1
1.0	0.5	0.9	1.1	1.0	0.8	0.7	0.8	0.7
6.7	5.1	3.2	2.3	2.3	2.3	2.3	2.1	1.6
45.8	45.4	44.4	43.0	42.1	43.8	42.9	42.2	42.0
27.8	31.1	33.1	35.5	36.7	39.5	40.0	40.9	41.4
9.0	8.5	8.4	8.5	8.3	2.8	2.7	2.7	1.3
3.5	3.2	2.9	2.5	2.6	2.0	1.7	1.6	2.7
4.0	4.1	3.9	4.6	4.7	7.3	8.2	8.3	9.2
0.3	0.5	0.6	0.4	0.4	0.4	0.5	0.5	0.1
1.7	1.2	1.2	1.0	1.0	0.8	0.7	0.8	0.8
0.3	0.6	1.3	1.1	1.0	0.3	0.2	0.2	0.1
0.2								
1.5	1.1	1.3	0.6	0.2				
0.8	0.8	0.4	0.2	0.2	0.1	0.1	0.0	0.0
14.7	12.3	11.7	11.6	11.4	8.4	7.0	6.0	6.8
33.6	32.2	31.2	29.4	28.8	30.0	28.4	27.9	28.1
32.9	34.8	34.0	33.8	35.0	36.6	38.2	36.7	36.4
14.2	15.7	18.1	20.7	20.8	22.7	23.9	26.6	25.5
2.3	3.1	3.3	3.6	3.5	2.2	2.4	2.8	3.2

2-3 续表

指标名称	Item	单位	Unit
(六)住宅有管道供水情况	Pipeline Water Supplying of Residential Buildings	%	%
1.住宅内管道取水	Pipeline Water Supplying in the Home	%	%
2.住宅内其他方式取水	Other Ways Water Supplying in the Residence	%	%
3.院内管道取水	Pipeline Water Supplying to Public Water Intaking Spot	%	%
4.院内其他方式取水	Other Ways Water Supplying in the Courtyard	%	%
5.其他位置取水	Water Supplying from other locations	%	%
(七)住户厕所类型	Residence Toilet Type	%	%
1.水冲式卫生厕所	Water Flushing Sanitary Toilet	%	%
2.水冲式非卫生厕所	Water Flushing Insanitary Toilet	%	%
3.卫生旱厕	Sanitary Pit Latrine	%	%
4.普通旱厕	General Pit Latrine	%	%
5.无厕所	No Toilet	%	%
(八)住户厕所使用情况	Using Condition of Residence Toilet	%	%
1.本住户独用	Exclusive Use	%	%
2.几户合用	Sharing with Several Households	%	%
3.公用厕所	Public Toilet	%	%
(九)住户洗澡设施情况	Residence Shower Equipment Condition	%	%
1.统一供热水	Unified Supply Hot Water	%	%
2.家庭自装热水器	House Self-Installing Water Heater	%	%
3.其他	Others	%	%
4.无洗澡设施	No Shower Equipment	%	%
(十)住户主要取暖设备状况	Residence Main Heating Equipment Condition	%	%
1.由市政或小区集中供暖	Central Heating by Government or Housing Estate	%	%
2.自行供暖	Self Heating	%	%
3.无取暖设备	No Heating Equipment	%	%
(十一)住户主要取暖用能源状况	Residence Main Heating Energy Condition	%	%
1.柴草	Firewood	%	%
2.煤炭	Coal	%	%
3.罐装液化石油气	Canned Liquefied Petroleum Gas	%	%
4.管道液化石油气	Pipeline Liquefied Petroleum Gas	%	%
5.管道煤气	Pipeline Coal Gas	%	%
6.管道天然气	Pipeline Natural Gas	%	%
7.电	Electricity	%	%
8.燃料用油	Fuel Oils	%	%
9.沼气	Biogas	%	%
10.其他	Others	%	%
11.无取暖行为	No Heating Behavior	%	%
(十二)主要炊用能源状况	Main Condition of Cooking Energy	%	%
1.柴草	Firewood	%	%
2.煤炭	Coal	%	%
3.罐装液化石油气	Canned Liquefied Petroleum Gas	%	%
4.管道液化石油气	Pipeline Liquefied Petroleum Gas	%	%
5.管道煤气	Pipeline Coal Gas	%	%
6.管道天然气	Pipeline Natural Gas	%	%
7.电	Electricity	%	%
8.燃料用油	Fuel Oils	%	%
9.沼气	Biogas	%	%
10.其他	Others	%	%
11.无炊用行为	No Heating Behavior	%	%

continued

2013	2014	2015	2016	2017	2018	2019	2020	2021
100.0								
80.9	81.8	86.6	90.8	91.5	94.8	88.9	90.0	91.7
						1.0	0.9	
0.2	0.3	0.1	0.2	0.2	0.3	7.8	7.6	6.0
						0.9	1.4	
18.9	18.0	13.2	9.1	8.3	4.9	0.1	0.1	2.3
100.0								
52.4	52.6	54.2	56.2	57.2	56.9	62.6	64.8	68.2
0.8	0.7	0.4	0.4	0.4	1.1	2.9	2.4	1.5
2.6	2.9	4.0	3.8	3.7	6.7	3.6	4.2	6.7
43.3	43.1	40.9	39.4	38.5	35.2	30.8	28.5	23.6
0.9	0.7	0.4	0.2	0.2	0.1	0.1	0.1	
100.0								
96.3	97.4	96.6	97.8	98.2	99.0	99.1	99.3	99.6
2.5	1.6	2.4	1.5	1.1	0.7	0.8	0.5	0.2
1.2	1.0	1.0	0.7	0.7	0.3	0.2	0.2	0.2
100.0								
3.4	3.2	2.7	3.1	2.9	3.0	1.1	1.3	1.1
53.7	55.7	63.6	73.6	76.7	89.1	91.3	91.4	95.8
8.7	8.2	6.1	3.5	3.2	1.8	2.9	2.8	1.8
34.3	33.0	27.6	19.9	17.2	6.0	4.6	4.4	1.3
100.0								
49.3	49.5	49.8	50.2	51.7	47.1	47.4	48.3	48.9
46.1	45.9	47.6	47.5	46.5	51.9	52.0	51.2	51.0
4.7	4.6	2.6	2.2	1.8	1.0	0.6	0.4	0.0
100.0								
1.4	1.0	0.9	0.8	0.8	0.2	0.1		0.1
93.7	47.9	47.8	48.2	42.5	44.6	42.2	41.8	42.1
0.6	0.3	0.1	0.0	0.0				
0.1	0.1	0.0	0.2	0.2	0.2			
0.2	0.1	0.0			0.2			
3.0	1.1	3.5	3.1	3.3	8.6	8.7	8.8	8.3
0.6	4.5	0.4	1.7	0.8	0.6	1.1	0.9	0.5
0.0								
0.1	2.3	5.6	3.4	7.3	13.5	0.1	0.0	0.1
0.3	42.7	41.6	42.6	45.1	32.0	47.7	48.5	48.9
100.0								
9.5	8.6	5.4	3.5	4.0	4.2	1.8	1.1	0.7
18.3	18.8	18.1	16.6	15.2	13.4	9.9	8.4	3.9
15.6	11.2	12.3	11.7	10.8	9.3	9.3	9.8	10.6
0.2	0.2	0.2	0.2	0.2	0.1	0.1	0.1	
0.2	0.1	0.1	0.1	0.1	0.4	0.4	0.1	
30.2	34.1	35.4	38.2	39.4	44.6	46.0	46.9	45.3
25.8	26.8	28.4	29.0	30.0	27.8	32.3	33.4	39.5
					0.1	0.1		
0.0	0.0	0.0			0.0	0.0	0.0	0.0
0.1	0.1		0.0		0.1			
0.1	0.1		0.6	0.3	0.1	0.2	0.1	

2-4 全体居民年末拥有生产性固定资产情况

指标名称	Item	单位	Unit
年末生产性固定资产原价	**Original Price of Productive Fixed Assets Year-end**	**元/户**	**yuan/household**
(一)第一产业固定资产原价	**The Primary Industry**	**元/户**	**yuan/household**
1.农业固定资产原价	Agricultural	元/户	yuan/household
2.林业固定资产原价	Forestry	元/户	yuan/household
3.牧业固定资产原价	Animal Husbandry	元/户	yuan/household
4.渔业固定资产原价	Fishery	元/户	yuan/household
5.农林牧渔专业及辅助性活动固定资产原价	Agriculture, Forestry, Animal Husbandry, Fishery and Auxiliary Activities	元/户	yuan/household
(二)第二产业固定资产原价	**The Secondary Industry**	**元/户**	**yuan/household**
1.采矿业固定资产原价	Mining Industry	元/户	yuan/household
2.制造业固定资产原价	Manufacturing Industry	元/户	yuan/household
3.电力热力燃气及水生产和供应业	Production and Supply of Electric, Heat, Gas and Water	元/户	yuan/household
4.建筑业固定资产原价	Construction Industry	元/户	yuan/household
(三)第三产业固定资产原价	**The Tertiary Industry**	**元/户**	**yuan/household**
1.批发和零售业	Wholesales and Retail Trade	元/户	yuan/household
2.交通运输仓储和邮政业	Transportation, Warehousing and Postal Services	元/户	yuan/household
3.住宿和餐饮业	Hotel and Catering Sectors	元/户	yuan/household
4.房地产业	Real Estate	元/户	yuan/household
5.租赁和商务服务业	Leasing and Business Service	元/户	yuan/household
6.居民服务修理和其他服务业	Residential Services, Repair and Other Services	元/户	yuan/household
7.其他行业	Others	元/户	yuan/household
年末主要生产性固定资产数量	**Quantity of Main Productive Fixed Assets Year-end**		
1.农业生产性用房及建筑物	House and Buildings for Agricultural Production	平方米/百户	sq.m/100 households
2.大中型农用拖拉机	Large and Medium Agrimotor	辆/百户	unit/100 households
3.小型农用拖拉机	Small Agrimotor	辆/百户	unit/100 households
4.农用排灌动力机械	Drainage and Irrigation Power Machinery for Agriculture	台/百户	unit/100 households
5.插秧机	Rice Transplanter	台/百户	unit/100 households
6.收割机	Harvesting Implements	台/百户	unit/100 households
7.脱粒机	Threshing Machine	台/百户	unit/100 households
8.产品畜	Livestock Products	头/百户	unit/100 households
9.其他农业机械	Other Agricultural Machinery	台/百户	unit/100 households

Ownership of Productive Fixed Assets for Urban and Rural Households Year-end

2013	2014	2015	2016	2017	2018	2019	2020	2021
20521.6	**20078.5**	**22091.8**	**23002.5**	**23541.9**	**34362.9**	**35413.0**	**37625.6**	**32568.6**
7389.8	**8695.4**	**7570.6**	**7696.7**	**8742.4**	**11139.4**	**14139.7**	**14582.6**	**13180.2**
4929.6	5933.0	5289.7	5378.8	5635.4	5406.1	6022.6	5386.1	5511.3
8.6	39.7	7.4	1.6	3.8	14.4	59.9	68.8	6.1
2290.7	2581.1	1953.2	1947.7	2755.9	4707.0	6338.4	7638.2	7490.1
0.0	0.0	0.0	10.3	10.3	0.0	0.0	0.0	0.0
160.8	141.6	320.4	358.3	337.1	1011.9	1718.7	1489.6	172.6
1060.9	**1139.5**	**1680.2**	**1378.6**	**872.8**	**3346.0**	**3602.0**	**4149.4**	**1022.0**
0.0	120.3	4.0	20.8	20.9	257.5	212.2	323.9	**0.0**
341.5	243.1	121.5	414.9	370.5	140.1	128.2	113.2	220.3
0.9	0.0	0.0	0.0	0.0	0.0	1.2	0.0	
718.5	776.1	1554.6	942.8	481.4	2948.4	3260.4	3712.2	801.6
12070.9	**10243.6**	**12841.0**	**13927.3**	**13926.7**	**19877.6**	**17671.4**	**18893.6**	**18366.4**
4397.7	2963.2	5714.8	2755.5	3358.5	3387.9	3340.9	3978.8	6044.7
6326.1	5949.6	5606.5	7852.3	7776.5	7926.3	8770.8	9199.2	9421.2
357.5	115.0	376.6	463.0	655.4	5853.5	2890.6	2829.6	1020.5
26.7	15.1	10.2	178.4	1073.3	0.0	0.0	0.0	
248.4	320.1	371.8	1894.2	113.5	559.9	109.6	97.7	79.4
581.8	769.5	734.2	770.4	813.3	1316.1	1597.5	1963.4	1302.4
132.8	111.0	26.9	13.6	136.2	833.8	961.9	824.8	498.3
2017.6	2307.2	3672.3	3045.1	2948.0	2900.3	3284.4	3207.2	3641.0
2.3	2.9	2.2	2.6	2.9	2.6	2.4	1.9	2.2
25.3	25.7	24.5	24.3	23.1	19.3	19.2	18.3	19.8
0.7	1.1	0.5	0.6	0.8	0.3	0.4	0.3	0.6
0.3	0.3	0.2	0.1	0.1	0.0	0.0	0.0	0.0
0.9	1.5	1.7	1.7	1.7	1.0	0.7	0.5	0.4
1.6	1.9	1.8	1.3	1.6	2.1	1.9	2.0	2.9
22.9	17.7	10.0	8.1	29.3	38.1	62.1	157.9	45.1
-	-	6.5	10.1	10.5	13.5	16.1	17.0	18.7

2-5 全体居民家庭经营土地及农作物种植情况

指标名称	Item	单位	Unit
期末实际经营的土地面积	**Area of Cultivated Land at Year-end**	**亩/人**	**mu/person**
耕地	Arable Land	亩/人	mu/person
有效灌溉面积	Effective Irrigated Area	亩/人	mu/person
林地、园地	Woodland, Garden	亩/人	mu/person
牧草地	Grass Land	亩/人	mu/person
养殖水面	Aquaculture	亩/人	mu/person
粮食播种面积	**Grain Sown Area**	**亩/人**	**mu/person**
小麦	Wheat	亩/人	mu/person
水稻	Rice	亩/人	mu/person
玉米	Corn	亩/人	mu/person
豆类	Soybeans	亩/人	mu/person
薯类	Tubers	亩/人	mu/person
经济作物播种面积	**Sown Area of Economy Crops**	**亩/人**	**mu/person**
油料	Bearing	亩/人	mu/person
蔬菜	Vegetable	亩/人	mu/person
设施蔬菜设施蔬菜	Facilities Vegetables	亩/人	mu/person
水果	Fruits	亩/人	mu/person
设施水果	Facilities Fruit	亩/人	mu/person
机耕面积	**Machine-cultivated Area**	**亩/人**	**mu/person**
机播面积	**Mechanical Sowing Area**	**亩/人**	**mu/person**
机收面积	**Mechanical Harvesting Area**	**亩/人**	**mu/person**
机电灌溉面积	**Electromechanical Irrigation Area**	**亩/人**	**mu/person**
主要农产品产量	**Output of Major Agricultural Products**		
谷物产量	Cereal	公斤/人	kg/person
小麦产量	Wheat	公斤/人	kg/person
稻谷产量	Rice	公斤/人	kg/person
玉米产量	Corn	公斤/人	kg/person
薯类产量	Tubers	公斤/人	kg/person
豆类产量	Soybeans	公斤/人	kg/person
油料产量	Bearing	公斤/人	kg/person

Basic Statistics of Land Managed and Farm Crop Planting for Urban and Rural Households

2013	2014	2015	2016	2017	2018	2019	2020	2021
2.32	**2.56**	**2.29**	**2.40**	**2.23**	**2.31**	**2.43**	**2.23**	**2.14**
1.86	1.83	1.80	2.01	1.90	1.96	2.01	1.77	1.80
0.97	0.95	1.00	1.06	1.03	1.03	1.16	0.99	0.93
0.16	0.22	0.16	0.31	0.25	0.22	0.27	0.26	0.23
0.30	0.51	0.33	0.08	0.08	0.13	0.16	0.19	0.10
0.00	0.00	0.00	0.00	0.00	0.00	0.00	0.00	0.00
1.22	**1.23**	**1.35**	**1.37**	**1.26**	**1.25**	**1.39**	**1.25**	**1.25**
0.21	0.22	0.20	0.24	0.22	0.20	0.19	0.13	0.13
0.26	0.19	0.21	0.30	0.26	0.14	0.15	0.09	0.04
0.63	0.68	0.81	0.71	0.65	0.80	0.95	0.92	0.92
0.01	0.01	0.02	0.02	0.04	0.02	0.02	0.01	0.05
0.12	0.12	0.10	0.11	0.10	0.08	0.08	0.11	0.11
0.17	**0.19**	**0.14**	**0.20**	**0.26**	**0.30**	**0.29**	**0.25**	**0.27**
0.08	0.08	0.06	0.09	0.05	0.08	0.05	0.05	0.04
0.04	0.04	0.04	0.05	0.05	0.11	0.10	0.07	0.06
0.02	0.01	0.02	0.01	0.01	0.01	0.01	0.01	0.02
0.04	0.06	0.04	0.05	0.15	0.11	0.14	0.13	0.17
0.01	0.02	0.01	0.00	0.01	0.00	0.00	0.00	0.01
1.35	**1.35**	**1.37**	**1.55**	**1.38**	**1.63**	**1.72**	**1.52**	**1.46**
1.08	**1.09**	**1.14**	**1.26**	**1.15**	**1.22**	**1.50**	**1.30**	**1.34**
0.67	**0.62**	**0.73**	**0.92**	**0.82**	**0.94**	**1.12**	**0.83**	**0.89**
0.08	**0.02**	**0.15**	**0.15**	**0.21**	**0.22**	**0.16**	**0.17**	**0.24**
588.35	626.40	610.67	657.71	564.86	725.84	809.59	790.16	634.88
39.34	42.94	48.07	49.66	48.77	46.53	46.20	34.93	22.30
153.33	102.44	96.50	183.64	148.06	83.79	86.88	46.86	26.60
388.36	469.42	453.20	411.84	356.32	568.68	666.54	702.87	583.18
30.57	39.38	24.69	21.47	25.73	16.28	21.72	34.30	21.45
2.33	2.69	5.45	5.13	4.72	2.30	2.57	1.38	6.62
7.81	9.32	6.83	11.01	5.65	5.88	5.46	4.02	2.28

2-6 全体居民家庭主要食品消费数量

单位：公斤/人

指标名称	Item	2013	2014
一、粮食消费量	**Grain**	**150.4**	**136.8**
(一)谷物消费量	Cereal	143.8	129.9
1.小麦	Wheat	89.7	78.8
2.稻谷	Rice	49.8	47.3
3.玉米	Corn	1.5	1.5
4.其他谷物	Others	2.8	2.3
(二)薯类消费量	Tubers	3.0	2.8
1.红薯	Sweet Potato	0.2	0.3
2.马铃薯	Potato	2.4	2.2
3.其他薯类	Others	0.4	0.3
(三)豆类消费量	Beans	3.6	4.1
1.大豆	Soybeans	0.2	0.1
2.其他豆类	Others	3.5	4.0
二、蔬菜及菜制品消费量	**Vegetables and Processed Products**	**88.2**	**87.8**
其中：鲜菜	Fresh Vegetables	86.9	86.2
三、肉禽及其制品	**Meat, Poultry and Processed Products**	**21.1**	**22.9**
1.猪肉	Pork	8.4	8.3
2.牛肉	Beef	3.4	3.2
3.羊肉	Mutton	3.8	4.0
4.家禽	Poultry	5.5	6.5
5.其他肉禽及制品	Others	-	1.1
四、蛋类及蛋制品	**Eggs and Processed Products**	**4.6**	**5.1**
五、奶和奶制品	**Milk and Processed Products**	**17.0**	**17.1**
六、水产品	**Aquatic Products**	**2.7**	**2.6**
其中：鱼类	Fish	2.2	2.1
七、油脂类消费量	**Grease**	**10.6**	**10.5**
1.植物油	Vegetable Oil	10.5	10.4
2.动物油	Animal Oil	0.1	0.1
八、糖果糕点类	**Confection and Pastry**	**-**	**4.1**
九、干鲜瓜果类	**Melon and Fruits**	**27.8**	**62.6**
1.鲜瓜果	Melons	27.8	58.5
2.瓜果制品	Watermelon	-	0.7
3.坚果类	Nuts	-	3.4
十、消费茶叶	**Tea Leaves**	**0.2**	**0.2**
十一、酒	**Liquor**	**3.6**	**3.9**
1.白酒	White Spirit	0.7	0.7
2.啤酒	Beer	2.8	3.1
3.果酒	Fruit Wine	0.1	0.1

Consumption Quantity of Major Foods for Urban and Rural Households

(kg/person)

2015	2016	2017	2018	2019	2020	2021
131.1	**123.1**	**111.2**	**112.1**	**106.7**	**115.6**	**121.0**
123.9	115.3	104.4	105.4	99.7	107.9	113.4
76.4	70.0	62.5	63.8	60.4	65.7	68.1
44.3	41.0	39.3	37.6	35.6	38.9	41.4
1.1	0.9	0.5	1.0	1.1	1.1	1.5
2.1	3.3	2.2	3.0	2.5	2.2	2.4
3.0	3.1	2.5	2.7	2.5	2.7	2.5
0.3	0.3	0.3	0.3	0.4	0.4	0.5
2.2	2.3	1.9	2.0	1.7	1.9	1.5
0.5	0.4	0.4	0.4	0.4	0.4	0.4
4.2	4.7	4.3	4.0	4.6	5.0	5.1
0.1	0.1	0.1	0.1	0.1	0.1	0.1
4.1	4.6	4.2	3.9	4.5	4.9	5.0
87.6	**89.4**	**87.2**	**87.5**	**88.8**	**88.8**	**97.7**
85.8	87.4	85.4	85.8	86.9	86.8	95.4
23.1	**22.7**	**21.7**	**23.0**	**24.0**	**24.7**	**29.3**
7.1	6.7	6.3	7.0	6.3	5.8	8.0
3.5	3.5	3.6	4.1	4.8	4.9	5.7
5.4	5.3	4.7	4.1	4.1	4.4	5.0
6.0	6.1	6.0	6.8	7.7	8.4	9.2
1.2	1.2	1.1	1.0	1.1	1.1	1.3
6.0	**5.5**	**5.5**	**5.9**	**6.2**	**7.4**	**7.6**
15.5	**14.4**	**13.4**	**13.5**	**14.6**	**13.5**	**15.4**
2.6	**2.8**	**2.6**	**2.5**	**3.0**	**2.9**	**2.8**
1.9	2.1	1.9	1.9	2.1	2.0	1.8
8.7	**8.3**	**7.7**	**7.2**	**7.6**	**8.5**	**9.4**
8.6	8.2	7.6	7.1	7.5	8.4	9.4
0.0	0.0	0.0	0.1	0.1	0.1	0.0
4.1	**4.0**	**3.7**	**4.2**	**4.2**	**4.2**	**4.9**
64.9	**72.0**	**71.2**	**78.7**	**79.2**	**73.3**	**80.6**
60.3	66.8	66.8	74.0	74.7	69.2	76.0
0.9	1.1	1.0	1.1	1.0	1.0	1.1
3.7	4.1	3.4	3.6	3.5	3.2	3.5
0.2	**0.2**	**0.2**	**0.2**	**0.3**	**0.3**	**0.3**
3.9	**3.3**	**2.9**	**2.4**	**2.5**	**2.6**	**3.1**
0.7	0.6	0.5	0.5	0.6	0.5	0.7
3.1	2.6	2.3	1.8	1.8	2.0	2.3
0.2	0.1	0.1	0.1	0.1	0.1	0.1

2-7 全体居民家庭主要产品出售情况

指标名称		Item		单位	Unit	2013
谷物	数量	Cereal	Quantity	公斤/人	kg/person	391.5
	金额		Amount	元/人	yuan/person	873.4
小麦	数量	Wheat	Quantity	公斤/人	kg/person	14.5
	金额		Amount	元/人	yuan/person	35.3
稻谷	数量	Rice	Quantity	公斤/人	kg/person	121.7
	金额		Amount	元/人	yuan/person	312.6
玉米	数量	Corn	Quantity	公斤/人	kg/person	244.7
	金额		Amount	元/人	yuan/person	502.5
薯类	数量	Soybeans	Quantity	公斤/人	kg/person	22.1
	金额		Amount	元/人	yuan/person	114.7
豆类	数量	Tubers	Quantity	公斤/人	kg/person	5.1
	金额		Amount	元/人	yuan/person	17.7
油料	数量	Bearing	Quantity	公斤/人	kg/person	3.5
	金额		Amount	元/人	yuan/person	17.5
蔬菜及食用菌	数量	Vegetables and Edible Fungi	Quantity	公斤/人	kg/person	100.7
	金额		Amount	元/人	yuan/person	211.6
瓜类	数量	Melons	Quantity	公斤/人	kg/person	94.0
	金额		Amount	元/人	yuan/person	104.3
园林水果	数量	Fruits	Quantity	公斤/人	kg/person	16.3
	金额		Amount	元/人	yuan/person	57.0
中药材	数量	Medicinal Materials	Quantity	公斤/人	kg/person	5.0
	金额		Amount	元/人	yuan/person	127.9
林木种苗	数量	Wood and Germchit	Quantity	公斤/人	kg/person	10.4
	金额		Amount	元/人	yuan/person	44.4
肉猪	头数(头)	Hog	Count (head)	头/人	head/person	0.1
	毛重		Gross Weight	公斤/人	kg/person	6.8
	金额		Amount	元/人	yuan/person	108.4
自宰猪	数量	Homestead Hog	Quantity	公斤/人	kg/person	0.4
	金额		Amount	元/人	yuan/person	10.5
肉牛	头数(头)	Cattle	Count (head)	头/人	head/person	0.0
	毛重		Gross Weight	公斤/人	kg/person	13.9
	金额		Amount	元/人	yuan/person	398.0
自宰牛	数量	Homestead Cattle	Quantity	公斤/人	kg/person	0.2
	金额		Amount	元/人	yuan/person	6.6
菜羊	只数(只)	Sheep	Count (head)	只/人	head/person	0.3
	毛重		Gross Weight	公斤/人	kg/person	7.8
	金额		Amount	元/人	yuan/person	218.2
自宰羊	数量	Homestead Sheep	Quantity	公斤/人	kg/person	0.1
	金额		Amount	元/人	yuan/person	7.0
家禽	重量	Poultry	Weight	公斤/人	kg/person	0.6
	金额		Amount	元/人	yuan/person	14.6
蛋类	数量	Eggs	Quantity	公斤/人	kg/person	3.1
	金额		Amount	元/人	yuan/person	24.0
畜皮	数量(张)	Fur	Quantity (piece)	张/人	piece/person	0.0
	金额		Amount	元/人	yuan/person	2.3
毛绒	数量	Wool	Quantity	公斤/人	kg/person	0.3
	金额		Amount	元/人	yuan/person	3.3
奶类	数量	Milk	Quantity	公斤/人	kg/person	73.8
	金额		Amount	元/人	yuan/person	241.6
鱼类	数量	Fish	Quantity	公斤/人	kg/person	1.5
	金额		Amount	元/人	yuan/person	12.6

Basic Statistics of Sales of Main Products for Urban and Rural Households

2014	2015	2016	2017	2018	2019	2020	2021
396.3	384.2	600.8	427.0	475.0	452.5	416.7	272.8
873.1	860.2	1120.1	861.2	933.1	900.0	844.1	684.5
8.1	13.4	21.5	24.8	20.8	16.4	17.3	7.6
20.8	37.8	51.5	61.7	51.3	39.6	44.5	21.4
99.4	93.9	149.8	121.2	70.2	78.7	15.1	14.4
251.6	270.8	389.6	336.8	181.4	192.3	40.5	40.4
280.5	268.8	422.5	276.5	380.7	334.7	379.7	248.0
578.1	525.8	660.9	450.9	692.4	602.8	743.1	613.9
22.9	19.8	12.6	13.9	14.5	13.3	21.2	14.7
100.6	80.4	67.9	52.9	58.2	67.8	109.1	57.7
2.8	5.2	4.9	2.1	2.6	2.5	1.4	0.9
11.0	16.0	16.2	7.7	11.1	8.6	5.3	4.0
4.2	3.4	5.4	1.9	4.6	1.8	0.8	0.6
16.3	16.7	17.6	6.6	20.4	7.6	3.1	3.7
111.5	137.4	152.4	154.8	195.7	252.2	212.5	263.3
167.0	273.8	217.2	235.0	294.2	310.7	406.4	507.5
136.8	104.2	137.2	149.2	142.8	154.3	131.6	67.9
121.1	110.1	129.6	102.2	159.6	125.3	126.8	145.5
31.8	29.5	44.2	16.7	17.6	57.3	18.0	40.4
71.9	68.3	97.0	99.1	48.0	127.1	71.9	116.1
6.4	6.7	6.7	22.0	3.2	2.2	1.6	3.1
181.9	205.1	173.2	154.0	70.8	59.8	33.8	97.5
8.6	13.5	6.6	3.6	10.6	8.8	10.7	7.2
27.2	58.9	44.8	40.1	65.2	83.7	45.1	42.6
0.1	0.1	0.1	0.1	0.1	0.1	0.1	0.0
9.7	10.5	6.1	7.4	17.9	19.6	12.5	5.3
132.1	166.5	113.0	114.9	255.1	327.3	392.6	94.4
0.5	0.5	0.5	1.0	2.6	1.1	0.8	3.7
12.0	12.3	14.5	30.6	89.5	39.9	44.6	91.9
0.0	0.0	0.0	0.0	0.1	0.1	0.1	0.1
14.6	13.3	13.4	18.0	24.1	30.7	34.4	41.6
426.7	365.9	375.0	480.8	644.2	907.0	1141.6	1437.5
0.1	0.2	1.0	0.3	0.6	0.4	0.2	1.1
2.6	7.5	52.0	16.7	27.1	23.5	15.9	66.7
0.2	0.3	0.6	0.5	0.4	0.5	0.3	0.3
5.4	7.4	17.4	15.5	13.4	13.2	14.4	12.8
150.3	159.1	334.8	322.7	331.0	368.3	448.5	408.5
0.1	0.1	0.5	0.3	0.4	0.5	0.3	0.5
5.6	4.0	20.3	13.7	20.8	29.0	17.0	34.3
2.6	1.4	1.3	2.2	11.0	4.3	5.4	5.9
24.2	26.9	19.2	27.9	147.4	72.4	100.1	122.1
6.8	20.0	10.6	6.8	1.3	0.9	3.8	15.2
63.3	144.2	74.4	43.5	10.6	7.5	24.5	134.6
0.0	0.0	0.0	0.0	0.1	0.0	0.0	0.0
1.3	0.8	0.9					
0.3	0.4	0.5	0.2	0.4	0.4	0.6	0.8
4.2	2.7	3.9	2.1	13.9	20.1	10.3	21.2
70.9	12.7	1.8	2.4	0.3			23.1
236.2	24.4	4.2	5.9	0.7			87.5
	0.1	2.6	4.6	0.3			
	0.9	29.2	50.2	4.7			

2-8 全体居民家庭平均每人购买主要商品数量

指标名称	Item	单位	Unit	2013
粮食	Grain	公斤	kg	316.7
蔬菜和食用菌	Vegetables and Edible Fungi	公斤	kg	78.1
食用植物油	Edible Vegetable Oil	公斤	kg	7.6
猪肉	Pork	公斤	kg	5.4
牛羊肉	Beef and Mutton	公斤	kg	6.4
禽类	Poultry	公斤	kg	4.9
鲜蛋	Fresh Eggs	公斤	kg	4.0
鱼	Fish	公斤	kg	2.2
糖果糕点类	Candy and Cake	公斤	kg	3.4
卷烟	Cigarette	盒	pack	20.3
酒类	Liquor	公斤	kg	3.6
水	Water	吨	ton	16.8
电	Electricity	度	kWh	359.7
煤炭	Coal	公斤	kg	211.0
液化石油气	Liquefied Petroleum Gas	公斤	kg	3.5
管道天燃气	Pipeline Natural Gas	立方米	cu.m	19.3

注：1.从2010年起粮食包括大米、面粉和其他粮食及制品。
2.从2010年起禽类包括鸡、鸭和其他禽类及制品。
3.从2010年起鲜蛋不包含蛋制品。
4.从2010年起酒类包括白酒、果酒、啤酒和其他酒。

Per Capita Annual Purchases of Major Commodities for Urban and Rural Households

2014	2015	2016	2017	2018	2019	2020	2021
354.9	381.8	365.9	341.5	364.3	365.0	398.7	434.0
79.9	81.2	82.2	79.3	82.0	83.1	82.7	89.7
8.1	8.1	7.7	7.2	6.7	7.1	8.1	9.1
5.7	5.7	5.5	5.5	6.0	5.4	5.0	7.2
6.4	7.9	8.0	7.5	7.7	8.3	8.4	9.7
5.4	5.3	5.3	5.1	6.0	6.8	7.4	7.9
4.8	5.4	5.2	5.1	5.6	5.8	6.9	7.0
2.1	1.9	2.1	1.9	1.9	2.1	2.0	1.8
4.1	4.1	4.0	3.7	4.2	4.2	4.2	4.9
21.4	20.4	20.6	20.6	21.8	24.3	24.9	27.5
3.9	3.9	3.3	2.9	2.4	2.5	2.6	3.1
18.7	20.3	20.4	19.7	20.2	18.5	21.8	25.9
391.4	406.1	416.8	436.4	412.3	401.3	423.9	480.4
238.6	241.8	222.3	217.9	244.2	225.4	220.5	192.0
2.8	3.7	2.7	2.9	1.8	1.6	1.7	1.9
20.7	24.6	33.5	34.0	40.8	43.9	45.8	49.5

Notes: a)Data in the table of Grain includes rice and flour since 2010.
b)Data in the table of Poultry includes chickens and ducks since 2010.
c)Data in the table of Fresh Eggs does not include egg products since 2010.
d)Data in the table of Liquor includes liquor, fruit wine and beer since 2010.

2-9 全体居民家庭分行业人均可支配收入情况

单位：元/人

指标名称	Item	2013
可支配收入	**Disposable Income**	**14565.8**
(一)工资性收入	Income from Wages and Salaries	8836.3
(二)经营净收入	Net Business Income	2991.7
1.第一产业经营净收入	The Primary Industry	1456.4
(1)农业	Agriculture	1055.3
(2)林业	Forestry	23.6
(3)牧业	Animal Husbandry	313.8
(4)渔业	Fishery	11.3
2.第二产业经营净收入	The Secondary Industry	245.2
(1)工业	Industry	40.7
(2)建筑业	Construction Industry	204.5
3.第三产业经营净收入	The Tertiary Industry	1290.2
(1)交通运输业	Transportation Industry	402.2
(2)批发零售和住宿餐饮业	Wholesales, Retail Trade, Hotel and Catering Sectors	672.5
(3)社会服务业	Social Services	171.0
(4)其他家庭经营	Others	44.5
(三)财产净收入	Net Income from Property	474.1
1.红利收入	Dividend Income	10.7
#2.转让承包土地经营权租金收入	Rental Income from the Management Rights Transfer of Land Contracted	37.5
(四)转移净收入	Net Income from Transfer	2263.6
#1.养老金或离退休金	Pension or Retirement Benefits	2240.0
2.报销医疗费	Reimbursement of Medical Expenses	86.1
3.政策性惠农补贴	Political Subsidy Supporting Agriculture	142.3
现金可支配收入	**Cash Disposable Income**	
实物可支配收入	**Physical Disposable Income**	

Basic Statistics of Disposable Income for Urban and Rural Households by Sector

(yuan/person)

2014	2015	2016	2017	2018	2019	2020	2021
15906.8	**17329.1**	**18832.3**	**20561.7**	**22400.4**	**24411.9**	**25734.9**	**27904.5**
9612.7	10395.5	11238.9	12270.3	13440.8	14887.5	15526.3	16759.2
3161.0	3255.8	3359.7	3628.2	3958.2	4198.0	4418.4	4781.0
1446.2	1473.7	1416.6	1474.2	1578.4	1625.9	1889.4	2041.9
1126.6	1124.1	1032.5	1056.1	1141.3	1099.7	1280.7	1403.8
13.1	51.1	39.1	33.0	36.5	51.9	34.0	33.1
306.5	297.7	337.5	375.3	395.8	474.3	574.7	605.2
0.0	0.7	7.6	9.7	4.7	0.0	0.0	-0.1
274.7	293.0	335.8	358.2	407.0	441.3	417.9	328.9
62.4	68.5	51.2	48.4	48.9	51.2	29.7	37.4
212.3	224.6	284.7	309.8	358.1	390.2	388.2	291.6
1440.1	1489.1	1607.2	1795.8	1972.8	2130.7	2111.1	2410.1
440.3	316.2	387.6	438.4	476.6	548.8	581.3	725.8
761.5	826.7	955.0	1070.1	1032.0	1073.8	1048.5	1171.2
145.4	232.4	214.1	197.2	340.9	363.1	373.2	354.3
92.9	113.7	50.5	90.0	123.2	145.0	108.1	158.8
589.9	645.5	792.0	819.8	885.1	944.0	881.7	866.7
11.9	15.0	29.1	14.1	142.5	133.9	66.8	75.1
51.4	83.3	119.1	123.2	167.6	185.2	201.8	207.9
2543.2	3032.3	3441.7	3843.3	4116.3	4382.4	4908.5	5497.6
2532.1	3132.3	3657.3	4138.9	4162.3	4456.0	4950.4	5469.9
82.2	82.5	87.3	367.0	563.4	528.3	505.6	528.4
176.0	196.1	281.3	240.9	311.5	326.0	373.1	410.0
15051.9	**16549.0**	**18231.1**	**19840.5**	**21773.2**	**23631.2**	**24941.6**	**26882.9**
854.9	**780.1**	**601.2**	**721.2**	**627.2**	**780.7**	**793.3**	**1021.6**

2-10 全体居民人均生活消费支出情况

单位：元/人

指标名称	Item	2013
生活消费支出	**Living Expenditure**	**11292.0**
(一)食品烟酒	Food, Tobacco and Liquor	3226.2
#粮食	Grain	490.5
油脂	Oil and Fats	133.4
肉禽及制品	Meat, Poultry and Processed Products	677.8
蛋	Eggs	41.4
水产品	Aquatic Products	46.1
蔬菜	Vegetables	316.1
烟草	Tobacco	171.1
酒和饮料	Liquor and Beverages	119.2
奶及奶制品	Milk and Processed Products	154.8
(二)衣着	Clothing	1022.9
#服装	Garments	790.6
(三)居住	Residence	2036.2
#住房维修及管理	Housing Maintenance and Management	416.8
水电燃料及其他	Water, Electricity, Fuels and Others	568.8
(四)生活用品及服务	Household Facilities, Articles and Services	762.9
#家用器具	Home Appliances	170.5
家具及室内装饰品	Articles for Interior Decoration	189.4
家用纺织品	Bed Articles	69.8
家庭日用杂品	Household Articles for Daily Use	169.0
(五)交通通信	Transport and Communications	1577.3
#交通	Transport	1127.7
通信	Communications	448.4
(六)教育文化娱乐	Education, Culture and Recreation	1273.0
文化娱乐	Culture and Recreation	304.3
#教育	Education	759.4
(七)医疗保健	Health Care and Medical Services	1066.1
#医疗器具及药品	Medical Instrument and Medicine	373.1
(八)其他用品及服务	Other Commodities and Services	327.5
服务性消费支出	**Consumption Expenditure for Service**	
商品性消费支出	**Consumption Expenditure for Commodity**	

Per Capita Living Expenditure for Urban and Rural Residents

(yuan/person)

2014	2015	2016	2017	2018	2019	2020	2021
12484.5	**13815.6**	**14965.4**	**15350.3**	**16715.1**	**18296.8**	**17505.8**	**20023.8**
3555.6	3694.8	3701.3	3796.4	4234.1	4605.2	4816.3	5446.5
518.0	527.4	494.5	487.3	502.7	492.8	536.4	587.7
140.5	139.7	127.8	121.5	116.6	122.6	138.9	167.7
723.7	738.0	743.9	742.0	830.6	941.0	1149.5	1334.5
52.6	56.2	48.9	46.0	60.4	65.9	71.7	79.9
48.8	51.0	56.6	58.1	66.3	78.0	84.1	80.4
310.6	315.0	327.5	322.5	327.8	330.9	378.6	405.0
188.3	208.0	219.3	234.8	263.9	293.2	302.9	346.7
140.5	151.9	143.3	141.9	164.9	194.2	188.7	220.1
170.6	170.6	164.7	177.4	217.6	220.4	216.0	243.8
1170.0	1237.9	1219.9	1268.9	1388.2	1476.6	1263.9	1370.1
900.0	967.2	962.7	1004.7	1137.4	1189.4	1008.1	1096.4
2214.4	2607.3	2741.7	2861.5	3014.3	3245.1	3348.8	3693.1
365.9	594.6	624.9	630.3	638.5	706.3	694.4	842.9
659.7	733.8	703.5	754.7	783.1	813.2	914.0	1015.8
797.9	885.4	924.6	932.4	1067.1	1144.5	1037.2	1203.1
208.6	213.2	204.8	174.0	231.9	217.6	217.5	250.2
145.3	187.1	211.2	230.2	213.6	215.0	150.4	207.4
74.5	85.1	84.1	87.3	112.8	107.4	88.4	102.8
198.4	191.8	187.5	192.6	213.6	210.3	207.9	228.3
1763.5	1806.1	2748.6	2616.8	2724.4	3018.1	2922.0	3378.5
1259.3	1222.1	2090.8	1977.7	2116.8	2395.8	2195.7	2726.3
504.2	584.0	657.8	639.1	607.6	622.3	726.3	652.2
1416.4	1707.9	1772.1	1955.6	2139.5	2352.4	1760.6	2273.2
342.8	381.7	393.5	409.7	431.5	423.6	452.9	452.1
878.0	1095.3	1119.7	1311.8	1384.6	1585.5	1331.7	1808.2
1239.9	1482.9	1473.2	1553.6	1727.1	1929.3	1906.3	2126.6
463.6	494.0	505.8	541.3	552.0	577.0	557.9	592.3
326.7	393.4	384.1	365.1	420.4	525.5	450.7	532.5
			6266.3	**7050.8**	**7887.5**	**7041.4**	**8097.7**
			9084.0	**9664.3**	**10409.2**	**10464.4**	**11926.1**

2-11 全体居民家庭总收入情况

单位：元/人

指标名称	Item	2013
全年总收入	**Total Revenue**	**17690.3**
1.工资性收入	Income from Wages and Salaries	8836.1
2.经营性收入	Business Income	5361.7
(1)第一产业收入	The Primary Industry	3302.5
农业收入	Agriculture	1935.6
林业收入	Forestry	48.1
牧业收入	Animal Husbandry	1238.5
渔业收入	Fishery	11.4
(2)第二产业收入	The Secondary Industry	286.2
工业收入	Industry	55.6
建筑业收入	Construction Industry	230.7
(3)第三产业收入	The Tertiary Industry	1773.0
交通运输业收入	Transportation Industry	636.7
批发零售和住宿餐饮业收入	Wholesales ,Retail Rrade,Hotel and Catering Sectors	840.8
社会服务业收入	Social Services	198.6
其他家庭经营收入	Others	96.9
3.财产性收入	Income from Property	478.9
红利收入	Dividend Income	10.7
#转让承包土地经营权租金收入	Rental Income from the Management Rights Transfer of Land Contracted	37.5
4.转移性收入	Income from Transfer	3013.7
#养老金或离退休金	Pension or Retirement Benefits	2240.0
报销医疗费	Reimbursement of Medical Expenses	219.6
政策性惠农补贴	Political Subsidy Supporting Agriculture	142.3
5.非收入所得	Non-income Revenue	871.3
(1)出售资产所得	Proceeds from Sale of Assets	379.2
(2)非经常性转移所得	Income from Non-recurrent Transfers	489.3
(3)其他非收入所得	Other Non-income Revenue	2.9
6.借贷性所得	Borrowing Income	4745.4
(1)提取储蓄存款	Dissaving	3591.1
(2)借入款	Borrowed	634.0
(3)收回借出款	Recall the Loan	118.9
(4)收回储蓄性保险本金	Redemption of Deposit Insurance Principal	0.0
(5)银行信用社得到的贷款	Bank Loan	384.5

Basic Statistics of Total Income for Urban and Rural Households

(yuan/person)

2014	2015	2016	2017	2018	2019	2020	2021
19670.1	**21378.4**	**23668.9**	**25473.7**	**28634.4**	**31135.4**	**33326.9**	**35776.2**
9612.7	10395.5	11238.9	12270.3	13440.8	14887.5	15526.3	16759.2
6000.3	6110.2	6682.1	6888.6	8349.4	8925.9	9726.6	10160.8
3588.9	3391.3	3379.1	3356.2	4113.9	4617.2	5291.8	5830.2
2168.6	2158.2	2073.2	1963.3	2221.9	2385.0	2469.0	2660.0
33.9	78.9	49.7	44.5	73.1	92.3	54.6	46.3
1386.4	1147.4	1225.5	1295.9	1814.3	2139.9	2768.1	3123.9
0.0	6.8	30.8	52.6	4.7	0.0	0.0	0.0
377.0	477.3	646.0	576.3	862.0	869.5	1024.7	461.5
102.7	101.3	86.2	77.5	105.1	95.6	154.1	50.1
274.3	376.0	559.9	498.8	756.9	773.8	870.6	411.4
2034.3	2241.6	2656.9	2956.1	3373.5	3439.2	3410.1	3869.1
838.9	619.8	979.8	1019.4	1123.6	1343.2	1367.7	1758.9
890.0	1144.0	1260.2	1521.1	1522.0	1349.2	1370.1	1474.5
182.7	317.8	276.2	265.5	468.6	431.1	441.2	410.6
122.6	160.0	140.7	150.1	259.4	315.6	231.0	225.2
689.8	783.8	952.1	968.7	1127.9	1198.0	1159.5	1287.8
11.9	15.0	29.1	14.1	142.5	133.9	66.8	75.1
51.4	83.3	119.1	123.2	167.6	185.2	201.8	207.9
3367.3	4089.0	4795.8	5346.1	5716.2	6124.1	6914.5	7568.3
2532.1	3132.3	3657.3	4138.9	4162.3	4456.0	4950.4	5469.9
232.7	299.9	340.1	367.0	563.4	528.3	505.6	528.4
176.0	196.1	281.3	240.9	311.5	326.0	373.1	410.0
1028.4	1840.4	3162.9	3449.9	3058.2	3490.8	2630.7	3897.3
265.5	572.8	1855.9	2110.4	1100.1	1399.7	1006.4	1584.5
754.8	1266.3	1295.4	1332.1	1955.0	2083.0	1611.5	2279.8
8.1	1.2	11.6	7.4	3.1	8.1	12.8	33.0
2758.6	3064.3	2604.2	2721.0	3601.4	4390.6	4463.2	3853.7
1622.8	1497.4	1114.4	1034.0	1176.0	1165.8	1000.9	825.2
532.7	571.8	557.5	567.3	734.1	1061.7	683.8	650.4
128.5	136.2	153.7	220.8	242.4	577.4	89.4	93.3
1.5	0.9	0.4	2.3	8.5	6.3	1.6	9.2
460.7	825.0	692.1	858.5	1376.8	1550.0	2627.5	2251.3

2-12 全体居民家庭总支出情况

单位：元/人

指标名称	Item	2013
全年总支出	**Total Expenditure**	**21576.0**
1.生活消费支出	Living Expenditure	11292.0
食品烟酒	Food Tobacco Liquor	3226.2
衣着	Clothing	1022.9
居住	Residence	2036.2
生活用品及服务	Articles and Services for Daily Use	762.9
医疗保健	Health Care	1066.1
交通通信	Transportation Communication	1577.3
教育文化娱乐	Education, Culture and Entertainment	1273.0
其他用品及服务	Other Supplies and Services	327.5
2.生产经营费用支出	Expenditure for Household Business	1949.2
(1)第一产业生产支出	The Primary Industry	1711.6
农业生产支出	Agricultural	790.3
林业生产支出	Forestry	24.4
牧业生产支出	Animal Husbandry	883.4
渔业生产支出	Fishery	0.1
(2)第二产业生产支出	The Secondary Industry	19.2
工业生产支出	Industrial	6.0
建筑业生产支出	Construction Industry	13.1
(3)第三产业生产支出	The Tertiary Industry	218.4
交通运输业生产支出	Transportation Industry	108.5
批发零售和住宿餐饮业生产支出	Wholesales, Retail Trade, Hotel and Catering Sectors	77.7
社会服务业生产支出	Social Services	17.1
其他家庭经营生产支出	Others	15.1
3.财产性支出	Property Expenditure	89.6
4.转移性支出	Transfer Expenditure	749.7
5.部分商业保险支出	Commercial Insurance Expenditure	139.3
6.购置资产及非经常性转移支出	Acquisition of Assets and Non-recurrent Transfer Expenses	2694.2
(1)建造住房支出	Build Housing	298.7
(2)购买住房支出	Purchase Housing	410.6
(3)购建第一产业生产性固定资产	Purchase and Build the Productive Fixed Assets of the Primary Industry	248.9
#购买或建造农业生产性用房	Purchase or Build Agricultural Productive Housing	27.4
购买产品畜	Purchase Stock	101.1
购买或建造农业设施	Purchase or Build Agricultural Facilities	14.5
购买农业机械	Purchase Agricultural Machinery	96.5
(4)购建第二产业生产性固定资产支出	Purchase and Build the Productive Fixed Assets of the Secondary Industry	7.7
(5)购建第三产业生产性固定资产支出	Purchase and Build the Productive Fixed Assets of the Tertiary Industry	74.2
(6)非经常性转移支出	Non-recurrent Transfer Expenditures	1633.3
7.借贷性支出	Borrowing Expenditure	4661.9
(1)归还银行信用社贷款	Repay the Loan to the Bank or Credit Union	517.0
(2)归还借款	Pay off the Loan	294.5
(3)存入银行款	Bank Deposit	3736.3

Basic Statistics of Total Expenses for Urban and Rural Households

(yuan/person)

2014	2015	2016	2017	2018	2019	2020	2021
22594.6	**24687.5**	**26174.3**	**27345.7**	**30573.5**	**34727.4**	**33447.2**	**37902.6**
12484.5	13815.6	14965.4	15350.3	16715.1	18296.8	17505.8	20023.8
3555.6	3694.8	3701.3	3796.4	4234.1	4605.2	4816.3	5446.5
1170.0	1237.9	1219.9	1268.9	1388.2	1476.6	1263.9	1370.1
2214.4	2607.3	2741.7	2861.5	3014.3	3245.1	3348.8	3693.1
797.9	885.4	924.6	932.4	1067.1	1144.5	1037.2	1203.1
1239.9	1482.9	1473.2	1553.6	1727.1	1929.3	1906.3	2126.6
1763.5	1806.1	2748.6	2616.8	2724.4	3018.1	2922.0	3378.5
1416.4	1707.9	1772.1	1955.6	2139.5	2352.4	1760.6	2273.2
326.7	393.4	384.1	365.1	420.4	525.5	450.7	532.5
2449.9	2416.6	2868.4	2810.9	3708.4	4020.3	4550.4	4715.1
1974.1	1773.9	1816.5	1713.9	2334.3	2743.1	3138.6	3522.8
925.1	929.2	933.7	794.4	973.1	1165.0	1079.8	1143.7
20.0	27.7	10.6	11.4	36.3	39.2	19.2	13.1
1028.9	811.0	849.2	865.4	1324.9	1538.9	2039.6	2365.9
0.0	6.0	23.0	42.6	0.1	0.0	0.0	0.1
79.8	150.9	282.8	200.6	388.5	356.1	523.3	111.7
33.1	30.3	26.4	21.2	48.3	37.7	115.6	8.2
46.7	120.6	256.4	179.4	340.2	318.5	407.7	103.5
396.0	491.8	769.1	896.4	985.6	921.0	888.4	1080.6
281.2	192.5	435.9	425.4	489.4	619.2	601.2	840.8
67.8	196.5	241.3	370.8	306.3	150.9	184.5	159.0
22.2	70.8	46.8	52.0	101.5	36.1	28.5	29.8
24.8	32.0	45.1	48.3	88.3	114.9	74.3	51.1
93.6	138.3	160.1	148.9	242.9	254.0	277.9	421.1
824.2	1056.8	1354.1	1502.7	1599.9	1741.7	2006.0	2070.8
162.0	155.6	222.8	248.0	402.5	430.4	392.6	417.5
3274.4	4475.4	4876.3	5827.9	5243.5	6835.1	6248.9	6394.8
319.3	380.6	326.6	416.0	299.3	319.2	389.1	256.7
567.7	1283.5	1461.0	2013.3	1111.8	1992.5	2321.9	2489.1
280.3	285.6	281.8	210.9	348.9	292.0	507.5	423.5
56.0	84.5	55.8	55.4	80.0	64.7	111.1	125.3
54.3	41.6	54.6	49.1	71.3	62.1	208.0	99.6
28.4	34.2	17.6	40.7	14.6	51.2	10.2	16.8
127.9	122.2	153.8	65.6	181.7	113.9	176.6	181.8
50.3	5.2	12.7	0.4	25.8	114.3	9.4	3.2
150.8	177.2	234.4	526.6	441.4	693.1	710.4	333.3
1899.7	2326.8	2544.7	2646.7	3004.7	3303.3	2281.1	2831.4
3306.0	2629.1	1727.1	1457.1	2661.3	3149.2	2465.7	3859.5
577.5	819.1	975.3	874.4	1726.6	1936.3	1832.4	2658.2
377.4	343.6	342.2	358.7	742.7	845.3	483.4	833.6
2260.2	1374.7	322.6	97.5	55.0	190.6	72.4	268.5

2-13 全体居民家庭现金收入情况

单位：元/人

指标名称	Item	2013
全年现金收入	**Annual Cash Income**	**16487.7**
1.工资性收入	Income from Wages and Salaries	8806.5
2.经营性收入	Business Income	4792.9
(1)第一产业收入	The Primary Industry	2733.7
农业收入	Agriculture	1464.3
林业收入	Forestry	47.8
牧业收入	Animal Husbandry	1144.0
渔业收入	Fishery	11.4
(2)第二产业收入	The Secondary Industry	286.2
工业收入	Industry	55.6
建筑业收入	Construction Industry	230.7
(3)第三产业收入	The Tertiary Industry	1773.0
交通运输业收入	Transportation Industry	636.7
批发零售和住宿餐饮业收入	Wholesales, Retail Trade, Hotel and Catering Sectors	840.8
社会服务业收入	Social Services	198.6
其他家庭经营收入	Others	96.9
3.财产性收入	Income from Property	157.8
红利收入	Dividend Income	10.7
#转让承包土地经营权租金收入	Rental Income from the Management Rights Transfer of Land Contracted	37.5
4.转移性收入	Income from Transfer	2730.5
#养老金或离退休金	Pension or Retirement Benefits	2240.0
报销医疗费	Reimbursement of Medical Expenses	27.6
政策性惠农补贴	Political Subsidy Supporting Agriculture	142.3
5.非收入所得	Non-income Revenue	871.3
(1)出售资产所得	Proceeds from Sale of Assets	379.2
(2)非经常性转移所得	Income from Non-recurrent Transfers	489.3
(3)其他非收入所得	Other Non-income Revenue	2.9
6.借贷性所得	Borrowing Income	4745.4
(1)提取储蓄存款	Dissaving	3591.1
(2)借入款	Borrowed	634.0
(3)收回借出款	Recall the Loan	118.9
(4)收回储蓄性保险本金	Redemption of Deposit Insurance Principal	0.0
(5)银行信用社得到的贷款	Bank Loan	384.5

Basic Statistics of Cash Income for Urban and Rural Households

(yuan/person)

2014	2015	2016	2017	2018	2019	2020	2021
18230.7	**20029.5**	**22489.8**	**24111.0**	**27076.5**	**29369.5**	**31444.0**	**33569.7**
9584.5	10368.4	11214.3	12246.7	13407.9	14836.2	15450.7	16626.4
5351.5	5622.4	6433.4	6466.7	7805.6	8191.1	8888.2	9170.4
2940.1	2903.5	3130.4	2934.3	3570.2	3882.4	4453.4	4839.8
1611.3	1742.4	1884.8	1591.5	1729.3	1711.5	1700.9	1749.2
33.3	69.4	49.6	44.0	68.2	91.6	53.3	45.4
1295.5	1084.9	1165.4	1246.3	1768.0	2079.4	2699.1	3045.2
0.0	6.8	30.6	52.5	4.7	0.0	0.0	0.0
377.0	477.3	646.0	576.3	862.0	869.5	1024.7	461.5
102.7	101.3	86.2	77.5	105.1	95.6	154.1	50.1
274.3	376.0	559.9	498.8	756.9	773.8	870.6	411.4
2034.3	2241.6	2656.9	2956.1	3373.5	3439.2	3410.1	3869.1
838.9	619.8	979.8	1019.4	1123.6	1343.2	1367.7	1758.9
890.0	1144.0	1260.2	1521.1	1522.0	1349.2	1370.1	1474.5
182.7	317.8	276.2	265.5	468.6	431.1	441.2	410.6
122.6	160.0	140.7	150.1	259.4	315.6	231.0	225.2
219.3	300.6	436.7	452.1	742.2	781.7	738.2	799.8
11.9	15.0	29.1	14.1	142.5	133.9	66.8	75.1
51.4	83.3	119.1	123.2	167.6	185.2	201.8	207.9
3075.4	3738.1	4405.3	4945.4	5120.8	5560.5	6367.0	6973.1
2532.1	3132.3	3657.3	4138.9	4162.3	4456.0	4950.4	5469.9
37.9	37.2	34.0	37.7	59.6	85.1	156.7	170.8
176.0	196.1	281.3	240.9	311.5	326.0	373.1	410.0
1028.4	1840.4	3162.9	3449.9	3058.2	3490.8	2630.7	3897.3
265.5	572.8	1855.9	2110.4	1100.1	1399.7	1006.4	1584.5
754.8	1266.3	1295.4	1332.1	1955.0	2083.0	1611.5	2279.8
8.1	1.2	11.6	7.4	3.1	8.1	12.8	33.0
2758.6	3064.3	2604.2	2721.0	3601.4	4390.6	4463.2	3853.7
1622.8	1497.4	1114.4	1034.0	1176.0	1165.8	1000.9	825.2
532.7	571.8	557.5	567.3	734.1	1061.7	683.8	650.4
128.5	136.2	153.7	220.8	242.4	577.4	89.4	93.3
1.5	0.9	0.4	2.3	8.5	6.3	1.6	9.2
460.7	825.0	692.1	858.5	1376.8	1550.0	2627.5	2251.3

2-14 全体居民家庭现金支出情况

单位：元/人

指标名称	Item	2013
全年现金支出	**Annual Cash Expenditure**	**19876.1**
1.生活消费支出	Living Expenditure	9785.4
食品烟酒	Food Tobacco Liquor	2946.0
衣着	Clothing	1022.6
居住	Residence	1085.0
生活用品及服务	Articles and Services for Daily Use	745.6
医疗保健	Health Care	843.2
交通通信	Transportation Communication	1576.1
教育文化娱乐	Education, Culture and Entertainment	1271.9
其他用品及服务	Other Supplies and Services	294.9
2.生产经营费用支出	Expenditure for Household Business	1755.9
(1)第一产业生产支出	The Primary Industry	1518.3
农业生产支出	Agriculture	742.3
林业生产支出	Forestry	24.4
牧业生产支出	Animal Husbandry	740.8
渔业生产支出	Fishery	0.1
(2)第二产业生产支出	The Secondary Industry	19.2
工业生产支出	Industry	6.0
建筑业生产支出	Construction Industry	13.1
(3)第三产业生产支出	The Tertiary Industry	218.4
交通运输业生产支出	Transportation Industry	108.5
批发零售和住宿餐饮业生产支出	Wholesales, Retail Trade, Hotel and Catering Sectors	77.7
社会服务业生产支出	Social Services	17.1
其他家庭经营生产支出	Others	15.1
3.财产性支出	Property Expenditure	89.6
4.转移性支出	Transfer Expenditure	749.7
5.部分商业保险支出	Commercial Insurance Expenditure	139.3
6.购置资产及非经常性转移支出	Acquisition of Assets and Non-recurrent Transfer Expenses	2694.2
(1)建造住房支出	Build Housing	298.7
(2)购买住房支出	Purchase Housing	410.6
(3)购建第一产业生产性固定资产	Purchase and Build the Productive Fixed Assets of the Primary Industry	248.9
#购买或建造农业生产性用房	Purchase or Build Agricultural Productive Housing	27.4
购买产品畜	Purchase Stock	101.1
购买或建造农业设施	Purchase or Build Agricultural Facilities	14.5
购买农业机械	Purchase Agricultural Machinery	96.5
(4)购建第二产业生产性固定资产支出	Purchase and Build the Productive Fixed Assets of the Secondary Industry	7.7
(5)购建第三产业生产性固定资产支出	Purchase and Build the Productive Fixed Assets of the Tertiary Industry	74.2
(6)非经常性转移支出	Non-recurrent Transfer Expenditures	1633.3
7.借贷性支出	Borrowing Expenditure	4661.9
(1)归还银行信用社贷款	Repay the Loan to the Bank or Credit Union	517.0
(2)归还借款	Pay off the Loan	294.5
(3)存入银行款	Bank Deposit	3736.3

Basic Statistics of Cash Expenses for Urban and Rural Households

(yuan/person)

2014	2015	2016	2017	2018	2019	2020	2021
20794.6	**22815.3**	**24177.1**	**25188.9**	**28056.5**	**32095.9**	**30703.2**	**34780.0**
10873.5	12074.6	13092.2	13385.4	14446.0	15942.9	15093.6	17421.3
3331.6	3504.1	3528.8	3626.2	4066.5	4418.2	4602.0	5160.3
1169.9	1237.1	1219.8	1268.8	1387.7	1476.4	1263.6	1369.2
1104.1	1405.5	1411.5	1451.2	1490.6	1623.7	1670.0	1929.4
783.0	871.8	913.6	923.3	1058.5	1140.4	1034.2	1199.2
1006.0	1179.2	1139.9	1186.7	1168.2	1399.9	1400.5	1597.7
1759.6	1793.1	2747.7	2613.9	2722.5	3015.2	2917.3	3372.7
1416.1	1707.8	1771.9	1955.6	2139.2	2352.0	1759.3	2272.7
303.2	375.9	359.2	359.8	413.0	517.1	446.8	520.3
2260.9	2285.5	2744.4	2618.9	3460.5	3742.6	4218.6	4194.9
1785.1	1642.8	1692.5	1521.9	2086.4	2465.5	2806.8	3002.6
867.9	898.5	901.9	752.0	937.9	1134.2	1048.4	1098.7
20.0	27.7	10.6	11.4	36.3	39.2	19.2	13.1
897.1	710.6	757.0	715.9	1112.1	1292.1	1739.2	1890.7
0.0	6.0	23.0	42.6	0.1	0.0	0.0	0.1
79.8	150.9	282.8	200.6	388.5	356.1	523.3	111.7
33.1	30.3	26.4	21.2	48.3	37.7	115.6	8.2
46.7	120.6	256.4	179.4	340.2	318.5	407.7	103.5
396.0	491.8	769.1	896.4	985.6	921.0	888.4	1080.6
281.2	192.5	435.9	425.4	489.4	619.2	601.2	840.8
67.8	196.5	241.3	370.8	306.3	150.9	184.5	159.0
22.2	70.8	46.8	52.0	101.5	36.1	28.5	29.8
24.8	32.0	45.1	48.3	88.3	114.9	74.3	51.1
93.6	138.3	160.1	148.9	242.9	254.0	277.9	421.1
824.2	1056.8	1354.1	1502.7	1599.9	1741.7	2006.0	2070.8
162.0	155.6	222.8	248.0	402.5	430.4	392.6	417.5
3274.4	4475.4	4876.3	5827.9	5243.5	6835.1	6248.9	6394.8
319.3	380.6	326.6	416.0	299.3	319.2	389.1	256.7
567.7	1283.5	1461.0	2013.3	1111.8	1992.5	2321.9	2489.1
280.3	285.6	281.8	210.9	348.9	292.0	507.5	423.5
56.0	84.5	55.8	55.4	80.0	64.7	111.1	125.3
54.3	41.6	54.6	49.1	71.3	62.1	208.0	99.6
28.4	34.2	17.6	40.7	14.6	51.2	10.2	16.8
127.9	122.2	153.8	65.6	181.7	113.9	176.6	181.8
50.3	5.2	12.7	0.4	25.8	114.3	9.4	3.2
150.8	177.2	234.4	526.6	441.4	693.1	710.4	333.3
1899.7	2326.8	2544.7	2646.7	3004.7	3303.3	2281.1	2831.4
3306.0	2629.1	1727.1	1457.1	2661.3	3149.2	2465.7	3859.5
577.5	819.1	975.3	874.4	1726.6	1936.3	1832.4	2658.2
377.4	343.6	342.2	358.7	742.7	845.3	483.4	833.6
2260.2	1374.7	322.6	97.5	55.0	190.6	72.4	268.5

2-15 全体居民家庭主要耐用品每百户拥有情况

单位：百户均

指标名称	Item	2013	2014
家用汽车	Automobile	15.18	20.37
摩托车	Motorcycle	48.21	51.30
助力车	Powered Bicycle	37.75	45.15
洗衣机	Washing Machine	91.05	95.09
电冰箱(柜)	Refrigerator	77.29	85.95
微波炉	Microwave Oven	27.42	30.09
彩色电视机	Color TV Set	105.90	108.66
空调	Air Conditioner	6.35	7.97
热水器	Water Heater	57.38	63.36
洗碗机	Dishwasher	0.20	0.29
排油烟机	Smoke Exhaust Ventilator	43.39	46.59
固定电话	Telephone	33.53	34.42
移动电话	Mobile Telephone	230.95	249.94
其中：接入互联网	Internet Mobile Telephone	68.88	93.52
计算机	Computer	42.84	49.27
其中：接入互联网	Internet Computer	32.04	31.33
照相机	Camera	14.41	16.23
中高档乐器	Secondary and Top Grade Musical Instrument	2.49	3.14
健身器材	Body-building Apparatus	0.77	1.40
空气净化器(含新风系统)	Air Purifier (Include Fresh Air System)		
吸尘器	Vacuum Cleaner		

Ownership of Major Durable Consumer Goods per 100 Urban and Rural Households

(per 100 households)

2015	2016	2017	2018	2019	2020	2021
25.15	30.12	33.55	38.31	39.79	40.54	42.23
47.29	42.45	38.55	34.67	30.42	29.73	27.90
47.59	53.15	58.19	58.17	61.65	67.27	75.32
96.51	98.91	100.13	101.39	102.66	103.19	102.77
89.97	94.50	96.23	98.79	100.53	101.19	101.90
31.73	34.19	35.92	35.71	40.15	40.68	39.70
108.41	107.67	107.43	104.47	105.26	105.73	105.23
7.93	8.68	9.41	12.62	13.68	13.94	15.08
73.50	82.56	89.08	98.26	99.87	102.00	101.75
0.28	0.25	0.28	0.24	0.40	0.48	0.90
47.33	51.23	54.44	61.33	64.91	67.81	68.52
25.69	15.49	9.65	3.93	2.46	2.20	1.31
255.88	265.14	269.00	265.50	270.71	271.00	264.35
125.33	154.01	184.20	233.21	246.69	259.59	256.28
47.28	50.12	52.12	48.93	51.30	52.69	43.27
34.00	37.81	40.07	40.10	41.57	43.24	38.65
13.57	12.95	12.35	8.79	9.31	8.87	5.09
2.57	3.20	4.47	4.78	6.77	7.17	5.87
1.27	2.07	2.48	3.11	4.26	4.71	3.05
		0.32	2.32	2.74	2.84	3.54
		2.50	5.37	6.69	7.68	6.33

2-16 2021年各市县全体居民人均可支配收入情况

单位：元/人

指标名称	Item	全区 Total	沿黄地区 Plain	中南部地区 Mountain Area	银川市 Yinchuan
可支配收入	**Disposable Income**	**27904.5**	**31085.5**	**18092.0**	**36432.0**
(一)工资性收入	Income from Wages and Salaries	16759.2	19446.2	10643.7	23657.0
(二)经营净收入	Net Business Income	4781.0	5235.4	4892.8	4682.6
1.第一产业经营净收入	The Primary Industry	2041.9	2020.6	3254.8	1185.4
(1)农业	Agriculture	1403.8	1534.0	1350.3	910.4
(2)林业	Forestry	33.1	4.3	43.6	3.3
(3)牧业	Animal Husbandry	605.2	475.6	1861.0	261.4
(4)渔业	Fishery	-0.1	6.6		10.4
2.第二产业经营净收入	The Secondary Industry	328.9	296.2	195.8	349.0
(1)工业	Industry	37.4	14.1	41.1	9.2
(2)建筑业	Construction Industry	291.6	282.1	154.7	339.7
3.第三产业经营净收入	The Tertiary Industry	2410.1	2918.6	1442.3	3148.2
(1)交通运输业	Transportation Industry	725.8	842.6	425.8	681.0
(2)批发零售和住宿餐饮业	Wholesales, Retail Trade, Hotel and Catering Sectors	1171.2	1558.0	798.6	1792.3
(3)社会服务业	Social Services	354.3	368.8	135.1	543.0
(4)其他家庭经营	Others	158.8	149.2	82.8	131.8
(三)财产净收入	Net Income from Property	866.7	1022.9	292.9	1479.5
1.红利收入	Dividend Income	75.1	31.5	30.9	39.2
#2.转让承包土地经营权租金收入	Rental Income from the Management Rights Transfer of Land Contracted	207.9	149.6	57.4	117.4
(四)转移净收入	Net Income from Transfer	5497.6	5381.1	2262.6	6613.0
#1.养老金或离退休金	Pension or Retirement Benefits	5469.9	6271.1	1378.5	8179.0
2.报销医疗费	Reimbursement of Medical Expenses	528.4	491.9	201.7	544.8
3.政策性惠农补贴	Political Subsidy Supporting Agriculture	410.0	115.0	631.9	48.5
现金可支配收入	**Cash Disposable Income**	**26882.9**	**30060.2**	**17955.9**	**35019.8**
实物可支配收入	**Physical Disposable Income**	**1021.6**	**1025.4**	**136.1**	**1412.3**

Basic Statistics of Disposable Income for Urban and Rural Households by City and County (2021)

(yuan/person)

兴庆区 Xingqing	西夏区 Xixia	金凤区 Jinfeng	永宁县 Yongning	贺兰县 Helan	灵武市 Lingwu	**石嘴山市 Shizuishan**	大武口区 Dawukou	惠农区 Huinong	平罗县 Pingluo	**吴忠市 Wuzhong**
43852.6	**32686.2**	**41214.4**	**24915.0**	**26715.3**	**29197.0**	**31190.1**	**38656.1**	**30622.7**	**24007.7**	**22462.7**
27751.2	21584.9	28433.9	15042.5	16202.3	18611.2	**18413.4**	24770.8	19595.7	10348.7	**12917.6**
3672.5	2438.3	3469.2	7279.4	5829.4	9260.5	**4926.5**	2955.8	3254.8	8846.8	**6153.6**
358.2	244.1	231.4	2885.0	3120.9	3098.6	**2089.4**	138.6	1225.0	5193.9	**2985.4**
293.8	232.3	182.6	2732.5	3139.1	1438.2	**1763.2**	142.6	980.1	4414.0	**1505.2**
-0.2	11.2	-0.5	15.4	1.5	0.2	**1.1**	0.3		3.0	**3.2**
61.5	0.6	49.4	137.2	-137.2	1660.2	**325.1**	-4.4	244.9	776.9	**1477.0**
3.1				117.4	0.0					
238.6	110.1	127.6	657.8	363.0	1199.1	**337.8**	40.4	87.2	915.7	**182.7**
	41.7				15.5	**16.4**	40.4	5.3		**64.4**
238.6	68.4	127.6	657.8	363.0	1183.6	**321.5**		81.9	915.7	**118.2**
3075.7	2084.1	3110.2	3736.5	2345.5	4962.8	**2499.3**	2776.7	1942.6	2737.2	**2985.5**
333.7	226.5	147.2	2239.2	214.5	2341.6	**1195.8**	1685.8	869.5	912.4	**990.2**
2237.0	1591.4	1665.7	1110.7	1099.6	2310.1	**1037.9**	943.5	789.8	1439.7	**1564.8**
422.8	104.5	1132.8	355.5	678.7	265.4	**94.6**	110.4	255.0	-97.7	**372.1**
82.2	161.7	164.6	31.2	352.7	45.7	**171.1**	37.0	28.3	482.9	**58.3**
2288.9	915.0	1858.6	724.6	965.9	409.4	**647.8**	1031.7	550.7	317.8	**487.6**
125.8		10.8			4.2	**0.9**		2.5		**40.9**
36.4	35.2	50.7	492.9	287.3	104.3	**129.5**	52.5	171.4	163.1	**110.8**
10140.0	7748.0	7452.7	1868.5	3717.7	915.9	**7202.3**	9897.9	7221.5	4494.4	**2904.0**
12760.0	9147.5	8848.4	2290.2	3950.6	2797.9	**7998.8**	11935.4	7562.7	4306.6	**2430.3**
764.6	524.0	450.5	373.1	568.4	331.2	**477.0**	586.2	218.8	629.4	**308.2**
20.4	11.4	7.9	84.0	177.4	98.8	**127.9**	6.5	37.0	372.1	**315.1**
41150.5	**31301.1**	**40318.2**	**24409.8**	**24780.1**	**29236.0**	**30577.4**	**37727.5**	**30562.3**	**23216.7**	**21746.4**
2702.1	**1385.1**	**896.2**	**505.1**	**1935.2**	**-39.0**	**612.7**	**928.5**	**60.4**	**791.0**	**716.3**

2-16 续表

单位：元/人

指标名称	Item	利通区 Litong	红寺堡区 Hongsipu	盐池县 Yanchi	同心县 Tongxin
可支配收入	**Disposable Income**	**27052.2**	**16221.7**	**23008.9**	**16161.5**
(一)工资性收入	Income from Wages and Salaries	16038.5	10009.3	10843.8	7969.5
(二)经营净收入	Net Business Income	6263.5	4432.7	8692.4	5123.8
1.第一产业经营净收入	The Primary Industry	2638.9	2310.8	5036.0	3459.4
(1)农业	Agricultural	793.9	1470.7	1243.0	1286.2
(2)林业	Forestry		12.6		5.7
(3)牧业	Animal Husbandry	1845.0	827.5	3793.0	2167.4
(4)渔业	Fishery				
2.第二产业经营净收入	The Secondary Industry	257.5	433.0	246.5	111.6
(1)工业	Industrial	78.8			140.9
(2)建筑业	Construction Industry	178.7	433.0	246.5	-29.3
3.第三产业经营净收入	The Tertiary Industry	3367.0	1689.0	3409.8	1552.8
(1)交通运输业	Transportation Industry	1242.7	266.7	947.5	678.5
(2)批发零售和住宿餐饮业	Wholesales, Retail Trade, Hotel and Catering Sectors	1908.8	1052.2	1724.7	715.1
(3)社会服务业	Social Services	150.6	226.4	686.6	116.3
(4)其他家庭经营	Others	65.0	143.7	51.0	42.8
(三)财产净收入	Net Income from Property	774.5	196.6	524.8	165.3
1.红利收入	Dividend Income	95.9	40.5	121.4	
#2.转让承包土地经营权租金收入	Rental Income from the Management Rights Transfer of Land Contracted	67.2	39.2	158.9	10.6
(四)转移净收入	Net Income from Transfer	3975.7	1583.1	2947.9	2903.0
#1.养老金或离退休金	Pension or Retirement Benefits	3723.9	757.1	1492.9	1879.2
2.报销医疗费	Reimbursement of Medical Expenses	578.5	148.4	169.7	230.4
3.政策性惠农补贴	Political Subsidy Supporting Agriculture	59.1	526.0	1275.2	561.8
现金可支配收入	**Cash Disposable Income**	**25966.9**	**15913.2**	**22094.8**	**15312.9**
实物可支配收入	**Physical Disposable Income**	**1085.3**	**308.4**	**914.1**	**848.7**

continued

(yuan/person)

青铜峡市 Qingtongxia	**固原市 Guyuan**	原州区 Yuanzhou	西吉县 Xiji	隆德县 Longde	泾源县 Jingyuan	彭阳县 Pengyang	**中卫市 Zhongwei**	沙坡头区 Shapotou	中宁县 Zhongning	海原县 Haiyuan
24140.7	**18178.8**	**22334.7**	**15980.3**	**15985.2**	**15956.6**	**16546.9**	**19382.7**	**22836.6**	**21629.3**	**14371.4**
14204.8	**10558.3**	15026.3	7327.9	9307.6	10268.3	8793.3	**11842.1**	14660.3	11969.1	8444.2
7377.2	**5118.0**	4568.4	6277.2	3734.8	4170.3	5313.4	**4430.3**	4470.9	6284.3	3685.6
3315.0	**3722.2**	2467.2	5008.5	3348.0	3158.1	4168.8	**2756.0**	2880.7	3650.7	2610.5
2769.2	**1509.0**	388.4	2674.2	1698.5	337.3	2069.2	**1930.1**	2283.9	3347.0	1287.7
1.3	**90.2**	8.5	33.8	16.5	920.4	43.7	**6.6**	-10.5	39.6	
544.5	**2123.0**	2070.2	2300.4	1633.0	1900.4	2055.9	**819.3**	607.3	264.3	1322.8
							0.0		-0.2	
	246.0	341.4	452.6	-42.7			**76.1**	50.9	184.6	20.7
	22.3	27.3	39.1							
	223.7	314.0	413.5	-42.7			**76.1**	50.9	184.6	20.7
4062.2	**1149.8**	1759.9	816.1	429.5	1012.2	1144.6	**1598.2**	1539.3	2449.0	1054.4
1318.0	**259.9**	316.2	378.3	87.7	224.2	80.7	**468.7**	159.3	540.4	641.4
1945.1	**735.5**	1227.7	380.6	327.8	750.0	704.5	**813.7**	855.7	1502.6	290.7
775.0	**56.4**	40.2	38.1	50.3	38.0	126.5	**171.3**	151.8	248.0	95.3
24.1	**98.1**	175.8	19.1	-36.3	0.0	232.8	**144.5**	372.5	157.9	27.0
510.4	**300.4**	584.0	114.7	213.0	233.7	168.5	**414.7**	576.7	533.3	168.6
	43.7	123.8		5.7	21.2	4.7	**14.5**	27.5	15.1	
278.3	**62.3**	108.2	13.2	90.4	20.9	49.6	**131.1**	155.3	286.4	47.8
2048.4	**2202.1**	2155.9	2260.6	2729.7	1284.3	2271.7	**2695.6**	3128.6	2842.6	2073.0
2229.8	**1176.6**	1799.3	882.0	1354.7	580.6	766.9	**2543.0**	3583.3	2625.8	1420.3
137.0	**232.4**	256.7	223.8	225.0	153.0	226.7	**294.2**	341.2	573.7	112.9
111.3	**661.1**	776.1	666.8	484.2	382.0	533.2	**417.6**	286.2	326.1	587.9
23933.6	**18344.6**	**22653.8**	**15938.4**	**16587.3**	**15790.0**	**16746.1**	**18945.8**	**22461.2**	**20378.9**	**14440.1**
207.1	**-165.8**	**-319.1**	**41.9**	**-602.0**	**166.6**	**-199.2**	**436.9**	**375.4**	**1250.4**	**-68.7**

2-17　2021年各市县全体居民人均生活消费支出情况

单位：元/人

指标名称	Item	全区 Total	沿黄地区 Plain	中南部地区 Mountain Area	银川市 Yinchuan
生活消费支出	**Living Expenditure**	**20023.8**	**21093.6**	**13579.3**	**25520.1**
(一)食品烟酒	Food, Tobacco and Liquor	5446.5	6010.8	4024.1	7063.2
#粮食	Grain	587.7	560.7	570.8	578.8
油脂	Oil and Fats	167.7	146.0	180.4	147.2
肉禽及制品	Meat, Poultry and Processed Products	1334.5	1294.8	1070.9	1366.0
蛋	Eggs	79.9	87.6	66.4	103.8
水产品	Aquatic Products	80.4	112.9	35.0	160.9
蔬菜	Vegetables	405.0	471.5	285.8	534.7
烟草	Tobacco	346.7	371.3	277.1	368.5
酒和饮料	Liquor and Beverages	220.1	261.0	165.4	336.7
奶及奶制品	Milk and Processed Products	243.8	282.6	160.6	349.6
(二)衣着	Clothing	1370.1	1636.6	1034.1	1996.9
#服装	Garments	1096.4	1322.9	791.3	1620.6
(三)居住	Residence	3693.1	4021.2	2454.0	5168.9
#住房维修及管理	Housing Maintenance and Management	842.9	620.5	380.3	698.3
水电燃料及其他	Water, Electricity, Fuels and Others	1015.8	1088.3	774.5	1237.5
(四)生活用品及服务	Household Facilities, Articles and Services	1203.1	1313.9	801.7	1568.5
#家用器具	Home Appliances	250.2	272.4	132.0	311.5
家具及室内装饰品	Articles for Interior Decoration	207.4	155.0	114.1	150.5
家用纺织品	Bed Articles	102.8	115.0	77.6	126.1
家庭日用杂品	Household Articles for Daily Use	228.3	258.1	185.9	312.4
(五)交通通信	Transport and Communications	3378.5	3188.1	2163.5	3968.6
#交通	Transport	2726.3	2448.9	1645.1	3100.3
通信	Communications	652.2	739.3	518.4	868.3
(六)教育文化娱乐	Education, Culture and Recreation	2273.2	2253.4	1658.7	2798.2
文化娱乐	Culture and Recreation	452.1	508.1	382.8	569.5
#教育	Education	1808.2	1619.1	1440.6	1938.9
(七)医疗保健	Health Care and Medical Services	2126.6	2119.3	1220.4	2269.5
#医疗器具及药品	Medical Instrument and Medicine	592.3	680.0	411.0	756.4
(八)其他用品及服务	Other Commodities and Services	532.5	550.2	222.9	686.3
服务性消费支出	**Consumption Expenditure for Service**	**8097.7**	**9044.6**	**5203.8**	**11563.9**
商品性消费支出	**Consumption Expenditure for Commodity**	**11926.1**	**12049.1**	**8375.5**	**13956.1**

Per Capita Living Expenditure for Urban and Rural Residents by City and County (2021)

(yuan/person)

兴庆区 Xingqing	西夏区 Xixia	金凤区 Jinfeng	永宁县 Yongning	贺兰县 Helan	灵武市 Lingwu	**石嘴山市** Shizuishan	大武口区 Dawukou	惠农区 Huinong	平罗县 Pingluo	**吴忠市** Wuzhong
31561.7	**21411.1**	**29122.8**	**18245.2**	**20055.0**	**18315.3**	**18294.8**	**22928.0**	**16558.4**	**15039.8**	**14790.7**
8462.6	6789.0	7405.6	5156.0	6119.4	5554.0	**5826.6**	7029.8	5628.2	4755.3	**4477.7**
603.3	571.6	478.0	612.3	851.3	485.8	**583.3**	675.7	481.9	585.5	**514.4**
149.6	143.3	133.7	163.0	179.9	139.2	**143.6**	131.8	116.8	186.4	**155.8**
1576.6	1382.8	1146.3	1092.8	1344.3	1562.3	**1289.4**	1340.8	1231.2	1315.1	**1282.7**
125.9	117.5	102.3	86.1	87.6	67.4	**98.8**	124.7	101.1	67.7	**59.7**
252.6	129.5	181.5	91.8	71.0	59.9	**107.7**	161.3	122.3	36.7	**48.8**
663.6	534.7	489.4	496.3	474.8	386.7	**487.8**	542.6	523.4	396.9	**336.5**
396.1	441.0	299.3	313.2	464.8	331.9	**390.8**	489.0	341.7	331.6	**302.6**
414.6	278.7	459.1	196.9	245.8	129.5	**255.0**	361.6	234.3	158.4	**132.3**
376.7	438.0	383.2	276.8	254.9	204.5	**237.7**	300.1	227.4	179.5	**176.1**
2360.4	1589.2	2429.7	1463.7	1530.1	1507.9	**1598.6**	2083.0	1543.1	1131.2	**1214.5**
1942.9	1240.9	1993.1	1135.9	1238.3	1218.1	**1314.0**	1736.5	1234.2	937.3	**952.0**
6948.4	3651.3	6600.2	3274.1	3446.6	2554.8	**2752.6**	3365.5	2086.4	2708.0	**2835.2**
820.1	418.1	813.0	658.0	664.2	420.8	**459.9**	469.4	252.6	656.3	**448.4**
1558.7	1020.5	1295.3	1022.3	1051.9	835.4	**1072.8**	1248.6	957.3	988.2	**841.3**
2028.1	1195.0	1694.1	1145.2	1329.6	1093.0	**1170.5**	1460.0	1199.8	848.7	**946.8**
510.9	170.9	247.5	180.4	276.6	248.5	**284.1**	365.3	296.4	188.5	**190.7**
195.0	176.9	130.2	107.4	171.7	47.0	**146.2**	182.0	116.6	142.9	**125.8**
145.5	103.3	135.2	122.1	117.3	83.5	**102.7**	124.4	110.1	73.8	**83.4**
375.9	274.5	315.6	244.6	318.6	239.3	**228.2**	257.6	250.9	174.5	**182.4**
4494.1	3172.0	4944.3	3150.1	2829.9	2835.0	**2433.7**	3300.0	2091.1	1811.1	**2043.9**
3480.8	2410.5	4024.7	2387.4	2060.1	2175.2	**1796.0**	2423.2	1507.5	1390.1	**1451.9**
1013.3	761.5	919.7	762.7	769.8	659.8	**637.7**	876.8	583.6	421.0	**592.0**
3697.2	1793.9	3356.2	1878.0	1644.8	2623.7	**1990.9**	2544.8	1929.3	1462.4	**1610.3**
634.3	527.5	562.4	555.0	494.0	524.0	**465.7**	701.8	357.9	299.9	**441.5**
2695.5	1105.2	2104.5	1388.9	1056.2	2204.2	**1413.3**	1782.8	1332.1	1097.3	**1288.0**
2558.8	2751.1	2003.9	1692.3	2698.6	1765.9	**2122.0**	2479.8	1824.3	2070.7	**1344.9**
825.8	952.7	754.5	530.2	775.8	554.8	**788.2**	1116.8	545.5	674.4	**438.0**
1012.2	469.6	688.7	485.7	456.1	381.0	**399.9**	665.1	256.1	252.4	**317.5**
15226.3	**8978.9**	**14007.0**	**7033.1**	**7984.7**	**7570.6**	**7051.5**	**9209.9**	**6259.3**	**5500.1**	**5830.5**
16335.5	**12432.2**	**15115.8**	**11212.1**	**12070.3**	**10744.7**	**11243.3**	**13718.1**	**10299.1**	**9539.6**	**8960.2**

2-17 续表

单位：元/人

指标名称	Item	利通区 Litong	红寺堡区 Hongsipu	盐池县 Yanchi	同心县 Tongxin
生活消费支出	**Living Expenditure**	**18014.7**	**13733.1**	**14000.0**	**11544.8**
(一)食品烟酒	Food, Tobacco and Liquor	5649.2	4127.3	4163.3	3481.6
#粮食	Grain	526.1	532.7	495.0	498.9
油脂	Oil and Fats	161.4	141.6	126.4	180.2
肉禽及制品	Meat, Poultry and Processed Products	1593.7	1178.9	1231.1	1215.0
蛋	Eggs	66.3	41.5	88.5	53.6
水产品	Aquatic Products	64.1	35.0	39.0	27.6
蔬菜	Vegetables	395.1	257.5	256.2	291.0
烟草	Tobacco	397.2	211.0	316.2	173.2
酒和饮料	Liquor and Beverages	136.9	182.7	185.4	83.7
奶及奶制品	Milk and Processed Products	200.4	143.1	192.7	147.9
(二)衣着	Clothing	1537.7	1005.7	1371.9	949.7
#服装	Garments	1211.4	766.6	1074.4	734.0
(三)居住	Residence	3294.4	2301.5	2431.8	2492.0
#住房维修及管理	Housing Maintenance and Management	397.3	542.1	323.3	355.7
水电燃料及其他	Water, Electricity, Fuels and Others	880.1	551.5	914.0	830.7
(四)生活用品及服务	Household Facilities, Articles and Services	1227.7	754.9	844.4	697.1
#家用器具	Home Appliances	248.2	105.6	203.7	114.6
家具及室内装饰品	Articles for Interior Decoration	213.8	68.1	64.5	90.5
家用纺织品	Bed Articles	109.0	71.9	49.5	70.1
家庭日用杂品	Household Articles for Daily Use	206.6	203.3	184.2	153.0
(五)交通通信	Transport and Communications	2277.0	2260.0	2234.4	1497.8
#交通	Transport	1597.3	1740.8	1678.0	1164.6
通信	Communications	679.8	519.2	556.4	333.1
(六)教育文化娱乐	Education, Culture and Recreation	1885.6	1879.8	1562.3	1238.5
文化娱乐	Culture and Recreation	537.1	349.2	408.4	245.2
#教育	Education	1332.2	1677.0	1299.9	1100.8
(七)医疗保健	Health Care and Medical Services	1665.3	1224.3	1170.3	1035.4
#医疗器具及药品	Medical Instrument and Medicine	533.7	333.3	445.7	428.4
(八)其他用品及服务	Other Commodities and Services	477.7	179.5	221.4	152.7
服务性消费支出	**Consumption Expenditure for Service**	**7417.0**	**5552.8**	**5089.3**	**4054.2**
商品性消费支出	**Consumption Expenditure for Commodity**	**10597.7**	**8180.3**	**8910.6**	**7490.6**

continued

(yuan/person)

青铜峡市 Qingtongxia	**固原市 Guyuan**	原州区 Yuanzhou	西吉县 Xiji	隆德县 Longde	泾源县 Jingyuan	彭阳县 Pengyang	**中卫市 Zhongwei**	沙坡头区 Shapotou	中宁县 Zhongning	海原县 Haiyuan
13971.3	**14212.6**	**18094.9**	**12428.5**	**13911.4**	**10516.2**	**12028.0**	**14792.7**	**17503.5**	**16339.3**	**11724.5**
4061.0	**4202.9**	5226.2	3704.9	4283.8	3173.7	3615.0	**3993.3**	4615.6	3918.7	3535.5
520.4	**600.6**	612.3	606.1	716.7	517.8	553.0	**548.0**	524.7	483.4	603.6
144.6	**190.8**	189.7	191.2	226.8	149.6	192.3	**159.6**	148.1	123.7	191.0
986.2	**985.2**	1139.1	997.7	904.4	597.2	874.0	**1052.5**	1113.4	895.3	1109.9
61.7	**73.8**	81.4	66.5	98.7	60.8	68.1	**56.9**	57.4	54.2	57.4
60.3	**36.2**	56.1	28.9	33.2	21.1	20.0	**40.4**	52.5	41.5	30.3
366.7	**275.4**	326.2	199.2	340.3	311.7	278.9	**338.8**	408.9	329.8	297.2
347.4	**341.2**	333.7	379.4	439.5	191.2	313.2	**265.9**	363.6	314.8	183.4
129.2	**187.9**	194.1	182.9	218.9	119.2	204.7	**166.8**	235.3	170.7	118.1
172.7	**168.7**	243.0	133.0	153.4	187.2	79.4	**187.6**	279.9	171.4	121.0
1005.5	**984.1**	1365.1	780.5	799.2	855.9	810.7	**1015.7**	1088.6	1001.5	914.6
792.8	**757.0**	1066.5	594.3	592.2	667.5	613.2	**779.6**	873.3	798.0	656.6
2864.2	**2481.4**	3095.9	2077.7	2464.1	2008.3	2322.9	**2858.3**	3964.8	2634.5	2188.4
620.6	**344.6**	512.4	263.2	140.2	276.1	276.4	**583.5**	866.6	511.3	428.6
902.6	**779.1**	890.8	738.3	857.9	547.5	692.9	**858.4**	1022.6	837.2	752.4
887.9	**798.1**	1112.3	662.9	594.7	614.7	636.5	**935.2**	1053.6	983.3	784.5
223.2	**144.5**	210.0	118.9	136.3	60.5	109.9	**149.2**	182.4	224.0	88.7
78.4	**118.1**	178.4	117.1	48.7	83.3	41.2	**172.7**	212.3	143.9	147.8
73.8	**76.8**	104.4	61.2	51.0	67.2	69.3	**103.9**	130.0	104.1	88.5
159.4	**185.4**	215.8	158.7	165.4	166.4	206.1	**194.4**	210.1	186.5	185.4
2184.2	**2467.2**	3569.2	1951.9	2109.8	1644.9	1870.5	**2258.3**	2399.7	3317.4	1548.0
1421.5	**1905.1**	2912.8	1362.6	1774.5	1205.9	1363.1	**1740.5**	1886.2	2791.0	1040.6
762.6	**562.1**	656.4	589.3	335.3	439.0	507.4	**517.8**	513.5	526.5	507.5
1351.7	**1775.5**	1988.5	1789.5	1849.9	1199.6	1586.8	**1555.7**	1665.0	1716.2	1326.0
566.9	**437.0**	520.2	432.9	249.1	375.7	413.3	**344.5**	297.5	397.5	334.1
1103.1	**1546.6**	1640.8	1617.7	1631.7	1071.5	1432.7	**1294.3**	1333.2	1450.9	1139.4
1272.0	**1239.1**	1328.8	1248.1	1562.8	918.3	1037.5	**1827.4**	2225.5	2285.0	1294.1
366.3	**422.8**	481.8	357.0	517.9	382.9	417.7	**492.2**	564.5	604.4	360.5
344.8	**264.3**	408.9	213.0	247.1	100.8	148.1	**348.6**	490.7	482.7	133.3
5486.0	**5583.3**	**7098.1**	**4898.0**	**5265.3**	**4221.7**	**4825.0**	**5808.2**	**7157.1**	**6633.2**	**4209.5**
8485.4	**8629.3**	**10996.8**	**7530.5**	**8646.1**	**6294.4**	**7202.9**	**8984.5**	**10346.4**	**9706.1**	**7515.0**

2-18 2021年各市县全体居民家庭主要耐用品每百户拥有情况

单位：百户均

指标名称	Item	全区 Total	沿黄地区 Plain	中南部地区 Mountain Area	银川市 Yinchuan
家用汽车	Automobile	42.23	47.71	47.60	54.78
摩托车	Motorcycle	27.90	18.56	43.64	10.16
助力车	Powered Bicycle	75.32	79.54	59.77	56.64
洗衣机	Washing Machine	102.77	102.45	105.32	101.53
电冰箱(柜)	Refrigerator	101.90	102.05	102.77	101.42
微波炉	Microwave Oven	39.70	47.87	25.92	59.03
彩色电视机	Color TV Set	105.23	104.06	106.68	102.89
空调	Air Conditioner	15.08	21.44	2.85	33.20
热水器	Water Heater	101.75	99.70	104.38	100.50
洗碗机	Dishwasher	0.90	1.03	0.56	1.56
排油烟机	Smoke Exhaust Ventilator	68.52	79.09	49.46	89.71
固定电话	Telephone	1.31	1.60	0.54	2.24
移动电话	Mobile Telephone	264.35	251.48	302.46	246.27
其中：接入互联网	Internet Mobile Telephone	256.28	242.41	295.89	237.73
计算机	Computer	43.27	48.61	41.15	59.44
其中：接入互联网	Internet Computer	38.65	44.77	35.39	55.50
照相机	Camera	5.09	8.40	3.40	11.38
中高档乐器	Secondary and Top Grade Musical Instrument	5.87	7.99	5.96	10.60
健身器材	Body-building Apparatus	3.05	3.99	1.92	6.31
空气净化器(含新风系统)	Air Purifier (Include Fresh Air System)	3.54	4.88	1.18	7.17
吸尘器	Vacuum Cleaner	6.33	9.75	4.35	14.66

Ownership of Major Durable Consumer Goods per 100 Urban and Rural Households by City and County (2021)

(per 100 households)

兴庆区 Xingqing	西夏区 Xixia	金凤区 Jinfeng	永宁县 Yongning	贺兰县 Helan	灵武市 Lingwu	**石嘴山市 Shizuishan**	大武口区 Dawukou	惠农区 Huinong	平罗县 Pingluo	**吴忠市 Wuzhong**
52.08	45.01	64.90	52.22	56.45	44.39	**41.83**	52.56	37.86	31.82	**38.88**
3.96	3.47	3.65	28.41	13.86	33.82	**17.07**	8.34	15.39	30.62	**34.04**
42.75	55.01	42.00	65.55	99.91	90.38	**88.92**	74.60	87.54	104.90	**93.03**
100.73	101.67	99.10	103.36	100.00	108.33	**100.99**	99.03	102.55	101.63	**102.21**
100.51	100.06	99.58	103.16	104.16	106.74	**101.00**	100.60	99.85	102.64	**102.89**
65.41	51.52	64.00	52.96	46.32	46.85	**37.12**	48.69	35.75	24.60	**36.23**
105.34	100.37	99.15	101.27	101.49	109.92	**99.36**	97.84	99.95	100.44	**104.46**
58.46	11.82	37.66	9.26	13.11	12.27	**16.34**	31.05	7.22	7.00	**6.48**
99.78	100.93	100.00	97.47	99.46	106.80	**98.85**	98.42	100.87	97.81	**100.98**
3.16	0.00	1.87	0.57	0.00	0.00	**0.81**	1.54	0.00	0.70	**0.23**
98.19	93.85	93.94	88.40	61.89	69.73	**74.65**	91.74	83.22	46.60	**69.06**
3.69	0.00	1.75	2.17	3.49	0.42	**0.33**	0.00	1.13	0.00	**0.99**
235.03	235.73	236.16	277.39	261.44	266.91	**241.20**	224.76	262.25	240.39	**272.86**
229.61	219.32	236.16	270.48	244.02	242.21	**239.29**	224.47	256.35	240.39	**266.60**
67.30	48.46	72.72	46.75	38.43	44.24	**44.17**	50.98	43.98	36.06	**41.83**
66.72	46.56	67.94	37.43	34.69	32.61	**42.73**	49.49	42.72	34.73	**37.64**
11.67	0.48	17.01	7.48	11.57	11.30	**8.99**	19.82	0.62	3.89	**4.58**
12.32	7.26	14.69	3.67	7.28	9.70	**8.20**	12.89	2.55	7.84	**4.65**
11.27	1.55	5.67	2.66	4.30	2.35	**2.42**	5.07	0.00	1.44	**1.26**
10.75	2.87	6.29	3.82	6.28	5.76	**5.23**	11.46	0.62	2.06	**0.68**
17.12	5.89	18.17	12.96	13.67	10.19	**5.67**	13.58	0.00	1.41	**5.02**

2-18 续表

单位：百户均

指标名称	Item	利通区 Litong	红寺堡区 Hongsipu	盐池县 Yanchi	同心县 Tongxin
家用汽车	Automobile	38.87	52.40	41.35	36.26
摩托车	Motorcycle	20.33	27.60	23.18	73.37
助力车	Powered Bicycle	93.55	90.84	83.37	86.06
洗衣机	Washing Machine	103.56	98.38	102.92	105.73
电冰箱(柜)	Refrigerator	103.04	105.06	101.93	104.93
微波炉	Microwave Oven	36.19	45.57	34.47	38.83
彩色电视机	Color TV Set	105.00	99.76	102.34	108.92
空调	Air Conditioner	10.45	4.87	5.97	3.52
热水器	Water Heater	103.42	102.18	93.97	103.60
洗碗机	Dishwasher	0.00	0.60	0.00	0.27
排油烟机	Smoke Exhaust Ventilator	76.67	51.36	71.25	70.41
固定电话	Telephone	1.68	0.00	0.00	0.34
移动电话	Mobile Telephone	260.75	276.19	261.02	289.53
其中：接入互联网	Internet Mobile Telephone	254.83	269.30	258.62	281.00
计算机	Computer	42.14	45.50	37.50	31.43
其中：接入互联网	Internet Computer	38.50	33.51	35.29	30.24
照相机	Camera	5.79	2.35	4.74	1.20
中高档乐器	Secondary and Top Grade Musical Instrument	7.44	1.58	5.54	1.12
健身器材	Body-building Apparatus	1.71	1.20	0.33	1.67
空气净化器(含新风系统)	Air Purifier (Include Fresh Air System)	1.03	0.60	1.03	0.96
吸尘器	Vacuum Cleaner	8.25	4.43	3.45	1.60

continued

(per 100 households)

青铜峡市 Qingtongxia	**固原市 Guyuan**	原州区 Yuanzhou	西吉县 Xiji	隆德县 Longde	泾源县 Jingyuan	彭阳县 Pengyang	**中卫市 Zhongwei**	沙坡头区 Shapotou	中宁县 Zhongning	海原县 Haiyuan
35.41	**51.16**	61.62	50.74	37.86	37.62	45.13	**41.81**	44.24	39.68	41.70
31.75	**43.81**	25.67	56.17	57.84	32.49	56.23	**40.62**	31.52	46.34	48.79
96.93	**48.65**	57.42	45.84	22.88	49.70	49.43	**95.00**	120.40	125.87	53.45
99.35	**107.73**	110.09	109.43	102.91	105.12	104.56	**105.04**	100.59	112.99	103.56
100.86	**103.44**	102.51	106.72	100.50	99.14	103.86	**102.24**	101.07	107.61	99.92
28.37	**19.65**	29.91	16.41	19.23	17.70	8.31	**32.41**	38.85	41.78	15.67
103.72	**110.30**	102.43	124.74	109.26	109.04	101.37	**106.96**	105.68	117.08	102.31
3.25	**2.13**	3.17	0.80	1.97	1.17	2.89	**6.33**	9.55	9.71	0.29
97.20	**107.00**	101.81	121.19	104.76	105.73	93.26	**100.85**	86.30	108.19	105.64
0.59	**0.72**	1.17	0.39	0.00	0.48	0.82	**0.48**	1.46	0.00	0.00
65.07	**40.10**	56.39	31.49	32.84	31.51	33.40	**54.30**	54.79	63.76	39.12
1.10	**0.56**	0.83	0.00	0.95	0.00	1.20	**1.44**	0.54	2.84	0.90
274.45	**318.15**	278.67	369.29	306.46	308.85	315.88	**274.12**	254.32	265.85	298.42
268.19	**312.35**	271.66	362.33	301.54	305.41	313.37	**260.25**	239.56	245.26	289.23
45.75	**45.62**	53.70	51.47	32.63	28.85	36.90	**27.68**	18.69	40.26	23.83
40.48	**39.60**	42.91	48.54	30.29	22.54	33.35	**22.59**	12.69	36.51	19.39
6.12	**3.50**	2.00	4.81	4.63	2.76	3.27	**0.93**	0.54	1.10	1.42
4.25	**8.68**	11.37	12.23	8.39	2.35	1.61	**1.65**	1.67	0.65	2.38
0.59	**1.61**	1.69	1.54	2.18	1.43	1.18	**2.18**	0.57	4.04	2.03
0.00	**1.03**	1.38	1.17	1.62	0.00	0.33	**1.65**	0.57	3.42	1.05
3.77	**5.37**	9.88	4.59	2.75	2.47	2.10	**2.59**	2.78	1.26	3.04

2-19 主要年份各市县全体居民人均可支配收入情况

单位：元/人

年 份 Year	**全区 Total**	**沿黄地区 Plain**	**中南部地区 Mountain Area**	**银川市 Yinchuan**	兴庆区 Xingqing	西夏区 Xixia	金凤区 Jinfeng
2010	**9863.6**	**12366.4**	**5925.8**	**14036.3**	17917.0	12523.9	15139.7
2011	**11479.5**	**14178.8**	**6813.3**	**16017.0**	20430.6	14295.3	17271.9
2012	**13104.3**	**15986.2**	**7795.4**	**18063.9**	22912.0	16208.0	19487.4
2013	**14565.8**	**17637.8**	**8734.3**	**19914.3**	25010.9	18028.4	21829.1
2014	**15906.8**	**19226.0**	**9625.0**	**21749.9**	27346.1	19682.8	23911.6
2015	**17329.1**	**20803.0**	**10499.2**	**23551.0**	29541.9	21322.3	25960.3
2016	**18832.3**	**22410.0**	**11447.0**	**25397.0**	31738.6	23032.8	27994.8
2017	**20561.7**	**24305.9**	**12622.6**	**27516.9**	34323.0	25026.1	30182.8
2018	**22400.4**	**26014.0**	**13745.0**	**29722.9**	36981.0	26906.2	32920.4
2019	**24411.9**	**27796.0**	**15319.0**	**32023.4**	39776.8	29069.5	35633.1
2020	**25734.9**	**28782.9**	**16613.4**	**33547.0**	40956.0	30367.4	37776.7
2021	**27904.5**	**31085.5**	**18092.0**	**36432.0**	43852.6	32686.2	41214.4

2-19 续表

单位：元/人

年 份 Year	利通区 Litong	红寺堡区 Hongsipu	盐池县 Yanchi	同心县 Tongxin	青铜峡市 Qingtongxia	**固原市 Guyuan**	原州区 Yuanzhou
2010	9953.4	5189.8	7314.9	5265.9	8732.9	**5826.7**	7219.3
2011	11411.0	5958.6	8305.6	6025.0	10172.9	**6709.1**	8316.1
2012	12902.2	6806.9	9453.8	6914.9	11574.3	**7688.1**	9485.0
2013	14259.2	7741.4	10569.7	7811.1	12733.3	**8675.9**	10678.0
2014	15570.6	8529.1	11615.6	8634.7	13924.2	**9590.7**	11761.3
2015	16840.7	9306.9	12719.8	9459.8	15024.3	**10409.2**	12792.1
2016	18149.5	10198.2	13919.0	10329.5	16144.0	**11330.0**	13898.4
2017	19727.5	11250.2	15362.4	11278.8	17445.5	**12484.5**	15193.7
2018	21421.1	12329.6	16957.4	12266.4	18941.1	**13958.1**	16803.6
2019	23379.0	13752.5	19219.5	13706.5	20615.5	**15323.1**	18826.7
2020	24864.1	14951.6	21115.6	14772.9	22127.2	**16708.4**	20484.6
2021	27052.2	16221.7	23008.9	16161.5	24140.7	**18178.8**	22334.7

Basic Statistics of Disposable Income for Urban and Rural Households by City and County in Main Year

(yuan/person)

永宁县 Yongning	贺兰县 Helan	灵武市 Lingwu	**石嘴山市 Shizuishan**	大武口区 Dawukou	惠农区 Huinong	平罗县 Pingluo	**吴忠市 Wuzhong**
9373.7	9953.5	10840.7	**11987.2**	14646.5	11509.6	8866.0	**7800.7**
10674.1	11405.6	12413.8	**13879.7**	16970.4	13330.0	10142.9	**8912.2**
12154.2	12968.2	14113.1	**15733.8**	19195.1	15000.8	11536.6	**10135.5**
13482.4	14314.2	15652.6	**17293.9**	21302.6	16523.5	12785.7	**11240.8**
14721.7	15665.8	17076.7	**18748.4**	23125.3	17888.0	13923.0	**12321.9**
16017.3	16955.2	18460.4	**20220.3**	25081.6	19306.2	14973.8	**13373.3**
17239.2	18294.6	19906.5	**21747.0**	27033.2	20745.0	16101.9	**14510.0**
18682.1	19846.0	21661.4	**23621.6**	29437.3	22454.2	17473.7	**15847.9**
19845.9	21464.2	23362.1	**25638.5**	32000.3	24202.0	18999.9	**17416.1**
21451.5	23211.4	25217.1	**27725.5**	34576.4	26341.5	20527.5	**19164.7**
22670.6	24782.3	26786.2	**28906.5**	35959.1	28145.9	21726.5	**20608.0**
24915.0	26715.3	29197.0	**31190.1**	38656.1	30622.7	24007.7	**22462.7**

continued

(yuan/person)

西吉县 Xiji	隆德县 Longde	泾源县 Jingyuan	彭阳县 Pengyang	**中卫市 Zhongwei**	沙坡头区 Shapotou	中宁县 Zhongning	海原县 Haiyuan
4951.8	5055.1	5031.3	5125.0	**7009.8**	8833.4	8290.4	4536.4
5715.3	5831.6	5810.3	5928.2	**8055.5**	10117.9	9308.9	5271.9
6569.2	6704.6	6709.0	6811.6	**9140.8**	11429.6	10538.1	6054.3
7444.8	7586.8	7600.1	7741.5	**10139.7**	12630.2	11738.7	6899.7
8261.6	8409.8	8414.3	8590.3	**11093.6**	13778.0	12816.7	7641.1
9016.6	9102.2	9107.4	9360.9	**12011.0**	14912.3	13900.4	8284.3
9846.5	9937.0	9921.0	10210.4	**12941.0**	15992.6	14997.6	9046.2
10802.7	11001.8	10883.0	11293.7	**14066.9**	17356.0	16333.5	10006.9
11808.1	12050.7	12052.9	12490.5	**15333.9**	18825.2	17659.8	10773.2
13218.0	13417.2	13419.7	13919.4	**16904.3**	20376.3	19167.9	12188.4
14755.6	14705.8	14581.0	15194.6	**17864.2**	21086.4	19916.5	13172.7
15980.3	15985.2	15956.6	16546.9	**19382.7**	22836.6	21629.3	14371.4

2-20　主要年份各市县全体居民人均生活消费支出情况

单位：元/人

年　份 Year	全区 Total	沿黄地区 Plain	中南部地区 Mountain Area	银川市 Yinchuan	兴庆区 Xingqing	西夏区 Xixia	金凤区 Jinfeng
2013	**14565.8**			**19807.0**	25010.8	18028.4	21829.1
2014	**12484.5**	**14769.5**	**7913.5**	**17350.0**	21634.9	16348.4	20652.6
2015	**13815.6**	**15943.0**	**8579.2**	**18507.9**	23333.5	17944.9	21000.1
2016	**14965.4**	**17174.6**	**9353.6**	**19958.6**	23670.9	19533.1	21312.9
2017	**15350.3**	**17080.1**	**9534.0**	**19933.8**	24206.6	19789.2	21636.5
2018	**16715.1**	**18371.0**	**10233.0**	**21898.0**	28428.5	21056.6	23384.4
2019	**18296.8**	**19697.0**	**11235.0**	**23733.6**	30996.6	21231.6	25450.4
2020	**17505.8**	**19189.0**	**12246.7**	**23261.0**	29113.8	20261.1	25935.9
2021	**20023.8**	**21093.6**	**13579.3**	**25520.1**	31561.7	21411.1	29122.8

2-20　续表

单位：元/人

年　份 Year	利通区 Litong	红寺堡区 Hongsipu	盐池县 Yanchi	同心县 Tongxin	青铜峡市 Qingtongxia	固原市 Guyuan	原州区 Yuanzhou
2013	14280.4	7752.7	10583.1	7722.8	12754.4	**8643.6**	10704.7
2014	11815.0	7431.5	9499.5	7474.2	10892.0	**7720.8**	9300.2
2015	13015.3	7871.4	10111.4	8359.1	11510.1	**8287.0**	10600.0
2016	13586.6	8560.2	11229.5	8918.1	10569.0	**9020.1**	11689.6
2017	14165.9	9763.7	11678.2	9447.3	11465.5	**9755.1**	12949.3
2018	15764.0	10572.9	11751.2	9671.5	11770.1	**10555.4**	13599.4
2019	16280.2	11835.1	13600.5	10589.6	12829.6	**11554.6**	14663.9
2020	15354.7	12739.5	13040.4	11172.9	12871.0	**12680.4**	15613.8
2021	18014.7	13733.1	14000.0	11544.8	13971.3	**14212.6**	18094.9

Per Capita Living Expenditure for Urban and Rural Residents by City and County in Main Year

(yuan/person)

永宁县 Yongning	贺兰县 Helan	灵武市 Lingwu	**石嘴山市 Shizuishan**	大武口区 Dawukou	惠农区 Huinong	平罗县 Pingluo	**吴忠市 Wuzhong**
13261.4	13912.9	15656.5	**17334.5**	21312.2	16563.5	12888.0	**11253.2**
11065.5	13035.9	11309.5	**12297.5**	13738.5	11558.4	11043.6	**9725.6**
12182.6	13859.5	13195.7	**13370.5**	15425.5	11768.5	12083.3	**10626.6**
13058.9	14671.1	14132.4	**14379.9**	16565.8	12494.9	12768.8	**11529.8**
14819.5	15249.0	15148.2	**15048.0**	17791.7	13199.5	13656.3	**11436.2**
14902.2	16345.6	16404.7	**16598.9**	20023.4	13993.4	13778.2	**12292.5**
15690.8	17589.2	17156.1	**17119.7**	21565.9	14877.8	13395.7	**13426.7**
16678.2	18158.4	16865.3	**16865.2**	21170.0	15564.0	13203.9	**13432.0**
18245.2	20055.0	18315.3	**18294.8**	22928.0	16558.4	15039.8	**14790.7**

continued

(yuan/person)

西吉县 Xiji	隆德县 Longde	泾源县 Jingyuan	彭阳县 Pengyang	**中卫市 Zhongwei**	沙坡头区 Shapotou	中宁县 Zhongning	海原县 Haiyuan
7451.4	7586.6	7609.7	7745.4	**10153.3**	12635.3	11872.7	6921.3
6701.1	7682.8	7147.1	6606.7	**9537.8**	11279.1	10720.1	6851.6
6851.1	7983.2	7393.2	7060.4	**10349.7**	12149.8	11970.9	7740.9
7188.8	8796.7	7958.7	7344.1	**11151.0**	13490.0	13041.1	7879.0
7734.0	10500.7	8423.6	7996.4	**11505.8**	13950.5	14409.4	8396.2
8346.2	11718.3	8214.4	8925.8	**12261.8**	14974.1	13999.4	8672.7
9408.0	12385.7	8953.9	10059.8	**13222.1**	16156.5	14682.2	9821.1
11207.7	12783.7	9442.7	10987.8	**13097.4**	15158.9	14251.0	10133.5
12428.5	13911.4	10516.2	12028.0	**14792.7**	17503.5	16339.3	11724.5

2-21 城镇居民家庭基本情况

指标名称	Item	单位	Unit	2013
一、户主文化程度	**Cultural Level of Head of a Household**			
(一)未上过学	No Schooling	%	%	3.8
(二)小学	Primary School	%	%	12.7
(三)初中	Junior Secondary School	%	%	28.9
(四)高中	Senior Secondary School	%	%	24.1
(五)大学专科	Junior College	%	%	18.4
(六)大学本科	Undergraduate College	%	%	11.7
(七)研究生	Postgraduate	%	%	0.4
二、按家庭规模分的住户类型	**Households Type Divided by Family Size**			
(一)一人户	One Person	%	%	5.4
(二)二人户	Two Persons	%	%	24.0
(三)三人户	Three Persons	%	%	42.8
(四)四人户	Four Persons	%	%	17.1
(五)五人户	Five Persons	%	%	8.7
(六)六人及以上户	Six Persons and over	%	%	2.0
三、按世代分的住户类型	**Households Type Divided by Generation**			
(一)一代户	One-Generation Households	%	%	15.7
(二)二代户	Two-Generation Households	%	%	34.0
(三)三代户	Three-Generation Households	%	%	5.4
(四)四代及以上户	Four-Generation Households and over	%	%	0.0
四、住户特征	**Household Characteristics**			
(一)纯老人户	Households of only the old	%	%	16.0
(二)家中有未成年子女户	Households of Couple with Minor Children	%	%	75.8
(三)年轻夫妻无子女户	Households of Young Couple without Children	%	%	0.0
(四)无劳动力户	Households without Labor Force	%	%	8.2
五、住户经营情况	**Household Business Situation**			
(一)生产经营户	Production Business Households	%	%	17.6
农业户	Agriculture	%	%	7.1
农业兼业户	Agriculture and Business Households	%	%	0.0
非农兼业户	Non-agriculture and Business Households	%	%	0.0
非农业户	Non-agriculture Households	%	%	12.0
(二)非生产经营户	Non-production Business Households	%	%	82.4
六、参加医疗保险情况	**Medical Insurance Participation**			
(一)参加城乡居民基本医疗保险	Basic Medical Insurance for Urban and Rural Residents	%	%	53.9
(二)参加城镇职工基本医疗保险	Basic Medical Insurance for Urban Employee	%	%	35.0
(三)商业及其他医疗保险	Commercial and Other Health Insurance	%	%	3.1
(四)没有参加任何医疗保险	Non-joined any Medical Insurance	%	%	8.0

Basic Statistics of Urban Households

2014	2015	2016	2017	2018	2019	2020	2021
3.6	3.1	2.7	2.8	1.1	1.3	1.4	1.8
11.2	12.7	12.1	12.2	9.7	9.3	9.5	10.8
28.9	29.4	31.3	31.1	31.9	32.6	32.5	35.1
24.1	21.9	23.6	23.6	22.3	21.8	21.7	22.0
18.3	19.8	17.6	17.6	18.0	18.2	19.2	16.6
13.6	12.9	12.5	12.4	16.0	15.5	15.0	12.6
0.4	0.2	0.3	0.3	1.0	1.4	0.8	1.0
4.7	4.2	5.2	4.5	5.0	5.4	4.8	4.6
25.0	25.7	29.5	29.8	29.5	29.7	30.9	34.1
43.3	40.1	38.1	38.1	35.1	34.0	34.9	31.8
17.0	20.7	19.9	19.7	21.6	22.3	21.4	22.4
7.9	6.8	5.6	6.2	6.6	5.9	5.7	4.8
2.1	2.6	1.8	1.6	2.2	2.7	2.3	2.4
28.4	29.7	29.5	29.1	30.2	30.3	31.1	32.7
63.2	62.2	61.9	62.5	60.5	60.9	60.9	60.5
8.3	7.9	8.4	8.3	9.3	8.8	8.0	6.9
0.0	0.2	0.2	0.1	0.0	0.0	0.0	0.0
17.3	20.6	20.4	22.9	18.7	21.1	23.3	24.4
72.2	69.8	72.6	71.9	75.6	74.3	74.7	75.2
1.9	2.0	1.2	1.2	2.7	1.7	1.2	0.2
8.6	7.6	5.8	4.0	3.0	2.9	0.8	0.2
20.7	18.8	23.8	26.3	56.2	30.4	30.0	30.8
33.6	37.0	27.3	25.6	19.4	27.7	28.5	28.2
		2.0	2.3	0.6	1.1	1.5	2.4
		4.7	5.1	2.1	3.2	3.0	2.3
4.7	3.9	70.4	69.5	78.0	71.1	67.3	67.1
79.3	81.2	76.2	73.7	43.8	69.6	70.0	69.2
56.8	58.8	59.8	59.9	65.5	62.8	61.7	63.9
34.0	31.6	32.3	32.4	30.5	32.4	33.5	35.4
5.5	2.5	3.6	3.7	4.2	7.3	8.8	6.1
7.6	7.8	6.9	6.6	3.3	3.8	3.8	0.5

2-22 城镇居民家庭就业年龄及学历构成情况

指标名称	Item	单位	Unit
一、基本情况	**Basic Statistics of Households Surveyed**		
(一)户均常住人口	Average Number of Permanent Residents per Household	人/户	person/household
(二)户均常住从业人口	Average Number of Employed Persons per Household	人/户	person/household
(三)平均每户家庭从业人口比重	Proportion of Employed Persons per Household	%	%
(四)平均每一从业人口负担人数	Average Number of Dependency Coefficient per Employed Persons	人	person
(五)由本户供养的在校学生	Supported Students in School by the Family	人/户	person/household
(六)户均整半劳动力人口	Whole and Half Labor Force per Household	人/户	person/household
(七)平均每户家庭整半劳动力人口比重	Proportion of Whole and Half Labor Force per Household	%	%
二、家庭劳动力年龄构成	**Age Composition of Permanent Employed Persons**	**%**	**%**
(一)16-19岁	Aged 16-19	%	%
(二)20-24岁	Aged 20-24	%	%
(三)25-29岁	Aged 25-29	%	%
(四)30-34岁	Aged 30-34	%	%
(五)35-40岁	Aged 35-40	%	%
(六)41-50岁	Aged 41-50	%	%
(七)51-60岁	Aged 51-60	%	%
(八)61-65岁	Aged 61-65	%	%
(九)66岁及以上	Aged 66 and over	%	%
三、家庭劳动力文化程度构成	**Composition of Education Level for Labor Force**	**%**	**%**
(一)未上过学	No Schooling	%	%
(二)小学	Primary School	%	%
(三)初中	Junior Secondary School	%	%
(四)高中	Senior Secondary School	%	%
(五)大学专科	Junior College	%	%
(六)大学本科及以上	Bachelor Degree or above	%	%
(七)研究生	Graduate Student	%	%
四、常住从业人员就业类型	**Type of Employment of Permanent Employed Persons**	**%**	**%**
(一)雇主	Employer	%	%
(二)公职人员	Civil Servants	%	%
(三)事业单位人员	Institution Officers	%	%
(四)国有企业雇员	State-owned Enterprises Employees	%	%
(五)其他雇员	Other Employees	%	%
(六)农业自营	Self-employed of Agriculture	%	%
(七)非农自营	Self-employed of Non-Agriculture	%	%
五、常住从业人员从事主要行业	**Type of Industry for Permanent Employed Persons**	**%**	**%**
(一)第一产业	Primary Industry	%	%
(二)第二产业	Secondary Industry	%	%
(三)第三产业	Tertiary Industry	%	%

Composition Statistics of Employment Age and Education for Urban Households

2013	2014	2015	2016	2017	2018	2019	2020	2021
3.0	3.0	3.0	3.0	3.0	3.0	3.0	3.0	3.0
1.4	1.5	1.4	1.4	1.4	1.5	1.5	1.4	1.4
48.8	50.8	48.3	48.3	47.6	48.0	48.0	46.4	46.9
2.0	2.0	2.1	2.1	2.1	2.1	2.1	2.2	2.1
0.6	0.6	0.6	0.6	0.6	0.6	0.6	0.6	0.7
2.0	2.0	2.0	2.0	2.1	2.1	2.1	2.1	2.1
66.9	67.1	67.8	68.7	69.5	68.9	69.1	70.6	70.7
100.0	**100.0**	**100.0**	**100.0**	**100.0**	**100.0**	**100.0**	**100.0**	**100.0**
0.8	0.7	1.0	0.7	0.7	0.6	0.5	0.3	0.4
5.5	4.3	3.9	4.7	3.5	4.0	3.8	3.5	2.8
8.8	7.1	7.8	6.4	6.0	8.6	7.3	5.5	4.1
10.7	11.2	9.5	9.2	8.2	10.6	10.5	10.3	8.3
17.2	17.9	16.6	15.5	14.0	15.0	14.3	13.6	14.0
30.0	30.7	31.3	31.3	32.6	30.4	30.9	30.0	29.4
15.9	16.7	17.0	20.0	21.0	17.3	18.2	20.1	23.0
5.6	6.4	6.3	5.8	6.3	7.7	7.8	8.0	7.4
5.5	5.0	6.5	6.5	7.7	5.9	6.6	8.8	10.6
100.0	**100.0**	**100.0**	**100.0**	**100.0**	**100.0**	**100.0**	**100.0**	**100.0**
4.4	4.2	4.5	3.8	3.7	3.1	3.3	3.6	4.1
12.8	11.0	11.6	11.6	11.6	10.3	10.2	10.4	11.8
29.1	29.0	30.8	31.3	31.0	31.0	30.6	31.1	33.0
22.8	23.1	21.6	22.1	21.9	21.0	21.2	20.5	21.3
19.3	19.5	19.4	18.3	18.5	18.6	18.8	19.2	15.7
11.3	12.8	11.4	12.3	12.8	15.0	14.7	14.5	13.2
0.3	0.4	0.7	0.5	0.5	0.9	1.1	0.8	0.9
100.0	**100.0**	**100.0**	**100.0**	**100.0**	**100.0**	**100.0**	**100.0**	**100.0**
3.8	2.3	0.8	0.4	0.2	0.7	0.5	0.6	0.4
5.5	6.2	4.6	4.5	4.1	4.1	3.7	3.7	3.8
13.1	12.7	10.4	10.3	10.7	9.9	9.3	9.0	9.9
14.6	13.7	14.0	13.4	12.9	8.2	8.7	8.0	6.4
46.0	45.9	51.8	52.7	54.7	58.4	57.2	59.4	58.5
4.9	4.8	4.5	4.2	3.9	4.8	5.9	5.1	6.6
12.2	14.4	13.8	14.5	13.5	13.9	14.6	14.1	14.3
100.0	**100.0**	**100.0**	**100.0**	**100.0**	**100.0**	**100.0**	**100.0**	**100.0**
6.5	6.0	5.3	5.3	5.0	5.9	7.4	7.0	7.9
27.3	26.6	29.3	28.2	27.2	26.6	25.3	25.3	24.7
66.1	67.4	65.4	66.5	67.8	67.4	67.4	67.8	67.4

2-23 城镇居民家庭房屋基本情况

指标名称	Item	单位	Unit
一、期末现住房情况	**Current House Condition of Term End**		
(一)人均现住房面积	Per Capita Current Housing Area	平方米/人	sq.m/person
人均自有现住房面积	Per Capita Self-owned Current Housing Area	平方米/人	sq.m/person
户均现住房面积	Per Household Current Housing Area	平方米/户	sq.m/household
户均自有现住房面积	Per Household Self-owned Current Housing Area	平方米/户	sq.m/household
(二)现住房市场价月租金	Monthly Rent of Current Housing	元/人	yuan/person
自有现住房市场价月租金	Monthly Rent of Self-owned Current Housing	元/人	yuan/person
二、期内新购建住房情况	**Newly Bought or Built Residential Buildings Condition During Period**		
(一)新建住房竣工建筑面积	Completing Floor Space of Newly Built Residential Buildings	平方米/人	sq.m/person
(二)新建住房总费用	Total Cost of Newly Built Residential Buildings	元/人	yuan/person
(三)新建住房价值	Value of Newly Built Residential Buildings	元/平方米	yuan/sq.m
三、期末现住房构成	**Current Housing Constitute of Term End**		
(一)本住户居住类型	Residence Type	%	%
其中：普通住宅	General Residence	%	%
(二)本住户居住空间样式	House Construction Space Style	%	%
1.单栋楼房	Single Building	%	%
2.单栋平房	Single Bungalow	%	%
3.四居室及以上单元房	House with Four Bedrooms and above	%	%
4.三居室单元房	House with Three Bedrooms	%	%
5.二居室单元房	House with Two Bedrooms	%	%
6.一居室单元房	House with One Bedrooms	%	%
7.其他	Others	%	%
(三)主要建筑材料	Main Building Materials	%	%
1.钢筋混凝土	Reinforced Concrete	%	%
2.砖混材料	Brick and Concrete	%	%
3.砖瓦砖木	Brick and Wood	%	%
4.竹草土坯	Bamboo Grass Adobe	%	%
5.其他	Others	%	%
(四)现住房房屋来源	Current Housing Source	%	%
1.租赁公房	Public House Leasing	%	%
2.租赁私房	Private House Leasing	%	%
3.自建住房	Self-built Housing	%	%
4.购买商品房	Commercial Residential Building	%	%
5.购买房改住房	Reformed Housing	%	%
6.购买保障性住房	Security Housing	%	%
7.拆迁安置房	Removal Settlement Housing	%	%
8.继承或获赠住房	Inheritance or Gift Housing	%	%
9.免费借用房	Borrow Housing for Free	%	%
10.其他	Others	%	%
(五)现住房建筑面积	Current Residential Buildings Area	%	%
1.10平方米以内	Less than 10 sq.m	%	%
2.10–20平方米	10-20 sq.m	%	%
3.20–30平方米	20-30 sq.m	%	%
4.30–60平方米	30-60 sq.m	%	%
5.60–90平方米	60-90 sq.m	%	%
6.90–120平方米	90-120 sq.m	%	%
7.120–200平方米	120-200 sq.m	%	%
8.200平方米以上	200 sq.m above	%	%

Basic Statistics of House for Urban Households

2013	2014	2015	2016	2017	2018	2019	2020	2021
29.6	31.0	30.7	31.3	31.3	34.0	34.0	34.5	34.6
26.2	28.6	28.5	29.4	29.5	32.2	32.4	32.9	33.5
87.7	91.5	90.9	93.3	93.8	102.9	103.1	103.8	103.2
77.7	84.4	84.4	87.5	88.4	97.5	98.2	99.0	99.9
226.2	252.2	259.1	268.2	273.9	279.0	280.6	280.0	284.4
202.6	235.5	244.5	254.3	261.3	266.6	268.0	269.1	276.1
0.3	0.4	0.1	0.1	0.2	0.1	0.0	0.1	
372.4	329.0	83.7	56.1	105.7	76.1	12.1	83.2	
1237.1	772.4	669.4	521.8	602.8	1473.2	830.7	1002.6	
100.0	100.0	100.0	100.0	100.0	100.0	100.0	100.0	100.0
97.6	99.0	97.9	98.7	99.4	100.0	100.0	100.0	100.0
100.0	100.0	100.0	100.0	100.0	100.0	100.0	100.0	100.0
1.4	1.2	2.9	2.7	2.5	1.0	0.6	0.3	0.5
13.4	13.5	12.3	11.3	10.7	9.4	10.2	9.0	9.2
1.9	2.6	1.7	2.9	3.1	2.4	2.0	1.9	2.6
26.2	28.1	29.8	31.5	32.8	41.1	41.2	42.0	36.4
50.3	51.0	49.1	49.6	48.9	43.2	44.4	44.9	48.8
6.0	2.8	3.5	1.6	1.8	1.7	1.6	1.8	2.1
0.8	0.9	0.7	0.4	0.3	1.1	0.0	0.0	0.4
100.0	100.0	100.0	100.0	100.0	100.0	100.0	100.0	100.0
12.6	16.3	19.0	29.1	29.2	56.9	56.8	57.1	58.7
78.9	75.7	72.1	63.7	64.1	37.1	37.1	37.1	35.9
8.1	7.8	8.6	7.2	6.5	5.6	5.9	5.6	5.3
0.3	0.2	0.1		0.2	0.2	0.2	0.2	
0.2		0.2	0.0	0.0	0.1	0.1	0.1	0.1
100.0	100.0	100.0	100.0	100.0	100.0	100.0	100.0	100.0
1.7	0.8	1.4	1.8	1.6	1.2	1.0	1.2	1.0
10.9	6.7	4.7	4.0	3.5	3.8	3.8	3.2	2.4
9.6	10.1	9.1	8.3	8.1	8.9	8.9	8.6	9.3
46.8	52.5	54.7	57.0	58.1	65.5	65.7	66.4	67.4
15.5	14.7	14.4	14.3	14.0	4.7	4.6	4.5	2.1
5.8	5.4	5.0	4.1	4.3	3.2	2.7	2.7	4.2
6.0	6.3	5.6	6.6	6.8	10.7	11.6	11.3	12.5
0.5	0.7	1.0	0.6	0.7	0.7	0.7	0.7	0.2
2.7	1.9	2.0	1.5	1.6	1.3	1.0	1.2	1.0
0.4	1.0	2.1	1.7	1.4	0.1	0.1	0.2	0.0
100.0	100.0	100.0	100.0	100.0	100.0	100.0	100.0	100.0
0.3								
2.2	0.9	2.1	1.0	0.4				
0.8	0.7	0.4	0.2	0.2	0.1			
16.4	14.4	14.2	15.7	15.7	6.7	6.4	6.2	6.5
40.0	39.0	38.5	36.4	36.0	32.9	32.0	32.4	33.2
29.8	32.5	32.4	32.6	33.4	38.0	39.0	37.7	38.3
9.9	11.6	11.1	12.1	12.4	20.8	21.1	22.2	20.4
0.9	1.0	1.3	2.0	1.9	1.5	1.5	1.6	1.6

2-23 续表

指标名称	Item	单位	Unit
(六)住宅有管道供水情况	Pipeline Water Supplying of Residential Buildings	%	%
1.住宅内管道取水	Pipeline Water Supplying in the Home	%	%
2.住宅内其他方式取水	Other Ways Water Supplying in the Residence	%	%
3.院内管道取水	Pipeline Water Supplying to Public Water Intaking Spot	%	%
4.院内其他方式取水	Other Ways Water Supplying in the Courtyard	%	%
5.其他位置取水	Water Supplying from Other Locations	%	%
(七)住户厕所类型	Residence Toilet Type	%	%
1.水冲式卫生厕所	Water Flushing Sanitary Toilet	%	%
2.水冲式非卫生厕所	Water Flushing Insanitary Toilet	%	%
3.卫生旱厕	Sanitary Pit Latrine	%	%
4.普通旱厕	General Pit Latrine	%	%
5.无厕所	No Toilet	%	%
(八)住户厕所使用情况	Using Condition of Residence Toilet	%	%
1.本住户独用	Exclusive Use	%	%
2.几户合用	Sharing with Several Households	%	%
3.公用厕所	Public Toilet	%	%
(九)住户洗澡设施情况	Residence Shower Equipment Condition	%	%
1.统一供热水	Unified Supply Hot Water	%	%
2.家庭自装热水器	House Self-Installing Water Heater	%	%
3.其他	Others	%	%
4.无洗澡设施	No Shower Equipment	%	%
(十)住户主要取暖设备状况	Residence Main Heating Equipment Condition	%	%
1.由市政或小区集中供暖	Central Heating by Government or Housing Estate	%	%
2.自行供暖	Self Heating	%	%
3.无取暖设备	No Heating Equipment	%	%
(十一)住户主要取暖用能源状况	Residence Main Heating Energy Condition	%	%
1.柴草	Firewood	%	%
2.煤炭	Coal	%	%
3.罐装液化石油气	Canned Liquefied Petroleum Gas	%	%
4.管道液化石油气	Pipeline Liquefied Petroleum Gas	%	%
5.管道煤气	Pipeline Coal Gas	%	%
6.管道天然气	Pipeline Natural Gas	%	%
7.电	Electricity	%	%
8.燃料用油	Fuel Oils	%	%
9.沼气	Biogas	%	%
10.其他	Others	%	%
11.无取暖行为	No Heating Behavior	%	%
(十二)主要炊用能源状况	Main Condition of Cooking Energy	%	%
1.柴草	Firewood	%	%
2.煤炭	Coal	%	%
3.罐装液化石油气	Canned Liquefied Petroleum Gas	%	%
4.管道液化石油气	Pipeline Liquefied Petroleum Gas	%	%
5.管道煤气	Pipeline Coal Gas	%	%
6.管道天然气	Pipeline Natural Gas	%	%
7.电	Electricity	%	%
8.燃料用油	Fuel Oils	%	%
9.沼气	Biogas	%	%
10.其他	Others	%	%
11.无炊用行为	No Heating Behavior	%	%

continued

2013	2014	2015	2016	2017	2018	2019	2020	2021
100.0	100.0	100.0	100.0	100.0	100.0	100.0	100.0	100.0
95.3	95.9	97.9	99.0	99.2	97.8	97.9	98.6	97.1
							0.0	
0.1	0.2				0.1	1.6	1.0	1.4
						0.3	0.3	
4.5	3.9	2.1	1.0	0.8	2.2	0.1	0.1	1.5
100.0	100.0	100.0	100.0	100.0	100.0	100.0	100.0	100.0
88.7	89.1	90.4	91.3	91.8	91.0	92.8	93.2	93.2
1.3	1.2	0.7	0.5	0.4	0.8	1.0	0.8	0.7
0.5	0.7	0.7	1.4	1.3	1.0	0.3	1.0	1.6
8.7	8.5	7.8	6.6	6.3	7.1	5.9	4.9	4.5
0.7	0.5	0.4	0.3	0.1	0.1		0.1	
100.0	100.0	100.0	100.0	100.0	100.0	100.0	100.0	100.0
95.6	97.3	96.1	97.7	98.5	99.3	99.5	99.4	99.8
3.2	1.8	3.0	1.7	0.9	0.4	0.5	0.5	0.1
1.1	0.9	0.8	0.6	0.6	0.3		0.1	0.1
100.0	100.0	100.0	100.0	100.0	100.0	100.0	100.0	100.0
5.4	5.0	4.1	4.8	4.6	3.8	1.9	1.9	1.4
77.9	80.8	83.6	87.0	88.2	91.7	94.5	94.4	96.2
2.3	2.1	1.1	1.2	1.1	1.3	1.4	1.3	1.3
14.4	12.1	11.1	7.1	6.1	3.2	2.2	2.5	1.1
100.0	100.0	100.0	100.0	100.0	100.0	100.0	100.0	100.0
84.2	84.7	84.8	84.1	84.4	78.9	78.4	78.9	79.5
15.1	14.6	14.8	15.8	15.5	21.0	21.5	20.9	20.5
0.7	0.7	0.4	0.1	0.1	0.2	0.1	0.2	
100.0	100.0	100.0	100.0	100.0	100.0	100.0	100.0	100.0
0.6	0.1	0.1	0.1	0.0	0.1			0.1
91.6	12.7	13.3	17.2	9.6	10.3	8.5	8.3	9.2
0.6	0.1	0.0	0.0	0.0				
0.1			0.2	0.2	0.2			
0.4	0.1	0.1			0.4			
5.0	2.0	5.3	4.5	4.6	12.3	12.8	12.5	10.9
1.0	7.7	0.6	2.6	1.3	0.2	0.1	0.1	0.1
0.2	3.7	9.6	5.9	11.7	22.7			0.2
0.6	73.5	71.1	69.7	72.6	53.9	78.6	79.0	79.5
100.0	100.0	100.0	100.0	100.0	100.0	100.0	100.0	100.0
0.5	0.3	0.4	0.2	0.2	0.8	0.1	0.1	0.1
5.9	4.8	5.4	3.6	3.1	2.6	2.1	1.9	1.7
21.0	15.4	14.3	11.3	11.8	8.1	6.4	6.7	7.6
0.3	0.4	0.3	0.2	0.2	0.1	0.1	0.1	
0.3	0.1	0.2	0.1	0.1	0.5	0.5	0.1	
52.2	59.1	60.1	63.8	64.6	73.0	74.4	75.4	71.7
19.4	19.5	19.3	19.8	19.7	14.8	16.1	15.5	18.9
					0.1	0.1		
0.2	0.2							
0.2	0.2		1.1	0.5		0.2	0.2	

2-24　城镇居民年末拥有生产性固定资产情况

指标名称	Item	单位	Unit
年末生产性固定资产原价	**Original Price of Productive Fixed Assets Year-end**	**元／户**	**yuan/household**
(一)第一产业固定资产原价	The Primary Industry	元/户	yuan/household
1.农业固定资产原价	Agriculture	元/户	yuan/household
2.林业固定资产原价	Forestry	元/户	yuan/household
3.牧业固定资产原价	Animal Husbandry	元/户	yuan/household
4.渔业固定资产原价	Fishery	元/户	yuan/household
5.农林牧渔专业及辅助性活动固定资产原价	Agriculture, Forestry, Animal Husbandry ,Fishery and Auxiliary Activities	元/户	yuan/household
(二)第二产业固定资产原价	The Secondary Industry	元/户	yuan/household
1.采矿业固定资产原价	Mining Industry	元/户	yuan/household
2.制造业固定资产原价	Manufacturing Industry	元/户	yuan/household
3.电力热力燃气及水生产和供应业	Production and Supply of Electric, Heat, Gas and Water	元/户	yuan/household
4.建筑业固定资产原价	Construction Industry	元/户	yuan/household
(三)第三产业固定资产原价	The Tertiary Industry	元/户	yuan/household
1.批发和零售业	Wholesales and Retail Trade	元/户	yuan/household
2.交通运输仓储和邮政业	Transportation, Warehousing and Postal Services	元/户	yuan/household
3.住宿和餐饮业	Hotel and Catering Sectors	元/户	yuan/household
4.房地产业	Real Estate	元/户	yuan/household
5.租赁和商务服务业	Leasing and Business Service	元/户	yuan/household
6.居民服务修理和其他服务业	Residential Services, Repair and Other Services	元/户	yuan/household
7.其他行业	Others	元/户	yuan/household
年末主要生产性固定资产数量	**Quantity of Main Productive Fixed Assets Year-end**		
1.农业生产性用房及建筑物	House and Buildings for Agricultural Production	平方米/百户	sq.m/100 households
2.大中型农用拖拉机	Large and Medium Agrimotor	辆/百户	unit/100 households
3.小型农用拖拉机	Small Agrimotor	辆/百户	unit/100 households
4.农用排灌动力机械	Drainage and Irrigation Power Machinery for Agriculture	台/百户	unit/100 households
5.插秧机	Rice Transplanter	台/百户	unit/100 households
6.收割机	Harvesting Implements	台/百户	unit/100 households
7.脱粒机	Threshing Machine	台/百户	unit/100 households
8.产品畜	Livestock Products	头/百户	unit/100 households
9.其他农业机械	Other Agricultural Machinery	台/百户	unit/100 households

Ownership of Productive Fixed Assets for Urban Households Year-end

2013	2014	2015	2016	2017	2018	2019	2020	2021
15981.8	**13062.4**	**14093.2**	**13317.7**	**11605.2**	**30150.6**	**28604.0**	**31527.7**	**23785.8**
1842.2	1593.8	1053.6	1139.3	1092.6	3045.3	5574.9	4662.9	2718.3
766.8	834.6	434.6	761.0	698.3	1421.7	2065.0	1329.4	1419.9
0.2	0.2	0.0	0.0	0.0	3.9	13.4	3.8	0.0
929.3	590.0	619.0	350.8	390.7	798.0	1816.3	1879.1	1298.4
0.0	0.0	0.0	0.0	0.0	0.0	0.0	0.0	0.0
145.9	168.9	0.0	27.5	3.6	821.7	1680.2	1450.7	0.0
843.0	1825.0	2345.4	1252.6	692.3	4359.6	4765.0	6581.3	1525.3
0.0	208.4	7.0	35.6	35.8	222.5	252.1	511.4	0.0
521.5	352.3	105.1	68.9	28.3	48.3	57.9	161.5	342.2
0.0	0.0	0.0	0.0	0.0	0.0	0.0	0.0	0.0
321.5	1264.2	2233.3	1148.1	628.2	4088.8	4455.0	5908.5	1183.1
13296.6	9643.6	10694.2	10925.8	9820.3	22745.7	18264.1	20283.5	19542.1
6049.2	3392.3	8011.5	3487.8	4019.6	3814.9	4066.0	4580.6	8016.3
6413.6	5001.9	1377.7	3413.4	4411.2	8081.9	8636.1	8482.9	8119.9
119.4	130.7	198.2	106.3	419.7	7696.4	2770.9	3625.4	734.3
0.0	26.2	17.5	68.0	368.9	0.0	0.0	0.0	0.0
329.2	554.8	638.9	3245.5	2.0	553.2	161.6	163.9	132.4
224.4	534.3	443.2	604.9	599.0	1700.5	1796.0	2629.4	2036.4
160.9	3.4	7.2	0.0	0.0	898.8	833.6	801.3	502.7
365.4	594.1	317.9	408.0	345.2	505.4	974.9	828.8	816.1
0.7	0.6	0.3	0.5	0.5	0.9	0.5	0.9	0.9
2.9	3.2	2.2	3.4	2.7	3.5	4.3	4.8	5.2
0.2	0.1	0.1	0.0	0.1	0.2	0.2	0.1	0.1
0.1	0.1	0.0	0.0	0.0	0.0	0.0	0.0	0.0
0.0	0.0	0.0	0.0	0.1	0.2	0.2	0.1	0.1
0.3	0.5	0.2	0.0	0.0	0.1	0.1	0.1	0.8
13.1	2.6	1.4	2.3	2.9	4.6	40.3	45.3	9.1
-	-	2.0	2.3	1.4	0.8	2.9	2.7	3.6

2-25 城镇居民家庭经营土地及农作物种植情况

指标名称	Item	单位	Unit	2013
期末实际经营的土地面积	**Area of Cultivated Land at Year-end**	**亩/人**	**mu/person**	**0.34**
耕地	Arable Land	亩/人	mu/person	0.23
有效灌溉面积	Effective Irrigated Area	亩/人	mu/person	0.20
林地、园地	Woodland, Garden	亩/人	mu/person	0.01
牧草地	Grassland	亩/人	mu/person	0.10
养殖水面	Aquaculture	亩/人	mu/person	0.00
粮食播种面积	**Grain Sown Area**	**亩/人**	**mu/person**	**0.19**
小麦	Wheat	亩/人	mu/person	0.03
水稻	Rice	亩/人	mu/person	0.01
玉米	Corn	亩/人	mu/person	0.15
豆类	Soybeans	亩/人	mu/person	0.00
薯类	Tubers	亩/人	mu/person	0.00
经济作物播种面积	**Sown Area of Economy Crops**	**亩/人**	**mu/person**	**0.02**
油料	Bearing	亩/人	mu/person	0.00
蔬菜	Vegetable	亩/人	mu/person	0.01
设施蔬菜	Facilities Vegetables	亩/人	mu/person	0.00
水果	Fruits	亩/人	mu/person	0.01
设施水果	Facilities Fruit	亩/人	mu/person	0.01
机耕面积	**Machine-cultivated Area**	**亩/人**	**mu/person**	**0.20**
机播面积	**Mechanical Sowing Area**	**亩/人**	**mu/person**	**0.17**
机收面积	**Mechanical Harvesting Area**	**亩/人**	**mu/person**	**0.12**
机电灌溉面积	**Electromechanical Irrigation Area**	**亩/人**	**mu/person**	**0.02**
主要农产品产量	**Output of Major Agricultural Products**			
谷物产量	Cereal	公斤/人	kg/person	128.04
小麦产量	Wheat	公斤/人	kg/person	5.32
稻谷产量	Rice	公斤/人	kg/person	25.74
玉米产量	Corn	公斤/人	kg/person	96.87
薯类产量	Tubers	公斤/人	kg/person	0.32
豆类产量	Soybeans	公斤/人	kg/person	0.06
油料产量	Bearing	公斤/人	kg/person	0.71

Basic Statistics of Land Managed and Farm Crop Planting for Urban Households

2014	2015	2016	2017	2018	2019	2020	2021
0.43	**0.26**	**0.38**	**0.41**	**0.52**	**0.75**	**0.70**	**0.63**
0.28	0.16	0.36	0.39	0.40	0.64	0.61	0.46
0.27	0.15	0.35	0.37	0.29	0.52	0.53	0.37
0.01	0.02	0.02	0.02	0.11	0.10	0.06	0.13
0.13	0.08	0.00	0.00	0.01	0.01	0.03	0.03
0.00	0.00	0.00	0.00	0.00	0.00	0.00	0.00
0.19	**0.15**	**0.33**	**0.34**	**0.31**	**0.46**	**0.47**	**0.34**
0.02	0.02	0.02	0.02	0.04	0.05	0.04	0.01
0.03	0.00	0.02	0.02	0.05	0.04	0.06	0.02
0.14	0.11	0.29	0.27	0.21	0.36	0.37	0.23
0.00	0.01	0.00	0.03	0.00	0.01	0.00	0.08
0.00	0.00	0.00	0.00	0.01	0.01	0.00	0.01
0.04	**0.03**	**0.04**	**0.04**	**0.07**	**0.10**	**0.07**	**0.14**
0.01	0.00	0.01	0.00	0.01	0.01	0.01	0.00
0.02	0.01	0.01	0.02	0.01	0.02	0.02	0.01
0.00	0.00	0.00	0.00	0.00	0.00	0.00	0.00
0.02	0.02	0.02	0.02	0.05	0.07	0.04	0.13
0.01	0.00	0.00	0.00	0.00	0.00	0.00	0.01
0.22	**0.15**	**0.34**	**0.18**	**0.37**	**0.57**	**0.57**	**0.39**
0.20	**0.11**	**0.29**	**0.16**	**0.30**	**0.51**	**0.54**	**0.35**
0.11	**0.08**	**0.30**	**0.11**	**0.26**	**0.41**	**0.44**	**0.36**
0.01	**0.03**	**0.03**	**0.06**	**0.14**	**0.12**	**0.08**	**0.11**
152.09	93.63	148.37	102.36	207.88	304.27	333.48	187.54
5.48	7.84	7.38	7.41	12.44	15.39	15.04	3.66
17.32	1.83	10.49	11.06	31.23	26.35	27.35	10.25
129.25	83.97	130.50	83.87	162.79	261.29	290.79	173.44
0.27	0.25	0.15	0.59	1.13	2.15	2.27	1.34
0.00	0.19	0.25	3.63	0.04	0.15	0.04	9.64
1.27	0.04	1.27	0.30	0.38	1.30	1.24	0.14

2-26 城镇居民家庭主要食品消费数量

单位：公斤/人

指标名称	Item	2013	2014
一、粮食消费量	**Grain**	**112.6**	**117.8**
(一)谷物消费量	Cereal	104.9	109.5
1.小麦	Wheat	60.6	62.8
2.稻谷	Rice	41.5	43.1
3.玉米	Corn	0.7	1.0
4.其他谷物	Others	2.1	2.6
(二)薯类消费量	Tubers	2.1	2.0
1.红薯	Sweet Potato	0.3	0.4
2.马铃薯	Potato	1.3	1.2
3.其他薯类	Others	0.4	0.4
(三)豆类消费量	Beans	5.7	6.4
1.大豆	Soybeans	0.2	0.1
2.其他豆类	Others	5.5	6.2
二、蔬菜及菜制品消费量	**Vegetables and Processed Products**	**101.4**	**103.5**
其中：鲜菜	Fresh Vegetables	99.2	100.9
三、肉禽及其制品	**Meat, Poultry and Processed Products**	**20.8**	**23.8**
1.猪肉	Pork	7.2	7.4
2.牛肉	Beef	4.0	3.7
3.羊肉	Mutton	4.7	4.8
4.家禽	Poultry	5.0	6.3
5.其他肉禽及制品	Others	-	1.7
四、蛋类及蛋制品	**Eggs and Processed Products**	**5.7**	**6.3**
五、奶和奶制品	**Milk and Processed Products**	**25.9**	**25.1**
六、水产品	**Aquatic Products**	**4.4**	**4.1**
其中：鱼类	Fish	3.5	3.1
七、油脂类消费量	**Grease**	**8.4**	**9.1**
1.植物油	Vegetable Oil	8.3	9.1
2.动物油	Animal Oil	0.1	0.0
八、糖果糕点类	**Confection and Pastry**	**-**	**5.6**
九、干鲜瓜果类	**Melon and Fruits**	**32.5**	**74.6**
1.鲜瓜果	Melons	32.5	69.1
2.瓜果制品	Watermelon	-	1.1
3.坚果类	Nuts	-	4.4
十、消费茶叶	**Tea Leaves**	**0.2**	**0.2**
十一、酒	**Liquor**	**3.5**	**3.5**
1.白酒	White Spirit	0.9	0.9
2.啤酒	Beer	2.4	2.4
3.果酒	Fruit Wine	0.1	0.2

Consumption Quantity of Major Foods for Urban Households

(kg/person)

2015	2016	2017	2018	2019	2020	2021
114.2	**103.4**	**95.9**	**88.8**	**88.2**	**93.0**	**100.0**
106.3	95.3	89.2	82.4	80.9	84.9	91.9
61.5	54.9	51.3	46.3	46.0	49.1	52.5
41.2	36.2	35.1	32.7	31.4	32.7	35.5
1.0	1.1	0.3	0.4	0.6	0.4	0.7
2.6	3.1	2.5	3.0	2.9	2.8	3.2
1.9	1.8	1.1	1.2	1.2	1.5	1.5
0.4	0.4	0.4	0.4	0.5	0.5	0.6
1.1	0.9	0.4	0.5	0.4	0.6	0.6
0.5	0.5	0.4	0.3	0.3	0.4	0.4
6.1	6.4	5.6	5.2	6.0	6.6	6.6
0.1	0.1	0.1	0.1	0.1	0.1	0.1
6.0	6.2	5.5	5.1	5.9	6.5	6.5
99.3	**101.3**	**96.6**	**92.8**	**95.5**	**96.9**	**103.7**
96.5	98.2	93.9	90.4	92.8	94.0	100.6
25.3	**24.4**	**23.2**	**23.3**	**24.1**	**24.7**	**29.3**
7.4	6.8	6.6	7.3	6.7	6.4	9.1
3.9	3.7	3.9	3.9	4.4	4.8	5.1
6.1	5.8	5.1	4.7	4.5	4.6	5.3
6.2	6.4	6.1	5.9	7.0	7.4	7.9
1.8	1.8	1.5	1.5	1.5	1.6	1.9
7.2	**6.9**	**6.8**	**7.1**	**7.5**	**8.9**	**9.0**
22.4	**20.3**	**18.7**	**18.0**	**19.7**	**18.1**	**19.5**
3.9	**4.3**	**3.8**	**3.6**	**4.2**	**4.1**	**4.0**
2.8	3.0	2.6	2.4	2.9	2.7	2.4
8.8	**8.3**	**7.6**	**6.4**	**6.9**	**7.6**	**8.4**
8.8	8.2	7.6	6.3	6.9	7.6	8.3
0.1	0.0	0.0	0.1	0.1	0.1	0.0
5.5	**5.2**	**4.8**	**5.3**	**5.1**	**5.0**	**5.9**
76.9	**80.3**	**77.9**	**84.7**	**84.6**	**81.4**	**85.7**
70.9	74.0	72.7	79.0	79.1	76.2	80.2
1.4	1.5	1.3	1.6	1.3	1.3	1.4
4.6	4.8	3.9	4.2	4.2	3.9	4.1
0.2	**0.2**	**0.2**	**0.2**	**0.2**	**0.2**	**0.3**
3.6	**3.2**	**2.7**	**2.3**	**2.7**	**3.0**	**3.6**
0.9	0.8	0.6	0.7	0.7	0.6	0.8
2.4	2.1	2.0	1.5	1.8	2.2	2.6
0.2	0.2	0.1	0.2	0.2	0.1	0.1

2-27 城镇居民家庭主要产品出售情况

指标名称		Item		单位	Unit	2013
谷物	数量	Cereal	Quantity	公斤/人	kg/person	70.4
	金额		Amount	元/人	yuan/person	150.0
小麦	数量	Wheat	Quantity	公斤/人	kg/person	2.9
	金额		Amount	元/人	yuan/person	7.5
稻谷	数量	Rice	Quantity	公斤/人	kg/person	6.5
	金额		Amount	元/人	yuan/person	17.8
玉米	数量	Corn	Quantity	公斤/人	kg/person	58.5
	金额		Amount	元/人	yuan/person	119.7
薯类	数量	Tubers	Quantity	公斤/人	kg/person	0.2
	金额		Amount	元/人	yuan/person	1.6
豆类	数量	Soybeans	Quantity	公斤/人	kg/person	0.7
	金额		Amount	元/人	yuan/person	2.5
油料	数量	Bearing	Quantity	公斤/人	kg/person	0.7
	金额		Amount	元/人	yuan/person	3.5
蔬菜及食用菌	数量	Vegetables and Edible Fungi	Quantity	公斤/人	kg/person	22.9
	金额		Amount	元/人	yuan/person	35.6
瓜类	数量	Melons	Quantity	公斤/人	kg/person	5.0
	金额		Amount	元/人	yuan/person	3.9
园林水果	数量	Fruits	Quantity	公斤/人	kg/person	5.4
	金额		Amount	元/人	yuan/person	26.8
中药材	数量	Medicinal Materials	Quantity	公斤/人	kg/person	0.5
	金额		Amount	元/人	yuan/person	0.9
林木种苗	数量	Wood and Germchit	Quantity	公斤/人	kg/person	3.4
	金额		Amount	元/人	yuan/person	39.2
肉猪	头数(头)	Hog	Count (head)	头/人	head/person	0.0
	毛重		Gross Weight	公斤/人	kg/person	0.3
	金额		Amount	元/人	yuan/person	4.6
自宰猪	数量	Homestead Hog	Quantity	公斤/人	kg/person	0.0
	金额		Amount	元/人	yuan/person	0.9
肉牛	头数(头)	Cattle	Count (head)	头/人	head/person	0.0
	毛重		Gross Weight	公斤/人	kg/person	3.5
	金额		Amount	元/人	yuan/person	106.2
自宰牛	数量	Homestead Cattle	Quantity	公斤/人	kg/person	0.3
	金额		Amount	元/人	yuan/person	11.3
菜羊	只数(只)	Sheep	Count (head)	只/人	head/person	0.0
	毛重		Gross Weight	公斤/人	kg/person	1.5
	金额		Amount	元/人	yuan/person	42.3
自宰羊	数量	Homestead Sheep	Quantity	公斤/人	kg/person	0.0
	金额		Amount	元/人	yuan/person	0.6
家禽	重量	Poultry	Weight	公斤/人	kg/person	0.1
	金额		Amount	元/人	yuan/person	2.3
蛋类	数量	Eggs	Quantity	公斤/人	kg/person	5.8
	金额		Amount	元/人	yuan/person	45.8
畜皮	数量(张)	Fur	Quantity (piece)	张/人	piece/person	0.0
	金额		Amount	元/人	yuan/person	0.1
毛绒	数量	Wool	Quantity	公斤/人	kg/person	0.0
	金额		Amount	元/人	yuan/person	0.3
奶类	数量	Milk	Quantity	公斤/人	kg/person	57.0
	金额		Amount	元/人	yuan/person	189.5
鱼类	数量	Fish	Quantity	公斤/人	kg/person	
	金额		Amount	元/人	yuan/person	

Basic Statistics of Sales of Main Products for Urban Households

2014	2015	2016	2017	2018	2019	2020	2021
90.9	69.0	148.3	81.4	93.3	81.8	107.9	75.3
190.9	135.7	234.6	136.9	176.3	152.8	216.6	189.3
2.6	2.9	3.4	5.6	5.9	4.4	4.7	0.5
7.4	8.0	8.2	14.1	14.6	10.7	12.2	1.6
5.2	1.2	5.9	5.0	14.8	9.9	2.5	10.0
14.4	3.4	15.4	13.6	37.2	23.7	6.3	30.4
81.4	64.9	138.6	70.8	72.3	67.2	100.3	64.6
164.7	123.9	209.8	109.2	123.5	117.4	196.9	156.6
0.2	0.1	0.1	0.3	1.5	0.8	1.4	1.4
0.7	0.6	0.4	0.8	4.9	4.0	8.7	6.3
0.1	0.1	0.2	0.5	0.1	0.0		
0.4	0.3	0.5	1.8	0.5	0.1		
1.1	0.0	2.2		0.2	0.0	0.3	
4.6	0.1	4.0		0.8	0.0	1.5	
42.1	17.5	27.1	24.2	16.8	31.7	30.0	28.2
58.1	19.9	32.8	27.7	32.2	38.4	55.4	53.9
30.1	4.2	21.3	14.5	38.6	38.2	13.9	14.5
18.9	9.7	20.9	13.2	39.8	35.9	17.1	49.9
20.0	25.9	29.7	6.3	1.3	5.0	2.2	19.0
55.9	38.9	49.6	29.1	3.7	22.9	17.4	28.5
0.2	0.5	0.7	1.2	0.1	0.1	0.2	2.6
8.6	13.5	15.1	20.6	2.3	1.5	3.7	76.9
5.4	1.1	1.0	0.6	2.0	6.5	2.8	0.2
19.8	63.0	25.2	8.9	26.9	47.6	28.1	3.3
0.0	0.0	0.0	0.0	0.1	0.1	0.0	0.0
1.4	5.9	0.1	2.1	9.8	18.4	4.0	0.9
17.4	106.6	1.4	30.3	124.5	282.9	125.3	15.8
0.1	0.1	0.0	0.2	0.2	0.1	0.0	0.1
1.7	2.2	1.2	6.5	7.2	2.9	1.2	3.1
0.0	0.0	0.0	0.0	0.0	0.0	0.0	0.0
2.2	4.5	1.3	1.0	1.6	3.1	6.2	5.7
72.6	131.7	46.0	30.7	45.8	91.4	212.7	195.0
	0.0	0.1	0.0				0.0
	2.4	3.3	2.0				3.9
0.0	0.0	0.1	0.0	0.1	0.0	0.1	0.1
1.2	1.1	2.3	1.4	3.1	1.5	3.4	2.5
37.3	24.6	46.4	29.4	74.4	41.8	105.1	89.3
0.1	0.1	0.0	0.1	0.1	0.4	0.1	0.2
2.0	2.6	1.7	4.7	3.5	28.5	8.0	14.4
4.8	2.3	1.6	2.4	0.2	1.6	1.7	2.3
40.8	47.1	22.9	29.7	3.6	22.7	23.7	29.3
13.4	38.1	7.1	4.6	2.4	1.7	6.9	27.7
124.7	275.0	48.4	28.3	19.7	13.5	45.2	245.0
0.0	0.0	0.0	0.0	0.0	0.0	0.0	0.0
0.2	0.1	0.0					
0.1	0.1	0.1	0.0	0.1	0.1	0.3	0.4
0.9	1.1	0.8	0.6	3.5	3.8	1.6	21.3
34.7	19.5	3.5	4.5				
92.8	31.6	8.1	11.3				
				0.7			
				8.9			

2-28 城镇居民家庭平均每人购买主要商品数量

指标名称	Item	单位	Unit	2013	2014
粮食	Grain	公斤	kg	372.9	429.2
蔬菜和食用菌	Vegetables and Edible Fungi	公斤	kg	99.4	101.8
食用植物油	Edible Vegetable Oil	公斤	kg	8.2	9.0
猪肉	Pork	公斤	kg	7.0	7.2
牛羊肉	Beef and Mutton	公斤	kg	8.5	8.3
禽类	Poultry	公斤	kg	5.7	6.0
鲜蛋	Fresh Eggs	公斤	kg	5.4	6.1
鱼	Fish	公斤	kg	3.5	3.2
糖果糕点类	Candy and Cake	公斤	kg	5.0	5.6
卷烟	Cigarette	盒	pack	22.1	22.2
酒类	Liquor	公斤	kg	3.5	3.5
水	Water	吨	ton	23.8	28.3
电	Electricity	度	kWh	451.1	489.2
煤炭	Coal	公斤	kg	58.1	74.8
液化石油气	Liquefied Petroleum Gas	公斤	kg	4.2	3.4
管道天燃气	Pipeline Natural Gas	立方米	cu.m	35.5	38.2

注：1.从2010年起粮食包括大米、面粉和其他粮食及制品。
2.从2010年起禽类包括鸡、鸭和其他禽类及制品。
3.从2010年起鲜蛋不包含蛋制品。
4.从2010年起酒类包括白酒、果酒、啤酒和其他酒。

Per Capita Annual Purchases of Major Commodities for Urban Households

2015	2016	2017	2018	2019	2020	2021
432.9	408.6	384.8	387.1	388.1	410.9	446.8
97.5	99.2	95.0	91.9	94.1	95.4	101.5
8.7	8.2	7.6	6.3	6.9	7.6	8.3
7.2	6.7	6.5	7.2	6.6	6.3	8.9
9.7	9.3	8.7	8.5	8.8	9.3	10.2
6.0	6.2	5.8	5.8	6.9	7.2	7.6
6.9	6.7	6.6	6.9	7.2	8.5	8.5
2.8	3.0	2.6	2.4	2.9	2.7	2.4
5.4	5.2	4.8	5.3	5.1	5.0	5.9
20.1	21.3	21.5	22.8	23.9	24.6	28.2
3.5	3.2	2.7	2.3	2.7	3.0	3.6
29.8	28.0	26.8	26.4	24.4	27.6	31.5
489.0	476.1	496.0	451.2	438.2	466.5	517.2
77.5	65.6	52.4	58.4	52.7	59.9	45.2
3.5	2.7	2.7	1.4	1.3	1.2	1.4
42.2	56.4	56.7	65.5	70.6	72.8	77.6

Notes: a)Data in the table of Grain includes rice and flour since 2010.
b)Data in the table of Poultry includes chickens and ducks since 2010.
c)Data in the table of Fresh Eggs does not include egg products since 2010.
d)Data in the table of Liquor includes liquor, fruit wine and beer since 2010.

2-29 城镇居民家庭分行业人均可支配收入情况

单位：元/人

指标名称	Item	2013	2014
可支配收入	**Disposable Income**	**21475.7**	**23284.6**
(一)工资性收入	Income from Wages and Salaries	14594.0	15735.6
(二)经营净收入	Net Business Income	2506.5	2685.1
1.第一产业经营净收入	The Primary Industry	305.8	286.5
(1)农业	Agriculture	192.7	241.6
(2)林业	Forestry	31.2	6.0
(3)牧业	Animal Husbandry	78.3	38.9
(4)渔业	Fishery		
2.第二产业经营净收入	The Secondary Industry	382.0	471.6
(1)工业	Industry	52.1	100.6
(2)建筑业	Construction Industry	329.9	371.0
3.第三产业经营净收入	The Tertiary Industry	1818.7	1927.0
(1)交通运输业	Transportation Industry	484.1	500.5
(2)批发零售和住宿餐饮业	Wholesales, Retail Trade, Hotel and Catering Sectors	1021.0	1135.4
(3)社会服务业	Social Services	244.4	185.3
(4)其他家庭经营	Others	69.2	105.9
(三)财产净收入	Net Income from Property	833.4	1023.9
1.红利收入	Dividend Income	20.4	16.8
#2.转让承包土地经营权租金收入	Rental Income from the Management Rights Transfer of Land Contracted	4.9	11.8
(四)转移净收入	Net Income from Transfer	3541.9	3840.0
#1.养老金或离退休金	Pension or Retirement Benefits	4155.3	4617.9
2.报销医疗费	Reimbursement of Medical Expenses	123.7	114.3
3.政策性惠农补贴	Political Subsidy Supporting Agriculture	23.1	27.1
现金可支配收入	**Cash Disposable Income**		**22181.3**
实物可支配收入	**Physical Disposable Income**		**1103.3**

Basic Statistics of Disposable Income for Urban Households by Sector

(yuan/person)

2015	2016	2017	2018	2019	2020	2021
25186.0	**27153.0**	**29472.3**	**31895.2**	**34328.5**	**35719.6**	**38290.7**
16884.7	18032.9	19568.7	21337.5	23406.1	24272.6	25908.1
2699.6	2824.4	3062.3	3354.2	3530.2	3465.1	3660.0
258.5	259.2	237.9	291.9	311.8	413.8	360.8
152.9	171.1	181.7	219.8	214.0	299.5	347.0
31.6	23.2	6.6	4.0	27.7	26.5	3.9
74.5	64.9	49.6	59.2	70.2	87.9	9.9
-0.4			8.9			
488.7	537.3	571.3	649.7	713.5	660.1	506.5
105.5	30.3	32.7	88.3	67.2	35.5	43.4
383.2	507.0	538.5	561.4	646.3	624.6	463.0
1952.4	2027.9	2253.1	2412.7	2504.8	2391.2	2792.7
193.7	300.4	346.8	490.9	535.5	541.0	673.2
1262.0	1381.7	1539.2	1323.1	1352.3	1254.1	1438.3
369.1	352.7	300.7	506.6	510.0	519.4	554.3
127.6	-6.8	66.3	92.0	106.9	76.8	126.9
1081.5	1255.4	1269.8	1348.8	1421.2	1293.2	1291.7
26.9	45.1	18.4	238.5	193.9	91.9	95.6
26.6	30.5	26.0	115.9	144.2	112.4	114.8
4520.3	5040.3	5571.6	5854.7	5971.0	6688.7	7430.9
5513.0	6365.8	7120.4	7008.9	7364.0	8137.6	8953.5
84.5	66.2	465.4	817.9	684.8	642.5	667.0
20.7	45.7	29.2	67.4	85.4	110.8	103.7
24102.6	**26027.7**	**28188.2**	**30773.5**	**33061.6**	**34510.2**	**36800.3**
1083.4	**1125.3**	**1284.1**	**1121.7**	**1266.9**	**1209.5**	**1490.5**

2-30 城镇居民人均生活消费支出情况

单位：元/人

指标名称	Item	2013	2014
生活消费支出	**Living Expenditure**	**15806.9**	**17216.2**
(一)食品烟酒	Food, Tobacco and Liquor	4415.5	4795.3
#粮食	Grain	457.4	526.0
油脂	Oil and Fats	138.4	148.5
肉禽及制品	Meat, Poultry and Processed Products	819.1	843.4
蛋	Eggs	55.2	65.6
水产品	Aquatic Products	78.0	80.4
蔬菜	Vegetables	449.8	427.5
烟草	Tobacco	233.4	231.7
酒和饮料	Liquor and Beverages	174.3	189.6
奶及奶制品	Milk and Processed Products	239.2	252.6
(二)衣着	Clothing	1544.9	1729.0
#服装	Garments	1201.8	1346.2
(三)居住	Residence	2893.1	3027.6
#住房维修及管理	Housing Maintenance and Management	482.7	340.4
水电燃料及其他	Water, Electricity, Fuels and Others	732.4	845.7
(四)生活用品及服务	Household Facilities, Articles and Services	1060.8	1094.9
#家用器具	Home Appliances	218.0	272.3
家具及室内装饰品	Articles for Interior Decoration	238.6	181.9
家用纺织品	Bed Articles	79.7	95.6
家庭日用杂品	Household Articles for Daily Use	254.9	269.7
(五)交通通信	Transport and Communications	2301.2	2552.8
#交通	Transport	1644.5	1842.6
通信	Communications	654.7	710.3
(六)教育文化娱乐	Education, Culture and Recreation	1806.7	1957.5
文化娱乐	Culture and Recreation	458.9	509.3
#教育	Education	961.7	1079.9
(七)医疗保健	Health Care and Medical Services	1344.5	1616.9
#医疗器具及药品	Medical Instrument and Medicine	555.8	682.3
(八)其他用品及服务	Other Commodities and Services	440.1	442.3
服务性消费支出	**Consumption Expenditure for Service**		
商品性消费支出	**Consumption Expenditure for Commodity**		

Per Capita Living Expenditure for Urban Residents

(yuan/person)

2015	2016	2017	2018	2019	2020	2021
18983.9	**20364.2**	**20219.5**	**21976.7**	**24161.0**	**22379.1**	**25385.6**
4883.4	4889.2	4952.2	5374.4	5858.9	6068.3	6689.8
516.9	497.2	496.6	482.1	481.4	519.9	588.5
140.6	135.2	123.8	108.4	117.6	132.5	150.7
864.7	868.1	852.7	906.0	1012.4	1268.1	1429.1
69.3	63.5	58.6	73.3	81.5	88.5	96.7
81.5	92.0	91.0	103.2	122.2	132.1	123.7
414.3	437.8	413.5	401.0	412.1	477.3	495.0
254.6	274.7	289.8	322.7	336.8	351.8	409.2
199.9	186.4	180.2	210.6	252.7	243.9	280.8
249.5	228.0	254.8	305.8	312.3	311.3	316.1
1787.0	1726.7	1768.1	1952.9	2104.5	1776.3	1896.7
1419.5	1383.8	1416.5	1617.5	1718.0	1439.8	1543.5
3608.3	3770.5	3680.3	4032.2	4326.5	4319.2	4610.0
780.2	879.5	762.7	833.4	905.5	768.6	924.1
918.3	876.5	902.5	909.5	974.9	1122.7	1145.8
1185.4	1245.1	1257.1	1416.7	1529.1	1383.5	1568.6
271.4	255.2	224.8	310.8	285.5	278.5	322.8
248.3	296.9	322.1	266.6	263.1	188.8	259.0
104.7	104.5	106.9	150.0	135.1	106.8	125.1
235.0	236.2	243.2	263.4	264.7	261.9	274.6
2509.6	3896.5	3470.9	3528.6	4077.0	3680.3	4233.1
1700.3	3008.2	2656.9	2757.1	3313.3	2770.7	3452.9
809.3	888.3	814.0	771.5	763.7	909.6	780.2
2389.8	2415.7	2629.7	2888.7	3188.2	2250.3	3075.7
550.5	549.4	548.1	560.5	524.1	558.9	532.8
1397.7	1351.6	1610.7	1673.7	1962.1	1599.8	2349.3
2016.0	1874.0	1936.6	2152.0	2342.2	2267.3	2559.2
706.0	712.2	738.2	725.3	743.0	712.3	748.5
604.5	546.6	524.5	631.1	734.6	634.0	752.4
		8603.9	**9788.6**	**10884.4**	**9442.0**	**10901.8**
		11615.6	**12188.1**	**13276.6**	**12937.1**	**14483.8**

2-31 城镇居民家庭总收入情况

单位：元/人

指标名称	Item	2013	2014
全年总收入	**Total Revenue**	**23826.1**	**26369.5**
1.工资性收入	Income from Wages and Salaries	14593.7	15735.6
2.经营性收入	Business Income	3632.4	4219.8
(1)第一产业收入	The Primary Industry	849.3	935.7
农业收入	Agriculture	358.4	484.2
林业收入	Forestry	39.2	20.2
牧业收入	Animal Husbandry	441.6	431.4
渔业收入	Fishery		
(2)第二产业收入	The Secondary Industry	422.5	657.9
工业收入	Industry	71.3	172.9
建筑业收入	Construction Industry	351.1	485.1
(3)第三产业收入	The Tertiary Industry	2360.6	2626.1
交通运输业收入	Transportation Industry	750.4	994.3
批发零售和住宿餐饮业收入	Wholesales, Retail Trade, Hotel and Catering Sectors	1179.2	1281.7
社会服务业收入	Social Services	262.1	224.5
其他家庭经营收入	Others	168.9	125.6
3.财产性收入	Income from Property	840.8	1191.5
红利收入	Dividend Income	20.4	16.8
#转让承包土地经营权租金收入	Rental Income from the Management Rights Transfer of Land Contracted	4.9	11.8
4.转移性收入	Income from Transfer	4759.3	5222.7
#养老金或离退休金	Pension or Retirement Benefits	4155.3	4617.9
报销医疗费	Reimbursement of Medical Expenses	284.2	282.8
政策性惠农补贴	Political Subsidy Supporting Agriculture	23.1	27.1
5.非收入所得	Non-income Revenue	776.0	1161.6
(1)出售资产所得	Proceeds from Sale of Assets	367.3	335.0
(2)非经常性转移所得	Income from Non-recurrent Transfers	406.8	822.7
(3)其他非收入所得	Other Non-income Revenue	1.9	4.0
6.借贷性所得	Borrowing Income	6359.0	2843.3
(1)提取储蓄存款	Dissaving	5577.9	2237.3
(2)借入款	Borrowed	424.7	296.4
(3)收回借出款	Recall the Loan	70.7	33.8
(4)收回储蓄性保险本金	Redemption of Deposit Insurance Principal		2.9
(5)银行信用社得到的贷款	Bank Loan	278.1	268.9

Basic Statistics of Total Income for Urban Households

(yuan/person)

2015	2016	2017	2018	2019	2020	2021
28640.0	**30966.7**	**33583.3**	**37520.1**	**40492.7**	**42434.3**	**45159.7**
16884.7	18032.9	19568.7	21337.5	23406.1	24272.6	25908.1
4272.9	4363.5	4645.9	6149.9	6603.1	6801.1	6732.3
994.0	613.7	590.1	828.6	1241.2	1431.0	1483.7
274.9	372.1	362.6	462.8	656.8	755.8	778.2
63.5	26.1	9.3	29.7	49.1	29.5	4.4
655.6	215.4	218.3	327.1	535.3	645.7	701.2
			8.9			
769.1	1023.4	816.7	1274.5	1426.6	1712.3	710.1
139.4	37.0	47.3	121.9	115.4	250.3	51.7
629.7	986.4	769.4	1152.6	1311.2	1462.0	658.4
2509.8	2726.4	3239.1	4046.8	3935.4	3657.8	4538.4
310.0	530.4	602.0	1218.7	1425.1	1147.3	1822.7
1583.3	1699.4	2169.4	1915.6	1668.6	1720.1	1878.9
462.7	426.7	397.6	687.1	574.7	603.0	650.8
154.0	69.8	70.0	225.4	267.0	187.4	186.0
1301.8	1487.1	1484.5	1693.5	1794.8	1697.2	1911.7
26.9	45.1	18.4	238.5	193.9	91.9	95.6
26.6	30.5	26.0	115.9	144.2	112.4	114.8
6180.7	7083.2	7884.2	8339.2	8688.7	9663.3	10607.6
5513.0	6365.8	7120.4	7008.9	7364.0	8137.6	8953.5
350.9	389.9	465.4	817.9	684.8	642.5	667.0
20.7	45.7	29.2	67.4	85.4	110.8	103.7
2087.2	2208.2	2782.8	3829.0	4411.8	3111.4	5075.6
592.3	848.2	1352.7	1550.3	2196.6	1440.6	2248.6
1493.8	1358.2	1425.4	2274.9	2213.6	1669.6	2799.0
1.1	1.8	4.7	3.8	1.5	1.2	28.0
2622.0	1912.4	2066.8	2593.8	4335.2	4305.5	3661.2
1673.8	1166.8	570.4	1165.5	1278.2	1516.6	1197.1
291.4	451.7	408.9	302.1	901.3	338.1	600.2
42.4	42.0	323.8	214.4	907.4	85.7	113.9
1.8	0.7	0.4	16.0	11.7		
593.5	249.6	725.4	878.1	1220.5	2355.7	1723.0

2-32 城镇居民家庭总支出情况

单位：元/人

指标名称	Item	2013
全年总支出	**Total Expenditure**	**28223.3**
1.生活消费支出	Living Expenditure	15806.9
食品烟酒	Food Tobacco Liquor	4415.5
衣着	Clothing	1544.9
居住	Residence	2893.1
生活用品及服务	Articles and Services for Daily Use	1060.8
医疗保健	Health Care	1344.5
交通通信	Transportation Communication	2301.2
教育文化娱乐	Education, Culture and Entertainment	1806.7
其他用品及服务	Other Supplies and Services	440.1
2.生产经营费用支出	Expenditure for Household Business	700.0
(1)第一产业生产支出	The Primary Industry	502.0
农业生产支出	Agriculture	148.4
林业生产支出	Forestry	8.0
牧业生产支出	Animal Husbandry	342.4
渔业生产支出	Fishery	
(2)第二产业生产支出	The Secondary Industry	17.0
工业生产支出	Industry	3.0
建筑业生产支出	Construction Industry	14.0
(3)第三产业生产支出	The Tertiary Industry	181.0
交通运输业生产支出	Transportation Industry	121.9
批发零售和住宿餐饮业生产支出	Wholesales, Retail Trade, Hotel and Catering Sectors	19.3
社会服务业生产支出	Social Services	12.6
其他家庭经营生产支出	Others	27.1
3.财产性支出	Property Expenditure	113.1
4.转移性支出	Transfer Expenditure	1216.6
5.部分商业保险支出	Commercial Insurance Expenditure	221.2
6.购置资产及非经常性转移支出	Acquisition of Assets and Non-recurrent Transfer Expenses	2808.5
(1)建造住房支出	Build Housing	130.9
(2)购买住房支出	Purchase House	604.7
(3)购建第一产业生产性固定资产	Purchase and Build the Productive Fixed Assets of the Primary Industry	90.2
#购买或建造农业生产性用房	Purchase or Build Agricultural Productive Housing	1.1
购买产品畜	Purchase Stock	46.9
购买或建造农业设施	Purchase or Build Agricultural Facilities	1.6
购买农业机械	Purchase Agricultural Machinery	38.7
(4)购建第二产业生产性固定资产支出	Purchase and Build the Productive Fixed Assets of the Secondary Industry	14.3
(5)购建第三产业生产性固定资产支出	Purchase and Build the Productive Fixed Assets of the Tertiary Industry	21.6
(6)非经常性转移支出	Non-recurrent Transfer Expenditures	1925.0
7.借贷性支出	Borrowing Expenditure	7357.1
(1)归还银行信用社贷款	Repay the Loan to the Bank or Credit Union	616.0
(2)归还借款	Pay off the Loan	151.5
(3)存入银行款	Bank Deposit	6518.6

Basic Statistics of Total Expenses for Urban Households

(yuan/person)

2014	2015	2016	2017	2018	2019	2020	2021
28214.9	**30818.4**	**30896.5**	**31729.1**	**35405.6**	**41310.4**	**38125.5**	**43670.5**
17216.2	18983.9	20364.2	20219.5	21976.7	24161.0	22379.1	25385.6
4795.3	4883.4	4889.2	4952.2	5374.4	5858.9	6068.3	6689.8
1729.0	1787.0	1726.7	1768.1	1952.9	2104.5	1776.3	1896.7
3027.6	3608.3	3770.5	3680.3	4032.2	4326.5	4319.2	4610.0
1094.9	1185.4	1245.1	1257.1	1416.7	1529.1	1383.5	1568.6
1616.9	2016.0	1874.0	1936.6	2152.0	2342.2	2267.3	2559.2
2552.8	2509.6	3896.5	3470.9	3528.6	4077.0	3680.3	4233.1
1957.5	2389.8	2415.7	2629.7	2888.7	3188.2	2250.3	3075.7
442.3	604.5	546.6	524.5	631.1	734.6	634.0	752.4
1252.9	1256.9	1242.8	1333.4	2131.7	2444.0	2638.6	2540.6
617.1	711.8	329.6	328.0	487.8	843.7	946.1	1062.2
223.8	112.2	184.0	165.4	211.7	397.4	426.9	399.5
14.2	32.0	2.9	2.7	25.7	21.1	2.9	0.4
379.1	567.2	142.7	160.0	250.3	425.2	516.3	662.2
	0.4			0.1			0.0
145.1	227.6	458.1	230.0	528.8	608.3	906.6	169.5
59.6	31.4	4.4	13.1	27.6	41.4	199.9	0.6
85.5	196.2	453.8	216.9	501.1	566.9	706.7	168.9
490.7	317.5	455.0	775.3	1115.1	992.0	785.9	1308.9
380.9	85.3	153.6	156.9	549.8	699.7	418.7	968.0
66.8	136.8	237.4	531.3	339.0	166.0	284.5	245.0
27.1	83.6	60.6	83.5	143.0	25.1	25.5	51.0
15.9	11.8	3.4	3.6	83.3	101.3	57.2	44.9
155.0	220.3	231.8	214.7	344.7	373.6	404.0	620.0
1382.6	1660.5	2042.9	2312.6	2484.5	2717.7	2974.6	3176.6
264.3	216.7	341.6	361.8	617.4	690.7	650.0	675.8
2972.5	4677.5	4657.7	5813.3	5172.9	7594.1	6640.4	6967.3
103.4	94.5	55.8	68.0	79.6	93.4	98.9	147.0
502.4	1600.7	1897.0	2249.5	1389.9	2591.3	3306.3	3511.8
59.0	39.8	33.8	38.7	70.3	92.6	99.4	95.3
19.0	13.1	2.8	12.6	33.7	13.8	21.4	28.6
19.3	0.4	2.0	15.9	9.1	7.0	35.3	24.2
1.2	0.5	24.3	4.1	9.7	21.0	0.2	0.7
18.7	25.7	4.7	6.2	17.7	50.8	42.5	41.7
95.3	7.3			33.3	212.4	9.4	
121.1	230.2	16.2	579.5	320.9	1002.4	778.3	56.8
2088.2	2673.4	2638.7	2856.2	3268.0	3379.5	2319.1	3060.2
4971.4	3802.6	2015.6	1473.8	2677.7	3329.4	2438.8	4304.6
776.5	1142.3	1135.3	1152.0	2028.4	2114.2	2133.2	3114.6
303.6	211.1	237.7	178.8	470.2	749.7	186.7	590.7
3783.1	2305.1	512.4	106.0	60.0	311.3	31.1	468.9

2-33 城镇居民家庭现金收入情况

单位：元/人

指标名称	Item	2013	2014
全年现金收入	**Annual Cash Income**	**22611.2**	**24947.9**
1.工资性收入	Income from Wages and Salaries	14539.0	15683.1
2.经营性收入	Business Income	3494.1	4086.6
(1)第一产业收入	The Primary Industry	711.0	802.5
农业收入	Agriculture	232.1	363.4
林业收入	Forestry	39.2	20.1
牧业收入	Animal Husbandry	429.6	419.0
渔业收入	Fishery		
(2)第二产业收入	The Secondary Industry	422.5	657.9
工业收入	Industry	71.3	172.9
建筑业收入	Construction Industry	351.1	485.1
(3)第三产业收入	The Tertiary Industry	2360.6	2626.1
交通运输业收入	Transportation Industry	750.4	994.3
批发零售和住宿餐饮业收入	Wholesales, Retail Trade, Hotel and Catering Sectors	1179.2	1281.7
社会服务业收入	Social Services	262.1	224.5
其他家庭经营收入	Others	168.9	125.6
3.财产性收入	Income from Property	135.8	257.8
红利收入	Dividend Income	20.4	16.8
#转让承包土地经营权租金收入	Rental Income from the Management Rights Transfer of Land Contracted	4.9	11.8
4.转移性收入	Income from Transfer	4442.3	4920.5
#养老金或离退休金	Pension or Retirement Benefits	4155.3	4617.9
报销医疗费	Reimbursement of Medical Expenses	28.3	39.4
政策性惠农补贴	Political Subsidy Supporting Agriculture	23.1	27.1
5.非收入所得	Non-income Revenue	776.0	1161.6
(1)出售资产所得	Proceeds from Sale of Assets	367.3	335.0
(2)非经常性转移所得	Income from Non-recurrent Transfers	406.8	822.7
(3)其他非收入所得	Other Non-income Revenue	1.9	4.0
6.借贷性所得	Borrowing Income	6359.0	2843.3
(1)提取储蓄存款	Dissaving	5577.9	2237.3
(2)借入款	Borrowed	424.7	296.4
(3)收回借出款	Recall the Loan	70.7	33.8
(4)收回储蓄性保险本金	Redemption of Deposit Insurance Principal		2.9
(5)银行信用社得到的贷款	Bank Loan	278.1	268.9

Basic Statistics of Cash Income for Urban Households

(yuan/person)

2015	2016	2017	2018	2019	2020	2021
27218.3	**29526.9**	**32024.6**	**35713.5**	**38549.4**	**40476.9**	**43071.9**
16842.7	17999.6	19536.6	21287.7	23328.3	24164.4	25708.8
4220.2	4352.2	4580.0	5946.7	6200.1	6384.8	6428.1
941.3	602.4	524.2	625.4	838.1	1014.7	1179.6
231.0	369.4	307.7	265.7	261.0	348.5	493.3
63.0	26.1	9.3	29.6	49.0	29.3	4.4
647.3	206.8	207.3	321.2	528.1	636.9	681.8
			8.9			
769.1	1023.4	816.7	1274.5	1426.6	1712.3	710.1
139.4	37.0	47.3	121.9	115.4	250.3	51.7
629.7	986.4	769.4	1152.6	1311.2	1462.0	658.4
2509.8	2726.4	3239.1	4046.8	3935.4	3657.8	4538.4
310.0	530.4	602.0	1218.7	1425.1	1147.3	1822.7
1583.3	1699.4	2169.4	1915.6	1668.6	1720.1	1878.9
462.7	426.7	397.6	687.1	574.7	603.0	650.8
154.0	69.8	70.0	225.4	267.0	187.4	186.0
356.3	494.2	499.4	965.2	1021.1	920.6	1020.4
26.9	45.1	18.4	238.5	193.9	91.9	95.6
26.6	30.5	26.0	115.9	144.2	112.4	114.8
5799.1	6681.0	7408.6	7513.9	7999.9	9007.0	9914.6
5513.0	6365.8	7120.4	7008.9	7364.0	8137.6	8953.5
39.2	41.6	31.2	60.2	74.3	143.7	173.4
20.7	45.7	29.2	67.4	85.4	110.8	103.7
2087.2	2208.2	2782.8	3829.0	4411.8	3111.4	5075.6
592.3	848.2	1352.7	1550.3	2196.6	1440.6	2248.6
1493.8	1358.2	1425.4	2274.9	2213.6	1669.6	2799.0
1.1	1.8	4.7	3.8	1.5	1.2	28.0
2622.0	1912.4	2066.8	2593.8	4335.2	4305.5	3661.2
1673.8	1166.8	570.4	1165.5	1278.2	1516.6	1197.1
291.4	451.7	408.9	302.1	901.3	338.1	600.2
42.4	42.0	323.8	214.4	907.4	85.7	113.9
1.8	0.7	0.4	16.0	11.7		
593.5	249.6	725.4	878.1	1220.5	2355.7	1723.0

2-34 城镇居民家庭现金支出情况

单位：元/人

指标名称	Item	2013
全年现金支出	**Annual Cash Expenditure**	**26302.8**
1.生活消费支出	Living Expenditure	13922.5
食品烟酒	Food Tobacco Liquor	4355.8
衣着	Clothing	1544.5
居住	Residence	1388.1
生活用品及服务	Articles and Services for Daily Use	1037.9
医疗保健	Health Care	1054.0
交通通信	Transportation Communication	2299.2
教育文化娱乐	Education, Culture and Entertainment	1805.2
其他用品及服务	Other Supplies and Services	437.8
2.生产经营费用支出	Expenditure for Household Business	663.8
(1)第一产业生产支出	The Primary Industry	465.8
农业生产支出	Agriculture	145.7
林业生产支出	Forestry	8.0
牧业生产支出	Animal Husbandry	308.9
渔业生产支出	Fishery	
(2)第二产业生产支出	The Secondary Industry	17.0
工业生产支出	Industry	3.0
建筑业生产支出	Construction Industry	14.0
(3)第三产业生产支出	The Tertiary Industry	181.0
交通运输业生产支出	Transportation Industry	121.9
批发零售和住宿餐饮业生产支出	Wholesales, Retail Trade, Hotel and Catering Sectors	19.3
社会服务业生产支出	Social Services	12.6
其他家庭经营生产支出	Others	27.1
3.财产性支出	Property Expenditure	113.1
4.转移性支出	Transfer Expenditure	1216.6
5.部分商业保险支出	Commercial Insurance Expenditure	221.2
6.购置资产及非经常性转移支出	Acquisition of Assets and Non-recurrent Transfer Expenses	2808.5
(1)建造住房支出	Build Housing	130.9
(2)购买住房支出	Purchase Housing	604.7
(3)购建第一产业生产性固定资产	Purchase and Build the Productive Fixed Assets of the Primary Industry	90.2
#购买或建造农业生产性用房	Purchase or Build Agricultural Productive Housing	1.1
购买产品畜	Purchase Stock	46.9
购买或建造农业设施	Purchase or Build Agricultural Facilities	1.6
购买农业机械	Purchase Agricultural Machinery	38.7
(4)购建第二产业生产性固定资产支出	Purchase and Build the Productive Fixed Assets of the Secondary Industry	14.3
(5)购建第三产业生产性固定资产支出	Purchase and Build the Productive Fixed Assets of the Tertiary Industry	21.6
(6)非经常性转移支出	Non-recurrent Transfer Expenditures	1925.0
7.借贷性支出	Borrowing Expenditure	7357.1
(1)归还银行信用社贷款	Repay the Loan to the Bank or Credit Union	616.0
(2)归还借款	Pay off the Loan	151.5
(3)存入银行款	Bank Deposit	6518.6

Basic Statistics of Cash Expenses for Urban Households

(yuan/person)

2014	2015	2016	2017	2018	2019	2020	2021
26121.1	**28582.6**	**28542.2**	**29249.2**	**32324.0**	**38193.6**	**34964.8**	**40260.3**
15146.3	16770.1	18028.1	17763.9	18916.1	21091.6	19268.9	22041.0
4746.1	4837.2	4835.8	4894.0	5314.6	5779.7	5959.9	6470.6
1728.7	1785.6	1726.7	1768.1	1952.3	2104.4	1776.1	1896.3
1318.1	1834.1	1890.2	1761.1	1847.2	2036.6	1975.8	2165.8
1084.6	1175.0	1238.1	1252.2	1413.2	1524.3	1380.2	1563.0
1331.5	1658.7	1483.9	1471.5	1343.6	1655.3	1624.5	1891.4
2545.1	2488.5	3895.3	3465.3	3526.5	4071.8	3672.5	4227.3
1957.1	2389.8	2415.2	2629.7	2888.5	3187.3	2248.0	3075.3
435.1	601.2	542.9	522.1	630.3	732.3	632.0	751.3
1229.0	1234.9	1224.6	1309.0	2110.8	2396.5	2588.1	2475.0
593.2	689.8	311.4	303.7	466.9	796.2	895.7	996.6
222.4	110.3	182.6	163.8	207.1	393.7	420.9	397.1
14.2	32.0	2.9	2.7	25.7	21.1	2.9	0.4
356.7	547.1	125.9	137.3	234.1	381.4	471.8	599.0
	0.4			0.1			0.0
145.1	227.6	458.1	230.0	528.8	608.3	906.6	169.5
59.6	31.4	4.4	13.1	27.6	41.4	199.9	0.6
85.5	196.2	453.8	216.9	501.1	566.9	706.7	168.9
490.7	317.5	455.0	775.3	1115.1	992.0	785.9	1308.9
380.9	85.3	153.6	156.9	549.8	699.7	418.7	968.0
66.8	136.8	237.4	531.3	339.0	166.0	284.5	245.0
27.1	83.6	60.6	83.5	143.0	25.1	25.5	51.0
15.9	11.8	3.4	3.6	83.3	101.3	57.2	44.9
155.0	220.3	231.8	214.7	344.7	373.6	404.0	620.0
1382.6	1660.5	2042.9	2312.6	2484.5	2717.7	2974.6	3176.6
264.3	216.7	341.6	361.8	617.4	690.7	650.0	675.8
2972.5	4677.5	4657.7	5813.3	5172.9	7594.1	6640.4	6967.3
103.4	94.5	55.8	68.0	79.6	93.4	98.9	147.0
502.4	1600.7	1897.0	2249.5	1389.9	2591.3	3306.3	3511.8
59.0	39.8	33.8	38.7	70.3	92.6	99.4	95.3
19.0	13.1	2.8	12.6	33.7	13.8	21.4	28.6
19.3	0.4	2.0	15.9	9.1	7.0	35.3	24.2
1.2	0.5	24.3	4.1	9.7	21.0	0.2	0.7
18.7	25.7	4.7	6.2	17.7	50.8	42.5	41.7
95.3	7.3			33.3	212.4	9.4	
121.1	230.2	16.2	579.5	320.9	1002.4	778.3	56.8
2088.2	2673.4	2638.7	2856.2	3268.0	3379.5	2319.1	3060.2
4971.4	3802.6	2015.6	1473.8	2677.7	3329.4	2438.8	4304.6
776.5	1142.3	1135.3	1152.0	2028.4	2114.2	2133.2	3114.6
303.6	211.1	237.7	178.8	470.2	749.7	186.7	590.7
3783.1	2305.1	512.4	106.0	60.0	311.3	31.1	468.9

2-35 城镇居民家庭主要耐用品每百户拥有情况

单位：百户均

指标名称	Item	2013	2014
家用汽车	Automobile	17.84	25.65
摩托车	Motorcycle	20.27	25.95
助力车	Powered Bicycle	33.77	40.15
洗衣机	Washing Machine	90.33	95.25
电冰箱(柜)	Refrigerator	85.36	92.38
微波炉	Microwave Oven	42.35	47.22
彩色电视机	Color TV Set	100.08	102.72
空调	Air Conditioner	10.59	13.43
热水器	Water Heater	80.32	85.96
洗碗机	Dishwasher	0.35	0.37
排油烟机	Smoke Exhaust Ventilator	71.06	74.81
固定电话	Telephone	43.26	46.04
移动电话	Mobile Telephone	215.72	230.36
其中：接入互联网	Internet Mobile Telephone	85.26	106.41
计算机	Computer	61.97	70.02
其中：接入互联网	Internet Computer	50.37	50.01
照相机	Camera	22.84	25.92
中高档乐器	Secondary and Top Grade Musical Instrument	3.92	5.23
健身器材	Body-building Apparatus	1.11	2.15
空气净化器(含新风系统)	Air Purifier (Include Fresh Air System)		
吸尘器	Vacuum Cleaner		

Ownership of Major Durable Consumer Goods per 100 Urban Households

(per 100 households)

2015	2016	2017	2018	2019	2020	2021
30.04	35.66	37.64	42.77	45.04	45.35	46.45
21.38	16.23	14.52	14.22	12.78	12.54	11.04
42.57	48.28	52.50	51.10	54.65	60.24	65.62
95.30	98.16	99.11	100.39	101.26	101.43	102.09
93.43	96.58	96.97	99.56	100.35	100.56	101.17
48.21	52.02	54.64	53.20	56.55	56.91	53.65
101.84	102.42	103.53	101.59	102.82	102.12	103.37
13.10	14.00	14.90	19.98	21.89	22.03	23.41
87.41	91.52	93.57	98.04	99.21	100.67	99.97
0.19	0.33	0.48	0.41	0.52	0.55	1.33
74.54	77.32	80.71	89.04	90.24	91.39	91.80
34.81	21.66	13.18	6.09	3.75	3.19	1.87
237.27	248.79	253.46	249.69	253.61	256.15	249.18
140.72	174.54	195.51	225.87	233.73	245.65	242.13
65.64	71.22	72.68	67.01	68.68	69.62	57.47
53.22	58.37	61.15	57.26	56.80	57.97	51.67
21.63	21.27	20.02	13.80	14.92	14.06	7.71
4.03	5.01	6.95	7.43	10.39	10.70	9.13
2.19	3.39	4.05	5.02	6.59	7.29	4.90
		0.47	3.77	4.38	4.60	5.80
		4.20	8.96	10.94	12.01	10.13

2-36　2021年各市县城镇居民人均可支配收入情况

单位：元/人

指标名称	Item	全区 Total	沿黄地区 Plain	中南部地区 Mountain Area	银川市 Yinchuan
可支配收入	**Disposable Income**	**38290.7**	**39302.7**	**30806.5**	**42412.0**
(一)工资性收入	Income from Wages and Salaries	**25908.1**	**26393.9**	**24194.3**	**28598.2**
(二)经营净收入	Net Business Income	**3660.0**	**3753.8**	**3731.0**	**3664.7**
1.第一产业经营净收入	The Primary Industry	**360.8**	**113.1**	**179.6**	**79.9**
(1)农业	Agriculture	**347.0**	**117.1**	**139.5**	**81.4**
(2)林业	Forestry	**3.9**	**-0.1**	**8.5**	**-0.2**
(3)牧业	Animal Husbandry	**9.9**	**-3.9**	**31.6**	**-1.3**
(4)渔业	Fishery	**0.0**	**0.0**	**0.0**	**0.0**
2.第二产业经营净收入	The Secondary Industry	**506.5**	**378.8**	**564.2**	**378.5**
(1)工业	Industry	**43.4**	**8.3**	**116.2**	**0.0**
(2)建筑业	Construction Industry	**463.0**	**370.5**	**448.0**	**378.5**
3.第三产业经营净收入	The Tertiary Industry	**2792.7**	**3261.9**	**2987.2**	**3206.3**
(1)交通运输业	Transportation Industry	**673.2**	**889.2**	**684.6**	**516.7**
(2)批发零售和住宿餐饮业	Wholesales, Retail Trade, Hotel and Catering Sectors	**1438.3**	**1822.5**	**1796.9**	**1944.8**
(3)社会服务业	Social Services	**554.3**	**450.1**	**333.8**	**603.3**
(4)其他家庭经营	Others	**126.9**	**100.1**	**172.0**	**141.5**
(三)财产净收入	Net Income from Property	**1291.7**	**1406.7**	**881.6**	**1755.7**
1.红利收入	Dividend Income	**95.6**	**43.8**	**81.5**	**48.9**
#2.转让承包土地经营权租金收入	Rental Income from the Management Rights Transfer of Land Contracted	**114.8**	**49.6**	**41.3**	**13.4**
(四)转移净收入	Net Income from Transfer	**7430.9**	**7748.3**	**1999.7**	**8393.5**
#1.养老金或离退休金	Pension or Retirement Benefits	**8953.5**	**9305.5**	**3016.4**	**10487.6**
2.报销医疗费	Reimbursement of Medical Expenses	**667.0**	**596.0**	**237.2**	**647.5**
3.政策性惠农补贴	Political Subsidy Supporting Agriculture	**103.7**	**14.9**	**108.4**	**4.9**
现金可支配收入	**Cash Disposable Income**	**36800.3**	**37869.0**	**30204.3**	**40627.1**
实物可支配收入	**Physical Disposable Income**	**1490.5**	**1433.7**	**602.2**	**1784.9**

Basic Statistics of Disposable Income for Urban Households by City and County (2021)

(yuan/person)

兴庆区 Xingqing	西夏区 Xixia	金凤区 Jinfeng	永宁县 Yongning	贺兰县 Helan	灵武市 Lingwu	**石嘴山市** Shizuishan	大武口区 Dawukou	惠农区 Huinong	平罗县 Pingluo	**吴忠市** Wuzhong
45080.0	**34928.7**	**47208.2**	**36600.8**	**37473.5**	**38809.8**	**36548.7**	**40887.7**	**33089.3**	**32299.3**	**33589.9**
28737.2	23455.9	32854.0	26915.8	26095.0	28080.9	**23356.1**	26021.7	22060.5	19041.5	**21913.1**
3388.7	1902.0	3308.1	5632.2	3402.7	9305.9	**3135.3**	2955.1	2044.6	5846.5	**5311.9**
0.0	0.0	-0.6	356.1	0.0	861.8	**184.4**	79.6	29.2	777.4	**126.5**
0.0	0.0	0.0	356.1	0.0	884.9	**194.7**	104.3	10.0	810.5	**141.6**
0.0	0.0	-0.7	0.0	0.0	0.0	**0.0**	0.0	0.0	0.0	**-1.4**
0.0	0.0	0.1	0.0	0.0	-23.1	**-10.3**	-24.7	19.1	-33.1	**-13.6**
0.0	0.0	0.0	0.0	0.0	0.0	**0.0**	0.0	0.0	0.0	**0.0**
247.0	77.1	0.0	1129.2	746.0	2226.4	**377.9**	44.3	98.3	1825.2	**307.3**
0.0	0.0	0.0	0.0	0.0	0.0	**20.4**	44.3	0.0	0.0	**127.5**
247.0	77.1	0.0	1129.2	746.0	2226.4	**357.5**	0.0	98.3	1825.2	**179.7**
3141.7	1824.9	3308.7	4147.0	2656.6	6217.7	**2572.9**	2831.2	1917.1	3243.9	**4878.1**
257.6	237.0	0.0	1567.7	543.5	3712.6	**1378.7**	1695.4	791.3	1756.0	**1679.1**
2348.8	1421.6	1972.3	2138.3	476.3	2067.4	**1131.9**	1033.6	895.0	1875.7	**2570.0**
453.2	0.0	1146.1	441.0	1103.5	439.6	**26.2**	61.6	230.8	-486.8	**549.8**
82.1	166.3	190.2	0.0	533.3	-1.9	**36.1**	40.5	0.0	98.9	**79.2**
2333.2	972.2	2168.4	475.3	1413.7	693.8	**808.7**	1122.3	520.0	581.1	**1145.9**
132.4	0.0	0.0	0.0	0.0	0.0	**0.0**	0.0	0.0	0.0	**83.3**
0.0	0.0	0.0	12.1	91.3	112.5	**100.6**	53.2	90.1	246.2	**110.3**
10621.0	8598.5	8877.8	3577.5	6562.1	729.2	**9248.6**	10788.6	8464.2	6830.1	**5219.0**
13414.8	10204.2	10615.9	4621.3	7890.2	3831.9	**10556.6**	12949.7	8839.9	7820.0	**5005.9**
795.0	576.3	527.2	437.5	900.5	471.6	**472.0**	621.2	240.8	556.5	**491.6**
0.0	0.0	0.0	9.4	19.1	49.6	**29.4**	6.4	35.6	77.0	**158.2**
42203.3	**33491.6**	**46056.1**	**35885.4**	**36026.9**	**38184.4**	**35919.9**	**39878.5**	**33211.3**	**31123.5**	**32437.0**
2876.8	**1437.0**	**1152.1**	**715.3**	**1446.6**	**625.4**	**628.8**	**1009.1**	**-122.1**	**1175.8**	**1152.9**

2-36 续表

单位：元/人

指标名称	Item	利通区 Litong	红寺堡区 Hongsipu	盐池县 Yanchi	同心县 Tongxin
可支配收入	**Disposable Income**	**36626.4**	**27250.8**	**32281.2**	**29036.9**
(一)工资性收入	Income from Wages and Salaries	23068.2	20322.0	21611.5	18981.7
(二)经营净收入	Net Business Income	4353.1	5374.9	6151.4	6029.6
1.第一产业经营净收入	The Primary Industry	-6.5	85.8	85.3	555.2
(1)农业	Agriculture	-2.8	85.6	96.7	603.1
(2)林业	Forestry	0.0	0.0	0.0	-10.5
(3)牧业	Animal Husbandry	-3.7	0.2	-11.4	-37.4
(4)渔业	Fishery	0.0	0.0	0.0	0.0
2.第二产业经营净收入	The Secondary Industry	111.8	1590.1	540.8	521.6
(1)工业	Industry	59.1	0.0	0.0	658.4
(2)建筑业	Construction Industry	52.7	1590.1	540.8	-136.8
3.第三产业经营净收入	The Tertiary Industry	4247.7	3699.0	5525.2	4952.8
(1)交通运输业	Transportation Industry	1428.1	372.5	1336.7	1569.6
(2)批发零售和住宿餐饮业	Wholesales, Retail Trade, Hotel and Catering Sectors	2480.3	2309.2	2570.2	2993.2
(3)社会服务业	Social Services	339.3	530.8	1506.5	179.2
(4)其他家庭经营	Others	0.0	486.6	111.9	210.9
(三)财产净收入	Net Income from Property	1683.6	660.9	773.1	708.8
1.红利收入	Dividend Income	169.6	146.4	18.2	0.0
#2.转让承包土地经营权租金收入	Rental Income from the Management Rights Transfer of Land Contracted	3.3	19.9	232.6	9.8
(四)转移净收入	Net Income from Transfer	7521.5	893.0	3745.1	3316.8
#1.养老金或离退休金	Pension or Retirement Benefits	6396.6	1865.4	2937.4	4120.7
2.报销医疗费	Reimbursement of Medical Expenses	977.9	223.6	141.4	127.4
3.政策性惠农补贴	Political Subsidy Supporting Agriculture	17.9	28.6	752.8	131.0
现金可支配收入	**Cash Disposable Income**	**34710.7**	**27794.3**	**31837.4**	**27461.0**
实物可支配收入	**Physical Disposable Income**	**1915.7**	**-543.5**	**443.8**	**1575.9**

continued

(yuan/person)

青铜峡市 Qingtongxia	**固原市 Guyuan**	原州区 Yuanzhou	西吉县 Xiji	隆德县 Longde	泾源县 Jingyuan	彭阳县 Pengyang	**中卫市 Zhongwei**	沙坡头区 Shapotou	中宁县 Zhongning	海原县 Haiyuan
33610.2	**32546.4**	**34683.2**	**31240.9**	**28283.5**	**29756.6**	**30403.6**	**32520.6**	**33849.7**	**32206.7**	**29478.1**
22443.2	**26657.0**	27603.9	25764.6	23913.8	25881.3	26423.7	**24734.6**	25733.1	22697.3	25478.5
6087.2	**3280.9**	4075.6	3779.0	1713.0	1959.8	1208.3	**2948.3**	2373.9	4605.8	1703.8
118.8	**90.2**	-35.2	158.4	671.3	125.3	97.0	**92.8**	106.7	125.5	0.4
139.2	**41.4**	0.1	76.7	175.2	0.0	97.4	**92.3**	105.4	126.0	0.4
1.0	**10.5**	0.0	0.0	0.0	125.3	-0.4	**0.0**	0.0	0.0	0.0
-21.4	**38.3**	-35.3	81.7	496.1	0.0	0.0	**0.7**	1.3	0.0	0.0
0.0	**0.0**	0.0	0.0	0.0	0.0	0.0	**-0.2**	0.0	-0.5	0.0
0.0	**726.8**	719.3	1888.2	0.0	0.0	0.0	**223.8**	88.8	513.8	98.9
0.0	**33.2**	64.0	0.0	0.0	0.0	0.0	**0.0**	0.0	0.0	0.0
0.0	**693.6**	655.2	1888.2	0.0	0.0	0.0	**223.8**	88.8	513.8	98.9
5968.3	**2463.9**	3391.5	1732.3	1041.7	1834.5	1111.3	**2631.6**	2178.4	3966.5	1604.5
2914.8	**534.3**	605.3	1147.2	-130.6	193.9	0.0	**423.3**	0.0	1039.2	524.4
2509.5	**1568.9**	2428.0	375.0	1000.7	1640.6	154.8	**1749.4**	1694.9	2257.9	1040.3
544.1	**169.0**	43.1	210.1	213.1	0.0	704.6	**414.3**	394.0	669.4	39.8
0.0	**191.7**	315.0	0.0	-41.5	0.0	251.8	**44.8**	89.5	0.0	0.0
792.8	**1096.3**	1409.0	534.1	919.8	850.8	930.5	**898.9**	1114.1	781.9	517.6
0.0	**159.3**	301.1	0.0	0.0	0.0	26.3	**35.7**	71.4	0.0	0.0
339.9	**18.9**	0.0	0.0	25.4	0.0	132.4	**62.3**	62.3	99.2	0.0
4287.0	**1512.1**	1594.6	1163.2	1736.9	1064.7	1841.2	**3938.8**	4628.6	4121.6	1778.2
5288.3	**3093.3**	3696.7	2859.7	2758.0	1660.5	2149.3	**5214.6**	6088.6	5089.2	3078.0
109.6	**302.2**	357.8	93.6	202.7	338.9	424.8	**366.4**	326.5	575.8	121.7
54.2	**16.0**	0.0	23.6	117.6	0.0	14.5	**17.8**	11.8	38.0	0.0
33319.7	**32012.3**	**34140.8**	**31261.3**	**28219.8**	**28602.3**	**29188.4**	**31407.9**	**32800.9**	**30406.5**	**29350.4**
290.5	**534.1**	**542.4**	**-20.4**	**63.7**	**1154.3**	**1215.1**	**1112.6**	**1048.8**	**1800.2**	**127.7**

2-37 2021年各市县城镇居民人均生活消费支出情况

单位：元/人

指标名称	Item	全区 Total	沿黄地区 Plain	中南部地区 Mountain Area	银川市 Yinchuan	兴庆区 Xingqing
生活消费支出	**Living Expenditure**	25385.6	25308.5	20002.1	29073.5	32415.2
(一)食品烟酒	Food, Tobacco and Liquor	6689.8	7083.8	5615.9	7842.0	8657.0
#粮食	Grain	588.5	558.7	561.2	567.9	606.3
油脂	Oil and Fats	150.7	136.8	157.2	139.5	148.5
肉禽及制品	Meat, Poultry and Processed Products	1429.1	1370.6	1252.6	1411.9	1590.4
蛋	Eggs	96.7	102.4	84.0	113.3	128.9
水产品	Aquatic Products	123.7	154.7	70.5	195.0	263.1
蔬菜	Vegetables	495.0	524.1	401.1	565.5	677.1
烟草	Tobacco	409.2	389.8	333.3	377.8	397.6
酒和饮料	Liquor and Beverages	280.8	331.9	231.7	399.1	427.5
奶及奶制品	Milk and Processed Products	316.1	352.4	264.8	404.7	384.1
(二)衣着	Clothing	1896.7	2079.6	1890.2	2313.0	2439.0
#服装	Garments	1543.5	1693.7	1510.3	1889.4	2009.5
(三)居住	Residence	4610.0	4783.9	3510.5	5947.9	7147.8
#住房维修及管理	Housing Maintenance and Management	924.1	669.9	466.3	786.2	836.1
水电燃料及其他	Water, Electricity, Fuels and Others	1145.8	1190.3	916.3	1328.1	1565.1
(四)生活用品及服务	Household Facilities, Articles and Services	1568.6	1623.8	1308.9	1818.6	2086.7
#家用器具	Home Appliances	322.8	335.5	219.1	371.2	526.1
家具及室内装饰品	Articles for Interior Decoration	259.0	186.0	172.5	171.1	199.3
家用纺织品	Bed Articles	125.1	130.5	107.5	143.0	149.0
家庭日用杂品	Household Articles for Daily Use	274.6	302.8	250.6	346.5	384.4
(五)交通通信	Transport and Communications	4233.1	3802.8	3361.4	4506.4	4600.0
#交通	Transport	3452.9	2967.0	2708.8	3569.1	3571.3
通信	Communications	780.2	835.8	652.7	937.4	1028.8
(六)教育文化娱乐	Education, Culture and Recreation	3075.7	2853.4	2415.5	3303.3	3822.8
文化娱乐	Culture and Recreation	532.8	564.5	465.2	598.7	641.6
#教育	Education	2349.3	1971.7	1973.7	2257.1	2779.6
(七)医疗保健	Health Care and Medical Services	2559.2	2374.8	1500.1	2518.6	2624.2
#医疗器具及药品	Medical Instrument and Medicine	748.5	823.3	562.2	850.0	848.3
(八)其他用品及服务	Other Commodities and Services	752.4	706.3	399.7	823.6	1037.7
服务性消费支出	**Consumption Expenditure for Service**	10901.8	11297.2	8064.4	13553.6	15732.3
商品性消费支出	**Consumption Expenditure for Commodity**	14483.8	14011.2	11937.7	15519.9	16682.8

Per Capita Living Expenditure for Urban Residents by City and County (2021)

(yuan/person)

西夏区 Xixia	金凤区 Jinfeng	永宁县 Yongning	贺兰县 Helan	灵武市 Lingwu	**石嘴山市** Shizuishan	大武口区 Dawukou	惠农区 Huinong	平罗县 Pingluo	**吴忠市** Wuzhong
22388.0	32461.2	24064.2	24734.6	23339.1	20454.4	23870.1	17481.6	17621.6	18956.7
7117.9	8132.3	6632.1	6814.7	6316.8	6544.5	7317.1	5989.6	5662.9	5582.3
582.3	479.5	571.7	767.1	442.7	580.1	694.5	471.1	504.7	493.4
142.2	132.4	144.9	113.8	127.1	130.6	134.8	114.0	153.5	141.6
1440.1	1217.0	1225.0	1232.9	1571.9	1353.9	1408.3	1250.1	1424.4	1375.6
121.0	109.2	84.8	92.6	77.9	112.1	127.0	108.2	81.0	66.1
137.8	208.9	107.5	112.2	82.0	140.1	172.7	140.2	54.9	72.9
550.1	505.9	501.2	459.4	379.1	534.0	559.7	548.8	436.2	387.2
454.0	305.8	384.7	374.3	360.2	418.4	499.5	358.4	329.1	394.8
281.8	537.1	248.3	374.2	171.7	297.3	376.5	251.1	185.1	186.3
468.2	423.8	452.7	340.1	272.2	273.4	310.9	242.4	239.0	225.9
1676.6	2735.8	1903.1	2261.6	2031.4	1890.9	2188.1	1662.1	1583.3	1799.6
1311.6	2250.3	1539.0	1849.8	1660.5	1565.3	1831.1	1329.2	1354.9	1429.0
3745.9	7173.9	3999.9	4716.3	3133.4	2895.2	3428.3	2057.2	3221.1	3353.8
436.5	984.5	974.0	597.0	449.8	435.6	467.0	259.9	714.2	480.0
1055.3	1422.1	1066.8	1033.4	866.9	1083.8	1269.7	925.3	923.1	897.3
1235.5	1931.4	1672.4	1680.7	1573.4	1323.9	1535.4	1304.7	809.7	1346.5
179.5	290.9	304.1	346.4	403.2	321.9	390.2	307.7	172.4	263.3
177.9	155.3	174.4	149.6	59.0	148.3	192.3	131.5	67.9	218.5
107.9	148.7	165.6	159.3	121.3	113.6	129.2	120.8	58.1	94.7
280.7	343.5	306.1	391.3	307.3	248.4	262.6	263.6	180.0	227.7
3279.8	5576.6	4754.0	3398.6	3299.9	2777.3	3421.6	2201.3	2274.5	2489.6
2508.1	4555.7	3906.2	2599.5	2577.8	2063.2	2525.2	1593.7	1818.8	1790.1
771.7	1020.8	847.8	799.1	722.1	714.1	896.4	607.6	455.7	699.5
1882.6	3831.0	2282.4	2357.1	4194.6	2308.0	2678.9	2052.5	1862.0	2314.0
538.8	605.0	586.5	535.4	550.9	520.2	716.3	352.9	350.4	504.3
1146.4	2389.7	1513.0	1400.1	3542.7	1588.4	1864.3	1392.0	1269.8	1727.8
2944.8	2266.5	2055.5	2781.9	2215.8	2236.2	2590.9	1942.0	1912.2	1637.4
1016.4	854.9	687.4	812.5	670.5	906.6	1178.1	596.4	833.2	566.6
505.0	813.7	764.6	723.5	573.7	478.3	709.8	272.3	295.8	433.4
9443.6	15619.8	9343.0	11260.0	10645.4	8079.0	9622.0	6686.4	6901.4	7990.2
12944.5	16841.4	14721.1	13474.6	12693.6	12375.4	14248.1	10795.2	10720.2	10966.5

2-37 续表

单位：元/人

指标名称	Item	利通区 Litong	红寺堡区 Hongsipu	盐池县 Yanchi	同心县 Tongxin	青铜峡市 Qingtongxia
生活消费支出	**Living Expenditure**	**22201.7**	**19246.0**	**15605.3**	**17066.8**	**16166.9**
(一)食品烟酒	Food, Tobacco and Liquor	6782.1	5793.0	4546.5	4323.6	4790.5
#粮食	Grain	531.0	514.1	397.1	498.8	478.9
油脂	Oil and Fats	148.3	120.1	98.2	179.0	139.0
肉禽及制品	Meat, Poultry and Processed Products	1694.5	1261.6	1137.1	1267.8	1014.5
蛋	Eggs	70.7	62.9	70.1	49.5	67.1
水产品	Aquatic Products	81.9	74.4	44.2	47.4	95.0
蔬菜	Vegetables	433.6	341.9	262.6	363.5	417.3
烟草	Tobacco	505.9	377.4	279.6	241.7	374.3
酒和饮料	Liquor and Beverages	196.3	252.3	213.0	123.2	173.9
奶及奶制品	Milk and Processed Products	242.8	243.3	278.4	170.1	188.5
(二)衣着	Clothing	1946.0	1659.6	1826.0	1917.3	1429.9
#服装	Garments	1529.3	1298.9	1468.0	1561.3	1130.4
(三)居住	Residence	3866.4	3121.9	2858.2	3146.5	2898.7
#住房维修及管理	Housing Maintenance and Management	621.2	870.2	169.7	530.9	273.4
水电燃料及其他	Water, Electricity, Fuels and Others	922.0	421.4	1044.3	771.4	967.9
(四)生活用品及服务	Household Facilities, Articles and Services	1599.5	1171.1	1054.5	1313.1	1123.4
#家用器具	Home Appliances	342.1	163.9	194.6	184.1	241.7
家具及室内装饰品	Articles for Interior Decoration	362.3	108.9	83.1	182.7	84.1
家用纺织品	Bed Articles	126.7	79.3	46.7	105.6	61.5
家庭日用杂品	Household Articles for Daily Use	253.8	225.3	204.8	227.1	192.4
(五)交通通信	Transport and Communications	2698.8	3372.3	1926.6	1939.7	2647.4
#交通	Transport	1910.7	2659.6	1374.5	1453.8	1860.7
通信	Communications	788.1	712.7	552.1	485.9	786.7
(六)教育文化娱乐	Education, Culture and Recreation	2702.6	2798.3	2051.9	2587.9	1366.2
文化娱乐	Culture and Recreation	587.0	460.2	340.7	275.1	644.4
#教育	Education	1794.6	2355.0	1688.1	2330.6	983.4
(七)医疗保健	Health Care and Medical Services	2036.9	996.0	1118.0	1475.9	1516.4
#医疗器具及药品	Medical Instrument and Medicine	718.0	372.0	455.5	508.9	439.1
(八)其他用品及服务	Other Commodities and Services	569.6	333.7	223.5	362.8	394.4
服务性消费支出	**Consumption Expenditure for Service**	**9528.5**	**8261.8**	**6417.1**	**6928.3**	**6742.8**
商品性消费支出	**Consumption Expenditure for Commodity**	**12673.3**	**10984.1**	**9188.2**	**10138.5**	**9424.1**

continued

(yuan/person)

固原市 Guyuan	原州区 Yuanzhou	西吉县 Xiji	隆德县 Longde	泾源县 Jingyuan	彭阳县 Pengyang	中卫市 Zhongwei	沙坡头区 Shapotou	中宁县 Zhongning	海原县 Haiyuan
23599.3	**27842.1**	**20445.5**	**18346.5**	**17446.2**	**18481.7**	**20222.5**	**20151.8**	**22109.6**	**17238.7**
6590.7	7532.7	6142.2	5291.2	4846.8	5420.6	**5117.5**	5254.3	4914.7	5091.1
625.4	673.4	644.2	622.3	457.1	515.2	**517.2**	487.7	503.1	620.5
153.3	162.6	148.0	156.5	145.4	126.5	**146.2**	124.1	128.5	235.3
1328.0	1400.7	1513.6	1011.1	784.8	1325.5	**1063.5**	1042.6	950.7	1309.2
103.0	111.5	102.2	95.7	84.9	86.7	**66.9**	63.5	64.2	80.7
86.8	108.5	74.5	57.4	49.6	60.3	**66.7**	68.1	56.8	79.6
433.8	455.1	382.2	466.5	449.8	391.4	**416.1**	416.6	397.6	446.2
414.0	433.4	492.4	331.8	268.7	369.2	**283.7**	290.8	327.5	191.1
263.7	245.7	291.2	281.7	197.0	328.8	**234.4**	244.8	228.1	217.1
313.9	353.2	301.3	256.6	400.2	152.2	**314.2**	368.7	288.0	212.1
2039.1	2293.9	2049.1	1665.3	1481.6	1600.1	**1637.3**	1564.1	1601.1	1894.6
1636.4	1845.7	1647.2	1276.1	1177.6	1307.4	**1308.6**	1277.2	1262.8	1469.8
4044.8	4692.4	3379.2	3187.7	3383.0	3388.1	**3841.7**	4243.2	3664.4	3061.6
528.1	632.7	383.1	206.6	669.9	432.3	**605.7**	860.6	461.3	163.7
1007.1	1101.6	926.4	908.7	870.1	896.2	**1051.5**	1085.3	1011.1	1028.9
1471.6	1790.3	1277.0	878.0	1168.2	1049.3	**1391.6**	1380.3	1435.5	1348.4
285.5	379.6	189.6	148.8	121.0	242.4	**196.9**	154.6	301.9	133.7
186.3	251.7	145.1	80.1	136.5	82.9	**285.8**	333.0	191.9	317.0
126.2	141.6	120.0	68.5	121.2	114.2	**119.2**	112.5	129.9	119.4
278.3	298.5	287.2	189.0	241.2	266.0	**234.2**	236.5	216.0	258.8
4580.8	5733.5	3832.8	3187.2	3275.0	2765.1	**3194.5**	2498.8	4803.0	2358.3
3797.3	4841.9	2980.7	2819.6	2622.3	2164.2	**2602.8**	1935.0	4161.7	1774.9
783.6	891.6	852.1	367.6	652.7	600.8	**591.8**	563.8	641.3	583.4
2583.9	2982.3	2241.9	2342.1	1863.5	2101.1	**2197.9**	2122.3	2444.1	1986.9
604.4	691.3	629.0	260.4	489.8	515.1	**413.4**	379.8	491.1	372.9
2063.6	2360.3	1816.5	1864.7	1547.2	1691.4	**1689.7**	1592.0	1976.8	1469.6
1783.4	2167.2	1148.9	1415.7	1206.5	1779.5	**2131.1**	2286.0	2462.8	1157.0
659.5	765.4	482.5	526.9	444.3	718.9	**718.6**	675.4	928.7	481.4
505.0	649.9	374.4	379.4	221.6	377.8	**710.8**	802.8	784.0	340.8
9586.9	**11712.4**	**7357.6**	**7069.4**	**6986.2**	**7587.7**	**8400.7**	**8724.6**	**9176.0**	**6227.3**
14012.4	**16129.7**	**13088.0**	**11277.2**	**10460.0**	**10894.0**	**11821.7**	**11427.3**	**12933.6**	**11011.5**

2-38　2021年各市县城镇居民家庭主要耐用品每百户拥有情况

单位：百户均

指标名称	Item	全区 Total	沿黄地区 Plain	中南部地区 Mountain Area	银川市 Yinchuan
家用汽车	Automobile	46.45	51.26	60.56	56.51
摩托车	Motorcycle	11.04	5.78	11.29	2.47
助力车	Powered Bicycle	65.62	59.77	49.96	44.73
洗衣机	Washing Machine	102.09	100.92	105.26	100.69
电冰箱(柜)	Refrigerator	101.17	100.23	100.91	100.42
微波炉	Microwave Oven	53.65	59.38	48.91	65.98
彩色电视机	Color TV Set	103.37	101.10	102.54	101.92
空调	Air Conditioner	23.41	31.29	6.10	41.96
热水器	Water Heater	99.97	99.92	100.22	100.00
洗碗机	Dishwasher	1.33	1.47	1.47	2.01
排油烟机	Smoke Exhaust Ventilator	91.80	97.52	92.23	98.32
固定电话	Telephone	1.87	2.12	1.08	2.49
移动电话	Mobile Telephone	249.18	242.54	277.33	238.82
其中：接入互联网	Internet Mobile Telephone	242.13	235.13	270.98	231.11
计算机	Computer	57.47	61.36	72.52	68.39
其中：接入互联网	Internet Computer	51.67	57.16	60.53	64.61
照相机	Camera	7.71	12.09	8.30	13.91
中高档乐器	Secondary and Top Grade Musical Instrument	9.13	11.88	14.67	13.00
健身器材	Body-building Apparatus	4.90	6.00	5.06	7.87
空气净化器(含新风系统)	Air Purifier (Include Fresh Air System)	5.80	7.55	3.22	9.14
吸尘器	Vacuum Cleaner	10.13	14.17	12.02	17.77

Ownership of Major Durable Consumer Goods per 100 Urban Households by City and County (2021)

(per 100 households)

兴庆区 Xingqing	西夏区 Xixia	金凤区 Jinfeng	永宁县 Yongning	贺兰县 Helan	灵武市 Lingwu	**石嘴山市 Shizuishan**	大武口区 Dawukou	惠农区 Huinong	平罗县 Pingluo	**吴忠市 Wuzhong**
51.64	44.07	66.81	63.65	74.69	45.62	**45.16**	53.20	37.11	37.58	**40.16**
2.60	1.00	1.72	4.24	0.00	10.52	**9.46**	8.57	12.64	5.52	**15.75**
39.71	49.52	35.38	59.03	62.88	74.56	**73.16**	69.23	73.35	84.75	**76.45**
100.67	102.07	98.91	103.84	100.00	101.88	**100.10**	98.78	101.17	101.89	**101.08**
100.52	100.00	100.00	100.00	102.00	101.88	**99.69**	101.13	97.46	100.00	**100.64**
66.02	53.10	71.32	67.95	73.93	65.21	**46.33**	50.66	41.44	43.39	**46.35**
105.29	100.24	98.87	100.00	100.00	102.01	**99.11**	97.87	98.67	103.82	**101.05**
60.73	12.35	44.62	16.95	33.09	23.02	**22.35**	32.85	8.68	19.13	**12.08**
100.00	100.00	100.00	100.00	100.00	100.00	**98.74**	99.50	99.77	94.25	**100.71**
3.29	0.00	2.27	1.55	0.00	0.00	**1.14**	1.67	0.00	1.91	**0.62**
99.31	96.88	97.81	97.04	100.00	97.55	**96.50**	96.94	96.11	96.01	**93.23**
3.85	0.00	2.13	2.36	3.80	0.00	**0.46**	0.00	1.36	0.00	**1.82**
233.20	228.52	235.73	259.68	272.44	258.16	**238.79**	221.60	264.40	237.33	**261.16**
227.92	211.44	235.73	256.58	251.29	229.01	**236.49**	221.60	257.67	237.33	**257.36**
69.10	50.95	79.22	58.35	82.57	58.51	**52.50**	52.02	49.56	60.14	**57.60**
68.49	48.86	73.81	48.99	78.46	41.66	**50.85**	50.93	48.05	56.51	**51.36**
12.09	0.10	19.25	18.72	29.21	17.39	**11.70**	21.18	0.75	5.79	**8.97**
12.67	7.99	15.29	10.05	18.37	17.48	**10.83**	13.70	2.70	19.15	**11.38**
11.75	1.03	6.37	7.29	10.84	3.73	**3.28**	5.32	0.00	3.92	**3.34**
11.21	3.16	7.63	10.44	15.85	9.38	**7.29**	12.36	0.75	5.62	**1.68**
17.85	6.05	20.53	18.12	34.50	18.36	**7.82**	14.50	0.00	3.86	**11.20**

2-38　续表

单位：百户均

指标名称	Item	利通区 Litong	红寺堡区 Hongsipu	盐池县 Yanchi	同心县 Tongxin
家用汽车	Automobile	40.11	71.29	40.44	42.33
摩托车	Motorcycle	7.99	6.53	6.20	50.60
助力车	Powered Bicycle	75.37	74.08	86.97	86.61
洗衣机	Washing Machine	102.40	99.78	102.63	100.00
电冰箱(柜)	Refrigerator	101.09	106.22	100.00	101.65
微波炉	Microwave Oven	43.08	41.36	51.88	58.89
彩色电视机	Color TV Set	101.32	102.03	97.33	105.83
空调	Air Conditioner	16.08	7.33	10.52	11.35
热水器	Water Heater	100.00	101.49	95.76	104.35
洗碗机	Dishwasher	0.00	2.00	0.00	1.28
排油烟机	Smoke Exhaust Ventilator	93.56	93.60	93.87	85.47
固定电话	Telephone	3.58	0.00	0.00	1.65
移动电话	Mobile Telephone	257.98	237.21	266.65	296.43
其中：接入互联网	Internet Mobile Telephone	253.74	232.90	266.65	291.98
计算机	Computer	53.00	69.86	63.33	67.00
其中：接入互联网	Internet Computer	50.68	41.89	58.11	61.31
照相机	Camera	9.97	2.20	8.79	1.62
中高档乐器	Secondary and Top Grade Musical Instrument	15.84	2.38	10.69	0.00
健身器材	Body-building Apparatus	3.64	3.99	0.79	7.98
空气净化器(含新风系统)	Air Purifier (Include Fresh Air System)	2.20	2.00	0.00	4.58
吸尘器	Vacuum Cleaner	14.41	14.75	8.15	7.62

continued

(per 100 households)

青铜峡市 Qingtongxia	**固原市 Guyuan**	原州区 Yuanzhou	西吉县 Xiji	隆德县 Longde	泾源县 Jingyuan	彭阳县 Pengyang	**中卫市 Zhongwei**	沙坡头区 Shapotou	中宁县 Zhongning	海原县 Haiyuan
31.44	**69.85**	76.12	69.31	49.91	69.96	58.43	**49.15**	40.72	56.40	61.05
19.98	**3.64**	3.11	4.15	5.86	3.90	3.52	**12.57**	5.51	26.34	7.61
66.22	**32.27**	38.15	32.58	11.83	14.10	33.13	**103.64**	106.29	122.03	59.88
98.28	**108.44**	112.59	110.22	100.00	103.78	98.31	**104.89**	101.48	106.60	112.05
98.26	**101.59**	103.77	103.95	97.98	97.82	94.85	**100.00**	100.00	99.90	100.22
43.17	**50.02**	60.22	47.08	55.48	35.30	20.99	**63.00**	62.58	70.01	50.71
100.00	**103.57**	105.43	106.11	100.00	99.77	97.81	**101.41**	101.45	99.90	104.18
6.54	**4.42**	5.26	0.00	9.71	0.00	6.51	**12.14**	12.70	16.62	1.72
103.20	**102.27**	103.59	108.18	99.88	108.53	87.13	**99.63**	101.37	100.00	93.55
1.58	**1.93**	1.56	2.09	0.00	1.98	4.25	**0.64**	1.26	0.00	0.00
96.53	**97.63**	102.04	100.03	98.05	83.07	86.74	**95.70**	98.49	98.28	82.10
0.00	**1.25**	1.82	0.00	0.00	0.00	2.19	**3.58**	1.40	8.01	1.72
249.11	**278.24**	263.94	303.66	298.12	284.40	284.62	**254.79**	245.78	260.21	272.03
244.17	**272.84**	263.94	281.36	294.10	284.40	275.98	**239.53**	232.81	245.24	249.17
54.77	**82.31**	93.64	79.60	72.19	57.14	64.51	**48.98**	34.25	65.22	62.88
44.65	**70.51**	79.90	71.35	66.22	35.25	58.53	**37.86**	22.55	58.21	45.57
12.90	**9.01**	3.41	14.22	17.95	11.42	16.90	**1.96**	0.00	1.73	8.47
11.49	**23.01**	23.97	36.74	31.71	4.56	8.34	**4.48**	2.97	1.83	14.24
1.60	**4.17**	1.74	8.19	6.02	5.91	6.08	**5.38**	1.48	10.07	8.27
0.00	**3.03**	2.04	6.22	8.02	0.00	1.69	**4.91**	1.48	9.65	6.30
7.96	**15.66**	21.67	16.50	3.81	10.23	2.19	**6.52**	5.85	3.56	14.33

2-39 主要年份各市县城镇居民人均可支配收入情况

单位：元/人

年 份 Year	全区 Total	沿黄地区 Plain	中南部地区 Mountain Area	银川市 Yinchuan	兴庆区 Xingqing	西夏区 Xixia	金凤区 Jinfeng
2010	**15093.3**	**15716.0**	**11935.0**	**16957.8**	18523.5	13660.1	17735.7
2011	**17291.0**	**18011.0**	**13618.0**	**19335.1**	21120.4	15575.0	20221.7
2012	**19507.0**	**20262.0**	**15429.7**	**21768.7**	23680.5	17641.4	22794.5
2013	**21475.7**	**22288.2**	**17003.5**	**23940.3**	25835.4	19562.8	25529.9
2014	**23284.6**	**24159.6**	**18449.0**	**26117.7**	28246.5	21347.1	27957.0
2015	**25186.0**	**26154.5**	**19920.1**	**28261.4**	30513.9	23125.5	30361.3
2016	**27153.0**	**28172.0**	**21533.6**	**30477.8**	32780.8	24976.3	32733.6
2017	**29472.3**	**30539.7**	**23383.2**	**32980.8**	35451.5	26985.2	35560.1
2018	**31895.2**	**33013.4**	**25324.0**	**35586.3**	38317.0	29191.5	38348.0
2019	**34328.5**	**35594.8**	**27256.6**	**38216.8**	41218.4	31302.3	41190.6
2020	**35719.6**	**36731.5**	**28577.5**	**39416.4**	42363.5	32610.6	43578.2
2021	**38290.7**	**39302.7**	**30806.5**	**42412.0**	45080.0	34928.7	47208.2

2-39 续表

单位：元/人

年 份 Year	利通区 Litong	红寺堡区 Hongsipu	盐池县 Yanchi	同心县 Tongxin	青铜峡市 Qingtongxia	固原市 Guyuan	原州区 Yuanzhou
2010	14083.5	10353.6	12494.4	10866.8	12874.1	**12555.5**	13135.9
2011	16121.9	11879.0	14216.8	12337.3	15111.9	**14321.8**	15029.4
2012	18205.7	13527.7	16054.8	14126.9	17107.1	**16222.8**	17001.3
2013	19953.4	15223.3	17652.7	15774.0	18712.5	**18085.4**	19008.6
2014	21710.0	16488.6	19156.7	17131.0	20292.3	**19676.5**	20680.0
2015	23581.9	17875.4	20919.5	18758.0	22003.2	**21144.0**	22463.2
2016	25303.1	19412.1	22673.2	20277.2	23633.2	**22716.8**	24153.5
2017	27386.7	21194.9	24676.9	22101.4	25547.4	**24628.2**	26258.3
2018	29827.7	23045.0	26601.1	23803.3	27591.1	**26709.2**	28595.7
2019	32291.5	24774.2	28463.9	25660.6	29716.4	**28726.8**	30595.1
2020	33977.3	25468.0	29830.9	27126.8	31201.0	**30052.1**	31972.4
2021	36626.4	27250.8	32281.2	29036.9	33610.2	**32546.4**	34683.2

Basic Statistics of Disposable Income for Urban Households by City and County in Main Year

(yuan/person)

永宁县 Yongning	贺兰县 Helan	灵武市 Lingwu	**石嘴山市 Shizuishan**	大武口区 Dawukou	惠农区 Huinong	平罗县 Pingluo	**吴忠市 Wuzhong**
15023.4	14795.5	15637.0	**14408.1**	15870.6	12883.1	13008.8	**12940.4**
16958.5	16889.9	17866.9	**16701.7**	18397.0	14933.9	14769.4	**14719.5**
19252.5	19117.2	20299.7	**18905.9**	20800.0	16776.8	16719.4	**16674.3**
21177.4	20905.6	22405.4	**20703.3**	22734.4	18437.4	18307.8	**18297.7**
23017.1	22790.9	24309.8	**22379.7**	24671.3	19913.7	19735.7	**19852.9**
25091.4	24548.1	26255.0	**24168.3**	26767.6	21495.0	21216.1	**21552.9**
26948.0	26468.0	28329.5	**25970.1**	28855.4	23110.1	22738.5	**23351.5**
29210.8	28641.2	30624.4	**28186.3**	31365.3	25055.9	24606.5	**25363.6**
30729.8	31051.1	32859.9	**30583.0**	34220.0	26944.2	26647.4	**27478.1**
33031.9	33660.3	35251.6	**33015.9**	36960.5	29163.3	28684.5	**29616.1**
33697.6	35195.1	35887.2	**34157.6**	38270.3	30809.0	29682.5	**31159.5**
36600.8	37473.5	38809.8	**36548.7**	40887.7	33089.3	32299.3	**33589.9**

continued

(yuan/person)

西吉县 Xiji	隆德县 Longde	泾源县 Jingyuan	彭阳县 Pengyang	**中卫市 Zhongwei**	沙坡头区 Shapotou	中宁县 Zhongning	海原县 Haiyuan
11741.8	11008.3	11667.5	11831.3	**12996.5**	13596.2	13303.0	11061.7
13425.4	12604.8	13392.6	13521.4	**14749.9**	15495.3	14689.0	12788.2
15206.6	14348.1	15189.4	15360.8	**16610.1**	17487.1	16486.6	14347.7
17107.4	15969.7	17027.3	17128.3	**18420.6**	19293.3	18395.4	16223.1
18601.0	17440.9	18565.0	18591.0	**19930.6**	20919.7	19831.1	17570.1
19965.3	18631.7	19735.4	20048.5	**21604.3**	22702.7	21481.2	19045.7
21410.6	20047.3	21158.2	21611.6	**23276.7**	24338.8	23141.3	20591.8
23239.6	21731.8	22917.5	23345.0	**25344.5**	26487.8	25293.3	22346.4
25216.0	23360.6	24773.7	25166.0	**27371.9**	28694.0	27271.0	24046.5
27335.5	25019.8	26557.0	27239.4	**29602.5**	31027.6	29462.1	26097.4
28975.0	25971.5	27650.8	28327.8	**30478.5**	31771.5	30120.0	27487.7
31240.9	28283.5	29756.6	30403.6	**32520.6**	33849.7	32206.7	29478.1

2-40 主要年份各市县城镇居民人均生活消费支出情况

单位：元/人

年 份 Year	全区 Total	沿黄地区 Plain	中南部地区 Mountain Area	银川市 Yinchuan	兴庆区 Xingqing	西夏区 Xixia	金凤区 Jinfeng
2013	**15321.1**			**16843.9**	18891.9	14238.9	16483.2
2014	**17216.2**	**18049.6**	**12922.4**	**20401.2**	22352.4	17549.7	23410.9
2015	**18983.9**	**19434.1**	**13525.8**	**21694.0**	24089.1	19269.0	24057.2
2016	**20364.2**	**20291.2**	**14720.2**	**22897.9**	24367.3	20956.5	24291.4
2017	**20219.5**	**20955.2**	**15869.1**	**23124.5**	24884.7	21023.4	24724.1
2018	**21976.7**	**22624.4**	**16908.2**	**25505.8**	29379.0	22447.3	26393.7
2019	**24161.0**	**24355.6**	**17594.0**	**27716.9**	32054.3	22478.1	28563.7
2020	**22379.1**	**23382.5**	**18284.6**	**26670.0**	30060.4	21264.3	29008.6
2021	**25385.6**	**25308.5**	**20002.1**	**29073.5**	32415.2	22388.0	32461.2

2-40 续表

单位：元/人

年 份 Year	利通区 Litong	红寺堡区 Hongsipu	盐池县 Yanchi	同心县 Tongxin	青铜峡市 Qingtongxia	固原市 Guyuan	原州区 Yuanzhou
2013	13982.2	10566.9	13153.4	10720.5	13207.7	**12881.6**	14292.1
2014	15391.1	11080.4	13018.7	12439.0	16994.8	**13585.3**	14799.4
2015	17262.1	11648.1	13786.2	13299.1	17530.1	**13851.9**	15596.9
2016	17267.8	12715.7	15200.0	14015.7	15062.0	**15527.3**	17709.7
2017	17828.6	14596.0	15040.4	15216.3	16220.4	**16565.2**	19545.8
2018	20494.2	15566.8	14723.3	15423.1	15342.4	**17981.6**	21617.4
2019	20731.3	17101.8	16364.3	15789.1	16080.3	**19741.6**	22874.5
2020	19698.4	18053.0	15553.2	16781.0	15179.9	**21041.4**	24250.6
2021	22201.7	19246.0	15605.3	17066.8	16166.9	**23599.3**	27842.1

Per Capita Living Expenditure for Urban Residents by City and County in Main Year

(yuan/person)

永宁县 Yongning	贺兰县 Helan	灵武市 Lingwu	**石嘴山市 Shizuishan**	大武口区 Dawukou	惠农区 Huinong	平罗县 Pingluo	**吴忠市 Wuzhong**
13029.2	15418.4	13876.0	**13396.3**	14522.6	12965.5	13167.8	**13105.5**
17014.1	16327.5	14282.9	**13806.0**	14412.7	12480.9	14050.3	**14293.5**
18737.4	16701.7	16309.0	**15005.1**	16193.2	12585.0	15562.5	**15671.1**
19876.5	17043.3	18477.8	**16013.2**	17392.0	13403.0	16351.3	**15279.5**
21052.3	18375.5	19415.4	**16946.5**	18645.8	14202.3	17620.3	**16299.3**
22032.9	19783.9	21514.9	**18778.5**	21022.9	15036.9	17631.5	**17171.5**
22842.3	21500.4	22464.9	**19480.9**	22639.3	15923.0	16637.9	**18001.7**
23113.6	22156.1	21622.5	**19078.9**	22145.7	16529.1	15802.0	**17495.8**
24064.2	24734.6	23339.1	**20454.4**	23870.1	17481.6	17621.6	**18956.7**

continued

(yuan/person)

西吉县 Xiji	隆德县 Longde	泾源县 Jingyuan	彭阳县 Pengyang	**中卫市 Zhongwei**	沙坡头区 Shapotou	中宁县 Zhongning	海原县 Haiyuan
12060.5	8703.2	13022.9	11442.9	**13386.5**	12503.6	15370.7	9871.2
12754.8	12349.6	13790.8	10727.5	**15295.9**	15575.9	16348.6	11585.4
12278.6	12475.2	12759.5	11576.6	**16746.8**	16834.9	18089.4	14495.1
12609.7	13708.9	13662.2	12428.3	**18298.5**	18793.6	19556.9	14299.9
13268.4	16526.3	13934.9	13284.0	**18960.3**	18145.3	21393.5	15117.4
14400.7	16201.2	14883.4	14273.5	**18864.2**	19603.0	19738.2	15302.6
16688.0	17024.1	15344.2	15872.1	**20018.1**	21141.1	20774.1	15807.0
19012.8	16161.5	16038.1	17143.0	**18100.7**	19067.7	18107.0	15240.7
20445.5	18346.5	17446.2	18481.7	**20222.5**	20151.8	22109.6	17238.7

2-41 农村居民家庭基本情况

指标名称	Item	单位	Unit	2013
一、户主文化程度	**Cultural Level of Head of a Household**			
(一)未上过学	No Schooling	%	%	9.2
(二)小学	Primary School	%	%	33.1
(三)初中	Junior Secondary School	%	%	45.5
(四)高中	Senior Secondary School	%	%	10.8
(五)大学专科	Junior College	%	%	1.3
(六)大学本科	Undergraduate College	%	%	0.1
(七)研究生	Postgraduate	%	%	0.0
二、按家庭规模分的住户类型	**Households Type Divided by Family Size**			
(一)一人户	One Person	%	%	0.5
(二)二人户	Two Persons	%	%	11.9
(三)三人户	Three Persons	%	%	14.0
(四)四人户	Four Persons	%	%	32.6
(五)五人户	Five Persons	%	%	20.2
(六)六人及以上户	Six Persons and over	%	%	20.9
三、按世代分的住户类型	**Households Type Divided by Generation**			
(一)一代户	One-Generation Households	%	%	7.2
(二)二代户	Two-Generation Households	%	%	26.2
(三)三代户	Three-Generation Households	%	%	13.0
(四)四代及以上户	Four-Generation Households and over	%	%	0.4
四、住户特征	**Household Characteristics**			
(一)纯老人户	Households of only the old	%	%	7.7
(二)家中有未成年子女户	Households of Couple with Minor Children	%	%	89.0
(三)年轻夫妻无子女户	Households of Young Couple without Children	%	%	0.0
(四)无劳动力户	Households without Labor Force	%	%	3.3
五、住户经营情况	**Household Business Situation**			
(一)生产经营户	Production Business Households	%	%	94.6
农业户	Agriculture	%	%	91.7
农业兼业户	Agriculture and Business Households	%	%	
非农兼业户	Non-agriculture and Business Households	%	%	
非农业户	Non-agriculture Households	%	%	20.5
(二)非生产经营户	Non-production Business Households	%	%	5.4
六、参加医疗保险情况	**Medical Insurance Participation**			
(一)参加城乡居民基本医疗保险	Basic Medical Insurance for Urban and Rural Residents	%	%	95.0
(二)参加城镇职工基本医疗保险	Basic Medical Insurance for Urban Employee	%	%	1.6
(三)商业及其他医疗保险	Commercial and Other Health Insurance	%	%	0.7
(四)没有参加任何医疗保险	Non-joined any Medical Insurance	%	%	2.7

Basic Statistics of Rural Households

2014	2015	2016	2017	2018	2019	2020	2021
8.7	7.4	6.1	6.1	8.1	8.2	8.5	9.8
31.8	31.2	32.7	31.7	35.1	35.0	35.8	34.0
47.6	48.7	47.2	47.7	43.3	43.9	43.9	44.7
10.6	11.3	11.8	12.1	11.7	11.1	10.5	10.5
1.1	1.0	1.3	1.4	1.2	1.3	1.0	0.9
0.2	0.4	0.9	0.9	0.6	0.6	0.3	0.1
0.0	0.0	0.1	0.1	0.0	0.0	0.0	0.0
0.5	0.7	0.7	1.0	1.3	2.0	2.0	2.3
11.7	14.1	21.7	24.4	26.0	27.8	30.0	31.8
15.0	15.4	22.0	22.0	19.6	18.1	18.2	16.3
33.1	30.6	23.8	22.2	21.3	21.1	19.6	19.2
19.8	21.0	17.8	16.0	15.9	14.4	13.4	13.7
19.9	18.3	14.1	14.5	16.0	16.5	16.8	16.8
15.6	16.8	16.7	19.0	20.9	21.3	23.0	25.4
56.4	56.1	56.9	56.3	54.5	53.1	53.1	50.9
27.2	26.4	25.7	23.8	24.6	25.1	23.0	23.5
0.8	0.7	0.7	0.9	0.0	0.5	0.9	0.2
8.1	7.7	7.5	9.6	10.7	12.8	15.3	18.6
89.6	89.4	89.7	87.9	88.1	85.7	83.7	80.6
0.0	0.0	0.1	0.1	0.4	0.4	0.3	0.1
2.3	3.0	2.6	2.3	0.8	1.0	0.8	0.7
94.5	90.3	46.7	70.6	83.8	71.2	80.0	79.3
96.1	96.2	73.4	72.2	70.0	75.1	71.0	74.1
		9.4	9.5	5.1	9.6	7.3	6.4
		12.1	10.8	5.5	9.0	9.9	7.6
11.9	12.2	18.8	18.8	19.3	17.0	12.4	12.0
5.5	9.7	53.3	29.4	16.2	28.8	20.0	20.7
95.4	97.0	97.5	97.0	97.1	96.7	97.2	97.4
1.3	1.1	1.3	1.4	2.0	2.6	2.3	2.4
3.0	0.5	0.6	0.4	1.6	2.3	2.3	0.6
2.7	1.6	1.0	1.5	0.8	0.5	0.4	0.3

2-42　农村居民家庭就业年龄及学历构成情况

指标名称	Item	单位	Unit
一、基本情况	**Basic Statistics of Households Surveyed**		
(一)户均常住人口	Average Number of Permanent Residents per Household	人/户	person/household
(二)户均常住从业人口	Average Number of Employed Persons per Household	人/户	person/household
(三)平均每户家庭从业人口比重	Proportion of Employed Persons per Household	%	%
(四)平均每一从业人口负担人数	Average Number of Dependency Coefficient per Employed Persons	人	person
(五)由本户供养的在校学生	Supported Students in School by the Family	人/户	person/household
(六)户均整半劳动力人口	Whole and Half Labor Force per Household	人/户	person/household
(七)平均每户家庭整半劳动力人口比重	Proportion of Whole and Half Labor Force per Household	%	%
二、家庭劳动力年龄构成	**Age Composition of Permanent Employed Persons**	**%**	**%**
(一)16-19岁	Aged 16-19	%	%
(二)20-24岁	Aged 20-24	%	%
(三)25-29岁	Aged 25-29	%	%
(四)30-34岁	Aged 30-34	%	%
(五)35-40岁	Aged 35-40	%	%
(六)41-50岁	Aged 41-50	%	%
(七)51-60岁	Aged 51-60	%	%
(八)61-65岁	Aged 61-65	%	%
(九)66岁及以上	Aged 66 and over	%	%
三、家庭劳动力文化程度构成	**Composition of Education Level for Labor Force**	**%**	**%**
(一)未上过学	No Schooling	%	%
(二)小学	Primary School	%	%
(三)初中	Junior Secondary School	%	%
(四)高中	Senior Secondary School	%	%
(五)大学专科	Junior College	%	%
(六)大学本科及以上	Bachelor Degree or above	%	%
(七)研究生	Graduate Student	%	%
四、常住从业人员就业类型	**Type of Employment of Permanent Employed Persons**	**%**	**%**
(一)雇主	Employer	%	%
(二)公职人员	Civil Servants	%	%
(三)事业单位人员	Institution Officers	%	%
(四)国有企业雇员	State-owned Enterprises Employees	%	%
(五)其他雇员	Other Employees	%	%
(六)农业自营	Self-employed of Agriculture	%	%
(七)非农自营	Self-employed of Non-Agriculture	%	%
五、常住从业人员从事主要行业	**Type of Industry for Permanent Employed Persons**	**%**	**%**
(一)第一产业	Primary Industry	%	%
(二)第二产业	Secondary Industry	%	%
(三)第三产业	Tertiary Industry	%	%

Composition Statistics of Employment Age and Education for Rural Households

2013	2014	2015	2016	2017	2018	2019	2020	2021
4.0	4.0	3.9	3.9	3.8	3.8	3.8	3.7	3.7
2.2	2.2	2.1	2.1	2.1	2.0	1.9	1.9	2.0
53.5	55.8	54.5	55.3	54.8	51.3	51.5	51.0	53.0
1.9	1.8	1.8	1.8	1.8	1.9	1.9	2.0	1.9
1.0	1.0	1.0	0.9	0.9	0.9	0.9	0.9	0.9
2.4	2.4	2.4	2.4	2.4	2.4	2.4	2.4	2.4
59.8	60.7	60.8	63.0	63.5	62.5	62.4	64.2	64.6
100.0	**100.0**	**100.0**	**100.0**	**100.0**	**100.0**	**100.0**	**100.0**	**100.0**
3.7	3.7	3.2	3.3	2.3	2.1	1.4	1.3	0.9
10.1	8.0	7.4	7.6	6.7	6.1	5.6	6.1	3.8
8.7	8.8	7.9	7.7	7.7	8.8	8.1	6.4	6.1
9.4	9.5	7.9	6.2	6.0	8.5	8.3	8.3	8.6
13.9	13.3	14.4	13.4	12.4	11.3	11.6	10.4	11.4
29.3	30.3	30.4	32.5	31.8	28.8	26.9	24.6	22.6
17.0	18.4	20.6	21.2	23.8	23.0	25.2	26.9	27.4
5.0	4.5	4.6	4.9	5.1	6.4	7.0	6.9	6.6
2.9	3.6	3.5	3.2	4.2	4.9	5.9	9.1	12.4
100.0	**100.0**	**100.0**	**100.0**	**100.0**	**100.0**	**100.0**	**100.0**	**100.0**
13.2	12.6	12.8	12.0	12.1	16.0	15.5	16.7	16.6
33.1	33.1	31.9	30.7	30.5	33.3	34.3	34.4	33.7
41.7	42.6	42.6	43.5	42.9	37.1	37.2	36.0	37.7
9.3	9.0	9.7	9.9	10.4	9.7	9.2	8.9	9.3
2.0	2.0	1.9	2.4	2.6	2.5	2.6	3.0	1.9
0.7	0.7	1.1	1.5	1.4	1.5	1.2	0.9	0.8
		0.0	0.1	0.1				0.1
100.0	**100.0**	**100.0**	**100.0**	**100.0**	**100.0**	**100.0**	**100.0**	**100.0**
0.5	0.3	0.1	0.2		0.3	0.2	0.2	0.0
0.1	0.1	0.2	0.5	0.5				
0.8	0.7	0.8	1.4	1.3	0.7	0.7	0.2	0.2
0.7	0.4	0.4	0.2	0.1	0.2	0.2	0.1	0.1
32.9	35.5	39.5	40.9	42.3	45.8	43.6	44.0	43.0
55.7	53.5	49.5	45.7	45.1	42.3	44.9	45.4	47.7
9.2	9.5	9.5	11.3	10.7	10.8	10.3	10.1	8.9
100.0	**100.0**	**100.0**	**100.0**	**100.0**	**100.0**	**100.0**	**100.0**	**100.0**
58.1	56.1	53.9	51.2	51.6	48.0	51.1	52.2	54.4
23.2	22.9	22.2	22.1	21.2	21.9	19.4	18.3	18.0
18.6	21.0	23.8	26.6	27.2	30.0	29.5	29.5	27.6

2-43 农村居民家庭房屋基本情况

指标名称	Item	单位	Unit
一、期末现住房情况	**Current House Condition of Term End**		
(一)人均现住房面积	Per Capita Current Housing Area	平方米/人	sq.m/person
人均自有现住房面积	Per Capita Self-owned Current Housing Area	平方米/人	sq.m/person
户均现住房面积	Per Household Current Housing Area	平方米/户	sq.m/household
户均自有现住房面积	Per Household Self-owned Current Housing Area	平方米/户	sq.m/household
(二)现住房市场价月租金	Monthly Rent of Current Housing	元/人	yuan/person
自有现住房市场价月租金	Monthly Rent of Self-owned Current Housing	元/人	yuan/person
二、期内新购建住房情况	**Newly Bought or Built Residential Buildings Condition During Period**		
(一)新建住房竣工建筑面积	Completing Floor Space of Newly Built Residential Buildings	平方米/人	sq.m/person
(二)新建住房总费用	Total Cost of Newly Built Residential Buildings	元/人	yuan/person
(三)新建住房价值	Value of Newly Built Residential Buildings	元/平方米	yuan/sq.m
三、期末现住房构成	**Current Housing Constitute of Term End**		
(一)本住户居住类型	Residence Type	%	%
其中：普通住宅	General Residence	%	%
(二)本住户居住空间样式	House Construction Space Style	%	%
1.单栋楼房	Single Building	%	%
2.单栋平房	Single Bungalow	%	%
3.四居室及以上单元房	House with Four Bedrooms and Above	%	%
4.三居室单元房	House with Three Bedrooms	%	%
5.二居室单元房	House with Two Bedrooms	%	%
6.一居室单元房	House with One Bedrooms	%	%
7.其他	Others	%	%
(三)主要建筑材料	Main Building Materials	%	%
1.钢筋混凝土	Reinforced Concrete	%	%
2.砖混材料	Brick and Concrete	%	%
3.砖瓦砖木	Brick and Wood	%	%
4.竹草土坯	Bamboo Grass Adobe	%	%
5.其他	Others	%	%
(四)现住房房屋来源	Current Housing Source	%	%
1.租赁公房	Public House Leasing	%	%
2.租赁私房	Private House Leasing	%	%
3.自建住房	Self-built Housing	%	%
4.购买商品房	Commercial Residential Building	%	%
5.购买房改住房	Reformed Housing	%	%
6.购买保障性住房	Security Housing	%	%
7.拆迁安置房	Removal Settlement Housing	%	%
8.继承或获赠住房	Inheritance or Gift Housing	%	%
9.免费借用房	Borrow Housing for Free	%	%
10.其他	Others	%	%
(五)现住房建筑面积	Current Residential Buildings Area	%	%
1.10平方米以内	Less than 10 sq.m	%	%
2.10-20平方米	10-20 sq.m	%	%
3.20-30平方米	20-30 sq.m	%	%
4.30-60平方米	30-60 sq.m	%	%
5.60-90平方米	60-90 sq.m	%	%
6.90-120平方米	90-120 sq.m	%	%
7.120-200平方米	120-200 sq.m	%	%
8.200平方米以上	200 sq.m above	%	%

Basic Statistics of House for Rural Households

2013	2014	2015	2016	2017	2018	2019	2020	2021
27.2	28.6	30.4	32.1	32.7	29.2	30.7	32.3	32.7
27.1	28.3	30.1	32.0	32.3	29.0	30.4	32.1	32.3
109.7	113.2	118.9	124.3	124.5	111.7	116.0	121.0	120.8
109.2	112.1	117.9	123.8	123.0	110.7	114.8	120.3	119.4
46.0	54.4	60.5	65.7	71.4	65.4	70.9	71.6	77.1
45.6	52.5	59.5	65.3	68.4	65.2	70.6	71.1	76.1
1.5	1.9	1.4	1.2	1.6	0.8	0.8	1.2	
955.9	1291.5	1108.2	13566.6	1451.8	806.0	728.5	1059.5	
644.0	686.9	801.6	11432.1	899.9	1046.6	860.3	859.6	
100.0	100.0	100.0	100.0	100.0	100.0	100.0	100.0	100.0
100.0	99.9	100.0	100.0	100.0	99.9	100.0	100.0	100.0
100.0	100.0	100.0	100.0	100.0	100.0	100.0	100.0	100.0
2.4	1.8	2.4	3.9	3.1	2.4	2.2	1.2	1.1
94.5	95.3	93.9	90.3	89.2	85.1	92.5	93.3	93.2
0.2	0.3	0.1	0.1	0.2	0.1	0.2		0.2
		1.0	2.9	3.6	1.2	1.6	1.6	1.7
0.4	0.3	0.8	1.9	2.8	2.8	3.2	3.2	3.6
		0.1	0.2	0.2	0.1	0.2	0.3	0.3
2.5	2.4	1.7	0.7	0.9	8.3	0.1	0.4	0.0
100.0	100.0	100.0	100.0	100.0	100.0	100.0	100.0	100.0
1.3	1.5	1.1	2.9	4.1	6.7	6.0	6.2	4.8
13.3	15.3	21.9	28.3	26.9	31.0	33.8	35.6	36.1
69.2	69.8	66.6	63.0	64.2	59.8	58.0	57.1	59.1
15.1	12.0	8.6	5.1	4.2	2.1	1.8	0.8	
1.2	1.4	1.8	0.6	0.6	0.4	0.4	0.3	
100.0	100.0	100.0	100.0	100.0	100.0	100.0	100.0	100.0
		0.2	0.1	0.1	0.2	0.4	0.2	0.2
0.9	2.9	1.1		0.7	0.1	0.2	0.4	0.6
95.5	93.6	93.1	91.7	89.7	93.4	92.4	91.7	91.0
1.8	1.7	3.3	5.4	6.6	2.6	2.9	3.1	2.5
		0.2	0.3	0.3				
0.2	0.2	0.2	0.2	0.3	0.5	0.2	0.1	0.6
1.2	1.1	1.6	1.8	1.8	2.6	3.2	3.9	4.4
0.1	0.1					0.1	0.1	
0.3	0.4	0.1	0.3	0.2		0.3	0.3	0.4
0.0	0.0	0.3	0.3	0.4	0.7	0.4	0.2	0.4
100.0	100.0	100.0	100.0	100.0	100.0	100.0	100.0	100.0
0.6	1.5	0.3						
0.8	1.1	0.4	0.1	0.1	0.2	0.2	0.1	0.0
12.3	9.3	8.3	6.0	5.4	10.7	7.9	5.8	7.2
24.8	22.9	21.1	19.6	18.8	25.8	23.2	21.2	20.5
37.0	37.9	36.2	35.6	37.3	34.5	37.0	35.2	33.6
20.1	21.4	27.6	32.7	32.6	25.5	27.9	33.1	33.1
4.2	6.0	6.0	6.0	5.8	3.2	3.8	4.6	5.5

2-43　续表

指标名称	Item	单位	Unit
(六)住宅有管道供水情况	Pipeline Water Supplying of Residential Buildings	%	%
1.住宅内管道取水	Pipeline Water Supplying in the Home	%	%
2.住宅内其他方式取水	Other Ways Water Supplying in the Residence	%	%
3.院内管道取水	Pipeline Water Supplying to Public Water Intaking Spot	%	%
4.院内其他方式取水	Other Ways Water Supplying in the Courtyard	%	%
5.其他位置取水	Water Supplying from other locations	%	%
(七)住户厕所类型	Residence Toilet Type	%	%
1.水冲式卫生厕所	Water Flushing Sanitary Toilet	%	%
2.水冲式非卫生厕所	Water Flushing Insanitary Toilet	%	%
3.卫生旱厕	Sanitary Pit Latrine	%	%
4.普通旱厕	General Pit Latrine	%	%
5.无厕所	No Toilet	%	%
(八)住户厕所使用情况	Using Condition of Residence Toilet	%	%
1.本住户独用	Exclusive Use	%	%
2.几户合用	Sharing with Several Households	%	%
3.公用厕所	Public Toilet	%	%
(九)住户洗澡设施情况	Residence Shower Equipment Condition	%	%
1.统一供热水	Unified Supply Hot Water	%	%
2.家庭自装热水器	House Self-Installing Water Heater	%	%
3.其他	Others	%	%
4.无洗澡设施	No Shower Equipment	%	%
(十)住户主要取暖设备状况	Residence Main Heating Equipment Condition	%	%
1.由市政或小区集中供暖	Central Heating by Government or Housing Estate	%	%
2.自行供暖	Self Heating	%	%
3.无取暖设备	No Heating Equipment	%	%
(十一)住户主要取暖用能源状况	Residence Main Heating Energy Condition	%	%
1.柴草	Firewood	%	%
2.煤炭	Coal	%	%
3.罐装液化石油气	Canned Liquefied Petroleum Gas	%	%
4.管道液化石油气	Pipeline Liquefied Petroleum Gas	%	%
5.管道煤气	Pipeline Coal Gas	%	%
6.管道天然气	Pipeline Natural Gas	%	%
7.电	Electricity	%	%
8.燃料用油	Fuel Oils	%	%
9.沼气	Biogas	%	%
10.其他	Others	%	%
11.无取暖行为	No Heating Behavior	%	%
(十二)主要炊用能源状况	Main Condition of Cooking Energy	%	%
1.柴草	Firewood	%	%
2.煤炭	Coal	%	%
3.罐装液化石油气	Canned Liquefied Petroleum Gas	%	%
4.管道液化石油气	Pipeline Liquefied Petroleum Gas	%	%
5.管道煤气	Pipeline Coal Gas	%	%
6.管道天然气	Pipeline Natural Gas	%	%
7.电	Electricity	%	%
8.燃料用油	Fuel Oils	%	%
9.沼气	Biogas	%	%
10.其他	Others	%	%
11.无炊用行为	No Heating Behavior	%	%

continued

2013	2014	2015	2016	2017	2018	2019	2020	2021
100.0	100.0	100.0	100.0	100.0	100.0	100.0	100.0	100.0
61.2	62.4	71.1	79.2	80.6	90.6	75.7	77.4	83.6
						2.2	1.7	
0.4	0.4	0.4	0.4	0.4	0.7	15.2	14.3	12.8
						1.4	1.6	
38.5	37.2	28.5	20.3	19.0	8.8	0.2	0.1	3.6
100.0	100.0	100.0	100.0	100.0	100.0	100.0	100.0	100.0
2.6	2.8	4.4	7.1	8.6	8.4	18.9	23.0	30.7
		0.1	0.3	0.3	1.5	5.6	4.6	2.6
5.5	5.8	8.6	7.2	7.1	14.7	8.3	8.8	14.4
90.7	90.2	86.6	85.5	83.6	75.2	66.9	63.3	52.3
1.2	1.1	0.3		0.4	0.2	0.3	0.3	
100.0	100.0	100.0	100.0	100.0	100.0	100.0	100.0	100.0
97.2	97.5	97.2	97.9	97.9	98.5	98.4	99.1	99.3
1.5	1.4	1.5	1.2	1.3	1.1	1.2	0.5	0.4
1.3	1.1	1.2	0.9	0.9	0.4	0.5	0.4	0.3
100.0	100.0	100.0	100.0	100.0	100.0	100.0	100.0	100.0
0.8	0.6	0.8	0.8	0.4	2.0		0.5	0.7
20.4	21.4	36.0	54.8	60.5	85.5	86.7	87.1	95.2
17.3	16.4	13.0	6.7	6.2	2.5	5.1	5.0	2.5
61.5	61.6	50.2	37.8	32.9	10.0	8.2	7.4	1.5
100.0	100.0	100.0	100.0	100.0	100.0	100.0	100.0	100.0
1.5	1.5	1.5	2.8	6.0	1.9	2.2	3.2	3.1
88.5	88.7	92.8	92.0	89.9	95.9	96.3	96.0	96.8
10.0	9.8	5.7	5.2	4.1	2.1	1.4	0.8	0.1
100.0	100.0	100.0	100.0	100.0	100.0	100.0	100.0	100.0
2.4	2.3	2.1	1.9	1.8	0.4	0.3		
96.6	96.0	95.3	91.6	88.6	93.4	91.2	91.1	91.5
0.5	0.4	0.3	0.1	0.1				
0.1	0.1	0.1	0.2	0.2	0.1			
0.1		1.1	1.1	1.5	3.3	2.8	3.3	4.3
0.1	0.2	0.2	0.4	0.2	1.2	2.5	2.1	1.1
0.1								
	0.3			1.1	0.5	0.3	0.1	
	0.6	1.0	4.6	6.5	0.9	2.9	3.4	3.1
100.0	100.0	100.0	100.0	100.0	100.0	100.0	100.0	100.0
21.7	19.8	12.4	8.2	9.3	8.9	4.3	2.7	1.6
35.2	37.9	35.7	34.9	32.2	28.9	21.2	17.9	7.2
8.3	5.5	9.5	12.2	9.6	11.0	13.7	14.4	15.0
		0.2	0.2	0.3	0.2		0.1	
				0.1	0.1	0.1		
0.1	0.1	1.3	2.3	4.1	4.2	4.8	4.8	5.8
34.6	36.6	40.8	42.0	44.4	46.3	55.8	59.9	70.4
0.1	0.1	0.1			0.1	0.1	0.1	0.1
			0.1		0.1			
					0.2	0.1		

2-44 农村居民年末拥有生产性固定资产情况

指标名称	Item	单位	Unit
年末生产性固定资产原价	**Original Price of Productive Fixed Assets Year-end**	**元／户**	**yuan/household**
(一)第一产业固定资产原价	The Primary Industry	元/户	yuan/household
1.农业固定资产原价	Agriculture	元/户	yuan/household
2.林业固定资产原价	Forestry	元/户	yuan/household
3.牧业固定资产原价	Animal Husbandry	元/户	yuan/household
4.渔业固定资产原价	Fishery	元/户	yuan/household
5.农林牧渔专业及辅助性活动固定资产原价	Agriculture, Forestry, Animal Husbandry, Fishery and Auxiliary Activities	元/户	yuan/household
(二)第二产业固定资产原价	The Secondary Industry	元/户	yuan/household
1.采矿业固定资产原价	Mining Industry	元/户	yuan/household
2.制造业固定资产原价	Manufacturing Industry	元/户	yuan/household
3.电力热力燃气及水生产和供应业	Production and Supply of Electric, Heat, Gas and Water	元/户	yuan/household
4.建筑业固定资产原价	Construction Industry	元/户	yuan/household
(三)第三产业固定资产原价	The Tertiary Industry	元/户	yuan/household
1.批发和零售业	Wholesales and Retail Trade	元/户	yuan/household
2.交通运输仓储和邮政业	Transportation, Warehousing and Postal Services	元/户	yuan/household
3.住宿和餐饮业	Hotel and Catering Sectors	元/户	yuan/household
4.房地产业	Real Estate	元/户	yuan/household
5.租赁和商务服务业	Leasing and Business Service	元/户	yuan/household
6.居民服务修理和其他服务业	Residential Services, Repair and Other Services	元/户	yuan/household
7.其他行业	Others	元/户	yuan/household
年末主要生产性固定资产数量	**Quantity of Main Productive Fixed Assets Year-end**		
1.农业生产性用房及建筑物	House and Buildings for Agricultural Production	平方米/百户	sq.m/100 households
2.大中型农用拖拉机	Large and Medium Agrimotor	辆/百户	unit/100 households
3.小型农用拖拉机	Small Agrimotor	辆/百户	unit/100 households
4.农用排灌动力机械	Drainage and Irrigation Power Machinery for Agriculture	台/百户	unit/100 households
5.插秧机	Rice Transplanter	台/百户	unit/100 households
6.收割机	Harvesting Implements	台/百户	unit/100 households
7.脱粒机	Threshing Machine	台/百户	unit/100 households
8.产品畜	Livestock Products	头/百户	unit/100 households
9.其他农业机械	Other Agricultural Machinery	台/百户	unit/100 households

Ownership of Productive Fixed Assets for Rural Households Year-end

2013	2014	2015	2016	2017	2018	2019	2020	2021
26757.9	**29649.3**	**33112.0**	**36578.5**	**40277.0**	**40351.5**	**45297.2**	**46621.6**	**45723.1**
15010.6	18382.8	16549.5	16888.7	19467.4	22646.5	26572.5	29216.7	28849.5
10648.2	12887.7	11978.8	11851.9	12557.0	11070.6	11767.5	11370.9	11639.3
20.3	93.6	17.6	3.9	9.2	29.4	127.5	164.6	15.3
4161.0	5297.1	3791.4	4186.1	6071.9	10264.3	12902.9	16134.4	16763.8
			24.7	24.7				
181.2	104.3	761.7	822.1	804.5	1282.1	1774.6	1546.9	431.1
1360.1	204.4	763.7	1555.1	1125.9	1904.9	1913.7	561.6	268.1
					307.3	154.2	47.3	
94.3	94.1	144.1	900.0	850.4	270.5	230.3	42.1	37.8
2.1						2.9		
1263.7	110.3	619.6	655.1	275.5	1327.1	1526.2	472.2	230.3
10387.2	11062.1	15798.9	18134.7	19683.7	15800.1	16810.9	16843.3	16605.5
2129.1	2377.9	2550.6	1729.0	2431.6	2780.7	2288.4	3091.1	3091.6
6206.0	7242.4	11433.0	14074.7	12494.5	7705.1	8966.3	10256.1	11370.1
684.6	93.7	622.2	963.0	985.9	3233.7	3064.4	1655.5	1449.1
63.4			333.1	2061.0				
137.3		3.9		269.9	569.3	34.2		
1072.7	1090.3	1135.0	1002.4	1113.6	769.7	1309.5	980.9	202.9
94.1	257.8	54.1	32.6	327.2	741.5	1148.3	859.6	491.7
4287.4	4643.9	8293.8	6741.7	6597.0	6305.1	6637.0	6716.0	7872.2
4.6	6.1	4.8	5.5	6.4	4.9	5.2	3.3	4.2
56.0	56.3	55.3	53.7	51.6	41.8	40.8	38.4	41.7
1.4	2.6	1.1	1.3	1.9	0.5	0.6	0.5	1.3
0.6	0.5	0.5	0.3	0.2				
2.2	3.6	4.1	4.0	4.0	2.1	1.4	0.9	1.0
3.5	3.9	4.0	3.0	3.8	5.0	4.4	4.7	6.1
36.4	38.4	21.9	16.2	66.5	85.9	93.7	324.1	98.8
-	-	12.7	21.0	23.2	31.7	35.3	38.1	41.2

2-45 农村居民家庭经营土地及农作物种植情况

指标名称	Item	单位	Unit	2013
期末实际经营的土地面积	**Area of Cultivated Land at Year-end**	**亩/人**	**mu/person**	**4.33**
耕地	Arable Land	亩/人	mu/person	3.51
有效灌溉面积	Effective Irrigated Area	亩/人	mu/person	1.74
林地、园地	Woodland, Garden	亩/人	mu/person	0.31
牧草地	Grassland	亩/人	mu/person	0.50
养殖水面	Aquaculture	亩/人	mu/person	
粮食播种面积	**Grain Sown Area**	**亩/人**	**mu/person**	**2.26**
小麦	Wheat	亩/人	mu/person	0.40
水稻	Rice	亩/人	mu/person	0.51
玉米	Corn	亩/人	mu/person	1.10
豆类	Soybeans	亩/人	mu/person	0.02
薯类	Tubers	亩/人	mu/person	0.23
经济作物播种面积	**Sown Area of Economy Crops**	**亩/人**	**mu/person**	**0.31**
油料	Bearing	亩/人	mu/person	0.16
蔬菜	Vegetable	亩/人	mu/person	0.08
设施蔬菜	Facilities Vegetables	亩/人	mu/person	0.03
水果	Fruits	亩/人	mu/person	0.07
设施水果	Facilities Fruit	亩/人	mu/person	0.01
机耕面积	**Machine-cultivated Area**	**亩/人**	**mu/person**	**2.52**
机播面积	**Mechanical Sowing Area**	**亩/人**	**mu/person**	**2.01**
机收面积	**Mechanical Harvesting Area**	**亩/人**	**mu/person**	**1.24**
机电灌溉面积	**Electromechanical Irrigation Area**	**亩/人**	**mu/person**	**0.15**
主要农产品产量	**Output of Major Agricultural Products**			
谷物产量	Cereal	公斤/人	kg/person	1052.46
小麦产量	Wheat	公斤/人	kg/person	73.64
稻谷产量	Rice	公斤/人	kg/person	281.97
玉米产量	Corn	公斤/人	kg/person	682.26
薯类产量	Tubers	公斤/人	kg/person	61.06
豆类产量	Soybeans	公斤/人	kg/person	4.63
油料产量	Bearing	公斤/人	kg/person	14.97

Basic Statistics of Land Managed and Farm Crop Planting for Rural Households

2014	2015	2016	2017	2018	2019	2020	2021
4.72	**4.42**	**4.57**	**4.24**	**4.32**	**4.38**	**4.04**	**3.97**
3.40	3.51	3.78	3.57	3.71	3.60	3.15	3.43
1.64	1.88	1.83	1.76	1.86	1.92	1.53	1.60
0.42	0.32	0.62	0.51	0.34	0.46	0.50	0.35
0.90	0.58	0.16	0.17	0.27	0.32	0.39	0.19
	0.00	0.00	0.00				
2.29	**2.60**	**2.50**	**2.28**	**2.32**	**2.48**	**2.18**	**2.35**
0.43	0.38	0.48	0.43	0.38	0.35	0.23	0.27
0.36	0.44	0.60	0.52	0.24	0.29	0.12	0.07
1.23	1.55	1.16	1.07	1.47	1.64	1.58	1.75
0.01	0.03	0.04	0.05	0.05	0.04	0.02	0.01
0.25	0.21	0.22	0.21	0.17	0.16	0.23	0.24
0.34	**0.26**	**0.37**	**0.50**	**0.56**	**0.51**	**0.47**	**0.42**
0.16	0.12	0.19	0.11	0.16	0.10	0.10	0.08
0.07	0.07	0.09	0.09	0.22	0.19	0.13	0.13
0.02	0.03	0.03	0.02	0.02	0.03	0.02	0.05
0.10	0.07	0.09	0.30	0.18	0.22	0.23	0.22
0.03	0.02	0.01	0.02	0.00	0.00	0.00	0.00
2.50	**2.65**	**2.86**	**2.70**	**3.04**	**3.06**	**2.64**	**2.75**
1.99	**2.21**	**2.30**	**2.25**	**2.26**	**2.65**	**2.21**	**2.54**
1.14	**1.41**	**1.60**	**1.61**	**1.71**	**1.94**	**1.30**	**1.53**
0.04	**0.28**	**0.28**	**0.39**	**0.31**	**0.20**	**0.27**	**0.41**
1108.37	1150.96	1207.44	1074.75	1309.16	1398.32	1331.95	1176.18
81.00	90.11	95.29	94.38	84.91	82.09	58.53	44.84
188.94	195.42	370.51	299.11	142.97	157.41	70.01	46.38
815.08	839.05	715.49	656.70	1025.77	1138.69	1191.75	1078.99
79.11	50.24	44.49	53.44	33.34	44.52	72.30	45.79
5.42	10.95	10.39	5.94	4.85	5.39	2.97	2.98
17.50	13.92	21.53	11.55	12.08	10.29	7.31	4.86

2-46 农村居民家庭主要食品消费数量

单位：公斤/人

指标名称	Item	2013	2014	2015
一、粮食消费量	**Grain**	**188.4**	**156.0**	**148.7**
(一)谷物消费量	Cereal	183.0	150.8	142.4
1.小麦	Wheat	119.1	95.1	92.0
2.稻谷	Rice	58.1	51.6	47.6
3.玉米	Corn	2.3	2.1	1.2
4.其他谷物	Others	3.5	2.0	1.5
(二)薯类消费量	Tubers	3.9	3.5	4.1
1.红薯	Sweet Potato	0.1	0.1	0.2
2.马铃薯	Potato	3.5	3.1	3.3
3.其他薯类	Others	0.3	0.3	0.6
(三)豆类消费量	Beans	1.5	1.8	2.3
1.大豆	Soybeans	0.1	0.1	0.0
2.其他豆类	Others	1.4	1.7	2.2
二、蔬菜及菜制品消费量	**Vegetables and Processed Products**	**74.9**	**71.9**	**75.4**
其中：鲜菜	Fresh Vegetables	74.5	71.3	74.6
三、肉禽及其制品	**Meat, Poultry and Processed Products**	**21.3**	**22.0**	**20.8**
1.猪肉	Pork	9.6	9.2	6.8
2.牛肉	Beef	2.7	2.7	3.0
3.羊肉	Mutton	3.0	3.1	4.7
4.家禽	Poultry	6.0	6.6	5.8
5.其他肉禽及制品	Others	-	0.4	0.5
四、蛋类及蛋制品	**Eggs and Processed Products**	**3.5**	**3.9**	**4.8**
五、奶和奶制品	**Milk and Processed Products**	**8.0**	**9.0**	**8.2**
六、水产品	**Aquatic Products**	**1.0**	**1.1**	**1.2**
其中：鱼类	Fish	0.9	1.0	1.0
七、油脂类消费量	**Grease**	**12.8**	**11.8**	**8.6**
1.植物油	Vegetable Oil	12.8	11.8	8.5
2.动物油	Animal Oil	0.1	0.1	0.0
八、糖果糕点类	**Confection and Pastry**	**-**	**2.6**	**2.6**
九、干鲜瓜果类	**Melon and Fruits**	**23.1**	**50.5**	**52.4**
1.鲜瓜果	Melons	23.1	47.8	49.2
2.瓜果制品	Watermelon	-	0.3	0.4
3.坚果类	Nuts	-	2.4	2.8
十、消费茶叶	**Tea Leaves**	**0.2**	**0.2**	**0.2**
十一、酒	**Liquor**	**3.7**	**4.3**	**4.3**
1.白酒	White Spirit	0.5	0.5	0.5
2.啤酒	Beer	3.2	3.7	3.7
3.果酒	Fruit Wine	0.0	0.1	0.1

Consumption Quantity of Major Foods for Rural Households

(kg/person)

2016	2017	2018	2019	2020	2021
144.3	**128.1**	**138.3**	**128.3**	**142.5**	**146.5**
136.8	121.2	131.3	121.5	135.2	139.6
86.3	74.7	83.5	77.3	85.4	87.1
46.3	43.9	43.1	40.5	46.2	48.5
0.7	0.8	1.7	1.8	1.9	2.5
3.6	1.8	3.0	1.9	1.6	1.5
4.4	4.1	4.4	3.9	4.1	3.6
0.2	0.2	0.3	0.3	0.3	0.3
3.8	3.6	3.7	3.2	3.4	2.7
0.4	0.4	0.4	0.4	0.4	0.5
3.0	2.8	2.6	2.9	3.2	3.4
0.1	0.1	0.2	0.1	0.1	0.1
2.9	2.7	2.5	2.8	3.1	3.3
76.7	**76.9**	**81.6**	**80.9**	**79.2**	**90.5**
75.7	76.0	80.6	79.9	78.2	89.2
20.9	**19.9**	**22.7**	**23.9**	**24.8**	**29.2**
6.5	6.0	6.6	5.9	5.1	6.6
3.2	3.3	4.4	5.4	5.1	6.5
4.9	4.2	3.5	3.7	4.3	4.6
5.7	5.9	7.7	8.4	9.7	10.8
0.6	0.6	0.5	0.5	0.6	0.6
4.0	**4.1**	**4.6**	**4.7**	**5.5**	**5.9**
8.1	**7.5**	**8.5**	**8.7**	**7.9**	**10.3**
1.2	**1.3**	**1.4**	**1.5**	**1.5**	**1.4**
1.1	1.1	1.2	1.2	1.2	1.1
8.3	**7.7**	**8.2**	**8.3**	**9.5**	**10.7**
8.3	7.7	8.0	8.2	9.4	10.6
0.0	0.1	0.2	0.1	0.1	0.1
2.7	**2.5**	**3.0**	**3.1**	**3.2**	**3.7**
63.0	**63.9**	**72.0**	**72.8**	**63.8**	**74.5**
59.1	60.4	68.4	69.4	60.8	70.9
0.6	0.6	0.6	0.7	0.5	0.8
3.3	2.9	3.0	2.7	2.5	2.9
0.2	**0.2**	**0.3**	**0.3**	**0.3**	**0.3**
3.5	**3.1**	**2.6**	**2.3**	**2.2**	**2.5**
0.4	0.4	0.4	0.4	0.4	0.5
3.1	2.6	2.1	1.9	1.7	1.9
0.0	0.1	0.0	0.0	0.0	0.0

2-47 农村居民家庭主要产品出售情况

指标名称		Item		单位	Unit	2013
谷物	数量	Cereal	Quantity	公斤/人	kg/person	715.3
	金额		Amount	元/人	yuan/person	1602.7
小麦	数量	Wheat	Quantity	公斤/人	kg/person	26.2
	金额		Amount	元/人	yuan/person	63.3
稻谷	数量	Rice	Quantity	公斤/人	kg/person	237.9
	金额		Amount	元/人	yuan/person	609.8
玉米	数量	Corn	Quantity	公斤/人	kg/person	432.5
	金额		Amount	元/人	yuan/person	888.5
薯类	数量	Soybeans	Quantity	公斤/人	kg/person	44.1
	金额		Amount	元/人	yuan/person	228.6
豆类	数量	Tubers	Quantity	公斤/人	kg/person	9.4
	金额		Amount	元/人	yuan/person	33.1
油料	数量	Bearing	Quantity	公斤/人	kg/person	6.4
	金额		Amount	元/人	yuan/person	31.5
蔬菜及食用菌	数量	Vegetables and Edible Fungi	Quantity	公斤/人	kg/person	179.2
	金额		Amount	元/人	yuan/person	389.2
瓜类	数量	Melons	Quantity	公斤/人	kg/person	183.7
	金额		Amount	元/人	yuan/person	205.6
园林水果	数量	Fruits	Quantity	公斤/人	kg/person	27.3
	金额		Amount	元/人	yuan/person	87.4
中药材	数量	Medicinal Materials	Quantity	公斤/人	kg/person	9.6
	金额		Amount	元/人	yuan/person	256.0
林木种苗	数量	Wood and Germchit	Quantity	公斤/人	kg/person	17.5
	金额		Amount	元/人	yuan/person	49.7
肉猪	头数(头)	Hog	Count (head)	头/人	head/person	0.1
	毛重		Gross Weight	公斤/人	kg/person	13.3
	金额		Amount	元/人	yuan/person	213.0
自宰猪	数量	Homestead Hog	Quantity	公斤/人	kg/person	0.8
	金额		Amount	元/人	yuan/person	20.2
肉牛	头数(头)	Cattle	Count (head)	头/人	head/person	0.1
	毛重		Gross Weight	公斤/人	kg/person	24.5
	金额		Amount	元/人	yuan/person	692.2
自宰牛	数量	Homestead Cattle	Quantity	公斤/人	kg/person	0.1
	金额		Amount	元/人	yuan/person	1.9
菜羊	只数(只)	Sheep	Count (head)	只/人	head/person	0.6
	毛重		Gross Weight	公斤/人	kg/person	14.2
	金额		Amount	元/人	yuan/person	395.5
自宰羊	数量	Homestead Sheep	Quantity	公斤/人	kg/person	0.3
	金额		Amount	元/人	yuan/person	13.5
家禽	重量	Poultry	Weight	公斤/人	kg/person	1.1
	金额		Amount	元/人	yuan/person	27.1
蛋类	数量	Eggs	Quantity	公斤/人	kg/person	0.3
	金额		Amount	元/人	yuan/person	2.1
畜皮	数量(张)	Fur	Quantity (piece)	张/人	piece/person	0.1
	金额		Amount	元/人	yuan/person	4.5
毛绒	数量	Wool	Quantity	公斤/人	kg/person	0.6
	金额		Amount	元/人	yuan/person	6.3
奶类	数量	Milk	Quantity	公斤/人	kg/person	90.8
	金额		Amount	元/人	yuan/person	294.2
鱼类	数量	Fish	Quantity	公斤/人	kg/person	3.0
	金额		Amount	元/人	yuan/person	25.4

Basic Statistics of Sales of Main Products for Rural Households

2014	2015	2016	2017	2018	2019	2020	2021
706.7	713.5	1089.1	808.0	904.8	884.4	783.1	511.7
1566.4	1617.3	2075.9	1659.8	1785.4	1770.5	1588.5	1283.9
13.8	24.5	41.1	45.9	37.6	30.3	32.3	16.2
34.4	68.9	98.2	114.2	92.6	73.3	82.8	45.3
195.0	190.8	305.0	249.4	132.5	158.8	30.1	19.8
492.6	550.2	793.5	693.1	343.7	388.8	81.1	52.6
482.8	481.8	728.9	503.3	728.1	646.4	711.0	469.9
998.2	945.7	1147.8	827.7	1333.1	1168.4	1391.0	1167.3
45.9	40.4	26.0	29.0	29.2	27.8	44.8	30.7
202.0	163.8	140.8	110.3	118.3	142.2	228.3	119.9
5.6	10.6	10.0	3.9	5.4	5.3	3.2	2.0
21.8	32.3	33.2	14.2	23.0	18.5	11.7	8.8
7.3	7.0	8.8	3.9	9.6	3.9	1.3	1.3
28.2	34.1	32.3	13.9	42.5	16.5	5.0	8.2
181.9	262.8	287.6	298.9	397.1	509.2	429.1	547.7
277.7	539.0	416.3	463.5	589.3	627.8	822.8	1056.3
245.3	208.8	262.3	297.7	260.1	289.4	271.3	132.5
225.0	215.0	247.0	200.4	294.5	229.6	257.1	261.3
43.8	33.2	59.9	28.2	35.9	118.3	36.8	66.4
88.2	99.1	148.3	176.2	97.9	248.5	136.5	222.0
12.7	13.2	13.2	45.0	6.7	4.7	3.2	3.6
358.0	405.4	343.9	301.2	147.9	127.7	69.5	122.4
11.9	26.4	12.7	6.9	20.3	11.6	20.0	15.7
34.8	54.7	65.9	74.5	108.4	125.7	65.2	90.3
0.2	0.1	0.1	0.1	0.2	0.1	0.2	0.1
18.3	15.4	12.7	13.2	26.9	21.0	22.7	10.6
248.7	228.9	233.4	208.1	402.3	378.9	709.7	189.6
0.9	0.9	1.0	1.9	5.2	2.2	1.7	8.0
22.5	22.8	28.9	57.2	182.2	82.9	96.2	199.5
0.1	0.1	0.1	0.1	0.1	0.1	0.1	0.2
27.1	22.4	26.4	36.7	49.4	63.0	67.8	85.0
786.5	610.6	730.0	977.0	1318.0	1857.2	2243.5	2941.0
0.1	0.3	2.1	0.7	1.2	0.9	0.5	2.4
5.2	12.9	104.7	33.0	57.5	50.9	34.7	142.7
0.3	0.5	1.1	0.9	0.7	1.1	0.7	0.6
9.7	14.0	33.8	31.1	25.1	26.8	27.5	25.3
265.1	299.5	646.2	646.2	619.9	748.7	855.9	794.7
0.2	0.1	1.0	0.6	0.9	0.6	0.5	0.9
9.3	5.5	40.4	23.6	40.2	29.5	27.7	58.4
0.4	0.5	1.0	2.0	23.1	7.5	9.8	10.2
7.3	5.7	15.2	25.9	309.5	130.3	190.8	234.4
0.1	1.2	14.4	9.1	0.0	0.0	0.0	0.2
0.9	7.4	102.4	60.2	0.3	0.4	0.0	1.1
0.0	0.0	0.0	0.0	0.2	0.1	0.0	0.1
2.5	1.4	1.8					
0.6	0.7	0.9	0.4	0.7	0.7	1.0	1.2
7.5	4.4	7.3	3.7	25.6	39.2	20.7	21.1
107.7	5.6		0.0	0.7			51.1
382.0	16.7		0.0	1.5			193.4
	0.1	5.5	9.6				
	1.8	60.7	105.5				

2-48 农村居民家庭平均每人购买主要商品数量

指标名称	Item	单位	Unit	2013	2014
粮食	Grain	公斤	kg	259.9	279.3
蔬菜和食用菌	Vegetables and Edible Fungi	公斤	kg	56.6	57.7
食用植物油	Edible Vegetable Oil	公斤	kg	6.9	7.1
猪肉	Pork	公斤	kg	3.7	4.1
牛羊肉	Beef and Mutton	公斤	kg	4.3	4.5
禽类	Poultry	公斤	kg	4.2	4.7
鲜蛋	Fresh Eggs	公斤	kg	2.6	3.4
鱼	Fish	公斤	kg	0.9	1.0
糖果糕点类	Candy and Cake	公斤	kg	1.7	2.6
卷烟	Cigarette	盒	pack	18.5	20.5
酒类	Liquor	公斤	kg	3.7	4.3
水	Water	吨	ton	9.7	8.9
电	Electricity	度	kWh	267.6	292.1
煤炭	Coal	公斤	kg	365.1	405.0
液化石油气	Liquefied Petroleum Gas	公斤	kg	2.7	2.2
管道天然气	Pipeline Natural Gas	立方米	cu.m	2.9	3.0

注：1.从2010年起粮食包括大米、面粉和其他粮食及制品。
2.从2010年起禽类包括鸡、鸭和其他禽类及制品。
3.从2010年起鲜蛋不包含蛋制品。
4.从2010年起酒类包括白酒、果酒、啤酒和其他酒。

Per Capita Annual Purchases of Major Commodities for Rural Households

2015	2016	2017	2018	2019	2020	2021
328.3	319.9	293.8	338.7	338.1	384.2	418.5
64.1	63.8	61.9	70.9	70.3	67.5	75.5
7.5	7.2	6.8	7.2	7.4	8.7	10.0
4.2	4.1	4.3	4.7	4.1	3.6	5.1
6.0	6.6	6.2	6.8	7.7	7.4	9.2
4.6	4.4	4.4	6.2	6.7	7.7	8.3
3.9	3.5	3.6	4.2	4.2	4.9	5.2
1.0	1.0	1.1	1.2	1.2	1.2	1.1
2.6	2.7	2.5	3.0	3.1	3.2	3.7
20.8	19.9	19.8	20.7	24.8	25.2	26.7
4.3	3.5	3.1	2.6	2.3	2.2	2.5
10.4	12.2	12.0	13.2	11.7	15.0	19.2
319.4	352.8	370.7	368.6	358.2	373.4	435.8
413.6	391.4	400.3	453.5	426.6	411.1	369.7
4.0	2.7	3.1	2.2	2.0	2.4	2.5
6.2	8.7	9.0	12.9	12.8	13.7	15.6

Notes:a)Data in the table of Grain includes rice and flour since 2010.
b)Data in the table of Poultry includes chickens and ducks since 2010.
c)Data in the table of Fresh Eggs does not include egg products since 2010.
d)Data in the table of Liquor includes liquor, fruit wine and beer since 2010.

2-49 农村居民家庭分行业人均可支配收入情况

单位：元/人

指标名称	Item	2013
可支配收入	**Disposable Income**	**7598.7**
(一)工资性收入	Income from Wages and Salaries	3030.9
(二)经营净收入	Net Business Income	3481.0
1.第一产业经营净收入	The Primary Industry	2616.4
(1)农业	Agriculture	1924.9
(2)林业	Forestry	16.0
(3)牧业	Animal Husbandry	551.3
(4)渔业	Fishery	22.7
2.第二产业经营净收入	The Secondary Industry	107.3
(1)工业	Industry	29.2
(2)建筑业	Construction Industry	78.1
3.第三产业经营净收入	The Tertiary Industry	757.3
(1)交通运输业	Transportation Industry	319.5
(2)批发零售和住宿餐饮业	Wholesales, Retail Trade, Hotel and Catering Sectors	321.1
(3)社会服务业	Social Services	97.0
(4)其他家庭经营	Others	19.6
(三)财产净收入	Net Income from Property	111.9
1.红利收入	Dividend Income	1.0
#2.转让承包土地经营权租金收入	Rental Income from the Management Rights Transfer of Land Contracted	70.3
(四)转移净收入	Net Income from Transfer	974.8
#1.养老金或离退休金	Pension or Retirement Benefits	308.9
2.报销医疗费	Reimbursement of Medical Expenses	48.2
3.政策性惠农补贴	Political Subsidy Supporting Agriculture	262.6
现金可支配收入	**Cash Disposable Income**	
实物可支配收入	**Physical Disposable Income**	

Basic Statistics of Disposable Income for Rural Households by Sector

(yuan/person)

2014	2015	2016	2017	2018	2019	2020	2021
8410.0	**9118.7**	**9851.6**	**10737.9**	**11707.6**	**12858.4**	**13889.4**	**15336.6**
3391.0	3614.3	3906.1	4224.0	4547.8	4962.7	5150.0	5688.7
3644.6	3837.0	3937.5	4252.0	4638.5	4976.1	5549.4	6137.4
2624.6	2743.5	2665.8	2837.1	3027.3	3156.9	3640.1	4076.2
2025.9	2139.1	1962.1	2020.2	2179.1	2131.6	2444.8	2682.5
20.3	71.6	56.3	62.1	73.2	80.1	43.0	68.3
578.5	530.9	631.7	734.3	774.9	945.2	1152.2	1325.4
0.0	1.9	15.8	20.5	0.0		0.0	-0.1
74.7	88.6	118.4	123.4	133.8	124.2	130.5	114.1
23.7	29.8	73.7	65.8	4.5	32.4	22.8	30.0
51.0	58.8	44.7	57.6	129.2	91.8	107.7	84.1
945.3	1004.9	1153.2	1291.5	1477.5	1694.9	1778.8	1947.1
379.2	444.2	481.8	539.4	460.6	564.3	629.1	789.4
381.6	371.9	494.4	552.9	704.1	749.2	804.6	848.1
104.8	89.6	64.5	83.1	154.3	192.0	199.8	112.3
79.8	99.2	112.4	116.1	158.4	189.4	145.3	197.4
148.9	189.9	291.8	323.8	362.8	388.1	393.5	352.5
6.9	2.6	11.7	9.3	34.4	63.9	37.0	50.2
91.7	142.6	214.8	230.2	225.8	232.9	307.8	320.5
1225.4	1477.5	1716.3	1938.0	2158.5	2531.6	2796.5	3158.1
412.6	644.5	734.0	851.8	956.5	1068.0	1169.2	1254.4
49.7	80.4	110.2	258.4	276.9	345.9	343.1	360.8
327.4	379.5	535.5	474.4	586.4	606.3	684.4	780.6
7807.6	**8655.5**	**9816.1**	**10637.3**	**11637.4**	**12644.2**	**13589.7**	**14882.5**
602.4	**463.2**	**35.5**	**100.6**	**70.2**	**214.2**	**299.6**	**454.2**

2-50 农村居民人均生活消费支出情况

单位：元/人

指标名称	Item	2013	2014	2015
生活消费支出	**Living Expenditure**	**6739.8**	**7676.5**	**8414.9**
(一)食品烟酒	Food, Tobacco and Liquor	2027.0	2296.0	2452.7
#粮食	Grain	523.8	510.0	538.4
油脂	Oil and Fats	128.3	132.5	138.8
肉禽及制品	Meat, Poultry and Processed Products	535.5	602.1	605.7
蛋	Eggs	27.6	39.4	42.6
水产品	Aquatic Products	13.9	16.6	19.1
蔬菜	Vegetables	181.4	191.8	211.2
烟草	Tobacco	108.3	144.2	159.4
酒和饮料	Liquor and Beverages	63.6	90.5	101.7
奶及奶制品	Milk and Processed Products	69.7	87.3	88.1
(二)衣着	Clothing	496.5	602.0	664.0
#服装	Garments	375.9	446.5	494.7
(三)居住	Residence	1172.2	1388.1	1561.2
#住房维修及管理	Housing Maintenance and Management	350.4	391.7	400.7
水电燃料及其他	Water, Electricity, Fuels and Others	403.9	470.7	540.9
(四)生活用品及服务	Household Facilities, Articles and Services	462.5	496.1	571.8
#家用器具	Home Appliances	122.7	143.8	152.3
家具及室内装饰品	Articles for Interior Decoration	139.8	108.2	123.2
家用纺织品	Bed Articles	59.8	53.0	64.6
家庭日用杂品	Household Articles for Daily Use	82.4	126.0	146.7
(五)交通通信	Transport and Communications	847.4	961.4	1070.9
#交通	Transport	606.7	666.7	722.3
通信	Communications	240.3	294.8	348.6
(六)教育文化娱乐	Education, Culture and Recreation	735.0	866.6	995.4
文化娱乐	Culture and Recreation	148.4	173.5	205.4
#教育	Education	555.5	672.8	779.4
(七)医疗保健	Health Care and Medical Services	785.5	856.9	926.0
#医疗器具及药品	Medical Instrument and Medicine	188.8	241.4	272.4
(八)其他用品及服务	Other Commodities and Services	213.8	209.2	172.9
服务性消费支出	**Consumption Expenditure for Service**			
商品性消费支出	**Consumption Expenditure for Commodity**			

Per Capita Living Expenditure for Rural Residents

(yuan/person)

2016	2017	2018	2019	2020	2021
9138.4	**9982.1**	**10789.6**	**11464.6**	**11724.3**	**13535.7**
2419.1	2522.2	2949.9	3144.6	3331.1	3941.9
491.6	477.2	525.9	506.0	556.0	586.7
119.8	119.0	125.9	128.5	146.4	188.3
609.9	620.0	745.6	857.8	1008.8	1220.0
33.0	32.2	45.9	47.8	51.9	59.6
18.3	21.8	24.6	26.6	27.0	27.9
208.6	222.1	245.4	236.3	261.6	296.0
159.5	174.2	197.8	242.3	244.9	271.1
96.8	99.7	113.4	125.9	123.3	146.6
96.4	92.1	118.3	113.3	103.1	156.4
672.9	718.6	752.2	745.0	656.0	733.0
508.3	550.6	596.8	573.6	496.1	555.3
1631.4	1958.7	1867.8	1985.2	2197.5	2583.7
350.1	484.4	418.9	474.3	606.4	744.7
516.8	591.8	640.8	624.9	666.3	858.5
578.6	574.4	673.5	696.3	626.4	760.9
150.3	117.9	143.0	138.4	145.0	162.4
118.6	128.9	153.9	159.0	104.9	145.0
62.2	65.7	70.8	75.1	66.6	75.8
134.8	136.8	157.5	146.9	143.8	172.3
1509.6	1675.2	1818.7	1784.4	2022.4	2344.5
1100.6	1228.8	1395.7	1326.9	1513.4	1847.1
409.0	446.4	423.0	457.5	508.9	497.4
1077.5	1212.4	1295.8	1378.8	1179.6	1302.1
225.3	257.1	286.2	306.7	327.1	354.5
869.3	982.2	1059.0	1146.6	1013.7	1153.3
1040.6	1131.2	1248.6	1448.3	1478.0	1603.2
283.1	324.3	356.9	383.6	374.9	403.3
208.7	189.3	183.1	281.9	233.3	266.5
	3689.1	**3967.6**	**4396.0**	**4193.3**	**4704.7**
	6293.0	**6822.1**	**7068.5**	**7531.0**	**8831.1**

2-51　农村居民家庭总收入情况

单位：元/人

指标名称	Item	2013	2014
全年总收入	**Total Revenue**	**11503.8**	**12862.7**
1.工资性收入	Income from Wages and Salaries	3030.9	3391.0
2.经营性收入	Business Income	7105.4	7809.5
(1)第一产业收入	The Primary Industry	5775.9	6284.9
农业收入	Agriculture	3525.8	3880.2
林业收入	Forestry	57.2	47.8
牧业收入	Animal Husbandry	2042.0	2356.8
渔业收入	Fishery	22.8	0.0
(2)第二产业收入	The Secondary Industry	148.8	91.6
工业收入	Industry	39.6	31.5
建筑业收入	Construction Industry	109.2	60.1
(3)第三产业收入	The Tertiary Industry	1180.6	1433.0
交通运输业收入	Transportation Industry	522.0	681.0
批发零售和住宿餐饮业收入	Wholesales, Retail Rrade, Hotel and Catering Sectors	499.5	492.0
社会服务业收入	Social Services	134.7	140.3
其他家庭经营收入	Others	24.4	119.6
3.财产性收入	Income from Property	114.0	180.1
红利收入	Dividend Income	1.0	6.9
#转让承包土地经营权租金收入	Rental Income from the Management Rights Transfer of Land Contracted	70.3	91.7
4.转移性收入	Income from Transfer	1253.6	1482.0
#养老金或离退休金	Pension or Retirement Benefits	308.9	412.6
报销医疗费	Reimbursement of Medical Expenses	154.4	181.7
政策性惠农补贴	Political Subsidy Supporting Agriculture	262.6	327.4
5.非收入所得	Non-income Revenue	967.5	893.0
(1)出售资产所得	Proceeds from Sale of Assets	391.1	194.9
(2)非经常性转移所得	Income from Non-recurrent Transfers	572.5	685.8
(3)其他非收入所得	Other Non-income Revenue	3.9	12.4
6.借贷性所得	Borrowing Income	3118.4	2672.5
(1)提取储蓄存款	Dissaving	1587.8	998.4
(2)借入款	Borrowed	845.0	772.8
(3)收回借出款	Recall the Loan	167.5	224.6
(4)收回储蓄性保险本金	Redemption of Deposit Insurance Principal		
(5)银行信用社得到的贷款	Bank Loan	491.8	655.6

Basic Statistics of Total Income for Rural Households

(yuan/person)

2015	2016	2017	2018	2019	2020	2021
13790.2	**15792.3**	**16533.1**	**18627.5**	**20233.6**	**22522.3**	**24421.8**
3614.3	3906.1	4224.0	4547.8	4962.7	5150.0	5688.7
8030.1	9184.6	9361.1	10826.4	11632.1	13197.2	14309.5
5896.5	6363.8	6405.7	7813.8	8550.5	9872.1	11089.6
4126.3	3909.1	3728.0	4202.8	4398.5	4501.5	4937.0
95.1	75.2	83.3	121.9	142.7	84.5	97.0
1661.3	2315.6	2483.9	3489.0	4009.3	5286.1	6055.6
13.8	64.0	110.5	0.0		0.1	
172.4	238.7	311.2	397.5	220.4	209.1	160.7
61.5	139.3	110.8	86.2	72.6	40.1	48.2
110.8	99.5	200.4	311.2	147.8	169.0	112.6
1961.3	2582.0	2644.2	2615.2	2861.2	3116.1	3059.2
943.5	1464.8	1479.6	1016.4	1247.9	1629.2	1681.6
685.0	786.2	806.4	1078.6	977.1	954.9	985.1
166.5	113.8	119.9	222.6	263.9	249.2	120.0
166.2	217.2	238.3	297.6	372.2	282.8	272.5
242.5	374.7	400.0	491.0	502.7	521.7	532.9
2.6	11.7	9.3	34.4	63.9	37.0	50.2
142.6	214.8	230.2	225.8	232.9	307.8	320.5
1903.3	2327.1	2548.0	2762.3	3136.1	3653.3	3890.7
644.5	734.0	851.8	956.5	1068.0	1169.2	1254.4
246.6	286.3	258.4	276.9	345.9	343.1	360.8
379.5	535.5	474.4	586.4	606.3	684.4	780.6
1582.4	4193.2	4185.4	2190.1	2417.9	2060.3	2471.6
552.4	2943.6	2945.7	593.2	471.3	491.2	780.9
1028.6	1227.5	1229.2	1594.7	1930.8	1542.5	1651.6
1.4	22.1	10.5	2.2	15.8	26.6	39.2
3526.5	3350.8	3442.2	4736.1	4455.3	4650.3	4086.6
1313.0	1057.8	1545.0	1187.9	1034.8	389.1	375.1
864.9	671.8	742.0	1220.5	1248.6	1094.0	711.1
234.2	274.2	107.2	273.8	193.0	93.9	68.2
		4.4			3.4	20.4
1067.0	1169.7	1005.2	1938.6	1934.1	2949.9	2890.6

2-52 农村居民家庭总支出情况

单位：元/人

指标名称	Item	2013
全年总支出	**Total Expenditure**	**14873.7**
1.生活消费支出	Living Expenditure	6739.8
食品烟酒	Food Tobacco Liquor	2027.0
衣着	Clothing	496.5
居住	Residence	1172.2
生活用品及服务	Articles and Services for Daily Use	462.5
医疗保健	Health Care	785.5
交通通信	Transportation Communication	847.4
教育文化娱乐	Education, Culture and Entertainment	735.0
其他用品及服务	Other Supplies and Services	213.8
2.生产经营费用支出	Expenditure for Household Business	3208.8
(1)第一产业生产支出	The Primary Industry	2931.3
农业生产支出	Agriculture	1437.6
林业生产支出	Forestry	40.9
牧业生产支出	Animal Husbandry	1428.8
渔业生产支出	Fishery	0.1
(2)第二产业生产支出	The Secondary Industry	21.3
工业生产支出	Industry	9.0
建筑业生产支出	Construction Industry	12.3
(3)第三产业生产支出	The Tertiary Industry	256.2
交通运输业生产支出	Transportation Industry	95.0
批发零售和住宿餐饮业生产支出	Wholesales, Retail Trade, Hotel and Catering Sectors	136.6
社会服务业生产支出	Social Services	21.7
其他家庭经营生产支出	Others	2.9
3.财产性支出	Property Expenditure	66.0
4.转移性支出	Transfer Expenditure	278.9
5.部分商业保险支出	Commercial Insurance Expenditure	56.8
6.购置资产及非经常性转移支出	Acquisition of Assets and Non-recurrent Transfer Expenses	2578.9
(1)建造住房支出	Build Housing	468.0
(2)购买住房支出	Purchase House	214.9
(3)购建第一产业生产性固定资产	Purchase and Build the Productive Fixed Assets of the Primary Industry	408.9
#购买或建造农业生产性用房	Purchase or Build Agricultural Productive Housing	53.9
购买产品畜	Purchase Stock	155.9
购买或建造农业设施	Purchase or Build Agricultural Facilities	27.4
购买农业机械	Purchase Agricultural Machinery	154.7
(4)购建第二产业生产性固定资产支出	Purchase and Build the Productive Fixed Assets of the Secondary Industry	1.1
(5)购建第三产业生产性固定资产支出	Purchase and Build the Productive Fixed Assets of the Tertiary Industry	127.3
(6)非经常性转移支出	Non-recurrent Transfer Expenditures	1339.3
7.借贷性支出	Borrowing Expenditure	1944.5
(1)归还银行信用社贷款	Repay the Loan to the Bank or Credit Union	417.1
(2)归还借款	Pay off the Loan	438.6
(3)存入银行款	Bank Deposit	930.9

Basic Statistics of Total Expenses for Rural Households

(yuan/person)

2014	2015	2016	2017	2018	2019	2020	2021
16883.7	**18280.7**	**21077.6**	**22513.1**	**25131.8**	**27057.7**	**27897.0**	**30923.3**
7676.5	8414.9	9138.4	9982.1	10789.6	11464.6	11724.3	13535.7
2296.0	2452.7	2419.1	2522.2	2949.9	3144.6	3331.1	3941.9
602.0	664.0	672.9	718.6	752.2	745.0	656.0	733.0
1388.1	1561.2	1631.4	1958.7	1867.8	1985.2	2197.5	2583.7
496.1	571.8	578.6	574.4	673.5	696.3	626.4	760.9
856.9	926.0	1040.6	1131.2	1248.6	1448.3	1478.0	1603.2
961.4	1070.9	1509.6	1675.2	1818.7	1784.4	2022.4	2344.5
866.6	995.4	1077.5	1212.4	1295.8	1378.8	1179.6	1302.1
209.2	172.9	208.7	189.3	183.1	281.9	233.3	266.5
3666.2	3628.5	4623.0	4439.8	5484.0	5856.7	6818.5	7346.4
3352.9	2883.8	3421.3	3241.7	4413.8	4956.0	5739.7	6500.2
1637.6	1783.0	1742.9	1487.8	1830.6	2059.2	1854.4	2044.2
26.0	23.2	18.9	21.1	48.2	60.4	38.5	28.4
1689.3	1065.7	1611.8	1643.2	2535.0	2836.4	3846.8	4427.4
0.0	11.9	47.8	89.6			0.0	0.1
13.5	70.8	93.5	168.1	230.4	62.4	68.6	41.8
6.2	29.3	50.1	30.1	71.6	33.3	15.7	17.5
7.2	41.5	43.4	138.0	158.9	29.1	52.9	24.3
299.9	674.0	1108.2	1030.0	839.8	838.3	1010.1	804.4
180.0	304.4	740.7	721.4	421.4	525.4	817.6	686.8
68.9	259.0	245.4	193.7	269.6	133.4	65.8	55.0
17.2	57.5	32.0	17.2	54.8	48.8	32.0	4.1
33.8	53.1	90.1	97.6	94.0	130.7	94.7	58.5
31.2	52.5	82.8	76.2	128.2	114.6	128.2	180.4
256.9	425.9	610.8	609.8	603.8	604.5	856.8	732.6
58.0	91.8	94.5	122.5	160.4	127.1	87.2	105.0
3581.2	4264.2	5112.3	5844.0	5323.0	5950.9	5784.4	5702.1
538.6	679.5	618.9	799.7	546.7	582.2	733.2	389.6
634.1	952.1	990.5	1752.8	798.7	1294.7	1154.0	1251.7
505.1	542.5	549.5	400.7	662.7	524.2	991.6	820.8
93.6	159.1	113.0	102.6	132.1	124.0	217.5	242.3
90.0	84.7	111.3	85.8	141.3	126.3	413.0	190.8
56.1	69.5	10.5	81.2	20.1	86.5	22.1	36.2
238.8	223.1	314.7	131.1	366.4	187.4	335.7	351.4
4.5	3.0	26.5	0.8	17.5		9.4	7.1
180.9	121.8	469.9	468.3	577.2	332.8	629.9	667.9
1708.1	1964.7	2443.2	2415.7	2708.1	3214.4	2236.0	2554.5
1613.8	1402.9	1415.7	1438.6	2642.8	2939.3	2497.6	3321.0
375.3	481.4	802.6	568.4	1386.6	1729.1	1475.6	2105.9
452.3	482.1	455.0	557.0	1049.5	956.7	835.4	1127.6
712.9	402.6	117.7	88.1	49.4	49.9	121.5	26.0

2-53　农村居民家庭现金收入情况

单位：元/人

指标名称	Item	2013	2014
全年现金收入	**Annual Cash Income**	**10313.6**	**11405.1**
1.工资性收入	Income from Wages and Salaries	3026.7	3387.7
2.经营性收入	Business Income	6102.5	6636.8
(1)第一产业收入	The Primary Industry	4773.0	5112.2
农业收入	Agriculture	2706.8	2879.3
林业收入	Forestry	56.4	46.7
牧业收入	Animal Husbandry	1864.2	2186.1
渔业收入	Fishery	22.8	
(2)第二产业收入	The Secondary Industry	148.8	91.6
工业收入	Industry	39.6	31.5
建筑业收入	Construction Industry	109.2	60.1
(3)第三产业收入	The Tertiary Industry	1180.6	1433.0
交通运输业收入	Transportation Industry	522.0	681.0
批发零售和住宿餐饮业收入	Wholesales, Retail Trade, Hotel and Catering Sectors	499.5	492.0
社会服务业收入	Social Services	134.7	140.3
其他家庭经营收入	Others	24.4	119.6
3.财产性收入	Income from Property	180.0	180.1
红利收入	Dividend Income	1.0	6.9
#转让承包土地经营权租金收入	Rental Income from the Management Rights Transfer of Land Contracted	70.3	91.7
4.转移性收入	Income from Transfer	1004.5	1200.5
#养老金或离退休金	Pension or Retirement Benefits	308.9	412.6
报销医疗费	Reimbursement of Medical Expenses	26.8	36.3
政策性惠农补贴	Political Subsidy Supporting Agriculture	262.6	327.4
5.非收入所得	Non-income Revenue	967.5	893.0
(1)出售资产所得	Proceeds from Sale of Assets	391.1	194.9
(2)非经常性转移所得	Income from Non-recurrent Transfers	572.5	685.8
(3)其他非收入所得	Other Non-income Revenue	3.9	12.4
6.借贷性所得	Borrowing Income	3118.4	2672.5
(1)提取储蓄存款	Dissaving	1587.8	998.4
(2)借入款	Borrowed	845.0	772.8
(3)收回借出款	Recall the Loan	167.5	224.6
(4)收回储蓄性保险本金	Redemption of Deposit Insurance Principal		
(5)银行信用社得到的贷款	Bank Loan	491.8	655.6

Basic Statistics of Cash Income for Rural Households

(yuan/person)

2015	2016	2017	2018	2019	2020	2021
12517.4	**14894.5**	**15386.4**	**17349.8**	**18674.3**	**20727.7**	**22071.6**
3602.9	3891.0	4209.7	4534.0	4942.3	5112.9	5636.3
7087.6	8679.6	8546.8	9899.1	10510.9	11858.1	12488.7
4954.0	5858.9	5591.4	6886.4	7429.3	8532.9	9268.8
3321.8	3520.3	3006.8	3377.5	3401.4	3305.4	3268.8
76.2	74.9	82.4	111.6	141.2	81.8	94.9
1542.2	2200.0	2391.9	3397.3	3886.7	5145.7	5905.1
13.8	63.7	110.4			0.0	
172.4	238.7	311.2	397.5	220.4	209.1	160.7
61.5	139.3	110.8	86.2	72.6	40.1	48.2
110.8	99.5	200.4	311.2	147.8	169.0	112.6
1961.3	2582.0	2644.2	2615.2	2861.2	3116.1	3059.2
943.5	1464.8	1479.6	1016.4	1247.9	1629.2	1681.6
685.0	786.2	806.4	1078.6	977.1	954.9	985.1
166.5	113.8	119.9	222.6	263.9	249.2	120.0
166.2	217.2	238.3	297.6	372.2	282.8	272.5
242.5	374.7	400.0	491.0	502.7	521.7	532.9
2.6	11.7	9.3	34.4	63.9	37.0	50.2
142.6	214.8	230.2	225.8	232.9	307.8	320.5
1584.4	1949.2	2229.8	2425.7	2718.5	3235.0	3413.7
644.5	734.0	851.8	956.5	1068.0	1169.2	1254.4
35.1	25.8	44.8	58.9	97.8	172.1	167.6
379.5	535.5	474.4	586.4	606.3	684.4	780.6
1582.4	4193.2	4185.4	2190.1	2417.9	2060.3	2471.6
552.4	2943.6	2945.7	593.2	471.3	491.2	780.9
1028.6	1227.5	1229.2	1594.7	1930.8	1542.5	1651.6
1.4	22.1	10.5	2.2	15.8	26.6	39.2
3526.5	3350.8	3442.2	4736.1	4455.3	4650.3	4086.6
1313.0	1057.8	1545.0	1187.9	1034.8	389.1	375.1
864.9	671.8	742.0	1220.5	1248.6	1094.0	711.1
234.2	274.2	107.2	273.8	193.0	93.9	68.2
		4.4			3.4	20.4
1067.0	1169.7	1005.2	1938.6	1934.1	2949.9	2890.6

2-54　农村居民家庭现金支出情况

单位：元/人

指标名称	Item	2013
全年现金支出	**Annual Cash Expenditure**	**13396.2**
1.生活消费支出	Living Expenditure	5614.1
食品烟酒	Food Tobacco Liquor	1524.6
衣着	Clothing	496.5
居住	Residence	779.4
生活用品及服务	Articles and Services for Daily Use	450.9
医疗保健	Health Care	630.6
交通通信	Transportation Communication	847.0
教育文化娱乐	Education, Culture and Entertainment	734.3
其他用品及服务	Other Supplies and Services	150.9
2.生产经营费用支出	Expenditure for Household Business	2857.0
(1)第一产业生产支出	The Primary Industry	2579.6
农业生产支出	Agriculture	1343.8
林业生产支出	Forestry	40.9
牧业生产支出	Animal Husbandry	1176.2
渔业生产支出	Fishery	0.1
(2)第二产业生产支出	The Secondary Industry	21.3
工业生产支出	Industry	9.0
建筑业生产支出	Construction Industry	12.3
(3)第三产业生产支出	The Tertiary Industry	256.2
交通运输业生产支出	Transportation Industry	95.0
批发零售和住宿餐饮业生产支出	Wholesales, Retail Trade, Hotel and Catering Sectors	136.6
社会服务业生产支出	Social Services	21.7
其他家庭经营生产支出	Others	2.9
3.财产性支出	Property Expenditure	66.0
4.转移性支出	Transfer Expenditure	278.9
5.部分商业保险支出	Commercial Insurance Expenditure	56.8
6.购置资产及非经常性转移支出	Acquisition of Assets and Non-recurrent Transfer Expenses	2578.9
(1)建造住房支出	Build Housing	468.0
(2)购买住房支出	Purchase Housing	214.9
(3)购建第一产业生产性固定资产	Purchase and Build the Productive Fixed Assets of the Primary Industry	408.9
#购买或建造农业生产性用房	Purchase or Build Agricultural Productive Housing	53.9
购买产品畜	Purchase Stock	155.9
购买或建造农业设施	Purchase or Build Agricultural Facilities	27.4
购买农业机械	Purchase Agricultural Machinery	154.7
(4)购建第二产业生产性固定资产支出	Purchase and Build the Productive Fixed Assets of the Secondary Industry	1.1
(5)购建第三产业生产性固定资产支出	Purchase and Build the Productive Fixed Assets of the Tertiary Industry	127.3
(6)非经常性转移支出	Non-recurrent Transfer Expenditures	1339.3
7.借贷性支出	Borrowing Expenditure	1944.5
(1)归还银行信用社贷款	Repay the Loan to the Bank or Credit Union	417.1
(2)归还借款	Pay off the Loan	438.6
(3)存入银行款	Bank Deposit	930.9

Basic Statistics of Cash Expenses for Rural Households

(yuan/person)

2014	2015	2016	2017	2018	2019	2020	2021
15382.2	**16788.7**	**19465.8**	**20712.5**	**23250.6**	**24991.6**	**25647.2**	**28148.5**
6531.7	7167.9	7764.9	8558.2	9412.0	9944.2	10140.1	11831.2
1894.4	2111.0	2118.1	2228.4	2660.9	2832.0	2991.0	3574.8
602.0	664.0	672.7	718.5	751.8	744.9	655.5	731.3
886.6	957.6	894.7	1109.4	1088.9	1142.6	1307.2	1643.3
476.5	554.9	563.4	560.7	658.9	693.1	623.6	758.9
675.2	678.2	768.5	872.7	970.6	1102.3	1134.8	1242.2
961.4	1066.5	1509.1	1675.2	1817.1	1784.1	2021.4	2338.6
866.3	995.3	1077.4	1212.4	1295.5	1378.8	1179.5	1301.4
169.2	140.5	160.9	180.8	168.2	266.4	227.1	240.6
3309.4	3383.5	4384.7	4063.0	4980.4	5310.9	6152.9	6276.1
2996.1	2638.7	3183.1	2865.0	3910.2	4410.3	5074.2	5429.9
1523.9	1722.2	1678.4	1400.5	1761.0	1996.8	1792.8	1947.6
26.0	23.2	18.9	21.1	48.2	60.4	38.5	28.4
1446.2	881.5	1438.0	1353.8	2101.0	2353.1	3242.8	3453.8
0.0	11.9	47.8	89.6			0.0	0.1
13.5	70.8	93.5	168.1	230.4	62.4	68.6	41.8
6.2	29.3	50.1	30.1	71.6	33.3	15.7	17.5
7.2	41.5	43.4	138.0	158.9	29.1	52.9	24.3
299.9	674.0	1108.2	1030.0	839.8	838.3	1010.1	804.4
180.0	304.4	740.7	721.4	421.4	525.4	817.6	686.8
68.9	259.0	245.4	193.7	269.6	133.4	65.8	55.0
17.2	57.5	32.0	17.2	54.8	48.8	32.0	4.1
33.8	53.1	90.1	97.6	94.0	130.7	94.7	58.5
31.2	52.5	82.8	76.2	128.2	114.6	128.2	180.4
256.9	425.9	610.8	609.8	603.8	604.5	856.8	732.6
58.0	91.8	94.5	122.5	160.4	127.1	87.2	105.0
3581.2	4264.2	5112.3	5844.0	5323.0	5950.9	5784.4	5702.1
538.6	679.5	618.9	799.7	546.7	582.2	733.2	389.6
634.1	952.1	990.5	1752.8	798.7	1294.7	1154.0	1251.7
505.1	542.5	549.5	400.7	662.7	524.2	991.6	820.8
93.6	159.1	113.0	102.6	132.1	124.0	217.5	242.3
90.0	84.7	111.3	85.8	141.3	126.3	413.0	190.8
56.1	69.5	10.5	81.2	20.1	86.5	22.1	36.2
238.8	223.1	314.7	131.1	366.4	187.4	335.7	351.4
4.5	3.0	26.5	0.8	17.5		9.4	7.1
180.9	121.8	469.9	468.3	577.2	332.8	629.9	667.9
1708.1	1964.7	2443.2	2415.7	2708.1	3214.4	2236.0	2554.5
1613.8	1402.9	1415.7	1438.6	2642.8	2939.3	2497.6	3321.0
375.3	481.4	802.6	568.4	1386.6	1729.1	1475.6	2105.9
452.3	482.1	455.0	557.0	1049.5	956.7	835.4	1127.6
712.9	402.6	117.7	88.1	49.4	49.9	121.5	26.0

2-55 农村居民家庭主要耐用品每百户拥有情况

单位：百户均

指标名称	Item	2013	2014
家用汽车	Automobile	11.52	13.17
摩托车	Motorcycle	86.59	85.87
助力车	Powered Bicycle	43.22	51.97
洗衣机	Washing Machine	92.03	94.88
电冰箱(柜)	Refrigerator	66.20	77.19
微波炉	Microwave Oven	6.91	6.73
彩色电视机	Color TV Set	113.90	116.76
空调	Air Conditioner	0.53	0.52
热水器	Water Heater	25.88	32.53
洗碗机	Dishwasher		0.18
排油烟机	Smoke Exhaust Ventilator	5.38	8.10
固定电话	Telephone	20.18	18.56
移动电话	Mobile Telephone	251.88	276.66
其中：接入互联网	Internet Mobile Telephone	46.38	75.92
计算机	Computer	16.56	20.97
其中：接入互联网	Internet Computer	6.87	5.83
照相机	Camera	2.84	3.02
中高档乐器	Secondary and Top Grade Musical Instrument	0.53	0.30
健身器材	Body-building Apparatus	0.31	0.39
空气净化器(含新风系统)	Air Purifier (Include Fresh Air System)		
吸尘器	Vacuum Cleaner		

Ownership of Major Durable Consumer Goods per 100 Rural Households

(per 100 households)

2015	2016	2017	2018	2019	2020	2021
18.42	22.36	27.82	31.98	32.16	33.45	35.91
83.00	79.21	72.23	63.73	56.03	55.10	53.15
54.50	59.98	66.18	68.23	71.81	77.64	89.85
98.17	99.97	101.57	102.81	104.70	105.79	103.77
85.19	91.58	95.19	97.69	100.79	102.13	103.00
9.01	9.19	9.67	10.85	16.34	16.73	18.81
117.45	115.04	112.90	108.58	108.81	111.05	108.02
0.79	1.22	1.73	2.16	1.77	2.00	2.61
54.33	69.98	82.79	98.58	100.82	103.95	104.42
0.40	0.12			0.22	0.37	0.26
9.84	14.66	17.62	21.93	28.14	33.01	33.66
13.13	6.84	4.68	0.87	0.58	0.75	0.46
281.53	288.06	290.78	287.98	295.53	292.90	287.07
104.13	125.22	168.35	243.64	265.51	280.16	277.46
21.98	20.54	23.30	23.23	26.07	27.73	22.00
7.51	8.98	10.53	15.71	19.47	21.49	19.16
2.47	1.29	1.59	1.67	1.15	1.21	1.16
0.56	0.67	1.00	1.02	1.52	1.96	1.00
	0.23	0.28	0.40	0.86	0.90	0.28
		0.11	0.25	0.35	0.23	0.16
		0.11	0.28	0.52	1.30	0.62

2-56 2021年各市县农村居民人均可支配收入情况

单位：元/人

指标名称	Item	全区 Total	沿黄地区 Plain	中南部地区 Mountain Area
可支配收入	**Disposable Income**	**15336.6**	**17726.9**	**12786.0**
(一)工资性收入	Income from Wages and Salaries	5688.7	8151.3	4988.8
(二)经营净收入	Net Business Income	6137.4	7644.0	5377.7
1.第一产业经营净收入	The Primary Industry	4076.2	5121.6	4538.1
(1)农业	Agriculture	2682.5	3837.5	1855.5
(2)林业	Forestry	68.3	11.5	58.2
(3)牧业	Animal Husbandry	1325.4	1255.3	2624.4
(4)渔业	Fishery	-0.1	17.4	0.0
2.第二产业经营净收入	The Secondary Industry	114.1	162.0	42.0
(1)工业	Industry	30.0	23.5	9.8
(2)建筑业	Construction Industry	84.1	138.4	32.3
3.第三产业经营净收入	The Tertiary Industry	1947.1	2360.4	797.5
(1)交通运输业	Transportation Industry	789.4	766.8	317.8
(2)批发零售和住宿餐饮业	Wholesales, Retail Trade, Hotel and Catering Sectors	848.1	1128.0	381.9
(3)社会服务业	Social Services	112.3	236.6	52.2
(4)其他家庭经营	Others	197.4	229.0	45.6
(三)财产净收入	Net Income from Property	352.5	399.0	47.2
1.红利收入	Dividend Income	50.2	11.5	9.7
#2.转让承包土地经营权租金收入	Rental Income from the Management Rights Transfer of Land Contracted	320.5	312.3	64.1
(四)转移净收入	Net Income from Transfer	3158.1	1532.7	2372.3
#1.养老金或离退休金	Pension or Retirement Benefits	1254.4	1338.0	694.9
2.报销医疗费	Reimbursement of Medical Expenses	360.8	322.5	186.9
3.政策性惠农补贴	Political Subsidy Supporting Agriculture	780.6	277.8	850.3
现金可支配收入	**Cash Disposable Income**	**14882.5**	**17365.3**	**12844.5**
实物可支配收入	**Physical Disposable Income**	**454.2**	**361.6**	**-58.4**

Basic Statistics of Disposable Income for Rural Households by City and County (2021)

(yuan/person)

银川市 Yinchuan	兴庆区 Xingqing	西夏区 Xixia	金凤区 Jinfeng	永宁县 Yongning	贺兰县 Helan	灵武市 Lingwu	石嘴山市 Shizuishan	大武口区 Dawukou	惠农区 Huinong	平罗县 Pingluo	吴忠市 Wuzhong
18169.8	20556.6	15007.6	16138.5	17913.6	18909.7	18874.2	18291.9	15316.5	18278.7	18983.7	16138.7
8567.4	9037.4	6834.6	9941.8	7928.8	9024.6	8442.1	6516.6	11688.0	7261.1	5081.6	7805.0
7791.1	9059.0	6665.5	4143.4	8266.3	7590.1	9211.7	9238.1	2962.4	9311.1	10664.8	6631.9
4561.6	7155.7	2168.0	1201.8	4400.3	5385.3	5500.6	6674.6	755.7	7209.5	7869.9	4610.2
3442.1	5870.3	2063.3	946.5	4156.3	5416.7	2032.4	5538.6	543.5	5834.6	6597.5	2280.3
14.0	-3.8	99.6	0.0	24.6	2.7	0.4	3.6	3.9	0.0	4.8	5.8
1063.5	1228.0	5.1	255.3	219.4	-236.7	3467.8	1132.3	208.3	1374.9	1267.7	2324.1
42.0	61.3	0.0	0.0	0.0	202.6	0.0	0.0	0.0	0.0	0.0	0.0
258.9	79.5	370.2	661.5	375.4	85.0	95.9	241.3	-0.1	31.6	364.7	111.9
37.4	0.0	370.2	0.0	0.0	0.0	32.1	6.5	-0.1	31.6	0.0	28.6
221.5	79.5	0.0	661.5	375.4	85.0	63.8	234.7	0.0	0.0	364.7	83.3
2970.7	1823.9	4127.3	2280.1	3490.6	2119.8	3615.2	2322.2	2206.8	2070.0	2430.2	1909.8
1182.8	1777.8	143.4	763.0	2641.5	-24.2	869.3	755.7	1585.4	1260.8	401.2	598.8
1326.7	115.3	2930.1	383.0	495.1	1551.9	2570.7	811.5	0.9	263.3	1175.5	993.5
359.1	-153.5	928.2	1077.0	304.2	370.4	78.3	259.1	620.6	375.7	138.0	271.1
102.2	84.4	125.6	57.1	49.9	221.7	96.9	495.9	0.0	170.2	715.5	46.5
635.9	1448.5	463.9	562.8	873.9	641.0	104.1	260.4	83.7	704.1	158.2	113.5
9.8	0.0	0.0	55.7	0.0	0.0	8.8	3.1	0.0	15.1	0.0	16.8
434.8	727.0	312.7	262.6	781.0	429.4	95.6	199.2	45.0	578.2	112.7	111.2
1175.4	1011.7	1043.7	1490.5	844.5	1654.0	1116.3	2276.8	582.4	1002.4	3079.1	1588.3
1128.9	332.4	817.0	1453.5	893.5	1092.2	1687.5	1842.3	1326.8	1171.3	2177.7	966.6
231.3	188.2	111.5	129.3	334.5	327.5	180.4	488.9	220.2	108.6	673.6	203.9
181.9	406.7	101.2	41.2	128.8	292.3	151.7	364.9	7.4	44.0	550.9	404.2
17895.4	21169.7	14031.9	16313.1	17534.4	16619.9	19626.7	17718.1	15231.1	17305.0	18425.9	15670.5
274.4	-613.1	975.7	-174.6	379.2	2289.8	-752.5	573.9	85.4	973.7	557.9	468.2

2-56 续表

单位：元/人

指标名称	Item	利通区 Litong	红寺堡区 Hongsipu	盐池县 Yanchi	同心县 Tongxin
可支配收入	**Disposable Income**	**19159.9**	**11996.0**	**15244.6**	**12656.0**
(一)工资性收入	Income from Wages and Salaries	10243.6	6058.1	1827.3	4971.2
(二)经营净收入	Net Business Income	7838.4	4071.8	10820.1	4877.2
1.第一产业经营净收入	The Primary Industry	4819.6	3163.2	9181.6	4250.1
(1)农业	Agriculture	1450.6	2001.4	2202.8	1472.2
(2)林业	Forestry	0.0	17.4	0.0	10.1
(3)牧业	Animal Husbandry	3369.0	1144.5	6978.7	2767.8
(4)渔业	Fishery	0.0	0.0	0.0	0.0
2.第二产业经营净收入	The Secondary Industry	377.7	-10.4	0.0	0.0
(1)工业	Industry	95.1	0.0	0.0	0.0
(2)建筑业	Construction Industry	282.6	-10.4	0.0	0.0
3.第三产业经营净收入	The Tertiary Industry	2641.1	918.9	1638.5	627.1
(1)交通运输业	Transportation Industry	1089.8	226.1	621.7	435.9
(2)批发零售和住宿餐饮业	Wholesales, Retail Trade, Hotel and Catering Sectors	1437.7	570.6	1016.8	94.8
(3)社会服务业	Social Services	-4.9	109.8	0.0	99.2
(4)其他家庭经营	Others	118.5	12.4	0.0	-2.9
(三)财产净收入	Net Income from Property	25.1	18.7	316.8	17.3
1.红利收入	Dividend Income	35.1	0.0	207.8	0.0
#2.转让承包土地经营权租金收入	Rental Income from the Management Rights Transfer of Land Contracted	119.9	46.6	97.1	10.9
(四)转移净收入	Net Income from Transfer	1052.9	1847.5	2280.4	2790.4
#1.养老金或离退休金	Pension or Retirement Benefits	1520.8	332.4	283.2	1268.9
2.报销医疗费	Reimbursement of Medical Expenses	249.3	119.6	193.4	258.4
3.政策性惠农补贴	Political Subsidy Supporting Agriculture	93.1	716.6	1712.6	679.1
现金可支配收入	**Cash Disposable Income**	**18759.2**	**11361.2**	**13936.7**	**12005.3**
实物可支配收入	**Physical Disposable Income**	**400.8**	**634.8**	**1307.9**	**650.7**

continued

(yuan/person)

青铜峡市 Qingtongxia	固原市 Guyuan	原州区 Yuanzhou	西吉县 Xiji	隆德县 Longde	泾源县 Jingyuan	彭阳县 Pengyang	中卫市 Zhongwei	沙坡头区 Shapotou	中宁县 Zhongning	海原县 Haiyuan
18798.2	**13086.0**	**13712.0**	**12772.4**	**12589.3**	**11888.2**	**13514.3**	**13492.6**	**15930.7**	**15700.0**	**11741.6**
9556.8	**4851.9**	6243.7	3452.3	5274.5	5665.4	4934.8	**6061.9**	7717.0	5955.2	5478.9
8105.0	**5769.2**	4912.6	6802.3	4293.1	4822.0	6211.8	**5094.7**	5785.9	7225.2	4030.6
5118.2	**5009.6**	4214.5	6028.0	4087.1	4052.2	5059.9	**3949.9**	4620.1	5626.9	3064.9
4253.1	**2029.2**	659.6	3220.3	2119.1	436.8	2500.8	**2754.1**	3650.0	5152.6	1511.8
1.4	**118.5**	14.4	40.9	21.1	1154.8	53.3	**9.6**	-17.1	61.8	0.0
863.7	**2862.0**	3540.5	2766.9	1946.9	2460.7	2505.9	**1186.3**	987.2	412.5	1553.1
0.0	**0.0**	0.0	0.0	0.0	0.0	0.0	**0.0**	0.0	0.0	0.0
0.0	**75.5**	77.5	150.8	-54.4	0.0	0.0	**9.8**	27.1	0.0	7.0
0.0	**18.4**	1.7	47.3	0.0	0.0	0.0	**0.0**	0.0	0.0	0.0
0.0	**57.1**	75.8	103.5	-54.4	0.0	0.0	**9.8**	27.1	0.0	7.0
2986.8	**684.0**	620.6	623.5	260.4	769.8	1151.9	**1134.9**	1138.6	1598.3	958.6
417.1	**162.7**	114.3	216.6	147.9	233.1	98.4	**489.0**	259.1	260.8	661.7
1626.8	**440.1**	389.6	381.8	142.0	487.5	824.8	**394.2**	329.5	1079.3	160.2
905.3	**16.4**	38.1	2.0	5.3	49.2	0.0	**62.4**	0.0	11.8	105.0
37.7	**64.9**	78.6	23.1	-34.9	0.0	228.7	**189.2**	550.1	246.5	31.7
351.0	**18.2**	7.8	26.6	17.9	51.8	1.8	**197.7**	239.8	393.9	107.8
0.0	**2.7**	0.0	0.0	7.2	27.5	0.0	**5.1**	0.0	23.5	0.0
243.5	**77.7**	183.7	16.0	108.3	27.1	31.5	**162.0**	213.6	391.3	56.1
785.4	**2446.6**	2547.9	2491.2	3003.9	1349.0	2365.9	**2138.3**	2188.0	2125.7	2124.3
504.3	**497.2**	474.4	466.3	967.2	262.3	464.4	**1345.2**	2012.4	1244.9	1131.7
152.5	**207.6**	186.2	251.2	231.2	98.2	183.4	**261.9**	350.5	572.5	111.3
143.5	**889.7**	1318.0	802.0	585.4	494.6	646.7	**596.8**	458.2	487.5	690.3
18638.1	**13499.8**	**14632.7**	**12717.4**	**13375.2**	**12012.8**	**14023.0**	**13358.7**	**15977.6**	**14757.8**	**11844.5**
160.1	**-413.9**	**-920.6**	**55.0**	**-785.9**	**-124.6**	**-508.7**	**133.9**	**-46.9**	**942.2**	**-102.9**

2-57　2021年各市县农村居民人均生活消费支出情况

单位：元/人

指标名称	Item	全区 Total	沿黄地区 Plain	中南部地区 Mountain Area	银川市 Yinchuan
生活消费支出	**Living Expenditure**	13535.7	14241.6	10899.0	14668.4
(一)食品烟酒	Food, Tobacco and Liquor	3941.9	4266.5	3359.8	4684.5
#粮食	Grain	586.7	564.0	574.8	612.3
油脂	Oil and Fats	188.3	160.9	190.0	170.8
肉禽及制品	Meat, Poultry and Processed Products	1220.0	1171.5	995.1	1225.8
蛋	Eggs	59.6	63.4	59.0	74.9
水产品	Aquatic Products	27.9	45.0	20.1	56.8
蔬菜	Vegetables	296.0	385.8	237.7	440.8
烟草	Tobacco	271.1	341.3	253.6	339.9
酒和饮料	Liquor and Beverages	146.6	145.8	137.8	146.2
奶及奶制品	Milk and Processed Products	156.4	169.3	117.1	181.1
(二)衣着	Clothing	733.0	916.4	676.8	1031.4
#服装	Garments	555.3	720.0	491.2	799.7
(三)居住	Residence	2583.7	2781.3	2013.1	2790.0
#住房维修及管理	Housing Maintenance and Management	744.7	540.0	344.4	429.8
水电燃料及其他	Water, Electricity, Fuels and Others	858.5	922.4	715.2	960.8
(四)生活用品及服务	Household Facilities, Articles and Services	760.9	810.0	590.1	804.8
#家用器具	Home Appliances	162.4	169.9	95.7	129.1
家具及室内装饰品	Articles for Interior Decoration	145.0	104.6	89.7	87.6
家用纺织品	BedArticles	75.8	89.9	65.1	74.5
家庭日用杂品	Household Articles for Daily Use	172.3	185.5	158.9	208.2
(五)交通通信	Transport and Communications	2344.5	2188.8	1663.6	2326.0
#交通	Transport	1847.1	1606.5	1201.3	1668.7
通信	Communications	497.4	582.3	462.4	657.3
(六)教育文化娱乐	Education, Culture and Recreation	1302.1	1278.0	1342.9	1255.8
文化娱乐	Culture and Recreation	354.5	416.3	348.4	480.2
#教育	Education	1153.3	1045.9	1218.1	967.1
(七)医疗保健	Health Care and Medical Services	1603.2	1704.0	1103.6	1508.8
#医疗器具及药品	Medical Instrument and Medicine	403.3	447.1	347.9	470.9
(八)其他用品及服务	Other Commodities and Services	266.5	296.4	149.1	267.0
服务性消费支出	**Consumption Expenditure for Service**	4704.7	5382.4	4010.0	5487.7
商品性消费支出	**Consumption Expenditure for Commodity**	8831.1	8859.2	6889.0	9180.6

Per Capita Living Expenditure for Rural Residents by City and County (2021)

(yuan/person)

兴庆区 Xingqing	西夏区 Xixia	金凤区 Jinfeng	永宁县 Yongning	贺兰县 Helan	灵武市 Lingwu	石嘴山市 Shizuishan	大武口区 Dawukou	惠农区 Huinong	平罗县 Pingluo	吴忠市 Wuzhong
15364.1	13709.2	15156.0	14758.8	16659.8	12920.4	13096.9	13075.3	11938.2	13475.4	12423.1
4772.5	4196.1	4365.6	4271.7	5614.8	4734.9	4098.6	4025.3	3819.8	4205.4	3849.9
546.7	487.4	471.9	636.6	912.3	532.1	590.9	479.1	536.1	634.4	526.4
170.6	152.8	138.8	173.8	228.0	152.3	174.9	100.0	131.1	206.3	163.8
1313.2	930.9	850.4	1013.5	1425.1	1552.0	1134.3	635.0	1136.8	1248.8	1229.9
68.9	89.6	73.5	86.9	83.9	56.1	66.9	100.5	65.6	59.6	56.0
54.3	64.1	66.9	82.3	41.2	36.1	29.6	42.4	32.7	25.7	35.0
408.0	413.4	420.5	493.3	486.0	394.9	376.5	363.5	396.7	373.0	307.7
366.4	338.6	272.2	270.4	530.6	301.6	324.4	378.8	258.3	333.1	250.2
170.4	253.9	132.7	166.2	152.6	84.1	153.3	205.2	150.2	142.2	101.7
236.5	200.1	213.4	171.4	193.1	131.7	151.8	186.8	152.5	143.5	147.7
868.4	900.5	1149.0	1200.5	999.3	945.9	894.8	983.7	947.9	857.2	881.9
678.5	683.3	917.0	894.4	794.6	743.0	709.1	747.4	759.0	684.2	681.0
3164.2	2905.4	4199.9	2839.2	2525.4	1933.3	2409.4	2708.6	2232.9	2397.1	2540.5
517.0	272.7	95.4	468.6	712.9	389.7	518.2	494.2	215.8	621.3	430.5
1436.4	745.9	764.9	995.6	1065.4	801.5	1046.4	1027.8	1117.6	1027.7	809.5
915.7	875.4	701.5	829.3	1074.9	577.0	801.5	672.1	674.7	872.4	719.6
222.7	103.0	66.1	106.3	225.9	82.3	193.1	105.2	240.1	198.2	149.4
113.7	169.3	25.2	67.3	187.8	34.2	141.1	74.6	42.3	188.3	73.1
79.2	67.4	78.6	96.1	86.8	42.8	76.4	74.4	56.4	83.3	77.0
214.0	225.3	198.9	207.7	265.8	166.3	179.5	205.2	187.3	171.1	156.6
2484.2	2321.5	2299.2	2189.2	2417.2	2335.8	1606.4	2028.4	1539.7	1530.3	1790.6
1764.3	1640.9	1802.8	1477.5	1668.7	1742.9	1152.7	1356.2	1076.3	1130.3	1259.7
720.0	680.5	496.4	711.7	748.5	592.9	453.7	672.2	463.4	400.0	530.9
1313.2	1095.1	1369.5	1635.7	1128.0	936.7	1227.8	1141.9	1312.9	1220.3	1210.3
496.7	438.7	384.2	536.1	464.0	495.2	334.6	550.1	382.7	269.3	405.8
1099.0	781.0	911.1	1314.5	806.8	766.9	991.8	930.6	1032.5	992.8	1038.0
1318.2	1224.2	905.2	1474.7	2638.1	1282.8	1847.1	1317.2	1235.5	2166.7	1178.7
398.1	450.7	334.6	436.0	749.2	430.5	503.3	475.7	290.7	578.2	364.9
527.5	191.0	166.0	318.6	262.0	174.0	211.2	198.0	174.7	226.0	251.7
5621.3	5315.2	7259.8	5649.1	5608.3	4268.7	4578.4	4900.7	4122.0	4651.1	4603.1
9742.8	8394.1	7896.2	9109.7	11051.4	8651.7	8518.5	8174.7	7816.2	8824.3	7820.0

2-57 续表

单位：元/人

指标名称	Item	利通区 Litong	红寺堡区 Hongsipu	盐池县 Yanchi	同心县 Tongxin	青铜峡市 Qingtongxia
生活消费支出	**Living Expenditure**	**14563.2**	**11620.9**	**12655.7**	**10041.3**	**12732.6**
(一)食品烟酒	Food, Tobacco and Liquor	4715.4	3489.0	3842.5	3252.3	3649.5
#粮食	Grain	522.1	539.9	577.1	498.9	543.8
油脂	Oil and Fats	172.3	149.9	150.0	180.5	147.8
肉禽及制品	Meat, Poultry and Processed Products	1510.6	1147.2	1309.8	1200.7	970.3
蛋	Eggs	62.7	33.3	104.0	54.7	58.7
水产品	Aquatic Products	49.4	19.8	34.6	22.2	40.7
蔬菜	Vegetables	363.4	225.2	250.9	271.3	338.2
烟草	Tobacco	307.6	147.3	346.8	154.5	332.3
酒和饮料	Liquor and Beverages	87.8	156.0	162.3	72.9	103.9
奶及奶制品	Milk and Processed Products	165.4	104.7	121.0	141.9	163.7
(二)衣着	Clothing	1201.1	755.2	991.7	686.3	766.0
#服装	Garments	949.4	562.7	744.8	508.8	602.3
(三)居住	Residence	2822.9	1987.2	2074.7	2313.8	2844.8
#住房维修及管理	Housing Maintenance and Management	212.7	416.4	452.0	308.0	816.4
水电燃料及其他	Water, Electricity, Fuels and Others	845.6	601.4	805.0	846.8	865.8
(四)生活用品及服务	Household Facilities, Articles and Services	921.2	595.5	668.5	529.4	755.1
#家用器具	Home Appliances	170.9	83.3	211.3	95.7	212.7
家具及室内装饰品	Articles for Interior Decoration	91.4	52.4	49.0	65.4	75.2
家用纺织品	Bed Articles	94.4	69.1	51.7	60.4	80.8
家庭日用杂品	Household Articles for Daily Use	167.6	194.9	167.0	132.9	140.8
(五)交通通信	Transport and Communications	1929.4	1833.9	2492.2	1377.5	1922.9
#交通	Transport	1338.9	1388.8	1932.3	1085.9	1173.8
通信	Communications	590.5	445.1	560.0	291.5	749.1
(六)教育文化娱乐	Education, Culture and Recreation	1212.1	1527.9	1152.3	871.0	1343.5
文化娱乐	Culture and Recreation	495.9	306.7	465.0	237.1	523.2
#教育	Education	951.1	1417.2	974.7	766.0	1170.6
(七)医疗保健	Health Care and Medical Services	1359.0	1311.8	1214.1	915.4	1134.2
#医疗器具及药品	Medical Instrument and Medicine	381.7	318.5	437.6	406.5	325.2
(八)其他用品及服务	Other Commodities and Services	402.0	120.5	219.7	95.5	316.9
服务性消费支出	**Consumption Expenditure for Service**	**5676.5**	**4514.9**	**3977.6**	**3271.7**	**4776.9**
商品性消费支出	**Consumption Expenditure for Commodity**	**8886.7**	**7106.0**	**8678.2**	**6769.6**	**7955.7**

continued

(yuan/person)

固原市 Guyuan	原州区 Yuanzhou	西吉县 Xiji	隆德县 Longde	泾源县 Jingyuan	彭阳县 Pengyang	中卫市 Zhongwei	沙坡头区 Shapotou	中宁县 Zhongning	海原县 Haiyuan
10885.3	**11288.7**	**10743.2**	**12686.7**	**8473.1**	**10615.5**	**12358.4**	**15842.9**	**13104.7**	**10764.6**
3356.6	3615.6	3192.6	4005.6	2680.4	3219.8	**3489.4**	4215.0	3360.3	3264.7
591.8	569.6	598.1	742.7	535.7	561.3	**561.7**	548.0	472.3	600.6
204.1	208.6	200.3	246.2	150.9	206.7	**165.6**	163.1	121.0	183.3
863.7	956.4	889.2	874.9	541.9	775.2	**1047.5**	1157.8	864.2	1075.2
63.4	60.4	59.0	99.5	53.7	64.0	**52.4**	53.6	48.7	53.3
18.2	19.5	19.3	26.5	12.8	11.1	**28.6**	42.6	32.9	21.8
219.2	236.3	160.7	305.4	271.0	254.2	**304.2**	404.1	291.8	271.2
315.3	264.0	355.6	469.2	168.3	300.9	**257.9**	409.3	307.7	182.0
161.0	158.1	160.1	201.6	96.2	177.5	**136.5**	229.3	138.5	100.9
117.3	166.1	97.7	124.9	124.4	63.4	**130.9**	224.2	106.0	105.1
610.1	716.5	513.8	560.0	671.5	637.9	**737.1**	790.5	665.4	744.0
445.3	522.4	373.0	403.3	517.2	461.3	**542.4**	620.0	537.4	515.0
1927.2	1981.1	1804.1	2264.3	1603.0	2089.7	**2417.4**	3790.2	2057.2	2036.3
279.5	428.4	238.0	121.9	160.0	242.3	**573.6**	870.3	539.3	474.8
698.3	743.6	698.7	843.9	452.3	648.3	**771.8**	983.3	739.7	704.2
559.4	638.9	533.8	516.5	451.6	546.1	**730.6**	848.8	729.8	686.3
94.6	91.6	104.1	132.9	42.7	80.9	**127.8**	199.8	180.3	80.8
94.0	127.2	111.2	40.0	67.7	32.0	**122.0**	136.7	117.1	118.4
59.3	78.4	48.8	46.2	51.2	59.4	**97.0**	141.0	89.6	83.2
152.5	158.0	131.6	158.9	144.3	193.0	**176.6**	193.6	170.0	172.6
1718.0	2057.9	1556.5	1812.3	1164.3	1674.8	**1838.6**	2337.5	2484.7	1407.0
1234.4	1565.8	1022.5	1485.9	788.4	1187.8	**1353.9**	1855.6	2022.6	912.7
483.6	492.1	534.0	326.4	376.0	486.9	**484.7**	481.9	462.1	494.3
1489.0	1294.5	1694.4	1714.1	1003.8	1474.2	**1267.8**	1378.3	1308.1	1210.9
377.6	400.7	391.7	246.0	342.1	391.1	**313.7**	246.0	345.0	327.3
1363.4	1138.4	1576.0	1567.3	931.3	1376.1	**1117.0**	1171.0	1156.1	1081.9
1046.2	743.4	1269.0	1603.4	833.3	875.1	**1691.3**	2187.6	2185.4	1318.0
338.9	283.7	330.7	515.5	364.8	351.8	**390.8**	495.1	422.6	339.5
178.9	240.7	179.0	210.6	65.2	97.9	**186.3**	295.0	313.8	97.2
4164.1	**3876.1**	**4381.0**	**4767.2**	**3406.8**	**4220.4**	**4645.9**	**6174.3**	**5207.9**	**3858.3**
6721.2	**7412.6**	**6362.2**	**7919.6**	**5066.4**	**6395.1**	**7712.5**	**9668.6**	**7896.9**	**6906.3**

2-58 2021年各市县农村居民家庭主要耐用品每百户拥有情况

单位：百户均

指标名称	Item	全区 Total	沿黄地区 Plain	中南部地区 Mountain Area	银川市 Yinchuan
家用汽车	Automobile	**35.91**	**41.42**	**41.64**	**48.82**
摩托车	Motorcycle	**53.15**	**41.21**	**58.54**	**36.65**
助力车	Powered Bicycle	**89.85**	**114.60**	**64.28**	**97.62**
洗衣机	Washing Machine	**103.77**	**105.17**	**105.36**	**104.42**
电冰箱(柜)	Refrigerator	**103.00**	**105.26**	**103.63**	**104.87**
微波炉	Microwave Oven	**18.81**	**27.46**	**15.33**	**35.13**
彩色电视机	Color TV Set	**108.02**	**109.29**	**108.58**	**106.22**
空调	Air Conditioner	**2.61**	**3.97**	**1.35**	**3.03**
热水器	Water Heater	**104.42**	**99.30**	**106.29**	**102.22**
洗碗机	Dishwasher	**0.26**	**0.24**	**0.14**	**0.00**
排油烟机	Smoke Exhaust Ventilator	**33.66**	**46.42**	**29.77**	**60.10**
固定电话	Telephone	**0.46**	**0.69**	**0.29**	**1.37**
移动电话	Mobile Telephone	**287.07**	**267.33**	**314.03**	**271.89**
其中：接入互联网	Internet Mobile Telephone	**277.46**	**255.31**	**307.36**	**260.49**
计算机	Computer	**22.00**	**26.02**	**26.71**	**28.67**
其中：接入互联网	Internet Computer	**19.16**	**22.81**	**23.81**	**24.14**
照相机	Camera	**1.16**	**1.88**	**1.15**	**2.68**
中高档乐器	Secondary and Top Grade Musical Instrument	**1.00**	**1.09**	**1.95**	**2.32**
健身器材	Body-building Apparatus	**0.28**	**0.43**	**0.47**	**0.97**
空气净化器(含新风系统)	Air Purifier (Include Fresh Air System)	**0.16**	**0.14**	**0.23**	**0.37**
吸尘器	Vacuum Cleaner	**0.62**	**1.91**	**0.83**	**3.96**

Ownership of Major Durable Consumer Goods per 100 Rural Households by City and County (2021)

(per 100 households)

兴庆区 Xingqing	西夏区 Xixia	金凤区 Jinfeng	永宁县 Yongning	贺兰县 Helan	灵武市 Lingwu	**石嘴山市 Shizuishan**	大武口区 Dawukou	惠农区 Huinong	平罗县 Pingluo	**吴忠市 Wuzhong**
62.33	54.36	55.98	45.62	44.48	42.99	**33.41**	44.33	41.58	28.50	**38.11**
35.75	27.81	12.67	42.35	22.96	60.44	**36.27**	5.41	28.95	45.11	**45.17**
113.76	109.20	72.92	69.30	124.21	108.45	**128.73**	142.97	157.59	116.53	**103.13**
102.33	97.71	100.00	103.08	100.00	115.69	**103.23**	102.27	109.36	101.48	**102.90**
100.28	100.71	97.62	104.98	105.58	112.29	**104.32**	93.88	111.68	104.17	**104.26**
51.11	35.89	29.82	44.32	28.20	25.88	**13.84**	23.60	7.66	13.76	**30.06**
106.56	101.61	100.46	102.00	102.46	118.97	**99.98**	97.53	106.26	98.50	**106.54**
5.57	6.58	5.14	4.83	0.00	0.00	**1.13**	8.23	0.00	0.00	**3.06**
94.63	110.13	100.00	96.02	99.11	114.57	**99.12**	84.71	106.34	99.86	**101.15**
0.00	0.00	0.00	0.00	0.00	0.00	**0.00**	0.00	0.00	0.00	**0.00**
71.83	63.94	75.87	83.43	36.88	37.97	**19.45**	25.64	19.59	18.10	**54.34**
0.00	0.00	0.00	2.07	3.29	0.91	**0.00**	0.00	0.00	0.00	**0.49**
277.85	306.79	238.20	287.59	254.22	276.90	**247.29**	265.03	251.65	242.16	**279.99**
268.99	297.05	238.20	278.50	239.26	257.29	**246.36**	260.99	249.87	242.16	**272.22**
25.29	23.84	42.33	40.07	9.45	27.94	**23.13**	37.79	16.46	22.17	**32.21**
25.29	23.84	40.55	30.77	5.96	22.28	**22.22**	31.15	16.46	22.17	**29.29**
2.05	4.26	6.54	1.00	0.00	4.35	**2.17**	2.47	0.00	2.80	**1.91**
4.10	0.00	11.88	0.00	0.00	0.81	**1.57**	2.47	1.78	1.32	**0.56**
0.00	6.58	2.38	0.00	0.00	0.76	**0.25**	1.85	0.00	0.00	**0.00**
0.00	0.00	0.00	0.00	0.00	1.62	**0.00**	0.00	0.00	0.00	**0.06**
0.00	4.26	7.13	9.99	0.00	0.86	**0.25**	1.85	0.00	0.00	**1.26**

2-58 续表

单位：百户均

指标名称	Item	利通区 Litong	红寺堡区 Hongsipu	盐池县 Yanchi	同心县 Tongxin	青铜峡市 Qingtongxia
家用汽车	Automobile	37.77	44.29	42.01	34.65	37.74
摩托车	Motorcycle	31.27	36.64	35.63	79.40	38.66
助力车	Powered Bicycle	109.66	98.03	80.73	85.91	114.98
洗衣机	Washing Machine	104.59	97.78	103.12	107.24	99.98
电冰箱(柜)	Refrigerator	104.77	104.56	103.35	105.80	102.39
微波炉	Microwave Oven	30.09	47.38	21.70	33.51	19.68
彩色电视机	Color TV Set	108.26	98.78	106.02	109.74	105.91
空调	Air Conditioner	5.45	3.82	2.63	1.45	1.32
热水器	Water Heater	106.45	102.48	92.66	103.41	93.67
洗碗机	Dishwasher	0.00	0.00	0.00	0.00	0.00
排油烟机	Smoke Exhaust Ventilator	61.70	33.22	54.66	66.42	46.59
固定电话	Telephone	0.00	0.00	0.00	0.00	1.74
移动电话	Mobile Telephone	263.20	292.93	256.89	287.70	289.35
其中：接入互联网	Internet Mobile Telephone	255.79	284.94	252.73	278.09	282.30
计算机	Computer	32.52	35.05	18.55	22.01	40.46
其中：接入互联网	Internet Computer	27.72	29.92	18.55	22.01	38.03
照相机	Camera	2.09	2.42	1.77	1.09	2.14
中高档乐器	Secondary and Top Grade Musical Instrument	0.00	1.23	1.77	1.42	0.00
健身器材	Body-building Apparatus	0.00	0.00	0.00	0.00	0.00
空气净化器(含新风系统)	Air Purifier (Include Fresh Air System)	0.00	0.00	1.78	0.00	0.00
吸尘器	Vacuum Cleaner	2.79	0.00	0.00	0.00	1.32

continued

(per 100 households)

固原市 Guyuan	原州区 Yuanzhou	西吉县 Xiji	隆德县 Longde	泾源县 Jingyuan	彭阳县 Pengyang	中卫市 Zhongwei	沙坡头区 Shapotou	中宁县 Zhongning	海原县 Haiyuan
43.73	49.46	46.45	34.80	27.31	41.93	**38.11**	46.42	30.49	37.81
59.78	44.57	68.20	71.04	41.60	68.88	**54.77**	47.63	57.33	57.05
55.16	73.58	48.91	25.69	61.05	53.34	**90.64**	129.14	127.99	52.16
107.45	107.99	109.25	103.65	105.55	106.06	**105.11**	100.04	116.50	101.85
104.17	101.45	107.37	101.14	99.55	106.02	**103.37**	101.73	111.86	99.86
7.57	4.52	9.32	10.03	12.10	5.27	**16.99**	24.16	26.26	8.64
112.98	99.91	129.05	111.61	112.00	102.22	**109.76**	108.30	126.52	101.94
1.22	1.42	0.98	0.00	1.55	2.02	**3.40**	7.60	5.91	0.00
108.89	100.31	124.21	105.99	104.84	94.73	**101.46**	76.96	112.70	108.07
0.24	0.85	0.00	0.00	0.00	0.00	**0.40**	1.59	0.00	0.00
17.22	18.13	15.63	16.28	15.07	20.61	**33.43**	27.73	44.78	30.50
0.29	0.00	0.00	1.19	0.00	0.97	**0.36**	0.00	0.00	0.73
334.02	291.02	384.47	308.58	316.65	323.37	**283.87**	259.61	268.95	303.72
328.07	278.13	381.06	303.42	312.11	322.34	**270.70**	243.73	245.27	297.27
31.04	20.23	44.96	22.59	19.83	30.27	**16.93**	9.06	26.54	16.00
27.31	11.92	43.26	21.16	18.48	27.32	**14.89**	6.59	24.58	14.13
1.31	0.82	2.64	1.24	0.00	0.00	**0.41**	0.87	0.75	0.00
2.98	0.82	6.56	2.47	1.64	0.00	**0.22**	0.87	0.00	0.00
0.59	1.64	0.00	1.21	0.00	0.00	**0.57**	0.00	0.73	0.78
0.23	0.82	0.00	0.00	0.00	0.00	**0.00**	0.00	0.00	0.00
1.28	0.00	1.84	2.48	0.00	2.08	**0.61**	0.87	0.00	0.78

2-59 主要年份各市县农村居民人均可支配收入情况

单位：元/人

年 份 Year	全区 Total	沿黄地区 Plain	中南部地区 Mountain Area	银川市 Yinchuan	兴庆区 Xingqing	西夏区 Xixia	金凤区 Jinfeng
1983	**288.7**	**354.1**	**188.5**		427.5		
1984	**313.2**	**370.4**	**214.3**		450.2		
1985	**321.2**	**433.7**	**211.1**	**482.1**			
1986	**374.5**	**503.5**	**243.6**	**592.9**			
1987	**382.7**	**538.5**	**214.8**	**628.0**			
1988	**472.5**	**645.1**	**290.2**	**733.8**			
1989	**521.9**	**741.6**	**316.6**	**888.3**			
1990	**578.1**	**833.2**	**383.3**	**1012.0**			
1991	**590.0**	**844.7**	**407.1**	**1003.8**			
1992	**591.0**	**871.6**	**376.5**	**986.2**			
1993	**636.4**	**917.1**	**453.6**	**1050.3**			
1994		**1238.0**	**626.0**	**1381.2**			
1995	**998.7**	**1583.6**	**634.1**	**1740.3**			
1996	**1397.8**	**2056.0**	**966.7**	**2327.6**			
1997	**1694.0**	**2431.6**	**948.2**	**2665.6**			
1998	**1925.4**	**2701.5**	**1113.9**	**2906.1**			
1999	**1963.3**	**2719.5**	**1171.2**	**2746.8**			
2000	**1890.1**	**2795.7**	**1044.0**	**2804.1**			
2001	**1998.4**	**2939.8**	**1139.9**	**2948.4**			
2002	**2101.7**	**3032.6**	**1273.9**	**3031.1**			
2003	**2239.8**	**3146.6**	**1369.5**	**3085.0**			
2004	**2543.1**	**3527.5**	**1572.7**	**3502.5**	4181.7	2590.2	3226.7
2005	**2750.1**	**3710.0**	**1783.9**	**3610.8**	4337.0	2673.3	3303.3
2006	**3025.5**	**4020.1**	**1991.1**	**3928.1**	4792.4	2924.6	3567.6
2007	**3486.7**	**4523.1**	**2316.3**	**4447.9**	5391.8	3266.8	4042.1
2008	**4035.4**	**5034.9**	**2730.6**	**5083.4**	6065.8	3790.6	4628.2
2009	**4437.6**	**5445.2**	**3083.8**	**5571.1**	6520.7	4188.6	5026.2
2010	**5124.4**	**6222.2**	**3611.9**	**6368.8**	7363.1	4970.5	5690.5
2011	**5930.1**	**7149.2**	**4193.1**	**7308.9**	8425.4	5787.4	6535.1
2012	**6774.6**	**8142.9**	**4855.8**	**8340.7**	9537.9	6678.4	7449.9
2013	**7597.1**	**9103.8**	**5550.2**	**9341.4**	10663.1	7827.0	8358.8
2014	**8410.0**	**10023.3**	**6227.3**	**10275.2**	11676.6	8618.0	9187.0
2015	**9118.7**	**10820.6**	**6817.9**	**11148.2**	12624.9	9334.4	9941.3
2016	**9851.6**	**11660.8**	**7505.4**	**12036.7**	13599.7	10111.8	10746.3
2017	**10737.9**	**12660.6**	**8346.5**	**13087.0**	14788.0	10975.2	11628.8
2018	**11707.6**	**13711.8**	**9298.5**	**14160.2**	15904.1	11820.3	12668.5
2019	**12858.4**	**14859.1**	**10415.1**	**15282.0**	17128.7	12835.2	13708.1
2020	**13889.4**	**16013.5**	**11623.7**	**16428.4**	18353.7	13609.1	14602.0
2021	**15336.6**	**17726.9**	**12786.0**	**18169.8**	20556.6	15007.6	16138.5

Basic Statistics of Disposable Income for Rural Households by City and County in Main Year

(yuan/person)

永宁县 Yongning	贺兰县 Helan	灵武市 Lingwu	**石嘴山市** Shizuishan	大武口区 Dawukou	惠农区 Huinong	平罗县 Pingluo	**吴忠市** Wuzhong
538.1	432.0	347.6			343.6	387.7	
597.5	446.0	373.3			378.3	377.8	
494.8	432.1	437.5	**451.3**		401.8	478.4	**377.0**
585.0	545.1	481.3	**484.6**		440.9	506.9	**451.6**
606.7	621.0	514.4	**515.4**		491.6	518.3	**471.3**
739.9	690.1	606.0	**677.9**		620.8	687.0	**582.7**
861.0	926.5	696.5	**723.3**		672.0	734.7	**629.4**
1035.3	1052.7	776.7	**844.6**		775.0	871.3	**688.9**
1017.0	1042.8	798.2	**824.1**		762.4	816.7	**716.1**
949.2	998.3	803.3	**898.9**		865.7	864.5	**771.4**
1002.2	1056.6	898.2	**882.3**		882.6	820.8	**813.9**
1303.0	1303.5	1257.9	**1185.7**		1142.7	1114.9	**1120.9**
1745.8	1726.3	1528.9	**1593.9**		1482.0	1541.8	**1288.6**
2347.2	2328.4	1886.1	**1892.6**		1798.0	1850.8	**1811.0**
2666.0	2586.0	2354.7	**2304.7**		2194.7	2223.9	**1990.4**
2842.1	2840.9	2519.4	**2678.7**		2585.6	2560.1	**2190.2**
2644.8	2659.9	2566.9	**2733.1**		2654.4	2598.2	**2260.6**
2693.5	2713.7	2733.0	**2825.6**		2740.4	2702.8	**2331.4**
2873.3	2823.7	2866.8	**2938.9**		2883.7	2847.8	**2488.1**
2999.2	2943.7	2892.5	**3018.8**		2958.4	2925.0	**2521.9**
3152.2	3114.4	3040.0	**3153.5**		3081.1	3134.7	**2520.4**
3658.2	3572.5	3390.1	**3589.2**		3483.6	3574.0	**2867.7**
3575.0	3745.1	3634.8	**3695.1**		3659.9	3782.5	**3071.9**
3896.8	4112.1	3932.8	**4008.1**	3484.6	3963.6	4111.6	**3331.0**
4442.3	4605.6	4471.6	**4521.3**	3958.5	4490.8	4629.6	**3836.1**
5029.1	5204.4	5238.0	**5074.2**	4524.6	4971.0	5200.4	**4344.1**
5431.6	5807.6	5792.4	**5523.7**	4886.8	5523.2	5642.9	**4665.0**
6246.5	6585.4	6649.7	**6297.8**	5536.8	6344.0	6427.7	**5153.0**
7195.5	7591.0	7648.8	**7247.7**	6353.6	7297.8	7419.9	**5920.6**
8225.2	8691.8	8707.2	**8279.0**	7251.9	8321.0	8486.3	**6767.1**
9223.0	9693.8	9752.1	**9277.9**	8124.4	9325.4	9530.1	**7605.4**
10130.1	10667.0	10756.4	**10214.7**	8896.1	10268.7	10501.8	**8442.4**
10994.6	11628.3	11649.6	**10995.5**	9563.2	11074.0	11299.9	**9150.4**
11865.2	12560.3	12546.5	**11828.8**	10261.1	11849.7	12195.7	**9938.2**
12855.3	13668.1	13659.5	**12879.9**	11184.6	12857.2	13276.3	**10912.4**
13870.8	14775.2	14847.9	**14000.4**	12124.3	13865.4	14491.1	**12045.4**
14994.2	15927.5	16032.2	**15163.5**	13154.8	15185.2	15665.3	**13337.3**
16040.4	17248.8	17312.0	**16405.3**	13935.5	16482.5	16889.8	**14698.3**
17913.6	18909.7	18874.2	**18291.9**	15316.5	18278.7	18983.7	**16138.7**

2-59 续表

单位：元/人

年 份 Year	利通区 Litong	红寺堡区 Hongsipu	盐池县 Yanchi	同心县 Tongxin	青铜峡市 Qingtongxia	**固原市 Guyuan**	原州区 Yuanzhou
1983	281.7		275.0	192.4	436.5		178.7
1984	315.9		346.6	213.4	437.4		237.3
1985	352.5		410.7	233.4	409.0	**207.7**	269.6
1986	417.8		477.0	332.6	505.8	**229.6**	291.1
1987	446.9		467.3	284.7	533.6	**203.8**	226.0
1988	575.3		682.0	443.5	577.9	**265.0**	299.9
1989	603.8		578.5	395.8	719.9	**305.3**	351.0
1990	723.2		600.9	450.8	742.9	**373.7**	429.5
1991	754.1		576.0	539.2	729.3	**385.7**	425.3
1992	790.9		798.8	561.3	776.7	**345.3**	378.6
1993	873.6		717.8	598.2	816.2	**431.4**	480.8
1994	1100.8		1048.6	796.6	1172.4	**602.5**	637.5
1995	1378.8		923.9	856.8	1508.5	**588.0**	683.2
1996	1869.6		1393.6	1466.8	2101.5	**861.2**	909.3
1997	2314.1		1302.2	1282.6	2360.3	**841.0**	887.0
1998	2616.8		1511.6	1396.0	2516.8	**1008.5**	1121.1
1999	2664.5		1505.6	1467.8	2667.1	**1070.5**	1133.7
2000	2842.5		1277.6	1259.5	2774.7	**985.8**	1015.1
2001	3028.1		1468.9	1294.5	2969.7	**1099.1**	1152.0
2002	3137.9		1607.6	1388.1	3060.4	**1241.4**	1317.2
2003	3353.8		1763.3	1440.3	3217.7	**1371.3**	1452.9
2004	3759.6		1983.2	1651.5	3744.9	**1582.7**	1663.6
2005	3959.2		2255.7	1803.9	3966.6	**1822.5**	1879.0
2006	4299.6		2518.2	2004.8	4343.4	**2045.9**	2110.4
2007	4966.1		2951.7	2335.6	4873.3	**2353.5**	2437.9
2008	5591.6		3377.8	2747.2	5373.3	**2760.6**	2844.6
2009	5804.5	2981.0	3699.3	3074.9	5754.8	**3146.9**	3268.5
2010	6735.5	3443.0	4127.7	3610.0	6463.5	**3694.9**	3857.0
2011	7740.7	3955.9	4668.1	4158.7	7466.4	**4297.2**	4501.0
2012	8770.2	4533.5	5392.0	4782.6	8542.4	**4984.1**	5213.5
2013	9822.6	5210.5	6211.2	5456.8	9456.8	**5694.7**	5943.8
2014	10787.2	5836.6	6975.2	6122.7	10434.6	**6395.3**	6692.8
2015	11588.6	6408.5	7674.1	6710.7	11200.0	**7002.1**	7296.1
2016	12575.9	7081.4	8532.1	7388.4	12040.1	**7714.2**	8070.4
2017	13675.4	7895.6	9548.6	8215.7	13134.5	**8578.8**	8960.7
2018	14906.2	8795.7	10684.7	9185.0	14198.9	**9556.7**	9946.4
2019	16272.7	9824.9	12127.0	10278.2	15491.0	**10656.6**	11164.2
2020	17512.3	10925.2	13922.1	11339.4	16916.7	**11950.7**	12563.3
2021	19159.9	11996.0	15244.6	12656.0	18798.2	**13086.0**	13712.0

continued

(yuan/person)

西吉县 Xiji	隆德县 Longde	泾源县 Jingyuan	彭阳县 Pengyang	**中卫市 Zhongwei**	沙坡头区 Shapotou	中宁县 Zhongning	海原县 Haiyuan
200.5	206.1	110.7			303.9	361.5	189.2
227.2	183.1	135.5			323.2	384.9	220.6
173.6	193.3	226.1	164.4		358.3	380.2	213.3
222.7	213.5	165.9	185.0		426.8	439.5	258.0
200.2	260.7	150.3	201.0		473.0	485.4	155.9
244.4	273.7	176.9	260.3		591.7	526.6	289.0
274.8	313.9	203.5	303.0		660.7	603.1	332.2
353.5	396.1	258.7	388.3		737.1	649.7	353.4
366.6	409.7	272.9	367.3		838.2	688.4	415.3
308.1	379.7	248.8	369.4		829.8	732.6	344.1
431.4	461.4	320.1	429.4		847.6	842.5	412.1
587.0	644.5	488.1	633.6		1159.6	1183.7	562.9
467.4	652.8	479.8	691.0		1450.3	1510.3	499.2
863.0	908.5	645.8	888.0		1963.7	1939.6	901.8
784.7	897.1	733.7	915.7		2351.7	2228.3	762.0
924.5	1068.9	812.2	1100.4		2579.3	2539.1	946.0
1023.6	1071.9	992.5	1096.0		2665.7	2638.8	1048.4
941.7	1119.1	1019.3	943.0		2620.1	2721.1	931.7
1081.9	1168.3	1075.8	1141.3		2853.1	2785.0	971.8
1191.6	1272.6	1128.8	1297.9		2946.9	2889.4	1164.7
1320.2	1345.3	1204.4	1395.3	**2180.1**	3088.3	2857.3	1225.2
1546.6	1554.4	1370.6	1598.5	**2396.4**	3347.9	3122.4	1394.3
1817.6	1755.0	1582.7	1856.7	**2577.6**	3517.3	3397.8	1535.9
2026.5	1971.4	1823.7	2081.7	**2805.9**	3816.2	3700.2	1682.6
2313.9	2250.1	2166.5	2385.3	**3173.7**	4155.5	4107.2	2039.3
2705.6	2693.5	2544.4	2803.0	**3511.6**	4538.0	4261.8	2495.9
3074.6	3060.9	2860.9	3205.4	**3913.9**	4936.5	4745.6	2803.9
3612.5	3597.8	3325.2	3743.0	**4509.5**	5627.9	5433.6	3303.8
4194.5	4173.5	3860.9	4363.4	**5259.7**	6498.8	6242.7	3852.1
4865.6	4833.5	4528.8	5049.9	**6021.3**	7352.7	7148.0	4487.7
5538.9	5534.8	5176.4	5807.1	**6681.3**	8145.8	7944.9	5138.5
6222.3	6199.1	5804.7	6529.5	**7403.0**	8971.5	8819.1	5765.5
6857.1	6769.4	6375.0	7158.5	**8002.2**	9669.2	9579.8	6258.0
7565.6	7462.1	7032.1	7861.0	**8626.4**	10375.3	10356.4	6872.3
8400.7	8305.1	7842.1	8790.1	**9365.3**	11249.2	11245.1	7658.3
9308.0	9276.8	8736.2	9862.5	**10236.3**	12194.1	12180.2	8510.6
10416.2	10343.7	9723.5	11000.0	**11307.6**	13210.1	13239.3	9626.6
11791.5	11595.4	10707.0	12231.5	**12122.7**	14108.7	14076.1	10641.2
12772.4	12589.3	11888.2	13514.3	**13492.6**	15930.7	15700.0	11741.6

2-60 主要年份各市县农村居民人均生活消费支出情况

单位：元/人

年 份 Year	全区 Total	沿黄地区 Plain	中南部地区 Mountain Area	银川市 Yinchuan	兴庆区 Xingqing	西夏区 Xixia	金凤区 Jinfeng
1983	**208.9**	**258.0**	**130.7**		276.7		
1984	**231.6**	**277.7**	**171.1**		304.2		
1985	**265.2**	**320.4**	**185.9**		382.8		
1986	**301.2**	**365.5**	**209.5**	**426.9**	457.0		
1987	**334.7**	**408.8**	**218.3**	**486.6**	536.2		
1988	**398.3**	**473.0**	**228.2**	**576.4**	741.1		
1989	**460.8**	**552.2**	**255.4**	**727.4**	862.8		
1990	**483.7**	**657.1**	**295.4**	**810.2**	808.7		
1991	**508.3**	**686.4**	**336.7**	**847.7**	830.4		
1992	**544.6**	**729.0**	**369.3**	**857.7**	969.4		
1993	**556.6**	**788.5**	**403.7**	**955.4**	997.1		
1994	**806.7**	**1074.4**	**568.7**	**1169.1**	1058.9		
1995	**1063.2**	**1395.4**	**743.3**	**1449.5**	1290.5		
1996	**1235.7**	**1730.9**	**797.0**	**2054.8**	2524.5		
1997	**1249.6**	**1860.2**	**816.5**	**2362.7**	2812.5		
1998	**1331.4**	**1889.3**	**906.3**	**2099.8**	1788.7		
1999	**1276.5**	**1854.7**	**901.8**	**2110.5**	2014.7		
2000	**1429.0**	**1989.2**	**906.3**	**1885.8**	2021.8		
2001	**1404.0**	**2012.1**	**948.6**	**2009.2**	2056.8		
2002	**1437.6**	**1999.9**	**985.2**	**2049.9**	1966.1		
2003	**1664.7**	**2139.2**	**1152.1**	**2224.2**	2560.8		
2004	**1965.4**	**2649.1**	**1376.7**	**2509.8**	2384.3	2692.5	3161.3
2005	**2142.6**	**2711.9**	**1624.3**	**2835.9**	2698.7	2175.5	2749.0
2006	**2305.1**	**2985.4**	**1761.8**	**2902.4**	3104.7	2279.4	3359.1
2007	**2601.9**	**3396.6**	**2027.8**	**3376.7**	3630.4	2576.8	4009.9
2008	**3194.8**	**4005.4**	**2410.9**	**4118.8**	4360.2	3442.9	4923.9
2009	**3465.9**	**4473.6**	**2584.7**	**4817.0**	4695.6	4385.3	5799.9
2010	**4167.8**	**4913.7**	**3002.6**	**5394.2**	5923.0	5020.7	6562.1
2011	**4908.8**	**6008.3**	**3827.3**	**6707.0**	7007.4	6203.4	6922.1
2012	**5557.6**	**6851.2**	**4315.6**	**7089.3**	7055.1	7168.8	8073.2
2013	**6464.8**	**7580.9**	**5085.9**	**8637.1**	8877.7	8811.0	8972.5
2014	**7676.5**	**8650.9**	**5984.9**	**9334.1**	9147.9	8362.0	10613.0
2015	**8414.9**	**9430.9**	**6646.3**	**10118.5**	10184.2	9142.1	9873.1
2016	**9138.4**	**10235.8**	**7009.6**	**11060.9**	11549.6	10069.4	10471.9
2017	**9982.1**	**10883.5**	**7675.6**	**11507.3**	12469.2	10937.8	10983.1
2018	**10789.6**	**11569.7**	**8171.5**	**12322.1**	13430.2	11875.7	12155.4
2019	**11464.6**	**12252.1**	**8888.7**	**12966.2**	14379.7	12168.6	13168.1
2020	**11724.3**	**12452.0**	**9728.5**	**13318.4**	13912.0	12767.0	13661.2
2021	**13535.7**	**14241.6**	**10899.0**	**14668.4**	15364.1	13709.2	15156.0

Per Capita Living Expenditure for Rural Residents by City and County in Main Year

(yuan/person)

永宁县 Yongning	贺兰县 Helan	灵武市 Lingwu	**石嘴山市 Shizuishan**	大武口区 Dawukou	惠农区 Huinong	平罗县 Pingluo
299.5	309.8	176.9			268.2	241.8
339.6	314.9	262.3			239.2	290.5
384.3	330.9	319.3	**312.5**		298.9	324.5
429.7	396.6	379.8	**346.7**		349.5	349.4
484.3	443.6	420.0	**391.0**		405.2	372.1
528.3	474.5	551.3	**497.7**		461.8	568.3
706.8	616.5	579.1	**573.8**		527.1	657.4
887.0	681.5	594.4	**655.9**		735.4	655.5
848.7	864.4	618.8	**691.6**		608.5	722.7
858.1	743.4	672.4	**742.0**		783.5	691.0
1011.0	822.7	800.4	**823.5**		950.4	715.1
1274.3	1121.8	943.5	**1184.8**		1371.4	1058.5
1445.7	1619.9	1373.5	**1438.2**		1360.7	1391.4
1821.3	1952.2	1311.3	**1716.3**		1626.3	1761.5
2064.9	2350.0	1557.0	**1731.8**		1808.5	1781.8
2116.1	2422.4	1543.5	**2074.6**		2485.7	1744.0
1850.4	2610.2	1512.4	**2195.7**		2501.6	1943.1
1665.8	2094.8	1770.5	**2101.8**		2468.9	2027.1
1708.7	2287.0	2065.6	**2095.6**		2206.8	2036.0
2284.4	1866.7	1553.0	**2130.0**		2134.1	2046.1
2128.8	1967.2	2322.4	**1918.4**		2312.8	1789.8
2443.7	2553.5	2347.4	**2570.3**		2499.4	2588.4
2871.4	3164.4	2757.3	**3186.9**		3424.7	3126.2
2552.5	3153.3	2980.9	**3273.5**	3112.4	3253.7	3307.7
3000.5	3798.2	3267.8	**3628.5**	3653.3	3717.1	3601.1
3973.0	4386.6	3813.3	**4344.8**	4132.1	4330.2	4387.6
4195.6	5104.9	5063.0	**4542.5**	4984.9	4534.8	4462.3
4520.1	6002.6	5276.8	**4930.2**	5108.6	4753.1	4940.5
5756.8	8005.6	6504.3	**6041.3**	6061.4	5848.5	6081.0
6391.6	8146.9	6561.2	**7222.0**	7260.5	6463.8	7389.0
7213.0	9688.1	8535.1	**8210.3**	9144.3	7240.8	8330.9
7772.7	10726.6	9165.1	**8752.5**	7533.2	8088.8	9273.9
8554.3	11865.5	10475.3	**9550.9**	8359.5	8697.5	10035.5
9285.3	13006.8	10335.4	**9910.1**	8961.2	9079.5	10660.3
10093.6	13278.2	11338.5	**10845.0**	9705.6	9500.4	11197.0
10987.5	13948.2	11823.6	**11468.8**	11073.7	10059.8	11506.4
11703.0	14862.6	12296.7	**11512.8**	11922.0	10745.6	11463.2
12808.8	15266.2	11912.9	**11595.1**	11871.8	11337.1	11624.4
14758.8	16659.8	12920.4	**13096.9**	13075.3	11938.2	13475.4

2-60 续表

单位：元/人

年 份 Year	吴忠市 Wuzhong	利通区 Litong	红寺堡区 Hongsipu	盐池县 Yanchi	同心县 Tongxin	青铜峡市 Qingtongxia	固原市 Guyuan
1983		235.7		211.3	114.7	313.6	
1984		266.4		207.1	158.4	283.8	
1985	274.8	286.1		317.4	187.9	294.5	185.8
1986	324.7	314.6		350.9	230.6	352.0	206.0
1987	352.1	360.7		378.1	226.1	408.5	217.0
1988	452.4	490.9		508.6	310.2	502.6	228.8
1989	500.2	564.2		480.6	339.5	597.8	259.3
1990	530.7	694.1		468.7	342.3	622.4	287.6
1991	549.3	651.2		458.7	398.8	634.1	325.7
1992	611.5	530.4		591.9	431.0	763.2	358.7
1993	671.5	661.3		608.4	629.3	701.6	367.2
1994	885.8	1001.8		790.0	575.2	1095.0	567.7
1995	1201.1	1310.1		1038.1	901.3	1565.7	709.0
1996	1364.7	1547.7		1074.4	970.1	2130.0	759.3
1997	1418.5	1613.2		1082.3	964.5	1910.0	749.2
1998	1447.5	1441.9		1302.7	884.6	2165.1	856.5
1999	1353.6	1485.2		1152.3	898.2	1833.2	868.4
2000	1640.8	2345.3		1230.6	957.9	1849.4	854.0
2001	1665.8	2220.6		1174.2	869.9	2114.5	947.0
2002	1699.7	2521.0		1273.6	1102.0	2182.8	943.1
2003	1804.8	2135.8		1463.1	1215.1	2175.5	1122.2
2004	2132.5	2848.5		1681.8	1464.3	2566.6	1363.3
2005	2107.1	2494.3		2512.8	1384.2	2470.3	1680.0
2006	2582.5	2803.6		2610.1	1730.6	3739.4	1799.7
2007	2804.1	3353.2		2776.6	2179.0	3174.7	2070.4
2008	3190.7	3510.6		2978.9	2620.9	3905.8	2463.0
2009	3410.5	3763.6		3322.1	2723.5	4185.2	2563.3
2010	3763.0	4254.6		3495.9	3148.7	4362.9	3085.4
2011	4603.7	5099.5	5208.7	4657.6	3770.2	5499.0	3793.2
2012	5409.7	6273.5	5699.3	5121.6	4347.2	6329.8	4248.2
2013	6573.8	7674.1	6185.6	5846.0	5003.0	7146.0	4731.0
2014	7372.5	9028.7	6197.2	7334.1	6006.4	7547.8	5862.8
2015	8022.2	9706.5	6593.9	7850.2	6898.6	8211.2	6520.7
2016	8486.8	10718.4	7154.6	8786.2	7410.9	8106.9	6883.7
2017	9022.6	11271.7	8133.6	9280.4	7814.5	8935.5	7678.1
2018	9688.3	12098.2	8925.9	9818.0	8135.3	9811.6	7992.0
2019	10875.7	12731.3	9958.3	11480.1	9098.5	10999.1	8704.3
2020	11025.1	11850.7	10705.2	10966.3	9614.2	11545.2	9699.2
2020	12423.1	14563.2	11620.9	12655.7	10041.3	12732.6	10885.3

continued

(yuan/person)

原州区 Yuanzhou	西吉县 Xiji	隆德县 Longde	泾源县 Jingyuan	彭阳县 Pengyang	**中卫市 Zhongwei**	沙坡头区 Shapotou	中宁县 Zhongning	海原县 Haiyuan
118.1	133.2	149.7	97.7			226.3	234.6	130.0
155.8	160.3	194.3	121.1			218.8	269.8	149.6
227.2	181.1	185.5	163.9	164.2		255.9	281.8	176.1
259.7	198.6	205.6	171.1	166.5		323.1	335.4	211.4
273.8	205.5	242.0	134.2	196.1		366.2	318.7	208.7
266.4	235.8	235.7	145.7	222.4		399.2	423.9	224.0
272.3	242.8	311.4	179.6	247.2		478.9	451.9	269.5
330.5	270.3	324.5	220.5	297.2		495.3	471.7	253.9
386.3	316.2	386.3	225.2	321.8		545.9	580.7	285.6
452.5	355.3	389.6	243.8	364.8		681.5	674.0	310.7
380.8	347.4	420.9	382.5	397.1		640.5	704.1	291.4
600.0	488.9	616.9	463.5	676.4		861.5	996.6	534.6
691.7	622.1	856.6	540.0	824.0		1350.9	1065.2	683.4
763.9	646.7	932.3	613.4	857.5		1429.1	1361.6	720.6
721.9	803.3	934.0	602.9	791.8		1549.5	1753.3	624.7
787.0	782.8	991.7	769.6	932.9		1623.2	1772.4	850.1
885.5	826.1	826.1	781.6	926.6		1436.8	1699.4	751.8
984.6	965.3	1110.4	804.1	752.7		1600.2	1982.4	677.7
1138.2	987.5	1109.1	804.4	802.6		1684.9	2033.9	700.0
969.7	990.1	972.4	877.4	1034.0		1635.7	1987.0	791.9
1244.7	1147.3	1073.3	1040.2	1007.6		1909.2	2244.8	1084.7
1429.1	1406.5	1164.1	1264.9	1362.1	**2146.2**	2892.2	2700.0	1241.2
1716.4	1652.6	1679.9	1834.6	1591.6	**1985.9**	2141.6	2897.9	1287.5
1643.9	1856.9	1958.5	2192.3	1657.9	**2142.1**	2353.1	3141.6	1340.6
1917.3	2076.7	2191.1	2432.2	2073.1	**2586.6**	2994.4	3812.9	1466.4
2298.1	2370.1	2743.4	2940.1	2518.9	**3060.2**	3781.1	4099.9	1828.9
2518.9	2478.8	2793.1	2722.5	2560.2	**3589.9**	4161.4	4814.8	2283.5
3002.2	3331.5	2968.9	3202.2	2767.4	**3876.6**	4775.5	4932.1	2422.0
4160.0	3650.5	3801.9	4114.1	3469.4	**4915.9**	6064.8	5541.5	3453.3
4209.4	3869.2	4383.6	4982.4	4549.0	**5669.7**	7034.9	6573.5	3797.1
5075.1	4501.4	5181.5	3946.5	4672.9	**6286.1**	7301.2	7081.1	4802.5
6175.0	5507.1	6540.4	5439.1	5757.5	**7133.0**	8387.2	7512.4	5957.4
7760.3	5780.6	6883.5	6013.6	6129.8	**7676.4**	8996.6	8483.8	6469.1
8268.3	6119.6	7594.3	6492.3	6296.4	**8271.5**	9920.5	9327.6	6670.0
9233.4	6665.1	8986.3	7030.9	6805.5	**8909.7**	11106.2	10308.7	7214.7
8936.9	7217.3	10618.8	6475.6	7817.1	**9466.0**	11863.9	10727.6	7542.6
9317.9	7963.2	11157.0	7156.0	8785.9	**10226.8**	12802.8	11173.7	8718.6
9658.4	9580.6	11851.1	7487.7	9599.1	**10553.9**	12606.4	12043.8	9230.3
11288.7	10743.2	12686.7	8473.1	10615.5	**12358.4**	15842.9	13104.7	10764.6

2-61 2021年全区全体居民家庭按可支配收入等距五组分组资料

指标名称	Item	单位	Unit
一、家庭人口基本情况	Basic Statistics of Households Surveyed		
(一)户均常住人口	Average Number of Permanent Residents per Household	人/户	person/household
(二)户均常住从业人口	Average Number of Employed Persons per Household	人/户	person/household
(三)平均每户家庭从业人口比重	Proportion of Employed Persons per Household	%	%
(四)平均每一从业人口负担人数	Average Number of Dependency Coefficient per Employed Persons	人	person
(五)平均每户供养的在校学生	Supported Students in School by the Family	人/户	person/household
(六)户均整半劳动力人口	Whole and Half Labor Force per Household	人/户	person/household
(七)平均每户家庭整半劳动力人口比重	Proportion of Whole and Half Labor Force per Household	%	%
(八)常住劳动力年龄构成	Age Composition of Permanent Employed Persons		
1.16-19岁	Aged 16-19	%	%
2.20-24岁	Aged 20-24	%	%
3.25-29岁	Aged 25-29	%	%
4.30-34岁	Aged 30-34	%	%
5.35-40岁	Aged 35-40	%	%
6.41-50岁	Aged 41-50	%	%
7.51-60岁	Aged 51-60	%	%
8.61-65岁	Aged 61-65	%	%
9.66岁及以上	Aged 66 and over	%	%
(九)常住就业劳动力文化程度	Culture Level of Employed Labors		
1.不识字或识字很少	Illiterate and Semi-illiterate	%	%
2.小学程度	Primary School	%	%
3.初中程度	Junior Middle School	%	%
4.高中程度	Senior Middle School	%	%
5.大专及以上	College and Higher	%	%
6.大学本科	Bachelor Degree	%	%
7.研究生	Postgraduate	%	%
(十)常住就业劳动力就业类型	Type of Employment of Permanent Employed Persons		
1.雇主	Employer	%	%
2.公职人员	Civil Servants	%	%
3.事业单位人员	Institution Officers	%	%
4.国有企业雇员	State-owned Enterprises Employees	%	%
5.其他雇员	Other Employees	%	%
6.农业自营	Self-employed of Agriculture	%	%
7.非农业自营	Self-employed of Non-agriculture	%	%

Basic Statistics of Grouped by per Capita Disposable Income Quintile for Urban and Rural Households (2021)

总计 Total	20%低收入户 20% Low Income	20%中低收入户 20% Lower-middle Income	20%中等收入户 20% Middle Income	20%中上收入户 20% Upper-middle Income	20%高收入户 20% High Income
3.3	4.2	3.6	3.2	2.8	2.5
1.6	1.9	1.8	1.7	1.5	1.2
49.7	44.7	50.7	52.5	53.5	48.5
2.0	2.2	2.0	1.9	1.9	2.1
0.8	1.3	1.0	0.7	0.5	0.4
2.2	2.4	2.3	2.3	2.1	2.0
67.9	57.6	63.1	70.4	76.2	79.8
0.6	0.9	0.9	0.6	0.4	0.4
3.2	4.6	3.2	4.0	2.4	1.7
4.9	5.7	7.4	5.3	3.3	2.5
8.4	10.4	8.7	10.0	7.0	5.5
12.9	16.5	13.7	11.5	12.9	9.1
26.5	26.4	27.6	28.8	24.3	25.0
24.9	18.9	23.5	25.9	30.7	26.4
7.1	5.0	5.9	5.5	7.3	12.5
11.4	11.6	9.0	8.5	11.9	16.8
9.4	17.3	12.0	8.9	5.3	2.1
21.2	33.7	26.8	19.1	15.3	8.5
35.0	36.2	40.4	42.1	37.6	16.9
16.1	9.1	14.3	18.0	20.3	20.1
9.8	2.3	4.1	9.0	11.4	24.3
7.9	1.2	2.2	2.7	9.8	26.1
0.5	0.2	0.1	0.2	0.4	2.0
0.2	0.1	0.2	0.0	0.4	0.5
2.0			0.5	1.0	11.2
5.2		0.1	1.0	5.8	26.2
3.4		0.2	2.3	5.9	11.9
51.0	44.9	52.6	59.9	58.7	36.3
26.4	46.2	32.3	21.6	15.3	7.6
11.7	8.7	14.6	14.6	13.0	6.4

2-61 续表

指标名称	Item	单位	Unit
二、家庭经营情况	Basic Statistics of Business of Households Surveyed		
(一)生产经营户	Production Households	%	%
1.农业户	Agriculture Households	%	%
2.农业兼业户	Agriculture with Combined Occupations	%	%
3.非农业兼业户	Non-agriculture with Combined Occupations	%	%
4.非农业户	Non-agriculture Households	%	%
(二)非生产经营户	Non-production Households	%	%
三、年末生产性固定资产原价	Original Price of Productive Fixed Assets Year-end	元/户	yuan/household
(一)第一产业固定资产原价	The Primary Industry	元/户	yuan/household
1.农业固定资产原价	Agriculture	元/户	yuan/household
2.林业固定资产原价	Forestry	元/户	yuan/household
3.牧业固定资产原价	Animal Husbandry	元/户	yuan/household
4.渔业固定资产原价	Fishery	元/户	yuan/household
5.农林牧渔专业及辅助性活动固定资产原价	Agriculture, Forestry, Animal Husbandry, Fishery and Auxiliary Activities	元/户	yuan/household
(二)第二产业固定资产原价	The Secondary Industry	元/户	yuan/household
1.采矿业固定资产原价	Mining Industry	元/户	yuan/household
2.制造业固定资产原价	Manufacturing Industry	元/户	yuan/household
3.电力热力燃气及水生产和供应业	Production and Supply of Electric, Heat, Gas and Water	元/户	yuan/household
4.建筑业固定资产原价	Construction Industry	元/户	yuan/household
(三)第三产业固定资产原价	The Tertiary Industry	元/户	yuan/household
1.批发和零售业	Wholesales and Retail Trade	元/户	yuan/household
2.交通运输仓储和邮政业	Transportation, Warehousing and Postal Services	元/户	yuan/household
3.住宿和餐饮业	Hotel and Catering Sectors	元/户	yuan/household
4.房地产业	Real Estate	元/户	yuan/household
5.租赁和商务服务业	Leasing and Business Service	元/户	yuan/household
6.居民服务修理和其他服务业	Residential Services, Repair and Other Services	元/户	yuan/household
7.其他行业	Others	元/户	yuan/household
四、年末主要生产性固定资产数量	Quantity of Main Productive Fixed Assets Year-end		
1.农业生产性用房及建筑物	House and Buildings for Agricultural Production	平方米/百户	sq.m/100 households
2.大中型农用拖拉机	Large and Medium Agrimotor	辆/百户	unit/100 households
3.小型农用拖拉机	Small Agrimotor	辆/百户	unit/100 households
4.农用排灌动力机械	Drainage and Irrigation Power Machinery for Agriculture	台/百户	unit/100 households
5.插秧机	Rice Transplanter	台/百户	unit/100 households
6.收割机	Harvesting Implements	台/百户	unit/100 households
7.脱粒机	Threshing Machine	台/百户	unit/100 households
8.产品畜	Livestock Products	头/百户	unit/100 households
9.其他农业机械	Other Agricultural Machinery	台/百户	unit/100 households

continued

总计 Total	20%低收入户 20% Low Income	20%中低收入户 20% Lower-middle Income	20%中等收入户 20% Middle Income	20%中上收入户 20% Upper-middle Income	20%高收入户 20% High Income
51.8	61.2	67.2	53.4	48.0	21.1
58.6	73.0	59.1	54.0	48.4	48.7
5.1	3.6	6.0	5.1	5.7	4.6
5.8	6.2	7.4	3.6	5.2	6.2
30.5	17.2	27.5	37.3	40.8	40.5
48.2	38.8	32.8	46.6	52.0	78.9
32568.6	50753.0	38710.6	40583.9	22932.3	9886.9
13180.2	24539.2	17438.4	10477.9	9060.7	4408.2
5511.3	8754.5	9137.1	4464.5	3036.0	2170.4
6.1	6.0	14.6	10.1		
7490.0	15120.9	8139.0	6003.3	5968.0	2235.9
172.6	657.8	147.7		56.7	1.9
1022.0	279.1	955.4	161.0	2908.9	805.2
220.0			75.5	1025.6	0.5
801.6	279.1	955.4	85.5	1883.3	804.7
18366.4	25934.7	20316.9	29945.0	10962.7	4673.5
6044.7	8705.2	4455.0	11234.8	3005.3	2822.8
9421.2	11604.1	12053.9	16130.0	6258.3	1055.3
1020.5	1796.3	1932.4	645.2	635.4	94.7
					0.0
79.4			396.4		
1302.4	3709.3	534.4	557.7	1057.7	658.8
498.3	119.9	1341.2	980.8	6.1	41.8
3641.0	7052.6	4589.5	3118.9	2358.6	1092.4
2.2	3.2	4.3	0.9	1.2	1.7
19.8	34.6	28.3	17.8	13.3	4.9
0.6	0.6	0.6	0.5	0.5	0.8
0.4		0.8	0.5	0.7	0.2
2.9	3.5	4.2	3.8	2.3	0.8
45.1	90.5	52.3	48.6	23.5	10.4
18.7	34.9	20.2	15.1	15.3	8.2

2-61-1 2021年全区全体居民家庭按可支配收入等距五组分组资料

指标名称	Item	单位	Unit
一、期末现住房情况	Current House Condition of Term End		
(一)住房面积	Housing Area		
人均现住房面积	Per Capita Current Housing Area	平方米/人	sq.m/person
户均现住房面积	Per Household Current Housing Area	平方米/户	sq.m/household
人均自有现住房面积	Per Capita Self-owned Current Housing Area	平方米/人	sq.m/person
户均自有现住房面积	Per Household Self-owned Current Housing Area	平方米/户	sq.m/household
(二)住房市场价月租金	Monthly Rent of Housing		
现住房市场价月租金	Monthly Rent of Current Housing	元/人	yuan/person
自有现住房市场价月租金	Monthly Rent of Self-owned Current Housing	元/人	yuan/person
二、期末现住房购成	Current Housing Constitute of Term End		
(一)本住户居住空间样式	House Construction Space Style	%	%
1.单栋楼房	Single Building	%	%
2.单栋平房	Single Bungalow	%	%
3.四居室及以上单元房	House with Four Bedrooms and Above	%	%
4.三居室单元房	House with Three Bedrooms	%	%
5.二居室单元房	House with Two Bedrooms	%	%
6.一居室单元房	House with One Bedrooms	%	%
7.其他	Others	%	%
(二)主要建筑材料	Main Building Materials	%	%
1.钢筋混凝土	Reinforced Concrete	%	%
2.砖混材料	Brick and Concrete	%	%
3.砖瓦砖木	Brick and Wood	%	%
4.竹草土坯	Bamboo Grass Adobe	%	%
5.其他	Others	%	%
(三)现住房房屋来源	Current Housing Source	%	%
1.租赁公房	Public House Leasing	%	%
2.租赁私房	Private House Leasing	%	%
3.自建住房	Self-built Housing	%	%
4.购买商品房	Commercial Residential Building	%	%
5.购买房改住房	Reformed Housing	%	%
6.购买保障性住房	Security Housing	%	%
7.拆迁安置房	Removal Settlement Housing	%	%
8.继承或获赠住房	Inheritance or Gift Housing	%	%
9.免费借用房	Borrow Housing for Free	%	%
10.雇主提供免费住房	Provide Free Housing from Employer	%	%
11.其他	Others	%	%
(四)现住房建筑面积	Buildings Area for Current Housing	%	%
1.10平方米以内	Less than 10 sq.m	%	%
2.10-20平方米	10-20 sq.m	%	%
3.20-30平方米	20-30 sq.m	%	%
4.30-60平方米	30-60 sq.m	%	%
5.60-90平方米	60-90 sq.m	%	%
6.90-120平方米	90-120 sq.m	%	%
7.120-200平方米	120-200 sq.m	%	%
8.200平方米以上	200 sq.m above	%	%

Basic Statistics of Grouped by per Capita Disposable Income Quintile for Urban and Rural Households (2021)

总计 Total	20%低收入户 20% Low Income	20%中低收入户 20% Lower-middle Income	20%中等收入户 20% Middle Income	20%中上收入户 20% Upper-middle Income	20%高收入户 20% High Income
33.8	27.9	31.5	33.1	36.4	44.7
110.3	117.2	114.1	106.1	101.6	112.4
33.0	27.5	30.6	32.1	35.5	43.7
107.7	115.5	110.8	103.2	99.1	109.7
190.6	83.0	123.7	185.4	242.7	415.0
185.6	82.2	118.6	182.4	234.3	404.5
0.8	1.3	0.3	0.7	0.3	1.2
42.8	79.4	62.7	37.2	25.2	9.5
1.6	0.3	0.3	2.1	1.4	4.1
22.5	8.7	13.9	19.8	26.8	43.1
30.7	9.4	20.8	37.4	44.3	41.5
1.4	0.6	1.6	2.3	1.8	0.6
0.3	0.2	0.3	0.6	0.2	
37.1	13.3	20.1	39.6	49.1	63.5
36.0	30.4	43.1	40.5	35.0	30.7
26.8	56.0	36.8	19.9	15.9	5.7
0.1	0.3				
0.7	0.3	0.9	1.9		0.3
1.6	0.4	1.6	1.3	2.7	2.2
42.0	78.1	60.7	37.6	24.8	8.9
41.4	12.5	24.6	42.0	53.9	74.1
1.3	0.3	0.8	1.1	1.4	2.7
2.7	1.2	0.6	1.6	3.6	6.6
9.2	6.1	8.9	13.6	13.2	4.4
0.1		0.5	0.0		
0.8	1.1	1.2	0.6	0.3	0.7
0.1		0.2	0.4	0.2	
0.0			0.1		
6.8	9.7	7.7	6.7	5.3	4.6
28.1	20.2	22.6	33.2	40.2	24.4
36.4	34.9	36.6	37.6	37.0	35.7
25.5	30.5	29.4	19.4	15.9	32.5
3.2	4.8	3.6	3.1	1.6	2.8

2-61-1 续表

指标名称	Item	单位	Unit
(五)住户主要饮用水来源情况	Main Sources of Drinking Water for Households	%	%
1.经过净化处理的自来水	Purified Tap Water	%	%
2.受保护的井水和泉水	Protected Well and Spring Water	%	%
3.不受保护的井水和泉水	Unprotected Well and Spring Water	%	%
4.江河湖泊水	River and Lake Water	%	%
5.收集雨水	Collect Rainwater	%	%
6.桶装水	Barreled Water	%	%
7.其他水源	Other Water	%	%
(六)厨房使用情况	Kitchen Usage	%	%
1.住宅内独用	Use Alone in the House	%	%
2.住宅内合用	Residential Sharing	%	%
3.院内独用	Use Alone in the Courtyard	%	%
4.院内合用	Share in the Courtyard	%	%
5.其他地方独用	Use Alone Other Places	%	%
6.其他地方合用	Share Other Places	%	%
7.无厨房	No Kitchen	%	%
(七)主要炊用能源状况	Main Energy Condition for Cooking	%	%
1.柴草	Firewood	%	%
2.煤炭	Coal	%	%
3.罐装液化石油气	Canned Liquefied Petroleum Gas	%	%
4.管道液化石油气	Pipeline Liquefied Petroleum Gas	%	%
5.管道煤气	Pipeline Coal Gas	%	%
6.管道天然气	Pipeline Natural Gas	%	%
7.电	Electricity	%	%
8.燃料用油	Fuel Oils	%	%
9.沼气	Biogas	%	%
10.其他	Others	%	%
11.无炊用行为	No Heating Behavior	%	%
(八)住户厕所类型	Residence Toilet Type	%	%
1.水冲式卫生厕所	Water Flushing Sanitary Toilet	%	%
2.水冲式非卫生厕所	Water Flushing Insanitary Toilet	%	%
3.卫生旱厕	Sanitary Pit Latrine	%	%
4.普通旱厕	General Pit Latrine	%	%
5.无厕所	No Toilet	%	%
(九)住户厕所使用情况	Using Condition for Residence Toilet	%	%
1.住宅内独用	Use Alone in the House	%	%
2.住宅内合用	Residential Sharing	%	%
3.院内独用	Use Alone in the Courtyard	%	%
4.院内合用	Share in the Courtyard	%	%
5.其他地方独用	Use Alone Other Places	%	%
6.其他地方合用	Share Other Places	%	%
7.公用厕所	Public Toilet	%	%
(十)住户主要取暖设备状况	Main Heating Equipment Condition for Residence	%	%
1.由市政或小区集中供暖	Central Heating by Government or Housing Estate	%	%
2.自行供暖	Self Heating	%	%
3.无取暖设备	No Heating Equipment	%	%

continued

总计 Total	20%低收入户 20% Low Income	20%中低收入户 20% Lower-middle Income	20%中等收入户 20% Middle Income	20%中上收入户 20% Upper-middle Income	20%高收入户 20% High Income
98.7	97.7	97.9	99.1	99.5	99.4
1.3	2.3	2.1	0.9	0.5	0.6
87.8	72.8	80.3	91.3	95.8	98.7
0.4	1.6	0.2		0.2	
11.8	25.6	19.5	8.7	3.7	1.3
0.0				0.0	
0.0				0.2	
0.7	3.0	0.5			
3.9	7.1	5.3	4.0	2.0	1.1
10.6	9.5	14.6	11.6	9.3	7.9
45.3	14.7	27.6	46.6	61.4	76.2
39.5	65.7	52.1	37.7	27.3	14.8
0.0			0.1		
68.2	35.0	54.1	73.4	83.3	94.9
1.5	2.7	1.5	1.7	1.2	0.3
6.7	11.5	10.1	7.1	3.4	1.5
23.6	50.7	34.3	17.8	12.1	3.3
77.2	55.2	66.4	78.2	89.8	96.2
0.1	0.2				0.3
20.8	41.1	30.4	19.8	9.4	3.2
0.1	0.3				
1.6	2.7	3.0	1.7	0.8	
0.2	0.4	0.2			0.2
48.9	15.3	30.2	53.3	67.4	78.4
51.0	84.7	69.6	46.7	32.6	21.6
0.0		0.1			

2-61-2　2021年全区全体居民家庭按可支配收入等距五组分组资料

指标名称	Item	单位	Unit
全年总收入	Total Revenue	元/人	yuan/person
1.工资性收入	Income from Wages and Salaries	元/人	yuan/person
2.经营性收入	Business Income	元/人	yuan/person
(1)第一产业收入	The Primary Industry	元/人	yuan/person
农业收入	Agriculture	元/人	yuan/person
林业收入	Forestry	元/人	yuan/person
牧业收入	Animal Husbandry	元/人	yuan/person
渔业收入	Fishery	元/人	yuan/person
(2)第二产业收入	The Secondary Industry	元/人	yuan/person
工业收入	Industry	元/人	yuan/person
建筑业收入	Construction Industry	元/人	yuan/person
(3)第三产业收入	The Tertiary Industry	元/人	yuan/person
批发零售业收入	Wholesale and Retail Revenue	元/人	yuan/person
交通运输业收入	Transportation Industry	元/人	yuan/person
住宿和餐饮业	Hotel and Catering Sectors	元/人	yuan/person
房地产业	Real Estate	元/人	yuan/person
租赁和商务服务业	Leasing and Business Service	元/人	yuan/person
居民服务修理和其他服务业	Residential Services, Repair and Other Services	元/人	yuan/person
其他	Others	元/人	yuan/person
农林牧渔服务业	Agriculture, Forestry, Animal Husbandry and Fishery Services	元/人	yuan/person
3.财产性收入	Income from Property	元/人	yuan/person
红利收入	Dividend Income	元/人	yuan/person
#转让承包土地经营权租金收入	Rental Income from the Management Rights Transfer of Land Contracted	元/人	yuan/person
4.转移性收入	Income from Transfer	元/人	yuan/person
#养老金或离退休金	Pension or Retirement Benefits	元/人	yuan/person
报销医疗费	Reimbursement of Medical Expenses	元/人	yuan/person
政策性惠农补贴	Political Subsidy Supporting Agriculture	元/人	yuan/person
5.非收入所得	Non-income Revenue	元/人	yuan/person
(1)出售资产所得	Proceeds from Sale of Assets	元/人	yuan/person
(2)非经常性转移所得	Income from Non-recurrent Transfers	元/人	yuan/person
(3)其他非收入所得	Other Non-income Revenue	元/人	yuan/person
6.借贷性所得	Borrowing Income	元/人	yuan/person
(1)提取储蓄存款	Dissaving	元/人	yuan/person
(2)借入款	Borrowed	元/人	yuan/person
(3)收回借出款	Recall the Loan	元/人	yuan/person

Basic Statistics of Grouped by per Capita Disposable Income Quintile for Urban and Rural Households (2021)

总计 Total	20%低收入户 20% Low Income	20%中低收入户 20% Lower-middle Income	20%中等收入户 20% Middle Income	20%中上收入户 20% Upper-middle Income	20%高收入户 20% High Income
35776.2	15918.7	22730.3	30933.2	47366.9	81004.6
16759.2	4751.0	7686.6	13519.7	22492.9	47628.9
10160.8	8229.2	11307.8	11145.2	12963.1	7357.6
5830.2	5957.7	6454.7	5852.4	6286.7	4182.4
2660.0	2138.8	3546.3	2914.0	2692.1	1890.6
46.3	35.7	70.4	68.4	47.2	
3123.9	3783.2	2837.9	2870.0	3547.5	2291.8
461.5	710.1	160.7	#REF!	#REF!	#REF!
50.1			44.5	241.5	0.5
411.4	44.8	339.1	70.4	1423.2	439.6
3869.1	2226.7	4514.1	5178.0	5011.7	2735.1
1241.5	659.3	1416.6	1519.0	1881.6	894.3
1758.9	1083.7	2490.3	2743.9	1871.9	444.9
232.9	315.0	122.8	277.8	86.4	360.2
0.0					0.2
19.4	8.2		87.9	0.2	
410.6	88.0	182.4	341.1	941.8	776.6
116.2	4.2	183.6	193.9	62.6	166.1
89.5	68.3	118.4	14.4	167.3	92.8
1287.8	318.3	628.1	947.1	1762.2	3763.8
75.1	5.3	11.3	37.8	147.6	250.5
207.9	172.5	266.7	205.2	292.1	92.1
7568.3	2620.2	3107.7	5321.2	10148.7	22254.2
5469.9	545.1	1051.0	3223.6	8058.5	20046.2
528.4	190.3	247.6	442.0	781.4	1326.6
410.0	552.4	521.8	378.8	340.2	128.8
3897.3	2751.1	2595.7	3075.0	7749.6	4459.2
1584.5	737.0	1100.7	1131.9	4572.0	956.8
2279.8	1976.7	1458.8	1920.9	3145.9	3465.7
33.0	37.4	36.2	22.1	31.7	36.7
3853.7	4393.6	2741.3	2588.9	3319.8	6767.1
825.2	475.7	600.0	713.7	795.1	1908.0
650.4	629.5	616.0	501.3	485.5	1108.2
93.3	59.4	126.6	53.6	141.0	99.4

2-61-2 续表

指标名称	Item	单位	Unit
(4)收回储蓄性保险本金	Redemption of Deposit Insurance Principal	元/人	yuan/person
(5)银行信用社得到的贷款	Bank Loan	元/人	yuan/person
(6)其他借贷所得	Income from other loans	元/人	yuan/person
全年总支出	Total Expenditure	元/人	yuan/person
1.生活消费支出	Living Expenditure	元/人	yuan/person
2.生产经营费用支出	Expenditure for Household Business	元/人	yuan/person
(1)第一产业生产支出	The Primary Industry	元/人	yuan/person
农业生产支出	Agriculture	元/人	yuan/person
林业生产支出	Forestry	元/人	yuan/person
牧业生产支出	Animal Husbandry	元/人	yuan/person
渔业生产支出	Fishery	元/人	yuan/person
(2)第二产业生产支出	The Secondary Industry	元/人	yuan/person
工业生产支出	Industry	元/人	yuan/person
建筑业生产支出	Construction Industry	元/人	yuan/person
(3)第三产业生产支出	The Tertiary Industry	元/人	yuan/person
批发和零售业	Wholesale and Retail Revenue	元/人	yuan/person
交通运输仓储和邮政业	Transportation Industry	元/人	yuan/person
住宿和餐饮业	Hotel and Catering Sectors	元/人	yuan/person
房地产业	Real Estate	元/人	yuan/person
租赁和商务服务业	Leasing and Business Service	元/人	yuan/person
居民服务修理和其他服务业	Residential Services, Repair and Other Services	元/人	yuan/person
其他	Others	元/人	yuan/person
农林牧渔服务业	Agriculture, Forestry, Animal Husbandry and Fishery Services	元/人	yuan/person
3.财产性支出	Property Expenditure	元/人	yuan/person
4.转移性支出	Transfer Expenditure	元/人	yuan/person
5.部分商业保险支出	Commercial Insurance Expenditure	元/人	yuan/person
6.购置资产及非经常性转移支出	Acquisition of Assets and Non-recurrent Transfer Expenses	元/人	yuan/person
(1)建造住房支出	Build Housing	元/人	yuan/person
(2)购买住房支出	Purchase House	元/人	yuan/person
(3)购建第一产业生产性固定资产	Purchase and Build the Productive Fixed Assets of the Primary Industry	元/人	yuan/person
(4)购建第二产业生产性固定资产支出	Purchase and Build the Productive Fixed Assets of the Secondary Industry	元/人	yuan/person
(5)购建第三产业生产性固定资产支出	Purchase and Build the Productive Fixed Assets of the Tertiary Industry	元/人	yuan/person
(6)非经常性转移支出	Non-recurrent Transfer Expenditures	元/人	yuan/person
7.借贷性支出	Borrowing Expenditure	元/人	yuan/person

continued

总计 Total	20%低收入户 20% Low Income	20%中低收入户 20% Lower-middle Income	20%中等收入户 20% Middle Income	20%中上收入户 20% Upper-middle Income	20%高收入户 20% High Income
9.2	35.8	0.3			
2251.3	3168.5	1398.4	1303.7	1898.1	3555.8
24.4	24.7		16.6	0.1	95.7
37902.6	25947.1	27925.0	33928.1	49370.8	64563.0
20023.8	11978.2	14628.8	18494.8	25525.6	37057.7
4715.1	6809.0	5045.7	3999.8	4599.4	1791.7
3522.8	5747.4	3500.0	2801.2	2904.1	1457.0
1143.7	1244.1	1482.2	1123.5	1001.2	672.3
13.1	12.0	21.4	14.0	14.2	0.8
2365.9	4491.3	1996.4	1663.7	1888.5	783.9
0.1		0.1		0.3	
111.7	10.7	131.5	37.2	420.8	3.8
8.2			23.6	20.9	0.1
103.5	10.7	131.5	13.6	399.9	3.7
1080.6	1051.0	1414.2	1161.3	1274.4	330.9
109.2	81.3	130.9	71.7	55.7	232.0
840.8	771.6	1228.2	920.6	1060.4	51.9
49.8	141.4	11.9	46.7	9.7	
0.3	1.2				0.0
5.2			26.5		
29.8	13.9	2.5	10.1	118.2	22.5
28.1	28.6	17.5	82.9	2.2	1.4
17.4	13.1	23.3	2.8	28.1	23.0
421.1	191.6	315.9	328.9	576.9	900.5
2070.8	920.6	1205.7	1917.5	2713.4	4717.3
417.5	100.7	214.9	351.2	624.2	1092.9
6394.8	3442.9	3547.3	5471.5	10448.0	12100.6
256.7	364.2	340.5	402.0	32.4	20.3
2489.1	688.6	4.3	2292.4	5086.5	6439.8
423.5	657.1	509.1	332.9	228.0	243.8
3.2	1.6			16.5	
333.3	242.5	544.9	122.3	738.3	0.0
2831.4	1488.9	2148.2	2277.1	4214.4	5227.4
3859.5	2504.1	2966.7	3364.5	4883.3	6902.3

2-61-3　2021年全区全体居民家庭按可支配收入等距五组分组资料

指标名称	Item	单位	Unit
可支配收入	Disposable Income	元/人	yuan/person
(一)工资性收入	Income from Wages and Salaries	元/人	yuan/person
(二)经营净收入	Net Business Income	元/人	yuan/person
1.第一产业经营净收入	The Primary Industry	元/人	yuan/person
(1)农业	Agriculture	元/人	yuan/person
(2)林业	Forestry	元/人	yuan/person
(3)牧业	Animal Husbandry	元/人	yuan/person
(4)渔业	Fishery	元/人	yuan/person
2.第二产业经营净收入	The Secondary Industry	元/人	yuan/person
(1)工业	Industry	元/人	yuan/person
(2)建筑业	Construction Industry	元/人	yuan/person
3.第三产业经营净收入	The Tertiary Industry	元/人	yuan/person
(1)批发和零售业	Wholesale and Retail Revenue	元/人	yuan/person
(2)交通运输仓储和邮政业	Transportation Industry	元/人	yuan/person
(3)住宿和餐饮业	Hotel and Catering Sectors	元/人	yuan/person
(4)房地产业	Real Estate	元/人	yuan/person
(5)租赁和商务服务业	Leasing and Business Service	元/人	yuan/person
(6)居民服务修理和其他服务业	Residential Services, Repair and Other Services	元/人	yuan/person
(7)其他	Others	元/人	yuan/person
(8)农林牧渔服务业	Agriculture, Forestry, Animal Husbandry and Fishery Services	元/人	yuan/person
(三)财产净收入	Income from Property	元/人	yuan/person
1.红利收入	Dividend Income	元/人	yuan/person
#2.转让承包土地经营权租金收入	Rental Income from the Management Rights Transfer of Land Contracted	元/人	yuan/person
(四)转移净收入	Income from Transfer	元/人	yuan/person
#1.养老金或离退休金	Pension or Retirement Benefits	元/人	yuan/person
2.报销医疗费	Reimbursement of Medical Expenses	元/人	yuan/person
3.政策性惠农补贴	Political Subsidy Supporting Agriculture	元/人	yuan/person
现金可支配收入	Cash Disposable Income	元/人	yuan/person
实物可支配收入	Physical Disposable Income	元/人	yuan/person

Basic Statistics of Grouped by per Capita Disposable Income Quintile for Urban and Rural Households (2021)

总计 Total	20%低收入户 20% Low Income	20%中低收入户 20% Lower-middle Income	20%中等收入户 20% Middle Income	20%中上收入户 20% Upper-middle Income	20%高收入户 20% High Income
27904.5	7191.5	15450.3	23844.4	38929.4	73332.8
16759.2	4751.0	7686.6	13519.7	22492.9	47628.9
4781.0	614.2	5549.5	6302.8	7815.9	5303.7
2041.9	-168.9	2636.3	2833.6	3167.5	2608.5
1403.8	755.6	1895.9	1697.8	1618.3	1160.7
33.1	23.7	48.8	54.1	33.0	-0.8
605.2	-948.2	691.7	1081.7	1516.5	1448.5
-0.1		-0.1		-0.3	
328.9	29.7	190.0	74.3	1174.4	415.1
37.4			19.3	196.0	0.4
291.6	29.7	190.0	55.0	978.4	414.6
2410.1	753.4	2723.1	3394.9	3474.0	2280.1
1008.9	439.8	1203.7	1214.0	1754.1	587.4
725.8	127.9	1040.2	1488.4	662.0	365.0
162.3	145.1	75.2	217.7	61.5	357.6
-0.3	-1.2				0.2
12.6	8.2		53.2	0.2	
354.3	15.2	170.1	319.5	798.4	736.6
77.9	-26.3	141.4	90.6	60.2	163.6
68.5	44.7	92.4	11.6	137.8	69.7
866.7	126.7	312.3	618.3	1185.3	2863.3
75.1	5.3	11.3	37.8	147.6	250.5
207.9	172.5	266.7	205.2	292.1	92.1
5497.6	1699.6	1902.1	3403.6	7435.3	17536.9
5469.9	545.1	1051.0	3223.6	8058.5	20046.2
528.4	190.3	247.6	442.0	781.4	1326.6
410.0	552.4	521.8	378.8	340.2	128.8
26882.9	7460.0	15081.1	23127.9	37202.6	69613.4
1021.6	-268.5	369.3	716.5	1726.8	3719.4

2-61-3 续表

指标名称	Item	单位	Unit
生活消费支出	Living Expenditure	元/人	yuan/person
(一)食品烟酒	Food, Tobacco and Liquor	元/人	yuan/person
#粮食	Grain	元/人	yuan/person
油脂	Oil and Fats	元/人	yuan/person
肉禽及制品	Meat, Poultry and Processed Products	元/人	yuan/person
蛋类及蛋制品	Eggs and Egg Products	元/人	yuan/person
水产品	Aquatic Products	元/人	yuan/person
蔬菜及菜制品	Vegetables and Vegetable Products	元/人	yuan/person
奶及奶制品	Milk and Processed Products	元/人	yuan/person
烟酒	Tobacco and Wine	元/人	yuan/person
饮料	Beverages	元/人	yuan/person
饮食服务	Catering Service	元/人	yuan/person
(二)衣着	Clothing	元/人	yuan/person
#服装	Garments	元/人	yuan/person
(三)居住	Residence	元/人	yuan/person
#住房维修及管理	Housing Maintenance and Management	元/人	yuan/person
水电燃料及其他	Water, Electricity, Fuels and Others	元/人	yuan/person
(四)生活用品及服务	Household Facilities, Articles and Services	元/人	yuan/person
#家用器具	Home Appliances	元/人	yuan/person
家具及室内装饰品	Articles for Interior Decoration	元/人	yuan/person
家用纺织品	Bed Articles	元/人	yuan/person
家庭日用杂品	Household Articles for Daily Use	元/人	yuan/person
(五)交通通信	Transport and Communications	元/人	yuan/person
#交通	Transport	元/人	yuan/person
通信	Communications	元/人	yuan/person
(六)教育文化娱乐	Education, Culture and Recreation	元/人	yuan/person
文化娱乐	Culture and Recreation	元/人	yuan/person
#教育	Education	元/人	yuan/person
(七)医疗保健	Health Care and Medical Services	元/人	yuan/person
#医疗器具及药品	Medical Instrument and Medicine	元/人	yuan/person
(八)其他用品及服务	Other Commodities and Services	元/人	yuan/person
服务性消费支出	Consumption Expenditure for Service	元/人	yuan/person
商品性消费支出	Consumption Expenditure for Commodity	元/人	yuan/person

continued

总计 Total	20%低收入户 20% Low Income	20%中低收入户 20% Lower-middle Income	20%中等收入户 20% Middle Income	20%中上收入户 20% Upper-middle Income	20%高收入户 20% High Income
20023.8	11978.2	14628.8	18494.8	25525.6	37057.7
5446.5	3449.4	4249.4	5166.6	6865.6	9283.0
587.7	516.7	557.0	566.5	617.5	744.3
167.7	159.0	166.3	164.8	170.7	184.5
1334.5	996.1	1184.3	1361.1	1567.2	1822.6
79.9	58.5	67.2	76.8	95.1	121.1
80.4	30.7	41.0	67.4	107.3	206.6
405.0	269.0	334.7	409.0	482.7	641.4
243.8	197.3	163.7	216.5	273.4	438.8
440.9	216.7	320.4	398.7	660.5	798.4
125.9	79.0	106.3	120.9	155.5	205.8
1199.3	424.9	691.7	1057.2	1785.7	2752.3
1370.1	669.8	952.2	1223.2	1666.3	2999.0
1096.4	495.9	734.0	965.1	1343.4	2513.1
3693.1	2402.9	2790.0	3189.4	4431.3	6970.3
842.9	770.6	674.7	529.5	1113.9	1306.0
1015.8	720.1	819.2	1002.8	1124.5	1688.2
1203.1	683.0	839.5	1002.8	1484.4	2538.2
250.2	125.5	156.5	224.4	337.8	528.8
207.4	130.5	131.3	117.2	246.2	517.6
102.8	62.6	79.4	94.4	140.2	172.7
228.3	161.7	186.9	207.1	258.5	392.6
3378.5	1995.5	2292.4	2769.0	5090.2	6128.4
2726.3	1554.5	1721.0	2132.8	4289.3	5152.2
652.2	441.0	571.4	636.2	800.8	976.3
2273.2	1449.1	1869.2	2454.1	2319.5	3946.3
465.0	139.9	236.4	372.6	588.2	1317.9
1808.2	1309.2	1632.8	2081.4	1731.4	2628.4
2126.6	1134.8	1318.3	2152.8	2826.7	4134.1
592.3	326.0	426.4	533.0	705.8	1225.0
532.5	193.6	317.9	536.9	841.5	1058.4
8097.7	4238.8	5567.3	7875.4	10253.1	16068.3
11926.1	7739.3	9061.5	10619.4	15272.5	20989.3

2-61-4 2021年全区全体居民家庭按可支配收入等距五组分组资料

指标名称	Item	单位	Unit
一、粮食消费量	Grain	公斤/人	kg/person
(一)谷物消费量	Cereal	公斤/人	kg/person
1.小麦	Wheat	公斤/人	kg/person
2.稻谷	Rice	公斤/人	kg/person
3.玉米	Corn	公斤/人	kg/person
4.其他谷物	Others	公斤/人	kg/person
(二)薯类消费量	Tubers	公斤/人	kg/person
(三)豆类消费量	Beans	公斤/人	kg/person
二、油脂类消费量	Grease	公斤/人	kg/person
三、蔬菜及菜制品消费量	Vegetables and Processed Products	公斤/人	kg/person
四、肉禽及其制品	Meat, Poultry and Processed Products	公斤/人	kg/person
1.猪肉	Pork	公斤/人	kg/person
2.牛肉	Beef	公斤/人	kg/person
3.羊肉	Mutton	公斤/人	kg/person
4.家禽	Poultry	公斤/人	kg/person
5.其他肉禽及制品	Others	公斤/人	kg/person
五、蛋类及蛋制品	Eggs and Processed Products	公斤/人	kg/person
六、水产品	Aquatic Products	公斤/人	kg/person
七、奶和奶制品	Milk and Processed Products	公斤/人	kg/person
八、糖果糕点类	Confection and Pastry	公斤/人	kg/person
九、干鲜瓜果类	Melon and Fruits	公斤/人	kg/person
十、烟叶	Tobacco Leaf	公斤/人	kg/person
十一、酒	Liquor	公斤/人	kg/person
十二、饮料	Beverages	公斤/人	kg/person
耐用消费品	Durable Consumer Goods		
家用汽车	Automobile	辆/百户	unit/100 households
摩托车	Motorcycle	辆/百户	unit/100 households
助力车	Powered Bicycle	台/百户	unit/100 households
洗衣机	Washing Machine	台/百户	unit/100 households
电冰箱(柜)	Refrigerator	台/百户	unit/100 households
微波炉	Microwave Oven	台/百户	unit/100 households
彩色电视机	Color TV Set	台/百户	unit/100 households
空调	Air Conditioner	台/百户	unit/100 households
热水器	Water Heater	台/百户	unit/100 households
洗碗机	Dishwasher	台/百户	unit/100 households
排油烟机	Smoke Exhaust Ventilator	台/百户	unit/100 households
固定电话	Telephone	线/百户	unit/100 households
移动电话	Mobile Telephone	部/百户	unit/100 households
其中：接入互联网	Internet Mobile Telephone	部/百户	unit/100 households
计算机	Computer	台/百户	unit/100 households
其中：接入互联网	Internet Computer	台/百户	unit/100 households
照相机	Camera	台/百户	unit/100 households
中高档乐器	Secondary and Top Grade Musical Instrument	架/百户	unit/100 households
健身器材	Body-building Apparatus	台/百户	unit/100 households
空气净化器(含新风系统)	Air Purifier (Include Fresh Air System)	台/百户	unit/100 households
吸尘器	Vacuum Cleaner	台/百户	unit/100 households

Basic Statistics of Grouped by per Capita Disposable Income Quintile for Urban and Rural Households (2021)

总计 Total	20%低收入户 20% Low Income	20%中低收入户 20% Lower-middle Income	20%中等收入户 20% Middle Income	20%中上收入户 20% Upper-middle Income	20%高收入户 20% High Income
121.0	125.7	127.0	118.9	119.3	109.2
113.4	119.5	119.8	111.3	111.2	99.4
68.1	76.5	71.5	65.6	65.3	55.8
41.4	39.5	44.9	42.5	42.1	37.1
1.5	2.0	1.4	1.1	0.8	2.2
2.4	1.6	2.0	2.1	3.0	4.3
2.5	3.4	2.6	2.1	1.7	1.9
5.1	2.8	4.6	5.5	6.4	8.0
9.4	9.2	9.4	9.4	9.7	9.5
97.7	78.6	90.0	100.7	110.1	122.9
29.3	23.7	27.8	30.1	33.0	35.5
8.0	5.2	7.0	8.9	10.0	10.7
5.7	5.6	6.1	5.1	5.4	6.6
5.0	2.9	3.7	5.9	6.7	7.1
8.2	8.8	9.1	7.8	7.5	7.0
2.4	1.2	1.8	2.4	3.3	4.2
7.6	5.7	6.6	7.4	9.0	10.9
2.8	1.4	1.8	2.6	3.9	5.7
15.4	10.6	12.3	14.2	18.1	26.1
4.9	3.2	4.0	4.7	6.6	7.4
80.6	64.6	73.8	80.6	92.3	104.2
27.5	18.9	24.1	27.6	39.0	34.0
3.1	2.1	2.8	2.8	4.5	3.8
0.3	0.3	0.3	0.3	0.3	0.4
42	37	41	38	46	56
28	48	41	27	15	9
75	87	85	91	70	44
103	103	102	103	103	103
102	101	101	103	101	104
40	19	27	41	46	65
105	106	107	105	102	106
15	2	7	11	17	38
102	102	105	98	101	102
1		0	1	1	3
69	38	56	70	86	94
1	0	1	0	2	3
264	291	283	268	249	230
256	283	272	262	241	223
43	23	33	42	50	69
39	21	26	36	46	63
5	1	2	2	6	15
6	2	2	4	7	14
3	1	0	2	4	8
4	1	0	2	8	7
6	2	3	4	9	14

2-62　2021年全区城镇居民家庭按可支配收入等距五组分组资料

指标名称	Item	单位	Unit
一、家庭人口基本情况	Basic Statistics of Households Surveyed		
(一)户均常住人口	Average Number of Permanent Residents per Household	人/户	person/household
(二)户均常住从业人口	Average Number of Employed Persons per Household	人/户	person/household
(三)平均每户家庭从业人口比重	Proportion of Employed Persons per Household	%	%
(四)平均每一从业人口负担人数	Average Number of Dependency Coefficient per Employed Persons	人	person
(五)平均每户供养的在校学生	Supported Students in School by the Family	人/户	person/household
(六)户均整半劳动力人口	Whole and Half Labor Force per Household	人/户	person/household
(七)平均每户家庭整半劳动力人口比重	Proportion of Whole and Half Labor Force per Household	%	%
(八)常住劳动力年龄构成	Age Composition of Permanent Employed Persons		
1.16-19岁	Aged 16-19	%	%
2.20-24岁	Aged 20-24	%	%
3.25-29岁	Aged 25-29	%	%
4.30-34岁	Aged 30-34	%	%
5.35-40岁	Aged 35-40	%	%
6.41-50岁	Aged 41-50	%	%
7.51-60岁	Aged 51-60	%	%
8.61-65岁	Aged 61-65	%	%
9.66岁及以上	Aged 66 and over	%	%
(九)常住就业劳动力文化程度	Culture Level of Employed Labors		
1.不识字或识字很少	Illiterate and Semi-illiterate	%	%
2.小学程度	Primary School	%	%
3.初中程度	Junior Middle School	%	%
4.高中程度	Senior Middle School	%	%
5.大专及以上	College and Higher	%	%
6.大学本科	Bachelor Degree	%	%
7.研究生	Postgraduate	%	%
(十)常住就业劳动力就业类型	Type of Employment of Permanent Employed Persons		
1.雇主	Employer	%	%
2.公职人员	Civil Servants	%	%
3.事业单位人员	Institution Officers	%	%
4.国有企业雇员	State-owned Enterprises Employees	%	%
5.其他雇员	Other Employees	%	%
6.农业自营	Self-employed of Agriculture	%	%
7.非农业自营	Self-employed of Non-agriculture	%	%

Basic Statistics of Grouped by per Capita Disposable Income Quintile for Urban Households (2021)

总计 Total	20%低收入户 20% Low Income	20%中低收入户 20% Lower-middle Income	20%中等收入户 20% Middle Income	20%中上收入户 20% Upper-middle Income	20%高收入户 20% High Income
3.0	3.5	3.3	2.9	2.7	2.5
1.4	1.5	1.6	1.5	1.2	1.2
46.9	43.4	48.3	50.0	46.2	47.1
2.1	2.3	2.1	2.0	2.2	2.1
0.7	1.1	0.8	0.5	0.4	0.4
2.1	2.1	2.3	2.2	2.0	2.0
70.7	59.2	68.6	74.1	76.4	79.7
0.4	1.0	0.6		0.2	0.4
2.8	3.2	4.8	2.8	1.7	1.2
4.1	5.4	5.6	4.4	2.4	2.2
8.3	9.7	11.5	5.8	9.5	4.6
14.0	20.2	11.9	15.8	11.3	10.5
29.4	37.2	31.8	26.6	26.3	24.7
23.0	15.5	24.0	27.6	21.9	25.7
7.4	3.9	3.4	5.7	10.4	14.5
10.6	3.8	6.4	11.3	16.2	16.3
4.1	5.6	6.1	4.1	3.5	0.9
11.8	18.6	12.6	14.6	9.9	2.7
33.0	43.7	43.9	35.3	29.3	10.8
21.3	19.9	22.6	22.6	22.5	18.6
15.7	7.1	11.4	15.0	17.1	29.2
13.2	4.8	3.3	8.3	16.7	34.9
0.9	0.2	0.3	0.1	1.0	2.8
0.4	0.6	0.0	0.6		0.9
3.8		0.9	0.6	2.8	17.8
9.9		1.3	3.6	15.5	36.5
6.4	0.3	2.8	6.2	12.0	13.7
58.5	59.8	71.0	69.9	57.4	27.0
6.6	16.5	5.3	5.0	3.7	0.4
14.3	22.7	18.7	14.2	8.5	3.8

2-62 续表

指标名称	Item	单位	Unit
二、家庭经营情况	Basic Statistics of Business of Households Surveyed		
(一)生产经营户	Production Households	%	%
1.农业户	Agriculture Households	%	%
2.农业兼业户	Agriculture with Combined Occupations	%	%
3.非农业兼业户	Non-agriculture with Combined Occupations	%	%
4.非农业户	Non-agriculture Households	%	%
(二)非生产经营户	Non-production Households	%	%
三、年末生产性固定资产原价	Original Price of Productive Fixed Assets Year-end	元/户	yuan/household
(一)第一产业固定资产原价	The Primary Industry	元/户	yuan/household
1.农业固定资产原价	Agriculture	元/户	yuan/household
2.林业固定资产原价	Forestry	元/户	yuan/household
3.牧业固定资产原价	Animal Husbandry	元/户	yuan/household
4.渔业固定资产原价	Fishery	元/户	yuan/household
5.农林牧渔专业及辅助性活动固定资产原价	Agriculture, Forestry, Animal Husbandry, Fishery and Auxiliary Activities	元/户	yuan/household
(二)第二产业固定资产原价	The Secondary Industry	元/户	yuan/household
1.采矿业固定资产原价	Mining Industry	元/户	yuan/household
2.制造业固定资产原价	Manufacturing Industry	元/户	yuan/household
3.电力热力燃气及水生产和供应业	Production and Supply of Electric, Heat, Gas and Water	元/户	yuan/household
4.建筑业固定资产原价	Construction Industry	元/户	yuan/household
(三)第三产业固定资产原价	The Tertiary Industry	元/户	yuan/household
1.批发和零售业	Wholesales and Retail Trade	元/户	yuan/household
2.交通运输仓储和邮政业	Transportation, Warehousing and Postal Services	元/户	yuan/household
3.住宿和餐饮业	Hotel and Catering Sectors	元/户	yuan/household
4.房地产业	Real Estate	元/户	yuan/household
5.租赁和商务服务业	Leasing and Business Service	元/户	yuan/household
6.居民服务修理和其他服务业	Residential Services, Repair and Other Services	元/户	yuan/household
7.其他行业	Others	元/户	yuan/household
四、年末主要生产性固定资产数量	Quantity of Main Productive Fixed Assets Year-end		
1.农业生产性用房及建筑物	House and Buildings for Agricultural Production	平方米/百户	sq.m/100 households
2.大中型农用拖拉机	Large and Medium Agrimotor	辆/百户	unit/100 households
3.小型农用拖拉机	Small Agrimotor	辆/百户	unit/100 households
4.农用排灌动力机械	Drainage and Irrigation Power Machinery for Agriculture	台/百户	unit/100 households
5.插秧机	Rice Transplanter	台/百户	unit/100 households
6.收割机	Harvesting Implements	台/百户	unit/100 households
7.脱粒机	Threshing Machine	台/百户	unit/100 households
8.产品畜	Livestock Products	头/百户	unit/100 households
9.其他农业机械	Other Agricultural Machinery	台/百户	unit/100 households

continued

总计 Total	20%低收入户 20% Low Income	20%中低收入户 20% Lower-middle Income	20%中等收入户 20% Middle Income	20%中上收入户 20% Upper-middle Income	20%高收入户 20% High Income
30.8	43.6	36.0	33.2	26.9	7.1
28.2	24.9	25.7	34.7	32.5	19.3
2.4	3.7	1.2	1.0	4.7	
2.3	0.8	4.3	2.6	1.8	
67.1	70.6	68.8	61.7	61.1	80.7
69.2	56.4	64.0	66.8	73.1	92.9
23785.8	48617.5	40074.6	19372.1	7986.5	2966.5
2718.3	5306.1	2471.8	3884.7	1561.3	388.8
1419.9	2845.8	1199.9	1232.7	1442.2	388.8
1298.4	2460.3	1271.9	2652.0	119.1	
1525.3	1599.4	142.4	4123.9	1540.3	237.7
342.2			1712.5	2.0	0.9
1183.1	1599.4	142.4	2411.3	1538.3	236.8
19542.1	41712.1	37460.5	11363.5	4884.9	2340.0
8016.3	15293.4	16716.5	2805.0	3485.8	1786.0
8119.9	16402.2	18181.8	5369.6	594.0	64.9
734.3	2121.5	342.7	1057.9	158.3	
					0.0
132.4		659.9			
2036.4	6559.7	844.9	1718.5	592.3	489.1
502.7	1335.3	714.7	412.5	54.6	
816.1	1817.1	972.8	844.6	330.4	120.6
0.9	2.0		1.1	1.6	0.0
5.2	12.5	6.8	3.5	3.2	0.0
0.1	0.3	0.4			
0.1				0.3	0.0
0.8	2.3	0.6	0.6	0.6	
9.1	16.0	15.6	14.1	0.0	
3.6	8.1	2.2	3.7	4.8	0.0

2-62-1 2021年全区城镇居民家庭按可支配收入等距五组分组资料

指标名称	Item	单位	Unit
一、期末现住房情况	Current House Condition of Term End		
(一)住房面积	Housing Area		
人均现住房面积	Per Capita Current Housing Area	平方米/人	sq.m/person
户均现住房面积	Per Household Current Housing Area	平方米/户	sq.m/household
人均自有现住房面积	Per Capita Self-owned Current Housing Area	平方米/人	sq.m/person
户均自有现住房面积	Per Household Self-owned Current Housing Area	平方米/户	sq.m/household
(二)住房市场价月租金	Monthly Rent of Housing		
现住房市场价月租金	Monthly Rent of Current Housing	元/人	yuan/person
自有现住房市场价月租金	Monthly Rent of Self-owned Current Housing	元/人	yuan/person
二、期末现住房购成	Current Housing Constitute of Term End		
(一)本住户居住空间样式	House Construction Space Style	%	%
1.单栋楼房	Single Building	%	%
2.单栋平房	Single Bungalow	%	%
3.四居室及以上单元房	House with Four Bedrooms and Above	%	%
4.三居室单元房	House with Three Bedrooms	%	%
5.二居室单元房	House with Two Bedrooms	%	%
6.一居室单元房	House with One Bedrooms	%	%
7.其他	Others	%	%
(二)主要建筑材料	Main Building Materials	%	%
1.钢筋混凝土	Reinforced Concrete	%	%
2.砖混材料	Brick and Concrete	%	%
3.砖瓦砖木	Brick and Wood	%	%
4.竹草土坯	Bamboo Grass Adobe	%	%
5.其他	Others	%	%
(三)现住房房屋来源	Current Housing Source	%	%
1.租赁公房	Public House Leasing	%	%
2.租赁私房	Private House Leasing	%	%
3.自建住房	Self-built Housing	%	%
4.购买商品房	Commercial Residential Building	%	%
5.购买房改住房	Reformed Housing	%	%
6.购买保障性住房	Security Housing	%	%
7.拆迁安置房	Removal Settlement Housing	%	%
8.继承或获赠住房	Inheritance or Gift Housing	%	%
9.免费借用房	Borrow Housing for Free	%	%
10.雇主提供免费住房	Provide Free Housing from Employer	%	%
11.其他	Others	%	%
(四)现住房建筑面积	Buildings Area for Current Housing	%	%
1.10平方米以内	Less than 10 sq.m	%	%
2.10-20平方米	10-20 sq.m	%	%
3.20-30平方米	20-30 sq.m	%	%
4.30-60平方米	30-60 sq.m	%	%
5.60-90平方米	60-90 sq.m	%	%
6.90-120平方米	90-120 sq.m	%	%
7.120-200平方米	120-200 sq.m	%	%
8.200平方米以上	200 sq.m above	%	%

Basic Statistics of Grouped by per Capita Disposable Income Quintile for Urban Households (2021)

总计 Total	20%低收入户 20% Low Income	20%中低收入户 20% Lower-middle Income	20%中等收入户 20% Middle Income	20%中上收入户 20% Upper-middle Income	20%高收入户 20% High Income
34.6	28.9	29.7	33.2	38.1	47.1
103.2	102.5	98.2	96.7	101.6	117.2
33.5	27.6	28.6	32.4	36.9	45.9
99.9	97.9	94.5	94.3	98.4	114.2
284.4	191.4	219.3	260.0	315.4	497.2
276.1	184.0	215.6	254.1	302.1	484.0
100.0	100.0	100.0	100.0	100.0	100.0
0.5		0.2		1.6	0.8
9.2	16.3	11.3	10.4	6.1	1.8
2.6	0.5	2.3	1.1	2.8	6.4
36.4	33.9	27.6	32.7	36.4	51.2
48.8	45.3	54.2	53.9	51.4	39.2
2.1	3.2	3.4	1.6	1.8	0.5
0.4	0.9	1.0	0.3		
100.0	100.0	100.0	100.0	100.0	100.0
58.7	45.3	54.6	61.0	59.7	72.8
35.9	43.6	39.6	33.7	36.3	26.5
5.3	10.7	5.9	5.3	4.0	0.8
0.1	0.4				
100.0	100.0	100.0	100.0	100.0	100.0
1.0	1.4	2.9			0.5
2.4	1.6	1.4	2.4	3.7	2.6
9.3	16.8	12.3	10.5	5.7	1.3
67.4	56.6	60.1	67.1	70.5	82.7
2.1	1.3	2.2	1.2	2.9	2.7
4.2	1.1	2.7	3.3	7.0	6.7
12.5	17.7	17.4	15.0	9.5	2.9
0.2	0.8	0.0			
1.0	2.7	1.0	0.4	0.7	0.4
100.0	100.0	100.0	100.0	100.0	100.0
6.5	8.6	7.7	4.5	8.7	3.0
33.2	29.4	39.1	45.2	35.2	17.3
38.3	42.9	39.9	36.0	35.9	36.5
20.4	17.2	12.2	13.7	19.8	39.2
1.6	1.8	1.2	0.6	0.3	4.0

2-62-1 续表

指标名称	Item	单位	Unit
(五)住户主要饮用水来源情况	Main Sources of Drinking Water for Households	%	%
1.经过净化处理的自来水	Purified Tap Water	%	%
2.受保护的井水和泉水	Protected Well and Spring Water	%	%
3.不受保护的井水和泉水	Unprotected Well and Spring Water	%	%
4.江河湖泊水	River and Lake Water	%	%
5.收集雨水	Collect Rainwater	%	%
6.桶装水	Barreled Water	%	%
7.其他水源	Other Water	%	%
(六)厨房使用情况	Kitchen Usage	%	%
1.住宅内独用	Use Alone in the House	%	%
2.住宅内合用	Residential Sharing	%	%
3.院内独用	Use Alone in the Courtyard	%	%
4.院内合用	Share in the Courtyard	%	%
5.其他地方独用	Use Alone Other Places	%	%
6.其他地方合用	Share Other Places	%	%
7.无厨房	No Kitchen	%	%
(七)主要炊用能源状况	Main Energy Condition for Cooking	%	%
1.柴草	Firewood	%	%
2.煤炭	Coal	%	%
3.罐装液化石油气	Canned Liquefied Petroleum Gas	%	%
4.管道液化石油气	Pipeline Liquefied Petroleum Gas	%	%
5.管道煤气	Pipeline Coal Gas	%	%
6.管道天然气	Pipeline Natural Gas	%	%
7.电	Electricity	%	%
8.燃料用油	Fuel Oils	%	%
9.沼气	Biogas	%	%
10.其他	Others	%	%
11.无炊用行为	No Heating Behavior	%	%
(八)住户厕所类型	Residence Toilet Type	%	%
1.水冲式卫生厕所	Water Flushing Sanitary Toilet	%	%
2.水冲式非卫生厕所	Water Flushing Insanitary Toilet	%	%
3.卫生旱厕	Sanitary Pit Latrine	%	%
4.普通旱厕	General Pit Latrine	%	%
5.无厕所	No Toilet	%	%
(九)住户厕所使用情况	Using Condition for Residence Toilet	%	%
1.住宅内独用	Use Alone in the House	%	%
2.住宅内合用	Residential Sharing	%	%
3.院内独用	Use Alone in the Courtyard	%	%
4.院内合用	Share in the Courtyard	%	%
5.其他地方独用	Use Alone Other Places	%	%
6.其他地方合用	Share Other Places	%	%
7.公用厕所	Public Toilet	%	%
(十)住户主要取暖设备状况	Main Heating Equipment Condition for Residence	%	%
1.由市政或小区集中供暖	Central Heating by Government or Housing Estate	%	%
2.自行供暖	Self Heating	%	%
3.无取暖设备	No Heating Equipment	%	%

continued

总计 Total	20%低收入户 20% Low Income	20%中低收入户 20% Lower-middle Income	20%中等收入户 20% Middle Income	20%中上收入户 20% Upper-middle Income	20%高收入户 20% High Income
99.5	98.5	99.4	99.7	100.0	100.0
0.5	1.5	0.6	0.3		
98.7	97.0	98.9	98.0	99.5	100.0
1.2	3.0	1.1	1.6	0.5	
0.1			0.4		
0.1	0.6				
1.7	2.7	2.3	2.4	0.5	0.4
7.6	12.3	7.0	8.3	4.4	6.1
71.7	61.2	63.8	71.6	80.5	81.3
18.9	23.2	26.9	17.8	14.6	12.1
93.2	86.8	89.6	93.3	97.0	99.2
0.7	1.8	0.5	0.3	0.7	0.4
1.6	1.9	3.4	1.7	0.8	
4.5	9.5	6.6	4.7	1.5	0.3
95.2	91.9	90.9	95.4	98.4	99.6
0.1					0.4
3.9	6.9	7.0	4.6	0.8	
0.7	1.2	2.1		0.4	
0.1				0.4	
79.5	69.4	78.0	80.9	85.1	84.2
20.5	30.6	22.0	19.1	14.9	15.8

2-62-2　2021年全区城镇居民家庭按可支配收入等距五组分组资料

指标名称	Item	单位	Unit
全年总收入	Total Revenue	元/人	yuan/person
1.工资性收入	Income from Wages and Salaries	元/人	yuan/person
2.经营性收入	Business Income	元/人	yuan/person
(1)第一产业收入	The Primary Industry	元/人	yuan/person
农业收入	Agriculture	元/人	yuan/person
林业收入	Forestry	元/人	yuan/person
牧业收入	Animal Husbandry	元/人	yuan/person
渔业收入	Fishery	元/人	yuan/person
(2)第二产业收入	The Secondary Industry	元/人	yuan/person
工业收入	Industry	元/人	yuan/person
建筑业收入	Construction Industry	元/人	yuan/person
(3)第三产业收入	The Tertiary Industry	元/人	yuan/person
批发零售业收入	Wholesale and Retail Revenue	元/人	yuan/person
交通运输业收入	Transportation Industry	元/人	yuan/person
住宿和餐饮业	Hotel and Catering Sectors	元/人	yuan/person
房地产业	Real Estate	元/人	yuan/person
租赁和商务服务业	Leasing and Business Service	元/人	yuan/person
居民服务修理和其他服务业	Residential Services, Repair and Other Services	元/人	yuan/person
其他	Others	元/人	yuan/person
农林牧渔服务业	Agriculture, Forestry, Animal Husbandry and Fishery Services	元/人	yuan/person
3.财产性收入	Income from Property	元/人	yuan/person
红利收入	Dividend Income	元/人	yuan/person
#转让承包土地经营权租金收入	Rental Income from the Management Rights Transfer of Land Contracted	元/人	yuan/person
4.转移性收入	Income from Transfer	元/人	yuan/person
#养老金或离退休金	Pension or Retirement Benefits	元/人	yuan/person
报销医疗费	Reimbursement of Medical Expenses	元/人	yuan/person
政策性惠农补贴	Political Subsidy Supporting Agriculture	元/人	yuan/person
5.非收入所得	Non-income Revenue	元/人	yuan/person
(1)出售资产所得	Proceeds from Sale of Assets	元/人	yuan/person
(2)非经常性转移所得	Income from Non-recurrent Transfers	元/人	yuan/person
(3)其他非收入所得	Other Non-income Revenue	元/人	yuan/person
6.借贷性所得	Borrowing Income	元/人	yuan/person
(1)提取储蓄存款	Dissaving	元/人	yuan/person
(2)借入款	Borrowed	元/人	yuan/person
(3)收回借出款	Recall the Loan	元/人	yuan/person

Basic Statistics of Grouped by per Capita Disposable Income Quintile for Urban Households (2021)

总计 Total	20%低收入户 20% Low Income	20%中低收入户 20% Lower-middle Income	20%中等收入户 20% Middle Income	20%中上收入户 20% Upper-middle Income	20%高收入户 20% High Income
45159.7	21510.0	29080.8	41748.6	55794.6	92527.0
25908.1	8843.5	15962.7	22896.2	31997.3	60217.4
6732.3	9785.3	7105.8	8357.2	4908.3	1977.1
1483.7	2620.2	1345.2	1774.8	1154.4	74.7
778.2	874.7	1011.9	924.0	861.0	74.2
4.4	4.6	14.4	0.4		
701.2	1740.8	318.9	850.4	293.4	0.5
710.1	710.1	160.7			
51.7			59.9	223.3	0.9
658.4	573.5	68.3	1658.3	687.5	366.8
4538.4	6591.7	5692.3	4864.3	2843.1	1534.7
1606.6	2201.5	1976.0	1610.9	1111.6	798.3
1822.7	3431.2	2758.3	1570.8	509.6	1.7
272.3	379.6	253.9	127.2	567.3	
0.1					0.4
31.6		142.1			
650.8	408.1	435.5	1355.0	392.9	734.3
119.0	130.2	120.0	200.2	125.8	
35.4	41.2	6.4		135.9	0.0
1911.7	823.3	1131.1	1367.2	2259.0	4747.8
95.6	12.3	39.0	29.1	48.9	415.4
114.8	100.8	136.1	203.8	79.3	40.8
10607.6	2057.8	4881.2	9128.0	16630.0	25584.7
8953.5	872.7	3423.9	7500.7	14427.1	23560.7
667.0	126.1	420.7	337.6	1238.1	1532.7
103.7	144.1	70.5	195.0	77.1	12.6
5075.6	5165.7	2609.2	2813.3	10103.9	5496.6
2248.6	2259.0	798.9	853.4	6561.0	1187.6
2799.0	2885.9	1790.3	1935.7	3497.5	4274.5
28.0	20.7	20.0	24.3	45.3	34.5
3661.2	3250.3	1503.0	1124.9	3835.6	9868.7
1197.1	1096.5	841.2	423.7	1440.4	2451.9
600.2	621.8	136.3	24.3	620.7	1833.1
113.9	214.4	13.0	154.4	100.7	73.0

2-62-2 续表

指标名称	Item	单位	Unit
(4)收回储蓄性保险本金	Redemption of Deposit Insurance Principal	元/人	yuan/person
(5)银行信用社得到的贷款	Bank Loan	元/人	yuan/person
(6)其他借贷所得	Income from other loans	元/人	yuan/person
全年总支出	Total Expenditure	元/人	yuan/person
1.生活消费支出	Living Expenditure	元/人	yuan/person
2.生产经营费用支出	Expenditure for Household Business	元/人	yuan/person
(1)第一产业生产支出	The Primary Industry	元/人	yuan/person
农业生产支出	Agriculture	元/人	yuan/person
林业生产支出	Forestry	元/人	yuan/person
牧业生产支出	Animal Husbandry	元/人	yuan/person
渔业生产支出	Fishery	元/人	yuan/person
(2)第二产业生产支出	The Secondary Industry	元/人	yuan/person
工业生产支出	Industry	元/人	yuan/person
建筑业生产支出	Construction Industry	元/人	yuan/person
(3)第三产业生产支出	The Tertiary Industry	元/人	yuan/person
批发和零售业	Wholesale and Retail Revenue	元/人	yuan/person
交通运输仓储和邮政业	Transportation Industry	元/人	yuan/person
住宿和餐饮业	Hotel and Catering Sectors	元/人	yuan/person
房地产业	Real Estate	元/人	yuan/person
租赁和商务服务业	Leasing and Business Service	元/人	yuan/person
居民服务修理和其他服务业	Residential Services, Repair and Other Services	元/人	yuan/person
其他	Others	元/人	yuan/person
农林牧渔服务业	Agriculture, Forestry, Animal Husbandry and Fishery Services	元/人	yuan/person
3.财产性支出	Property Expenditure	元/人	yuan/person
4.转移性支出	Transfer Expenditure	元/人	yuan/person
5.部分商业保险支出	Commercial Insurance Expenditure	元/人	yuan/person
6.购置资产及非经常性转移支出	Acquisition of Assets and Non-recurrent Transfer Expenses	元/人	yuan/person
(1)建造住房支出	Build Housing	元/人	yuan/person
(2)购买住房支出	Purchase House	元/人	yuan/person
(3)购建第一产业生产性固定资产	Purchase and Build the Productive Fixed Assets of the Primary Industry	元/人	yuan/person
(4)购建第二产业生产性固定资产支出	Purchase and Build the Productive Fixed Assets of the Secondary Industry	元/人	yuan/person
(5)购建第三产业生产性固定资产支出	Purchase and Build the Productive Fixed Assets of the Tertiary Industry	元/人	yuan/person
(6)非经常性转移支出	Non-recurrent Transfer Expenditures	元/人	yuan/person
7.借贷性支出	Borrowing Expenditure	元/人	yuan/person

continued

总计 Total	20%低收入户 20% Low Income	20%中低收入户 20% Lower-middle Income	20%中等收入户 20% Middle Income	20%中上收入户 20% Upper-middle Income	20%高收入户 20% High Income
1723.0	1317.7	512.6	522.2	1661.1	5363.7
27.0			0.2	12.7	147.1
43670.5	30480.2	29306.5	41168.0	52084.1	75300.3
25385.6	16914.4	19231.0	23082.7	29730.6	43563.4
2540.6	5432.1	2111.2	2960.9	703.2	494.3
1062.2	2329.6	858.4	1147.4	494.6	47.8
399.5	538.8	536.6	395.4	384.9	41.2
0.4	0.1	0.9		1.2	
662.2	1790.6	320.9	752.0	108.4	6.6
0.0	0.1				
169.5	222.7		578.2	17.1	6.3
0.6				3.2	0.2
168.9	222.7		578.2	13.9	6.1
1308.9	2879.8	1252.7	1235.3	191.6	440.3
176.6	327.4	95.8	62.7	3.5	387.8
968.0	2247.1	1088.5	839.3	149.4	23.2
68.4	267.9	10.6	13.4		
0.0					0.0
9.5		42.8			
51.0	25.8	12.0	184.6	7.4	29.3
26.4		0.1	135.4	0.1	
9.0	11.5	3.0		31.3	0.0
620.0	465.1	388.3	613.9	687.4	1081.6
3176.6	2154.3	2294.8	2918.1	3349.9	5906.3
675.8	343.5	400.6	599.0	937.7	1320.3
6967.3	2411.6	2930.3	8050.6	9802.1	14476.0
147.0	464.0	129.4	43.1		
3511.8	458.6	866.4	4096.7	5637.8	8387.8
95.3	59.8	28.4	193.5	207.6	
56.8	11.9	154.6	100.7		
3060.2	1417.4	1718.0	3433.2	3926.4	5804.2
4304.6	2759.1	1950.4	2942.8	6873.1	8458.4

2-62-3　2021年全区城镇居民家庭按可支配收入等距五组分组资料

指标名称	Item	单位	Unit
可支配收入	Disposable Income	元/人	yuan/person
(一)工资性收入	Income from Wages and Salaries	元/人	yuan/person
(二)经营净收入	Net Business Income	元/人	yuan/person
1.第一产业经营净收入	The Primary Industry	元/人	yuan/person
(1)农业	Agriculture	元/人	yuan/person
(2)林业	Forestry	元/人	yuan/person
(3)牧业	Animal Husbandry	元/人	yuan/person
(4)渔业	Fishery	元/人	yuan/person
2.第二产业经营净收入	The Secondary Industry	元/人	yuan/person
(1)工业	Industry	元/人	yuan/person
(2)建筑业	Construction Industry	元/人	yuan/person
3.第三产业经营净收入	The Tertiary Industry	元/人	yuan/person
(1)批发和零售业	Wholesale and Retail Revenue	元/人	yuan/person
(2)交通运输仓储和邮政业	Transportation Industry	元/人	yuan/person
(3)住宿和餐饮业	Hotel and Catering Sectors	元/人	yuan/person
(4)房地产业	Real Estate	元/人	yuan/person
(5)租赁和商务服务业	Leasing and Business Service	元/人	yuan/person
(6)居民服务修理和其他服务业	Residential Services, Repair and Other Services	元/人	yuan/person
(7)其他	Others	元/人	yuan/person
(8)农林牧渔服务业	Agriculture, Forestry, Animal Husbandry and Fishery Services	元/人	yuan/person
(三)财产净收入	Income from Property	元/人	yuan/person
1红利收入	Dividend Income	元/人	yuan/person
#2.转让承包土地经营权租金收入	Rental Income from the Management Rights Transfer of Land Contracted	元/人	yuan/person
(四)转移净收入	Income from Transfer	元/人	yuan/person
#1养老金或离退休金	Pension or Retirement Benefits	元/人	yuan/person
2.报销医疗费	Reimbursement of Medical Expenses	元/人	yuan/person
3.政策性惠农补贴	Political Subsidy Supporting Agriculture	元/人	yuan/person
现金可支配收入	Cash Disposable Income	元/人	yuan/person
实物可支配收入	Physical Disposable Income	元/人	yuan/person

Basic Statistics of Grouped by per Capita Disposable Income Quintile for Urban Households (2021)

总计 Total	20%低收入户 20% Low Income	20%中低收入户 20% Lower-middle Income	20%中等收入户 20% Middle Income	20%中上收入户 20% Upper-middle Income	20%高收入户 20% High Income
38290.7	12543.3	23478.1	34812.7	50854.4	84965.3
25908.1	8843.5	15962.7	22896.2	31997.3	60217.4
3660.0	3438.0	4186.2	4953.3	4005.4	1403.3
360.8	190.6	437.0	538.5	620.8	16.5
347.0	282.4	451.1	500.3	440.0	22.6
3.9	4.5	13.6	0.4	-1.2	
9.9	-96.1	-27.7	37.7	182.0	-6.1
0.0	-0.1				
506.5	320.7	65.4	1045.8	855.2	355.0
43.4			20.8	220.1	0.7
463.0	320.7	65.4	1025.0	635.1	354.3
2792.7	2926.6	3683.8	3369.1	2529.4	1031.7
1250.8	1586.2	1543.0	1484.1	1021.0	362.7
673.2	875.3	1303.0	608.7	345.4	-23.2
187.6	71.7	236.5	89.7	563.3	
0.1					0.4
19.1		86.0			
554.3	258.7	406.5	1131.2	370.8	691.9
81.3	105.0	105.5	55.4	124.3	
26.5	29.7	3.4		104.6	0.0
1291.7	358.3	742.8	753.3	1571.6	3666.2
95.6	12.3	39.0	29.1	48.9	415.4
114.8	100.8	136.1	203.8	79.3	40.8
7430.9	-96.5	2586.4	6209.9	13280.1	19678.4
8953.5	872.7	3423.9	7500.7	14427.1	23560.7
667.0	126.1	420.7	337.6	1238.1	1532.7
103.7	144.1	70.5	195.0	77.1	12.6
36800.3	12611.9	22694.2	33725.2	48496.5	80790.8
1490.5	-68.5	783.9	1087.4	2357.8	4174.5

2-62-3 续表

指标名称	Item	单位	Unit
生活消费支出	Living Expenditure	元/人	yuan/person
(一)食品烟酒	Food, Tobacco and Liquor	元/人	yuan/person
#粮食	Grain	元/人	yuan/person
油脂	Oil and Fats	元/人	yuan/person
肉禽及制品	Meat, Poultry and Processed Products	元/人	yuan/person
蛋类及蛋制品	Eggs and Egg Products	元/人	yuan/person
水产品	Aquatic Products	元/人	yuan/person
蔬菜及菜制品	Vegetables and Vegetable Products	元/人	yuan/person
奶及奶制品	Milk and Processed Products	元/人	yuan/person
烟酒	Tobacco and Wine	元/人	yuan/person
饮料	Beverages	元/人	yuan/person
饮食服务	Catering Service	元/人	yuan/person
(二)衣着	Clothing	元/人	yuan/person
#服装	Garments	元/人	yuan/person
(三)居住	Residence	元/人	yuan/person
#住房维修及管理	Housing Maintenance and Management	元/人	yuan/person
水电燃料及其他	Water, Electricity, Fuels and Others	元/人	yuan/person
(四)生活用品及服务	Household Facilities, Articles and Services	元/人	yuan/person
#家用器具	Home Appliances	元/人	yuan/person
家具及室内装饰品	Articles for Interior Decoration	元/人	yuan/person
家用纺织品	Bed Articles	元/人	yuan/person
家庭日用杂品	Household Articles for Daily Use	元/人	yuan/person
(五)交通通信	Transport and Communications	元/人	yuan/person
#交通	Transport	元/人	yuan/person
通信	Communications	元/人	yuan/person
(六)教育文化娱乐	Education, Culture and Recreation	元/人	yuan/person
文化娱乐	Culture and Recreation	元/人	yuan/person
#教育	Education	元/人	yuan/person
(七)医疗保健	Health Care and Medical Services	元/人	yuan/person
#医疗器具及药品	Medical Instrument and Medicine	元/人	yuan/person
(八)其他用品及服务	Other Commodities and Services	元/人	yuan/person
服务性消费支出	Consumption Expenditure for Service	元/人	yuan/person
商品性消费支出	Consumption Expenditure for Commodity	元/人	yuan/person

continued

总计 Total	20%低收入户 20% Low Income	20%中低收入户 20% Lower-middle Income	20%中等收入户 20% Middle Income	20%中上收入户 20% Upper-middle Income	20%高收入户 20% High Income
25385.6	16914.4	19231.0	23082.7	29730.6	43563.4
6689.8	4675.6	5175.2	6541.7	8190.3	10117.5
588.5	524.3	514.6	568.9	615.0	772.0
150.7	137.5	133.0	143.8	178.6	171.0
1429.1	1084.2	1265.5	1411.1	1780.4	1780.1
96.7	82.6	75.3	96.3	110.2	131.2
123.7	62.4	78.1	106.2	166.7	245.5
495.0	392.2	415.7	489.5	563.2	679.4
316.1	269.8	215.5	286.0	335.7	529.0
541.3	291.2	406.9	556.8	775.8	805.2
148.7	103.6	118.6	151.8	177.8	217.6
1822.2	996.2	1234.7	1794.9	2341.1	3246.9
1896.7	1154.0	1352.0	1749.0	2059.7	3665.9
1543.5	894.0	1075.3	1393.4	1678.8	3112.3
4610.0	3601.4	3071.7	4076.7	4787.1	8506.4
924.1	1163.5	310.4	953.4	559.5	1754.2
1145.8	821.0	923.5	1040.1	1270.8	1889.1
1568.6	1008.5	996.0	1459.9	1641.1	3168.5
322.8	151.0	230.9	309.3	310.8	715.4
259.0	172.8	94.8	205.8	296.7	620.1
125.1	86.2	84.1	135.9	129.0	217.4
274.6	214.6	193.9	263.4	292.5	460.3
4233.1	2559.1	3008.5	4312.4	5065.6	7242.5
3452.9	1957.4	2334.3	3490.0	4228.1	6179.6
780.2	601.7	674.2	822.4	837.5	1062.9
3075.7	2357.0	3014.4	2537.8	3071.2	4802.8
726.4	324.5	425.4	572.3	998.0	1583.4
2349.3	2032.5	2589.0	1965.5	2073.2	3219.3
2559.2	1234.4	2068.5	1705.5	3843.3	4706.6
748.5	443.7	528.3	531.1	944.7	1514.9
752.4	324.4	544.8	699.7	1072.2	1353.2
10901.8	6704.6	8777.5	9178.8	13133.8	19273.9
14483.8	10209.8	10453.5	13903.9	16596.8	24289.4

2-62-4 2021年全区城镇居民家庭按可支配收入等距五组分组资料

指标名称	Item	单位	Unit
一、粮食消费量	Grain	公斤/人	kg/person
(一)谷物消费量	Cereal	公斤/人	kg/person
1.小麦	Wheat	公斤/人	kg/person
2.稻谷	Rice	公斤/人	kg/person
3.玉米	Corn	公斤/人	kg/person
4.其他谷物	Others	公斤/人	kg/person
(二)薯类消费量	Tubers	公斤/人	kg/person
(三)豆类消费量	Beans	公斤/人	kg/person
二、油脂类消费量	Grease	公斤/人	kg/person
三、蔬菜及菜制品消费量	Vegetables and Processed Products	公斤/人	kg/person
四、肉禽及其制品	Meat, Poultry and Processed Products	公斤/人	kg/person
1.猪肉	Pork	公斤/人	kg/person
2.牛肉	Beef	公斤/人	kg/person
3.羊肉	Mutton	公斤/人	kg/person
4.家禽	Poultry	公斤/人	kg/person
5.其他肉禽及制品	Others	公斤/人	kg/person
五、蛋类及蛋制品	Eggs and Processed Products	公斤/人	kg/person
六、水产品	Aquatic Products	公斤/人	kg/person
七、奶和奶制品	Milk and Processed Products	公斤/人	kg/person
八、糖果糕点类	Confection and Pastry	公斤/人	kg/person
九、干鲜瓜果类	Melon and Fruits	公斤/人	kg/person
十、烟叶	Tobacco Leaf	公斤/人	kg/person
十一、酒	Liquor	公斤/人	kg/person
十二、饮料	Beverages	公斤/人	kg/person
耐用消费品	Durable Consumer Goods		
家用汽车	Automobile	辆/百户	unit/100 households
摩托车	Motorcycle	辆/百户	unit/100 households
助力车	Powered Bicycle	台/百户	unit/100 households
洗衣机	Washing Machine	台/百户	unit/100 households
电冰箱(柜)	Refrigerator	台/百户	unit/100 households
微波炉	Microwave Oven	台/百户	unit/100 households
彩色电视机	Color TV Set	台/百户	unit/100 households
空调	Air Conditioner	台/百户	unit/100 households
热水器	Water Heater	台/百户	unit/100 households
洗碗机	Dishwasher	台/百户	unit/100 households
排油烟机	Smoke Exhaust Ventilator	台/百户	unit/100 households
固定电话	Telephone	线/百户	unit/100 households
移动电话	Mobile Telephone	部/百户	unit/100 households
其中：接入互联网	Internet Mobile Telephone	部/百户	unit/100 households
计算机	Computer	台/百户	unit/100 households
其中：接入互联网	Internet Computer	台/百户	unit/100 households
照相机	Camera	台/百户	unit/100 households
中高档乐器	Secondary and Top Grade Musical Instrument	架/百户	unit/100 households
健身器材	Body-building Apparatus	台/百户	unit/100 households
空气净化器(含新风系统)	Air Purifier (Include Fresh Air System)	台/百户	unit/100 households
吸尘器	Vacuum Cleaner	台/百户	unit/100 households

Basic Statistics of Grouped by per Capita Disposable Income Quintile for Urban Households (2021)

总计 Total	20%低收入户 20% Low Income	20%中低收入户 20% Lower-middle Income	20%中等收入户 20% Middle Income	20%中上收入户 20% Upper-middle Income	20%高收入户 20% High Income
100.0	102.3	96.4	103.8	103.6	93.2
91.9	95.1	89.6	95.5	94.5	83.2
52.5	54.9	48.8	55.5	55.8	46.7
35.5	36.8	37.5	36.3	34.5	31.1
0.7	0.6	1.1	0.4	0.5	0.8
3.2	2.8	2.2	3.3	3.7	4.6
1.5	1.7	1.1	1.5	1.5	1.9
6.6	5.4	5.8	6.9	7.6	8.1
8.4	8.2	7.6	8.2	9.6	8.5
103.7	90.1	94.7	104.6	115.9	120.8
29.3	24.1	26.9	29.6	35.4	33.2
9.1	7.3	8.8	9.2	11.3	9.5
5.1	4.6	4.3	4.4	6.2	6.5
5.3	3.2	4.9	6.0	6.5	6.4
6.6	6.8	6.2	6.3	7.1	6.5
3.3	2.2	2.7	3.6	4.3	4.3
9.0	8.1	7.1	9.0	10.2	11.5
4.0	2.4	2.8	4.0	5.4	6.2
19.5	16.5	14.8	18.9	20.6	29.7
5.9	4.5	4.3	6.5	7.3	7.4
85.7	74.1	74.0	83.4	98.2	106.9
28.2	19.9	27.0	31.9	38.1	26.5
3.6	2.8	2.9	4.2	4.9	3.3
0.3	0.1	0.2	0.3	0.4	0.2
46	35	40	43	54	60
11	21	15	9	6	4
66	81	90	67	56	34
102	101	101	103	102	104
101	98	102	100	101	105
54	40	50	51	55	72
103	101	103	102	101	109
23	11	15	17	25	50
100	100	97	100	101	102
1	0	1	1	1	4
92	86	86	92	97	98
2	1	0	2	2	4
249	263	269	248	237	228
242	256	264	239	227	224
57	44	52	50	63	78
52	36	44	47	58	73
8	2	2	5	12	18
9	4	5	8	11	18
5	2	3	5	4	11
6	1	2	8	7	10
10	6	5	8	13	18

2-63　2021年全区农村居民家庭按可支配收入等距五组分组资料

指标名称	Item	单位	Unit
一、家庭人口基本情况	Basic Statistics of Households Surveyed		
(一)户均常住人口	Average Number of Permanent Residents per Household	人/户	person/household
(二)户均常住从业人口	Average Number of Employed Persons per Household	人/户	person/household
(三)平均每户家庭从业人口比重	Proportion of Employed Persons per Household	%	%
(四)平均每一从业人口负担人数	Average Number of Dependency Coefficient per Employed Persons	人	person
(五)平均每户供养的在校学生	Supported Students in School by the Family	人/户	person/household
(六)户均整半劳动力人口	Whole and Half Labor Force per Household	人/户	person/household
(七)平均每户家庭整半劳动力人口比重	Proportion of Whole and Half Labor Force per Household	%	%
(八)常住劳动力年龄构成	Age Composition of Permanent Employed Persons		
1.16-19岁	Aged 16-19	%	%
2.20-24岁	Aged 20-24	%	%
3.25-29岁	Aged 25-29	%	%
4.30-34岁	Aged 30-34	%	%
5.35-40岁	Aged 35-40	%	%
6.41-50岁	Aged 41-50	%	%
7.51-60岁	Aged 51-60	%	%
8.61-65岁	Aged 61-65	%	%
9.66岁及以上	Aged 66 and over	%	%
(九)常住就业劳动力文化程度	Culture Level of Employed Labors		
1.不识字或识字很少	Illiterate and Semi-illiterate	%	%
2.小学程度	Primary School	%	%
3.初中程度	Junior Middle School	%	%
4.高中程度	Senior Middle School	%	%
5.大专及以上	College and Higher	%	%
6.大学本科	Bachelor Degree	%	%
7.研究生	Postgraduate	%	%
(十)常住就业劳动力就业类型	Type of Employment of Permanent Employed Persons		
1.雇主	Employer	%	%
2.公职人员	Civil Servants	%	%
3.事业单位人员	Institution Officers	%	%
4.国有企业雇员	State-owned Enterprises Employees	%	%
5.其他雇员	Other Employees	%	%
6.农业自营	Self-employed of Agriculture	%	%
7.非农业自营	Self-employed of Non-agriculture	%	%

Basic Statistics of Grouped by per Capita Disposable Income Quintile for Rural Households (2021)

总计 Total	20%低收入户 20% Low Income	20%中低收入户 20% Lower-middle Income	20%中等收入户 20% Middle Income	20%中上收入户 20% Upper-middle Income	20%高收入户 20% High Income
3.7	4.4	4.3	3.8	3.3	2.6
2.0	1.9	2.1	2.0	1.9	1.9
53.0	44.1	47.9	54.3	55.7	71.0
1.9	2.3	2.1	1.8	1.8	1.4
0.9	1.3	1.3	0.9	0.7	0.3
2.4	2.4	2.6	2.4	2.3	2.2
64.6	55.5	60.0	64.1	69.2	82.2
0.9	1.0	0.8	0.6	1.0	0.9
3.8	2.8	6.4	4.0	2.9	2.8
6.1	6.2	7.1	7.9	4.6	4.1
8.6	13.1	8.9	6.5	9.8	4.4
11.4	18.4	13.2	9.7	10.3	4.7
22.6	18.0	28.1	22.4	26.4	17.7
27.4	21.1	18.6	28.8	27.3	43.8
6.6	5.4	4.8	8.3	6.6	8.6
12.4	14.1	12.1	11.8	11.1	13.1
16.6	23.4	15.7	16.7	16.0	10.4
33.7	35.0	35.5	35.6	29.7	32.1
37.7	32.8	36.9	36.0	41.5	42.0
9.3	7.4	8.3	10.3	9.6	11.2
1.9	1.3	2.7	1.3	1.7	2.3
0.8	0.1	0.6	0.1	1.4	2.0
0.1		0.4		0.1	
0.0				0.1	
0.2				0.2	0.9
0.1				0.2	0.5
43.0	34.5	54.0	48.0	46.1	31.3
47.7	58.9	40.8	46.0	39.7	53.7
8.9	6.6	5.2	6.0	13.7	13.6

2-63 续表

指标名称	Item	单位	Unit
二、家庭经营情况	Basic Statistics of Business of Households Surveyed		
(一)生产经营户	Production Households	%	%
1.农业户	Agriculture Households	%	%
2.农业兼业户	Agriculture with Combined Occupations	%	%
3.非农业兼业户	Non-agriculture with Combined Occupations	%	%
4.非农业户	Non-agriculture Households	%	%
(二)非生产经营户	Non-production Households	%	%
三、年末生产性固定资产原价	Original Price of Productive Fixed Assets Year-end	元/户	yuan/household
(一)第一产业固定资产原价	The Primary Industry	元/户	yuan/household
1.农业固定资产原价	Agriculture	元/户	yuan/household
2.林业固定资产原价	Forestry	元/户	yuan/household
3.牧业固定资产原价	Animal Husbandry	元/户	yuan/household
4.渔业固定资产原价	Fishery	元/户	yuan/household
5.农林牧渔专业及辅助性活动固定资产原价	Agriculture, Forestry, Animal Husbandry, Fishery and Auxiliary Activities	元/户	yuan/household
(二)第二产业固定资产原价	The Secondary Industry	元/户	yuan/household
1.采矿业固定资产原价	Mining Industry	元/户	yuan/household
2.制造业固定资产原价	Manufacturing Industry	元/户	yuan/household
3.电力热力燃气及水生产和供应业	Production and Supply of Electric, Heat, Gas and Water	元/户	yuan/household
4.建筑业固定资产原价	Construction Industry	元/户	yuan/household
(三)第三产业固定资产原价	The Tertiary Industry	元/户	yuan/household
1.批发和零售业	Wholesales and Retail Trade	元/户	yuan/household
2.交通运输仓储和邮政业	Transportation, Warehousing and Postal Services	元/户	yuan/household
3.住宿和餐饮业	Hotel and Catering Sectors	元/户	yuan/household
4.房地产业	Real Estate	元/户	yuan/household
5.租赁和商务服务业	Leasing and Business Service	元/户	yuan/household
6.居民服务修理和其他服务业	Residential Services, Repair and Other Services	元/户	yuan/household
7.其他行业	Others	元/户	yuan/household
四、年末主要生产性固定资产数量	Quantity of Main Productive Fixed Assets Year-end		
1.农业生产性用房及建筑物	House and Buildings for Agricultural Production	平方米/百户	sq.m/100 households
2.大中型农用拖拉机	Large and Medium Agrimotor	辆/百户	unit/100 households
3.小型农用拖拉机	Small Agrimotor	辆/百户	unit/100 households
4.农用排灌动力机械	Drainage and Irrigation Power Machinery for Agriculture	台/百户	unit/100 households
5.插秧机	Rice Transplanter	台/百户	unit/100 households
6.收割机	Harvesting Implements	台/百户	unit/100 households
7.脱粒机	Threshing Machine	台/百户	unit/100 households
8.产品畜	Livestock Products	头/百户	unit/100 households
9.其他农业机械	Other Agricultural Machinery	台/百户	unit/100 households

continued

总计 Total	20%低收入户 20% Low Income	20%中低收入户 20% Lower-middle Income	20%中等收入户 20% Middle Income	20%中上收入户 20% Upper-middle Income	20%高收入户 20% High Income
79.3	56.9	71.3	84.6	85.1	94.2
74.1	82.7	78.1	81.3	64.4	69.1
6.4	0.6	8.4	2.7	8.9	8.7
7.6	7.8	6.1	8.5	7.5	7.8
12.0	8.9	7.3	7.4	19.2	14.5
20.7	43.1	28.7	15.4	14.9	5.8
45723.1	47593.4	32558.4	46965.8	47367.0	54087.3
28849.5	36984.8	19345.4	29204.1	24130.2	34569.4
11639.3	12088.1	7556.4	14693.6	11338.4	12507.2
15.3		14.9	36.4	6.1	19.1
16763.8	23854.3	11173.3	14474.1	12416.8	21897.0
431.1	1042.4	600.7		368.8	146.0
268.1	478.5	218.6		188.6	454.9
37.8				188.6	
230.3	478.5	218.6			454.9
16605.5	10130.0	12994.4	17761.7	23048.2	19063.0
3091.6	1864.7	771.5	4763.6	3121.4	4924.3
11370.1	7817.2	10832.9	9013.1	17127.1	12049.7
1449.1	110.6	1390.0	3790.7	847.5	1103.0
202.9	38.2		194.3	584.1	197.1
491.7	299.4			1368.2	788.9
7872.2	9840.6	6273.8	7657.2	6703.7	8884.7
4.2	4.4	1.4	4.6	6.3	4.3
41.7	45.0	34.7	42.2	36.7	49.9
1.3	0.4	0.7	1.6	0.6	3.1
1.0			1.2	1.8	2.0
6.1	5.6	3.1	6.8	3.6	11.2
98.8	146.9	65.5	88.5	91.8	101.5
41.2	49.9	30.6	27.7	37.4	60.4

2-63-1　2021年全区农村居民家庭按可支配收入等距五组分组资料

指标名称	Item	单位	Unit
一、期末现住房情况	Current House Condition of Term End		
(一)住房面积	Housing Area		
人均现住房面积	Per Capita Current Housing Area	平方米/人	sq.m/person
户均现住房面积	Per Household Current Housing Area	平方米/户	sq.m/household
人均自有现住房面积	Per Capita Self-owned Current Housing Area	平方米/人	sq.m/person
户均自有现住房面积	Per Household Self-owned Current Housing Area	平方米/户	sq.m/household
(二)住房市场价月租金	Monthly Rent of Housing		
现住房市场价月租金	Monthly Rent of Current Housing	元/人	yuan/person
自有现住房市场价月租金	Monthly Rent of Self-owned Current Housing	元/人	yuan/person
二、期末现住房购成	Current Housing Constitute of Term End		
(一)本住户居住空间样式	House Construction Space Style	%	%
1.单栋楼房	Single Building	%	%
2.单栋平房	Single Bungalow	%	%
3.四居室及以上单元房	House with Four Bedrooms and Above	%	%
4.三居室单元房	House with Three Bedrooms	%	%
5.二居室单元房	House with Two Bedrooms	%	%
6.一居室单元房	House with One Bedrooms	%	%
7.其他	Others	%	%
(二)主要建筑材料	Main Building Materials	%	%
1.钢筋混凝土	Reinforced Concrete	%	%
2.砖混材料	Brick and Concrete	%	%
3.砖瓦砖木	Brick and Wood	%	%
4.竹草土坯	Bamboo Grass Adobe	%	%
5.其他	Others	%	%
(三)现住房房屋来源	Current Housing Source	%	%
1.租赁公房	Public House Leasing	%	%
2.租赁私房	Private House Leasing	%	%
3.自建住房	Self-built Housing	%	%
4.购买商品房	Commercial Residential Building	%	%
5.购买房改住房	Reformed Housing	%	%
6.购买保障性住房	Security Housing	%	%
7.拆迁安置房	Removal Settlement Housing	%	%
8.继承或获赠住房	Inheritance or Gift Housing	%	%
9.免费借用房	Borrow Housing for Free	%	%
10.雇主提供免费住房	Provide Free Housing from Employer	%	%
11.其他	Others	%	%
(四)现住房建筑面积	Buildings Area for Current Housing	%	%
1.10平方米以内	Less than 10 sq.m	%	%
2.10-20平方米	10-20 sq.m	%	%
3.20-30平方米	20-30 sq.m	%	%
4.30-60平方米	30-60 sq.m	%	%
5.60-90平方米	60-90 sq.m	%	%
6.90-120平方米	90-120 sq.m	%	%
7.120-200平方米	120-200 sq.m	%	%
8.200平方米以上	200 sq.m above	%	%

Basic Statistics of Grouped by per Capita Disposable Income Quintile for Rural Households (2021)

总计 Total	20%低收入户 20% Low Income	20%中低收入户 20% Lower-middle Income	20%中等收入户 20% Middle Income	20%中上收入户 20% Upper-middle Income	20%高收入户 20% High Income
32.7	28.9	29.7	33.2	38.1	47.1
120.8	102.5	98.2	96.7	101.6	117.2
32.3	26.5	28.4	31.2	37.6	43.5
119.4	116.6	123.2	116.9	125.5	114.5
77.1	61.7	65.1	66.8	97.7	110.7
76.1	60.2	64.8	66.4	95.9	110.2
1.1	0.9	2.5		1.9	0.2
93.2	97.0	91.7	97.9	90.0	89.2
0.1		0.1		0.0	
1.7	0.6	2.9	0.7	3.1	1.0
3.6	1.5	1.5	1.3	4.4	9.3
0.3		0.8		0.4	0.3
4.8	3.2	6.3	1.7	8.0	4.9
36.1	23.4	34.1	40.8	42.6	39.2
59.1	73.4	59.5	57.5	49.3	55.8
0.2		0.8		0.4	
0.6	1.0		0.7	0.9	0.3
91.0	97.0	87.2	95.3	87.1	88.3
2.5	0.8	4.2	1.0	4.5	2.1
0.6	0.6	1.5		0.8	0.0
4.4	0.5	5.4	2.6	4.5	8.8
0.4		0.9		0.9	
0.4			0.4	0.9	0.5
0.0					0.2
7.2	12.4	6.1	8.4	5.8	3.5
20.5	20.8	17.5	18.7	15.8	29.7
33.6	28.5	35.3	32.3	34.2	37.5
33.1	33.4	34.0	38.1	35.5	24.8
5.5	4.9	7.0	2.5	8.7	4.3

2-63-1 续表

指标名称	Item	单位	Unit
(五)住户主要饮用水来源情况	Main Sources of Drinking Water for Households	%	%
1.经过净化处理的自来水	Purified Tap Water	%	%
2.受保护的井水和泉水	Protected Well and Spring Water	%	%
3.不受保护的井水和泉水	Unprotected Well and Spring Water	%	%
4.江河湖泊水	River and Lake Water	%	%
5.收集雨水	Collect Rainwater	%	%
6.桶装水	Barreled Water	%	%
7.其他水源	Other Water	%	%
(六)厨房使用情况	Kitchen Usage	%	%
1.住宅内独用	Use Alone in the House	%	%
2.住宅内合用	Residential Sharing	%	%
3.院内独用	Use Alone in the Courtyard	%	%
4.院内合用	Share in the Courtyard	%	%
5.其他地方独用	Use Alone Other Places	%	%
6.其他地方合用	Share Other Places	%	%
7.无厨房	No Kitchen	%	%
(七)主要炊用能源状况	Main Energy Condition for Cooking	%	%
1.柴草	Firewood	%	%
2.煤炭	Coal	%	%
3.罐装液化石油气	Canned Liquefied Petroleum Gas	%	%
4.管道液化石油气	Pipeline Liquefied Petroleum Gas	%	%
5.管道煤气	Pipeline Coal Gas	%	%
6.管道天然气	Pipeline Natural Gas	%	%
7.电	Electricity	%	%
8.燃料用油	Fuel Oils	%	%
9.沼气	Biogas	%	%
10.其他	Others	%	%
11.无炊用行为	No Heating Behavior	%	%
(八)住户厕所类型	Residence Toilet Type	%	%
1.水冲式卫生厕所	Water Flushing Sanitary Toilet	%	%
2.水冲式非卫生厕所	Water Flushing Insanitary Toilet	%	%
3.卫生旱厕	Sanitary Pit Latrine	%	%
4.普通旱厕	General Pit Latrine	%	%
5.无厕所	No Toilet	%	%
(九)住户厕所使用情况	Using Condition for Residence Toilet	%	%
1.住宅内独用	Use Alone in the House	%	%
2.住宅内合用	Residential Sharing	%	%
3.院内独用	Use Alone in the Courtyard	%	%
4.院内合用	Share in the Courtyard	%	%
5.其他地方独用	Use Alone Other Places	%	%
6.其他地方合用	Share Other Places	%	%
7.公用厕所	Public Toilet	%	%
(十)住户主要取暖设备状况	Main Heating Equipment Condition for Residence	%	%
1.由市政或小区集中供暖	Central Heating by Government or Housing Estate	%	%
2.自行供暖	Self Heating	%	%
3.无取暖设备	No Heating Equipment	%	%

continued

总计 Total	20%低收入户 20% Low Income	20%中低收入户 20% Lower-middle Income	20%中等收入户 20% Middle Income	20%中上收入户 20% Upper-middle Income	20%高收入户 20% High Income
97.5	96.4	99.4	97.5	97.5	96.9
2.5	3.6	0.6	2.5	2.5	3.1
71.4	65.2	68.4	67.7	75.5	80.3
1.0	0.8	3.1		0.6	0.6
27.5	34.0	28.4	32.3	23.9	19.1
0.0					0.1
1.6	4.4	2.3	0.9	0.2	
7.2	8.3	6.8	8.4	6.3	6.4
15.0	10.2	9.6	12.7	20.9	21.3
5.8	3.3	3.8	3.8	5.8	12.3
70.4	73.8	77.5	74.2	66.5	60.1
0.1				0.3	
30.7	17.5	28.6	27.5	36.8	42.9
2.6	2.4	2.6	1.3	3.9	2.7
14.4	15.1	13.2	15.7	13.1	15.1
52.3	65.1	55.6	55.5	46.2	39.3
50.2	36.1	55.3	46.5	53.5	59.5
0.2		0.6			0.2
46.1	59.4	39.4	49.7	43.7	38.4
0.1	0.7	0.0			
3.0	3.8	3.6	3.4	2.8	1.4
0.3		1.0	0.4		
3.1	2.2	4.5		5.9	3.0
96.8	97.8	95.5	100.0	93.7	97.0
0.1				0.3	

2-63-2　2021年全区农村居民家庭按可支配收入等距五组分组资料

指标名称	Item	单位	Unit
全年总收入	Total Revenue	元/人	yuan/person
1.工资性收入	Income from Wages and Salaries	元/人	yuan/person
2.经营性收入	Business Income	元/人	yuan/person
(1)第一产业收入	The Primary Industry	元/人	yuan/person
农业收入	Agriculture	元/人	yuan/person
林业收入	Forestry	元/人	yuan/person
牧业收入	Animal Husbandry	元/人	yuan/person
渔业收入	Fishery	元/人	yuan/person
(2)第二产业收入	The Secondary Industry	元/人	yuan/person
工业收入	Industry	元/人	yuan/person
建筑业收入	Construction Industry	元/人	yuan/person
(3)第三产业收入	The Tertiary Industry	元/人	yuan/person
批发零售业收入	Wholesale and Retail Revenue	元/人	yuan/person
交通运输业收入	Transportation Industry	元/人	yuan/person
住宿和餐饮业	Hotel and Catering Sectors	元/人	yuan/person
房地产业	Real Estate	元/人	yuan/person
租赁和商务服务业	Leasing and Business Service	元/人	yuan/person
居民服务修理和其他服务业	Residential Services, Repair and Other Services	元/人	yuan/person
其他	Others	元/人	yuan/person
农林牧渔服务业	Agriculture, Forestry, Animal Husbandry and Fishery Services	元/人	yuan/person
3.财产性收入	Income from Property	元/人	yuan/person
红利收入	Dividend Income	元/人	yuan/person
#转让承包土地经营权租金收入	Rental Income from the Management Rights Transfer of Land Contracted	元/人	yuan/person
4.转移性收入	Income from Transfer	元/人	yuan/person
#养老金或离退休金	Pension or Retirement Benefits	元/人	yuan/person
报销医疗费	Reimbursement of Medical Expenses	元/人	yuan/person
政策性惠农补贴	Political Subsidy Supporting Agriculture	元/人	yuan/person
5.非收入所得	Non-income Revenue	元/人	yuan/person
(1)出售资产所得	Proceeds from Sale of Assets	元/人	yuan/person
(2)非经常性转移所得	Income from Non-recurrent Transfers	元/人	yuan/person
(3)其他非收入所得	Other Non-income Revenue	元/人	yuan/person
6.借贷性所得	Borrowing Income	元/人	yuan/person
(1)提取储蓄存款	Dissaving	元/人	yuan/person
(2)借入款	Borrowed	元/人	yuan/person
(3)收回借出款	Recall the Loan	元/人	yuan/person

Basic Statistics of Grouped by per Capita Disposable Income Quintile for Rural Households (2021)

总计 Total	20%低收入户 20% Low Income	20%中低收入户 20% Lower-middle Income	20%中等收入户 20% Middle Income	20%中上收入户 20% Upper-middle Income	20%高收入户 20% High Income
24421.8	14463.9	15927.7	21249.2	28894.9	53755.8
5688.7	3419.6	5992.3	5403.6	7016.4	7691.8
14309.5	8230.5	6860.5	11505.0	17095.4	37089.5
11089.6	6577.4	5584.8	9922.7	11809.4	28364.0
4937.0	2495.7	2322.5	5222.8	5493.9	12169.7
97.0	6.4	83.8	128.6	126.8	186.9
6055.6	4075.3	3178.5	4571.3	6188.7	16007.4
160.7	710.1	160.7			
48.2				106.8	201.4
112.6	92.9	14.0	9.9	67.6	509.6
3059.2	1560.2	1261.7	1572.4	5111.5	8014.4
799.8	372.9	334.0	425.0	1148.1	2365.7
1681.6	881.9	619.7	800.5	3416.6	3808.1
185.2	159.6	232.5	167.1	19.9	385.6
4.7	19.6				0.5
120.0	2.7	25.7	32.3	74.2	652.7
112.9	9.9			356.8	321.0
154.9	113.6	49.7	147.6	95.9	480.8
532.9	208.8	244.3	383.6	617.4	1650.3
50.2	2.0	8.3	12.8	6.2	308.3
320.5	186.4	185.8	357.2	380.3	636.1
3890.7	2605.0	2830.6	3957.0	4165.8	7324.2
1254.4	358.6	703.5	963.0	1504.2	3746.2
360.8	138.1	268.4	392.1	367.6	829.4
780.6	729.4	504.9	830.4	862.7	1142.8
2471.6	2073.8	1141.8	2036.9	3079.1	5160.9
780.9	542.0	244.5	471.3	966.2	2262.5
1651.6	1496.1	847.7	1519.0	2081.7	2870.7
39.2	35.7	49.6	46.5	31.3	27.6
4086.6	5799.7	2608.1	3424.2	3835.0	4918.9
375.1	483.8	201.7	239.4	287.5	782.0
711.1	851.8	376.0	350.6	1531.6	499.4
68.2	70.6	12.9	60.5	93.2	134.3

2-63-2 续表

指标名称	Item	单位	Unit
(4)收回储蓄性保险本金	Redemption of Deposit Insurance Principal	元/人	yuan/person
(5)银行信用社得到的贷款	Bank Loan	元/人	yuan/person
(6)其他借贷所得	Income from other loans	元/人	yuan/person
全年总支出	Total Expenditure	元/人	yuan/person
1.生活消费支出	Living Expenditure	元/人	yuan/person
2.生产经营费用支出	Expenditure for Household Business	元/人	yuan/person
(1)第一产业生产支出	The Primary Industry	元/人	yuan/person
农业生产支出	Agriculture	元/人	yuan/person
林业生产支出	Forestry	元/人	yuan/person
牧业生产支出	Animal Husbandry	元/人	yuan/person
渔业生产支出	Fishery	元/人	yuan/person
(2)第二产业生产支出	The Secondary Industry	元/人	yuan/person
工业生产支出	Industry	元/人	yuan/person
建筑业生产支出	Construction Industry	元/人	yuan/person
(3)第三产业生产支出	The Tertiary Industry	元/人	yuan/person
批发和零售业	Wholesale and Retail Revenue	元/人	yuan/person
交通运输仓储和邮政业	Transportation Industry	元/人	yuan/person
住宿和餐饮业	Hotel and Catering Sectors	元/人	yuan/person
房地产业	Real Estate	元/人	yuan/person
租赁和商务服务业	Leasing and Business Service	元/人	yuan/person
居民服务修理和其他服务业	Residential Services, Repair and Other Services	元/人	yuan/person
其他	Others	元/人	yuan/person
农林牧渔服务业	Agriculture, Forestry, Animal Husbandry and Fishery Services	元/人	yuan/person
3.财产性支出	Property Expenditure	元/人	yuan/person
4.转移性支出	Transfer Expenditure	元/人	yuan/person
5.部分商业保险支出	Commercial Insurance Expenditure	元/人	yuan/person
6.购置资产及非经常性转移支出	Acquisition of Assets and Non-recurrent Transfer Expenses	元/人	yuan/person
(1)建造住房支出	Build Housing	元/人	yuan/person
(2)购买住房支出	Purchase House	元/人	yuan/person
(3)购建第一产业生产性固定资产	Purchase and Build the Productive Fixed Assets of the Primary Industry	元/人	yuan/person
(4)购建第二产业生产性固定资产支出	Purchase and Build the Productive Fixed Assets of the Secondary Industry	元/人	yuan/person
(5)购建第三产业生产性固定资产支出	Purchase and Build the Productive Fixed Assets of the Tertiary Industry	元/人	yuan/person
(6)非经常性转移支出	Non-recurrent Transfer Expenditures	元/人	yuan/person
7.借贷性支出	Borrowing Expenditure	元/人	yuan/person

continued

总计 Total	20%低收入户 20% Low Income	20%中低收入户 20% Lower-middle Income	20%中等收入户 20% Middle Income	20%中上收入户 20% Upper-middle Income	20%高收入户 20% High Income
20.4		86.7	0.6		
2890.6	4393.2	1871.2	2773.1	1882.9	3503.2
21.2	0.2	59.5		39.8	
30923.3	26527.3	21493.0	26543.2	34276.2	55671.7
13535.7	10321.2	11655.6	12699.1	14936.7	21381.1
7346.4	8658.4	4103.1	5565.2	7154.1	13253.3
6500.2	7737.3	3695.2	5376.5	6086.4	11159.1
2044.2	1476.5	1073.7	2295.7	2074.1	4182.8
28.4	2.2	26.6	50.0	22.4	52.1
4427.4	6258.6	2594.8	3030.8	3989.9	6923.5
0.1			0.0		0.7
41.8	24.2	1.3	3.4	89.4	131.6
17.5				56.7	50.5
24.3	24.2	1.3	3.4	32.7	81.1
804.4	897.0	406.6	185.3	978.4	1962.7
27.7	18.2	16.1	33.9	35.4	43.9
686.8	775.5	375.8	114.1	844.7	1664.1
27.3	14.2	0.2	17.5	12.6	126.0
0.7	2.7				
4.1	2.0		0.1	12.7	9.0
30.2	68.0		0.0	47.3	37.9
27.7	16.4	14.6	19.7	25.6	81.8
180.4	212.0	103.4	177.9	248.5	171.4
732.6	541.4	628.8	663.8	953.4	1039.2
105.0	65.6	85.2	102.4	146.3	154.0
5702.1	4084.4	2767.7	4194.4	6052.2	14903.1
389.6	414.7	228.2	339.8	851.8	97.4
1251.7	507.3	590.7	10.4	185.1	6690.6
820.8	1048.4	464.5	664.6	1052.9	953.5
7.1	3.8				43.5
667.9	567.2	10.8	1044.9	281.8	1864.3
2554.5	1543.0	1473.5	2134.8	3680.1	5180.3
3321.0	2644.3	2149.1	3140.5	4784.9	4769.5

2-63-3 2021年全区农村居民家庭按可支配收入等距五组分组资料

指标名称	Item	单位	Unit
可支配收入	Disposable Income	元/人	yuan/person
(一)工资性收入	Income from Wages and Salaries	元/人	yuan/person
(二)经营净收入	Net Business Income	元/人	yuan/person
1.第一产业经营净收入	The Primary Industry	元/人	yuan/person
(1)农业	Agriculture	元/人	yuan/person
(2)林业	Forestry	元/人	yuan/person
(3)牧业	Animal Husbandry	元/人	yuan/person
(4)渔业	Fishery	元/人	yuan/person
2.第二产业经营净收入	The Secondary Industry	元/人	yuan/person
(1)工业	Industry	元/人	yuan/person
(2)建筑业	Construction Industry	元/人	yuan/person
3.第三产业经营净收入	The Tertiary Industry	元/人	yuan/person
(1)批发和零售业	Wholesale and Retail Revenue	元/人	yuan/person
(2)交通运输仓储和邮政业	Transportation Industry	元/人	yuan/person
(3)住宿和餐饮业	Hotel and Catering Sectors	元/人	yuan/person
(4)房地产业	Real Estate	元/人	yuan/person
(5)租赁和商务服务业	Leasing and Business Service	元/人	yuan/person
(6)居民服务修理和其他服务业	Residential Services, Repair and Other Services	元/人	yuan/person
(7)其他	Others	元/人	yuan/person
(8)农林牧渔服务业	Agriculture, Forestry, Animal Husbandry and Fishery Services	元/人	yuan/person
(三)财产净收入	Income from Property	元/人	yuan/person
1.红利收入	Dividend Income	元/人	yuan/person
#2.转让承包土地经营权租金收入	Rental Income from the Management Rights Transfer of Land Contracted	元/人	yuan/person
(四)转移净收入	Income from Transfer	元/人	yuan/person
#1.养老金或离退休金	Pension or Retirement Benefits	元/人	yuan/person
2.报销医疗费	Reimbursement of Medical Expenses	元/人	yuan/person
3.政策性惠农补贴	Political Subsidy Supporting Agriculture	元/人	yuan/person
现金可支配收入	Cash Disposable Income	元/人	yuan/person
实物可支配收入	Physical Disposable Income	元/人	yuan/person

Basic Statistics of Grouped by per Capita Disposable Income Quintile for Rural Households (2021)

总计 Total	20%低收入户 20% Low Income	20%中低收入户 20% Lower-middle Income	20%中等收入户 20% Middle Income	20%中上收入户 20% Upper-middle Income	20%高收入户 20% High Income
15336.6	4331.1	10591.4	14008.1	19593.7	37923.4
5688.7	3419.6	5992.3	5403.6	7016.4	7691.8
6137.4	-1148.9	2256.4	5105.5	8996.1	22467.8
4076.2	-1704.3	1601.2	4027.4	5248.9	16334.1
2682.5	836.1	1132.5	2666.1	3193.5	7670.5
68.3	4.2	56.9	77.9	104.3	134.4
1325.4	-2544.6	411.7	1283.4	1951.1	8529.9
-0.1			0.0		-0.7
114.1	61.5	9.3	6.5	81.3	568.0
30.0				46.4	150.9
84.1	61.5	9.3	6.5	34.9	417.0
1947.1	494.0	645.9	1071.6	3665.9	5565.8
716.3	326.4	306.1	306.5	1050.4	2197.2
789.4	-12.0	77.3	526.2	2230.1	1839.1
131.8	143.7	210.9	82.2	-9.7	231.7
-0.7	-2.7				
4.7	19.6				0.5
112.3	0.1	25.7	28.8	49.9	638.7
73.9	-62.6		0.0	282.2	263.2
119.4	81.5	25.9	127.9	62.9	395.3
352.5	-3.2	140.9	205.7	368.9	1478.9
50.2	2.0	8.3	12.8	6.2	308.3
320.5	186.4	185.8	357.2	380.3	636.1
3158.1	2063.6	2201.8	3293.2	3212.4	6284.9
1254.4	358.6	703.5	963.0	1504.2	3746.2
360.8	138.1	268.4	392.1	367.6	829.4
780.6	729.4	504.9	830.4	862.7	1142.8
14882.5	4701.0	10388.6	13741.9	19200.4	35341.2
454.2	-370.0	202.8	266.1	393.3	2582.2

2-63-3 续表

指标名称	Item	单位	Unit
生活消费支出	Living Expenditure	元/人	yuan/person
(一)食品烟酒	Food, Tobacco and Liquor	元/人	yuan/person
#粮食	Grain	元/人	yuan/person
油脂	Oil and Fats	元/人	yuan/person
肉禽及制品	Meat, Poultry and Processed Products	元/人	yuan/person
蛋类及蛋制品	Eggs and Egg Products	元/人	yuan/person
水产品	Aquatic Products	元/人	yuan/person
蔬菜及菜制品	Vegetables and Vegetable Products	元/人	yuan/person
奶及奶制品	Milk and Processed Products	元/人	yuan/person
烟酒	Tobacco and Wine	元/人	yuan/person
饮料	Beverages	元/人	yuan/person
饮食服务	Catering Service	元/人	yuan/person
(二)衣着	Clothing	元/人	yuan/person
#服装	Garments	元/人	yuan/person
(三)居住	Residence	元/人	yuan/person
#住房维修及管理	Housing Maintenance and Management	元/人	yuan/person
水电燃料及其他	Water, Electricity, Fuels and Others	元/人	yuan/person
(四)生活用品及服务	Household Facilities, Articles and Services	元/人	yuan/person
#家用器具	Home Appliances	元/人	yuan/person
家具及室内装饰品	Articles for Interior Decoration	元/人	yuan/person
家用纺织品	Bed Articles	元/人	yuan/person
家庭日用杂品	Household Articles for Daily Use	元/人	yuan/person
(五)交通通信	Transport and Communications	元/人	yuan/person
#交通	Transport	元/人	yuan/person
通信	Communications	元/人	yuan/person
(六)教育文化娱乐	Education, Culture and Recreation	元/人	yuan/person
文化娱乐	Culture and Recreation	元/人	yuan/person
#教育	Education	元/人	yuan/person
(七)医疗保健	Health Care and Medical Services	元/人	yuan/person
#医疗器具及药品	Medical Instrument and Medicine	元/人	yuan/person
(八)其他用品及服务	Other Commodities and Services	元/人	yuan/person
服务性消费支出	Consumption Expenditure for Service	元/人	yuan/person
商品性消费支出	Consumption Expenditure for Commodity	元/人	yuan/person

continued

总计 Total	20%低收入户 20% Low Income	20%中低收入户 20% Lower-middle Income	20%中等收入户 20% Middle Income	20%中上收入户 20% Upper-middle Income	20%高收入户 20% High Income
13535.7	10321.2	11655.6	12699.1	14936.7	21381.1
3941.9	3070.0	3353.2	3749.1	4536.7	5878.5
586.7	535.6	491.4	578.6	612.0	807.4
188.3	160.7	154.3	187.0	220.3	251.0
1220.0	903.8	1012.5	1230.7	1435.2	1798.0
59.6	49.2	53.9	61.0	64.1	78.5
27.9	18.3	24.3	27.8	34.3	41.4
296.0	248.6	244.3	281.3	345.8	417.2
156.4	143.6	173.3	123.7	168.8	180.8
319.3	173.1	248.8	275.7	372.8	672.6
98.3	76.5	76.8	101.1	111.4	149.6
445.6	305.9	404.7	371.2	545.8	723.7
733.0	522.6	652.2	721.8	935.4	975.2
555.3	376.4	478.0	540.7	737.4	769.7
2583.7	1887.9	2165.8	2227.4	3033.1	4364.0
744.7	440.9	602.5	525.6	768.2	1765.2
858.5	664.5	720.8	804.9	991.6	1315.0
760.9	691.9	532.5	672.4	941.8	1146.4
162.4	157.3	84.6	132.5	225.0	261.9
145.0	156.3	76.1	101.3	165.0	276.1
75.8	60.2	53.2	72.9	91.4	123.1
172.3	158.1	140.1	164.5	198.2	227.4
2344.5	1859.7	1941.4	2171.1	2188.0	4256.4
1847.1	1442.5	1525.3	1626.0	1652.2	3609.1
497.4	417.2	416.1	545.0	535.8	647.3
1302.1	1245.1	1499.5	1440.1	1166.1	1049.1
148.7	113.2	105.8	156.3	185.4	221.0
1153.3	1131.9	1393.8	1283.8	980.7	828.2
1603.2	868.9	1330.7	1464.6	1680.6	3370.5
403.3	303.3	321.8	337.0	512.0	659.9
266.5	175.0	180.3	252.6	454.9	340.9
4704.7	3465.0	4399.7	4533.5	4963.6	7182.8
8831.1	6856.2	7255.9	8165.6	9973.1	14198.3

2-63-4 2021年全区农村居民家庭按可支配收入等距五组分组资料

指标名称	Item	单位	Unit
一、粮食消费量	Grain	公斤/人	kg/person
(一)谷物消费量	Cereal	公斤/人	kg/person
1.小麦	Wheat	公斤/人	kg/person
2.稻谷	Rice	公斤/人	kg/person
3.玉米	Corn	公斤/人	kg/person
4.其他谷物	Others	公斤/人	kg/person
(二)薯类消费量	Tubers	公斤/人	kg/person
(三)豆类消费量	Beans	公斤/人	kg/person
二、油脂类消费量	Grease	公斤/人	kg/person
三、蔬菜及菜制品消费量	Vegetables and Processed Products	公斤/人	kg/person
四、肉禽及其制品	Meat, Poultry and Processed Products	公斤/人	kg/person
1.猪肉	Pork	公斤/人	kg/person
2.牛肉	Beef	公斤/人	kg/person
3.羊肉	Mutton	公斤/人	kg/person
4.家禽	Poultry	公斤/人	kg/person
5.其他肉禽及制品	Others	公斤/人	kg/person
五、蛋类及蛋制品	Eggs and Processed Products	公斤/人	kg/person
六、水产品	Aquatic Products	公斤/人	kg/person
七、奶和奶制品	Milk and Processed Products	公斤/人	kg/person
八、糖果糕点类	Confection and Pastry	公斤/人	kg/person
九、干鲜瓜果类	Melon and Fruits	公斤/人	kg/person
十、烟叶	Tobacco Leaf	公斤/人	kg/person
十一、酒	Liquor	公斤/人	kg/person
十二、饮料	Beverages	公斤/人	kg/person
耐用消费品	Durable Consumer Goods		
家用汽车	Automobile	辆/百户	unit/100 households
摩托车	Motorcycle	辆/百户	unit/100 households
助力车	Powered Bicycle	台/百户	unit/100 households
洗衣机	Washing Machine	台/百户	unit/100 households
电冰箱(柜)	Refrigerator	台/百户	unit/100 households
微波炉	Microwave Oven	台/百户	unit/100 households
彩色电视机	Color TV Set	台/百户	unit/100 households
空调	Air Conditioner	台/百户	unit/100 households
热水器	Water Heater	台/百户	unit/100 households
洗碗机	Dishwasher	台/百户	unit/100 households
排油烟机	Smoke Exhaust Ventilator	台/百户	unit/100 households
固定电话	Telephone	线/百户	unit/100 households
移动电话	Mobile Telephone	部/百户	unit/100 households
其中：接入互联网	Internet Mobile Telephone	部/百户	unit/100 households
计算机	Computer	台/百户	unit/100 households
其中：接入互联网	Internet Computer	台/百户	unit/100 households
照相机	Camera	台/百户	unit/100 households
中高档乐器	Secondary and Top Grade Musical Instrument	架/百户	unit/100 households
健身器材	Body-building Apparatus	台/百户	unit/100 households
空气净化器(含新风系统)	Air Purifier (Include Fresh Air System)	台/百户	unit/100 households
吸尘器	Vacuum Cleaner	台/百户	unit/100 households

Basic Statistics of Grouped by per Capita Disposable Income Quintile for Rural Households (2021)

总计 Total	20%低收入户 20% Low Income	20%中低收入户 20% Lower-middle Income	20%中等收入户 20% Middle Income	20%中上收入户 20% Upper-middle Income	20%高收入户 20% High Income
146.5	137.4	121.7	145.5	150.5	198.5
139.6	131.1	116.1	137.9	142.9	190.3
87.1	87.9	72.3	84.7	89.1	111.1
48.5	38.6	41.2	49.8	51.2	71.3
2.5	3.4	1.2	1.9	0.9	6.2
1.5	1.2	1.4	1.5	1.7	1.7
3.6	3.8	3.3	3.7	3.5	3.4
3.4	2.6	2.3	3.8	4.1	4.8
10.7	9.2	8.9	10.3	12.2	14.6
90.5	78.8	74.5	87.5	100.2	128.1
29.2	22.4	24.2	29.4	34.0	42.1
6.6	4.0	5.7	6.2	7.6	11.6
6.5	5.5	5.8	7.1	7.5	7.3
4.6	2.6	2.8	4.3	5.7	10.0
10.1	9.2	8.9	10.5	11.3	11.6
1.3	1.0	1.0	1.3	1.8	1.6
5.9	4.7	5.2	5.9	6.4	8.1
1.4	1.0	1.2	1.5	1.6	2.3
10.3	8.8	9.8	9.8	10.6	14.2
3.7	3.1	2.8	3.3	4.3	6.2
74.5	62.2	64.9	70.7	82.6	106.1
26.7	16.5	22.3	23.9	26.5	55.0
2.5	1.8	1.7	1.8	4.3	3.6
0.3	0.3	0.3	0.3	0.4	0.5
36	32	39	33	39	38
53	55	52	54	55	50
90	77	95	92	98	88
104	103	105	102	105	104
103	102	101	104	104	104
19	12	16	12	26	27
108	104	110	111	109	105
3	1	3	2	2	6
104	100	105	111	105	101
0	0	0	0	1	0
34	19	33	28	40	47
0	0	0	0	1	1
287	295	310	293	277	259
277	284	304	281	268	249
22	13	23	25	24	25
19	11	21	21	21	22
1	1	1	2	1	2
1	0	1	1	0	3
0	0	0	0	1	1
0	0	0	0	0	1
1	0	1	1	0	1

主要指标解释

可支配收入 指城乡住户可用于最终消费支出和储蓄的总和，即住户可以用来自由支配的收入。可支配收入既包括现金，也包括实物收入。按照收入来源，可支配收入包含四项，分别为：工资性收入、经营净收入、财产净收入、转移净收入。计算公式为：

可支配收入=工资性收入+经营净收入+财产净收入+转移净收入

其中：经营净收入=经营收入-经营费用-生产性固定资产折旧-生产税净额（生产税-生产补贴）

财产净收入=财产性收入-财产性支出

转移净收入=转移性收入-转移性支出

工资性收入 指就业人员通过各种途径得到的全部劳动报酬和各种福利，包括受雇于单位或个人、从事各种自由职业、兼职和零星劳动得到的全部劳动报酬和福利。

经营净收入 指住户或住户成员从事生产经营活动所获得的净收入，是全部经营收入中扣除经营费用、生产性固定资产折旧和生产税净额（生产税减去生产补贴）之后得到的净收入。

财产净收入 指住户或住户成员将其所拥有的金融资产和自然资源交由其他机构单位、住户或个人支配而获得的回报并扣除相关的费用之后得到的净收入。财产净收入包括利息净收入、红利收入、储蓄性保险净收益和转让承包土地经营权租金净收入等。

转移净收入 指住户或住户成员当年得到的转移性收入减去转移性支出后的净额。转移性收入指国家、单位、社会团体对住户的各种经常性转移支付和住户之间的经常性收入转移。包括政府、非行政事业单位、社会团体对居民转移的养老金或退休金、社会救济和补助、政策性生活补贴、救灾款、经常性捐赠和赔偿以及报销医疗费等；住户之间的赡养收入、经常性捐赠和赔偿以及农村地区（村委会）在外（含国外）工作的本住户非常住成员寄回带回的收入等。

消费支出 指住户用于满足家庭日常生活消费需要的全部支出，包括用于消费品的支出和用于服务性消费的支出。根据用途不同，消费支出可划分为食品烟酒、衣着、居住、生活用品及服务、交通通信、教育文化娱乐、医疗保健、其他用品及服务八大类。根据来源不同，消费支出可划分为现金消费支出、实物消费支出（含自产自用、来自单位、来自政府和其他社会组织）。

转移性支出 指调查户对国家、单位、住户或个人的经常性或义务性转移支付。包括缴纳的税款、各项社会保障支出、赡养支出、经常性捐赠和赔偿支出以及其他经常转移支出等。

个人所得税是指调查对象被扣缴的工资薪金所得、对企事业单位的承包经营承租经营所得、个体工商户的生产经营所得、劳务报酬所得、稿酬所得、特许权使用费所得、利息股息红利所得、财产租赁所得、财产转让所得、偶然所得、经国务院财政部门确定征税的其他所得等个人所得的税款。生产税、消费税不在其内。

社会保障支出是指调查户家庭成员参加国家法律、法规规定的社会保障项目中由单位和个人共同缴纳的保障支出。包括养老保险、医疗保险、失业保险、工伤保险、生育保险以及其他社会保障支出。

农村外来从业人员寄给家人的支出是指外地农业户籍的从业人员寄回带回其户口登记地家庭的支出。

赡养支出是指调查户因赡养和抚养义务而付给亲友的经常性现金和定期的实物支出。

其他经常转移支出是指除缴纳的税款、社会保障支出、赡养支出以外的其他经常性转移支出。如经常性捐赠、经常性赔偿、各种罚款及政府部门向居民提供服务收取的服务费等。

财产性支出 是指调查户支付的生活贷款利息以及其他财产性支出等。

住房贷款利息支出是指住户由于购买住房向金融机构贷款所支付的利息，包括商业贷款利息和公积金贷款利息。

其他生活贷款利息支出是指住户由于向金融机构申请汽车贷款、教育贷款以及其他消费贷款而支付的利息。

其他财产性支出是指住户支付的除生活贷款利息以外的其他财产性支出，如宅基地使用费等。

城镇居民人均可支配收入（老口径） 指城镇家庭总收入扣除交纳的个人所得税和个人交纳的各项社会保障支出之后，按照城镇居民家庭人口平均的收入水平。其中家庭总收入是指该家庭中生活在一起的所有家庭人员从各种渠道得到的所有收入之和。

农民纯收入（老口径） 指农村住户当年从各个来源得到的总收入相应地扣除所发生的费用后的收入总和。纯收入主要用于再生产投入和当年生活消费支出，也可用于储蓄和各种非义务性支出。“农民人均纯收入”按人口平均的纯收入水平，反映的是一个地区或一个农户农村居民的平均收入水平。计算方法：

纯收入＝总收入-家庭经营费用支出-税费支出-生产性固定资产折旧-赠送农村内部亲友

农民现金收入 指农村住户和住户成员在调查期内得到以现金形态表现的各项现金收入总和，是现金总收入的概念，未扣除费用性支出。按来源分成工资性收入、家庭经营现金收入、财产性收入、转移性收入。

Explanatory Notes on Main Statistical Indicators

Disposable Income means the total income of households earned in the survey period, which can be used for consumption and saving, including cash income and physical income. According to the source of income, it can be classified as income of wages and salaries, net business income, net income from property and net income from transfer. Calculation formula:

Disposable income = income of wages and salaries + net business income + net income from property + net income from transfer

Where:

Net business income = business income – business expenses depreciation of productive fixed assets – production taxes

Net income from property = property income – property expenses

Net income from transfer = transfer income – transfer expenses

Wages Income means the total remuneration and benefits earned by employees who are employed by units or individuals, freelances and part-time workers.

Net Business Income means net income earned by business activities, which are operated by households and their members. Business expenses, depreciation of productive fixed assets and production taxes should be deducted from income. It includes net income of primary, secondary and tertiary industries.

Net Income from Property means the net income obtained by authorizing other institutional units, households or individuals to dominate the financial assets, housing, other non-financial assets and natural resources owned by households and their members. Expenses should be deducted. Net income from property includes net interest income, bonus income, net income of saving insurance, net rent income from the transfer of land management right, net rent housing income, net rent other assets income and net conversion rental of private housing.

Net Income from Transfer means recurrent income transfers from the state, units, social groups and households. Including the pension, social benefits and subsidies, agricultural subsidies, policy living subsidies relief funds, regular donation and compensation and reimbursement of medical expenses from government, institutions, social groups; alimony, regular donation and compensation from other households, and the income sent back by non-permanent members working nonlocal.

Consumption Expenditure means all the expenditures of households for consumption in daily life, including expenditure on consumer goods and services consumption. It includes on eight categories by function: food; clothing; housing; household appliances and services; transport and communication; education and culture, recreational activities; medical care; other commodities and services. It includes expenditure in cash and in kinds (includes self-made and consumed products from units, government and other social organizations) by source.

Transferred Expenditure means regular or voluntary transfer payment from the survey household to the nation, the unit, the household or the individual. Including the payment of the tax, the social security expenses, maintenance expenses, regular donations and compensation expenses, and other frequent transfer expenses, etc.

Personal income tax means the survey object is the withholding of wages and salaries income, contracted leased operation of enterprises or institutions of income, individual industrial and commercial production income, labor remuneration, royalties, interest, dividends, bonuses, lease of property income, transfer of property income, contingent income, by the financial department of the state council shall determine the tax of individual income tax. The production tax, consumption tax are not.

Social security expenditure means residents' family members to participate in the national laws, rules and regulations of social security in the project by the unit and the safeguard of the individual is collective pay expenses. Including endowment insurance, medical insurance, unemployment insurance, industrial injury insurance, birth insurance and other social security.

Rural migrant workers sent to family expenses means employees outward of agricultural census register sent back to the account that the family expenses.

Support spending means residents paid to relatives and friends for support and provide for cash and in kind regularly.

Other regularly transfer spending means other regular payments in addition to the payment of taxes, social security expenditure and support spending. Such as regular donations, regular compensation, all kinds of fine and service fees of government departments provide service for residents, etc.

Property Expenditure means residents pay interest on loans and other property, etc.

Interest expenditure of housing loan means residents paid interest to financial institutions for buying housing, including commercial loan interest and accumulation fund loan interest.

Other loan interest expenditure means residents paid interest to financial institutions due to apply for a car loan, education loans and other consumer loans.

Other property expenditure means residents paid other property expenditure in addition to life interest on loans, such as land use fees, etc.

Per Capita Disposable Income of Urban Households (old size) means the level of income averaged by population of urban households, it equals to total income minus income tax and personal contribution to various social security expenditure. Total income of households means the sum of income earned from various sources by the urban households and their members.

Net Income of Rural Households (**old size**) means the total income of rural households from all sources minus all corresponding expenses. Net income is mainly used as input for reproduction and as consumption expenditure of the year, and also used for saving and non-compulsory expenses of various forms. "Per capita net income of farmers" is the level of net income averaged by population which reflects the average income level of rural households in a given area or a rural household. The formula for calculation is as follows:

Net income = total income – household operation expenses – taxes and fees – depreciation of fixed assets for production – present rural internal relatives and friends

Cash Income of Farmers means income received by rural households and their members in the form of cash during the reference period, it is the total cash income, not deduct costs. It is classified by source of income, wages income, business cash income, income from properties and income from transfers.

第三篇

价格调查

Price Survey

简要说明

居民消费价格指数是根据抽样方法抽取，在银川市、石嘴山市、吴忠市、固原市、中卫市、海原县、平罗县等7个市县选取1516个具有代表性的调查点（其中农贸市场34个、大型超市22个、互联网44个、商场零售商店723个，服务网点693个），共8418个代表规格品，由专人定期到调查点采集实际成交价加权计算得到的。

商品零售价格指数是根据抽样方法抽取，在银川市、石嘴山市、吴忠市、固原市、中卫市、海原县、平罗县7个市县选取599个调查点、5101个代表规格品，由专人定期到调查点采集实际成交价加权计算。

农产品生产价格指数是根据抽样方法抽取的，在全区10个市县（区）的222家农产品生产企业、规模户和110个普通农户，选择16个大类34个代表规格品进行调查的资料计算。

工业生产者价格指数是根据分布在全区5个地级市400多家样本企业上报的月度统计报表资料加权计算得到。

Brief Description

Data of consumer price indices are collected according to the sampling method. This method chooses 1516 representative survey points in Yinchuan, Shizuishan, Wuzhong, Guyuan, Zhongwei, Haiyuan, Pingluo 7 cities and counties, which include 34 agricultural markets, 22 supermarkets, 44 network, 723 shopping malls and retail stores, 693 service stations. Representative commodities sum to 8418, which are taken the practical records of the prices from the survey point by specially-assigned person and weighting calculated.

Data of retail price indices are collected according to the sampling method. This method chooses 599 representative survey points in Yinchuan, Shizuishan, Wuzhong, Guyuan, Zhongwei, Haiyuan, Pingluo 7 cities and counties. Representative commodities sum to 5101, which are taken the practical records of the prices from the survey point by specially-assigned person and weighting calculated.

Data of price indices for farm products are collected according to the sampling method. This method chooses 222 major agricultural productive enterprises and 110 ordinary agricultural producers in 10 cities and counties in Ningxia. Representative commodities sum to 34 of 16 major categories, which are surveyed and calculated.

Data of producer price indices for industrial products are taken from monthly statistical report of more than 400 sample enterprises in 5 prefecture-level city and weighting calculated.

2021 年宁夏居民消费价格总水平温和上涨

2021 年是“十四五”开局之年，自治区党委、政府坚持稳中求进的工作总基调，立足新发展阶段，贯彻新发展理念，深化供给侧结构性改革，形成以国内大循环为主体、国内国际双循环相互促进的格局。有效应对疫情对经济的冲击，不断完善重要民生商品价格调控机制，全力保障重要民生商品供给，全年物价涨幅总体运行在合理区间。

一、居民消费价格指数（CPI）运行特点

（一）总体运行平稳

据宁夏调查总队价格监测调查显示：2021 年，宁夏居民消费价格总水平累计上涨 1.4%，高于全国平均水平 0.5 个百分点，涨幅在全国 31 个省（区、市）中居第四位，在西部五省（区）居第二位。分城乡看：城市上涨 1.5%，农村上涨 1.2%。分食品与非食品看：食品价格上涨 1.7%，非食品价格上涨 1.4%。分重点消费品类别看：消费品价格上涨 1.8%，工业品价格上涨 2.1%，服务项目价格上涨 0.7%。

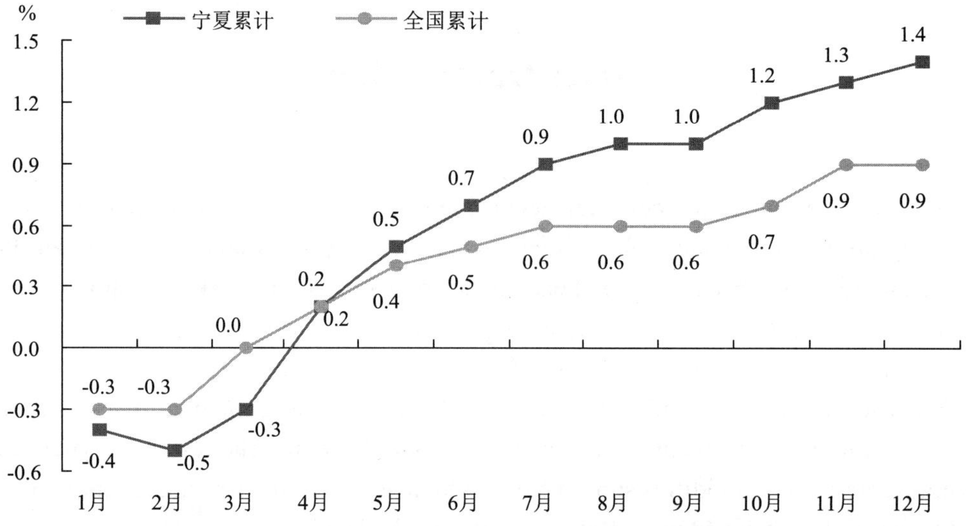

图 1　2021 年宁夏居民消费价格走势

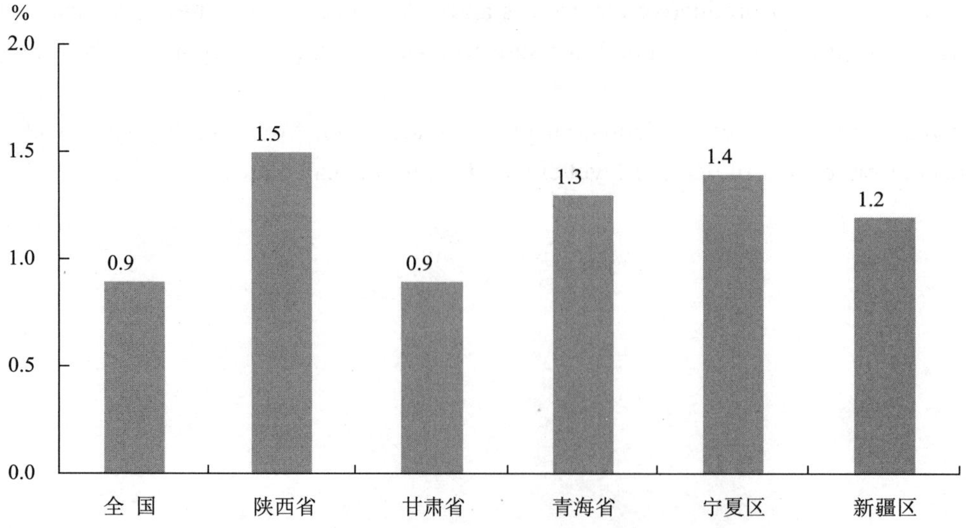

图 2　2021 年全国及西部五省（区）CPI 涨幅

（二）月度同比震荡走高

从月度 CPI 同比涨跌幅看，受去年“新冠肺炎”疫情影响，发生价格阶段性大幅上涨，1—2 月份居民消费价格为负增长；3 月份开始，经济复苏预期向好，原油需求增加，国际原油价格不断上涨，国内成品油价格连续上调，全区汽、柴油价格同比涨幅不断扩大，进入上行轨道，推动 CPI 同比由负转正，涨幅为 0.3%；4—9 月份同比涨幅在 1.4%~2.0%之间窄幅波动；10 月份中旬，受山西、陕西、河南等地灾害天气影响，下旬受西部“新冠肺炎”疫情点发影响，宁夏鲜菜价格跳涨，拉动 CPI 快速上涨至 2.3%，11 月份 CPI 涨幅明显扩大，同比快速上涨至 3.0%，达到今年以来的最高点；12 月份随着疫情形势逐步好转，鲜菜价格逐步恢复正常水平，市场供应充足，同时国内成品油价格连续两次下调，CPI 同比涨幅收窄，同比上涨 2.3%。比 11 月回落 0.7 个百分点。

（三）月度环比涨跌互现

从月度环比看，CPI 呈低位运行态势。1 月份，受多点散发疫情影响，全区食品价格上涨明显，带动 CPI 环比上涨 1.0%；2 月份开始，随着猪肉价格持续下跌，CPI 环比快速回落，3 月环比涨幅为-0.2%；5 月涨幅达到今年以来的最低点，为-0.5%；6—9 月价格运行相对平稳，环比涨幅在-0.5%~0.2%之间小幅波动；10—11 月份，受大范围强降雨和西部“新冠肺炎”疫情影响，鲜菜价格大幅上涨，在猪肉、鲜菜、汽柴油价格的共同作用下，CPI 环比呈现不同程度的上涨；12 月份受鲜菜价格回落和汽柴油价格下调的双重影响，CPI 环比由涨转降，降幅为 0.1 个百分点。

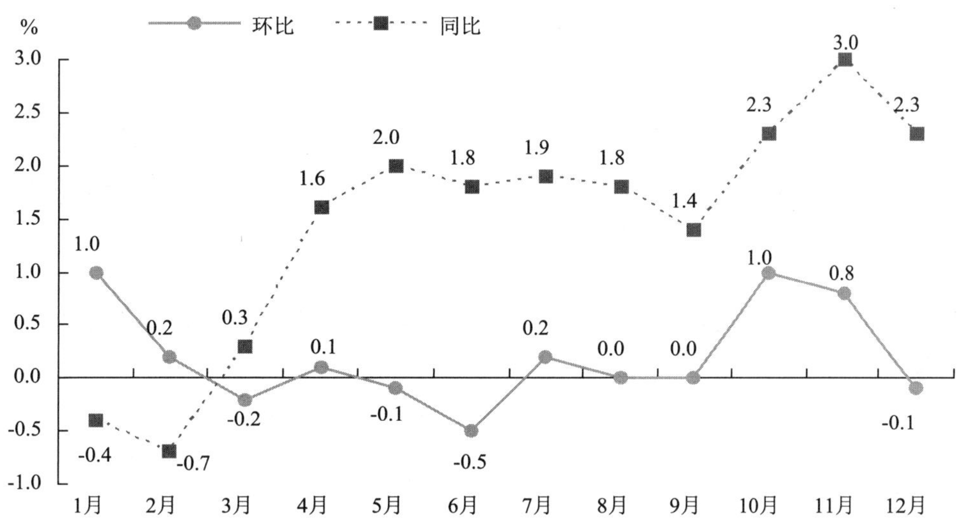

图 3　2021 年宁夏居民消费价格月度环比、同比走势

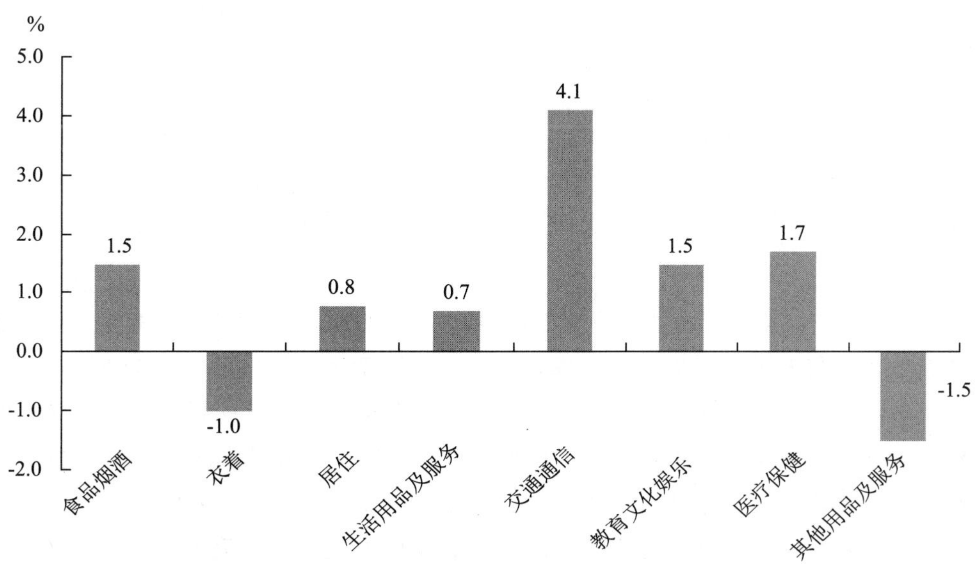

图 4　2021 年宁夏居民消费价格分类走势影响 CPI 变动主要因素分析

（四）八大类商品及服务价格同比“六涨二降”

2021 年宁夏居民消费价格结构性上涨特征明显，构成 CPI 的八大类商品及服务价格呈现“六涨二降”态势。食品烟酒、居住、生活用品及服务、交通通信、教育文化娱乐、医疗保健价格分别上涨 1.5%、0.8%、0.7%、4.1%、1.5%和 1.7%；衣着、其他用品及服务价格分别下降 1.0%和 1.5%。

二、影响 CPI 变动主要因素分析

（一）油价上涨是主要原因

2021 年在经济复苏向好的预期下，原油需求增加，国际原油价格不断上涨。截至 12 月 31 日，国内成品油零售价共经历 24 个调价窗口期，呈现“十四涨六跌四搁浅”的格局。2021 年全区交通通信类价格累计上涨 4.1%，拉动 CPI 上涨约 0.61 个百分点，居八大类之首。其中：汽油价格累计上涨 17.7%，柴油价格累计上涨 19.5%，共同拉动 CPI 上涨约 0.6 个百分点，影响程度为 42.8%，是拉动 CPI 上涨的最主要因素。此外，除直接影响外，汽、柴油价格上涨还间接拉动了食品运输成本和交通费成本。

（二）食品价格是重要原因

2021 年食品烟酒类价格累计上涨 1.5%，拉动 CPI 上涨约 0.41 个百分点。其中食品价格上涨 1.7%，拉动 CPI 上涨约 0.3 个百分点，影响程度为 21.7%，仅次于油价。

1.鲜菜价格有所上涨。2021 年全区鲜菜价格上涨 6.7%，拉动 CPI 上涨约 0.15 个百分点。一是年初受寒潮天气和节日效应影响，鲜菜价格出现季节性走高。二是入夏以来，河南、河北、山东等蔬菜主产区遭遇大范围、长时间降雨天气，相继出现洪涝灾害，不仅导致大棚和露天蔬菜减产，还影响鲜菜的生长、采摘、运输。三是种子、化肥、农药等农资价格普涨以及油价的持续上升也助推了鲜菜价格走高。四是 10 月中下旬全区部分地区出现“新冠肺炎”疫情，涌现抢购囤货潮，导致鲜菜供应紧张，价格阶段性大涨。10 月下旬以来，宁夏超七成鲜菜环比、同比均出现较大幅度的上涨。10 月份全区鲜菜价格同比涨幅达 19.1%，11 月同比涨幅扩大至 28.5%，达到全年最高值。

2.牛、羊肉价格持续高位运行。2021 年全区牛肉价格上涨 4.3%，羊肉价格上涨 3.2%，共同拉动 CPI 上涨约 0.1 个百分点。据调查资料显示：牛肉均价始终维持在 80 元/公斤左右，羊肉均价始终维持在 76 元/公斤左右。主要原因是自 2020 年以来，苜蓿、青贮、玉米、豆粕等饲草料价格一直处于高位，养殖成本居高不下，同时随着城乡居民生活水平不断提高，对牛羊肉需求快速增长，致使牛羊肉价格持续高位运行。

3.猪肉价格大幅回落。2021 年全区猪肉价格下降 29.5%，影响 CPI 下降约 0.32 个百分点。2021 年以来，随着生猪产能的逐步释放，生猪市场整体处于供过于求的局面，猪肉价格大幅回落。2—9 月份猪肉价格同比持续回落，9 月份月度同比下降 46.5%，消费价格每公斤跌至 16 元左右；10 月份开始，猪肉价格出现止跌企稳迹象，10—12 月份，猪肉价格月度同比分别下降 43.6%、33.8%和 37.0%，环比分别为-0.4%、10.8%和-0.7%。

4.淡水鱼价格大幅上涨。2021 年全区淡水鱼价格上涨 32.3%，拉动 CPI 上涨约 0.08 个百分点，是食品价格中涨幅较大的类别之一。2021 年以来，全区淡水鱼价格连续 5 个月上涨，其中有 3 个月环比涨幅超过 10%。一是国家正式实施长江十年禁渔政策，全国淡水鱼养殖面积缩减，淡水鱼市场供给量减少。二是鱼粉、原料玉米和豆粕等饲料价格上涨增加了养殖成本。三是在疫情影响下，一些进口海产品遇冷，国产淡水鱼需求上升。

5.食用植物油、鸡蛋、鲜果价格分别上涨 8.2%、18.6%和 4.0%，共同拉动 CPI 上涨约 0.23 个百分点。

（三）居住、生活用品及服务、教育文化娱乐、医疗保健四大类价格助推 CPI 上涨

1.水泥价格上涨明显。一是能耗双控政策影响。水泥制造企业作为耗能耗电大户，能耗双控政策的出台导致部分水泥厂停产，致使水泥产量减少。二是生产成本上涨。煤炭是水泥生产的主要燃料，2021 年以来煤炭价格持续上涨，推高了水泥的生产成本。2021 年全区水泥价格上涨 18.1%。

2.教育服务价格普遍上涨。由于家长教育意识不断增强和“双减”政策出台，声乐、舞蹈、绘画、跆

拳道等文体特长类教育正在成为家长的“必争之地”，而且随着租金、人工成本等因素上涨影响，一些教育服务的价格有所提高。2021 年全区幼儿早期教育、学前教育、课外教育价格分别上涨 4.9%、4.6%和 3.6%。

3.医疗服务价格政策性上涨。根据《宁夏调整优化医疗收入结构试点工作实施方案》和《试点三甲公立医院优化医疗收入结构调整医疗服务价格方案》精神，一些公立医院对部分医疗服务价格进行了调整。2021 年全区一般治疗操作、护理、病理学诊断、临床手术治疗价格分别上涨 5.5%、4.6%、3.6%和 7.5%。

（四）衣着、其他用品及服务价格下降对 CPI 上涨起抑制作用

1.衣着价格下降 1.0%。主要原因是消费偏好减弱，由于“新冠肺炎”疫情散发，居民出行购物意愿有所降低，同时对一些灵活就业人员的收入带来影响，导致居民对衣着的需求偏弱。2021 年全区服装、鞋类价格分别下降 0.7%和 2.6%。

2.金饰品价格下降 4.2%。一是 2020 年 1—5 月、7 月、8 月份金饰品价格均有不同程度的上涨，而 9—12 月呈下降态势，造成一定程度的负翘尾影响。二是今年以来，金饰品价格共有 7 个月呈现不同程度的下降趋势。三是国际大宗商品价格变动传导黄金价格下降，导致金饰品价格同步下降。

3.车辆保险价格下降 23.7%。2020 年 10 月份全国车辆保险综合改革，当月实施新规后车辆保险价格大幅下降，对今年产生较高的负翘尾影响。

三、2022 年 CPI 走势预判

（一）农产品供应有保障

一是近年全国粮食连年丰收，市场供应、保障能力显著增强，正所谓粮价稳，百价稳。二是 10—11 月份全区鲜菜鲜果价格出现短期内跳涨，但随着气候稳定、疫情形势好转，鲜菜、鲜果、肉蛋奶等主要食品价格已在年内恢复平稳，农产品的生产、运输、供给基本稳定。三是与去年同期相比猪肉价格仍在下降，猪肉供大于求的态势仍未改变，预计短期内不会出现大幅上涨。2022 年，如果没有极端天气影响，预计全区米袋子、菜篮子供给充足，一定程度上会为物价稳定打下牢固基础。

（二）宏观调控有成效

2021 年宁夏工业生产者出厂价格上涨 19.9%，购进价格上涨 20.8%，同比涨幅均创 1997 年以来的新高。尤其是部分大宗商品价格出现较大幅度上涨，涨幅明显偏离供需基本面，超出了恢复性上涨的合理范围。从 5 月份开始，党中央、国务院采取了多种措施进行市场调价，保障大宗商品供给，遏制价格不合理上涨，维护良好市场秩序。6 月份国家六部委联合印发《关于完善重要民生商品价格调控机制的意见》，要求做好重要民生商品保供稳价工作，完善重要民生商品价格调控机制。宁夏自治区党委、政府积极做好大宗商品市场调控工作，强化市场监管，全力保障重要民生商品供应充足、价格逐步趋于稳定。

从推动物价上涨的不利因素来看。一是 2021 年基数较低，2022 年 CPI 容易形成上涨趋势。二是 PPI 对 CPI 的传导作用会有所显现，2022 年上半年可能引发生活必需品价格不同程度上涨。三是当前“新冠肺炎”疫情对物价走势带来较大不确定性。

综上所述，预计 2022 年 CPI 涨幅仍将运行在合理区间。

（刘　嵩）

2021 年宁夏工业生产者价格创新高

2021 年，随着宁夏疫情防控形势好转和工业经济持续恢复向好，受市场需求增加、国际货币环境宽松、大宗原材料价格上涨等因素叠加影响，宁夏工业生产者出厂价格（PPI）同比上涨 19.9%，涨幅创 1997 年以来新高，购进价格（IPI）同比上涨 20.8%。

一、工业生产者价格高位运行

（一）PPI 运行情况

1.PPI 同比涨幅冲高回落。2020 年 12 月份宁夏 PPI 同比由降转升后逐月攀升，尤其是 2021 年 8 月以后，宁夏对高耗能企业加强管控，限电限产等措施促使煤炭及部分高耗能行业产品价格快速上涨，推动 PPI 陡增。8—9 月增速连续闯过“20”“30”大关，10 月同比上涨 39.6%，创历史最高。11 月以来，随着全国能源保供稳价政策落地见效，煤炭、黑色金属冶炼、化学原料等价格涨幅回落，带动 PPI 涨幅连续两个月回落（图 1）。

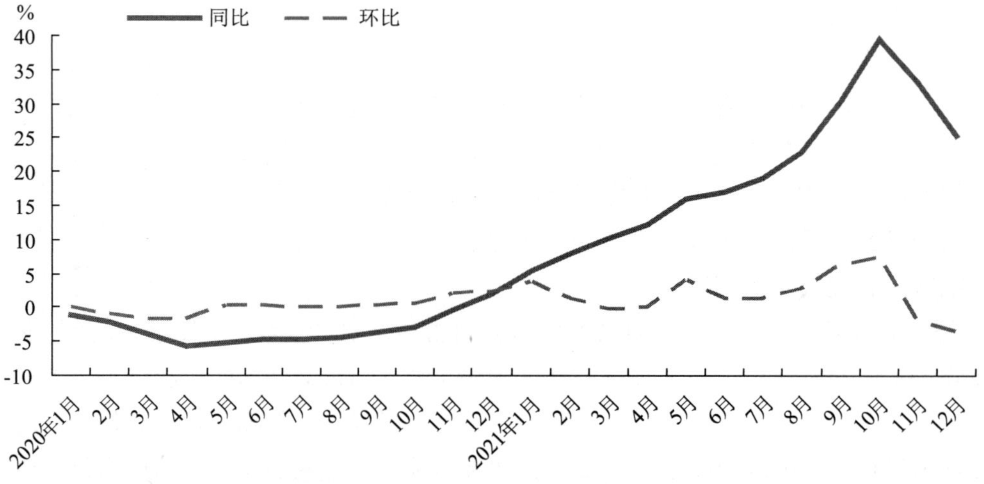

图 1 宁夏工业生产者出厂价格走势图

2.PPI 环比“9 涨 3 降”。自 2020 年 5 月以来，宁夏 PPI 环比连续 10 个月上涨，至 2021 年 3 月随着天然气等燃料市场需求趋缓，价格下降 0.2%。4 月份后持续上升，9 月份涨幅扩大，10 月环比上涨 7.5%。11 月、12 月能源保供稳价取得阶段性成效，PPI 环比连续两个月回落，分别下降 2.0%、3.5%，全年环比 9 个月上涨、3 个月下降。

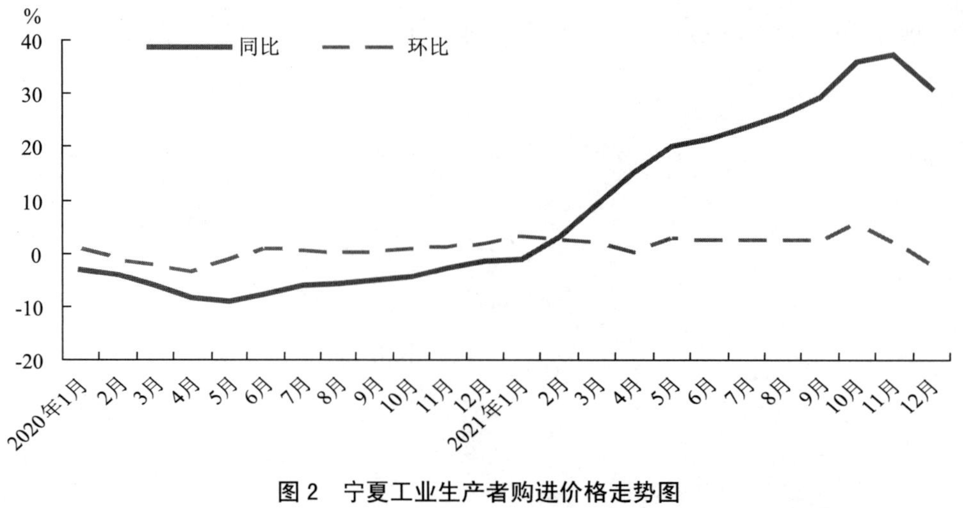

图 2 宁夏工业生产者购进价格走势图

（二）购进价格持续攀升年末回落

从同比看，2021 年 2 月结束了连续 22 个月“负”增长后，工业生产者购进价格由降转升，呈现快速上涨态势。5 月涨幅突破“20”，10 月突破“30”大关，11 月窜至 37.4%为年内最高，12 月回落至 31.0%。从环比看，自 2020 年 6 月以来连续 18 个月“正”增长，2021 年 12 月才止涨下降为 2.1%（图 2）。

（三）宁夏 PPI 涨幅高于全国平均水平

2021 年宁夏 PPI 同比上涨 19.9%，比全国平均水平 8.1%高 11.8 个百分点。分月看，2020 年 12 月宁夏 PPI 同比由降转升，比全国早 1 个月实现“正”增长并赶超全国，随后增速加快，宁夏与全国平均水平差距持续拉大，由 2021 年年初的相差 5.2 个百分点扩大到 10 月份的 26.1 个百分点，11 月以后差距逐渐缩小，12 月份增长 25.3%，比全国平均水平（10.3%）高 15 个百分点（图 3）。

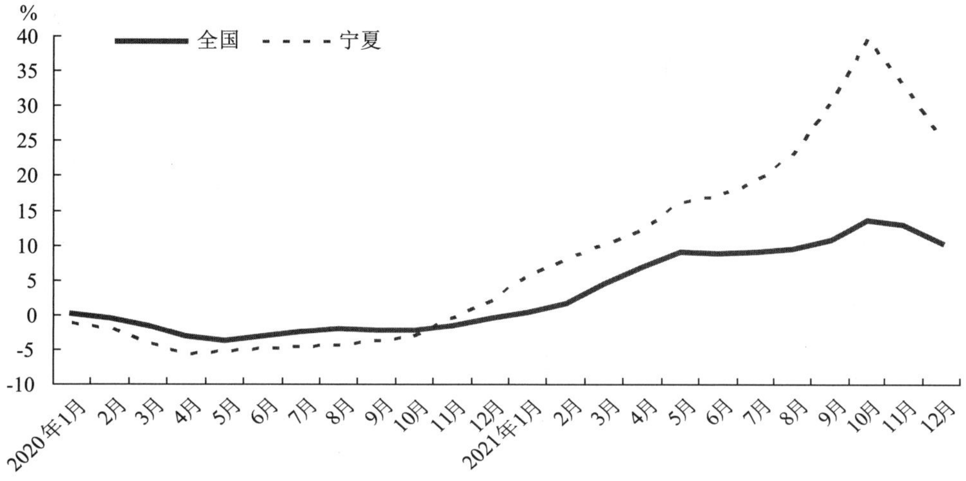

图 3 宁夏与全国平均 PPI 同比涨势对比图

（四）宁夏 PPI 涨幅居全国第三位

从全国 31 个省（区、市）数据看，2021 年宁夏 PPI 涨幅在全国 31 个省（区、市）中居第三位，分别比前两位的山西（30.2%）、内蒙古（28.5%）低 10.3 和 8.6 个百分点。在西北五省（区）中居首位，分别比陕西（16.9%）、甘肃（16.4%）、青海（14.5%）和新疆（19.4%）高 3.0、3.5、5.4 和 0.5 个百分点（图 4）。

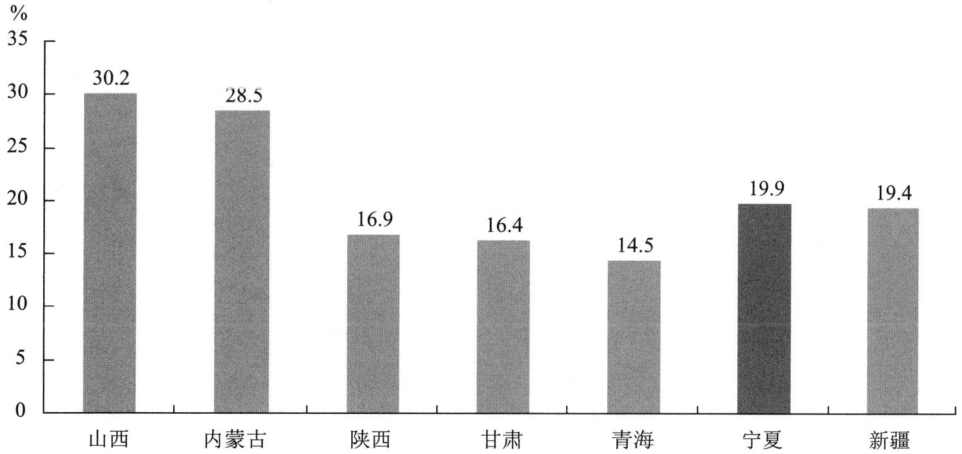

图 4 2021 年部分省区 PPI 同比涨势图

二、工业生产者价格运行特点

（一）PPI 行业价格上涨面近七成

2021 年，在调查的 29 个行业大类中，有 20 个行业工业生产者出厂价格同比实现增长，6 个下降，3 个持平，上涨面为 69.0%。从影响程度看，石油、煤炭及其他燃料加工业上涨 37.6%，拉动 PPI 上涨 5.3 个百分点；化学原料和化学制品制造业上涨 36.4%，拉动上涨 4.1 个百分点；黑色金属冶炼和压延加工业上涨 28.0%，拉动上涨 3.4 个百分点；煤炭开采和洗选业上涨 23.4%，拉动上涨 2.3 个百分点；有色金属冶炼和压延加工业上涨 25.0%，拉动 1.5 个百分点，以上五大行业拉动 PPI 上涨 16.6 个百分点，对 PPI 上涨贡献率为 83.4%。

（二）生产资料与生活资料走势分化

2021 年宁夏生产资料出厂价格同比上涨 21.6%，对 PPI 指数增长的贡献率达 99.7%，是 PPI 上涨的绝对影响因素，其中，采掘、原材料和加工工业同比分别上涨 24.6%、21.2%和 21.3%。生活资料价格同比上涨 0.7%，其中，食品价格上涨 1.4%，耐用消费品上涨 8.0%，衣着和一般日用品分别下降 3.3%和 3.4%。从结构分析看，生产资料比生活资料高 20.9 个百分点，价格上涨对 PPI 影响大，下游生活资料价格走势平稳，生产资料与生活资料出厂价格走势分化明显。

（三）九大原材料购进价格全面上涨

2021 年九大类原材料购进价格同比全面上涨，除黑色金属材料类同比上涨 6.8%外，其他类涨幅均达到两位数，其中燃料、动力类同比上涨 25.5%，拉动 IPI 指数增长 13.0 个百分点，贡献率达 62.4%。

表 1　2021 年工业生产者购进价格同比涨幅

项目名称	涨幅（%）
总指数	20.8
(1)燃料、动力类	25.5
(2)黑色金属材料类	6.8
(3)有色金属材料及电线类	21.1
(4)化工原料类	25.7
(5)木材及纸浆类	17.8
(6)建筑材料及非金属类	15.9
(7)其他工业原材料及半成品类	10.7
(8)农副产品类	12.5
(9)纺织原料类	26.2

（四）价格“剪刀差”扩大

2021 年工业生产者购进价格比出厂价格高 0.9 个百分点。分月看，年初出厂价格涨幅高于购进价格，4—8 月购进价格涨势加快，高于出厂价格 3~5 个百分点，受能耗双控、限电限产等影响，9 月以后 PPI 涨势陡坡上升，涨幅再次快于购进，11—12 月受保供稳价政策影响出厂价格回落，购进价格再次赶超出厂（图 5），11 月购进比出厂高 4.3 个百分点，12 月扩大至 5.7 个百分点，年末高进低出剪刀差扩大。

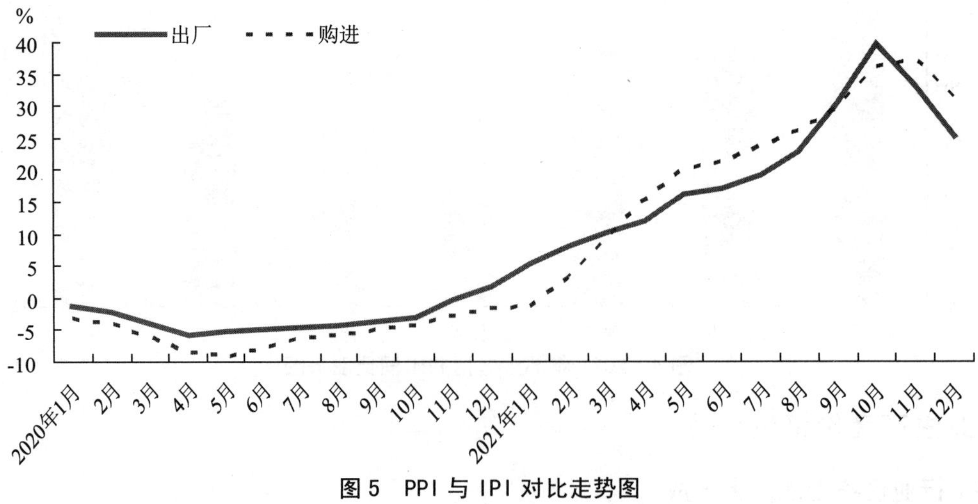

图 5　PPI 与 IPI 对比走势图

（五）PPI 对 CPI 传导逐渐显现

PPI 上升对 CPI 的传导有一定必然性，既可以在生产资料端通过上下游产业链对 CPI 进行价格传导，也可以在消费资料环节通过消费品价格的变化直接引起 CPI 的变化。2021 年 PPI 上涨还未明显传导到 CPI，不过已有抬升终端消费价格的迹象。2021 年宁夏成品油价格“15 涨 6 降”，年末 92 号汽油价格同比上涨

19.7%。11月CPI(居民消费价格指数)同比上涨3.0%，其中受原油价格大幅上涨带动交通类价格上涨11.6%，拉动当月CPI上涨1.2个百分点。

三、工业生产者价格涨跌因素分析

（一）价格上涨对经济发展的促进作用明显

2021年宁夏规模以上工业增加值同比增长8.0%，对外贸易进出口同比增长73.4%。受PPI高位运行的影响，宁夏规模以上工业营业收入同比增长35.1%，税收收入增长14.0%，规模以上工业企业利润同比增长1.1倍。

（二）国际大宗商品价格上涨传导增压

2021年受全球经济复苏带动需求上升、美联储等经济体实施宽松货币政策等因素影响，国际市场原油、煤炭、铁矿石等初级产品价格大幅度提高。受此影响，2021年宁夏煤炭相关行业产品同比上涨37.6%，石油相关行业产品同比上涨20.8%，钢铁相关行业产品同比上涨29.1%，有色相关行业产品同比上涨25.0%，“三黑一色”产品同比大幅上涨。

（三）工业产业结构布局偏重高耗能

据统计资料显示，2021年宁夏六大高耗能工业占规模以上工业增加值的比重为61.0%，比上年下降了2.7个百分点，但工业产业依然倚重石油、煤炭、化工、黑色金属等高耗能行业，高耗能产业的发展状况对整体价格走势影响明显。宁夏六大高耗能产业中，除电力、热力生产和供应业外，其他五大高耗能产业产品价格同比涨幅均在两位数以上，拉动PPI上涨14.8个百分点，贡献率达74.0%。

表2　六大高耗能产业价格涨幅及影响情况

项目名称	涨幅（%）	拉动力
石油、煤炭及其他燃料加工业	37.6	5.26
化学原料和化学制品制造业	36.4	4.12
非金属矿物制品业	14.9	0.48
黑色金属冶炼和压延加工业	28.0	3.36
有色金属冶炼和压延加工业	25.0	1.53
电力、热力生产和供应业	-0.3	-0.07

（四）“基数低”上行空间增大

2020年是2021年的对比基期，2020年PPI同比下降3.1%，2019年同比下降0.6%，PPI连续两年下降形成较低的基数，为价格上行提供了较大空间。分月看，2019年8月至2020年11月，宁夏PPI同比连续16个月“负”增长，2021年多重因素叠加，宁夏工业生产者价格涨势加快，屡创新高。

四、对2022年宁夏PPI预判

经测算，2021年宁夏PPI上涨对2022年的翘尾因素影响预计达9.7个百分点，也就是说宁夏工业生产者价格保持在2021年12月的价格水平，仅翘尾影响2022年宁夏PPI涨幅在10%左右。

2022年疫情防控形势和外部环境仍然复杂严峻，我国经济发展面临需求收缩、供给冲击、预期转弱三重压力，国际大宗商品价格仍有上行空间，考虑到宁夏“双碳”“双控”措施可能会增大价格上行的压力，预计2022年宁夏PPI高开低走、呈现回落态势。建议继续加大对煤、电、油、气等能源的保障供给，出台有效措施确保价格稳定。

（王　娟）

3-1 主要年份全区居民消费价格总指数

Consumer Price Indices in Main Years

年 份 Year	以1957年价格为100 Year of 1957=100	以1965年价格为100 Year of 1965=100	以1970年价格为100 Year of 1970=100	以1978年价格为100 Year of 1978=100	以1980年价格为100 Year of 1980=100	以1985年价格为100 Year of 1985=100	以1990年价格为100 Year of 1990=100	以1995年价格为100 Year of 1995=100	以2000年价格为100 Year of 2000=100	以2005年价格为100 Year of 2005=100	以上年价格为100 Preceding Year=100
1958	102.4										102.4
1959	105.4										102.9
1960	109.9										104.3
1961	132.1										120.2
1962	125.6										95.1
1963	111.7										88.9
1964	106.0										94.9
1965	103.5										97.7
1966	101.7	98.2									98.2
1967	104.2	100.7									102.5
1968	105.6	102.0									101.3
1969	108.2	104.5									102.5
1970	109.1	105.3									100.8
1971	108.9	105.1	99.8								99.8
1972	109.3	105.6	100.2								100.4
1973	109.6	105.9	100.5								100.3
1974	110.1	106.3	100.9								100.4
1975	110.7	106.9	101.5								100.6
1976	111.7	107.9	102.4								100.9
1977	120.9	116.7	110.8								108.2
1978	121.6	117.4	111.5								100.6
1979	123.6	119.3	113.3	101.6							101.6
1980	133.6	129.0	122.4	109.8							108.1
1981	136.4	131.7	125.0	112.1	102.1						102.1
1982	140.3	135.5	128.6	115.4	105.1						102.9
1983	142.6	137.7	130.7	117.2	106.7						101.6
1984	146.4	141.4	134.2	120.4	109.6						102.7
1985	159.0	153.6	145.8	130.8	119.1						108.6
1986	168.2	162.5	154.2	138.3	126.0	105.8					105.8
1987	180.5	174.3	165.5	148.4	135.2	113.5					107.3
1988	211.4	204.1	193.8	173.8	158.3	132.9					117.1
1989	247.8	239.3	227.1	203.7	185.5	155.8					117.2
1990	265.3	256.2	243.2	218.2	198.7	166.9					107.1
1991	282.1	272.4	258.6	231.9	211.2	177.4	106.3				106.3
1992	305.5	295.0	280.0	251.2	228.7	192.1	115.1				108.3
1993	349.1	337.2	320.1	287.1	261.4	219.6	131.6				114.3
1994	429.8	415.1	394.0	353.4	321.8	270.3	162.0				123.1
1995	503.3	486.0	461.4	413.8	376.8	316.5	189.7				117.1
1996	537.5	519.1	492.7	442.0	402.4	338.0	202.6	106.8			106.8
1997	557.9	538.8	511.5	458.8	417.7	350.9	210.3	110.9			103.8
1998	557.9	538.8	511.5	458.8	417.7	350.9	210.3	110.9			100.0
1999	550.7	531.8	504.8	452.8	412.3	346.3	207.5	109.4			98.7
2000	548.5	529.7	502.8	451.0	410.6	344.9	206.7	109.0			99.6
2001	557.3	538.2	510.8	458.2	417.2	350.4	210.0	110.7	101.6		101.6
2002	553.9	534.9	507.8	455.5	414.7	348.3	208.8	110.1	101.0		99.4
2003	563.3	544.0	516.4	463.2	421.8	354.3	212.3	111.9	102.7		101.7
2004	584.2	564.2	535.5	480.4	437.4	367.4	220.2	116.1	106.5		103.7
2005	592.9	572.6	543.6	487.6	443.9	372.9	223.5	117.8	108.1		101.5
2006	604.2	583.5	553.9	496.8	452.4	380.0	227.7	120.1	110.2	101.9	101.9
2007	636.8	615.0	583.8	523.7	476.8	400.5	240.0	126.5	116.1	107.4	105.4
2008	691.0	667.3	633.4	568.2	517.3	434.5	260.4	137.3	126.0	116.5	108.5
2009	695.8	672.0	637.8	572.1	520.9	437.6	262.2	138.2	126.9	117.3	100.7
2010	724.3	699.5	664.0	595.6	542.3	455.5	273.0	143.9	132.1	122.2	104.1
2011	770.0	743.6	705.8	633.1	576.5	484.2	290.2	153.0	140.4	129.9	106.3
2012	785.4	758.5	719.9	645.8	588.0	493.9	296.0	156.0	143.2	132.5	102.0
2013	812.1	784.2	744.4	667.7	608.0	510.7	306.1	161.4	148.1	137.0	103.4
2014	827.5	799.1	758.6	680.4	619.5	520.4	311.9	164.4	150.9	139.6	101.9
2015	836.6	807.9	766.9	687.9	626.3	526.1	315.3	166.2	152.5	141.1	101.1
2016	849.2	820.0	778.4	698.2	635.7	534.0	320.0	168.7	154.8	143.2	101.5
2017	862.8	833.1	790.9	709.4	645.9	542.5	325.1	171.4	157.3	145.5	101.6
2018	882.6	852.3	809.1	725.7	660.8	555.0	332.6	175.4	160.9	148.8	102.3
2019	901.2	870.2	826.1	741.0	674.6	566.7	339.7	179.0	164.3	152.0	102.1
2020	914.7	883.3	838.5	752.1	684.7	575.2	344.8	181.7	166.6	154.3	101.5
2021	927.5	895.7	850.2	762.6	694.3	583.3	349.6	184.2	168.9	156.5	101.4

3-2 主要年份全区城市居民消费价格总指数

Consumer Price Indices of Urban Households in Main Years

年 份 Year	以1957年价格为100 Year of 1957=100	以1965年价格为100 Year of 1965=100	以1970年价格为100 Year of 1970=100	以1978年价格为100 Year of 1978=100	以1985年价格为100 Year of 1985=100	以1990年价格为100 Year of 1990=100	以1995年价格为100 Year of 1995=100	以2000年价格为100 Year of 2000=100	以2005年价格为100 Year of 2005=100	以上年价格为100 Preceding Year=100
1958	102.4									102.4
1959	105.4									102.9
1960	109.9									104.3
1961	132.1									120.2
1962	125.6									95.1
1963	111.7									88.9
1964	106.0									94.9
1965	103.5									97.7
1966	101.7	98.2								98.2
1967	104.2	100.7								102.5
1968	105.6	102.0								101.3
1969	108.2	104.5								102.5
1970	109.1	105.3								100.8
1971	108.9	105.1	99.8							99.8
1972	109.3	105.6	100.2							100.4
1973	109.6	105.9	100.5							100.3
1974	110.1	106.3	100.9							100.4
1975	110.7	106.9	101.5							100.6
1976	111.7	107.9	102.4							100.9
1977	120.9	116.7	110.8							108.2
1978	121.6	117.4	111.5							100.6
1979	123.6	119.3	113.3	101.6						101.6
1980	133.6	129.0	122.4	109.8						108.1
1981	136.4	131.7	125.0	112.1						102.1
1982	140.3	135.5	128.6	115.4						102.9
1983	142.6	137.7	130.7	117.2						101.6
1984	147.3	142.2	135.0	121.1						103.3
1985	159.9	154.5	146.6	131.5						108.6
1986	169.5	163.7	155.4	139.4	106.0					106.0
1987	186.3	179.9	170.8	153.2	116.5					109.9
1988	219.3	211.8	201.0	180.3	137.1					117.7
1989	254.8	246.1	233.6	209.5	159.3					116.2
1990	268.9	259.6	246.5	221.1	168.1					105.5
1991	287.4	277.6	263.5	236.3	179.7	106.9				106.9
1992	314.1	303.4	288.0	258.3	196.4	116.8				109.3
1993	361.9	349.5	331.7	297.6	226.3	134.6				115.2
1994	451.6	436.1	414.0	371.4	282.4	168.0				124.8
1995	529.8	511.6	485.6	435.6	331.2	197.0				117.3
1996	564.7	545.4	517.7	464.3	353.1	210.0	106.6			106.6
1997	586.7	566.6	537.9	482.5	366.8	218.2	110.8			103.9
1998	586.7	566.6	537.9	482.5	366.8	218.2	110.8			100.0
1999	581.5	561.5	533.0	478.1	363.5	216.3	109.8			99.1
2000	579.7	559.8	531.4	476.7	362.4	215.6	109.4			99.7
2001	587.3	567.1	538.3	482.9	367.2	218.4	110.9	101.3		101.3
2002	583.7	563.7	535.1	480.0	365.0	217.1	110.2	100.7		99.4
2003	592.5	572.2	543.1	487.2	370.4	220.4	111.8	102.2		101.5
2004	612.0	591.1	561.1	503.3	382.7	227.6	115.5	105.6		103.3
2005	621.8	600.5	570.0	511.3	388.8	231.3	117.4	107.3		101.6
2006	632.4	610.7	579.7	520.0	395.4	235.2	119.4	109.1	101.7	101.7
2007	664.7	641.9	609.3	546.5	415.5	247.2	125.5	114.7	106.9	105.1
2008	717.2	692.6	657.4	589.7	448.4	266.8	135.4	123.7	115.3	107.9
2009	719.3	694.7	659.4	591.5	449.7	267.6	135.8	124.1	115.7	100.3
2010	746.3	720.7	684.1	613.6	466.6	277.6	140.9	128.7	120.0	103.7
2011	789.6	762.5	723.8	649.2	493.6	293.7	149.0	136.2	127.0	105.8
2012	806.9	779.3	739.7	663.5	504.5	300.1	152.3	139.2	129.8	102.2
2013	833.5	805.0	764.1	685.4	521.1	310.0	157.3	143.8	134.0	103.3
2014	850.2	821.1	779.4	699.1	531.6	316.2	160.5	146.7	136.7	102.0
2015	860.4	830.9	788.7	707.5	537.9	320.0	162.4	148.4	138.4	101.2
2016	874.2	844.2	801.4	718.8	546.6	325.2	165.0	150.8	140.6	101.6
2017	889.1	858.6	815.0	731.0	555.9	330.7	167.8	153.4	143.0	101.7
2018	908.6	877.5	832.9	747.1	568.1	338.0	171.5	156.7	146.1	102.2
2019	926.8	895.0	849.6	762.1	579.5	344.7	175.0	159.9	149.0	102.0
2020	942.6	910.2	864.0	775.1	589.4	350.6	178.0	162.6	151.5	101.7
2021	956.7	923.9	877.0	786.7	598.2	355.9	180.7	165.0	153.8	101.5

3-3 主要年份全区农村居民消费价格总指数

Consumer Price Indices of Rural Households in Main Years

年份 Year	以1957年价格为100 Year of 1957=100	以1965年价格为100 Year of 1965=100	以1970年价格为100 Year of 1970=100	以1978年价格为100 Year of 1978=100	以1980年价格为100 Year of 1980=100	以1985年价格为100 Year of 1985=100	以1990年价格为100 Year of 1990=100	以1995年价格为100 Year of 1995=100	以2000年价格为100 Year of 2000=100	以2005年价格为100 Year of 2005=100	以上年价格为100 Preceding Year=100
1958	102.4										102.4
1959	105.4										102.9
1960	109.9										104.3
1961	132.1										120.2
1962	125.6										95.1
1963	111.7										88.9
1964	106.0										94.9
1965	103.5										97.7
1966	101.7	98.2									98.2
1967	104.2	100.7									102.5
1968	105.6	102.0									101.3
1969	108.2	104.5									102.5
1970	109.1	105.3									100.8
1971	108.9	105.1	99.8								99.8
1972	109.3	105.6	100.2								100.4
1973	109.6	105.9	100.5								100.3
1974	110.1	106.3	100.9								100.4
1975	110.7	106.9	101.5								100.6
1976	111.7	107.9	102.4								100.9
1977	120.9	116.7	110.8								108.2
1978	121.6	117.4	111.5								100.6
1979	123.6	119.3	113.3	101.6							101.6
1980	133.6	129.0	122.4	109.8							108.1
1981	136.4	131.7	125.0	112.1							102.1
1982	140.3	135.5	128.6	115.4							102.9
1983	142.6	137.7	130.7	117.2							101.6
1984	144.9	139.9	132.8	119.1							101.6
1985	156.9	151.5	143.8	129.0	108.3						108.3
1986	164.9	159.2	151.1	135.6	113.8	105.1					105.1
1987	173.6	167.7	159.2	142.8	119.9	110.7					105.3
1988	200.9	194.0	184.1	165.2	138.7	128.0					115.7
1989	238.0	229.9	218.2	195.7	164.3	151.7					118.5
1990	259.5	250.6	237.8	213.3	179.1	165.4					109.0
1991	273.2	263.8	250.5	224.7	188.6	174.2	105.3				105.3
1992	291.0	281.0	266.7	239.3	200.9	185.5	112.1				106.5
1993	331.1	319.8	303.5	272.3	228.6	211.1	127.6				113.8
1994	402.7	388.8	369.1	331.1	278.0	256.7	155.2				121.6
1995	468.7	452.6	429.6	385.4	323.6	298.8	180.6				116.4
1996	501.0	483.9	459.3	412.0	345.9	319.4	193.1	106.9			106.9
1997	518.6	500.8	475.4	426.4	358.0	330.5	199.9	110.6			103.5
1998	517.5	499.8	474.4	425.5	357.3	329.9	199.5	110.4			99.8
1999	507.7	490.3	465.4	417.5	350.5	323.6	195.7	108.3			98.1
2000	505.2	487.8	463.1	415.4	348.7	322.0	194.7	107.8			99.5
2001	516.3	498.6	473.3	424.5	356.4	329.1	199.0	110.2	102.2		102.2
2002	513.7	496.1	470.9	422.4	354.6	327.4	198.0	109.6	101.7		99.5
2003	524.0	506.0	480.3	430.8	361.7	334.0	201.9	111.8	103.7		102.0
2004	547.5	528.8	501.9	450.2	378.0	349.0	211.0	116.8	108.4		104.5
2005	554.1	535.1	507.9	455.6	382.5	353.2	213.6	118.2	109.7		101.2
2006	566.9	547.4	519.6	466.1	391.3	361.3	218.5	120.9	112.2	102.3	102.3
2007	600.3	579.7	550.3	493.6	414.4	382.6	231.4	128.1	118.8	108.3	105.9
2008	659.7	637.1	604.8	542.5	455.4	420.5	254.3	140.8	130.6	119.1	109.9
2009	669.6	646.7	613.8	550.6	462.3	426.8	258.1	142.9	132.6	120.8	101.5
2010	700.7	676.7	642.3	576.1	483.7	446.6	270.0	149.5	138.7	126.5	104.6
2011	751.8	726.1	689.2	618.2	519.0	479.2	289.8	160.4	148.8	135.7	107.3
2012	764.6	738.4	700.9	628.7	527.8	487.4	294.7	163.1	151.4	138.0	101.7
2013	793.7	766.5	727.5	652.6	547.9	505.9	305.9	169.3	157.1	143.2	103.8
2014	806.4	778.7	739.2	663.0	556.7	514.0	310.8	172.0	159.6	145.5	101.6
2015	814.4	786.5	746.6	669.7	562.2	519.1	313.9	173.8	161.2	147.0	101.0
2016	824.2	795.9	755.5	677.7	569.0	525.4	317.7	175.9	163.2	148.7	101.2
2017	834.9	806.2	765.3	686.5	576.4	532.2	321.8	178.2	165.3	150.6	101.3
2018	857.4	828.0	786.0	705.0	591.9	546.6	330.5	183.0	169.7	154.7	102.7
2019	875.5	845.4	802.5	719.9	604.4	558.0	337.4	186.9	173.3	157.9	102.1
2020	884.3	853.9	810.5	727.1	610.4	563.6	340.8	188.8	175.0	159.5	101.0
2021	894.9	864.2	820.2	735.8	617.7	570.4	344.9	191.1	177.1	161.4	101.2

3-4 主要年份全区商品零售价格总指数

Retail Price Indices in Main Years

年 份 Year	以1957年价格为100 Year of 1957=100	以1965年价格为100 Year of 1965=100	以1970年价格为100 Year of 1970=100	以1978年价格为100 Year of 1978=100	以1980年价格为100 Year of 1980=100	以1985年价格为100 Year of 1985=100	以1990年价格为100 Year of 1990=100	以1995年价格为100 Year of 1995=100	以2000年价格为100 Year of 2000=100	以2005年价格为100 Year of 2005=100	以上年价格为100 Preceding Year=100
1958	101.0										101.0
1959	102.5										101.5
1960	105.6										103.0
1961	124.4										117.8
1962	119.8										96.3
1963	107.1										89.4
1964	102.5										95.7
1965	100.0										97.6
1966	98.1	98.1									98.1
1967	100.0	100.0									101.9
1968	100.8	100.8									100.8
1969	102.3	102.3									101.5
1970	102.8	102.8									100.5
1971	101.8	101.8	99.0								99.0
1972	101.9	101.9	99.1								100.1
1973	102.2	102.2	99.4								100.3
1974	102.3	102.3	99.5								100.1
1975	102.6	102.6	99.8								100.3
1976	103.0	103.0	100.2								100.4
1977	110.7	110.7	107.7								107.5
1978	110.7	110.7	107.7								100.0
1979	112.2	112.1	109.1	101.3							101.3
1980	118.7	118.7	115.4	107.2							105.8
1981	121.1	121.0	117.7	109.3	102.0						102.0
1982	124.1	124.1	120.7	112.1	104.6						102.5
1983	125.4	125.4	122.0	113.3	105.7						101.1
1984	129.5	129.4	125.9	116.9	109.1						103.2
1985	139.6	139.5	135.7	126.0	117.6						107.8
1986	146.4	146.4	142.4	132.2	123.4	104.9					104.9
1987	158.1	158.1	153.8	142.8	133.2	113.3					108.0
1988	185.8	185.7	180.7	167.8	156.5	133.1					117.5
1989	218.8	218.8	212.9	197.6	184.4	156.8					117.8
1990	228.0	228.0	221.8	205.9	192.1	163.4					104.2
1991	241.5	241.4	234.9	218.1	203.5	173.0	105.9				105.9
1992	261.0	261.0	253.9	235.7	220.0	187.1	114.5				108.1
1993	292.6	292.6	284.6	264.3	246.6	209.7	128.3				112.1
1994	351.5	351.4	341.9	317.4	296.1	251.8	154.1				120.1
1995	405.2	405.1	394.2	365.9	341.4	290.4	177.7				115.3
1996	432.4	432.3	420.6	390.5	364.3	309.8	189.6	106.7			106.7
1997	441.9	441.8	429.8	399.1	372.3	316.6	193.8	109.0			102.2
1998	430.8	430.7	419.1	389.1	363.0	308.7	188.9	106.3			97.5
1999	421.8	421.7	410.3	380.9	355.4	302.2	185.0	104.1			97.9
2000	411.7	411.6	400.4	371.8	346.9	295.0	180.5	101.6			97.6
2001	411.7	411.6	400.4	371.8	346.9	295.0	180.5	101.6	100.0		100.0
2002	405.5	405.4	394.4	366.2	341.7	290.6	177.8	100.1	98.5		98.5
2003	403.5	403.4	392.4	364.4	340.0	289.1	176.9	99.6	98.0		99.5
2004	414.8	414.7	403.4	374.6	349.5	297.2	181.9	102.4	100.8		102.8
2005	416.4	416.3	405.0	376.1	350.9	298.4	182.6	102.8	101.2		100.4
2006	421.8	421.7	410.3	380.9	355.4	302.3	185.0	104.1	102.5	101.3	101.3
2007	439.1	439.0	427.1	396.6	370.0	314.7	192.6	108.4	106.7	105.5	104.1
2008	476.5	476.4	463.4	430.3	401.5	341.4	208.9	117.6	115.7	114.4	108.5
2009	474.1	474.0	461.1	428.1	399.5	339.7	207.9	117.0	115.2	113.8	99.5
2010	489.2	489.1	475.9	441.8	412.2	350.6	214.5	120.7	118.8	117.5	103.2
2011	515.1	515.0	501.1	465.2	434.1	369.1	225.9	127.1	125.1	123.7	105.3
2012	520.3	520.2	506.1	469.9	438.4	372.8	228.2	128.4	126.4	124.9	101.0
2013	532.8	532.7	518.2	481.1	448.9	381.8	233.6	131.5	129.4	127.9	102.4
2014	537.6	537.5	522.9	485.5	453.0	385.2	235.7	132.7	130.6	129.1	100.9
2015	538.1	538.0	523.4	486.0	453.4	385.6	236.0	132.8	130.7	129.2	100.1
2016	541.9	541.8	527.1	489.4	456.6	388.3	237.6	133.7	131.6	130.1	100.7
2017	551.7	551.6	536.6	498.2	464.8	395.3	241.9	136.1	134.0	132.4	101.8
2018	567.7	567.6	552.1	512.6	478.3	406.7	248.9	140.1	137.9	136.2	102.9
2019	574.0	573.8	558.2	518.3	483.6	411.2	251.7	141.6	139.4	137.7	101.1
2020	577.4	577.2	561.5	521.4	486.5	413.7	253.2	142.4	140.2	138.5	100.6
2021	588.9	588.7	572.7	531.8	496.2	422.0	158.3	145.2	143.0	141.3	102.0

3-5 主要年份全区城市商品零售价格总指数
Retail Price Indices of Urban in Main Years

年 份 Year	以1957年价格为100 Year of 1957=100	以1965年价格为100 Year of 1965=100	以1970年价格为100 Year of 1970=100	以1978年价格为100 Year of 1978=100	以1980年价格为100 Year of 1980=100	以1985年价格为100 Year of 1985=100	以1990年价格为100 Year of 1990=100	以1995年价格为100 Year of 1995=100	以2000年价格为100 Year of 2000=100	以2005年价格为100 Year of 2005=100	以上年价格为100 Preceding Year=100
1958	101.7										101.7
1959	103.7										102.0
1960	106.8										103.0
1961	128.9										120.6
1962	122.8										95.3
1963	109.4										89.1
1964	104.7										95.7
1965	102.1										97.5
1966	100.2	98.1									98.1
1967	102.7	100.6									102.5
1968	104.0	101.9									101.3
1969	106.6	104.4									102.5
1970	107.4	105.2									100.8
1971	107.1	104.9	99.7								99.7
1972	107.5	105.3	100.1								100.4
1973	107.9	105.7	100.4								100.3
1974	108.3	106.1	100.8								100.4
1975	109.1	106.8	101.5								100.7
1976	110.3	108.0	102.6								101.1
1977	119.5	117.1	111.2								108.4
1978	120.4	117.9	112.0								100.7
1979	122.4	119.9	113.9	101.7							101.7
1980	132.4	129.7	123.3	110.0							108.2
1981	135.1	132.3	125.7	112.2	102.0						102.0
1982	139.1	136.3	129.5	115.6	105.1						103.0
1983	141.2	138.3	131.4	117.3	106.6						101.5
1984	145.8	142.8	135.7	121.1	110.0						103.2
1985	158.1	154.9	147.2	131.4	119.4						108.5
1986	167.2	163.7	155.6	138.9	126.2	105.7					105.7
1987	184.9	181.1	172.1	153.6	139.6	116.9					110.6
1988	218.9	214.4	203.7	181.9	165.3	138.4					118.4
1989	255.2	250.0	237.5	212.1	192.7	161.4					116.6
1990	261.1	255.7	243.0	216.9	197.1	165.1					102.3
1991	278.3	272.6	259.0	231.2	210.1	176.0	106.6				106.6
1992	303.7	297.4	282.6	252.3	229.3	192.0	116.3				109.1
1993	341.3	334.3	317.7	283.6	257.7	215.8	130.7				112.4
1994	409.6	401.2	381.2	340.3	309.2	259.0	156.9				120.0
1995	469.8	460.2	437.2	390.3	354.7	297.1	179.9				114.7
1996	499.4	489.1	464.8	414.9	377.0	315.8	191.3	106.3			106.3
1997	510.4	499.9	475.0	424.0	385.3	322.7	195.5	108.6			102.2
1998	496.6	486.4	462.2	412.6	374.9	314.0	190.2	105.7			97.3
1999	488.6	478.6	454.8	406.0	368.9	309.0	187.1	104.0			98.4
2000	477.9	468.1	444.8	397.0	360.8	302.2	183.0	101.7			97.8
2001	479.3	469.5	446.1	398.2	361.9	303.1	183.6	102.0	100.3		100.3
2002	472.6	462.9	439.9	392.7	356.8	298.9	181.0	100.6	98.9		98.6
2003	468.8	459.2	436.3	389.5	354.0	296.5	179.6	99.8	98.1		99.2
2004	478.7	468.9	445.5	397.7	361.4	302.7	183.3	101.9	100.2		102.1
2005	481.1	471.2	447.7	399.7	363.2	304.2	184.2	102.4	100.7		100.5
2006	486.8	476.9	453.1	404.5	367.6	307.9	186.5	103.6	101.9	101.2	101.2
2007	504.9	494.5	469.9	419.5	381.2	319.2	193.4	107.5	105.6	104.9	103.7
2008	540.7	529.6	503.2	449.2	408.2	341.9	207.1	115.1	113.1	112.4	107.1
2009	537.5	526.4	500.2	446.5	405.8	339.9	205.8	114.4	112.5	111.7	99.4
2010	552.2	540.9	514.0	458.8	417.0	349.2	211.5	117.6	115.6	114.8	102.7
2011	579.8	568.0	539.7	481.8	437.8	366.7	222.1	123.4	121.3	120.5	105.0
2012	585.1	573.1	544.5	486.1	441.7	370.0	224.1	124.5	122.4	121.6	100.9
2013	599.1	586.8	557.6	497.8	452.3	378.8	229.5	127.5	125.4	124.5	102.4
2014	604.5	592.1	562.6	502.2	456.4	382.2	231.5	128.7	126.5	125.7	100.9
2015	605.1	592.7	563.2	502.7	456.9	382.6	231.8	128.8	126.6	125.8	100.1
2016	609.3	596.8	567.1	506.3	460.1	385.3	233.4	129.7	127.5	126.7	100.7
2017	619.7	606.9	576.7	514.9	467.9	391.9	237.4	131.9	129.7	128.9	101.7
2018	637.7	624.5	593.4	529.8	481.5	403.2	244.3	135.7	133.4	132.6	102.9
2019	645.3	632.0	600.6	536.2	487.2	408.1	247.2	137.4	135.0	134.2	101.2
2020	649.2	635.8	604.2	539.7	490.1	410.5	248.7	138.2	135.8	135.0	100.6
2021	662.8	649.2	616.9	551.0	500.4	419.1	253.9	141.1	138.7	137.8	102.1

3-6 主要年份全区农村商品零售价格总指数

Retail Price Indices of Rural in Main Years

年 份 Year	以1957年价格为100 Year of 1957=100	以1965年价格为100 Year of 1965=100	以1970年价格为100 Year of 1970=100	以1978年价格为100 Year of 1978=100	以1980年价格为100 Year of 1980=100	以1985年价格为100 Year of 1985=100	以1990年价格为100 Year of 1990=100	以1995年价格为100 Year of 1995=100	以2000年价格为100 Year of 2000=100	以2005年价格为100 Year of 2005=100	以上年价格为100 Preceding Year=100
1958	100.0										100.0
1959	100.8										100.8
1960	101.8										101.0
1961	115.6										113.5
1962	119.8										103.7
1963	116.7										97.4
1964	114.5										98.1
1965	111.9										97.7
1966	110.2	98.5									98.5
1967	111.6	99.8									101.3
1968	111.6	99.8									100.0
1969	111.6	99.8									100.0
1970	111.6	99.8									100.0
1971	109.4	97.8	98.0								98.0
1972	109.2	97.6	97.8								99.8
1973	109.5	97.9	98.1								100.3
1974	109.4	97.8	98.0								99.9
1975	109.4	97.8	98.0								100.0
1976	109.4	97.8	98.0								100.0
1977	116.9	104.5	104.8								106.9
1978	116.6	104.2	104.4								99.7
1979	117.9	105.4	105.6	101.1							101.1
1980	122.6	109.6	109.8	105.1							104.0
1981	124.8	111.6	111.8	107.0	101.8						101.8
1982	127.4	113.9	114.1	109.3	103.9						102.1
1983	128.3	114.7	114.9	110.0	104.7						100.7
1984	131.9	117.9	118.2	113.1	107.6						102.8
1985	139.9	125.1	125.3	120.0	114.1						106.1
1986	145.5	130.1	130.4	124.8	118.7	104.0					104.0
1987	154.5	138.1	138.4	132.5	126.1	110.4					106.2
1988	179.4	160.4	160.7	153.9	146.4	128.2					116.1
1989	213.3	190.7	191.1	183.0	174.0	152.5					118.9
1990	225.5	201.6	202.0	193.4	183.9	161.2					105.7
1991	236.5	211.4	211.9	202.9	193.0	169.1	104.9				104.9
1992	251.2	224.5	225.0	215.5	204.9	179.5	111.4				106.2
1993	281.1	251.3	251.8	241.1	229.3	200.9	124.7				111.9
1994	338.1	302.3	302.9	290.0	275.8	241.7	150.0				120.3
1995	391.9	350.3	351.1	336.2	319.7	280.1	173.8				115.9
1996	420.9	376.3	377.1	361.0	343.4	300.8	186.7	107.4			107.4
1997	429.7	384.2	385.0	368.6	350.6	307.2	190.6	109.7			102.1
1998	420.7	376.1	376.9	360.9	343.2	300.7	186.6	107.4			97.9
1999	408.1	364.8	365.6	350.0	332.9	291.7	181.0	104.1			97.0
2000	397.5	355.3	356.1	340.9	324.3	284.1	176.3	101.4			97.4
2001	395.9	353.9	354.7	339.6	323.0	283.0	175.6	101.0	99.6		99.6
2002	389.5	348.2	349.0	334.1	317.8	278.4	172.8	99.4	98.0		98.4
2003	389.9	348.6	349.4	334.5	318.1	278.7	172.9	99.5	98.1		100.1
2004	406.3	363.2	364.0	348.5	331.5	290.4	180.2	103.7	102.2		104.2
2005	406.7	363.6	364.4	348.9	331.8	290.7	180.4	103.8	102.3		100.1
2006	414.0	370.1	371.0	355.2	337.8	295.9	183.6	105.7	104.2	101.8	101.8
2007	436.4	390.1	391.0	374.3	356.0	311.9	193.6	111.4	109.8	107.3	105.4
2008	490.9	438.9	439.9	421.1	400.5	350.9	217.7	125.3	123.5	120.7	112.5
2009	490.9	438.9	439.9	421.1	400.5	350.9	217.7	125.3	123.5	120.7	100.0
2010	512.9	458.5	459.5	439.9	418.4	366.6	227.5	130.9	129.0	126.1	104.5
2011	552.9	494.3	495.4	474.3	451.1	395.2	245.2	141.1	139.1	135.9	107.8
2012	562.3	502.7	503.8	482.3	458.7	401.9	249.4	143.5	141.5	138.2	101.7
2013	578.6	517.2	518.4	496.3	472.0	413.6	256.6	147.6	145.6	142.3	102.9
2014	580.3	518.8	519.9	497.8	473.4	414.8	257.4	148.1	146.0	142.7	100.3
2015	579.7	518.3	519.4	497.3	473.0	414.4	257.1	147.9	145.9	142.5	99.9
2016	579.7	518.3	519.4	497.3	473.0	414.4	257.1	147.9	145.9	142.5	100.0
2017	591.9	529.2	530.3	507.7	482.9	423.1	262.5	151.0	149.0	145.5	102.1
2018	610.9	546.1	547.3	524.0	498.4	436.6	270.9	155.9	153.8	150.2	103.2
2019	617.6	552.1	553.3	529.8	503.8	441.4	273.9	157.6	155.5	151.9	101.1
2020	618.8	553.2	554.4	530.9	504.8	442.3	274.5	157.9	155.8	152.2	100.2
2021	629.9	563.2	564.4	540.5	513.9	450.3	279.4	160.7	158.6	154.9	101.8

3-7 2021年城乡居民消费价格分类指数
Consumer Price Indices by Category (2021)

(以上年价格为100) (preceding year=100)

项目名称	Item	全区 General	城市 Urban Household	农村 Rural Household
居民消费价格总指数	**Consumer Price Index**	**101.4**	**101.5**	**101.2**
服务价格指数	**Service Items Price Index**	**100.7**	**100.8**	**100.6**
消费品价格指数	**Consumer Goods Price Index**	**101.8**	**101.9**	**101.5**
一、食品烟酒	Food, Tobacco and Liquor	101.5	101.6	101.1
1.食品	Food	101.7	101.8	101.3
(1)粮食	Grain	102.1	102.4	101.5
大　米	Rice	100.1	100.3	99.9
面　粉	Flour	100.9	100.7	101.2
其他粮食	Other Grain	105.5	105.6	105.3
粮食制品	Cereal Product	104.5	104.4	105.2
(2)薯类	Tubers	97.4	94.6	101.9
薯　类	Tubers	97.4	94.6	101.9
(3)豆类	Beans	110.9	110.7	111.8
干　豆	Beans	102.0	102.3	101.6
豆制品	Bean Products	111.7	111.2	113.4
(4)食用油	Edible Oil	108.0	110.1	105.4
食用植物油	Edible Vegetable Oil	108.2	110.3	105.5
食用动物油	Edible Animal Oil	92.6	93.2	91.2
(5)菜及食用菌	Vegetables and Edible Fungus	106.3	105.7	108.0
鲜　菜	Fresh Vegetables	106.7	106.2	108.1
鲜　菌	Fresh Fungus	100.9	98.8	112.2
干菜及菜制品	Dried Vegetables and Processed Products	101.5	101.7	100.0
(6)畜肉类	Livestock Meat	94.6	94.9	94.0
猪　肉	Pork	70.5	72.3	66.7
牛　肉	Beef	104.3	104.1	104.9
羊　肉	Mutton	103.2	102.9	103.9
其他畜肉及副产品	Other Livestock Meat and By-products	91.2	86.9	103.2
畜肉制品	Livestock Meat and Processed Products	100.2	99.5	103.7
(7)禽肉类	Poultry	96.5	95.1	100.0
鸡	Chicken	95.0	92.9	99.7
鸭	Duck	93.8	92.7	99.4
其他禽肉及制品	Other Poultry Meat Processed Products	100.9	100.8	101.1
(8)水产品	Aquatic Products	115.8	114.8	121.1
淡水鱼	Freshwater Fish	132.3	132.6	131.3
海水鱼	Seawater Fish	97.7	97.3	100.1
虾蟹类	Shrimp and Crab	99.6	99.5	101.9
其他水产品及制品	Others Aquatic and Processed Products	100.5	100.6	100.2
(9)蛋类	Eggs	117.9	118.4	116.4
鸡　蛋	Fresh Egg	118.6	119.3	116.9
其他蛋及制品	Other Egg and Processed Products	99.4	99.2	100.2
(10)奶类	Milk	101.6	101.9	100.5
鲜　奶	Fresh Milk	103.4	104.1	101.4

3-7 续表 1 continued

(以上年价格为100) (preceding year=100)

项目名称	Item	全 区 General	城 市 Urban Household	农 村 Rural Household
酸 奶	Yoghourt	100.2	100.4	99.1
奶 粉	Milk Powder	100.5	100.6	100.0
其他奶制品	Other Milk Products	99.9	99.9	100.1
(11)干鲜瓜果类	Dried and Fresh Melons and Fruits	103.0	103.1	102.7
鲜 瓜 果	Fresh Melons and Fruits	104.0	104.1	103.8
坚 果	Nuts	99.2	99.6	98.2
瓜果制品	Melons and Fruits Products	98.1	97.5	100.0
(12)糖果糕点类	Candy and Cake	102.1	102.7	100.6
食 糖	Sugar	103.1	108.0	99.5
糖 果	Candy	103.6	104.8	100.2
糕 点	Cake	101.5	101.3	102.2
其他糖果糕点	Other Candy and Cake	101.2	101.9	99.9
(13)调味品	Flavoring	102.3	103.1	101.1
食 用 盐	Salt	100.1	99.9	100.3
酱 油	Soy	100.8	100.9	100.7
食 醋	Vinegar	100.5	100.0	101.3
增 味 剂	Flavor Enhancer	100.1	99.9	100.5
其他调味品	Others	105.7	108.5	101.7
(14)其他食品类	Other Food	100.0	100.3	99.1
方便食品	Convenient Food	99.6	99.4	100.4
淀粉及制品	Starch and Products	100.5	100.6	100.0
其他食品	Other Food	100.2	101.2	96.9
2.茶及饮料	Tea and Beverages	100.2	100.5	99.2
茶 叶	Tea	100.1	100.1	100.0
固体咖啡	Solid Coffee	102.7	103.1	100.2
其他固体饮料	Other Solid Beverages	100.1	100.1	100.1
饮 用 水	Potable Water	96.0	94.6	100.0
果汁饮料	Juice Beverage	97.9	100.8	87.6
其他液体饮料	Other Liquid Beverages	102.4	102.9	100.5
3.烟酒	Tobacco and Liquor	101.3	101.6	100.6
(1)卷 烟	Cigarette	101.4	101.5	100.9
卷 烟	Cigarette	101.4	101.5	100.9
(2)酒类	Liquor	101.2	101.6	99.4
白 酒	Spirit	101.7	102.1	100.0
葡 萄 酒	Wine	99.3	99.2	99.8
啤 酒	Beer	100.4	101.4	97.0
其他酒类	Others	101.3	101.6	100.0
4.在外餐饮	Dining Out	101.1	101.3	100.2
餐馆餐饮	Restaurant Catering	100.8	100.9	100.3
饮品店餐饮	Beverage Shop Catering	103.5	104.1	98.0
外 卖	Take-out	99.6	99.7	98.6
其他在外餐饮	Others	102.3	102.1	106.3

3-7 续表 2 continued

(以上年价格为100) (preceding year=100)

项目名称	Item	全区 General	城市 Urban Household	农村 Rural Household
二、衣着	Clothing	99.0	99.6	96.5
1.服装	Garments	99.3	100.1	96.3
(1)男式服装	Men's	99.4	100.5	95.6
男式外套	Men's Coat	98.9	100.0	95.5
男式针织衫	Men's Kniwear	99.1	100.3	94.8
男式衬衫T恤	Men's Shirt and T-shirt	99.3	100.1	95.1
男式裤子	Men's Trousers	100.4	102.1	93.8
男式内衣	Men's Underclothes	100.8	101.3	99.6
(2)女式服装	Women's	99.2	99.8	96.6
女式外套	Women's Coat	99.5	100.5	95.1
女式针织衫	Women's Kniwear	98.0	98.1	97.8
女式衬衫T恤	Women's Shirt and T-shirt	98.8	98.9	98.5
女式裤子	Women's Trousers	99.5	100.2	97.3
女式裙子	Women's Skirt	99.1	99.7	94.1
女式内衣	Women's Underclothes	100.0	100.3	98.5
(3)儿童服装	Children's	99.4	100.1	97.0
婴幼服装	Infant's Wear	99.6	99.7	99.2
儿童上衣	Children's Coat	97.5	98.8	92.2
儿童裤子	Children's Trousers	100.6	100.3	101.4
儿童裙子	Children's Skirt	101.1	103.4	91.9
儿童内衣	Children's Underclothes	101.6	102.1	100.0
(4)衣着材料及配件	Clothing Materials and Accessories	99.6	99.6	99.4
袜　　子	Socks	100.1	100.3	99.5
帽　　子	Hats	98.3	98.1	99.4
其他衣着材料及配件	Other Clothing Materials and Accessories	99.8	99.9	99.2
(5)衣着服务费	Dress Service Fee	100.4	100.4	100.1
衣着洗涤保养	Washing and Maintenance for Dressing	100.5	100.5	100.3
其他衣着服务	Other Dress Service	100.1	100.1	100.0
5.鞋类	Shoes	97.4	97.5	97.2
(1)鞋	Shoes	97.4	97.4	97.2
男　　鞋	Shoes of Men	97.7	97.5	98.3
女　　鞋	Shoes of Women	96.5	96.5	96.4
童　　鞋	Shoes of Children	99.8	100.1	98.4
(2)鞋类服务	Footwear Services	100.0	100.0	100.0
鞋类服务	Footwear Services	100.0	100.0	100.0

3-7 续表 3 continued

(以上年价格为100) (preceding year=100)

项目名称	Item	全 区 General	城 市 Urban Household	农 村 Rural Household
三、居住	Residence	100.8	100.6	101.4
1.租赁房房租	Renting	98.5	98.2	100.4
公房房租	Public Rent	100.0	100.0	100.0
私房房租	Private Rent	98.1	97.8	100.4
2.住房保养维修及管理	Housing Maintenance and Management	103.3	103.3	103.4
(1)住房装潢材料	Building Decoration Materials	103.8	103.2	105.2
木 地 板	Wooden Floor	104.1	104.0	104.4
瓷 砖	Brick	100.1	99.9	100.5
水 泥	Cement	118.1	121.3	113.5
涂 料	Dope	103.0	102.6	103.9
板 材	Veneer	106.2	104.6	111.1
管 材	Tubular Product	108.8	110.9	104.6
厨卫设备	Kitchen Equipment	99.2	98.9	100.0
门 窗	Doors and Windows	103.9	103.5	104.8
其他住房装潢材料	Other Building Decoration Materials	103.0	101.6	105.8
(2)住房维修管理费用	Housing Maintenance and Management	102.9	103.4	101.5
物业管理费	Estate Management Fees	99.9	100.0	99.4
装潢维修费	Fees of Decoration and Maintenance	109.5	112.4	103.4
其他住房费用	Other Housing Fees	99.5	99.3	100.0
3.水电燃料	Water, Electricity and Fuels	101.6	101.2	102.7
(1)水	Water	100.0	100.0	100.0
水	Water	100.0	100.0	100.0
(2)电	Electricity	100.0	100.0	100.0
电	Electricity	100.0	100.0	100.0
(3)燃气	Fuel Gas	101.6	101.9	100.9
管道燃气	Pipeline Fuel Gas	101.9	102.1	100.8
液化石油气	Liquefied Petroleum Gas	100.7	100.4	101.0
(4)其他水电燃料类	Other Water, Electricity and Fuels	102.6	101.7	105.6
其他水电燃料类	Other Water, Electricity and Fuels	102.6	101.7	105.6
4.自有住房	Private Housing	99.8	99.7	100.0
自有住房	Private Housing	99.8	99.7	100.0
四、生活用品及服务	Household Facilities, Articles and Services	100.7	100.8	100.2
1.家具及室内装饰品	Furniture and Interior Decorations	101.5	102.2	99.6
(1)家具	Furniture	101.5	102.2	99.5
柜	Cupboard	104.0	105.5	100.0
床	Bed	100.8	101.2	99.6
桌	Desk	99.2	99.1	99.4
椅	Chair	99.1	98.6	100.6
沙 发	Sofa	102.1	103.4	99.2
其他家具	Others	101.3	102.6	98.8

3-7 续表 4 continued

(以上年价格为100) (preceding year=100)

项目名称	Item	全区 General	城市 Urban Household	农村 Rural Household
(2)室内装饰品	Interior Decorations	101.6	101.9	100.5
灯　具	Lamp	102.4	102.8	100.7
其他室内装饰品	Other Interior Decorations	99.4	99.2	100.0
2.家用器具	Household Appliances	101.1	101.2	100.8
(1)大型家用器具	Big Household Appliances	100.9	101.1	100.5
洗衣机	Washing Machine	101.5	101.3	101.9
电冰箱(柜)	Refrigerator	101.6	101.6	101.5
抽油烟机	Ventilator	102.9	103.9	99.8
空调器	Air Conditioner	100.0	99.8	100.4
热水器	Water Heater for Shower	100.3	100.3	100.4
炉具灶具	Stove and Oven	101.1	101.4	100.5
吸尘器	Cleaner	99.2	99.0	99.6
空气净化器	Air Cleaner	97.3	97.0	97.9
净水器	Water Purifier	96.4	96.9	95.6
其他大型家用器具	Other Big Household Appliances	100.9	101.5	100.2
(2)小家电	Small Household Appliances	101.7	101.6	102.0
厨房小家电	Kitchen Small Household Appliances	102.9	102.9	103.2
生活小家电	Living Small Household Appliances	99.8	99.3	100.8
3.家用纺织品	Housing Textiles	100.2	100.1	100.3
(1)床上用品	Bed Articles	100.0	100.0	100.1
被　子	Quilt	99.9	99.9	100.0
床单被套	Bed Sheet and Cover	100.0	100.0	100.1
其他床上用品	Other Bed Articles	100.1	100.1	100.0
(2)窗帘门帘	Curtain	100.8	100.6	101.1
窗帘门帘	Curtain	100.8	100.6	101.1
(3)其他家用纺织品	Other Housing Textile	100.4	100.5	100.0
其他家用纺织品	Other Housing Textile	100.4	100.5	100.0
4.家庭日用杂品	Daily Use Household Articles	100.8	100.6	101.3
(1)洗涤卫生用品	Washing Hygiene Articles	101.3	101.5	100.6
清洗用品	Cleaning Supplies	101.2	101.2	101.2
清洁用具	Cleaning Equipment	100.7	100.9	99.9
清洁用纸	Hygiene Paper	101.6	102.4	100.4
(2)厨具餐具茶具	Kitchen Utensils and Tableware	98.6	98.9	97.8
厨　具	Kitchen Ware	97.0	97.1	96.7
餐　具	Tableware	98.6	99.1	96.6
茶　具	Tea Set	103.5	104.2	101.9
(3)其他家庭日用杂品	Other Daily Use Household Articles	101.8	100.8	103.7
配电附件	Electricity Distribution Accessory	102.4	103.1	101.3
雨　具	Rain Gear	101.4	101.9	100.0
其他日用杂品	Other Daily Use Household Articles	101.7	99.8	105.6

3-7 续表 5 continued

(以上年价格为100) (preceding year=100)

项目名称	Item	全 区 General	城 市 Urban Household	农 村 Rural Household
5.个人护理用品	Personal-Care Supplies	99.5	99.8	98.3
(1)化妆品	Cosmetics	98.4	98.6	97.8
清洁化妆品	Cleansing Cosmetics	98.7	98.7	98.8
护肤化妆品	Skin-Care Cosmetics	98.2	98.3	97.5
彩妆化妆品	Make-Up Cosmetics	98.5	98.8	96.9
化妆器具	Make-Up Appliances	99.5	100.1	97.6
(2)其他护理用品类	Other Nursing materials	101.5	101.9	99.4
清洁类护理用品	Nursing Materials	101.8	102.0	100.2
护发美发用品	Hair Care Products	100.7	101.1	99.0
护理器具	Nursing Appliances	98.4	98.3	98.8
其他护理用品	Other Nursing materials	105.5	106.3	100.0
6.家庭服务	Family Services	102.0	102.3	100.2
家政服务	Housekeeping Services	101.1	101.2	100.1
母婴护理服务	Mother and Baby Products	104.3	105.0	100.0
家庭维修服务	Maintenance Services	101.6	101.9	100.5
其他家庭服务	Other Family Services	100.6	100.6	100.2
五、交通通信	Transport and Communications	104.1	104.1	104.3
1.交通	Transport	105.3	105.1	105.7
(1)交通工具	Transport Facility	99.3	99.3	99.2
燃油小汽车	Fuel Car	98.6	98.6	98.4
新能源小汽车	New Energy Car	99.1	99.1	98.8
电动自行车	Electric Bicycle	99.7	100.1	99.1
自 行 车	Bicycle	105.3	107.8	102.0
其他交通工具	Other Transportation Facility	100.3	99.8	100.5
(2)交通工具用燃料	Transport Fuels	115.8	115.7	116.1
汽 油	Gasoline	117.7	117.7	117.7
柴 油	Diesel Oil	119.5	119.5	119.5
其他车用能源	Other Transport Fuels	99.5	99.0	101.1
(3)交通工具使用和维修	Transport Use and Maintenance	100.9	100.9	100.9
停 车 费	Parking Fee	105.3	105.5	100.0
车辆使用费	Vehicle Usage Fee	100.3	100.4	100.0
交通工具零配件	Transportation Parts	100.3	99.6	102.1
车辆修理与保养	Vehicles Repair and Maintenance	99.9	99.8	100.3
(4)交通费	Traffic Fare	99.2	99.0	99.7
市内公共交通	Bus Ticket	100.0	100.0	100.0
出租汽车	Taxi	100.0	100.0	100.0
飞 机 票	Plane Ticket	95.8	95.8	95.8
火 车 票	Train Ticket	100.0	100.0	100.0
长途汽车	Long-distance Bus	100.3	100.5	100.0
网 约 车	Online Car-hailing	101.6	101.6	100.9
交通工具租赁费	Transportation Rental Fees	98.7	98.5	101.9
其他交通费	Other Traffic Fare	102.6	102.5	102.8
2.通信	Communications	100.9	101.0	100.6
(1)通信工具	Communication Tools	103.0	103.4	102.0
电 话 机	Telephone	103.3	103.8	102.1
通信工具零配件	Communication Tools Spare Parts	97.4	96.5	100.0

3-7 续表 6 continued

(以上年价格为100) (preceding year=100)

项目名称	Item	全 区 General	城 市 Urban Household	农 村 Rural Household
(2)通信服务	Communication Service	100.0	100.0	100.0
电话费	Telephone Bill	100.0	100.0	100.0
家庭宽带服务	Broadband Service	99.9	99.9	100.0
其他通信服务	Other Communication Service	102.0	102.1	100.0
(3)邮递服务	Postal Service	99.5	99.8	98.1
邮政邮寄	Post	99.5	99.8	98.1
六、教育文化娱乐	Education, Cultural and Recreation	101.5	101.3	101.9
1.教育	Education	102.5	102.5	102.3
(1)教育用品	Education Articles	101.8	102.1	100.1
工 具 书	Reference Books	104.1	105.0	100.0
教　　材	Teaching Materials	99.5	99.3	100.4
参考资料	Reference Books	103.3	103.8	100.0
其他教育用品	Other Education Articles	99.8	99.8	99.7
(2)教育服务	Tuition and Child Care	102.5	102.6	102.4
幼儿早期教育	Early Childhood Education	104.9	106.6	100.0
学前教育	Preschool Education	104.6	106.3	98.2
小学初中教育	Primary and Junior High School Education	102.0	102.9	100.0
高中中职教育	Senior High School and Vocational School Education	100.8	101.1	100.2
高等教育	Higher Education	102.5	100.8	106.3
课外教育	Extracurricular Education	103.6	104.4	100.0
专业技能培训	Professional Skill Training	101.9	102.5	100.0
其他教育服务	Other Education Service	100.0	100.0	100.0
2.文化娱乐	Cultural and Recreation	99.6	99.3	100.8
(1)文娱耐用消费品	Durable Consumer Goods for Cultural and Recreational Use	102.8	103.3	101.6
电 视 机	TV Set	103.7	104.4	102.1
照 相 机	Camera	101.8	102.1	100.4
台式计算机	Desktop Computer	103.4	104.5	102.0
笔记本电脑	Laptop	101.6	101.8	101.3
平板电脑	Tablet Personal Computer	99.2	99.3	99.0
乐　　器	Musical Instrument	103.8	104.5	101.1
音　　响	Sound Equipment	102.3	103.2	99.5
可穿戴智能设备	Wearable Smart Devices	100.3	100.0	102.7
其他文娱耐用消费品	Other Durable Consumer Goods	105.3	106.7	100.8
(2)其他文娱用品	Other Goods for Cultural and Recreational Use	100.9	100.7	101.7
书报杂志及音像制品	Newspapers and Magazines	100.0	100.0	100.0
纸张文具	Paper and Stationery	101.8	100.8	104.0
体育户外用品	Sports and Outdoor Articles	100.2	100.2	100.0
游戏用品和玩具	Games Supplies and Toys	100.0	100.0	100.0
园艺花卉及用品	Horticulture and Flower Articles	104.4	104.3	104.8
宠物及用品	Pet Articles	99.9	99.9	100.0
其他文化娱乐用品	Other Goods for Cultural and Recreational Use	100.0	100.1	100.0
(3)文化娱乐服务	Cultural and Recreation Services	103.8	104.0	102.9
电影及演出票	Movie and Show Tickets	106.1	106.1	105.1

3-7 续表 7 continued

(以上年价格为100) (preceding year=100)

项目名称	Item	全 区 General	城 市 Urban Household	农 村 Rural Household
景点门票	Scenery Spot Entrance Ticket	110.7	110.7	110.5
电视服务	Television Services	100.1	100.1	100.0
健身活动	Fitness Activities	101.4	101.5	100.0
宠物服务	Pet Service	100.0	100.0	100.0
网络文娱服务	Online Cultural Entertainment Services	108.0	108.0	108.1
儿童娱乐项目	Children's Entertainment	100.5	100.5	100.0
其他文娱服务	Others	100.1	100.2	100.0
(4)旅游	Touring and Outing	92.9	92.6	95.9
旅行社收费	Travel Agency Fees	91.9	91.9	92.1
其他旅游	Others	100.0	100.0	100.0
七、医疗保健	Health Care and Medical Services	101.7	102.1	100.6
1.药品及医疗器具	Medicines and Medical Instruments	100.6	100.7	100.3
(1)中药	Traditional Chinese Medicine	101.8	102.1	101.1
中 药 材	Traditional Chinese Medicinal Materials	103.9	103.9	103.9
中 成 药	Chinese Patent Medicine	101.0	101.4	99.9
(2)西药	Western Medicine	99.9	99.7	100.3
抗微生物药	Antimicrobial Drugs	101.4	98.5	107.9
消化系统用药	Digest System Drugs	101.9	102.5	100.0
呼吸系统用药	Breathe System Drugs	100.9	100.7	101.8
解热镇痛药	Antipyretic and Analgesic	101.4	102.1	100.0
抗肿瘤药	Antineoplastic Drugs	100.0	100.0	100.0
激素及影响内分泌药	Hormone Drugs	96.1	100.5	87.8
心血管系统用药	Cardiovascular System Drugs	99.0	98.9	99.4
血液系统用药	Blood System Drugs	96.1	97.9	92.5
治疗精神障碍药	Dysphrenia Drugs	105.7	101.1	115.3
神经系统用药	Central Nervous System Drugs	97.5	97.5	97.4
泌尿系统用药	Urinary System Drugs	100.0	99.9	100.1
维生素、矿物质类药	Vitamins and Mineral Drugs	97.6	98.3	94.6
调节水、电解质及酸碱平衡药	Adjust Water, Electrolyte and Acid-Base Balance Drugs	101.6	101.6	101.9
其他西药	Other Western Medicine	94.8	94.4	95.8
(3)滋补保健品	Health Products	101.9	102.1	100.5
滋补保健品	Health Products	101.9	102.1	100.5
(4)医疗卫生器具	Medical Treatment and Public Health Appliances	98.8	99.5	97.5
医疗卫生器具	Medical Treatment and Public Health Appliances	98.8	99.5	97.5
(5)保健器具	Health Care Appliances	100.0	100.0	100.0
保健器具	Health Care Appliances	100.0	100.0	100.0
2.医疗服务	Health Care Service	102.2	102.8	100.8
(1)综合医疗类	Integrative Medical Treatment	102.9	103.7	101.2
一般医疗服务	General Health Care Services	100.1	100.8	98.2
一般治疗操作	General Cure Operation	105.5	107.2	103.3
护 理	Nursing	104.6	106.2	99.8
其他综合医疗服务	Other Integrative Medical Treatment	99.9	99.9	100.0
(2)诊断类	Diagnosis	100.1	99.9	100.3
病理学诊断	Pathology Diagnosis	103.6	102.3	112.1

3-7 续表 8 continued

(以上年价格为100) (preceding year=100)

项目名称	Item	全　区 General	城　市 Urban Household	农　村 Rural Household
实验室诊断	Laboratory Diagnosis	100.0	100.0	100.0
影像学诊断	Imaging Diagnosis	99.5	99.3	100.0
临床诊断	Clinic Diagnosis	100.3	100.4	100.0
(3)治疗类	Cure	104.9	106.7	99.9
临床手术治疗	Clinic Operative Treatment	107.5	111.7	99.9
临床非手术治疗	Clinic Non-Operative Treatment	102.7	103.3	100.0
(4)康复类	Recovery	103.1	103.4	101.6
康复医疗	Recovery Medical Treatment	103.1	103.4	101.6
(5)中医医疗服务类	Traditional Chinese Medicine Services	102.9	102.7	103.7
中医治疗	Traditional Chinese Medicine	102.9	102.7	103.7
(6)其他医疗保健服务	Other Health Care Services	101.2	100.0	103.2
其他医疗保健服务	Other Health Care Services	101.2	100.0	103.2
八、其他用品及服务	Miscellaneous Goods and Services	98.5	98.8	97.2
1.其他用品	Other Products	99.2	99.3	98.5
(1)首饰手表	Jewelry and Watches	99.1	99.4	98.0
金 饰 品	Gold Jewelry	95.8	96.2	94.7
银 饰 品	Silver Jewelry	103.0	101.1	109.6
铂金饰品	Platinum Jewelry	104.1	104.9	97.3
手　　表	Watches	101.8	101.9	101.1
(2)母婴用品	Mother and Baby Supplies	98.9	99.0	98.5
母婴洗护喂养用品	Baby Care and Feeding Supplies	99.5	99.5	99.5
其他母婴用品	Other Mother and Baby Supplies	97.6	97.8	96.8
(3)其他杂项用品	Other Products	99.4	99.4	99.7
箱　　包	Luggage	98.9	98.7	99.6
眼　　镜	Glasses	100.0	100.0	100.0
2.其他服务类	Other Services	97.5	98.0	95.7
(1)在外住宿	Outside Accommodation	96.7	96.2	99.1
宾馆住宿	Hotel Accommodation	98.4	98.3	100.1
其他住宿	Other Accommodation	94.3	92.4	98.9
(2)美容美发洗浴	Beauty Hairdressing and Bath	100.3	100.3	100.3
美　　容	Beauty	98.6	98.4	100.0
美　　发	Hairdressing	100.9	101.2	100.0
洗　　浴	Bath	101.7	101.7	102.0
(3)养老服务	Endowment Services	100.4	100.4	100.0
养老服务	Endowment Services	100.4	100.4	100.0
(4)金融及保险服务	Financial and Insurance Services	94.2	95.5	91.0
金融服务	Financial Services	99.4	99.2	100.0
车辆保险	Vehicle Insurance	76.3	77.4	74.2
旅行保险	Travel Insurance	100.0	100.0	100.0
其他保险	Other Insurance	103.9	104.3	102.6
(5)中介法律及其他服务	Intermediary Legal and Other Services	101.5	101.2	102.7
中介服务	Intermediary Services	102.6	103.2	100.0
法律服务	Legal Services	100.0	100.0	100.0
其他杂项服务	Other Services	101.6	100.0	106.9

3-8 2021年城乡商品零售价格分类指数

Retail Price Indices by Category of Commodities (2021)

(以上年价格为100) (preceding year=100)

项目名称	Item	全 区 General	城 市 Urban	农 村 Rural
商品零售价格指数	**Retail Price Index**	**102.0**	**102.1**	**101.8**
一、食品	Food	101.9	102.0	101.4
1.粮食	Grain	101.6	101.7	101.1
大　米	Rice	100.1	100.2	99.6
面　粉	Flour	100.2	100.0	101.0
其他粮食	Others	105.8	106.1	102.9
粮食制品	Cereal Product	104.3	104.4	103.6
2.薯类	Tubers	94.7	94.4	95.5
薯　类	Tubers	94.7	94.4	95.5
3.豆类	Beans	109.7	109.6	110.1
干　豆	Beans	104.1	104.3	102.5
豆 制 品	Bean Products	111.4	111.3	112.9
4.食用油	Edible Oil	107.3	107.8	104.9
食用植物油	Edible Vegetable Oil	109.2	110.2	105.0
食用动物油	Edible Animal Oil	91.8	91.8	88.9
5.菜及食用菌	Vegetables and Edible Fungus	105.2	105.1	105.6
鲜　菜	Fresh Vegetables	106.1	106.1	106.4
鲜　菌	Fresh Fungus	98.4	97.8	104.9
干菜及菜制品	Dried Vegetables and Processed Products	101.6	101.9	100.0
6.畜肉类	Livestock Meat	94.9	94.4	97.1
猪　肉	Pork	71.4	72.1	66.7
牛　肉	Beef	104.1	103.9	105.0
羊　肉	Mutton	103.8	103.5	105.0
其他畜肉及副产品	Other Livestock Meat and By-products	89.3	86.4	103.0
畜肉制品	Livestock Meat and Processed Products	99.6	99.6	99.6
7.禽肉类	Poultry	95.4	94.5	100.3
鸡	Chicken	93.8	92.5	100.1
鸭	Duck	92.3	92.1	100.1
其他禽肉及制品	Other Poultry Meat Processed Products	100.9	100.8	101.2
8.水产品	Aquatic Products	116.4	116.1	121.4
淡 水 鱼	Freshwater Fish	132.3	132.4	130.8
海 水 鱼	Seawater Fish	97.4	97.3	100.0
虾 蟹 类	Shrimp and Crab	99.7	99.6	102.1
其他水产品及制品	Others Aquatic and Processed Products	100.8	100.9	100.2
9.蛋类	Eggs	116.7	116.6	117.0
鸡　蛋	Fresh Egg	119.2	119.4	117.5
其他蛋及制品	Other Egg and Processed Products	98.4	98.3	100.2
10.奶类	Milk	101.6	101.8	100.1
鲜　奶	Fresh Milk	103.6	104.0	100.9
酸　奶	Yoghourt	100.4	100.6	98.6
奶　粉	Milk Powder	100.4	100.5	100.0
其他奶制品	Other Milk Products	99.7	99.7	100.2
11.干鲜瓜果类	Dried and Fresh Melons and Fruits	102.2	102.4	101.5
鲜 瓜 果	Fresh Melons and Fruits	103.6	103.9	102.0
坚　果	Nuts	99.4	99.5	98.9
瓜果制品	Melons and Fruits Products	97.1	97.0	100.0

3-8 续表 1 continued

(以上年价格为100) (preceding year=100)

项目名称	Item	全 区 General	城 市 Urban	农 村 Rural
12.糖果糕点类	Candy and Cake	103.4	103.7	100.8
食　　糖	Sugar	108.3	110.7	99.1
糖　　果	Candy	105.1	105.7	100.3
糕　　点	Cake	101.2	101.0	102.5
其他糖果糕点	Other Candy and Cake	101.8	102.1	99.9
13.调味品	Flavoring	101.6	101.7	101.4
食 用 盐	Salt	100.0	99.8	100.4
酱　　油	Soy	101.3	101.3	101.0
食　　醋	Vinegar	100.0	99.7	101.3
增 味 剂	Flavor Enhancer	99.4	99.2	101.0
其他调味品	Others	105.3	106.1	102.3
14.其他食品类	Other Food	100.1	100.1	100.3
方便食品	Convenient Food	99.3	99.2	100.4
淀粉及制品	Starch and Products	101.0	101.2	100.0
其他食品	Other Food	100.8	100.9	100.4
15.餐饮业零售	Catering Retail	101.2	101.3	100.4
餐馆餐饮	Restaurant Catering	101.2	101.3	100.7
饮品店餐饮	Beverage Shop Catering	102.9	103.5	98.2
餐饮配送及外卖送餐	Catering Distribution and Food Delivery	99.6	99.8	97.5
其他餐饮业零售	Othet Catering Retail	102.2	102.0	105.5
二、饮料、烟酒	Beverages Tobacco and Liquor	101.1	101.2	100.4
1.茶及饮料	Tea and Beverages	100.6	100.7	99.5
茶　　叶	Tea	100.1	100.1	100.0
固体咖啡	Solid Coffee	102.4	102.6	100.3
其他固体饮料	Other Solid Beverages	99.8	99.8	100.3
饮 用 水	Potable Water	95.2	94.7	100.0
果汁饮料	Juice Beverage	100.6	101.4	90.9
其他液体饮料	Other Liquid Beverages	102.8	103.0	100.7
2.卷　　烟	Cigarette	101.4	101.4	101.1
卷　　烟	Cigarette	101.4	101.4	101.1
3.酒类	Liquor	101.2	101.4	99.5
白　　酒	Spirit	101.9	102.1	100.0
葡 萄 酒	Wine	99.2	99.1	99.8
啤　　酒	Beer	100.8	101.2	97.7
其他酒类	Others	101.5	101.6	100.0
三、服装、鞋帽	Garments, Shoes and Hats	99.2	99.5	96.6
1.服装	Garments	99.7	100.2	96.3
(1)男士服装	Men's	99.9	100.6	95.7
男式外套	Men's Coat	99.3	99.9	95.7
男式针织衫	Men's Kniwear	100.2	101.0	95.2

(以上年价格为100) (preceding year=100)

项目名称	Item	全 区 General	城 市 Urban	农 村 Rural
男式衬衫T恤	Men's Shirt and T-shirt	99.6	100.1	95.8
男式裤子	Men's Trousers	101.0	102.1	94.4
男式内衣	Men's Underclothes	100.8	101.1	99.0
(2)女士服装	Women's	99.6	99.9	96.8
女式外套	Women's Coat	100.0	100.5	95.3
女式针织衫	Women's Kniwear	98.3	98.3	98.2
女式衬衫T恤	Women's Shirt and T-shirt	99.1	99.1	99.0
女式裤子	Women's Trousers	99.9	100.2	97.8
女式裙子	Women's Skirt	99.7	100.1	95.3
女式内衣	Women's Underclothes	100.0	100.4	97.3
(3)儿童服装	Children's	100.0	100.6	96.5
婴幼服装	Infant's Wear	99.8	99.9	98.6
儿童上衣	Children's Coat	98.5	99.3	93.2
儿童裤子	Children's Trousers	100.4	100.4	100.4
儿童裙子	Children's Skirt	103.0	104.6	91.6
儿童内衣	Children's Underclothes	101.7	101.9	100.0
2.鞋帽袜	Footgear and Hats	97.5	97.5	97.5
(1)鞋	Shoes	97.1	97.1	97.1
男 鞋	Shoes of Men	97.3	97.2	98.1
女 鞋	Shoes of Women	96.3	96.3	96.3
童 鞋	Shoes of Children	99.8	99.9	98.6
(2)袜子	Socks	100.3	100.4	99.5
袜 子	Socks	100.3	100.4	99.5
(3)帽子	Hats	97.9	97.8	99.1
帽 子	Hats	97.9	97.8	99.1
3.其他衣着配件	Other Clothing and Accessories	100.4	100.4	99.3
其他衣着配件	Other Clothing and Accessories	100.4	100.4	99.3
四、纺织品	Textiles	100.5	100.6	99.9
1.服装材料	Clothing Material	102.9	104.0	99.2
服装材料	Clothing Material	102.9	104.0	99.2
2.床上用品	Bed Articles	100.0	100.0	100.1
被 子	Quilt	100.0	100.0	100.1
床单被套	Bed Sheet and Cover	100.1	100.0	100.2
其他床上用品	Other Bed Articles	100.1	100.1	100.0
五、家用电器及音像器材	Household Appliances, Music and Video Equipment	102.3	102.5	101.1
1.家庭设备	Household Facilities	101.1	101.2	100.5
洗 衣 机	Washing Machine	101.1	101.1	101.4
电冰箱(柜)	Refrigerator	101.6	101.9	100.4
抽油烟机	Ventilator	103.9	104.4	100.0
空 调 器	Air Conditioner	100.0	100.0	100.2

3-8 续表 3 continued

(以上年价格为100) (preceding year=100)

项目名称	Item	全 区 General	城 市 Urban	农 村 Rural
热 水 器	Water Heater for Shower	100.2	100.1	100.6
炉具灶具	Stove and Oven	101.7	101.9	100.9
吸 尘 器	Cleaner	98.9	98.9	99.6
空气净化器	Air Cleaner	97.2	97.1	98.3
净 水 器	Water Purifier	96.7	96.8	95.9
厨房小家电	Kitchen Small Household Appliances	103.0	103.0	103.0
生活小家电	Living Small Household Appliances	99.4	99.2	100.7
其他大型家用器具	Other Big Household Appliances	101.4	101.6	100.4
2.文娱用耐用消费品	Durable Consumer Goods for Cultural and Recreational Use	103.9	104.2	101.7
电 视 机	TV Set	104.0	104.4	101.8
照 相 机	Camera	102.4	102.4	102.5
音 响	Sound Equipment	103.2	103.3	99.7
可穿戴智能设备	Wearable Smart Devices	100.4	100.3	102.7
其他文娱耐用消费品	Other Durable Consumer Goods	105.3	105.9	101.1
3.专业音像器材	Special Sound and Image Facilities	103.0	103.1	102.8
专业音响器材	Special Sound Facilities	100.7	100.8	100.2
专业声像器材	Special Acoustic Image Facilities	106.7	106.6	108.3
六、文化办公用品	Cultural and Office Appliances	102.9	103.0	102.8
纸张文具	Paper and Stationery	101.2	101.0	102.5
台式计算机	Desktop Computer	104.5	104.8	102.0
笔记本电脑	Laptop	101.5	101.6	101.3
平板电脑	Tablet Personal Computer	99.5	99.6	98.9
电脑附件	Computer Parts	108.9	109.7	101.8
打印复印机	Print and Copy Machine	106.3	105.8	110.4
教学设备	Teaching Device	99.7	99.9	97.0
七、日用品	Articles for Daily Use	100.8	100.9	100.0
1.日用百货	General Merchandise for Daily Use	101.1	101.5	99.4
电动自行车	Electric Bicycle	99.4	99.7	98.1
自 行 车	Bicycle	107.1	107.7	102.7
雨 具	Rain Gear	101.6	101.8	100.0
护理器具	Nursing Appliances	98.6	98.6	98.9
清洁用纸	Hygiene Paper	101.8	102.2	100.4
化妆器具	Make-up Appliances	100.1	100.3	97.8
2.厨具餐具茶具	Kitchen Utensils and Tableware	99.2	99.4	97.8
厨 具	Kitchen Ware	97.3	97.4	96.8
餐 具	Tableware	98.6	98.9	96.6
茶 具	Tea Set	103.9	104.3	102.0
3.清洗用品	Cleaning Supplies	101.2	101.2	101.3
清洗用品	Cleaning Supplies	101.2	101.2	101.3
4.其他日用品	Other Articles for Daily Use	101.1	101.1	101.4
灯 具	Lamp	102.8	103.1	101.2
箱 包	Luggage	98.9	98.8	99.6
母婴用品	Mother and Baby Products	99.4	99.4	99.5
眼 镜	Glasses	100.0	100.0	100.0
其他护理用品	Nursing Materials	105.8	106.5	100.0
其他日用杂品	Other Articles for Daily Use	102.3	101.3	105.5
八、体育娱乐用品	Sports and Recreation Articles	101.3	101.4	101.0
1.体育户外用品	Sports and Outdoor Articles	100.2	100.2	100.0
体育户外用品	Sports and Outdoor Articles	100.2	100.2	100.0

3-8 续表 4 continued

(以上年价格为100) (preceding year=100)

项目名称	Item	全 区 General	城 市 Urban	农 村 Rural
2.娱乐用品	Recreational Goods	101.9	102.0	101.2
乐　　器	Musical Instrument	103.7	104.1	100.9
游戏用品和玩具	Games Supplies and Toys	100.0	100.0	100.0
园艺花卉及用品	Horticulture and Flower Articles	104.6	104.5	104.9
宠物及用品	Pet Articles	100.1	100.1	100.0
其他文化娱乐用品	Other Goods for Cultural and Recreational Use	100.1	100.1	100.0
九、交通、通信用品	Transport and Communications Articles	100.9	101.0	100.4
1.交通运输机械	Transport Machinery	99.5	99.5	99.4
小型汽车	Car	98.6	98.6	98.4
大中型客车	Large and Middle-Size Coach	99.1	99.1	98.8
交通工具零配件	Transport Parts	101.6	101.7	101.5
2.通信器材	Communication Tools	99.5	99.0	102.7
固定电话机	Telephone	103.6	103.9	102.2
移动电话机	Mobile Telephone	103.6	103.8	102.3
其他通信器材	Other Communication Tools	103.9	104.2	101.4
十、家具	Furniture	101.9	102.2	99.8
柜	Cupboard	105.0	105.5	100.1
床	Bed	101.1	101.2	99.9
桌	Desk	99.2	99.2	99.9
椅	Chair	99.1	98.9	101.0
沙　　发	Sofa	102.6	103.0	99.5
其他家具	Others	101.9	102.3	99.2
十一、化妆品	Cosmetics	99.5	99.6	98.5
清洁化妆品	Cleansing Cosmetics	98.7	98.7	98.9
护肤化妆品	Skin-Care Cosmetics	98.4	98.5	97.8
彩妆化妆品	Make Up Cosmetics	98.6	98.8	97.2
清洁类护理用品	Nursing Materials	101.8	102.0	100.4
护发美发用品	Hair Care Products	100.9	101.2	98.8
十二、金银饰品	Gold and Silver Jewelry	99.1	99.2	97.1
金 饰 品	Gold Jewelry	96.1	96.2	94.7
银 饰 品	Silver Jewelry	102.2	101.7	107.3
铂金饰品	Platinum Jewelry	104.7	104.9	98.3
十三、中西药品及医疗保健用品	Traditional Chinese and Western Medicines, Health Care Articles	100.6	100.8	99.7
1.医疗卫生器具	Medical Treatment and Public Health Appliances	100.5	101.5	95.7
医疗卫生器具	Medical Treatment and Public Health Appliances	100.5	101.5	95.7
2.中药	Traditional Chinese Medicine	102.5	102.7	101.7
中 药 材	Traditional Chinese Medicinal Materials	104.8	104.7	105.4
中 成 药	Chinese Patent Medicine	101.0	101.3	99.9
3.西药	Western Medicine	99.5	99.6	99.4
抗微生物药	Antimicrobial Drugs	100.4	99.2	105.7
消化系统用药	Digest System Drugs	102.7	103.2	100.0
呼吸系统用药	Breathe System Drugs	100.6	100.5	101.4
解热镇痛药	Antipyretic and Analgesic	102.0	102.4	100.0
抗肿瘤药	Antineoplastic Drugs	100.0	100.0	100.0

3-8 续表 5 continued

(以上年价格为100) (preceding year=100)

项目名称	Item	全区 General	城市 Urban	农村 Rural
激素及影响内分泌药	Hormone Drugs	97.7	100.6	87.1
心血管系统用药	Cardiovascular System Drugs	99.0	99.0	99.2
血液系统用药	Blood System Drugs	97.7	98.8	90.3
治疗精神障碍药	Dysphrenia Drugs	102.5	100.7	110.8
神经系统用药	Central Nervous System Drugs	95.8	95.8	96.1
泌尿系统用药	Urinary System Drugs	100.0	100.0	100.1
维生素、矿物质类药	Vitamins and Mineral Drugs	97.8	97.9	96.4
调节水、电解质及酸碱平衡药	Adjust Water, Electrolyte and Acid-Base Balance Drugs	101.5	101.4	102.3
其他西药	Other Western Medicine	93.1	92.5	96.5
4.保健器具及用品	Health Care Appliances and Products	101.4	101.5	100.6
保健器具	Health Care Appliances	100.0	100.0	100.0
滋补保健品	Health Products	101.9	102.0	100.7
十四、书报杂志及电子出版物	Book, Newspapers, Magazines and Electronic Publications	100.8	100.9	100.2
1.教材及参考书	Teaching Materials and Reference Books	101.4	101.7	100.2
工具书	Reference Books	103.9	104.9	100.0
教材	Teaching Materials	99.5	99.3	100.5
参考资料	Reference Books	102.8	103.2	100.0
其他教育用品	Other Education Articles	99.7	99.8	99.6
2.书报杂志及音像制品	Newspapers and Magazines	100.0	100.0	100.0
书报杂志及音像制品	Newspapers and Magazines	100.0	100.0	100.0
3.计算机办公软件	Computer Software	101.7	101.6	101.8
计算机办公软件	Computer Software	101.7	101.6	101.8
十五、燃料	Fuels	112.3	112.1	112.9
1.煤炭及制品	Coal and Related Products	111.8	112.2	110.5
原煤	Coal	118.5	120.8	112.2
煤制品	Related Products	98.9	98.5	101.7
2.石油及制品	Oil and Products	112.4	112.1	113.5
管道燃气	Pipeline Fuel Gas	101.7	101.8	100.8
液化石油气	Liquefied Petroleum Gas	100.5	100.3	101.6
汽油	Gasoline	117.7	117.7	117.7
柴油	Diesel Oil	119.5	119.5	119.5
十六、建筑材料及五金电料	Building Materials and Hardware	103.7	103.0	106.7
1.建筑装潢材料	Building Decoration Materials	103.9	103.4	106.3
木地板	Wooden Floor	104.2	104.1	104.4
瓷砖	Brick	99.4	99.1	100.7
水泥	Cement	120.7	120.4	121.3
涂料	Dope	102.9	103.1	102.1
板材	Veneer	104.5	103.5	109.6
管材	Tubular Product	109.5	111.0	104.7
厨卫设备	Kitchen Equipment	99.0	98.8	100.0
门窗	Doors and Windows	102.9	102.8	103.3
其他住房装潢材料	Other Building Decoration Materials	102.8	103.0	101.7
2.五金水暖	Water and Heating Hardware	102.9	102.2	108.9
家用手工工具	Household Hand Tools	101.7	100.5	108.0
配电附件	Electricity Distribution Accessory	102.2	102.3	101.4
水暖器材	Heating Equipment	103.9	102.8	115.6

3-9 2021年全区各月居民消费价格指数

Monthly Consumer Price Indices (2021)

(以上年同月价格为100) (the same month of preceding year=100)

月 份 Month	居民消费价格总指数 Consumer Price Indices	食品烟酒 Food, Tobacco and Liquor	衣着 Clothing	居住 Residence	生活用品及服务 Household Facilities, Articles and Services	交通通信 Transport and Communi-cations	教育文化娱乐 Education, Cultural and Recreation	医疗保健 Health Care and Medical Services	其他用品及服务 Miscella-neous Goods and Services
一 月 Jan.	99.6	102.7	98.2	99.7	100.0	94.4	98.7	100.1	100.2
二 月 Feb.	99.5	102.2	97.7	99.6	99.7	94.9	98.8	100.1	99.6
三 月 Mar.	99.7	101.7	98.0	99.6	99.7	97.3	99.0	100.2	99.5
四 月 Apr.	100.2	101.8	98.2	99.8	99.9	99.2	99.4	100.6	99.5
五 月 May	100.5	101.9	98.4	100.0	100.1	100.5	99.8	100.9	99.6
六 月 June	100.7	101.9	98.6	100.1	100.2	101.4	99.9	101.1	99.5
七 月 July	100.9	101.8	98.6	100.2	100.3	102.1	100.2	101.2	99.4
八 月 Aug.	101.0	101.6	98.7	100.3	100.4	102.7	100.6	101.3	98.9
九 月 Sept.	101.0	101.4	98.8	100.4	100.4	103.2	100.8	101.4	98.5
十 月 Oct.	101.2	101.4	98.9	100.6	100.6	103.5	101.0	101.5	98.4
十一月 Nov.	101.3	101.5	99.0	100.7	100.6	104.0	101.2	101.5	98.4
十二月 Dec.	101.4	101.5	99.0	100.8	100.7	104.1	101.5	101.7	98.5

3-10　2021年全区各月商品零售价格指数

Monthly Retail Price Indices (2021)

(以上年同月价格为100)　　(the same month of preceding year=100)

月份	Month	商品零售价格总指数 Retail Price Indices	食品 Food	饮料、烟酒 Beverages, Tobacco, Liquor	服装、鞋帽 Garments, Shoes and Hats	纺织品 Textiles	家用电器及音像器材 Household Appliances, Music and Video Equipment	文化办公用品 Cultural and Office Appliances	日用品 Articles for Daily Use	体育娱乐用品 Sports and Recreation Articles
一　月	Jan.	100.0	102.8	99.2	98.2	100.4	100.7	101.1	98.8	99.7
二　月	Feb.	100.0	102.2	99.1	97.8	100.4	100.9	101.3	98.0	100.0
三　月	Mar.	100.3	101.7	99.1	98.0	100.4	101.0	101.5	98.2	100.4
四　月	Apr.	100.7	101.8	99.2	98.2	100.6	101.4	101.7	98.6	100.6
五　月	May	101.0	102.0	99.4	98.5	100.5	101.9	101.9	98.9	100.8
六　月	June	101.3	102.1	99.6	98.7	100.5	102.2	102.2	99.2	101.0
七　月	July	101.5	102.0	99.9	98.8	100.5	102.4	102.4	99.7	101.1
八　月	Aug.	101.5	101.9	100.2	98.9	100.5	102.4	102.4	100.0	101.2
九　月	Sept.	101.6	101.7	100.5	99.0	100.5	102.3	102.5	100.1	101.2
十　月	Oct.	101.8	101.7	100.8	99.0	100.5	102.2	102.7	100.5	101.3
十一月	Nov.	102.0	101.9	101.0	99.2	100.5	102.2	102.8	100.6	101.3
十二月	Dec.	102.0	101.9	101.1	99.2	100.5	102.3	102.9	100.8	101.3

3-10　续表　continued

(以上年同月价格为100)　　(the same month of preceding year=100)

月份	Month	交通、通信用品 Transport and Communi-cations Articles	家具 Furniture	化妆品 Cosmetics	金银饰品 Gold and Silver Jewelry	中西药品及医疗保健用品 Traditional Chinese and Western Medicines and Health Care Articles	书报杂志及电子出版物 Books, Newspapers, Magazines and Electronic Publications	燃料 Fuels	建筑材料及五金电料 Building Materials and Hardware
一　月	Jan.	100.0	101.6	100.9	108.7	100.3	101.3	91.2	100.1
二　月	Feb.	100.2	101.9	99.7	106.9	100.5	101.3	93.6	100.2
三　月	Mar.	100.4	102.1	99.4	104.8	100.6	101.2	97.6	100.6
四　月	Apr.	100.7	102.2	99.6	105.0	100.7	101.1	100.8	100.7
五　月	May	100.8	102.2	99.6	104.6	100.6	101.0	103.1	101.1
六　月	June	100.8	102.2	99.6	104.2	100.6	101.0	105.0	101.4
七　月	July	100.8	102.2	99.4	103.3	100.6	101.0	106.4	101.7
八　月	Aug.	100.9	102.1	99.5	101.4	100.6	100.9	107.5	101.9
九　月	Sept.	101.0	102.0	99.4	100.4	100.7	100.8	108.6	102.1
十　月	Oct.	101.0	102.0	99.6	99.7	100.7	100.8	110.4	102.7
十一月	Nov.	101.0	102.0	99.5	99.5	100.7	100.8	111.8	103.2
十二月	Dec.	100.9	101.9	99.5	99.1	100.6	100.8	112.3	103.7

3-11 2021年调查市县居民消费价格指数
Consumer Price Indices by City and County (2021)

(以上年价格为100) (preceding year =100)

分类名称	Item	银川市辖区 Yinchuan	石嘴山市辖区 Shizuishan	吴忠市 Wuzhong	固原市 Guyuan	中卫市 Zhongwei	平罗县 Pingluo	海原县 Haiyuan
居民消费价格总指数	**Consumer Price Index**	**101.4**	**101.5**	**101.6**	**101.6**	**101.9**	**100.6**	**101.6**
消费品价格指数	**Consumer Goods Price Index**	**101.8**	**102.1**	**102.8**	**101.9**	**101.9**	**100.3**	**102.3**
一、食品烟酒	Food, Tobacco and Liquor	101.6	102.6	101.1	101.9	101.0	98.8	102.5
1.食品	Food	101.9	102.5	100.7	101.7	101.9	98.1	103.4
(1)粮食	Grain	102.1	103.9	102.5	102.1	102.7	99.7	102.4
大　米	Rice	99.9	101.0	100.8	100.2	101.2	99.1	100.3
面　粉	Flour	99.0	102.1	102.6	102.2	102.3	100.2	101.7
其他粮食	Other Grain	104.2	117.4	105.2	100.6	107.5	100.0	106.9
粮食制品	Cereal Product	104.7	104.7	103.2	104.2	103.3	99.8	108.5
(2)薯类	Tubers	94.2	95.6	95.8	92.2	97.5	80.6	113.6
薯　类	Tubers	94.2	95.6	95.8	92.2	97.5	80.6	113.6
(3)豆类	Beans	110.6	113.9	114.5	104.6	108.6	109.7	113.6
干　豆	Beans	105.1	102.1	98.6	102.4	101.9	103.4	100.0
豆 制 品	Bean Products	110.7	115.3	116.0	105.0	110.2	110.7	115.7
(4)食用油	Edible Oil	110.5	103.6	109.9	113.9	109.6	102.8	107.4
食用植物油	Edible Vegetable Oil	110.8	103.6	110.0	114.2	109.9	102.9	107.5
食用动物油	Edible Animal Oil	91.3	98.3	100.0	88.0	96.4	72.9	100.0
(5)菜及食用菌	Vegetables and Edible Fungus	104.9	108.8	104.1	108.1	104.6	101.7	111.6
鲜　菜	Fresh Vegetables	105.3	109.3	105.0	108.8	105.3	102.0	111.5
鲜　菌	Fresh Fungus	97.7	106.9	89.0	99.5	98.1	92.5	126.8
干菜及菜制品	Dried Vegetables and Processed Products	102.1	99.2	102.7	100.7	100.0	100.0	100.0
(6)畜肉类	Livestock Meat	94.8	94.7	98.4	92.6	93.4	89.2	97.3
猪　肉	Pork	74.9	70.4	69.6	67.3	67.3	66.7	66.7
牛　肉	Beef	104.6	102.6	103.3	101.8	106.3	105.1	104.9
羊　肉	Mutton	101.0	105.4	105.8	103.1	110.7	108.5	101.2
其他畜肉及副产品	Other Livestock Meat and By-products	84.0	87.3	88.3	90.9	101.3	102.0	103.7
畜肉制品	Livestock Meat and Processed Products	98.1	102.3	99.4	101.4	102.6	94.7	104.4
(7)禽肉类	Poultry	95.2	90.5	92.2	96.4	100.7	100.8	99.5
鸡	Chicken	92.9	84.3	89.6	95.9	101.3	101.2	98.8
鸭	Duck	92.0	96.1	93.8	99.7	90.4	101.7	96.4
其他禽肉及制品	Other Poultry Meat Processed Products	100.7	103.7	102.5	97.5	99.5	99.0	102.4
(8)水产品	Aquatic Products	114.6	111.1	119.4	117.1	118.1	122.2	120.3
淡 水 鱼	Freshwater Fish	132.0	130.5	141.0	132.5	133.5	134.4	129.2
海 水 鱼	Seawater Fish	96.3	101.8	99.3	95.6	99.7	100.1	100.0
虾 蟹 类	Shrimp and Crab	100.9	96.9	93.4	96.4	99.3	104.6	100.0
其他水产品及制品	Others Aquatic and Processed Products	101.9	94.9	99.1	100.5	100.4	100.6	100.0
(9)蛋类	Eggs	119.2	116.9	121.6	114.6	115.2	109.8	120.8
鸡　蛋	Fresh Egg	120.2	117.5	122.4	115.0	115.6	110.0	121.5
其他蛋及制品	Other Egg and Processed Products	98.1	103.1	101.6	100.9	99.9	100.8	100.0
(10)奶类	Milk	102.0	103.2	100.6	101.8	102.1	99.3	101.0
鲜　奶	Fresh Milk	103.7	106.3	105.7	103.4	102.6	99.8	102.2

3-11 续表 1 continued

(以上年价格为100) (preceding year =100)

分类名称	Item	银 川 市辖区 Yinchuan	石嘴山 市辖区 Shizuishan	吴忠市 Wuzhong	固原市 Guyuan	中卫市 Zhongwei	平罗县 Pingluo	海原县 Haiyuan
酸 奶	Yoghourt	100.9	101.8	96.8	100.1	100.2	97.5	100.0
奶 粉	Milk Powder	101.2	100.0	94.8	100.8	103.1	100.0	100.0
其他奶制品	Other Milk Products	99.3	100.6	100.1	105.0	101.1	100.6	100.0
(11)干鲜瓜果类	Dried and Fresh Melons and Fruits	103.1	106.4	97.6	103.9	104.8	98.6	105.1
鲜 瓜 果	Fresh Melons and Fruits	104.2	108.0	97.1	106.1	105.6	98.1	107.2
坚 果	Nuts	100.0	98.5	100.2	94.8	102.0	100.4	96.8
瓜果制品	Melons and Fruits Products	96.6	101.5	98.9	98.5	100.0	100.0	100.0
(12)糖果糕点类	Candy and Cake	103.7	102.5	98.6	99.0	103.2	101.3	100.0
食 糖	Sugar	113.0	106.8	97.8	104.7	101.4	98.6	100.0
糖 果	Candy	107.6	98.7	100.7	99.7	102.2	100.5	100.0
糕 点	Cake	101.4	103.7	97.7	97.6	104.2	104.0	100.0
其他糖果糕点	Other Candy and Cake	103.4	96.6	100.5	99.1	101.7	99.8	100.0
(13)调味品	Flavoring	104.5	99.6	100.9	101.3	103.0	102.6	100.0
食 用 盐	Salt	99.5	100.0	100.5	101.9	99.9	100.6	100.0
酱 油	Soy	101.8	97.9	99.3	100.8	101.6	102.4	100.0
食 醋	Vinegar	99.6	101.8	100.0	101.2	98.1	103.0	100.0
增 味 剂	Flavor Enhancer	98.7	101.3	101.1	104.4	100.0	101.7	100.0
其他调味品	Others	113.6	98.4	102.0	100.2	107.4	103.6	100.0
(14)其他食品类	Other Food	99.8	102.5	98.1	101.7	103.0	100.8	97.5
方便食品	Convenient Food	98.6	101.6	97.9	100.4	104.6	100.6	100.0
淀粉及制品	Starch and Products	99.8	106.3	98.1	105.2	100.0	100.0	100.0
其他食品	Other Food	101.9	100.8	98.6	98.3	102.9	101.9	93.4
2.茶及饮料	Tea and Beverages	100.8	100.5	100.1	99.6	100.5	100.3	98.7
茶 叶	Tea	100.2	100.0	100.5	99.6	99.9	100.0	100.0
固体咖啡	Solid Coffee	103.5	102.2	99.9	101.3	101.0	100.8	100.0
其他固体饮料	Other Solid Beverages	100.1	101.6	93.3	102.2	103.2	100.5	100.0
饮 用 水	Potable Water	91.7	99.9	98.1	100.0	99.5	100.0	100.0
果汁饮料	Juice Beverage	101.6	101.3	103.0	97.9	99.9	98.0	82.4
其他液体饮料	Other Liquid Beverages	104.0	100.0	100.8	99.6	101.2	101.3	100.0
3.烟酒	Tobacco and Liquor	102.0	101.1	99.9	100.7	101.5	101.6	99.8
(1)卷 烟	Cigarette	101.9	101.7	100.0	100.8	101.2	102.1	100.0
卷 烟	Cigarette	101.9	101.7	100.0	100.8	101.2	102.1	100.0
(2)酒类	Liquor	102.3	98.6	99.7	100.3	102.1	99.9	99.0
白 酒	Spirit	103.0	98.2	102.2	100.3	100.5	100.0	100.0
葡 萄 酒	Wine	99.5	100.3	92.0	100.8	100.1	99.7	100.0
啤 酒	Beer	101.6	99.4	94.5	100.0	107.8	99.6	95.5
其他酒类	Others	101.5	103.4	100.2	105.6	100.9	100.0	100.0
4.在外餐饮	Dining Out	100.9	103.5	102.5	103.0	98.4	100.7	99.8
餐馆餐饮	Restaurant Catering	100.2	102.4	103.8	103.0	99.9	101.9	99.3
饮品店餐饮	Beverage Shop Catering	105.5	102.8	100.0	102.0	100.4	100.0	96.3
外 卖	Take-out	99.1	108.3	101.0	103.9	88.1	94.1	102.5
其他在外餐饮	Others	102.2	103.1	101.1	102.7	100.6	103.3	109.2

3-11 续表 2 continued

(以上年价格为100) (preceding year =100)

分类名称	Item	银川市辖区 Yinchuan	石嘴山市辖区 Shizuishan	吴忠市 Wuzhong	固原市 Guyuan	中卫市 Zhongwei	平罗县 Pingluo	海原县 Haiyuan
二、衣着	Clothing	99.5	98.8	101.2	98.3	100.9	97.4	95.9
1.服装	Garments	100.2	99.2	101.5	98.0	100.9	97.8	95.4
(1)男式服装	Men's	100.9	99.4	99.6	99.1	101.7	97.1	94.6
男式外套	Men's Coat	99.7	99.8	100.3	100.0	101.9	96.2	95.0
男式针织衫	Men's Kniwear	102.8	95.2	99.9	92.7	98.9	96.5	93.4
男式衬衫T恤	Men's Shirt and T-shirt	100.1	100.8	99.4	98.1	101.8	98.9	93.0
男式裤子	Men's Trousers	103.3	97.2	97.0	102.3	103.1	98.4	89.9
男式内衣	Men's Underclothes	101.0	105.7	100.9	98.5	99.9	98.1	100.0
(2)女式服装	Women's	99.7	99.3	102.4	97.6	100.5	98.3	95.4
女式外套	Women's Coat	99.7	100.1	104.9	100.5	100.7	96.5	94.2
女式针织衫	Women's Kniwear	98.2	95.2	100.5	94.4	100.1	100.7	95.2
女式衬衫T恤	Women's Shirt and T-shirt	98.3	100.5	103.2	94.1	100.2	101.3	96.2
女式裤子	Women's Trousers	101.7	98.6	96.4	95.3	101.9	100.1	94.9
女式裙子	Women's Skirt	100.3	98.2	103.8	94.5	98.9	100.1	91.5
女式内衣	Women's Underclothes	100.1	101.8	101.1	99.3	101.1	92.7	101.4
(3)儿童服装	Children's	100.8	97.8	102.0	96.7	101.2	96.7	97.1
婴幼服装	Infant's Wear	100.2	100.0	100.0	95.8	100.8	97.2	100.0
儿童上衣	Children's Coat	99.0	95.2	103.5	96.4	100.9	95.4	90.8
儿童裤子	Children's Trousers	100.2	99.6	101.4	96.9	103.7	97.8	104.2
儿童裙子	Children's Skirt	106.8	99.6	102.4	96.5	98.5	91.2	92.3
儿童内衣	Children's Underclothes	103.4	100.0	99.9	100.0	100.3	100.0	100.0
(4)衣着材料及配件	Other Clothing and Accessories	100.0	99.6	99.4	97.3	98.3	99.2	99.6
袜　　子	Socks	100.4	100.0	100.9	100.0	99.7	98.9	100.0
帽　　子	Hats	97.8	101.9	95.7	98.4	99.8	98.6	100.0
其他衣着材料及配件	Other Clothing and Accessories	101.0	98.3	100.0	94.5	96.5	100.0	98.6
(5)衣着服务费	Dress Service Fee	100.0	100.1	102.8	99.4	102.6	100.3	100.0
衣着洗涤保养	Washing and Maintenance for Dressing	100.0	100.0	104.8	99.1	101.8	100.7	100.0
其他衣着服务	Other Dress Service	100.0	100.3	100.0	100.0	104.4	100.0	100.0
2.鞋类	Shoes	96.5	96.8	99.6	99.5	101.1	96.2	98.0
(1)鞋	Shoes	96.4	96.8	99.6	99.5	101.1	96.2	98.0
男　　鞋	Shoes of Men	96.0	98.2	100.8	101.0	102.1	95.0	101.0
女　　鞋	Shoes of Women	95.2	95.0	100.6	98.9	100.0	96.0	96.6
童　　鞋	Shoes of Children	100.5	100.7	95.3	98.5	103.8	101.3	95.6
(2)鞋类服务	Footwear Services	100.0	100.0	100.0	100.0	99.8	100.0	100.0
鞋类服务	Footwear Services	100.0	100.0	100.0	100.0	99.8	100.0	100.0

3-11 续表 3 continued

(以上年价格为100) (preceding year =100)

分类名称	Item	银川市辖区 Yinchuan	石嘴山市辖区 Shizuishan	吴忠市 Wuzhong	固原市 Guyuan	中卫市 Zhongwei	平罗县 Pingluo	海原县 Haiyuan
三、居住	Residence	100.1	101.2	101.0	100.8	103.8	101.0	101.7
1.租赁房房租	Renting	98.2	100.0	98.6	95.2	98.8	99.8	100.9
公房房租	Public Rent	100.0	100.0	100.0	100.0	100.0	100.0	100.0
私房房租	Private Rent	97.8	100.0	98.3	94.5	98.3	99.8	101.0
2.住房保养维修及管理	Housing Maintenance and Management	103.5	105.4	103.3	100.3	103.3	102.5	104.0
(1)住房装潢材料	Building Decoration Materials	102.9	103.3	104.8	100.4	104.5	103.4	106.3
木地板	Wooden Floor	103.4	106.5	105.3	101.6	107.1	104.4	104.4
瓷砖	Brick	100.8	100.2	97.4	96.3	99.9	101.2	100.0
水泥	Cement	124.0	119.4	115.1	113.9	114.8	129.6	104.0
涂料	Dope	100.5	100.2	109.1	110.9	105.4	98.9	107.2
板材	Veneer	101.3	100.4	111.6	99.8	111.8	104.7	115.3
管材	Tubular Product	112.9	113.4	111.1	97.0	105.1	105.5	104.2
厨卫设备	Kitchen Equipment	98.3	100.3	99.2	100.0	100.7	100.0	100.0
门窗	Doors and Windows	104.7	104.2	101.6	97.9	101.5	101.0	107.5
其他住房装潢材料	Other Building Decoration Materials	100.5	107.1	109.7	100.0	98.0	94.1	109.2
(2)住房维修管理费用	Housing Maintenance and Management	103.8	107.4	100.0	100.2	101.7	101.7	101.4
物业管理费	Estate Management Fees	100.0	100.0	100.0	100.0	100.0	95.4	100.0
装潢维修费	Fees of Decoration and Maintenance	114.1	126.3	100.0	100.6	105.9	104.1	102.9
其他住房费用	Other Housing Fees	99.0	100.0	100.0	100.0	100.0	100.0	100.0
3.水电燃料	Water, Electricity and Fuels	100.1	101.3	107.2	104.4	100.2	101.9	103.1
(1)水	Water	100.0	100.0	100.0	100.0	100.0	100.0	100.0
水	Water	100.0	100.0	100.0	100.0	100.0	100.0	100.0
(2)电	Electricity	100.0	100.0	100.0	100.0	100.0	100.0	100.0
电	Electricity	100.0	100.0	100.0	100.0	100.0	100.0	100.0
(3)燃气	Fuel Gas	102.2	100.1	101.7	100.1	100.7	101.2	100.7
管道燃气	Pipeline Fuel Gas	102.5	99.9	101.9	100.2	99.9	99.9	102.1
液化石油气	Liquefied Petroleum Gas	100.0	101.6	101.0	100.0	103.3	104.0	100.0
(4)其他水电燃料类	Other Water, Electricity and Fuels	99.3	102.1	114.7	108.0	100.2	104.4	106.2
其他水电燃料类	Other Water, Electricity and Fuels	99.3	102.1	114.7	108.0	100.2	104.4	106.2
4.自有住房	Private Housing	99.2	100.0	97.8	99.8	106.9	100.0	100.0
自有住房	Private Housing	99.2	100.0	97.8	99.8	106.9	100.0	100.0
四、生活用品及服务	Household Facilities, Articles and Services	101.0	100.1	100.8	100.3	100.7	100.6	100.0
1.家具及室内装饰品	Furniture and Interior Decorations	102.8	100.4	102.3	100.9	100.7	100.9	98.9
(1)家具	Furniture	102.9	99.9	102.4	100.9	101.2	100.8	98.7
柜	Cupboard	107.5	100.3	103.0	100.0	101.4	100.6	99.4
床	Bed	101.8	99.4	100.4	99.6	101.6	101.2	98.7
桌	Desk	98.8	100.0	99.4	98.2	101.2	101.1	98.7
椅	Chair	97.8	100.0	101.6	98.6	101.0	101.8	100.0
沙发	Sofa	104.3	100.0	104.9	103.2	100.9	100.6	98.5
其他家具	Others	102.9	100.3	102.3	101.7	100.7	100.7	97.7

3-11 续表 4 continued

(以上年价格为100) (preceding year =100)

分类名称	Item	银川市辖区 Yinchuan	石嘴山市辖区 Shizuishan	吴忠市 Wuzhong	固原市 Guyuan	中卫市 Zhongwei	平罗县 Pingluo	海原县 Haiyuan
(2)室内装饰品	Interior Decorations	102.5	103.2	101.9	100.8	98.9	101.8	100.0
灯　　具	Lamp	103.8	103.4	102.7	101.2	98.8	102.5	100.0
其他室内装饰品	Other Interior Decorations	98.1	102.7	100.0	100.2	99.0	100.0	100.0
2.家用器具	Household Appliances	101.4	99.6	101.0	101.8	101.5	100.2	101.1
(1)大型家用器具	Big Household Appliances	101.4	99.1	100.9	101.5	101.4	100.1	100.8
洗 衣 机	Washing Machine	100.6	103.0	101.2	103.0	102.3	100.4	102.6
电冰箱(柜)	Refrigerator	102.5	97.3	100.5	103.2	100.8	98.8	102.6
抽油烟机	Ventilator	105.2	99.5	104.4	100.7	103.0	101.4	99.0
空 调 器	Air Conditioner	100.9	92.7	99.8	97.7	97.9	100.5	100.0
热 水 器	Water Heater for Shower	99.7	101.1	100.1	99.7	108.4	101.0	100.0
炉具灶具	Stove and Oven	101.7	101.2	104.0	98.3	101.1	101.9	100.0
吸 尘 器	Cleaner	99.0	99.5	97.1	100.4	98.5	99.6	99.5
空气净化器	Air Cleaner	96.9	97.5	97.8	98.2	98.1	99.1	97.2
净 水 器	Water Purifier	97.0	96.3	97.1	95.3	97.9	97.1	94.7
其他大型家用器具	Other Big Household Appliances	101.7	100.0	100.3	104.2	97.8	100.7	99.9
(2)小家电	Small Household Appliances	101.5	101.8	101.2	102.8	101.9	100.9	102.5
厨房小家电	Kitchen Small Household Appliances	103.4	101.9	101.3	103.2	102.6	101.4	104.0
生活小家电	Living Small Household Appliances	98.7	101.5	100.8	101.2	100.2	100.5	100.9
3.家用纺织品	Housing Textiles	99.7	100.9	101.1	100.2	100.9	100.3	100.3
(1)床上用品	Bed Articles	100.0	99.7	100.6	100.2	99.6	100.2	100.0
被　　子	Quilt	100.0	100.8	100.9	97.9	100.0	100.1	100.0
床单被套	Bed Sheet and Cover	100.0	98.8	100.9	101.8	99.1	100.4	100.0
其他床上用品	Other Bed Articles	100.0	100.0	100.0	101.4	100.0	100.0	100.0
(2)窗帘门帘	Curtain	96.8	109.8	103.2	100.0	108.1	100.8	101.4
窗帘门帘	Curtain	96.8	109.8	103.2	100.0	108.1	100.8	101.4
(3)其他家用纺织品	Other Housing Textile	100.3	100.5	101.9	100.7	99.6	100.0	100.0
其他家用纺织品	Other Housing Textile	100.3	100.5	101.9	100.7	99.6	100.0	100.0
4.家庭日用杂品	Daily Use Household Articles	100.4	102.1	100.8	100.7	101.1	101.4	101.3
(1)洗涤卫生用品	Washing Hygiene Articles	101.6	101.3	101.8	101.2	101.4	100.7	100.5
清洗用品	Cleaning Supplies	101.2	101.1	100.7	102.2	101.3	101.6	100.8
清洁用具	Cleaning Equipment	100.8	100.9	102.5	99.7	100.6	99.9	99.9
清洁用纸	Hygiene Paper	102.6	102.0	103.2	99.8	101.8	100.3	100.5
(2)厨具餐具茶具	Kitchen Utensils and Tableware	99.0	98.5	98.6	99.3	98.5	98.3	97.2
厨　　具	Kitchen Ware	96.9	97.6	98.2	98.3	97.5	97.4	96.1
餐　　具	Tableware	99.4	98.2	97.9	99.4	97.6	97.2	95.9
茶　　具	Tea Set	105.2	101.6	102.3	101.3	102.8	101.6	102.4
(3)其他家庭日用杂品	Other Daily Use Household Articles	100.1	105.6	101.7	101.1	101.8	103.7	103.7
配电附件	Electricity Distribution Accessory	103.4	105.1	99.7	100.3	100.0	102.5	100.0
雨　　具	Rain Gear	102.1	100.5	100.9	101.0	101.9	100.0	100.0
其他日用杂品	Other Daily Use Household Articles	98.5	107.0	102.7	101.2	102.1	105.3	105.8

3-11 续表 5 continued

(以上年价格为100) (preceding year =100)

分类名称	Item	银川市辖区 Yinchuan	石嘴山市辖区 Shizuishan	吴忠市 Wuzhong	固原市 Guyuan	中卫市 Zhongwei	平罗县 Pingluo	海原县 Haiyuan
5.个人护理用品	Personal-Care Supplies	100.2	97.8	99.5	99.2	99.9	98.7	98.2
(1)化妆品	Cosmetics	99.0	95.7	98.8	98.4	98.7	98.4	97.5
清洁化妆品	Cleansing Cosmetics	98.0	99.6	100.6	100.3	99.3	99.1	98.6
护肤化妆品	Skin-Care Cosmetics	99.1	94.1	98.5	98.1	98.5	98.1	97.2
彩妆化妆品	Make-Up Cosmetics	99.2	96.4	98.4	97.6	99.2	97.6	96.5
化妆器具	Make-Up Appliances	100.8	100.2	98.4	98.4	98.4	98.0	97.5
(2)其他护理用品类	Other Nursing materials	102.3	101.4	100.8	100.7	102.4	99.3	99.4
清洁类护理用品	Nursing Materials	102.1	101.7	100.9	101.3	103.8	100.8	99.9
护发美发用品	Hair Care Products	101.5	99.6	100.9	100.1	101.2	98.5	99.2
护理器具	Nursing Appliances	97.9	98.3	99.3	101.3	99.2	99.1	98.6
其他护理用品	Other Nursing Materials	108.1	107.8	101.0	99.8	103.1	100.0	100.0
6.家庭服务	Family Services	102.3	106.1	102.0	99.0	101.0	103.1	100.0
家政服务	Housekeeping Services	100.8	108.0	101.0	100.0	100.5	100.0	100.1
母婴护理服务	Mother and Baby Products	106.4	105.1	100.0	100.0	100.6	100.0	100.0
家庭维修服务	Maintenance Services	102.2	101.3	101.9	95.1	101.0	105.8	100.0
其他家庭服务	Other Family Services	99.2	109.5	107.2	100.0	102.2	103.9	100.0
五、交通通信	Transport and Communications	103.9	104.0	105.0	104.1	104.6	104.3	104.3
1.交通	Transport	105.0	105.2	106.0	104.7	105.6	105.7	105.6
(1)交通工具	Transport Facility	98.8	99.8	99.7	100.0	100.2	99.4	99.1
燃油小汽车	Fuel Car	98.4	98.4	98.4	98.9	99.8	98.4	98.4
新能源小汽车	New Energy Car	99.1	98.9	98.9	98.9	99.5	98.9	98.8
电动自行车	Electric Bicycle	98.7	101.4	100.8	101.5	99.5	95.8	100.2
自 行 车	Bicycle	107.4	110.5	109.1	104.4	111.8	105.0	100.0
其他交通工具	Other Transportation Facility	100.0	100.2	100.0	100.1	96.9	103.8	99.2
(2)交通工具用燃料	Transport Fuels	115.2	115.1	116.9	117.4	116.8	114.7	117.1
汽 油	Gasoline	117.7	117.7	117.7	117.7	117.7	117.7	117.7
柴 油	Diesel Oil	119.5	119.5	119.5	119.5	119.6	119.5	119.5
其他车用能源	Other Transport Fuels	99.1	90.4	106.0	109.3	100.3	93.1	109.7
(3)交通工具使用和维修	Transport Use and Maintenance	101.1	100.5	100.7	99.3	101.1	102.2	100.0
停 车 费	Parking Fee	108.1	100.0	100.0	100.0	100.0	100.0	100.0
车辆使用费	Vehicle Usage Fee	100.0	100.0	102.9	100.0	100.0	100.0	100.0
交通工具零配件	Transportation Parts	98.7	102.4	98.7	97.3	105.1	105.9	100.0
车辆修理与保养	Vehicles Repair and Maintenance	99.8	99.2	100.5	100.7	98.4	101.0	100.0
(4)交通费	Traffic Fare	98.9	99.4	99.1	99.3	98.9	99.7	99.7
市内公共交通	Bus Ticket	100.0	100.0	100.0	100.0	100.0	100.0	100.0
出租汽车	Taxi	100.0	100.0	100.0	100.0	100.0	100.0	100.0
飞 机 票	Plane Ticket	95.8	95.9	95.8	95.8	95.8	95.8	95.8
火 车 票	Train Ticket	100.0	100.0	100.0	100.0	100.0	100.0	100.0
长途汽车	Long-distance Bus	100.0	102.8	100.0	100.0	100.0	100.0	100.0
网 约 车	Online Car-hailing	101.6	101.6	101.6	101.6	101.6	100.8	101.6
交通工具租赁费	Transportation Rental Fees	94.3	100.0	99.7	108.1	103.1	100.0	103.1
其他交通费	Other Traffic Fare	102.7	103.1	100.0	102.7	100.0	103.1	102.7
2.通信	Communications	100.8	100.7	101.5	101.9	101.8	100.6	100.6
(1)通信工具	Communication Tools	102.7	102.1	104.3	106.6	105.2	102.6	101.6
电话机	Telephone	103.3	102.1	104.4	106.9	105.5	102.7	101.6
通信工具零配件	Communication Tools Spare Parts	94.9	100.0	100.0	99.1	100.0	100.0	100.0

3-11 续表 6 continued

(以上年价格为100) (preceding year =100)

分类名称	Item	银川市辖区 Yinchuan	石嘴山市辖区 Shizuishan	吴忠市 Wuzhong	固原市 Guyuan	中卫市 Zhongwei	平罗县 Pingluo	海原县 Haiyuan
(2)通信服务	Communication Service	100.1	100.0	99.9	99.9	99.9	100.0	100.0
电话费	Telephone Bill	100.0	100.0	100.0	100.0	100.0	100.0	100.0
家庭宽带服务	Mobile Telephone Communication Expenses	100.0	100.0	99.1	100.0	99.7	100.0	100.0
其他通信服务	Other Communication Service	103.5	100.0	100.0	92.5	100.0	100.0	100.0
(3)邮递服务	Postal Service	100.0	100.0	99.6	97.4	100.0	95.4	100.0
邮政邮寄	Post	100.0	100.0	99.6	97.4	100.0	95.4	100.0
六、教育文化娱乐	Education, Cultural and Recreation	101.5	101.2	100.6	101.0	101.1	104.7	100.0
1.教育	Education	102.8	103.0	101.4	102.1	101.7	105.6	99.6
(1)教育用品	Education Articles	101.4	103.3	103.5	101.0	104.2	100.5	100.0
工 具 书	Reference Books	105.5	100.0	106.5	100.3	108.8	100.0	100.0
教　　材	Teaching Materials	99.3	100.2	100.0	96.9	100.0	101.4	100.0
参考资料	Reference Books	102.2	107.5	106.7	103.2	105.9	100.0	100.0
其他教育用品	Other Education Articles	99.8	99.9	97.9	102.2	100.7	99.2	100.0
(2)教育服务	Tuition and Child Care	103.0	102.9	101.1	102.3	101.4	105.8	99.6
幼儿早期教育	Early Childhood Education	109.6	100.0	102.1	100.0	100.9	100.0	100.0
学前教育	Preschool Education	107.3	108.2	105.1	103.4	100.0	101.7	95.3
小学初中教育	Primary and Junior High School Education	100.0	100.0	100.0	137.4	100.0	100.0	100.0
高中中职教育	Senior High School and Vocational School Education	101.0	100.0	105.2	100.0	100.0	100.4	100.0
高等教育	Higher Education	100.0	106.7	100.0	100.0	100.0	113.9	100.0
课外教育	Extracurricular Education	106.6	100.0	100.0	101.1	105.2	100.0	100.0
专业技能培训	Professional Skill Training	104.4	97.9	98.9	99.5	102.9	100.0	100.0
其他教育服务	Other EducationService	100.0	100.0	100.0	100.0	100.0	100.0	100.0
2.文化娱乐	Cultural and Recreation	99.4	98.2	99.1	99.0	99.9	100.7	100.9
(1)文娱耐用消费品	Durable Consumer Goods for Cultural and Recreational Use	104.0	100.9	103.5	103.4	101.3	101.7	101.6
电 视 机	TV Set	105.1	103.6	105.1	104.8	100.2	101.6	102.3
照 相 机	Camera	103.4	97.7	99.4	101.1	101.7	103.4	100.0
台式计算机	Desktop Computer	106.3	100.5	103.4	101.4	102.9	102.4	101.8
笔记本电脑	Laptop	101.1	100.7	103.4	103.6	103.1	102.1	100.7
平板电脑	Tablet Personal Computer	100.0	93.7	100.4	101.2	99.1	98.8	99.1
乐　　器	Musical Instrument	105.5	101.0	100.0	107.2	99.8	100.0	101.8
音　　响	Sound Equipment	104.0	98.6	98.5	105.0	100.0	98.6	100.0
可穿戴智能设备	Wearable Smart Devices	100.6	92.5	102.7	99.5	103.3	102.7	102.7
其他文娱耐用消费品	Other Durable Consumer Goods	108.1	102.8	99.9	93.3	100.0	102.3	100.0
(2)其他文娱用品	Other Goods for Cultural and Recreational Use	100.7	100.4	101.3	100.0	101.3	100.6	102.1
书报杂志及音像制品	Newspapers and Magazines	100.0	100.0	100.0	100.0	100.0	100.0	100.0
纸张文具	Paper and Stationery	101.2	102.1	99.5	100.0	100.6	100.0	105.4
体育户外用品	Sports and Outdoor Articles	100.0	100.0	100.5	100.0	101.4	100.0	100.0
游戏用品和玩具	Games Supplies and Toys	100.0	100.0	100.0	100.0	100.5	100.0	100.0
园艺花卉及用品	Horticulture and Flower Articles	104.9	100.2	107.1	101.5	106.6	105.0	104.7
宠物及用品	Pet Articles	100.1	100.0	101.3	97.2	100.0	100.0	100.0
其他文化娱乐用品	Other Goods for Cultural and Recreational Use	100.0	100.0	100.0	100.0	100.9	100.0	100.0
(3)文化娱乐服务	Cultural and Recreation Services	104.7	104.8	100.4	97.5	106.6	101.4	103.5
电影及演出票	Movie and Show Tickets	105.0	108.2	108.3	102.1	113.4	111.9	100.0

3-11 续表 7 continued

(以上年价格为100) (preceding year =100)

分类名称	Item	银川市辖区 Yinchuan	石嘴山市辖区 Shizuishan	吴忠市 Wuzhong	固原市 Guyuan	中卫市 Zhongwei	平罗县 Pingluo	海原县 Haiyuan
景点门票	Scenery Spot Entrance Ticket	115.5	108.6	95.7	80.0	115.8	100.8	115.8
电视服务	Television Services	100.0	100.0	101.4	100.0	100.0	100.0	100.0
健身活动	Fitness Activities	101.6	104.2	97.9	100.0	100.0	100.0	100.0
宠物服务	Pet Service	100.0	100.0	100.0	100.0	100.0	100.0	100.0
网络文娱服务	Online Cultural Entertainment Services	107.1	121.1	99.2	109.9	105.0	116.9	106.4
儿童娱乐项目	Children's Entertainment	100.0	100.0	100.0	109.4	100.0	100.0	100.0
其他文娱服务	Others	100.0	100.0	100.0	103.1	100.0	100.0	100.0
(4)旅游	Touring and Outing	92.6	89.2	93.0	95.5	92.8	94.5	96.2
旅行社收费	Travel Agency Fees	92.1	86.6	92.3	95.3	92.1	92.1	92.1
其他旅游	Others	100.0	100.0	100.0	100.0	100.0	100.0	100.0
七、医疗保健	Health Care and Medical Services	102.6	99.6	101.5	103.2	100.5	99.3	101.4
1.药品及医疗器具	Medicines and Medical Instruments	101.4	99.1	100.2	100.5	100.2	97.5	101.8
(1)中药	Traditional Chinese Medicine	103.1	102.4	99.7	100.1	99.8	102.2	100.6
中药材	Traditional Chinese Medicinal Materials	105.6	99.8	97.0	102.1	101.3	108.6	102.2
中成药	Chinese Patent Medicine	101.9	103.0	100.4	99.3	99.2	100.0	99.8
(2)西药	Western Medicine	99.7	97.5	101.1	100.8	100.3	96.4	102.5
抗微生物药	Antimicrobial Drugs	101.3	86.9	100.0	100.0	100.0	100.0	111.5
消化系统用药	Digest System Drugs	104.3	100.0	105.4	100.0	100.0	100.0	100.0
呼吸系统用药	Breathe System Drugs	100.0	100.0	100.0	104.5	100.0	100.0	102.3
解热镇痛药	Antipyretic and Analgesic	102.7	100.0	102.7	101.3	105.6	100.0	100.0
抗肿瘤药	Antineoplastic Drugs	100.0	100.0	100.0	100.0	100.0	100.0	100.0
激素及影响内分泌药	Hormone Drugs	100.8	100.0	99.6	99.9	99.9	85.5	90.4
心血管系统用药	Cardiovascular System Drugs	98.4	100.0	100.0	99.1	97.9	99.0	100.0
血液系统用药	Blood System Drugs	99.3	87.0	101.4	101.8	99.5	85.4	100.0
治疗精神障碍药	Dysphrenia Drugs	99.8	98.8	100.7	114.0	98.2	100.0	123.5
神经系统用药	Central Nervous System Drugs	93.6	100.0	100.0	100.2	108.9	93.9	100.0
泌尿系统用药	Urinary System Drugs	99.2	100.5	109.2	100.0	99.0	100.0	100.1
维生素、矿物质类药	Vitamins and Mineral Drugs	97.4	104.2	100.0	96.6	99.9	99.9	93.9
调节水、电解质及酸碱平衡药	Adjust Water, Electrolyte and Acid-Base Balance Drugs	100.0	105.4	100.8	100.0	105.4	104.1	100.0
其他西药	Other Western Medicine	90.0	100.0	100.0	100.0	105.1	97.2	95.0
(3)滋补保健品	Health Products	102.2	101.5	100.7	100.0	105.2	101.5	100.0
滋补保健品	Health Products	102.2	101.5	100.7	100.0	105.2	101.5	100.0
(4)医疗卫生器具	Medical Treatment and Public Health Appliances	103.3	95.9	87.9	100.0	93.4	90.9	104.1
医疗卫生器具	Medical Treatment and Public Health Appliances	103.3	95.9	87.9	100.0	93.4	90.9	104.1
(5)保健器具	Health Care Appliances	100.0	100.0	100.0	100.2	100.0	100.0	100.0
保健器具	Health Care Appliances	100.0	100.0	100.0	100.2	100.0	100.0	100.0
2.医疗服务	Health Care Service	103.2	100.1	102.2	105.3	100.8	100.1	101.2
(1)综合医疗类	Integrative Medical Treatment	104.2	100.0	103.0	105.5	99.7	98.8	102.9
一般医疗服务	General Health Care Services	101.1	100.0	100.0	100.0	99.3	96.7	99.6
一般治疗操作	General Cure Operation	108.6	100.0	104.9	104.4	100.9	100.0	105.1
护理	Nursing	105.4	100.0	108.1	125.8	99.5	100.0	99.7
其他综合医疗服务	Other Integrative Medical Treatment	100.0	100.0	100.0	100.0	97.3	100.0	100.0
(2)诊断类	Diagnosis	99.3	100.0	101.2	101.0	102.0	100.0	100.5
病理学诊断	Pathology Diagnosis	97.7	100.0	100.0	110.2	117.3	100.0	117.3

3-11 续表 8 continued

(以上年价格为100) (preceding year =100)

分类名称	Item	银 川 市辖区 Yinchuan	石嘴山 市辖区 Shizuishan	吴忠市 Wuzhong	固原市 Guyuan	中卫市 Zhongwei	平罗县 Pingluo	海原县 Haiyuan
实验室诊断	Laboratory Diagnosis	100.0	100.0	100.0	99.7	100.0	100.0	100.0
影像学诊断	Imaging Diagnosis	98.7	100.0	100.9	100.0	100.7	100.0	100.0
临床诊断	Clinic Diagnosis	100.0	100.0	105.0	101.2	98.2	100.0	100.0
(3)治疗类	Cure	107.9	100.3	103.8	113.8	99.8	100.0	99.8
临床手术治疗	Clinic Operative Treatment	113.0	100.7	109.0	119.2	99.7	100.0	99.8
临床非手术治疗	Clinic Non-Operative Treatment	104.3	100.0	101.6	104.6	99.9	100.0	99.9
(4)康复类	Recovery	103.7	100.0	100.0	100.0	100.9	100.0	102.0
康复医疗	Recovery Medical Treatment	103.7	100.0	100.0	100.0	100.9	100.0	102.0
(5)中医医疗服务类	Traditional Chinese Medicine Services	103.7	100.0	102.2	96.7	99.7	104.0	103.6
中医治疗	Traditional Chinese Medicine	103.7	100.0	102.2	96.7	99.7	104.0	103.6
(6)其他医疗保健服务	Other Health Care Services	100.0	100.0	100.0	100.0	99.0	122.5	100.8
其他医疗保健服务	Other Health Care Services	100.0	100.0	100.0	100.0	99.0	122.5	100.8
八、其他用品及服务	Miscellaneous Goods and Services	98.8	97.9	98.5	99.0	99.8	95.7	98.6
1.其他用品	Other Products	99.6	97.6	99.7	98.2	99.0	97.5	99.5
(1)首饰手表	Jewelry and Watches	100.0	96.8	100.3	97.8	98.9	95.9	99.7
金 饰 品	Gold Jewelry	95.7	94.6	98.7	96.5	98.4	93.1	96.0
银 饰 品	Silver Jewelry	101.0	100.0	109.3	100.1	100.0	97.6	115.3
铂金饰品	Platinum Jewelry	105.9	102.3	100.0	101.3	95.8	104.2	94.4
手 表	Watches	102.1	101.0	101.0	100.9	102.5	102.1	100.0
(2)母婴用品	Mother and Baby Supplies	99.2	99.0	98.1	98.1	98.5	98.6	98.4
母婴洗护喂养用品	Baby Care and Feeding Supplies	99.6	99.6	98.2	99.5	98.5	99.5	99.5
其他母婴用品	Other Mother and Baby Supplies	97.9	97.7	97.6	96.4	98.5	97.1	96.4
(3)其他杂项用品	Other Products	99.3	99.6	99.1	100.5	99.9	99.8	99.6
箱 包	Luggage	98.5	100.3	99.6	99.5	99.6	99.7	99.4
眼 镜	Glasses	100.0	99.2	98.9	100.9	100.0	100.0	100.0
2.其他服务类	Other Services	97.1	98.2	97.9	99.8	100.6	93.2	97.5
(1)在外住宿	Outside Accommodation	92.1	99.8	98.5	102.2	106.4	101.2	97.5
宾馆住宿	Hotel Accommodation	97.0	95.7	99.3	103.6	101.7	101.7	98.4
其他住宿	Other Accommodation	82.8	106.2	96.7	98.5	113.2	101.0	97.3
(2)美容美发洗浴	Beauty Hairdressing and Bath	99.2	101.1	101.9	101.9	100.1	101.2	100.0
美 容	Beauty	96.0	101.6	100.0	99.8	100.2	100.0	100.0
美 发	Hairdressing	100.0	100.9	103.6	104.1	100.0	100.0	100.0
洗 浴	Bath	102.6	100.4	101.0	100.0	100.0	104.0	100.0
(3)养老服务	Endowment Services	100.0	102.7	100.0	100.0	100.0	100.0	100.0
养老服务	Endowment Services	100.0	102.7	100.0	100.0	100.0	100.0	100.0
(4)金融及保险服务	Financial and Insurance Services	96.6	91.6	94.0	95.3	97.5	87.8	94.2
金融服务	Financial Services	98.6	100.0	100.0	100.0	100.0	100.0	100.0
车辆保险	Vehicle Insurance	83.2	63.2	65.3	73.4	81.1	67.1	81.1
旅行保险	Travel Insurance	100.0	100.0	100.0	100.0	100.0	100.0	100.0
其他保险	Other Insurance	104.5	102.9	105.9	104.4	102.8	101.1	103.9
(5)中介法律及其他服务	Intermediary Legal and Other Services	101.0	106.7	100.0	100.0	100.0	100.0	103.8
中介服务	Intermediary Services	102.4	119.6	100.0	100.0	100.0	100.0	100.0
法律服务	Legal Services	100.0	100.0	100.0	99.9	100.0	100.0	100.0
其他杂项服务	Other Services	100.0	100.0	100.0	100.0	100.0	100.0	110.7

3-12 2021年调查市县商品零售价格指数

Retail Price Indices by City and County (2021)

(以上年价格为100) (preceding year =100)

分类名称	Item	银 川 市辖区 Yinchuan	石嘴山 市辖区 Shizuishan	吴忠市 Wuzhong	固原市 Guyuan	中卫市 Zhongwei	平罗县 Pingluo	海原县 Haiyuan
商品零售价格指数	**Retail Price Index**	**102.0**	**102.0**	**102.4**	**102.0**	**101.8**	**101.2**	**102.4**
一、食品	Food	102.0	103.1	101.5	102.2	101.5	99.2	103.7
1.粮食	Grain	100.8	104.9	102.2	102.0	102.6	99.7	102.6
大　米	Rice	99.9	101.0	100.8	100.2	101.2	99.1	100.3
面　粉	Flour	99.0	102.1	102.6	102.2	102.3	100.2	101.7
其他粮食	Others	104.2	117.4	105.2	100.6	107.5	100.0	106.9
粮食制品	Cereal Product	104.7	104.7	103.2	104.2	103.3	99.8	108.5
2.薯类	Tubers	94.2	95.6	95.8	92.2	97.5	80.6	113.6
薯　类	Tubers	94.2	95.6	95.8	92.2	97.5	80.6	113.6
3.豆类	Beans	108.8	114.6	112.7	104.6	107.7	108.4	112.8
干　豆	Beans	105.1	102.1	98.6	102.4	101.9	103.4	100.0
豆制品	Bean Products	110.7	115.3	116.0	105.0	110.2	110.7	115.7
4.食用油	Edible Oil	103.9	103.6	109.6	114.0	105.9	102.8	107.4
食用植物油	Edible Vegetable Oil	110.8	103.6	110.0	114.2	109.9	102.9	107.5
食用动物油	Edible Animal Oil	91.3	98.3	100.0	88.0	96.4	72.9	100.0
5.菜及食用菌	Vegetables and Edible Fungus	104.2	108.7	104.1	107.3	103.8	101.5	110.9
鲜　菜	Fresh Vegetables	105.3	109.3	105.0	108.8	105.3	102.0	111.5
鲜　菌	Fresh Fungus	97.7	106.9	89.0	99.5	98.1	92.5	126.8
干菜及菜制品	Dried Vegetables and Processed Products	102.1	99.2	102.7	100.7	100.0	100.0	100.0
6.畜肉类	Livestock Meat	93.1	94.5	98.2	92.3	93.0	93.0	99.3
猪　肉	Pork	74.9	70.4	69.6	67.3	67.3	66.7	66.7
牛　肉	Beef	104.6	102.6	103.3	101.8	106.3	105.1	104.9
羊　肉	Mutton	101.0	105.4	105.8	103.1	110.7	108.5	101.2
其他畜肉及副产品	Other Livestock Meat and By-products	84.0	87.3	88.3	90.9	101.3	102.0	103.7
畜肉制品	Livestock Meat and Processed Products	98.1	102.3	99.4	101.4	102.6	94.7	104.4
7.禽肉类	Poultry	94.7	89.8	92.2	96.4	100.3	100.9	99.7
鸡	Chicken	92.9	84.3	89.6	95.9	101.3	101.2	98.8
鸭	Duck	92.0	96.1	93.8	99.7	90.4	101.7	96.4
其他禽肉及制品	Other Poultry Meat Processed Products	100.7	103.7	102.5	97.5	99.5	99.0	102.4
8.水产品	Aquatic Products	117.0	110.9	118.4	116.0	117.8	122.4	121.6
淡水鱼	Freshwater Fish	132.0	130.5	141.0	132.5	133.5	134.4	129.2
海水鱼	Seawater Fish	96.3	101.8	99.3	95.6	99.7	100.1	100.0
虾蟹类	Shrimp and Crab	100.9	96.9	93.4	96.4	99.3	104.6	100.0
其他水产品及制品	Others Aquatic and Processed Products	101.9	94.9	99.1	100.5	100.4	100.6	100.0
9.蛋类	Eggs	114.1	116.6	121.7	114.7	112.0	109.8	120.8
鸡　蛋	Fresh Egg	120.2	117.5	122.4	115.0	115.6	110.0	121.5
其他蛋及制品	Other Egg and Processed Products	98.1	103.1	101.6	100.9	99.9	100.8	100.0
10.奶类	Milk	101.8	103.0	100.7	101.8	102.0	99.2	100.9
鲜　奶	Fresh Milk	103.7	106.3	105.7	103.4	102.6	99.8	102.2
酸　奶	Yoghourt	100.9	101.8	96.8	100.1	100.2	97.5	100.0
奶　粉	Milk Powder	101.2	100.0	94.8	100.8	103.1	100.0	100.0
其他奶制品	Other Milk Products	99.3	100.6	100.1	105.0	101.1	100.6	100.0
11.干鲜瓜果类	Dried and Fresh Melons and Fruits	101.6	106.1	97.7	103.6	104.7	98.6	105.2
鲜瓜果	Fresh Melons and Fruits	104.2	108.0	97.1	106.1	105.6	98.1	107.2
坚　果	Nuts	100.0	98.5	100.2	94.8	102.0	100.4	96.8
瓜果制品	Melons and Fruits Products	96.6	101.5	98.9	98.5	100.0	100.0	100.0

3-12 续表 1 continued

(以上年价格为100) (preceding year =100)

分类名称	Item	银 川 市辖区 Yinchuan	石嘴山 市辖区 Shizuishan	吴忠市 Wuzhong	固原市 Guyuan	中卫市 Zhongwei	平罗县 Pingluo	海原县 Haiyuan
12.糖果糕点类	Candy and Cake	106.1	102.0	98.7	99.3	103.1	101.2	100.0
食　　糖	Sugar	113.0	106.8	97.8	104.7	101.4	98.6	100.0
糖　　果	Candy	107.6	98.7	100.7	99.7	102.2	100.5	100.0
糕　　点	Cake	101.4	103.7	97.7	97.6	104.2	104.0	100.0
其他糖果糕点	Other Candy and Cake	103.4	96.6	100.5	99.1	101.7	99.8	100.0
13.调味品	Flavoring	100.8	99.6	100.8	101.4	102.7	102.5	100.0
食 用 盐	Salt	99.5	100.0	100.5	101.9	99.9	100.6	100.0
酱　　油	Soy	101.8	97.9	99.3	100.8	101.6	102.4	100.0
食　　醋	Vinegar	99.6	101.8	100.0	101.2	98.1	103.0	100.0
增 味 剂	Flavor Enhancer	98.7	101.3	101.1	104.4	100.0	101.7	100.0
其他调味品	Others	113.6	98.4	102.0	100.2	107.4	103.6	100.0
14.其他食品类	Other Food	99.5	102.5	98.2	101.8	103.0	100.9	98.6
方便食品	Convenient Food	98.6	101.6	97.9	100.4	104.6	100.6	100.0
淀粉及制品	Starch and Products	99.8	106.3	98.1	105.2	100.0	100.0	100.0
其他食品	Other Food	101.9	100.8	98.6	98.3	102.9	101.9	93.4
15.餐饮业零售	Catering Retail	100.8	103.6	102.4	103.0	97.8	100.6	100.1
餐馆餐饮	Restaurant Catering	100.2	102.4	103.8	103.0	99.9	101.9	99.3
饮品店餐饮	Beverage Shop Catering	105.5	102.8	100.0	102.0	100.4	100.0	96.3
餐饮配送及外卖送餐	Catering Distribution and Food Delivery	99.1	108.3	101.0	103.9	88.1	94.1	102.5
其他餐饮业零售	Other Catering Retail	102.2	103.1	101.1	102.7	100.6	103.3	109.2
二、饮料、烟酒	Beverages Tobacco and Liquor	101.6	100.6	99.9	100.4	101.2	101.2	99.5
1.茶及饮料	Tea and Beverages	101.0	100.4	99.9	99.9	100.6	100.2	98.8
茶　　叶	Tea	100.2	100.0	100.5	99.6	99.9	100.0	100.0
固体咖啡	Solid Coffee	103.5	102.2	99.9	101.3	101.0	100.8	100.0
其他固体饮料	Other Solid Beverages	100.1	101.6	93.3	102.2	103.2	100.5	100.0
饮 用 水	Potable Water	91.7	99.9	98.1	100.0	99.5	100.0	100.0
果汁饮料	Juice Beverage	101.6	101.3	103.0	97.9	99.9	98.0	82.4
其他液体饮料	Other Liquid Beverages	104.0	100.0	100.8	99.6	101.2	101.3	100.0
2.卷　　烟	Cigarette	101.9	101.7	100.0	100.8	101.2	102.1	100.0
卷　　烟	Cigarette	101.9	101.7	100.0	100.8	101.2	102.1	100.0
3.酒类	Liquor	101.9	98.9	99.6	100.4	101.9	99.9	99.1
白　　酒	Spirit	103.0	98.2	102.2	100.3	100.5	100.0	100.0
葡 萄 酒	Wine	99.5	100.3	92.0	100.8	100.1	99.7	100.0
啤　　酒	Beer	101.6	99.4	94.5	100.0	107.8	99.6	95.5
其他酒类	Others	101.5	103.4	100.2	105.6	100.9	100.0	100.0
三、服装、鞋帽	Garments, Shoes and Hats	99.3	98.6	101.0	98.3	100.8	97.4	95.8
1.服装	Garments	100.2	99.2	101.5	98.0	101.0	97.6	94.9
(1)男士服装	Men's	100.8	99.3	99.7	99.2	101.8	97.1	94.0
男式外套	Men's Coat	99.7	99.8	100.3	100.0	101.9	96.2	95.0
男式针织衫	Men's Knitwear	102.8	95.2	99.9	92.7	98.9	96.5	93.4

3-12 续表 2 continued

(以上年价格为100) (preceding year =100)

分类名称	Item	银川市辖区 Yinchuan	石嘴山市辖区 Shizuishan	吴忠市 Wuzhong	固原市 Guyuan	中卫市 Zhongwei	平罗县 Pingluo	海原县 Haiyuan
男式衬衫T恤	Men's Shirt and T-shirt	100.1	100.8	99.4	98.1	101.8	98.9	93.0
男式裤子	Men's Trousers	103.3	97.2	97.0	102.3	103.1	98.4	89.9
男式内衣	Men's Underclothes	101.0	105.7	100.9	98.5	99.9	98.1	100.0
(2)女士服装	Women's	99.6	99.2	102.3	97.5	100.5	98.2	95.2
女式外套	Women's Coat	99.7	100.1	104.9	100.5	100.7	96.5	94.2
女式针织衫	Women's Knitwear	98.2	95.2	100.5	94.4	100.1	100.7	95.2
女式衬衫T恤	Women's Shirt and T-shirt	98.3	100.5	103.2	94.1	100.2	101.3	96.2
女式裤子	Women's Trousers	101.7	98.6	96.4	95.3	101.9	100.1	94.9
女式裙子	Women's Skirt	100.3	98.2	103.8	94.5	98.9	100.1	91.5
女式内衣	Women's Underclothes	100.1	101.8	101.1	99.3	101.1	92.7	101.4
(3)儿童服装	Children's	101.1	97.9	101.8	96.7	101.1	96.1	96.8
婴幼服装	Infant's Wear	100.2	100.0	100.0	95.8	100.8	97.2	100.0
儿童上衣	Children's Coat	99.0	95.2	103.5	96.4	100.9	95.4	90.8
儿童裤子	Children's Trousers	100.2	99.6	101.4	96.9	103.7	97.8	104.2
儿童裙子	Children's Skirt	106.8	99.6	102.4	96.5	98.5	91.2	92.3
儿童内衣	Children's Underclothes	103.4	100.0	99.9	100.0	100.3	100.0	100.0
2.鞋帽袜	Footgear and Hats	97.2	97.0	99.4	99.6	100.9	96.6	98.3
(1)鞋	Shoes	96.4	96.7	99.5	99.6	101.2	96.2	98.0
男　　鞋	Shoes of Men	96.0	98.2	100.8	101.0	102.1	95.0	101.0
女　　鞋	Shoes of Women	95.2	95.0	100.6	98.9	100.0	96.0	96.6
童　　鞋	Shoes of Children	100.5	100.7	95.3	98.5	103.8	101.3	95.6
(2)袜子	Socks	100.4	100.0	100.9	100.0	99.7	98.9	100.0
袜　　子	Socks	100.4	100.0	100.9	100.0	99.7	98.9	100.0
(3)帽子	Hats	97.8	101.9	95.7	98.4	99.8	98.6	100.0
帽　　子	Hats	97.8	101.9	95.7	98.4	99.8	98.6	100.0
3.其他衣着配件	Other Clothing and Accessories	101.0	98.3	100.0	94.5	96.5	100.0	98.6
其他衣着配件	Other Clothing and Accessories	101.0	98.3	100.0	94.5	96.5	100.0	98.6
四、纺织品	Textiles	100.7	99.9	100.5	100.4	99.7	100.1	99.6
1.服装材料	Clothing Material	105.4	100.6	100.0	101.7	100.8	100.0	98.4
服装材料	Clothing Material	105.4	100.6	100.0	101.7	100.8	100.0	98.4
2.床上用品	Bed Articles	100.0	99.8	100.6	100.1	99.6	100.2	100.0
被　　子	Quilt	100.0	100.8	100.9	97.9	100.0	100.1	100.0
床单被套	Bed Sheet and Cover	100.0	98.8	100.9	101.8	99.1	100.4	100.0
其他床上用品	Other Bed Articles	100.0	100.0	100.0	101.4	100.0	100.0	100.0
五、家用电器及音像器材	Household Appliances, Music and Video Equipment	102.7	100.3	101.7	101.4	101.6	100.9	101.3
1.家庭设备	Household Facilities	101.3	99.0	101.0	101.3	101.3	100.0	101.1
洗 衣 机	Washing Machine	100.6	103.0	101.2	103.0	102.3	100.4	102.6
电冰箱(柜)	Refrigerator	102.5	97.3	100.5	103.2	100.8	98.8	102.6
抽油烟机	Ventilator	105.2	99.5	104.4	100.7	103.0	101.4	99.0
空 调 器	Air Conditioner	100.9	92.7	99.8	97.7	97.9	100.5	100.0

3-12 续表 3 continued

(以上年价格为100) (preceding year =100)

分类名称	Item	银川市辖区 Yinchuan	石嘴山市辖区 Shizuishan	吴忠市 Wuzhong	固原市 Guyuan	中卫市 Zhongwei	平罗县 Pingluo	海原县 Haiyuan
热水器	Water Heater for Shower	99.7	101.1	100.1	99.7	108.4	101.0	100.0
炉具灶具	Stove and Oven	101.7	101.2	104.0	98.3	101.1	101.9	100.0
吸尘器	Cleaner	99.0	99.5	97.1	100.4	98.5	99.6	99.5
空气净化器	Air Cleaner	96.9	97.5	97.8	98.2	98.1	99.1	97.2
净水器	Water Purifier	97.0	96.3	97.1	95.3	97.9	97.1	94.7
厨房小家电	Kitchen Small Household Appliances	103.4	101.9	101.3	103.2	102.6	101.4	104.0
生活小家电	Living Small Household Appliances	98.7	101.5	100.8	101.2	100.2	100.5	100.9
其他大型家用器具	Other Big Household Appliances	101.7	100.0	100.3	104.2	97.8	100.7	99.9
2.文娱用耐用消费品	Durable Consumer Goods for Cultural and Recreational Use	105.3	101.8	102.7	101.8	100.4	101.9	101.4
电视机	TV Set	105.1	103.6	105.1	104.8	100.2	101.6	102.3
照相机	Camera	103.4	97.7	99.4	101.1	101.7	103.4	100.0
音响	Sound Equipment	104.0	98.6	98.5	105.0	100.0	98.6	100.0
可穿戴智能设备	Wearable Smart Devices	100.6	92.5	102.7	99.5	103.3	102.7	102.7
其他文娱耐用消费品	Other Durable Consumer Goods	108.1	102.8	99.9	93.3	100.0	102.3	100.0
3.专业音像器材	Special Sound and Image Facilities	103.1	100.6	102.4	99.5	110.9	102.9	102.1
专业音响器材	Special Sound Facilities	100.5	100.5	100.5	105.0	100.0	100.5	100.0
专业声像器材	Special Acoustic Image Facilities	106.9	100.7	106.9	86.1	127.4	106.9	110.4
六、文化办公用品	Cultural and Office Appliances	103.4	100.0	103.0	101.6	102.1	104.3	101.3
纸张文具	Paper and Stationery	101.2	102.1	99.5	100.0	100.6	100.0	105.4
台式计算机	Desktop Computer	106.3	100.5	103.4	101.4	102.9	102.4	101.8
笔记本电脑	Laptop	101.1	100.7	103.4	103.6	103.1	102.1	100.7
平板电脑	Tablet Personal Computer	100.0	93.7	100.4	101.2	99.1	98.8	99.1
电脑附件	Computer Parts	112.7	99.4	105.9	102.4	102.2	103.5	100.0
打印复印机	Print and Copy Machine	107.0	99.3	108.9	102.4	103.9	124.2	97.2
教学设备	Teaching Device	99.8	99.8	100.0	99.7	100.7	93.6	100.0
七、日用品	Articles for Daily Use	101.0	101.5	100.6	101.0	100.5	100.1	99.8
1.日用百货	General Merchandise for Daily Use	101.2	102.6	102.0	101.4	101.2	98.8	99.9
电动自行车	Electric Bicycle	98.7	101.4	100.8	101.5	99.5	95.8	100.2
自行车	Bicycle	107.4	110.5	109.1	104.4	111.8	105.0	100.0
雨具	Rain Gear	102.1	100.5	100.9	101.0	101.9	100.0	100.0
护理器具	Nursing Appliances	97.9	98.3	99.3	101.3	99.2	99.1	98.6
清洁用纸	Hygiene Paper	102.6	102.0	103.2	99.8	101.8	100.3	100.5
化妆器具	Make-up Appliances	100.8	100.2	98.4	98.4	98.4	98.0	97.5
2.厨具餐具茶具	Kitchen Utensils and Tableware	100.2	98.6	98.6	99.3	98.5	98.2	97.4
厨具	Kitchen Ware	96.9	97.6	98.2	98.3	97.5	97.4	96.1
餐具	Tableware	99.4	98.2	97.9	99.4	97.6	97.2	95.9
茶具	Tea Set	105.2	101.6	102.3	101.3	102.8	101.6	102.4
3.清洗用品	Cleaning Supplies	101.2	101.1	100.7	102.2	101.3	101.6	100.8
清洗用品	Cleaning Supplies	101.2	101.1	100.7	102.2	101.3	101.6	100.8
4.其他日用品	Other Articles for Daily Use	100.9	102.7	100.5	100.4	100.2	101.6	101.1
灯具	Lamp	103.8	103.4	102.7	101.2	98.8	102.5	100.0
箱包	Luggage	98.5	100.3	99.6	99.5	99.6	99.7	99.4
母婴用品	Mother and Baby Products	99.6	99.6	98.2	99.5	98.5	99.5	99.5
眼镜	Glasses	100.0	99.2	98.9	100.9	100.0	100.0	100.0
其他护理用品	Nursing Materials	108.1	107.8	101.0	99.8	103.1	100.0	100.0
其他日用杂品	Other Articles for Daily Use	98.5	107.0	102.7	101.2	102.1	105.3	105.8
八、体育娱乐用品	Sports and Recreation Articles	101.4	100.2	101.4	100.9	101.8	100.8	101.0
1.体育户外用品	Sports and Outdoor Articles	100.0	100.0	100.5	100.0	101.4	100.0	100.0
体育户外用品	Sports and Outdoor Articles	100.0	100.0	100.5	100.0	101.4	100.0	100.0

3-12 续表 4 continued

(以上年价格为100) (preceding year =100)

分类名称	Item	银川市辖区 Yinchuan	石嘴山市辖区 Shizuishan	吴忠市 Wuzhong	固原市 Guyuan	中卫市 Zhongwei	平罗县 Pingluo	海原县 Haiyuan
2.娱乐用品	Recreational Goods	102.2	100.3	101.8	101.5	102.0	101.1	101.4
乐　器	Musical Instrument	105.5	101.0	100.0	107.2	99.8	100.0	101.8
游戏用品和玩具	Games Supplies and Toys	100.0	100.0	100.0	100.0	100.5	100.0	100.0
园艺花卉及用品	Horticulture and Flower Articles	104.9	100.2	107.1	101.5	106.6	105.0	104.7
宠物及用品	Pet Articles	100.1	100.0	101.3	97.2	100.0	100.0	100.0
其他文化娱乐用品	Other Goods for Cultural and Recreational Use	100.0	100.0	100.0	100.0	100.9	100.0	100.0
九、交通、通信用品	Transport and Communications Articles	101.0	100.4	100.5	101.6	102.2	100.6	99.9
1.交通运输机械	Transport Machinery	99.5	99.5	99.4	99.3	100.7	99.6	99.1
小型汽车	Car	98.4	98.4	98.4	98.9	99.8	98.4	98.4
大中型客车	Large and Middle-Size Coach	99.1	98.9	98.9	98.9	99.5	98.9	98.8
交通工具零配件	Transport Parts	101.5	101.5	101.5	104.9	101.5	101.5	101.5
2.通信器材	Communication Tools	98.7	102.4	98.7	97.3	105.1	105.9	100.0
固定电话机	Telephone	103.6	102.1	104.3	106.8	105.3	102.8	101.4
移动电话机	Mobile Telephone	103.3	102.1	104.4	106.9	105.5	102.7	101.6
其他通信器材	Other Communication Tools	104.4	100.0	101.3	103.7	101.6	106.7	100.0
十、家具	Furniture	103.2	100.0	102.2	100.6	101.2	100.9	98.8
柜	Cupboard	107.5	100.3	103.0	100.0	101.4	100.6	99.4
床	Bed	101.8	99.4	100.4	99.6	101.6	101.2	98.7
桌	Desk	98.8	100.0	99.4	98.2	101.2	101.1	98.7
椅	Chair	97.8	100.0	101.6	98.6	101.0	101.8	100.0
沙　发	Sofa	104.3	100.0	104.9	103.2	100.9	100.6	98.5
其他家具	Others	102.9	100.3	102.3	101.7	100.7	100.7	97.7
十一、化妆品	Cosmetics	99.9	97.3	99.6	99.1	100.0	98.7	98.2
清洁化妆品	Cleansing Cosmetics	98.0	99.6	100.6	100.3	99.3	99.1	98.6
护肤化妆品	Skin-Care Cosmetics	99.1	94.1	98.5	98.1	98.5	98.1	97.2
彩妆化妆品	Make-Up Cosmetics	99.2	96.4	98.4	97.6	99.2	97.6	96.5
清洁类护理用品	Nursing Materials	102.1	101.7	100.9	101.3	103.8	100.8	99.9
护发美发用品	Hair Care Products	101.5	99.6	100.9	100.1	101.2	98.5	99.2
十二、金银饰品	Gold and Silver Jewelry	100.5	97.5	100.6	98.3	98.3	94.8	99.1
金 饰 品	Gold Jewelry	95.7	94.6	98.7	96.5	98.4	93.1	96.0
银 饰 品	Silver Jewelry	101.0	100.0	109.3	100.1	100.0	97.6	115.3
铂金饰品	Platinum Jewelry	105.9	102.3	100.0	101.3	95.8	104.2	94.4
十三、中西药品及医疗保健用品	Traditional Chinese and Western Medicines, Health Care Articles	101.3	99.1	100.3	100.5	100.0	97.9	101.8
1.医疗卫生器具	Medical Treatment and Public Health Appliances	103.3	95.9	87.9	100.0	93.4	90.9	104.1
医疗卫生器具	Medical Treatment and Public Health Appliances	103.3	95.9	87.9	100.0	93.4	90.9	104.1
2.中药	Traditional Chinese Medicine	104.1	102.4	99.6	100.1	99.9	102.3	100.6
中 药 材	Traditional Chinese Medicinal Materials	105.6	99.8	97.0	102.1	101.3	108.6	102.2
中 成 药	Chinese Patent Medicine	101.9	103.0	100.4	99.3	99.2	100.0	99.8
3.西药	Western Medicine	99.1	97.8	101.1	100.8	100.5	96.8	102.4
抗微生物药	Antimicrobial Drugs	101.3	86.9	100.0	100.0	100.0	100.0	111.5
消化系统用药	Digest System Drugs	104.3	100.0	105.4	100.0	100.0	100.0	100.0
呼吸系统用药	Breathe System Drugs	100.0	100.0	100.0	104.5	100.0	100.0	102.3
解热镇痛药	Antipyretic and Analgesic	102.7	100.0	102.7	101.3	105.6	100.0	100.0
抗肿瘤药	Antineoplastic Drugs	100.0	100.0	100.0	100.0	100.0	100.0	100.0

3-12 续表 5 continued

(以上年价格为100) (preceding year =100)

分类名称	Item	银川市辖区 Yinchuan	石嘴山市辖区 Shizuishan	吴忠市 Wuzhong	固原市 Guyuan	中卫市 Zhongwei	平罗县 Pingluo	海原县 Haiyuan
激素及影响内分泌药	Hormone Drugs	100.8	100.0	99.6	99.9	99.9	85.5	90.4
心血管系统用药	Cardiovascular System Drugs	98.4	100.0	100.0	99.1	97.9	99.0	100.0
血液系统用药	Blood System Drugs	99.3	87.0	101.4	101.8	99.5	85.4	100.0
治疗精神障碍药	Dysphrenia Drugs	99.8	98.8	100.7	114.0	98.2	100.0	123.5
神经系统用药	Central Nervous System Drugs	93.6	100.0	100.0	100.2	108.9	93.9	100.0
泌尿系统用药	Urinary System Drugs	99.2	100.5	109.2	100.0	99.0	100.0	100.1
维生素、矿物质类药	Professional Drugs	97.4	104.2	100.0	96.6	99.9	99.9	93.9
调节水、电解质及酸碱平衡药	Adjust Water, Electrolyte and Acid-Base Balance Drugs	100.0	105.4	100.8	100.0	105.4	104.1	100.0
其他西药	Other Western Medicine	90.0	100.0	100.0	100.0	105.1	97.2	95.0
4.保健器具及用品	Health Care Appliances and Products	101.4	101.2	100.6	100.1	103.9	101.2	100.0
保健器具	Health Care Appliances	100.0	100.0	100.0	100.2	100.0	100.0	100.0
滋补保健品	Health Products	102.2	101.5	100.7	100.0	105.2	101.5	100.0
十四、书报杂志及电子出版物	Book, Newspapers, Magazines and Electronic Publications	101.0	101.1	101.6	100.3	102.2	100.3	100.1
1.教材及参考书	Teaching Materials and Reference Books	101.3	103.1	103.4	100.7	104.1	100.4	100.0
工具书	Reference Books	105.5	100.0	106.5	100.3	108.8	100.0	100.0
教材	Teaching Materials	99.3	100.2	100.0	96.9	100.0	101.4	100.0
参考资料	Reference Books	102.2	107.5	106.7	103.2	105.9	100.0	100.0
其他教育用品	Other Education Articles	99.8	99.9	97.9	102.2	100.7	99.2	100.0
2.书报杂志及音像制品	Newspapers and Magazines	100.0	100.0	100.0	100.0	100.0	100.0	100.0
书报杂志及音像制品	Newspapers and Magazines	100.0	100.0	100.0	100.0	100.0	100.0	100.0
3.计算机办公软件	Computer Software	101.9	100.0	101.7	100.0	101.9	101.7	101.9
计算机办公软件	Computer Software	101.9	100.0	101.7	100.0	101.9	101.7	101.9
十五、燃料	Fuels	110.1	111.3	116.4	113.7	110.9	112.2	113.5
1.煤炭及制品	Coal and Related Products	98.6	109.4	126.7	117.3	100.4	106.9	114.1
原煤	Coal	103.8	109.8	128.3	117.3	100.4	109.8	113.9
煤制品	Related Products	98.6	100.0	95.4	107.6	96.8	100.0	119.1
2.石油及制品	Oil and Products	111.7	111.4	112.0	113.0	112.5	113.4	113.4
管道燃气	Pipeline Fuel Gas	102.5	99.9	101.9	100.2	99.9	99.9	102.1
液化石油气	Liquefied Petroleum Gas	100.0	101.6	101.0	100.0	103.3	104.0	100.0
汽油	Gasoline	117.7	117.7	117.7	117.7	117.7	117.7	117.7
柴油	Diesel Oil	119.5	119.5	119.5	119.5	119.6	119.5	119.5
十六、建筑材料及五金电料	Building Materials and Hardware	103.2	104.6	103.6	101.6	102.7	106.8	107.7
1.建筑装潢材料	Building Decoration Materials	103.4	104.1	105.5	100.7	104.2	107.2	106.3
木地板	Wooden Floor	103.4	106.5	105.3	101.6	107.1	104.4	104.4
瓷砖	Brick	100.8	100.2	97.4	96.3	99.9	101.2	100.0
水泥	Cement	124.0	119.4	115.1	113.9	114.8	129.6	104.0
涂料	Dope	100.5	100.2	109.1	110.9	105.4	98.9	107.2
板材	Veneer	101.3	100.4	111.6	99.8	111.8	104.7	115.3
管材	Tubular Product	112.9	113.4	111.1	97.0	105.1	105.5	104.2
厨卫设备	Kitchen Equipment	98.3	100.3	99.2	100.0	100.7	100.0	100.0
门窗	Doors and Windows	104.7	104.2	101.6	97.9	101.5	101.0	107.5
其他住房装潢材料	Other Building Decoration Materials	100.5	107.1	109.7	100.0	98.0	94.1	109.2
2.五金水暖	Water and Heating Hardware	102.5	106.5	99.3	104.9	99.2	104.4	114.4
家用手工工具	Household Hand Tools	101.1	110.3	97.6	103.7	96.4	105.3	112.0
配电附件	Electricity Distribution Accessory	103.4	105.1	99.7	100.3	100.0	102.5	100.0
水暖器材	Heating Equipment	102.7	106.9	100.0	107.5	100.0	105.3	125.6

3-13 主要年份全区农产品生产者价格指数

指　　标	Item	2002	2003	2004	2005	2006	2007
合　计	**Total**	**93.40**	**104.40**	**114.23**	**103.26**	**101.20**	**114.95**
一、农业产品	Farm Products		108.80	120.21	103.00	103.23	111.89
(一)谷物	Grain (Unprocessed)		101.10	125.85	106.62	103.63	108.11
1.稻谷	Rice		100.00	129.29	108.92	103.66	104.05
2.小麦	Wheat		100.00	129.63	108.51	99.43	101.60
3.玉米	Corn		100.00	119.32	99.36	107.99	118.93
4.谷子	Millet						
5.高粱	Sorghum						
6.荞麦	Buckwheat						
7.其他谷物	Other Grains						
(二)薯类	Tubers		103.80	97.65	109.32	118.70	100.55
(三)油料	Oil-bearing		105.90	116.54	99.89	109.54	119.54
(四)豆类	Soybeans		100.00	110.01	93.03	97.57	118.06
(五)未加工烟草	Tobacco						
(六)饲料作物	Feed Crops						
(七)蔬菜及食用菌	Vegetables and Edible Fungi		122.60	112.08	93.41	103.77	112.05
1.蔬菜	Vegetables		122.60	112.08	93.41	103.77	112.05
①叶菜类蔬菜	Leaf Vegetables		97.80	106.76	95.23	100.81	96.80
②白菜类蔬菜	Cabbage Vegetables						
③根茎类蔬菜	Roots and Tubers		101.40	123.40	107.99	112.10	113.25
④瓜菜类蔬菜	Melon Vegetables		119.00	101.08	79.28	95.57	102.57
⑤豆类蔬菜	Beans for Vegetable Use		85.90	148.00	104.71	106.68	136.84
⑥茄果类蔬菜	Eggplant Fruit		144.50	104.35	85.11	105.40	140.19
⑦葱蒜类蔬菜	Shallot and Garlic		100.00	108.38	103.13	113.93	109.41
2.食用菌	Edible Fungi						
(八)花卉	Flowers						
(九)盆景及园艺产品	Bonsai and Horticultural						
(十)水果及坚果	Fruits and Nuts		107.60	119.24	105.69	85.67	119.00
1.水果(园林水果)	Garden Fruits		107.60	119.24	83.60	102.21	121.09
2.食用坚果	Nuts						
(十一)香料原料	Spice Materials						
(十二)中草药材	Chinese Medicinal Plant				93.96	112.26	144.85
二、饲养动物及其产品	Animal Husbandry (Animal Products)		101.00	109.22	103.47	99.11	118.36
(一)活牲畜	Feeding of Livestock		100.90	105.48	99.80	102.20	114.12
1.猪	Feeding of Hog		90.50	122.59	104.92	91.82	130.05
2.牛	Feeding of Cattle		106.60	102.61	102.16	101.18	115.53
3.马	Horse						
4.驴	Donkey						
5.羊	Feeding of Sheep		98.40	101.76	100.36	101.62	116.67
(二)活家禽	Poultry		97.10	109.39	113.24	95.23	122.46
1.活鸡	Chickens		97.10	109.39	113.24	95.23	122.46
2.活鸭	Ducks						
3.其他活家禽	Other Poultry						
(三)畜禽产品	Livestock and Poultry Products						
1.生奶	Milk				97.68	103.02	111.99
2.禽蛋	Eggs		97.70	111.02	109.14	92.47	123.61
3.天然蜂蜜及副产品	Natural Honey and By-products						
4.动物毛类	Animal Hair				114.33	106.69	99.55
5.生皮	Raw Hides						
6.其他畜禽产品	Other Livestock and Poultry						
(四)其他饲养动物	Other Breeding Animals						
三、渔业产品	Fishery		103.20	132.87	106.33	96.64	111.65
(一)淡水养殖产品	Freshwater Aquaculture Products		103.20	132.87	106.33	96.64	111.65
1.养殖淡水鱼	Fresh Water Fish		103.20	132.87	106.33	96.64	111.65
2.淡水养殖蟹	Fresh Water Shrimp and Crab						

Producer Price Indices for Farm Products in Main Years

2008	2009	2010	2011	2012	2013	2014	2015	2016	2017	2018	2019	2020	2021
118.70	**99.39**	**117.03**	**111.34**	**103.61**	**106.69**	**98.27**	**98.37**	**98.72**	**99.30**	**104.99**	**106.38**	**113.08**	**106.51**
110.60	106.27	118.69	107.15	103.85	106.08	100.11	104.92	96.42	99.14	103.95	98.50	110.66	111.62
107.70	104.85	114.12	108.59	103.34	102.42	101.96	100.76	90.89	102.03	104.49	97.06	113.30	119.41
104.10	108.58	117.47	106.62	99.70	100.36	98.22	107.45	94.13	100.58	99.83	93.74	116.13	103.38
113.20	110.12	108.78	110.79	103.71	104.89	108.64	103.8	95.42	101.58	102.94	96.85	106.41	110.53
105.40	97.37	118.58	108.62	105.55	102.48	100.97	95.24	86.77	103.12	108.06	99.19	114.83	133.40
93.80	102.99	162.68	82.46	108.18	136.36	101.6	76.56	147.61	89.06	82.99	128.21	99.33	74.72
114.00	97.33	111.37	115.75	108.20	108.65	89.5	112.18	85.29	104.97	108.89	111.4	110.47	124.54
115.70	92.41	106.33											
113.60	115.88	114.43	102.67	107.52	109.39	90.77	122.30	99.36	100.14	110.2	86.56	120.51	101.97
113.60	115.88	114.43	102.67	107.52	109.39	90.77	122.30	99.36	100.14	110.2	86.56	120.51	101.97
120.40	114.01	110.22	106.60	115.95	113.09	77.59	127.55	106.00	121.78	106.53	82.08	123.23	117.84
									84.81	123.23	74.84	136.20	116.62
130.80	103.82	125.65	113.01	90.33	100.38	92.08	106.79	91.63	107.55	95.85	94.12	115.13	115.66
111.80	123.75	111.19	106.37	99.86	114.53	80.43	114.57	91.86	108.83	104.22	99.2	95.52	105.95
137.50	110.93	104.26	103.21	108.73	92.44	99.82	109.74	111.73	100.25	108.18	106.76		
80.20	122.91	118.31	104.38	109.88	96.49	95.07	107.70	95.85	97.96	107.94	88.46	118.74	88.05
120.00	119.47		119.01	96.99	108.23	85.72	108.99	118.44	90.57	112.79	103.98	100.34	97.97
127.30	120.21	109.16	115.82	109.03	98.49	99.57	114.69	92.04	92.62	113.59	81.86	99.29	115.71
88.10	93.89	137.31	115.82	109.03	98.49	99.57	114.69	92.04	92.62	113.59	81.86	99.29	115.71
104.00	69.35	161.25	113.45	83.26	99.08	117.2	112.79	89.82	90.55	91.35	111.39	98.58	99.68
127.80	91.78	115.59	115.84	102.75	108.93	96.22	91.28	101.27	99.19	106.00	115.75	116.19	100.24
126.40	89.18	122.21	115.84	107.17	109.69	93.13	95.78	103.63	100.34	105.1	121.02	126.88	90.97
146.80	85.46	99.87	138.80	93.67	97.99	87.74	111.46	123.84	83.83	85.44	151.88	163.71	62.81
133.70	97.65	103.93	112.48	113.32	116.86	98.97	95.4	96.41	101.66	107.4	108.99	116.12	101.04
125.80	97.13	104.10	115.60	110.91	110.53	90.22	82.63	95.42	113.00	119.23	109.82	108.83	102.37
118.50	103.96	107.34	111.17	101.29	105.61	106.44	95.19	102.6	91.53	113.39	110.82	96.48	103.01
118.50	103.96	107.34	111.17	101.29	105.61	106.44	95.19	102.6	91.53	113.39	110.82	96.48	103.01
									99.48	105.36	108.23	103.78	115.24
123.20	78.88	145.79	106.81	96.90	110.48	98.12	82.44	97.70	97.18	104.23	109.69	105.76	114.23
119.40	106.04	107.48	115.96	89.63	101.90	111.11	85.68	93.61	89.29	128	108.45	77.72	133.86
114.80	90.61								129.93	114.58	65.3	84.81	123.77
103.70	104.94	102.96	110.22	112.13	84.38	99.92	100.7	97.08	103.16	106.33	91.80	105.42	118.61
103.70	104.94	102.96	110.22	112.13	84.38	99.92	100.7	97.08	103.16	106.33	91.8	105.42	118.61
103.70	104.94	102.96	110.22	112.13	84.38	99.92	100.7	97.08	103.16	106.33	91.8	105.42	118.61

3-14 主要年份全区工业生产者出厂价格指数

指 标	Item	2001	2002	2003	2004	2005
全部工业品	**Total Industry Products**	**100.29**	**99.68**	**103.85**	**109.97**	**106.23**
其中：轻工业	Light Industry	100.73	98.84	101.37	102.6	102.47
以农产品为原料	Raw Material of Agricultural Products	100.72	98.81	101.37	103.61	104.14
以非农产品为原料	Raw Material of Non-agricultural Products	100.94	99.08	101.43	101.73	100.74
重工业	Heavy Industry	100.2	99.84	104.86	112.72	107.48
采掘	Mining & Quarrying	100.99	108.64	102.05	128.62	123.78
原材料	Raw Material	100.44	97.65	105.4	111.55	108.74
加工	Processing	99.75	100	104.44	112.43	99.41
其中：生产资料	Means of Production	100.33	99.82	104.26	110.57	106.47
采掘	Mining & Quarrying	100.94	108.39	101.57	133.6	128.56
原材料	Raw Material	100.4	97.59	105.92	109.07	106.18
加工	Processing	100	99.98	102.93	107.4	100.62
生活资料	Consumer Goods	100.1	98.77	100.36	103.21	103.44
食品	Food	99.57	98.69	99.68	104.55	104.86
衣着	Clothing	103.62	100.42	103.12	101.02	98.78
一般日用品	Articles for Daily Use	101.65	97.73	97.19	100.35	102.67
耐用消费品	Durable Consumer Goods	100.69	92.47	97.16	97.47	99.55
按工业部门分	**By Industry Branch**					
冶金工业	Metallurgy Industry	96.12	92.84	103.25	113.56	96.87
电力工业	Electric Power Industry	106.07	100.81	103.32	107.21	104.32
煤炭及炼焦工业	Coal and Coking Industry	102.02	112.16	103.02	133.53	127.73
石油工业	Petroleum Industry	99.41	96.58	116.52	110.72	118.86
化学工业	Chemistry Industry	99.39	101.55	104.5	106.58	104.72
机械工业	Machinery Industry	100.79	97.9	99.13	102.8	106.02
建筑材料工业	Building Materials Industry	99.78	102.16	100.85	105.36	99.34
森林工业	Forest Industry	100.38	100.54	97.71	95.12	98.84
食品工业	Food Industry	99.31	98.66	100.02	105.03	103.84
纺织工业	Textile Industry	98.42	82.01	101.47	105.15	111.83
缝纫工业	Sewing Industry	103.67	98.95	100.76	100.91	98.79
皮革工业	Leather Industry	101.33	99.34	113.12	103.76	103.56
造纸工业	Papermaking Industry	103.94	99.13	98.01	100.92	103.56
文教艺术用品工业	Culture and Education Articles Industry		99.41	100.89	100.05	100.78
其他工业	Other Industry	113.09	103.14	101.56	107.65	106.93
按工业行业分	**By Industry Sector**					
煤炭开采和洗选业	Mining and Washing of Coal	101.06	113.21	101.58	133.66	128.63
石油和天然气开采业	Extraction of Petroleum and Natural Gas	99.51	98.88			
黑色金属矿采选业	Mining and Dressing of Ferrous Metal					
有色金属矿采选业	Mining and Dressing of Non-ferrous Metal					
非金属矿采选业	Mining and Processing of Non-ferrous Metal Ores	101.38	99.44	99.92	97.82	95.62
其他采矿业	Other Mining and Dressing					
农副食品加工业	Processing of Food from Agricultural Products	100.11	97.68	101.38	109.92	103.15
食品制造业	Manufacture of Foods	99.29	97.74	98.44	101.43	106.44
酒、饮料及精制茶制造业	Manufacture of Liquor, Beverages and Tea	98.04	101.01	100.01	104.25	101.92
烟草制品业	Processing of Tobacco		100.06	100	100.06	100.01

Producer Price Indices for Industrial Products in Main Years

2006	2007	2008	2009	2010	2011	2012	2013	2014	2015	2016	2017	2018	2019	2020	2021
106.17	**103.70**	**112.85**	**93.93**	**109.13**	**109.5**	**97.4**	**96.0**	**96.3**	**93.7**	**99.1**	**112.1**	**107.3**	**99.4**	**96.9**	**119.9**
102.48	103.47	112.07	97.50	107.14	114.4	100.4	99.4	99.9	98.8	98.1	100.8	101.9	101.5	100.5	107.8
101.09	102.83	110.46	93.76	110.71	114.8	101.3	100.8	100.4	98.9	97.9	100.8	101.9	101.8	100.3	104.8
103.92	104.14	113.89	101.81	102.77	111.6	94.7	89.6	96.2	98.5	99.7	100.4	101.5	99.4	102.9	116.1
107.38	103.77	113.12	92.98	109.78	108.6	96.9	95.4	95.6	92.9	99.3	114.3	108.2	99.0	96.2	121.6
110.21	105.90	131.66	100.25	116.13	107.3	97.8	91.6	96.1	92.2	96.7	119.0	107.7	96.6	97.3	124.6
109.21	103.65	110.33	92.57	110.17	109.6	97.4	95.5	95.5	92.5	98.2	114.5	108.9	99.6	95.7	121.0
101.66	103.53	115.29	91.46	105.46	106.6	95.3	96.5	95.8	94.1	103.1	111.6	106.5	98.4	97.1	121.5
106.60	103.61	113.39	93.53	109.37	109.4	97.4	95.8	96.1	93.4	99.2	113.4	107.7	98.9	96.4	121.6
111.29	106.98	136.30	93.92	114.37	107.3	97.8	91.6	96.1	92.2	96.7	119.0	107.7	96.6	97.3	124.6
108.80	103.13	106.87	93.40	109.65	109.6	97.5	95.6	95.4	92.1	98.2	114.7	108.4	99.2	95.4	121.2
102.26	103.27	115.33	93.55	106.52	109.5	97.2	97.2	97.3	95.9	101.8	109.3	106.1	98.9	98.2	121.3
101.75	104.51	107.74	98.50	106.56	110.4	97.9	98.7	98.5	98.2	98.1	100.9	103.7	104.5	100.4	100.7
103.61	106.15	108.33	99.29	108.1	108.7	100.4	102.7	99.8	97.9	97.9	100.7	103.0	103.8	100.3	101.4
96.15	100.76	98.02	96.25	105.61	124.8	111.4	105.1	106.6	95.1	90.5	99.0	95.6	104.9	99.7	96.7
101.21	102.88	113.10	97.88	102.39	114.1	90	87.0	92.7	99.4	99.6	102.0	107.6	107.6	101.4	96.6
99.15	99.79	105.77	100.25	112.74	100.6	99.7	98.6	100.1	100.3	99.7	100.1	99.7	98.3	98.4	108.0
108.65	103.83	109.12	82.89	110.72	115.6	91.3	95.4	94.7	91.8	106.7	115.7	105.0	97.9	97.2	127.3
103.36	102.87	101.21	101.48	104.57	101.1	102.9	99.7	98.9	98.2	98.5	107.6	101.6	100.0	100.4	99.7
111.00	107.12	135.60	93.60	114.41	108.7	96.5	89.6	92.3	88.7	95.6	129.7	110.2	98.6	95.4	137.6
121.52	103.46	120.26	97.39	113.65	113.5	107.2	97.7	97.2	80.8	95.4	111.4	119.9	100.6	82.7	124.2
100.42	103.40	117.64	90.66	109.25	111.9	92.0	92.9	94.5	96.4	98.1	109.6	111.9	96.6	97.8	131.8
106.77	102.01	106.39	97.19	100.19	102.7	99.9	98.2	99.0	98.7	98.8	100.2	100.0	99.9	99.9	119.2
101.72	102.46	114.14	114.92	97.42	97.9	93.7	99.6	96.1	92.5	99.3	110.0	104.5	102.1	102.1	105.3
99.15	101.05	102.84	100.26	104.36	100.5	100.4	100.6	100.4	100.8	100.2	100.0	100.0	99.4	99.0	
101.89	105.26	111.56	99.25	108.79	108.8	100.6	103.0	100.0	97.6	97.7	100.7	102.7	103.7	100.5	102.1
103.33	100.99	98.71	86.79	116.15	126.4	102.9	99.4	100.5	100.0	98.1	99.1	100.1	100.2	101.0	117.9
95.77	100.32	98.02	96.22	104.81	110.1	105.5	100.5	104.4	100.5	100.0	100.3	99.9	100.0	97.7	93.2
100.43	101.67	99.56	93.44	104.56	129.5	113.0	107.8	105.9	91.5	89.7	98.8	95.3	105.6	100.2	98.8
101.23	101.33	119.83	86.91	108.46	107.3	98.5	98.2	100.6	99.9	99.8	113.1	108.3	92.4	94.6	106.2
103.71	110.34	110.72	97.19	98.85	101.9	101.7	101.6	100.1	99.4	100.2	87.9	79.6	94.0	100.5	100.0
106.89	108.24	121.09	92.09	107.51	104.8	96.8	96.3	97.4	97.2	99.0	115.7	123.2	106.9	93.3	126.1
111.34	107.06	136.70	93.91	114.48	110.2	96.9	89.3	93.1	91.1	96.5	127.2	109.8	98.5	96.1	123.4
					128.9	113.2	105.3	97.0	71.0						
					124.4	88.4	88.2	99.3	89.3	100.2	103.0	101.9	108.1	104.3	158.0
98.40	100.00	100.00	105.82	99.25	103.3	106.5	100.0	106.8	108.4	100.1	121.1	100.0	100.0	99.4	98.9
103.61	110.89	112.77	96.92	109.85	113.6	99.2	104.5	99.9	98.3	100.3	101.0	100.8	100.7	101.7	104.3
99.89	101.88	114.25	99.51	111.09	110.3	96.6	94.3	96.5	93.7	94.7	100.9	104.3	106.5	100.1	103.4
102.11	101.86	107.99	103.00	102.45	106.9	103.4	100.4	99.5	100.7	100.3	100.1	102.7	101.8	99.0	98.1
99.97	100.07	100.50	98.24	99.58	100.3	101.1	100.8	100.6	106.7	100.3	100.0	100.0	105.7	101.5	100.0

3-14 续表

指　标	Item	2001	2002	2003
纺织业	Manufacture of Textile	99.08	83.72	101.65
纺织服装、服饰业	Manufacture of Textile Apparel and Costume	116.14	100.42	99.99
皮革、毛皮、羽毛及其制品和制鞋业	Manufacture of Leather, Fur, Feather and Related Products and Shoes	101.33	96.19	113.12
木材加工和木、竹、藤、棕、草制品业	Processing of Timber, Manufacture of Wood, Bamboo, Rattan, Palm and Straw Products			
家具制造业	Manufacture of Furniture	100.69	92.47	96.48
造纸和纸制品业	Manufacture of Paper and Paper Products	103.88	99.09	98.01
印刷和记录媒介复制业	Printing, Reproduction of Recording Media	102.98	102.03	101.07
文教体育用品制造业	Manufacture of Articles for Culture, Education and Sport Activities		96.94	88.89
石油、煤炭及其他燃料加工业	Oil, Coal and Other Fuel Processing Industries	105.22	98.12	117.37
化学原料和化学制品制造业	Manufacture of Raw Chemical Materials and Chemical Products	99.18	102.58	105.99
医药制造业	Manufacture of Medicines	102.85	101.44	100.19
化学纤维制造业	Manufacture of Chemical Fibers	102.21	87.86	95.49
橡胶和塑料制品业	Manufacture of Rubber and Plastic Products			
非金属矿物制品业	Manufacture of Non-metallic Mineral Products	99.76	102.18	100.95
黑色金属冶炼和压延加工业	Smelting and Pressing of Ferrous Metals	104.99	99.53	114.58
有色金属冶炼和压延加工业	Smelting and Pressing of Non-ferrous Metals	89.52	90.65	99.37
金属制品业	Manufacture of Metal Products	98.05	93.09	106.27
通用设备制造业	Manufacture of General Purpose Machinery	103.06	96.76	96.97
专用设备制造业	Manufacture of Special Purpose Machinery	89.92	104.21	102.82
交通运输设备制造业	Manufacture of Transport Equipment		104.44	101.31
电气机械和器材制造业	Manufacture of Electrical Machinery and Equipment	99.46	96.54	99.86
通信设备、计算机及其他电子设备制造业	Manufacture of Communication Equipment, Computers and Other Electronic Equipment		86.83	100.25
仪器仪表制造业	Manufacture of Instruments and Apparatus	99.04	96.15	99.75
工艺品及其他制造业	Manufacture of Artwork and Other Manufacturing		99.47	106.6
废弃资源和废旧材料回收加工业	Recycling and Pressing of Abandoned Resources and Waste and Scrap			
电力、热力的生产和供应业	Production and Supply of Electric Power, Steam and Hot Water	106.08	100.81	103.32
燃气生产和供应业	Production and Supply of Gas		100.5	104.66
水的生产和供应业	Production and Supply of Tap Water	117.47	104.25	100.73
全部原材料	**Total Raw Materials**	**102.49**	**97.81**	**106.83**
燃料、动力类	Fuels and Powers	103.54	103.67	108.03
黑色金属材料类	Ferrous Metals Materials	98.92	97.98	110.15
其中：钢材	Steels	99	97.58	109.13
其他	Others	97.9	99.36	114.26
有色金属材料及电线类	Non-Ferrous Metals Materials and Electric Wires	84.88	69.99	108.43
化工原料类	Chemical Raw Materials	98.5	98.61	103.11
木材及纸浆类	Timbers and Pulps	103.12	100.51	100.59
建筑材料及非金属矿类	Building Materials and Non-metallic Mineral	103.92	99.89	101.1
其他工业原材料及半成品类	Other Industry Raw Materials and Semi-manufactures	110.57	98.41	99.45
农副产品类	Agricultural Products	123.65	97.39	115.05
纺织原料类	Textile Raw Materials	98.07	79.22	80.52

continued

2004	2005	2006	2007	2008	2009	2010	2011	2012	2013	2014	2015	2016	2017	2018	2019	2020	2021
104.56	106	99.65	100.68	98.23	91.36	115.46	126.2	102.9	99.4	100.6	100.0	98.1	99.1	100.0	100.2	101.0	117.9
99.2	100.03	100.07	100.12	100.88	103.26	100.3	103	102.2	101.7	101.0	100.0	100.2	100.0	100.0	100.0	97.7	93.2
103.76	103.56	100.43	101.67	99.56	93.44	104.56	129.5	113	107.8	105.9	91.5	89.7	98.8	95.3	105.6	100.2	98.8
			102.50	100.00	101.34	101.04	98.9	100.3	100.7	100.6	101.1	100.2	100.0	100.0	100.1	102.6	
97.25	99.75	99.15	99.84	106.14	100.23	105.87	102	100.4	100.6	100.2	100.4	100.2	100.0	100.0	99.1	97.5	
100.92	103.56	101.23	101.33	119.83	86.92	108.46	107.3	98.5	98.2	100.6	99.9	99.8	113.1	108.3	92.4	94.6	106.2
100.05	100.78	103.71	110.34	110.72	97.12	97.7	102.2	101.7	101.6	100.1	99.4	100.2	87.9	79.6	94.0	100.5	100.0
111.71	118.26	121.33	103.78	123.14	96.36	114.07	110.1	103.2	95.5	94.2	78.8	95.3	118.2	117.6	100.2	85.0	137.6
112.75	107.44	96.96	102.93	122.35	88.52	110.46	111.1	93.6	94.4	95.6	96.6	97.8	110.4	111.5	93.5	96.3	136.4
99.11	98.56	99.16	106.31	110.49	98.17	102.72	106.8	88.7	93.8	98.0	102.7	101.8	106.2	125.5	114.6	104.2	96.0
115.78	104.11	98.45	101.67	99.86	94.10	90.89											191.5
												95.4	107.9	103.2	100.5	99.3	102.4
105.87	99.75	101.98	103.21	121.67	109.27	101.36	100.2	94.4	98.2	96.1	93.4	99.1	112.5	110.7	104.1	99.2	114.9
119.54	87.85	98.75	109.13	129.70	81.58	113.84	110.5	92.9	95.7	95.1	87.8	110.1	118.4	111.2	93.8	93.7	128.0
110.62	101.58	114.72	100.61	96.66	82.93	110.4	119	90.1	95.1	94.3	93.7	104.9	113.0	100.7	100.5	99.2	125.0
122.45	98.89	103.60	105.49	121.98	94.18	97.73	107.3	96.1	97.1	97.0	93.1	97.6	112.3	103.8	99.3	98.3	107.9
101.43	102.68	102.01	101.20	106.13	98.80	101.49	103.9	100.3	99.9	99.9	99.9	99.1	99.8	100.2	100.1	99.8	100.8
114.16	115.65	122.90	104.80	113.90	93.92	101.78	104.8	100.3	98.2	97.9	96.5	97.6	100.0	99.3	102.1	99.3	107.5
100	100	100.53	103.02	104.15	101.05	107.54	104.1	97.8	99.7	100.0	100.0						
105.89	102.92	110.66	101.98	103.28	97.59	96.22	99	98.8	95.1	99.0	98.8	99.5	100.7	100.0	98.6	99.8	118.9
101.75	99.93	93.72	95.53	92.69	91.71	104.81	108.1	94	99.5	95.5	100.1						140.4
91.1	106.79	100.16	100.72	103.16	98.17	98.81	101.2	102.7	100.7	99.0	100.0	95.5	99.6	100.8	100.3	102.6	102.2
100.16	106.01	102.70	100.00	100.00													
107.21	104.32	103.36	102.87	101.21	101.48	104.57	101.1	102.9	99.7	98.9	98.2	98.5	107.6	101.6	100.0	100.4	99.7
111	126.37	103.38	105.12	105.59	100.33	99.18	99.4	111	104.9	112.0	102.2	85.8	117.6	126.2	100.9	83.4	138.0
104.93	113.2	113.40	111.82	102.33	99.94	100.63	100.5	100.1	101.3	101.4	102.1	100.4	101.7	112.9	101.9	100.0	100.0
117.29	**109.69**	**108.48**	**107.14**	**121.80**	**94.69**	**114.06**	**112.8**	**99.5**	**97.0**	**97.0**	**92.1**	**96.9**	**112.9**	**106.5**	**97.5**	**94.7**	**120.8**
116.52	113.62	107.86	107.45	126.78	103.47	112.34	112.2	101.3	96.1	96.4	89.0	95.0	116.1	108.1	98.4	90.6	125.5
134.44	105.75	90.17	108.36	136.56	81.08	111.74	108.7	92.5	92.6	93.4	88.7	104.3	119.0	111.0	94.4	92.2	106.8
133.29	103.77	89.67	106.52	133.33	81.70	108.98	109.9	93	90.6	94.8	90.6	100.0	117.2	107.5	95.9	98.0	116.0
139.65	114.35	94.48	116.06	148.75	77.52	118.76	105.4	91.1	98.0	89.9	83.2	110.5	119.6	116.1	92.1	83.8	101.8
114.75	101.93	129.64	108.40	105.07	81.22	129.89	111.8	91.4	96.0	97.2	96.3	94.3	114.9	101.4	88.9	95.7	121.1
114.53	110.46	99.17	104.31	116.73	93.26	109.25	117	100.3	94.7	95.6	92.5	98.3	114.3	106.0	88.4	96.9	125.7
108.49	117.2	101.22	102.99	113.04	93.48	107.87	104.1	98.2	98.0	98.3	99.8	98.4	106.0	115.8	99.8	98.5	117.8
110.98	109.49	105.01	104.55	127.00	103.56	103.69	120.2	100.5	97.5	95.1	95.5	100.5	110.5	106.6	101.0	95.9	115.9
109.57	103.81	105.62	106.29	113.66	92.35	108.96	109.5	101.5	102.1	98.2	96.2	99.0	102.8	103.3	101.3	102.3	110.7
117.27	108.76	102.49	108.74	125.96	89.49	118.7	115.3	101.3	101.8	101.0	96.3	98.2	104.8	102.7	102.5	101.9	112.5
100.67	122.67	100.67	100.85	99.52	95.57	108.6	108.5	98.5	99.4	100.3	99.9	98.3	103.7	100.1	99.1	102.9	126.2

主要指标解释

居民消费价格指数（CPI） 居民消费价格指数是度量一组代表性消费商品及服务项目价格水平随着时间而变动的相对数，反映居民家庭购买的消费品及服务价格水平的变动情况。它是宏观经济分析和决策、价格总水平监测和调控以及国民经济核算的重要指标。其按年度计算的变动率通常被用来作为反映通货膨胀（或紧缩）程度的指标。

商品零售价格指数 商品零售价格是商品在流通过程中最后一个环节的价格，是工业、商业、餐饮业和其他零售企业向城乡居民、机关团体出售生活消费品和办公用品的价格。商品零售价格调查的任务是系统地调查、搜集和整理市场商品零售价格资料，编制商品零售价格指数，以此反映市场商品零售价格的变动趋势和变动程度。其目的在于掌握商品价格的变动趋势，为国家宏观调控和国民经济核算提供参考依据。同时，还可以在此基础上编制其他派生价格指数。

农产品生产者价格指数 反映一定时期内，农产品生产者出售的农产品价格水平变动趋势及幅度的相对数。农产品生产者价格是指农产品生产者第一手（直接）出售其产品时实际获得的单位产品价格。

工业生产者出厂价格指数（PPI） PPI 是工业生产者出厂价格指数（Producer Price Index）的简称，反映工业企业产品第一次出售时的出厂价格的变化趋势和变动幅度。与 CPI 相比，CPI 是从消费者的角度反映市场物价的变化趋势，PPI 是从生产者的角度反映产品的价格变动情况。

工业生产者购进价格指数（IPI） IPI 是工业生产者购进价格指数的简称，反映工业企业作为中间投入的原材料、燃料、动力的购进价格的变化趋势和变动幅度。

Explanatory Notes on Main Statistical Indicators

Consumer Price Indices (CPI) reflect the relative change in prices of consumer goods and services in a certain period of time. Formation of consumer price index aims to study the impact of consumer price changes on the actual living cost of urban and rural residents and to provide scientific basis for central government and relevant departments to draw up consumer policy, price policy, wage policy and monetary policy and to account the nation economy. It is also a key index reflecting the inflation rate.

Retail Price Indices reflect the prices at which industrial, commercial, catering and other retail enterprises sell daily consumer goods to urban and rural residents and products for office use to institutions and social organizations. It reflects the general change in prices of retail commodities in a certain period of time. Formation of retail price index aims to keep abreast of price fluctuation of retail commodities and provide the reference basis for the central government to work out economic policies. At the same time, it can also compile other derived price index on this basis.

Producer Prices Indices for Farm Products reflect the trend and degree of changes in the prices of the means of agricultural production during a given period. It is the actual price of the unit product sold by producer of agricultural products firsthand.

Producer Price Indices for Industrial Products (PPI) PPI is the abbreviation of Producer Price Index for industrial products, which is reflecting the trend and degree of changes in the prices for industrial products sold firsthand. Comparing with CPI, CPI reflects the trend of market price from the consumer perspective. PPI reflects the degree of changes in the prices for industrial products from the producer perspective.

Purchasing Price Indices for Industrial Producers (IPI) IPI is the abbreviation of purchasing price indices for industrial producers, which is reflecting the trend and degree of changes in the intermediate input raw materials, fuel, power purchase price.

第四篇

农业调查

Agriculture Survey

简要说明

粮食及畜牧业生产调查数据包括粮食播种面积、粮食产量，猪、牛、羊、家禽存出栏数及产品产量等。其中粮食播种面积、粮食产量是根据抽样方法抽取的分布在全区 22 个市县（区）范围的 203 个调查村样本资料分级推算加总取得；猪、牛、羊、家禽存出栏数及产品产量调查点分布在全区 22 个市县（区），调查对象为全区范围内的所有大型养殖场（户）和抽中的 200 个村内的 1 万多户中小型养殖场（户），自治区、市、县（市、区）数据是根据调查样本分级推算加总取得。

Brief Introduction

Data of agriculture and animal husbandry include sown area of crops, grain yield, number of livestock bred and slaughtered of pork, beef, mutton and poultry, output of livestock products. Data of sown area of crops and grain yield are collected according to the sampling method. This method chooses 203 survey villages in 22 cities and counties in Ningxia and amounts the data. Survey points of bred and slaughtered livestock number of pork, beef, mutton and poultry and output of livestock products distribute in 22 cities and counties in Ningxia. Survey objects include all scale households and production units, as well as 200 scattered households involving 10 thousand small and medium size farmers. Data at all levels are achieved based on survey sample calculating and amounting.

2021 年宁夏畜牧业生产稳中向好

2021 年，宁夏各级党委、政府认真贯彻落实中央农村工作会议精神，围绕做好“六稳”工作、落实“六保”任务，坚持稳产量、稳政策、保供应，采取有力措施抓紧抓实畜牧业生产，全区畜牧业生产稳中向好，畜禽产品供给水平进一步提升，产品结构逐步优化，为推进乡村振兴提供有力支撑。但能繁母猪加速淘汰生猪产能下降、养殖成本增加挤占利润空间、畜牧业发展对农村环境整治带来挑战等问题，还需重点关注。

一、主要畜禽生产特点

（一）生猪生产全面超过正常年份水平，但增速有所回落

受市场调控、养殖效益、稳产保供政策支持等诸多因素影响，生猪生产经过一段时期的恢复，现阶段生产水平已全面超过正常年份。但在生猪价格回落和饲料价格上涨养殖成本增加的双重挤压下，养殖户补栏意愿不强，并加快淘汰能繁母猪，生猪及能繁母猪存栏量持续减少，增速逐渐放缓。2021 年年末，全区生猪存栏 85.5 万头，已达正常年份 2017 年同期的 105.6%，生猪产能持续恢复，但与上年相比增速下降 5%。其中，能繁母猪存栏 8.6 万头，比上年减少 3 万头，下降 25.8%，是 2017 年以来首次同比出现下降的态势。受生猪价格持续回落影响，2021 年以来养殖户持续加快生猪出栏，全年出栏肥猪 112.5 万头，同比增长 14.1%；猪肉产量 9.1 万吨，同比增长 13.8%。

（二）牛羊生产稳中向好，特色牛羊肉产量占比接近七成

2021 年以来虽然饲料价格上涨增加了牛羊养殖成本，但受养殖习惯、政策利好、宁夏牛羊品牌效应及肉价高位运行等因素影响，牛羊养殖效益仍较为可观，养殖积极性继续高涨，存栏量依然保持较快增长，牛羊养殖产业呈现持续向好态势。2021 年年末，全区肉牛存栏 137.6 万头，同比增长 14.0%；羊只存栏 677.1 万只，增长 13.6%，存栏量再创新高。全年肉牛出栏 72.3 万头，同比增长 0.4%；肉羊出栏 645.5 万只，增长 3.3%；牛肉、羊肉产量分别为 11.8 万吨和 11.5 万吨，分别增长 3.4%、3.4%，宁夏特色牛羊肉产量占全区主要畜禽肉产量（35 万吨）的比重接近七成。

（三）奶牛养殖快速发展，规模化水平显著提升

在自治区奶产业高质量发展政策引导带动下，宁夏奶牛产业发展势头强劲，以银川、吴忠为核心，石嘴山、中卫为两翼的产业带已经形成，奶产业规模化、标准化、集约化水平实现大幅提升。加上蒙牛、伊利等国内先进奶企扩建，牛奶生产、加工环节有效衔接，对宁夏奶牛养殖形成良性循环刺激，进一步促进了全区奶产业融合发展。2021 年年末，全区奶牛存栏 70.2 万头，同比增加 12.8 万头，增长 22.3%。全年生鲜牛奶产量达到 280.5 万吨，同比增加 65.2 万吨，增长 30.3%。大型奶牛养殖场（户）数量与上年相比增长 25%，年末奶牛存栏在千头以上的规模养殖场占比高达 90%以上，奶牛养殖规模效益、集群效益持续显现。

（四）家禽市场行情逐步向好，养殖呈现恢复性增长

2021 年以来，禽肉、禽蛋价格触底反弹后大幅上涨，家禽养殖效益好于往年，宁夏活禽市场较为活跃。当前，活鸡毛重 17 元/公斤，环比上涨 20%，鸡蛋价格 10.4 元/公斤，同比上涨 35%，家禽市场行情逐步向好，养殖户加快补栏，家禽养殖规模呈现恢复性增长。2021 年年末，全区家禽存栏 1231.0 万只，同比增长 4.2%。其中，蛋鸡存栏 980.1 万只，增长 8.4%。全年禽肉产量 2.6 万吨、禽蛋产量 12.9 万吨，受上年大量淘汰家禽影响，全年禽肉、禽蛋同比均有减少。

二、存在的问题

（一）能繁母猪加速淘汰，生猪产能基础仍不牢固

目前，生猪生产已进入到“猪周期”下行阶段，随着生猪产能全面恢复，生猪价格不断下跌，加上养殖成本持续增加，生猪养殖效益大幅下滑甚至部分养殖户出现亏损，养殖户补栏积极性普遍不高。尤其是仔猪价格低迷，仔猪市场供需失衡，成交量减少，部分养殖户加速淘汰能繁母猪，能繁母猪年末存栏占生猪存栏的比重由2020年的12.9%下降到10.1%，生猪生产后劲不足逐渐显现。如果生猪价格继续下跌，能繁母猪淘汰量持续增加，母猪增长和配种量都会受到影响，生猪产能下降，出栏减少不可避免，势必会影响后续的市场供应。

（二）养殖成本不断增加，挤占养殖户利润空间

2021年以来，玉米、豆粕等饲料价格大幅上涨，尤其是受干旱气候影响，宁夏南部山区饲草料出现短缺，部分大型养殖户不得不从省外调运购买饲料。加上受疫情影响，防疫资金投入增加，致使养殖成本不断增加，挤压利润空间。据调查，近期玉米价格2.8元/公斤，同比上涨7.7%；豆粕价格4元/公斤左右，上涨8.1%；麸皮价格2.6元/公斤，上涨4.4%；青贮玉米540元/吨，上涨22.7%，饲料价格持续上涨进一步压缩了养殖利润空间，从而降低了养殖户的补栏积极性，养殖户养殖信心还需进一步提振。

（三）畜牧业发展对农村环境整治带来挑战，养殖用地问题依然突出

美丽、宜居乡村建设是乡村振兴战略的重要组成部分。当前，以猪、牛、羊为主的中、小型养殖户养殖场地多在居住场所附近，尤其是宁夏南部山区还未真正实现人畜分离，受制于技术、资金、政策等多重因素影响，在畜牧养殖过程中，易对空气、土壤、水源等造成一定污染，对农村环境整治带来挑战。另外，随着农村“防污”“保水”“保耕”力度不断加大，部分地区的大型规模养殖厂因环境整治或被限制扩大规模，或被强制拆除圈舍禁止饲养，养殖用地问题较为突出。

（四）畜牧产品附加值不高，畜禽产业发展后劲不足

目前，宁夏畜禽养殖行业仍是以养殖户自行联系出售活畜为主，集收购、屠宰、加工、销售为一体的企业数量相对较少、规模较小，大部分地区基本无精深加工企业，畜禽产品初加工能力不足，产品附加值不高，产品单一化且竞争力不强，没有形成龙头企业与养殖场、合作社、养殖户的利益联结机制，没有建立起订单生产、冷链配送、定向销售的产销衔接渠道，龙头带动作用不强，养殖户抵御市场风险能力欠缺。

三、几点建议

（一）加强生猪市场引导和调控

高度关注生猪价格和猪粮比价等走势，适时采取有效措施调节市场，如加快构建猪肉储备调节机制，切实发挥政府猪肉储备调节作用，及时组织收储短期过剩猪肉；支持冷库、冷藏运输设备等基础设施建设，提升储备能力，大力促进猪肉产品深加工企业的发展，有效缓解“猪周期”下行阶段带来的不良影响，避免出现因生猪价格下跌，养殖户大量淘汰能繁母猪影响生猪生产的情况。

（二）加强养殖指导降低饲养成本

加大养殖户科技转型的支持力度，通过帮助养殖户引进、改良畜种品种，优化饲料配方，鼓励自繁自育，全方位优化种群，提升畜牧产品质量和效益；发挥龙头企业和合作社带动作用，辐射带动中小型养殖户；鼓励大型养殖户利用土地、流转土地或订单生产等方式，建立与养殖规模相配套的饲草料生产基地，通过种养一体化建设，降低饲养成本，确保养殖户既得利益。

（三）加强畜牧养殖政策扶持力度

结合各地实际情况和畜牧业养殖特点，规划建设集中统一的粪污处理基地，尽量将畜禽养殖所产生的粪污就近还粪于田，构建起种养结合、农牧循环的农业可持续发展机制，提高粪污利用率。积极协调整合资源，在保证环境整治的前提下合理为有养殖意愿的养殖户规划、建设集中的养殖基地，发展规模化、标准化、科学化养殖。

（四）提升畜产品精深加工能力

稳步推进畜牧业产业规模化、组织化、集约化经营步伐，积极引导龙头企业与养殖场、合作社、养殖户建立利益联结机制，发展订单生产，构建“规模养殖+精深加工+品牌营销+综合服务”一体化经营模式。支持企业引进现代冷鲜加工工艺、设备，提高分级加工、分割包装比重，不断提升精深加工水平和产业整体效益。

（化　伟）

2021 年宁夏粮食生产基本稳定　粮食综合生产能力仍需提升

2021 年，宁夏各级党委、政府全面贯彻党中央、国务院关于做好“六保”“六稳”决策部署，高度重视粮食生产，坚持稳面积、稳产量、稳政策，面对严峻旱情，全力抗灾减灾夺丰收，最大限度降低干旱对粮食生产的影响，大灾之年有效保证粮食产能，守住了粮食安全生产底线。2021 年全区粮食总产量 368.44 万吨，比 2020 年减少 12.06 万吨，下降 3.2%。

一、粮食生产总体情况

（一）粮食播种面积小幅增长

宁夏持续调整优化粮食作物种植结构，适当调减低产低效小麦和高耗低质水稻面积，扩大粮饲兼用玉米、高产抗旱小杂粮种植规模，鼓励新型农业经营主体推进规模化种植。2021 年全区粮食播种面积 1033.93 万亩，比上年增加 15.18 万亩，增长 1.5%。其中，小麦 100.56 万亩，比上年减少 38.82 万亩，下降 27.9%；稻谷 76.26 万亩，比上年减少 14.97 万亩，下降 16.4%；受养殖需求和收益上升拉动，玉米生产能力持续增长，播种面积 551.13 万亩，达历史最高水平，比上年增加 67.04 万亩，增长 13.8%；马铃薯 149.98 万亩，比上年增加 7.32 万亩，增长 5.1%。

（二）粮食单产水平总体回落

全区粮食生产受严重旱情影响，主要粮食作物单产水平总体回落，2021 年全区粮食单产 356 公斤/亩，比上年减少 17.1 公斤/亩，下降 4.6%。分品种看，小麦单产 188 公斤/亩，比上年减少 10.9 公斤/亩，下降 5.5%；玉米单产 478 公斤/亩，减少 36.6 公斤/亩，下降 7.1%；稻谷单产 538 公斤，减少 3.8 公斤/亩，下降 0.7%；马铃薯单产 241 公斤，减少 49.9 公斤/亩，下降 17.1%。

（三）粮食总产有所下降

2021 年宁夏粮食总产量 368.44 万吨，比上年下降 3.2%。

1.分季节看，夏减秋稳，秋粮比重逐年提高。全区夏粮产量 19.73 万吨，比上年减少 9.32 万吨，下降 32.1%；秋粮产量 348.70 万吨，比上年减少 2.74 万吨，下降 0.8%，秋粮产量占全年粮食总产量的比重由上年的 92.4%提高至 94.6%。

2.分品种看，一增三减，玉米总产持续增长。玉米产量 263.39 万吨，比上年增加 14.32 万吨，增长 5.8%，占粮食总产量的比重达 71.5%，比上年提高 6 个百分点；小麦产量 18.95 万吨，比上年减少 8.83 万吨，下降 31.8%；稻谷产量 41.00 万吨，比上年减少 8.40 万吨，下降 17.0%；马铃薯产量 36.19 万吨（折粮），比上年减少 5.35 万吨，下降 12.9%。

3.分山川看，川增山减，粮食生产总体格局稳定。川区粮食产量 211.96 万吨，比上年增加 2.45 万吨，增长 1.2%；山区粮食产量 156.48 万吨，比上年减少 14.50 万吨，下降 8.5%。分县（区）看，全区有 9 个县（区）粮食减产，其中西吉县、同心县、中宁县三县减产对全区总产量下降影响超七成。

表 1　2020-2021 年宁夏粮食分市县播种面积、产量对比

市县	2021 年		2020 年		两年对比增幅	
	播种面积（万亩）	总产量（万吨）	播种面积（万亩）	总产量（万吨）	播种面积	总产量
宁夏	1033.93	368.44	1018.75	380.49	1.5%	-3.2%
川区	377.62	211.96	380.50	209.52	-0.8%	1.2%
山区	656.31	156.48	638.26	170.98	2.8%	-8.5%

续表

市 县	2021 年		2020 年		两年对比增幅	
	播种面积（万亩）	总产量（万吨）	播种面积（万亩）	总产量（万吨）	播种面积	总产量
银川市	121.44	70.47	121.71	69.23	-0.2%	1.8%
银川市区	26.49	15.84	26.36	15.72	0.5%	0.8%
兴庆区	9.11	4.85	9.05	4.77	0.7%	1.7%
金凤区	2.31	1.30	2.30	1.27	0.6%	2.7%
西夏区	15.07	9.68	15.01	9.68	0.4%	0.1%
永宁县	38.41	22.11	38.82	22.19	-1.1%	-0.3%
贺兰县	31.12	17.47	31.11	16.35	0.0%	6.8%
灵武市	25.42	15.05	25.42	14.98	0.0%	0.5%
石嘴山市	106.68	51.94	106.13	50.78	0.5%	2.3%
大武口区	4.13	1.93	3.67	1.63	12.5%	18.8%
惠农区	20.48	10.64	20.38	10.23	0.5%	4.0%
平罗县	82.07	39.37	82.07	38.93	0.0%	1.1%
吴忠市	304.03	100.81	282.85	99.58	7.5%	1.2%
利通区	24.91	15.01	25.45	15.14	-2.1%	-0.9%
红寺堡	31.80	15.50	30.69	15.34	3.6%	1.0%
盐池县	80.60	10.51	61.00	7.94	32.1%	32.4%
同心县	122.90	31.57	121.90	33.14	0.8%	-4.7%
青铜峡市	43.82	28.22	43.81	28.03	0.0%	0.7%
固原市	311.18	78.23	314.94	91.31	-1.2%	-14.3%
原州区	74.35	19.17	73.10	21.07	1.7%	-9.0%
西吉县	133.64	32.19	138.21	39.75	-3.3%	-19.0%
隆德县	26.50	7.01	27.35	8.15	-3.1%	-14.0%
泾源县	1.99	0.40	1.60	0.28	24.4%	42.5%
彭阳县	74.70	19.45	74.68	22.07	0.0%	-11.8%
中卫市	190.60	66.99	193.12	69.58	-1.3%	-3.7%
沙坡头区	27.20	15.89	27.58	15.81	-1.4%	0.5%
中宁县	53.58	30.43	55.81	30.52	-4.0%	-0.3%
海原县	109.83	20.67	109.73	23.25	0.1%	-11.1%

注：1.因计算机自动进位原因，分县合计数与全区数略有差异；

2.个别分县数据较小，表中均保留 2 位小数。

表 2　2020-2021 年宁夏粮食分季节、品种对比

项　　目	2021 年		2020 年		两年对比增幅	
	播种面积（万亩）	总产量（万吨）	播种面积（万亩）	总产量（万吨）	播种面积	总产量
全年粮食	1033.93	368.44	1018.75	380.49	1.5%	-3.2%
一、分季节						
1.夏粮	110.51	19.73	153.38	29.05	-27.9%	-32.1%
2.秋粮	923.42	348.70	865.38	351.45	6.7%	-0.8%
二、分品种						
其中：小麦	100.56	18.95	139.39	27.79	-27.9%	-31.8%
稻谷	76.26	41.00	91.22	49.39	-16.4%	-17.0%
玉米	551.13	263.39	484.09	249.07	13.8%	5.7%
马铃薯	149.98	36.19	142.66	41.54	5.1%	-12.9%

注：由于计算机自动进位原因，分项数合计与全年数据略有差异。

二、粮食生产形势分析

（一）以秋补夏、以粮补经、荒地复耕使秋粮面积有效增加，全年粮食播种面积增长 1.5%

2021 年，宁夏粮食播种面积 1033.9 万亩，增加 15.2 万亩，增长 1.5%，其中玉米播种面积 551.1 万亩，较上年增加 67.0 万亩，增长 13.8%；水稻播种面积 76.3 万亩，较上年减少 15.0 万亩，下降 16.4%；马铃薯播种面积 150.0 万亩，较上年增加 7.3 万亩，增长 5.1 %。增长的主要原因：一是夏粮面积调减近 43 万亩改种秋粮。二是硒砂瓜退出种植进行生态修复，农户转而种植玉米等秋粮。三是退出绿化苗木、经果林面积改种秋粮作物。四是今年春季雨水较为充沛，土地底墒好，盐池县将上年撂荒约 20 万亩地复耕种植秋粮。秋粮增加的面积主要用于种植玉米，因为随着畜牧业快速发展，玉米作为饲料的种植需求不断增加。

（二）2021 年夏收粮食面积产量为 1984 年以来的最低值

受种植结构调整、不利气候因素共同影响，宁夏夏粮生产连续第三年呈现面积产量持续“双减”态势。2021 年夏粮播种面积 110.5 万亩，同比下降 27.9%；单产 179 公斤/亩，同比下降 5.7%；总产量 19.7 万吨，同比下降 32.1%。2021 年夏收粮食面积产量为 1984 年以来的最低值，分山川看，川区面积减幅大于山区，山区单产下降明显，川区单产基本持平。影响夏粮减产的主要原因：一是占全区小麦种植面积 71%的山区受严重旱情影响，单产下降 10.6%，致使全区小麦平均单产下降 5.5%。二是受养殖业快速发展拉动，饲草料需求激增，农户主动调整种植结构，玉米、青储等面积扩增对小麦种植面积形成挤压。

（三）粮食生产受旱影响严重，总产减幅 3.2%

2021 年全年粮食总产 368.44 万吨，单产 356 公斤/亩，分别下降 3.2%和 4.6%。分品种看：玉米受旱减产，是全年粮食总产减少的主要原因，宁夏玉米种植按灌溉方式主要分为引黄灌区玉米、扬黄及库井灌区玉米、旱地玉米。引黄灌区和扬黄及库井灌区今年长势与往年基本持平略减，但旱地玉米受旱严重，单产减少约三成；水稻因为主要种植在北部灌区，几乎未受旱情影响，后期也未遇到低温冷害影响，长势良好，单产水平基本与上年持平，但受面积减少 16.4%的影响，总产减少 17.0%；马铃薯在发棵期和块茎膨大期受旱，单株结果数量下降，但 8 月下旬全区普遍发生有效降雨，且早霜较迟，马铃薯再次生长发育，受旱影响相对减轻；秋杂受旱最为严重，中部干旱带种植的部分荞麦出现绝产，干旱带秋杂总体减产四到五成，但受 2021 年平罗县种植 1 万亩高粱亩产较高以及干旱带种植的谷子受旱影响较小，秋杂总产减少 28.9%。

三、粮食生产存在的问题

（一）青饲料对粮食种植面积形成挤压

近年，宁夏种植业和养殖业结构不断优化，养殖业快速发展，饲草料需求激增，价格上涨明显，农户主动调整种植结构，大幅增加苜蓿、青贮玉米等作物的种植，对主要粮食作物特别是小麦种植面积形成挤压。如沙坡头区反映，沙坡头区牧沙奶牛场，为了保障饲草供给，降低成本压力，共流转了 29 个村的约 5 万亩耕地，大规模种植青储玉米。

（二）农业基础设施存在短板，抵御自然灾害能力弱

近年来，全区先后在中部干旱带实施了调蓄水库、扬水灌区大型泵站、输水工程更新改造工程和高标准农田建设等，不断增强自然灾害抵御和水资源保障能力。但仍存在水利灌溉设施损毁失修、管理粗放和维修养护投入不足的问题，农田水利基础设施的建设维护与现实需求还有一定差距，特别是今年全区出现大部分地区重度旱情时，问题更加凸显。

（三）农业机械应用不足，农业生产效率低

宁夏川区地势较为平坦，基本能够实现机械化收割，但山区梯田、坡地等地势情况复杂，仍有部分地区无法全面实现机械化操作。一方面部分通往山区耕地的道路等基础设施不完善，大型机械无法进入山地耕作，且机械化收割在山区、半山区农田配套率低，大中型农机具应用少且老化，无法满足大部分农户的收割需求。另一方面受旱情影响，今年部分地区的秋杂粮长势不好，植株较矮，无法使用机械化收割，而

人力收割成本太大，农业生产效率难以提升。

（四）高素质农村劳动力短缺，土地利用率低

一是“懂技术、善经营、会管理”的农村实用人才缺乏，农村劳动力“断代”现象突出。目前农村劳动力多为留守老人，生产能力有限，难以在种植业生产标准化、优质化上有所作为，成为农业发展的瓶颈。二是农民兼业化、农业副业化趋势日益明显，农业提质增效面临难题。当前，农业收入已不再是农村居民的主体收入，多数农户选择种植省时省工的农作物或只是满足口粮种植，将精力主要投入打工，致使田间管理粗放，轮作倒茬不遵循农作物生长规律，复种、套种模式逐渐减少，无法带来农业产业的增量价值。

（五）农业保险认可度不足，投保积极性不高

农业保险能够一定程度地规避农业生产风险、保证农民的生产效益，但据调研显示农民购买农业保险的比例并不高，农户对农业保险认可度低，购买积极性差。这一方面是由于保险公司理赔流程复杂、理赔时间长，需要农业技术专家对受灾情况进行综合评估，另一方面是在推广农业保险的过程中，对理赔的标准宣传不到位，后期出现理赔与预期不符或达不到理赔标准的情况。

四、提升宁夏粮食综合生产能力的几点建议

（一）做好粮饲平衡，保证粮食产量

农业结构调整及土地流转中的资源配置必须以保障粮食安全为首要目标，根据资源禀赋和粮食生产特点，优化种植结构，明确规定不同功能区耕地的粮食作物和非粮作物比重。在划定永久基本农田的基础上，将基本农田面积落实到地块和农户，按照粮食生产需要不断完善生产配套设施，大力开展高标准农田建设，确保粮田总量不减少，质量不下降、用途不改变。

（二）加大农田建设投入，补齐农业基础短板

整合农田水利建设专项资金，加强抗旱应急水源工程及配套设施、抗旱服务体系、旱情监测系统建设，适度扩大节水灌溉面积；探索节水农业分区，根据水情条件，确定不同类型区的种植栽培模式和节水集成技术；加大中低产田升级改造，建设旱能灌、涝可排的高产稳产粮田；抓好农田水利基础设施管护，增强粮食生产抵御自然灾害风险的能力。

（三）优化农机装备结构，健全农业社会化服务体系

全面落实农机购置补贴政策，有针对性地积极扶持农机专业合作社和种植大户购买、使用先进适用性农业机械。对田间机耕道等基础设施进行重点建设，对种植用地进行宜机化改造，提高机械作业精细化水平，降低损耗，不断拓宽农机服务领域。积极建设服务内容涉及农机作业、植保服务、测土配肥、科技培训、育苗、农资销售、粮食烘干、粮食储销、代种代管等的“全能型”农业社会化服务站，解决小农户生产要素投入高、技术难度大、比较效益低等问题，促进农业生产效率、综合效益和竞争力的全面提升。

（四）培育新型职业农民，强化农村人才培训

从政策和社会保障等方面促进职业农民全面发展，出台鼓励普通高职、技术院校实用人才在农业产业就业的扶持政策，引导科技人员、返乡大学生、返乡务工人员等到农村创业；组织村干部、产业发展带头人、大学生村官等到农业高等院校、农业职业院校参加种养技术、经营管理知识等培训；引导农业企业、农民合作社、家庭农场建立田间学校，根据农时就地就近为新型职业农民提供针对性强、通俗易懂的生产实践培训；整合网上教学资源，引导专家和农技人员利用网络视频平台，开展跟踪指导和在线教育培训。

（五）做好保险保障，兜底农户收入

一方面结合实际情况，研究开发合适的保险政策，适当提高农业保险财政补贴比例，开展广泛宣传，明确理赔范围、理赔金额、定损办法，提升农户对农业保险的认可度，扩大农户参保范围，提升农业生产抗风险能力。另一方面要加强对农业保险理赔监管，确保做到应赔尽赔，避免种粮农户合法利益受损。

（吴志浩）

4-1 主要年份全区粮食生产情况

Basic Statistics of Grain Production in Main Years

单位：万亩、公斤、万吨 (10000 mu,kg,10000 tons)

年 份 Year	粮食 Grain			一、夏粮 Summer Harvest			#小麦 Wheat			二、秋粮 Autumn Harvest		
	播种面积 Sown Area	亩产 Yield per Unit	总产量 Total Output	播种面积 Sown Area	亩产 Yield per Unit	总产量 Total Output	播种面积 Sown Area	亩产 Yield per Unit	总产量 Total Output	播种面积 Sown Area	亩产 Yield per Unit	总产量 Total Output
1984	1021.21	151	154.50	540.01	149	80.31	462.18	162	74.90	481.21	154	73.91
1985	968.90	148	143.00	496.70	137	68.00	426.80	146	62.50	472.20	159	75.00
1986	985.40	158	155.50	519.20	151	78.10	438.80	164	71.80	466.20	166	77.40
1987	1008.10	142	143.00	433.70	121	52.30	363.30	132	47.90	574.40	158	90.70
1988	1055.21	156	164.86	523.09	132	69.09	433.60	148	64.10	532.12	180	95.77
1989	1058.86	167	176.54	542.37	143	77.36	448.90	158	71.10	516.49	192	99.17
1990	1083.21	177	191.70	555.90	150	83.08	460.70	169	78.00	527.31	206	108.62
1991	1088.22	184	199.78	560.63	164	92.18	470.72	182	85.46	527.59	204	107.60
1992	1094.57	171	186.81	460.10	163	75.13	372.75	186	69.28	634.47	176	111.68
1993	1096.35	187	205.28	579.46	164	94.95	470.03	183	86.01	516.89	213	110.33
1994	1105.05	182	201.22	555.84	148	82.42	435.72	159	69.23	549.21	216	118.81
1995	1142.65	178	203.25	526.87	142	74.71	441.52	156	68.87	615.77	209	128.54
1996	1172.85	220	257.87	562.87	173	97.20	470.84	185	87.29	609.98	263	160.66
1997	1172.75	219	256.60	564.28	160	90.05	468.55	175	82.16	608.47	274	166.55
1998	1226.07	241	294.86	561.24	181	101.58	475.24	197	93.83	664.83	291	193.28
1999	1255.03	234	293.28	465.05	181	84.12	402.60	194	78.21	789.97	265	209.16
2000	1210.61	209	252.74	498.39	156	77.66	438.88	170	74.46	712.22	246	175.08
2001	1172.11	234	274.80	532.73	164	87.25	448.88	186	83.60	639.38	293	187.55
2002	1321.70	228	301.91	673.84	158	106.32	556.31	173	96.12	647.86	302	195.60
2003	1207.98	224	270.17	619.13	135	83.70	478.92	158	75.61	588.85	317	186.47
2004	1187.48	245	290.49	515.29	170	87.70	418.54	192	80.42	672.20	302	202.79
2005	1163.87	258	299.81	492.79	172	84.60	414.03	192	79.41	671.08	321	215.21
2006	1193.42	261	310.94	398.15	202	80.24	322.10	216	69.45	795.27	290	230.70
2007	1266.65	255	323.49	371.73	169	62.96	350.60	176	61.60	894.92	291	260.53
2008	1212.39	272	329.22	360.24	183	66.06	306.43	209	64.07	852.15	309	263.16
2009	1207.73	282	340.61	371.03	202	75.05	327.69	224	73.56	836.70	317	265.56
2010	1222.48	292	356.39	360.91	199	71.82	317.06	222	70.33	861.57	330	284.58
2011	1224.19	293	358.84	338.14	190	64.17	303.15	208	62.98	886.05	333	294.67
2012	1181.70	317	374.97	300.83	210	63.14	268.47	231	62.04	880.87	354	311.83
2013	1133.68	329	373.29	249.60	190	47.32	223.24	207	46.32	884.08	369	325.97
2014	1092.47	345	376.59	216.78	191	41.49	191.20	212	40.55	875.70	383	335.10
2015	1092.22	341	372.60	209.00	194	40.46	183.68	216	39.64	883.22	376	332.14
2016	1076.89	344	370.65	193.00	202	39.00	176.00	216	38.00	883.89	375	331.65
2017	1083.77	341	370.05	200.70	193	38.82	184.70	205	37.82	883.07	375	331.23
2018	1103.51	356	392.58	214.69	202	43.35	192.89	216	41.58	888.82	393	349.23
2019	1016.05	367	373.15	179.00	202	36.16	161.66	214	34.61	837.05	403	337.00
2020	1018.75	373	380.49	153.38	189	29.05	139.39	199	27.79	865.38	406	351.45
2021	1033.93	356	368.44	110.51	179	19.73	100.56	188	18.95	923.42	378	348.70

注：根据全国第三次农业普查反馈数据对宁夏2007—2017年全区及分县区粮食数据进行了修订。

Note: Data of grain by city and county 2007-2017 had been revised according to the feedback data from the third national agricultural census.

4-1 续表 continued

单位：万亩、公斤、万吨 (10000 mu,kg,10000 tons)

年 份 Year	#1.水稻 Rice			2.玉米 Corn			3.马铃薯 Tubers		
	播种面积 Sown Area	亩产 Yield per Unit	总产量 Total Output	播种面积 Sown Area	亩产 Yield per Unit	总产量 Total Output	播种面积 Sown Area	亩产 Yield per Unit	总产量 Total Output
1984	76.25	548	41.77	48.41	237	11.47			
1985	73.80	569	42.00	53.17	267	14.21			
1986	76.10	552	42.00	69.48	249	17.31			
1987	78.50	558	43.80	94.55	307	29.05			
1988	81.50	558	45.30	112.70	259	29.20			
1989	85.20	567	48.30	99.60	334	33.30			
1990	90.40	601	54.30	113.20	332	37.60			
1991	90.71	618	56.06	113.84	327	37.23			
1992	93.68	462	43.26	107.73	380	40.98			
1993	93.99	463	43.52	105.16	415	43.61			
1994	85.38	545	46.51	118.20	419	49.47			
1995	93.15	496	46.15	142.52	427	60.85			
1996	96.07	562	53.99	182.29	437	79.67			
1997	100.84	594	59.93	197.65	421	83.19			
1998	99.74	630	62.86	214.79	464	99.58			
1999	106.28	619	65.75	244.04	441	107.62			
2000	115.09	542	62.38	196.62	417	81.95	114.62	154	17.65
2001	111.33	555	61.82	221.63	428	94.77	121.74	164	19.92
2002	114.55	573	65.67	232.59	448	104.27	113.81	143	16.22
2003	70.07	529	37.04	264.50	453	119.93	131.53	172	22.61
2004	96.57	543	52.46	281.78	418	117.69	155.35	170	26.42
2005	106.87	571	61.06	267.58	454	121.42	175.90	157	27.52
2006	122.50	579	70.94	261.77	464	121.54	280.36	116	32.46
2007	115.50	524	60.50	309.00	474	146.60	291.75	142	41.40
2008	120.43	551	66.38	312.79	479	149.94	326.06	130	42.28
2009	117.37	550	64.55	322.62	485	156.38	297.00	132	39.06
2010	124.74	561	69.99	335.11	495	165.80	293.40	145	42.50
2011	125.91	562	70.76	346.66	497	172.43	287.70	155	44.52
2012	126.51	564	71.33	368.84	518	191.18	267.90	158	42.24
2013	123.22	559	68.89	393.03	525	206.24	259.20	170	44.00
2014	117.07	528	61.83	433.13	517	224.08	206.85	204	42.11
2015	111.51	545	60.75	452.66	501	226.88	192.75	193	37.20
2016	121.29	560	67.88	469.84	469	220.47	185.00	185	34.20
2017	121.63	566	68.85	459.49	468	214.87	178.00	198	35.20
2018	117.02	569	66.55	466.19	503	234.62	164.89	221	36.38
2019	102.08	540	55.09	449.67	513	230.47	139.07	284	39.43
2020	91.22	541	49.39	484.09	515	249.07	142.66	291	41.54
2021	76.26	538	41.00	551.13	478	263.39	149.98	241	36.19

4-2 主要年份各市县粮食产量

Output of Grain by City and County in Main Years

单位：万吨 (10000 tons)

市　县	Region	2007	2008	2009	2010	2011	2012	2013	2014	2015	2016	2017	2018	2019	2020	2021
全　区	**Total**	**323.49**	**329.22**	**340.61**	**356.39**	**358.84**	**374.97**	**373.29**	**376.58**	**372.60**	**370.65**	**370.05**	**392.58**	**373.15**	**380.49**	**368.44**
沿黄地区	**Plain**	**202.55**	**214.72**	**220.00**	**215.98**	**217.75**	**225.39**	**221.43**	**214.20**	**218.95**	**221.41**	**220.71**	**223.52**	**201.97**	**209.52**	**211.96**
中南部地区	**Mountain Area**	**120.94**	**114.50**	**120.62**	**140.41**	**141.09**	**149.59**	**151.86**	**162.38**	**153.65**	**149.24**	**149.34**	**169.06**	**171.18**	**170.98**	**156.48**
银川市	**Yinchuan**	**81.55**	**88.53**	**90.56**	**86.45**	**86.09**	**88.52**	**85.32**	**80.32**	**83.45**	**82.33**	**83.29**	**82.42**	**66.29**	**69.23**	**70.47**
兴庆区	Xingqing	6.85	6.93	6.75	6.53	6.89	7.06	6.24	5.75	6.30	6.98	7.45	5.69	4.51	4.77	4.85
金凤区	Jinfeng	4.36	4.05	3.36	3.75	3.48	3.50	2.79	2.58	2.61	2.38	2.06	1.86	1.21	1.27	1.30
西夏区	Xixia	9.52	10.56	10.48	10.82	11.32	11.84	11.87	11.73	11.19	11.02	9.58	12.14	8.84	9.68	9.68
永宁县	Yongning	19.55	24.37	25.05	23.69	23.76	24.80	26.22	25.64	26.20	26.94	26.38	26.03	21.61	22.19	22.11
贺兰县	Helan	26.57	24.21	25.26	23.93	23.85	24.61	21.22	18.08	20.40	19.32	21.21	19.39	15.85	16.35	17.47
灵武市	Lingwu	14.70	18.41	19.66	17.73	16.80	16.70	16.99	16.53	16.73	15.69	16.62	17.31	14.27	14.98	15.05
石嘴山市	**Shizuishan**	**41.73**	**42.28**	**44.92**	**44.34**	**44.59**	**45.75**	**46.03**	**46.64**	**46.50**	**44.55**	**47.43**	**52.33**	**48.96**	**50.78**	**51.94**
大武口区	Dawukou	1.54	1.66	1.41	1.21	1.25	1.27	1.17	1.22	1.21	1.46	1.54	1.79	1.69	1.63	1.93
惠农区	Huinong	7.95	7.09	7.61	6.98	7.18	7.64	7.41	7.71	7.79	7.49	8.18	9.33	9.89	10.23	10.64
平罗县	Pingluo	32.23	33.53	35.90	36.15	36.15	36.84	37.45	37.71	37.50	35.59	37.71	41.21	37.38	38.93	39.37
吴忠市	**Wuzhong**	**87.94**	**85.66**	**87.02**	**92.38**	**94.38**	**94.84**	**95.10**	**98.88**	**96.79**	**102.15**	**102.36**	**103.59**	**102.32**	**99.58**	**100.81**
利通区	Litong	18.04	19.07	18.42	18.55	18.01	18.51	18.59	17.69	17.79	20.30	19.20	15.36	14.12	15.14	15.01
红寺堡区	Hongsipu	11.55	10.10	10.43	10.84	10.40	10.78	11.30	12.16	11.43	11.98	12.00	13.69	15.15	15.34	15.50
盐池县	Yanchi	9.06	7.68	9.01	9.94	10.45	9.71	10.75	11.61	10.35	10.91	11.68	12.74	13.19	7.94	10.51
同心县	Tongxin	22.64	21.32	21.89	26.70	28.72	27.98	27.71	31.27	30.83	30.67	32.00	32.83	32.97	33.14	31.57
青铜峡市	Qingtongxia	26.65	27.50	27.28	26.35	26.80	27.85	26.74	26.15	26.40	28.29	27.48	28.97	26.89	28.03	28.22
固原市	**Guyuan**	**60.66**	**59.01**	**63.28**	**73.22**	**71.41**	**78.65**	**78.66**	**83.64**	**78.36**	**75.53**	**71.66**	**84.29**	**87.31**	**91.31**	**78.23**
原州区	Yuanzhou	14.27	13.14	14.56	17.33	16.70	18.17	18.67	19.67	18.18	16.97	16.00	19.38	20.22	21.07	19.17
西吉县	Xiji	21.90	20.08	21.17	24.69	24.83	26.96	27.18	30.31	28.94	27.94	29.50	35.72	37.17	39.75	32.19
隆德县	Longde	6.25	7.72	8.00	8.62	8.19	8.84	8.55	7.97	7.21	8.13	8.00	8.72	7.98	8.15	7.01
泾源县	Jingyuan	3.83	3.87	3.85	3.77	3.33	2.96	2.54	2.38	1.68	1.54	1.16	0.85	0.22	0.28	0.40
彭阳县	Pengyang	14.41	14.21	15.71	18.81	18.36	21.72	21.70	23.30	22.35	20.95	17.00	19.62	21.73	22.07	19.45
中卫市	**Zhongwei**	**51.61**	**53.73**	**54.82**	**60.00**	**62.36**	**67.21**	**68.18**	**67.11**	**67.50**	**66.10**	**65.31**	**69.95**	**68.27**	**69.58**	**66.99**
沙坡头区	Shapotou	14.44	13.66	13.98	14.31	14.75	15.06	15.47	14.34	15.45	16.22	16.18	15.70	15.39	15.81	15.89
中宁县	Zhongning	20.13	23.67	24.84	25.98	27.52	29.70	29.28	29.06	29.37	29.72	27.13	28.73	30.32	30.52	30.43
海原县	Haiyuan	17.03	16.40	16.01	19.71	20.10	22.46	23.44	23.70	22.68	20.16	22.00	25.51	22.56	23.25	20.67

注：从2018年开始，区属部分按照属地原则统计在各市、县(区)，不再单列。银川市辖区按三区统计。

Note: From 2018, the subordinate parts of the districts are counted in the cities and counties (districts) according to the principle of territoriality, and are no longer listed separately. Yinchuan municipal districts are counted by three districts.

4-3　2021年各市县粮食生产情况

Basic Statistics of Grain Production by City and County (2021)

单位：万亩、公斤、万吨　　(10000 mu,kg,10000 tons)

市　县	Region	播种面积 Sown Area	亩产 Yield per Unit	总产量 Total Output
全　区	**Total**	**1033.93**	**356**	**368.44**
沿黄地区	**Plain**	**377.62**	**561**	**211.96**
中南部地区	**Mountain Area**	**656.31**	**238**	**156.48**
银川市	**Yinchuan**	**121.44**	**580**	**70.47**
兴庆区	Xingqing	9.11	533	4.85
金凤区	Jinfeng	2.31	564	1.30
西夏区	Xixia	15.07	643	9.68
永宁县	Yongning	38.41	576	22.11
贺兰县	Helan	31.12	561	17.47
灵武市	Lingwu	25.42	592	15.05
石嘴山市	**Shizuishan**	**106.68**	**487**	**51.94**
大武口区	Dawukou	4.13	468	1.93
惠农区	Huinong	20.48	519	10.64
平罗县	Pingluo	82.07	480	39.37
吴忠市	**Wuzhong**	**304.03**	**332**	**100.81**
利通区	Litong	24.91	603	15.01
红寺堡区	Hongsipu	31.80	487	15.50
盐池县	Yanchi	80.60	130	10.51
同心县	Tongxin	122.90	257	31.57
青铜峡市	Qingtongxia	43.82	644	28.22
固原市	**Guyuan**	**311.18**	**251**	**78.23**
原州区	Yuanzhou	74.35	258	19.17
西吉县	Xiji	133.64	241	32.19
隆德县	Longde	26.50	265	7.01
泾源县	Jingyuan	1.99	202	0.40
彭阳县	Pengyang	74.70	260	19.45
中卫市	**Zhongwei**	**190.60**	**351**	**66.99**
沙坡头区	Shapotou	27.20	584	15.89
中宁县	Zhongning	53.58	568	30.43
海原县	Haiyuan	109.83	188	20.67

注：从2018年开始，区属部分按照属地原则统计在各市、县(区)，不再单列。银川市辖区按三区统计。

Note: From 2018, the subordinate parts of the districts are counted in the cities and counties (districts) according to the principle of territoriality, and are no longer listed separately. Yinchuan municipal districts are counted by three districts.

4-4 2021年各市县小麦生产情况
Basic Statistics of Wheat Production by City and County (2021)

单位：万亩、公斤、万吨 (10000 mu,kg,10000 tons)

市 县	Region	播种面积 Sown Area	亩产 Yield per Unit	总产量 Total Output
全 区	**Total**	**100.56**	**188**	**18.95**
沿黄地区	**Plain**	**28.90**	**331**	**9.56**
中南部地区	**Mountain Area**	**71.66**	**131**	**9.40**
银川市	**Yinchuan**	**10.11**	**381**	**3.85**
兴庆区	Xingqing	0.66	346	0.23
金凤区	Jinfeng	0.12	340	0.04
西夏区	Xixia	0.11	348	0.04
永宁县	Yongning	6.68	388	2.59
贺兰县	Helan	2.32	376	0.87
灵武市	Lingwu	0.23	380	0.09
石嘴山市	**Shizuishan**	**11.76**	**349**	**4.10**
大武口区	Dawukou	0.40	332	0.13
惠农区	Huinong	2.60	368	0.96
平罗县	Pingluo	8.76	344	3.01
吴忠市	**Wuzhong**	**29.15**	**88**	**2.56**
利通区	Litong	0.31	385	0.12
红寺堡区	Hongsipu	2.06	223	0.46
盐池县	Yanchi	2.00	60	0.12
同心县	Tongxin	24.00	65	1.56
青铜峡市	Qingtongxia	0.78	390	0.30
固原市	**Guyuan**	**38.07**	**173**	**6.58**
原州区	Yuanzhou	12.20	183	2.23
西吉县	Xiji	10.13	148	1.50
隆德县	Longde	2.60	195	0.51
泾源县	Jingyuan	0.14	194	0.03
彭阳县	Pengyang	13.00	178	2.31
中卫市	**Zhongwei**	**11.48**	**162**	**1.86**
沙坡头区	Shapotou	1.68	149	0.25
中宁县	Zhongning	4.27	217	0.93
海原县	Haiyuan	5.53	123	0.68

注：从2018年开始，区属部分按照属地原则统计在各市、县(区)，不再单列。银川市辖区按三区统计。

Note: From 2018, the subordinate parts of the districts are counted in the cities and counties (districts) according to the principle of territoriality, and are no longer listed separately. Yinchuan municipal districts are counted by three districts.

4-5 2021年各市县水稻生产情况

Basic Statistics of Rice Production by City and County (2021)

单位：万亩、公斤、万吨 (10000 mu, kg, 10000 tons)

市 县	Region	播种面积 Sown Area	亩产 Yield per Unit	总产量 Total Output
全 区	**Total**	**76.26**	**538**	**41.00**
沿黄地区	**Plain**	**76.26**	**538**	**41.00**
中南部地区	**Mountain Area**	**0.00**	**0**	**0.00**
银川市	**Yinchuan**	**33.02**	**548**	**18.11**
兴庆区	Xingqing	4.46	540	2.41
金凤区	Jinfeng	0.45	540	0.24
西夏区	Xixia	4.11	557	2.29
永宁县	Yongning	3.75	587	2.20
贺兰县	Helan	12.03	536	6.45
灵武市	Lingwu	8.22	550	4.52
石嘴山市	**Shizuishan**	**27.27**	**482**	**13.14**
大武口区	Dawukou	1.42	433	0.62
惠农区	Huinong	0.88	442	0.39
平罗县	Pingluo	24.97	486	12.13
吴忠市	**Wuzhong**	**10.15**	**614**	**6.23**
利通区	Litong	4.00	600	2.40
红寺堡区	Hongsipu	0.00	0	0.00
盐池县	Yanchi	0.00	0	0.00
同心县	Tongxin	0.00	0	0.00
青铜峡市	Qingtongxia	6.15	623	3.83
固原市	**Guyuan**	**0.00**	**0**	**0.00**
原州区	Yuanzhou	0.00	0	0.00
西吉县	Xiji	0.00	0	0.00
隆德县	Longde	0.00	0	0.00
泾源县	Jingyuan	0.00	0	0.00
彭阳县	Pengyang	0.00	0	0.00
中卫市	**Zhongwei**	**5.81**	**605**	**3.51**
沙波头区	Shapotou	3.24	620	2.01
中宁县	Zhongning	2.57	585	1.51
海原县	Haiyuan	0.00	0	0.00

注：从2018年开始，区属部分按照属地原则统计在各市、县(区)，不再单列。银川市辖区按三区统计。

Note: From 2018, the subordinate parts of the districts are counted in the cities and counties (districts) according to the principle of territoriality, and are no longer listed separately. Yinchuan municipal districts are counted by three districts.

4-6 2021年各市县玉米生产情况

Basic Statistics of Corn Production by City and County (2021)

单位：万亩、公斤、万吨 (10000 mu, kg, 10000 tons)

市 县	Region	播种面积 Sown Area	亩产 Yield per Unit	总产量 Total Output
全 区	**Total**	**551.13**	**478**	**263.39**
沿黄地区	**Plain**	**266.33**	**603**	**160.71**
中南部地区	**Mountain Area**	**284.80**	**361**	**102.68**
银川市	**Yinchuan**	**77.72**	**624**	**48.48**
兴庆区	Xingqing	3.99	555	2.22
金凤区	Jinfeng	1.75	585	1.02
西夏区	Xixia	10.85	678	7.36
永宁县	Yongning	27.38	632	17.29
贺兰县	Helan	16.77	605	10.15
灵武市	Lingwu	16.98	615	10.44
石嘴山市	**Shizuishan**	**64.33**	**530**	**34.12**
大武口区	Dawukou	2.31	513	1.19
惠农区	Huinong	16.88	550	9.28
平罗县	Pingluo	45.14	524	23.65
吴忠市	**Wuzhong**	**165.32**	**522**	**86.25**
利通区	Litong	20.50	609	12.48
红寺堡区	Hongsipu	29.08	516	15.01
盐池县	Yanchi	29.00	300	8.70
同心县	Tongxin	50.00	520	26.00
青铜峡市	Qingtongxia	36.74	655	24.06
固原市	**Guyuan**	**141.22**	**294**	**41.51**
原州区	Yuanzhou	43.41	300	13.02
西吉县	Xiji	38.66	241	9.32
隆德县	Longde	12.85	313	4.02
泾源县	Jingyuan	1.20	222	0.27
彭阳县	Pengyang	45.10	330	14.88
中卫市	**Zhongwei**	**102.54**	**517**	**53.03**
沙坡头区	Shapotou	21.92	620	13.59
中宁县	Zhongning	45.12	620	27.97
海原县	Haiyuan	35.50	323	11.47

注：从2018年开始，区属部分按照属地原则统计在各市、县(区)，不再单列。银川市辖区按三区统计。

Note: From 2018, the subordinate parts of the districts are counted in the cities and counties (districts) according to the principle of territoriality, and are no longer listed separately. Yinchuan municipal districts are counted by three districts.

4-7 2021年各市县马铃薯生产情况

Basic Statistics of Tubers Production by City and County (2021)

单位：万亩、公斤、万吨 (10000 mu, kg, 10000 tons)

市　县	Region	播种面积 Sown Area	亩产 Yield per Unit	总产量 Total Output
全　区	**Total**	**149.98**	**241**	**36.19**
沿黄地区	**Plain**	**1.04**	**10**	**0.01**
中南部地区	**Mountain Area**	**148.94**	**243**	**36.17**
银川市	**Yinchuan**	**0.00**	**0**	**0.00**
兴庆区	Xingqing	0.00	0	0.00
金凤区	Jinfeng	0.00	0	0.00
西夏区	Xixia	0.00	0	0.00
永宁县	Yongning	0.00	0	0.00
贺兰县	Helan	0.00	0	0.00
灵武市	Lingwu	0.00	0	0.00
石嘴山市	**Shizuishan**	**0.00**	**0**	**0.00**
大武口区	Dawukou	0.00	0	0.00
惠农区	Huinong	0.00	0	0.00
平罗县	Pingluo	0.00	0	0.00
吴忠市	**Wuzhong**	**17.77**	**157**	**2.79**
利通区	Litong	0.00	0	0.00
红寺堡区	Hongsipu	0.07	120	0.01
盐池县	Yanchi	4.70	160	0.75
同心县	Tongxin	13.00	156	2.03
青铜峡市	Qingtongxia	0.00	0	0.00
固原市	**Guyuan**	**97.27**	**279**	**27.12**
原州区	Yuanzhou	13.50	256	3.46
西吉县	Xiji	66.27	300	19.88
隆德县	Longde	8.60	254	2.18
泾源县	Jingyuan	0.60	171	0.10
彭阳县	Pengyang	8.30	180	1.49
中卫市	**Zhongwei**	**34.94**	**180**	**6.28**
沙坡头区	Shapotou	0.00	0	0.00
中宁县	Zhongning	1.04	10	0.01
海原县	Haiyuan	33.90	185	6.27

注：从2018年开始，区属部分按照属地原则统计在各市、县(区)，不再单列。银川市辖区按三区统计。

Note: From 2018, the subordinate parts of the districts are counted in the cities and counties (districts) according to the principle of territoriality, and are no longer listed separately. Yinchuan municipal districts are counted by three districts.

4-8 2021年各市县猪、牛、羊、禽存栏情况
Breeding Stock of Livestock by City and County (2021)

市 县	Region	存栏 Livestock in Stock						
		生猪(头) Hog (head)	#能繁母猪 Sow	牛(头) Cattle and Buffaloes (head)	#奶牛 Dairy Cow	羊(只) Sheep (head)	家禽(百只) Poultry (100 heads)	#蛋鸡 Egg-laying
全 区	**Total**	**855021**	**86034**	**2077912**	**702039**	**6770995**	**123099**	**98014**
沿黄地区	**Plain**	**591667**	**65226**	**1138731**	**679809**	**2767444**	**92115**	**72772**
中南部地区	**Mountain Area**	**263354**	**20808**	**939181**	**22230**	**4003551**	**30984**	**25242**
银川市	**Yinchuan**	**152041**	**16251**	**359297**	**233336**	**973055**	**19663**	**15436**
银川市辖区	District	20427	1847	100635	64126	112681	2898	2760
兴庆区	Xingqing	15983	1656	47853	35548	53964	445	410
金凤区	Jinfeng	702	97	12118	4972	23813	968	968
西夏区	Xixia	3742	94	40664	23606	34904	1484	1382
永宁县	Yongning	22625	4037	45811	10536	156378	7335	5490
贺兰县	Helan	24962	1954	67859	48727	165389	7505	6391
灵武市	Lingwu	84027	8413	144992	109947	538607	1926	795
石嘴山市	**Shizuishan**	**51049**	**4952**	**147505**	**74556**	**737875**	**8102**	**3589**
大武口区	Dawukou	4973	831	4049	272	33503	696	502
惠农区	Huinong	16116	1935	39578	29517	222198	677	375
平罗县	Pingluo	29960	2186	103878	44767	482174	6729	2713
吴忠市	**Wuzhong**	**180453**	**16944**	**608825**	**291947**	**3056808**	**39279**	**33998**
利通区	Litong	22420	3093	297959	189345	250397	3367	1386
红寺堡区	Hongsipu	12408	784	75971	0	370218	2498	1247
盐池县	Yanchi	46530	2740	21870	13150	1197174	1673	1281
同心县	Tongxin	7595	620	75262	1071	1082306	2245	1589
青铜峡市	Qingtongxia	91500	9707	137763	88381	156713	29495	28495
固原市	**Guyuan**	**173495**	**14634**	**638745**	**50**	**866207**	**22421**	**18979**
原州区	Yuanzhou	67501	5598	144131	50	280590	16008	14989
西吉县	Xiji	51112	4095	268766	0	302282	1006	242
隆德县	Longde	14237	1839	63433	0	24822	727	718
泾源县	Jingyuan	886	78	50058	0	11015	286	285
彭阳县	Pengyang	39759	3024	112357	0	247498	4394	2744
中卫市	**Zhongwei**	**297983**	**33253**	**323540**	**102150**	**1137050**	**33633**	**26012**
沙坡头区	Shapotou	178204	20859	90361	56018	305290	28328	20835
中宁县	Zhongning	96453	10364	105846	38173	344114	3160	3031
海原县	Haiyuan	23326	2030	127333	7959	487646	2146	2146

注：从2012年开始，区属部分按照属地原则统计在各市、县(区)，不再单列。
Note: From 2012, the subordinate parts of the districts are counted in the cities and counties (districts) according to the principle of territoriality, and are no longer listed separately.

市 县	Region	比2020年增减% Growth						
		猪 Hog	#能繁母猪 Sow	牛 Cattle and Buffaloes	#奶牛 Dairy Cow	羊 Sheep	家禽 Poultry	#蛋鸡 Egg-laying
全 区	**Total**	**-5.0**	**-25.8**	**16.7**	**22.4**	**13.6**	**4.2**	**8.4**
沿黄地区	**Plain**	**-5.8**	**-22.4**	**19.2**	**22.0**	**18.6**	**-2.5**	**-4.4**
中南部地区	**Mountain Area**	**-3.1**	**-34.7**	**13.8**	**35.0**	**10.4**	**30.7**	**76.6**
银川市	**Yinchuan**	**-5.9**	**-30.8**	**19.9**	**37.1**	**24.2**	**-16.3**	**-9.2**
银川市辖区	District	-39.1	-57.5	4.5	4.4	7.6	-4.8	0.3
兴庆区	Xingqing	-7.0	-32.4	7.7	8.6	-2.3	-51.8	-53.6
金凤区	Jinfeng	-72.0	-52.5	-3.8	-7.3	9.9	98.1	100.0
西夏区	Xixia	-73.0	-94.5	3.5	1.3	25.7	-9.0	-0.1
永宁县	Yongning	-8.9	13.2	5.6	13.5	48.2	-19.0	-16.5
贺兰县	Helan	0.6	-51.6	-5.0	-2.7	31.0	-6.0	-4.6
灵武市	Lingwu	7.2	-27.0	63.7	122.5	20.4	-43.4	-19.0
石嘴山市	**Shizuishan**	**-14.9**	**-1.3**	**19.8**	**40.3**	**9.8**	**-7.3**	**38.6**
大武口区	Dawukou	-43.3	-32.8	3.0	-10.8	4.9	-32.9	40.0
惠农区	Huinong	8.2	25.5	16.9	14.8	0.5	-42.6	0.0
平罗县	Pingluo	-17.6	-2.5	21.7	65.1	15.1	3.2	46.1
吴忠市	**Wuzhong**	**5.3**	**-19.2**	**13.7**	**7.0**	**12.6**	**17.0**	**17.6**
利通区	Litong	-4.7	-14.1	16.1	12.0	18.0	67.6	28.7
红寺堡区	Hongsipu	29.0	-3.7	8.4		3.2	18.7	114.2
盐池县	Yanchi	0.7	-0.2	12.9	0.5	2.0	17.8	7.3
同心县	Tongxin	-16.5	7.5	11.8	273.8	31.2	2.3	26.3
青铜峡市	Qingtongxia	10.3	-26.6	13.0	0.4	8.3	14.1	14.9
固原市	**Guyuan**	**-3.2**	**-37.2**	**11.5**	**25.0**	**10.4**	**45.0**	**117.4**
原州区	Yuanzhou	-14.8	-46.6	8.4	25.0	2.5	83.5	228.0
西吉县	Xiji	7.5	-30.3	16.9		15.4	8.9	-46.3
隆德县	Longde	-34.6	-43.7	19.1		8.7	6.4	7.2
泾源县	Jingyuan	-9.9	-43.1	-0.5		33.9	70.7	1010.4
彭阳县	Pengyang	33.9	-14.5	5.8		13.4	-11.5	-9.0
中卫市	**Zhongwei**	**-9.2**	**-22.9**	**29.7**	**31.7**	**12.9**	**-8.9**	**-21.5**
沙坡头区	Shapotou	-9.4	-12.4	20.4	20.5	30.4	-10.5	-26.6
中宁县	Zhongning	-6.9	-30.3	34.4	27.0	19.7	15.1	35.7
海原县	Haiyuan	-15.8	-54.2	33.0	719.7	0.5	-15.1	-15.1

4-9　2021年各市县猪、牛、羊、禽出栏情况
Slaughtered of Livestock by City and County (2021)

市　县	Region	出栏　Slaughtered Livestock				比2020年增减%　Growth			
		生猪(头) Hog (head)	牛(头) Cattle and Buffaloes (head)	羊(只) Sheep (head)	家禽(百只) Poultry (100 heads)	猪 Hog	牛 Cattle and Buffaloes	羊 Sheep	家禽 Poultry
全　区	**Total**	**1124622**	**723050**	**6454785**	**122470**	**14.1**	**0.4**	**3.3**	**-11.7**
沿黄地区	**Plain**	**803752**	**295723**	**2424749**	**92981**	**14.1**	**-3.6**	**5.0**	**-10.6**
中南部地区	**Mountain Area**	**320870**	**427327**	**4030036**	**29489**	**13.9**	**3.4**	**2.3**	**-15.0**
银川市	**Yinchuan**	**215856**	**115727**	**1023892**	**30636**	**14.2**	**-1.7**	**14.3**	**1.1**
银川市辖区	District	40298	27859	80627	2524	7.9	4.3	47.0	-20.8
兴庆区	Xingqing	22844	11827	50944	664	7.3	6.4	72.1	-48.4
金凤区	Jinfeng	2870	5038	10600	706	-41.0	0.1	31.1	41.7
西夏区	Xixia	14584	10994	19083	1155	30.4	4.0	11.2	-17.7
永宁县	Yongning	30286	32863	218127	13556	40.6	-11.6	18.1	37.4
贺兰县	Helan	33732	26036	119664	6846	14.8	4.7	7.9	-2.4
灵武市	Lingwu	111540	28969	605474	7711	10.7	-0.1	11.0	-24.7
石嘴山市	**Shizuishan**	**70630**	**46746**	**643942**	**14353**	**5.7**	**-10.7**	**14.7**	**-25.3**
大武口	Dawukou	4421	1531	13724	1872	0.6	-7.8	-1.1	27.2
惠农区	Huinong	13308	11784	180231	2296	-5.2	5.7	12.2	3.0
平罗县	Pingluo	52901	33431	449987	10186	9.4	-15.4	16.3	-34.3
吴忠市	**Wuzhong**	**193420**	**192557**	**3179322**	**35047**	**5.1**	**1.2**	**0.9**	**-12.3**
利通区	Litong	20423	64913	194136	7618	15.2	-3.3	-28.4	-42.2
红寺堡区	Hongsipu	10481	42242	325875	2917	43.3	2.9	-5.8	-27.2
盐池县	Yanchi	59779	5983	1333463	980	3.8	61.9	2.9	39.9
同心县	Tongxin	5969	53076	1171008	4190	27.5	2.2	5.6	-29.2
青铜峡市	Qingtongxia	96768	26343	154840	19341	0.0	-0.4	19.7	19.7
固原市	**Guyuan**	**212660**	**269530**	**742661**	**18818**	**9.9**	**2.3**	**-3.0**	**-14.5**
原州区	Yuanzhou	101728	59429	210770	8547	16.6	3.5	-4.8	-17.2
西吉县	Xiji	44077	91696	245309	2232	11.1	5.3	-4.5	35.5
隆德县	Longde	27810	24977	21410	266	-11.7	-8.2	-24.0	-79.4
泾源县	Jingyuan	1116	28524	7023	569	-35.4	1.7	-5.5	-49.9
彭阳县	Pengyang	37929	64904	258149	7204	13.7	1.8	2.4	-5.5
中卫市	**Zhongwei**	**432056**	**98490**	**864968**	**23616**	**22.5**	**2.5**	**-1.3**	**-13.0**
沙坡头区	Shapotou	268821	19882	150759	16514	20.0	-13.3	-18.8	-18.2
中宁县	Zhongning	131254	22112	257180	4518	19.6	9.6	-3.8	-7.7
海原县	Haiyuan	31981	56496	457029	2584	70.5	6.6	7.9	25.2

注：从2012年开始，区属部分按照属地原则统计在各市、县(区)，不再单列。
Note: From 2012, the subordinate parts of the districts are counted in the cities and counties (districts) according to the principle of territoriality, and are no longer listed separately.

4-10 2021年各市县猪、牛、羊、禽肉产量

Output of Livestock Products by City and County (2021)

单位：吨 (ton)

市 县	Region	猪 Hog	牛 Cattle and Buffaloes	羊 Sheep	家禽 Poultry
全 区	**Total**	**91186**	**118290**	**114696**	**25633**
沿黄地区	**Plain**	**66255**	**47958**	**43680**	**19427**
中南部地区	**Mountain Area**	**24930**	**70333**	**71017**	**6207**
银川市	**Yinchuan**	**17511**	**19472**	**18461**	**6432**
银川市辖区	District	3274	4967	1445	507
兴庆区	Xingqing	1856	2148	922	138
金凤区	Jinfeng	241	899	180	140
西夏区	Xixia	1178	1920	343	228
永宁县	Yongning	2493	5181	3772	2828
贺兰县	Helan	2632	4438	2100	1388
灵武市	Lingwu	9112	4886	11144	1709
石嘴山市	**Shizuishan**	**5478**	**7722**	**11665**	**3282**
大武口区	Dawukou	321	246	214	413
惠农区	Huinong	1085	1990	3329	539
平罗县	Pingluo	4072	5486	8122	2331
吴忠市	**Wuzhong**	**16259**	**31371**	**56087**	**7084**
利通区	Litong	1643	10365	3607	1625
红寺堡区	Hongsipu	859	6899	5653	659
盐池县	Yanchi	4607	953	23277	234
同心县	Tongxin	475	8830	20755	839
青铜峡市	Qingtongxia	8675	4324	2796	3728
固原市	**Guyuan**	**16497**	**43604**	**13450**	**3911**
原州区	Yuanzhou	7974	9908	3910	1827
西吉县	Xiji	3301	14489	4339	459
隆德县	Longde	2157	4149	374	52
泾源县	Jingyuan	99	4520	130	127
彭阳县	Pengyang	2966	10538	4697	1446
中卫市	**Zhongwei**	**35440**	**16121**	**15032**	**4924**
沙波头区	Shapotou	22370	3294	2597	3331
中宁县	Zhongning	10579	3748	4553	1029
海原县	Haiyuan	2491	9080	7882	564

注：从2012年开始，区属部分按照属地原则统计在各市、县(区)，不再单列。

Note: From 2012, the subordinate parts of the districts are counted in the cities and counties (districts) according to the principle of territoriality, and are no longer listed separately.

4-11 主要年份各市县猪、牛、羊、禽肉产量
Output of Livestock Products by City and County in Main Years

单位：吨 (ton)

市　县	Region	1978	1980	1990	2000	2005	2006	2007	2008	2009	2010
全　区	**Total**	**12253**	**21491**	**62791**	**159364**	**222783**	**216001**	**228062**	**232396**	**251855**	**254182**
沿黄地区	**Plain**	**7703**	**14224**	**38107**	**118955**	**146647**	**129029**	**133729**	**137409**	**146333**	**141369**
中南部地区	**Mountain Area**	**4550**	**7267**	**24684**	**40409**	**76136**	**86972**	**94333**	**94987**	**105522**	**112813**
银川市	**Yinchuan**	**2191**	**4935**	**11543**	**35144**	**38812**	**35634**	**35905**	**38679**	**41923**	**44589**
银川市辖区	District	454	1098	2917	9149	11347	7468	8792	9723	9587	11128
兴庆区	Xingqing										
金凤区	Jinfeng										
西夏区	Xixia										
永宁县	Yongning	681	1167	4060	7322	11170	13035	11661	11558	12704	12803
贺兰县	Helan	567	1161	3065	6429	8234	8156	7272	7443	7891	7562
灵武市	Lingwu	489	1509	1501	12244	8061	6976	8180	9955	11741	13096
石嘴山市	**Shizuishan**	**1402**	**2442**	**6571**	**19009**	**22026**	**21428**	**20977**	**20208**	**19654**	**20372**
大武口区	Dawukou	493	976	2427	4942	7103	1433	1358	1221	1394	1379
惠农区	Huinong						5236	5240	5409	4921	5349
平罗县	Pingluo	748	1229	3585	12611	14923	14759	14379	13578	13339	13644
吴忠市	**Wuzhong**	**2862**	**4147**	**14388**	**39857**	**58899**	**58884**	**60935**	**61907**	**68272**	**63968**
利通区	Litong	1190	1759	5198	7096	11719	12828	12287	12506	13491	12080
红寺堡区	Hongsipu	405	813	1395	9763	12822	2344	3526	3557	4403	4034
盐池县	Yanchi	498	476	3191	6920	9897	11081	12207	12141	12821	15201
同心县	Tongxin	344	1958	3457	3182		10546	10206	10525	13192	14427
青铜峡市	Qingtongxia	769	1099	4604	15734	21279	22085	22709	23178	24365	18226
固原市	**Guyuan**	**2352**	**4339**	**13350**	**22354**	**39532**	**47360**	**58014**	**58076**	**63858**	**66963**
原州区	Yuanzhou	1118	2853	2774	5133	11783	12044	13838	13928	14832	15578
西吉县	Xiji	693	990	2563	4239	9126	11057	15426	15299	15774	16336
隆德县	Longde	496	419	3170	5266	5441	5263	6180	6224	7679	8480
泾源县	Jingyuan	45	77	1044	1606	4447	5157	6010	6232	6992	7580
彭阳县	Pengyang			3799	6110	8735	13839	16560	16393	18581	18989
中卫市	**Zhongwei**	**2202**	**3111**	**14863**	**38907**	**58076**	**47337**	**47225**	**47937**	**52164**	**51999**
沙坡头区	Shapotou	1002	1364	6626	17195	21586	17442	13511	13123	16113	16106
中宁县	Zhongning	690	1054	5292	18017	24684	19612	23334	24126	24803	23705
海原县	Haiyuan	510	693	2945	3695	11806	10283	10380	10688	11248	12188
区　属	**Qushu**	**1244**	**2517**	**2076**	**4093**	**5438**	**5358**	**5006**	**5589**	**5984**	**6291**

注：从2012年开始，区属部分按照属地原则统计在各市、县(区)，不再单列；惠农区数据包含大武口区。根据第三次全国农业普查结果重新修订2013-2017年分市县数据。

Note: From 2012, the subordinate parts of the districts are counted in the cities and counties (districts) according to the principle of territoriality, and are no longer listed separately; Data of Huinong contain Dawukou. Data of livestock 2013-2017 by city and county had been revised according to the data from the third national agricultural census.

4-11 续表 continued

单位：吨 (ton)

市 县	Region	2011	2012	2013	2014	2015	2016	2017	2018	2019	2020	2021
全 区	**Total**	**247448**	**261244**	**279506**	**293101**	**299502**	**318682**	**331524**	**338268**	**332476**	**334321**	**349806**
沿黄地区	**Plain**	**134079**	**136609**	**154658**	**161451**	**163720**	**174363**	**180413**	**183183**	**174445**	**169606**	**177320**
中南部地区	**Mountain Area**	**113369**	**124635**	**124847**	**131650**	**135782**	**144319**	**151112**	**155085**	**158031**	**164714**	**172486**
银川市	**Yinchuan**	**45055**	**49323**	**62147**	**62553**	**60772**	**63336**	**63944**	**63269**	**61598**	**57611**	**61876**
银川市辖区	District	10900	10707	14359	13688	13607	13887	14679	14246	13776	9669	10193
兴庆区	Xingqing										4633	5064
金凤区	Jinfeng										1565	1459
西夏区	Xixia										3471	3669
永宁县	Yongning	12518	12603	9498	9910	10415	10481	10383	10581	11073	12477	14274
贺兰县	Helan	7086	7261	9580	10047	9263	10527	10038	10155	9558	9790	10558
灵武市	Lingwu	14548	18752	28710	28909	27487	28440	28844	28286	27192	25675	26851
石嘴山市	**Shizuishan**	**20268**	**19483**	**22364**	**23403**	**24377**	**25502**	**27311**	**29568**	**28194**	**27681**	**28148**
大武口区	Dawukou	1491								1573	1238	1194
惠农区	Huinong	5418	5613	6806	7484	7630	8597	9296	9893	7902	6626	6943
平罗县	Pingluo	13358	13871	15558	15919	16747	16905	18014	19675	18719	19816	20011
吴忠市	**Wuzhong**	**60796**	**73289**	**81191**	**85073**	**85939**	**92640**	**99006**	**103365**	**106501**	**107885**	**110802**
利通区	Litong	10446	11253	14341	15166	16816	18539	19512	20024	21334	19442	17241
红寺堡区	Hongsipu	4365	5636	9315	9379	10076	11886	13279	13460	13260	14058	14070
盐池县	Yanchi	15054	16450	19312	21774	21607	23580	24878	25521	27123	28126	29071
同心县	Tongxin	15714	20214	20597	20714	21129	20470	22079	23494	25753	28315	30899
青铜峡市	Qingtongxia	15216	19735	17625	18040	16311	18165	19258	20866	19030	17944	19522
固原市	**Guyuan**	**66269**	**68706**	**62692**	**66117**	**69195**	**74139**	**76498**	**77523**	**75786**	**76188**	**77462**
原州区	Yuanzhou	15405	16651	17677	19020	19792	21276	22064	22276	21491	22713	23619
西吉县	Xiji	15775	16200	16081	16566	17781	19768	21341	21944	22160	21925	22588
隆德县	Longde	8557	9291	6722	7228	7314	7594	7599	7938	7598	7348	6733
泾源县	Jingyuan	7894	9465	4175	4590	5242	5700	5353	5084	4612	4860	4875
彭阳县	Pengyang	18636	17100	18036	18714	19066	19799	20141	20281	19925	19341	19646
中卫市	**Zhongwei**	**48804**	**50413**	**51112**	**55954**	**59219**	**63065**	**64765**	**64543**	**60397**	**64956**	**71518**
沙坡头区	Shapotou	14266	11720	17375	20484	22403	24752	26265	25783	24025	28432	31592
中宁县	Zhongning	22573	25064	20806	21805	23041	24069	24122	23672	20264	18497	19909
海原县	Haiyuan	11967	13629	12931	13666	13775	14244	14378	15088	16108	18027	20018
区 属	**Qushu**	**6256**										

4-12 主要年份各市县牛奶产量
Output of Milk by City and County in Main Years

单位：吨　　(ton)

市　县	Region	1978	1980	1990	2000	2005	2006	2007	2008	2009	2010
全　区	**Total**	**3720**	**4152**	**40704**	**236042**	**578500**	**636667**	**795033**	**893830**	**811437**	**845882**
沿黄地区	**Plain**	**3662**	**4061**	**40250**	**233462**	**563609**	**621096**	**778768**	**878860**	**801172**	**837823**
中南部地区	**Mountain Area**	**58**	**91**	**454**	**2580**	**14891**	**15571**	**16265**	**14970**	**10265**	**8059**
银川市	**Yinchuan**	**578**	**706**	**17344**	**68049**	**168727**	**156540**	**215570**	**266499**	**248632**	**271455**
银川市辖区	District	491	572	12166	20948	68994	55124	102934	141659	131832	144260
兴庆区	Xingqing										
金凤区	Jinfeng										
西夏区	Xixia										
永宁县	Yongning	35	65	2372	16943	27873	29175	35697	41737	41439	44330
贺兰县	Helan	28	36	2649	6380	22911	23608	23611	26162	25807	33619
灵武市	Lingwu	24	33	157	23778	48949	48634	53328	56941	49554	49246
石嘴山市	**Shizuishan**	**135**	**183**	**188**	**5739**	**20393**	**8967**	**26555**	**36372**	**29777**	**38562**
大武口区	Dawukou	57	74	97	4802	13819	1225	886	881		1244
惠农区	Huinong						30	17791	24050	18395	26085
平罗县	Pingluo	78	105	91	925	6574	7712	7878	11441	11382	11233
吴忠市	**Wuzhong**	**620**	**723**	**13197**	**135884**	**308910**	**356026**	**445992**	**470627**	**411679**	**397931**
利通区	Litong	515	708	11951	120600	263721	299163	382532	399837	342150	329883
红寺堡区	Hongsipu					1611	654	852	542	719	738
盐池县	Yanchi		15	72	2404	8732	10035	10184	8070	6932	5669
同心县	Tongxin				85	27	20	34	142	139	108
青铜峡市	Qingtongxia	105		1174	12795	34819	46154	52390	62036	61739	61533
固原市	**Guyuan**	**58**	**68**	**379**	**91**	**4301**	**4632**	**4965**	**5654**	**2389**	**1474**
原州区	Yuanzhou	40	48	131	90	3572	4018	4404	5062	1656	1050
西吉县	Xiji			108		20	22	30	68		
隆德县	Longde	4	1			99	110	115	137	156	126
泾源县	Jingyuan	14	19	140		379	262	200	235		
彭阳县	Pengyang				1	231	220	216	152	577	298
中卫市	**Zhongwei**	**83**	**111**	**330**	**7945**	**25602**	**30426**	**31337**	**33538**	**31921**	**36948**
沙坡头区	Shapotou	48	44	230	3044	6634	15743	7161	13877	12738	14997
中宁县	Zhongning	35	67	100	4901	18748	14454	23946	19099	19097	21881
海原县	Haiyuan					220	230	230	562	86	70
区　属	**Qushu**	**2246**	**2361**	**9266**	**18334**	**50567**	**80075**	**70614**	**81140**	**87039**	**99512**

注：从2012年开始，区属部分按照属地原则统计在各市、县(区)，不再单列；惠农区数据包含大武口区。根据第三次全国农业普查结果重新修订2013-2017年分市县数据。

Note: From 2012, the subordinate parts of the districts are counted in the cities and counties (districts) according to the principle of territoriality, and are no longer listed separately; Data of Huinong contain Dawukou. Data of livestock 2013-2017 by city and county had been revised according to the data from the third national agricultural census.

4-12 续表 continued

单位：吨 (ton)

市 县	Region	2011	2012	2013	2014	2015	2016	2017	2018	2019	2020	2021
全 区	**Total**	**960602**	**1034945**	**1087659**	**1417016**	**1425275**	**1455906**	**1600659**	**1682882**	**1833601**	**2153441**	**2805001**
沿黄地区	**Plain**	**955396**	**1029291**	**1079155**	**1404030**	**1412943**	**1436472**	**1572010**	**1656565**	**1806440**	**2111477**	**2713363**
中南部地区	**Mountain Area**	**5207**	**5654**	**8503**	**12986**	**12332**	**19434**	**28649**	**26317**	**27162**	**41964**	**91638**
银川市	**Yinchuan**	**293280**	**401076**	**409512**	**517552**	**480152**	**471194**	**504038**	**539463**	**568718**	**652377**	**873678**
银川市辖区	District	153220	214892	214858	259648	218306	217937	217569	214584	207220	243931	284741
兴庆区	Xingqing										124935	134372
金凤区	Jinfeng										21022	23608
西夏区	Xixia										97974	126761
永宁县	Yongning	48586	59369	48660	55984	50351	47873	45450	41149	37914	27359	37823
贺兰县	Helan	38913	59475	69380	106884	119510	133791	178414	214977	242267	244267	258043
灵武市	Lingwu	52561	67340	76613	95037	91985	71593	62605	68753	81317	136820	293070
石嘴山市	**Shizuishan**	**43759**	**54743**	**69133**	**87514**	**94832**	**85513**	**99779**	**124901**	**141978**	**161941**	**260330**
大武口区	Dawukou	1257								1001	671	896
惠农区	Huinong	30114	38488	45975	55803	60765	49998	63652	76119	107772	111494	126169
平罗县	Pingluo	12388	16255	23158	31711	34067	35515	36127	48782	33481	49776	133265
吴忠市	**Wuzhong**	**468240**	**526607**	**517753**	**682601**	**694534**	**709590**	**774495**	**783161**	**862002**	**1046780**	**1241214**
利通区	Litong	384094	424384	406235	531904	530627	544552	581340	581331	607544	698822	819903
红寺堡区	Hongsipu	649	764	544	467	534	302	511	194	0	0	2620
盐池县	Yanchi	3138	2991	3087	6166	6089	6788	16907	18130	24731	36469	57488
同心县	Tongxin	120	25	1176	1303	811	934	641	654	578	643	3342
青铜峡市	Qingtongxia	80239	98442	106710	142762	156472	157014	175097	182852	229150	310845	357861
固原市	**Guyuan**	**1299**	**1743**	**3578**	**5050**	**4898**	**3962**	**2076**	**2115**	**763**	**59**	**149**
原州区	Yuanzhou	1225	1603	2783	4583	4458	3593	1711	1242	488	45	149
西吉县	Xiji			427	310	292	252	221	383	0	14	0
隆德县	Longde	74	139	258	157	148	106	144	254	0	0	0
泾源县	Jingyuan			110			10		70	0	0	0
彭阳县	Pengyang								166	0	0	0
中卫市	**Zhongwei**	**37690**	**51687**	**87683**	**124298**	**150860**	**185647**	**220271**	**233242**	**260141**	**292283**	**429629**
沙坡头区	Shapotou	14870	20809	48101	71082	97110	115084	144698	159829	174967	186832	233429
中宁县	Zhongning	22820	30747	39465	53216	53750	63115	67059	68189	84083	100659	168161
海原县	Haiyuan		131	118			7447	8515	5224	1090	4792	28039
区 属	**Qushu**	**116334**										

4-13 主要年份主要畜禽生产情况
Basic Statistics of Livestock Production in Main Years

单位：万头、万只、万吨 (10000 heads, 10000 tons)

年 份 Year	存栏 Number of Livestock in Stock								
	一、生猪 Hog	其中：能繁母猪 Sow	二、牛 Cattle and Buffaloes	1.肉牛 Beef Cattle	2.奶牛 Dairy Cow	三、羊 Sheep	1.山羊 Goat	2.绵羊 Sheep	四、家禽 Poultry
2006	83.8	9.8	90.2	68.3	21.9	348.3	61.1	287.1	635.5
2007	82.6	9.8	96.6	70.3	26.3	385.2	66.9	318.3	758.2
2008	89.5	12.9	93.4	62.6	30.8	461.3	142.5	318.8	972.7
2009	91.7	13.7	92.1	64.8	27.3	470.2	138.2	332.0	963.0
2010	73.7	9.0	90.7	63.8	26.9	473.7	130.6	343.1	956.9
2011	68.3	8.3	91.8	61.9	29.8	479.5	125.9	353.6	1127.8
2012	71.4	9.6	94.4	61.0	33.4	495.7	100.0	395.7	1043.4
2013	79.6	10.7	95.8	61.2	34.6	546.4	101.0	445.4	1340.8
2014	81.9	9.6	103.1	63.8	39.3	574.2	96.8	477.5	1523.2
2015	73.1	8.6	107.6	69.7	37.9	540.0	104.1	435.9	1446.5
2016	79.1	9.1	113.5	73.8	39.8	522.3	100.5	421.8	1730.8
2017	81.0	9.4	118.3	77.5	40.8	506.6	99.8	406.8	1150.7
2018	73.8	8.1	124.6	84.5	40.1	534.3	107.2	427.1	1143.1
2019	73.4	8.8	140.9	97.2	43.7	568.5	108.8	459.7	1284.4
2020	90.0	11.6	178.0	120.6	57.4	596.1	92.7	503.4	1181.8
2021	85.5	8.6	207.8	137.6	70.2	677.1	95.5	581.6	1231.0

4-13 续表 continued

单位：万头、万只、万吨 (10000 heads, 10000 tons)

年 份 Year	出栏 Slaughtered Livestock				产品产量 Output of Livestock					
	一、生猪 Hog	二、牛 Cattle and Buffaloes	三、羊 Sheep	四、家禽 Poultry	一、猪肉产量 Pork	二、牛肉产量 Beef	三、羊肉产量 Mutton	四、禽肉产量 Poultry	五、禽蛋产量 Poultry Egg	六、生牛奶产量 Poultry Milk
2006	111.9	39.7	319.1	1239.2	8.0	5.6	5.5	2.1	5.2	59.6
2007	115.3	45.6	329.3	1170.9	8.3	6.5	5.7	2.1	6.0	80.9
2008	118.5	47.7	341.9	1305.9	8.5	6.8	5.9	2.3	7.1	93.1
2009	127.2	50.9	395.3	1275.5	9.2	7.3	6.8	2.3	8.7	84.7
2010	120.2	52.1	425.1	1378.6	8.5	7.5	7.3	2.5	8.3	88.3
2011	99.7	52.0	443.9	1463.9	7.3	7.5	7.9	2.7	9.3	100.2
2012	106.2	57.0	465.0	1455.0	7.9	7.9	8.3	2.7	8.3	108.0
2013	101.0	59.5	499.7	1702.9	7.5	8.7	8.7	3.1	10.5	108.8
2014	109.9	58.7	518.0	1777.0	8.3	8.8	8.9	3.3	12.3	141.7
2015	102.0	64.4	532.5	1578.4	7.9	9.7	9.3	3.0	13.6	142.5
2016	110.3	68.2	538.0	1769.6	8.6	10.4	9.5	3.4	15.7	145.6
2017	113.7	71.0	560.0	1796.0	8.9	10.9	9.9	3.4	15.3	160.1
2018	112.5	74.8	558.8	1848.7	8.8	11.5	9.9	3.6	14.4	168.3
2019	96.6	71.9	579.7	1723.9	7.8	11.5	10.4	3.6	13.9	183.4
2020	98.6	72.0	625.1	1386.7	8.0	11.4	11.1	2.9	13.9	215.3
2021	112.5	72.3	645.5	1224.7	9.1	11.8	11.5	2.6	12.9	280.5

4-14 2013-2021年各市县生猪生产情况

Basic Statistics of Hog Production (2013-2021)

单位：头、吨 (head,ton)

市 县	Region	2013		2014		2015		2016	
		生猪存栏 Hog in Stock	#能繁母猪 Sow	生猪存栏 Hog in Stock	#能繁母猪 Sow	生猪存栏 Hog in Stock	#能繁母猪 Sow	生猪存栏 Hog in Stock	#能繁母猪 Sow
全 区	**Total**	**795550**	**106925**	**818930**	**96454**	**730520**	**85803**	**790767**	**91107**
沿黄地区	**Plain**	**570539**	**84674**	**591875**	**75809**	**541365**	**68088**	**593313**	**71722**
中南部地区	**Mountain Area**	**225011**	**22251**	**227055**	**20645**	**189155**	**17715**	**197454**	**19385**
银川市	**Yinchuan**	**202586**	**28319**	**214485**	**28455**	**191823**	**26157**	**217653**	**26815**
银川市区	District	48693	6483	55985	6660	42772	5479	55700	6939
兴庆区	Xingqing								
金凤区	Jinfeng								
西夏区	Xixia								
永宁县	Yongning	20667	3093	23875	3187	15990	2033	15290	1890
贺兰县	Helan	26513	3089	24037	2880	23133	2868	27819	2662
灵武市	Lingwu	106712	15653	110588	15728	109928	15777	118844	15324
石嘴山市	**Shizuishan**	**47714**	**4831**	**47469**	**4438**	**44775**	**4233**	**47635**	**5202**
石嘴山市辖区	District	13973	1812	16384	1864	14640	1896	16478	2541
大武口区	Dawukou								
惠农区	Huinong								
平罗县	Pingluo	33741	3019	31084	2574	30135	2338	31157	2661
吴忠市	**Wuzhong**	**176487**	**24949**	**163335**	**20762**	**151761**	**17603**	**160987**	**19135**
利通区	Litong	27859	4494	25597	4096	23590	3608	24898	3404
红寺堡	Hongsipu	8290	842	9835	873	10400	843	9798	793
盐池县	Yanchi	40083	4694	37062	4069	38117	3904	41000	4165
同心县	Tongxin	6311	72	6980	76	5557	90	5254	87
青铜峡市	Qingtongxia	93945	14847	83861	11648	74098	9159	80037	10686
固原市	**Guyuan**	**148111**	**14602**	**152373**	**14133**	**116701**	**11349**	**124986**	**12566**
原州区	Yuanzhou	61288	5303	64052	5404	46502	4131	50135	4842
西吉县	Xiji	22425	2247	26516	2343	19227	1693	19981	1831
隆德县	Longde	31209	3857	31534	3958	20402	3088	23828	3483
泾源县	Jingyuan	1458	53	1531	61	1018	67	961	135
彭阳县	Pengyang	31731	3142	28739	2367	29552	2371	30081	2275
中卫市	**Zhongwei**	**220652**	**34224**	**241269**	**28666**	**225460**	**26460**	**239506**	**27390**
沙坡头区	Shapotou	99448	13778	117348	13799	101298	13042	119052	12694
中宁县	Zhongning	98988	18405	103115	13373	105782	11889	104038	12922
海原县	Haiyuan	22217	2041	20806	1493	18381	1529	16416	1774

4-14 续表 1 continued

单位：头、吨 (head,ton)

市 县	Region	2017		2018		2019		2020		2021	
		生猪存栏 Hog in Stock	#能繁母猪 Sow	生猪存栏 Hog in Stock	#能繁母猪 Sow	生猪存栏 Hog in Stock	#能繁母猪 Sow	生猪存栏 Hog in Stock	#能繁母猪 Sow	生猪存栏 Hog in Stock	#能繁母猪 Sow
全　区	**Total**	**810351**	**94061**	**737537**	**80930**	**733718**	**87632**	**900220**	**115876**	**855021**	**86034**
沿黄地区	**Plain**	**605178**	**74218**	**522007**	**59782**	**495021**	**66378**	**628407**	**84009**	**591667**	**65226**
中南部地区	**Mountain Area**	**205173**	**19843**	**215530**	**21148**	**238697**	**21254**	**271813**	**31867**	**263354**	**20808**
银川市	**Yinchuan**	**222637**	**28406**	**178954**	**21459**	**135941**	**18710**	**161537**	**23478**	**152041**	**16251**
银川市区	District	57713	7506	43033	3979	28947	3448	33524	4350	20427	1847
兴庆区	Xingqing							17177	2451	15983	1656
金凤区	Jinfeng							2506	204	702	97
西夏区	Xixia							13841	1695	3742	94
永宁县	Yongning	17244	1937	15220	1925	14605	2315	24831	3565	22625	4037
贺兰县	Helan	27841	3336	20101	2495	20664	2501	24819	4035	24962	1954
灵武市	Lingwu	119839	15627	100600	13060	71725	10446	78363	11528	84027	8413
石嘴山市	**Shizuishan**	**49637**	**5384**	**51658**	**4930**	**52760**	**4887**	**60019**	**5019**	**51049**	**4952**
石嘴山市辖区	District	17534	2790	20600	3070	18503	2838				
大武口区	Dawukou							8775	1236	4973	831
惠农区	Huinong							14890	1542	16116	1935
平罗县	Pingluo	32103	2594	31058	1860	34257	2049	36354	2241	29960	2186
吴忠市	**Wuzhong**	**164990**	**19383**	**147884**	**16623**	**155462**	**16647**	**171397**	**20963**	**180453**	**16944**
利通区	Litong	25583	3557	19902	2644	20721	3089	23538	3599	22420	3093
红寺堡	Hongsipu	10169	819	8740	807	8136	609	9618	814	12408	784
盐池县	Yanchi	39554	4128	46200	4672	48344	2655	46194	2746	46530	2740
同心县	Tongxin	5364	89	5082	80	4864	91	9099	577	7595	620
青铜峡市	Qingtongxia	84320	10790	67960	8420	73397	10203	82948	13227	91500	9707
固原市	**Guyuan**	**133194**	**13290**	**138258**	**13859**	**159757**	**16273**	**179192**	**23297**	**173495**	**14634**
原州区	Yuanzhou	46206	4679	51200	5440	57606	5703	79208	10477	67501	5598
西吉县	Xiji	30903	2414	30585	2215	44728	4223	47542	5877	51112	4095
隆德县	Longde	23057	3088	22019	3041	27928	3231	21769	3269	14237	1839
泾源县	Jingyuan	828	138	594	77	595	90	983	137	886	78
彭阳县	Pengyang	32200	2971	33860	3086	28900	3026	29690	3537	39759	3024
中卫市	**Zhongwei**	**239893**	**27598**	**220783**	**24059**	**229798**	**31115**	**328075**	**43119**	**297983**	**33253**
沙坡头区	Shapotou	120566	13436	118491	13309	130739	17721	196737	23814	178204	20859
中宁县	Zhongning	102435	12645	85042	9020	81463	11768	103628	14872	96453	10364
海原县	Haiyuan	16892	1517	17250	1730	17596	1626	27710	4433	23326	2030

注：根据第三次农业普查结果重新修订2013–2017年分市县数据。
Note: Data of livestock 2013-2017 by city and county had been revised according to the data from the third national agricultural census.

4-14 续表 2 continued

单位：头、吨 (head,ton)

市 县	Region	生猪出栏 Slaughtered of Livestock of Hog								
		2013	2014	2015	2016	2017	2018	2019	2020	2021
全 区	**Total**	**1009723**	**1098673**	**1020500**	**1102660**	**1137454**	**1124531**	**965621**	**986018**	**1124622**
沿黄地区	**Plain**	**779661**	**827009**	**776470**	**839176**	**876065**	**841359**	**683673**	**704232**	**803752**
中南部地区	**Mountain Area**	**230062**	**271664**	**244030**	**263484**	**261389**	**283172**	**281948**	**281786**	**320870**
银川市	**Yinchuan**	**284839**	**290780**	**254681**	**268520**	**277822**	**242673**	**213492**	**189037**	**215856**
银川市区	District	59534	55885	57376	61914	72426	54456	47003	37331	40298
兴庆区	Xingqing								21284	22844
金凤区	Jinfeng								4862	2870
西夏区	Xixia								11185	14584
永宁县	Yongning	39967	39189	31029	30387	27944	25826	19316	21545	30286
贺兰县	Helan	43019	46947	37877	37343	37105	31259	28620	29378	33732
灵武市	Lingwu	142320	148759	128399	138877	140347	131133	118553	100783	111540
石嘴山市	**Shizuishan**	**62168**	**75193**	**71061**	**73631**	**77478**	**89163**	**73221**	**66802**	**70630**
石嘴山市辖区	District	13026	17733	15122	17872	21050	27103	24724		
大武口区	Dawukou								4395	4421
惠农区	Huinong								14037	13308
平罗县	Pingluo	49142	57461	55939	55759	56428	62060	48497	48370	52901
吴忠市	**Wuzhong**	**210167**	**233747**	**192115**	**222145**	**241296**	**253286**	**198140**	**184080**	**193420**
利通区	Litong	32632	37313	30646	36282	42503	41826	26943	17728	20423
红寺堡	Hongsipu	10862	12667	11551	13800	13129	13409	12296	7316	10481
盐池县	Yanchi	34901	47751	39610	46184	52082	62845	56537	57570	59779
同心县	Tongxin	6002	6359	5078	5762	5770	6005	5875	4681	5969
青铜峡市	Qingtongxia	125771	129657	105230	120118	127812	129200	96489	96785	96768
固原市	**Guyuan**	**157037**	**180164**	**166528**	**171718**	**164121**	**176372**	**186684**	**193458**	**212660**
原州区	Yuanzhou	51688	63216	65896	71671	69084	75189	80253	87218	101728
西吉县	Xiji	24709	28500	26921	26195	27321	31083	36581	39673	44077
隆德县	Longde	33813	41885	34024	35794	32820	33685	31243	31490	27810
泾源县	Jingyuan	2504	2496	2319	2396	2258	1734	1201	1727	1116
彭阳县	Pengyang	44323	44066	37367	35662	32638	34681	37406	33350	37929
中卫市	**Zhongwei**	**295511**	**318789**	**336115**	**366645**	**376737**	**363036**	**294084**	**352641**	**432056**
沙坡头区	Shapotou	112010	132240	148115	164332	172882	165144	152153	224109	268821
中宁县	Zhongning	162241	161826	166738	176293	177568	173352	121375	109771	131254
海原县	Haiyuan	21261	24724	21263	26021	26287	24540	20556	18761	31981

4-14 续表 3 continued

单位：头、吨 (head,ton)

市 县	Region	猪肉产量 Output of Pork Production								
		2013	2014	2015	2016	2017	2018	2019	2020	2021
全 区	**Total**	**74916.8**	**83067.1**	**79033.9**	**85617.5**	**89079.8**	**88399.0**	**78159.1**	**80142.7**	**91185.6**
沿黄地区	**Plain**	**57737.4**	**62539.3**	**60050.1**	**65155.3**	**68610.3**	**66244.1**	**55701.9**	**57168.1**	**66255.5**
中南部地区	**Mountain Area**	**17179.4**	**20527.8**	**18983.8**	**20462.2**	**20469.5**	**22154.9**	**22457.1**	**22974.5**	**24930.1**
银川市	**Yinchuan**	**21064.6**	**22082.7**	**19783.7**	**20885.1**	**21807.4**	**19338.5**	**17391.9**	**15775.5**	**17510.8**
银川市区	District	4409.4	4284.7	4414.7	4824.6	5604.1	4325.0	3842.6	3214.6	3274.3
兴庆区	Xingqing								1810.6	1855.7
金凤区	Jinfeng								405.0	240.5
西夏区	Xixia								999.0	1178.1
永宁县	Yongning	2975.2	2991.1	2438.1	2375.2	2207.9	2066.8	1628.4	1744.0	2492.9
贺兰县	Helan	3191.8	3591.9	2963.5	2914.2	2907.8	2519.4	2363.2	2383.2	2632.0
灵武市	Lingwu	10488.2	11215.0	9967.4	10771.1	11087.5	10427.3	9557.6	8433.7	9111.6
石嘴山市	**Shizuishan**	**4591.1**	**5616.3**	**5457.9**	**5911.3**	**6356.6**	**7002.7**	**5929.0**	**5284.8**	**5478.2**
石嘴山市辖区	District	976.0	1329.3	1185.4	1647.1	1753.1	2136.3	1983.5		
大武口区	Dawukou								376.7	321.1
惠农区	Huinong								1083.4	1085.1
平罗县	Pingluo	3615.1	4287.0	4272.5	4264.2	4603.5	4866.5	3945.5	3824.6	4072.0
吴忠市	**Wuzhong**	**15708.8**	**17561.3**	**14907.9**	**17211.0**	**18826.2**	**19793.8**	**16112.8**	**15422.5**	**16259.3**
利通区	Litong	2440.8	2821.0	2350.3	2781.8	3270.7	3232.3	2202.0	1465.8	1643.0
红寺堡	Hongsipu	812.8	964.5	900.3	1072.4	1023.6	1051.7	983.7	648.0	859.5
盐池县	Yanchi	2649.2	3604.0	3086.9	3602.2	4102.8	4852.8	4559.1	4608.9	4606.9
同心县	Tongxin	432.9	471.7	394.4	448.0	453.0	468.7	466.8	411.1	475.2
青铜峡市	Qingtongxia	9373.0	9700.0	8176.0	9306.6	9976.1	10188.2	7901.3	8288.7	8674.7
固原市	**Guyuan**	**11713.6**	**13602.0**	**12930.4**	**13316.6**	**12849.6**	**13830.0**	**14781.8**	**15711.7**	**16497.1**
原州区	Yuanzhou	3910.6	4782.8	5110.9	5541.5	5407.4	5897.0	6309.6	7011.5	7974.2
西吉县	Xiji	1827.4	2149.5	2086.2	2029.1	2091.1	2359.7	2841.9	3280.4	3301.4
隆德县	Longde	2501.0	3149.6	2645.8	2778.4	2564.0	2645.6	2466.3	2435.8	2157.0
泾源县	Jingyuan	183.2	190.6	180.5	186.7	178.3	138.0	96.4	134.9	98.6
彭阳县	Pengyang	3291.4	3329.5	2907.1	2780.9	2608.8	2789.6	3067.8	2849.1	2965.9
中卫市	**Zhongwei**	**21838.7**	**24204.8**	**25954.0**	**28293.4**	**29239.9**	**28433.9**	**23943.6**	**27948.2**	**35440.3**
沙坡头区	Shapotou	8242.9	10017.6	11354.6	12652.3	13418.5	12885.8	12177.9	17064.4	22369.6
中宁县	Zhongning	12024.8	12301.7	12927.6	13618.1	13781.0	13596.4	10099.8	9289.0	10579.2
海原县	Haiyuan	1570.9	1885.5	1671.8	2022.9	2040.4	1951.7	1665.9	1594.8	2491.5

4-15 2013-2021年各市县牛生产情况
Basic Statistics of Cattle and Buffaloes Production (2013-2021)

单位：头、吨 (head,ton)

市 县	Region	2013		2014		2015		2016	
		牛存栏 Cattle and Buffaloes in Stock	#奶牛存栏 Dairy Cow	牛存栏 Cattle and Buffaloes in Stock	#奶牛存栏 Dairy Cow	牛存栏 Cattle and Buffaloes in Stock	#奶牛存栏 Dairy Cow	牛存栏 Cattle and Buffaloes in Stock	#奶牛存栏 Dairy Cow
全　区	**Total**	**958026**	**346459**	**1031158**	**393063**	**1075661**	**379116**	**1135250**	**397570**
沿黄地区	**Plain**	**532825**	**343560**	**585230**	**388754**	**594276**	**371905**	**632328**	**389001**
中南部地区	**Mountain Area**	**425201**	**2899**	**445928**	**4309**	**481385**	**7211**	**502922**	**8569**
银川市	**Yinchuan**	**204544**	**130141**	**209920**	**138911**	**200556**	**122011**	**197592**	**119567**
银川市区	District	91845	66222	89756	66305	82646	55509	82780	57622
兴庆区	Xingqing								
金凤区	Jinfeng								
西夏区	Xixia								
永宁县	Yongning	26566	14280	28679	14857	27693	12415	27963	11219
贺兰县	Helan	39173	24772	48340	33287	50393	33355	51379	34310
灵武市	Lingwu	46959	24866	43145	24463	39824	20732	35470	16416
石嘴山市	**Shizuishan**	**50812**	**21667**	**55015**	**23840**	**65184**	**27422**	**64090**	**22942**
石嘴山市辖区	District	20247	13108	20258	14513	26984	17814	26878	13774
大武口区	Dawukou								
惠农区	Huinong								
平罗县	Pingluo	30565	8559	34757	9327	38200	9608	37212	9168
吴忠市	**Wuzhong**	**270098**	**161538**	**303698**	**186341**	**317366**	**178805**	**342709**	**178521**
利通区	Litong	144942	126851	169292	141990	168137	130937	180087	135517
红寺堡	Hongsipu	26921	192	26968	79	33340	94	40198	76
盐池县	Yanchi	2959	1029	2952	2037	5454	3741	6207	3888
同心县	Tongxin	42096	18	41485	266	42975	272	44530	274
青铜峡市	Qingtongxia	53180	33448	63000	41970	67460	43761	71687	38766
固原市	**Guyuan**	**308245**	**1660**	**324276**	**1927**	**347797**	**1501**	**353823**	**1441**
原州区	Yuanzhou	67145	1310	68281	1460	71212	1049	71375	860
西吉县	Xiji	113448	210	122372	310	130724	300	136908	249
隆德县	Longde	28578	127	32185	157	37100	152	35582	107
泾源县	Jingyuan	28996	13	31123	0	32807	0	33266	40
彭阳县	Pengyang	70078	0	70314	0	75954	0	76692	185
中卫市	**Zhongwei**	**124327**	**31452**	**138249**	**42043**	**144757**	**49376**	**177036**	**75099**
沙坡头区	Shapotou	36852	17926	45917	24756	51714	32767	73889	54617
中宁县	Zhongning	42494	13526	42086	17287	41224	15007	44983	17592
海原县	Haiyuan	44980	0	50246	0	51819	1602	58164	2890

注：根据第三次农业普查结果重新修订2013-2017年分市县数据。

Note: Data of livestock 2013-2017 by city and county had been revised according to the data from the third national agricultural census.

4-15 续表 1 continued

单位：头、吨 (head,ton)

市　县	Region	2017		2018		2019		2020		2021	
		牛存栏 Cattle and Buffaloes in Stock	#奶牛存栏 Dairy Cow	牛存栏 Cattle and Buffaloes in Stock	#奶牛存栏 Dairy Cow	牛存栏 Cattle and Buffaloes in Stock	#奶牛存栏 Dairy Cow	牛存栏 Cattle and Buffaloes in Stock	#奶牛存栏 Dairy Cow	牛存栏 Cattle and Buffaloes in Stock	#奶牛存栏 Dairy Cow
全　区	**Total**	**1183334**	**408148**	**1246381**	**401483**	**1408549**	**437329**	**1780320**	**573774**	**2077912**	**702039**
沿黄地区	**Plain**	**650556**	**396860**	**657111**	**392446**	**758927**	**426858**	**955266**	**557308**	**1138731**	**679809**
中南部地区	**Mountain Area**	**532778**	**11288**	**589270**	**9037**	**649622**	**10471**	**825054**	**16466**	**939181**	**22230**
银川市	**Yinchuan**	**212297**	**129494**	**212618**	**126637**	**231446**	**129157**	**299716**	**170150**	**359297**	**233336**
银川市区	District	85823	57155	79294	51350	83999	51181	96324	61399	100635	64126
兴庆区	Xingqing							44449	32732	47853	35548
金凤区	Jinfeng							12591	5364	12118	4972
西夏区	Xixia							39284	23303	40664	23606
永宁县	Yongning	30244	12899	32558	11015	33432	10059	43401	9279	45811	10536
贺兰县	Helan	59509	43576	61096	46222	60431	46169	71443	50067	67859	48727
灵武市	Lingwu	36721	15864	39670	18050	53584	21748	88548	49405	144992	109947
石嘴山市	**Shizuishan**	**66548**	**23977**	**78293**	**31720**	**85630**	**32461**	**123133**	**53129**	**147505**	**74556**
石嘴山市辖区	District	27360	14250	29475	18380	33046	22455				
大武口区	Dawukou							3931	305	4049	272
惠农区	Huinong							33867	25711	39578	29517
平罗县	Pingluo	39188	9727	48818	13340	52584	10006	85335	27113	103878	44767
吴忠市	**Wuzhong**	**362771**	**195037**	**360039**	**183781**	**431063**	**207703**	**535318**	**272920**	**608825**	**291947**
利通区	Litong	183722	141119	173124	128344	219510	143759	256718	167767	297959	187845
红寺堡	Hongsipu	44178	1403	43658	1604	50394	1690	68485	2140	74271	0
盐池县	Yanchi	6495	5465	7425	5855	10737	7960	19367	13082	21870	13150
同心县	Tongxin	50995	170	52182	178	55020	156	68846	233	76962	871
青铜峡市	Qingtongxia	77381	46880	83650	47800	95402	54138	121902	89698	137763	90081
固原市	**Guyuan**	**373259**	**950**	**415247**	**550**	**454682**	**0**	**572611**	**40**	**638745**	**50**
原州区	Yuanzhou	74814	717	96100	320	107106	0	132901	40	144131	50
西吉县	Xiji	144317	121	156365	137	169865	0	229973		268766	0
隆德县	Longde	38562	112	40371	93	47407	0	53259		63433	0
泾源县	Jingyuan	33325	0	36431	0	35261	0	50321		50058	0
彭阳县	Pengyang	82241	0	85980	0	95043	0	106157		112357	0
中卫市	**Zhongwei**	**168459**	**58690**	**180184**	**58795**	**205728**	**68008**	**249542**	**77535**	**323540**	**102150**
沙坡头区	Shapotou	60406	36650	59926	39445	67041	41144	75058	46502	90361	56018
中宁县	Zhongning	50202	18740	49500	18500	59898	26199	78739	30062	105846	38173
海原县	Haiyuan	57851	3300	70758	850	78789	665	95745	971	127333	7959

4-15 续表 2 continued

单位：头、吨 (head,ton)

市 县	Region	牛出栏 Slaughtered of Livestock of Cattle and Buffaloes								
		2013	2014	2015	2016	2017	2018	2019	2020	2021
全 区	**Total**	**594918**	**587110**	**643956**	**681853**	**709851**	**748013**	**718977**	**719921**	**723050**
沿黄地区	**Plain**	**256020**	**253642**	**282801**	**297166**	**308447**	**323188**	**320353**	**306742**	**295723**
中南部地区	**Mountain Area**	**338898**	**333468**	**361155**	**384687**	**401404**	**424825**	**398624**	**413179**	**427327**
银川市	**Yinchuan**	**114525**	**112501**	**117239**	**119695**	**121027**	**123354**	**119287**	**117777**	**115727**
银川市区	District	40647	38603	38479	37608	38871	38855	38408	26713	27859
兴庆区	Xingqing								11111	11827
金凤区	Jinfeng								5033	5038
西夏区	Xixia								10569	10994
永宁县	Yongning	21986	23354	25231	25625	25759	27223	27764	37183	32863
贺兰县	Helan	20230	21171	21057	24396	23722	26146	24051	24875	26036
灵武市	Lingwu	31662	29373	32472	32065	32675	31129	29064	29006	28969
石嘴山市	**Shizuishan**	**38255**	**36695**	**41644**	**42840**	**45920**	**54332**	**52380**	**52327**	**46746**
石嘴山市辖区	District	9850	9779	10611	10635	11651	11970	12570		
大武口区	Dawukou								1661	1531
惠农区	Huinong								11149	11784
平罗县	Pingluo	28405	26916	31034	32205	34269	42362	39810	39517	33431
吴忠市	**Wuzhong**	**130702**	**126282**	**146175**	**162699**	**172564**	**182738**	**186289**	**190232**	**192557**
利通区	Litong	34185	35749	49945	52743	51862	55073	62619	67102	64913
红寺堡	Hongsipu	29714	27512	30875	36875	41382	42334	39837	41035	42242
盐池县	Yanchi	1123	1043	1413	1697	1848	2038	3697	3695	5983
同心县	Tongxin	44247	40128	42203	45372	49165	55298	53799	51954	53076
青铜峡市	Qingtongxia	21433	21849	21739	26012	28307	27993	26337	26446	26343
固原市	**Guyuan**	**223245**	**222606**	**245249**	**260226**	**267771**	**280986**	**253365**	**263493**	**269530**
原州区	Yuanzhou	43607	42657	46996	50786	52752	57984	55653	57399	59429
西吉县	Xiji	77281	75962	82335	89457	95855	99407	85622	87110	91696
隆德县	Longde	21741	20841	24729	26006	26435	28609	26128	27203	24977
泾源县	Jingyuan	23776	26148	29875	31176	28054	27244	24746	28043	28524
彭阳县	Pengyang	56840	56996	61314	62802	64675	67741	61216	63738	64904
中卫市	**Zhongwei**	**88191**	**89025**	**93648**	**96392**	**102569**	**106603**	**107656**	**96092**	**98490**
沙坡头区	Shapotou	23586	20793	26224	27472	31583	33182	30438	22921	19882
中宁县	Zhongning	24036	26054	26010	28403	29748	29254	29292	20169	22112
海原县	Haiyuan	40569	42179	41414	40517	41238	44168	47926	53002	56496

4-15 续表 3 continued

单位：头、吨 (head,ton)

市 县	Region	牛肉产量 Output of Beef Production								
		2013	2014	2015	2016	2017	2018	2019	2020	2021
全 区	**Total**	**86715.0**	**87941.0**	**97467.0**	**104239.4**	**109178.9**	**115158.4**	**114557.9**	**114377.7**	**118290.4**
沿黄地区	**Plain**	**37472.0**	**38278.7**	**42957.6**	**45517.4**	**47219.8**	**49487.9**	**50715.9**	**49041.7**	**47957.6**
中南部地区	**Mountain Area**	**49243.0**	**49662.3**	**54509.4**	**58722.0**	**61959.1**	**65670.5**	**63842.0**	**65336.0**	**70332.7**
银川市	**Yinchuan**	**16694.5**	**16977.5**	**17787.6**	**18338.1**	**18630.6**	**18993.2**	**19227.3**	**19123.6**	**19471.9**
银川市区	District	5982.0	5871.9	5865.2	5772.1	5901.6	5869.6	6056.7	4624.8	4967.1
兴庆区	Xingqing								1960.5	2148.2
金凤区	Jinfeng								881.0	898.7
西夏区	Xixia								1783.2	1920.2
永宁县	Yongning	3198.0	3491.7	3817.5	3906.0	4067.9	4307.6	4559.7	5695.0	5180.9
贺兰县	Helan	2922.4	3224.8	3214.2	3742.2	3669.4	4032.2	3905.0	4036.4	4437.7
灵武市	Lingwu	4592.1	4389.1	4890.6	4917.9	4991.8	4783.9	4705.9	4767.5	4886.1
石嘴山市	**Shizuishan**	**5604.8**	**5505.0**	**6295.6**	**6532.1**	**7039.8**	**8321.2**	**8195.4**	**8345.2**	**7721.8**
石嘴山市辖区	District	1449.7	1467.0	1609.0	1623.1	1783.6	1834.9	1984.8		
大武口区	Dawukou								246.7	245.6
惠农区	Huinong								1857.1	1990.2
平罗县	Pingluo	4155.1	4038.0	4686.6	4909.1	5256.2	6486.3	6210.6	6241.4	5486.0
吴忠市	**Wuzhong**	**19066.9**	**18931.4**	**22146.6**	**24817.0**	**26285.5**	**27946.7**	**29273.4**	**30060.0**	**31371.2**
利通区	Litong	4953.7	5325.0	7531.1	8058.7	7860.0	8363.7	9738.3	10305.8	10365.2
红寺堡	Hongsipu	4355.2	4101.9	4658.3	5582.6	6274.3	6463.8	6281.9	6542.6	6899.0
盐池县	Yanchi	179.2	169.0	226.1	270.8	297.0	329.5	589.7	564.0	953.1
同心县	Tongxin	6426.8	6010.1	6388.1	6921.8	7604.0	8589.4	8627.2	8460.5	8829.6
青铜峡市	Qingtongxia	3152.1	3325.4	3342.9	3983.1	4250.3	4200.3	4036.2	4187.1	4324.3
固原市	**Guyuan**	**32419.7**	**33107.0**	**36974.7**	**39720.9**	**41415.1**	**43474.9**	**40739.1**	**41407.6**	**43604.0**
原州区	Yuanzhou	6607.9	6527.6	7248.4	7770.7	8266.6	9042.3	9003.1	9208.9	9908.1
西吉县	Xiji	10957.1	11002.5	12069.3	13498.8	14525.4	15103.8	13779.5	13562.2	14488.7
隆德县	Longde	3320.3	3206.0	3817.6	3945.8	4078.8	4439.4	4268.3	4158.0	4149.4
泾源县	Jingyuan	3419.9	3855.2	4477.1	4792.0	4440.0	4295.2	3939.8	4333.8	4519.7
彭阳县	Pengyang	8114.5	8515.7	9362.2	9713.6	10104.4	10594.2	9748.4	10144.7	10538.0
中卫市	**Zhongwei**	**12929.1**	**13420.2**	**14262.6**	**14831.2**	**15807.9**	**16422.4**	**17122.7**	**15441.2**	**16121.5**
沙坡头区	Shapotou	3472.4	3168.2	4025.2	4235.5	4881.3	5126.5	4870.7	3749.3	3293.5
中宁县	Zhongning	3594.5	3977.7	3975.3	4369.8	4557.9	4483.0	4647.9	3330.6	3747.8
海原县	Haiyuan	5862.2	6274.3	6262.2	6225.9	6368.7	6812.9	7604.1	8361.3	9080.1

4-16 2013-2021年各市县羊生产情况
Basic Statistics of Sheep Production (2013-2021)

单位：只、吨 (head,ton)

市 县	Region	羊存栏 Sheep in Stock								
		2013	2014	2015	2016	2017	2018	2019	2020	2021
全 区	**Total**	**5464324**	**5742262**	**5399672**	**5222910**	**5065894**	**5342810**	**5684575**	**5961127**	**6770995**
沿黄地区	**Plain**	**2260762**	**2383775**	**2261843**	**2135421**	**2148953**	**2137744**	**2217904**	**2333964**	**2767444**
中南部地区	**Mountain Area**	**3203562**	**3358488**	**3137829**	**3087489**	**2916941**	**3205066**	**3466671**	**3627163**	**4003551**
银川市	**Yinchuan**	**721011**	**737020**	**733176**	**695644**	**703883**	**643091**	**693018**	**783563**	**973055**
银川市区	District	98168	111896	112595	101850	94405	84363	78837	104681	112681
兴庆区	Xingqing								55232	53964
金凤区	Jinfeng								21674	23813
西夏区	Xixia								27775	34904
永宁县	Yongning	68212	79370	73911	69561	92384	95165	98526	105490	156378
贺兰县	Helan	76053	78334	78917	79280	90011	97763	105319	126214	165389
灵武市	Lingwu	478578	467421	467753	444953	427083	365800	410336	447178	538607
石嘴山市	**Shizuishan**	**580495**	**616545**	**583689**	**546064**	**556107**	**622948**	**608064**	**671852**	**737875**
石嘴山市辖区	District	240582	263564	268246	251539	266063	262000	261335		
大武口区	Dawukou								31931	33503
惠农区	Huinong								221094	222198
平罗县	Pingluo	339913	352981	315444	294525	290044	360948	346729	418827	482174
吴忠市	**Wuzhong**	**2534302**	**2500980**	**2373396**	**2441975**	**2256316**	**2437315**	**2671716**	**2713829**	**3056808**
利通区	Litong	231467	269463	250437	252159	224874	222251	235337	212254	250397
红寺堡	Hongsipu	266190	311857	317558	330377	324197	344251	367829	358621	370218
盐池县	Yanchi	1122722	1026980	1032652	1100661	964911	1112451	1181542	1173265	1197174
同心县	Tongxin	699268	691508	585380	586957	575318	601346	735991	824983	1082306
青铜峡市	Qingtongxia	214656	201172	187369	171821	167016	157016	151017	144706	156713
固原市	**Guyuan**	**729607**	**866394**	**790061**	**729427**	**694024**	**709363**	**755667**	**784888**	**866207**
原州区	Yuanzhou	264496	301270	273812	245901	223121	212000	266281	273755	280590
西吉县	Xiji	204267	256239	240542	225515	229944	250870	248006	261852	302282
隆德县	Longde	31359	34029	25781	23691	22747	22019	22378	22839	24822
泾源县	Jingyuan	6987	8018	8132	7080	5328	6074	6939	8224	11015
彭阳县	Pengyang	222498	266838	241794	227240	212884	218400	212063	218218	247498
中卫市	**Zhongwei**	**898909**	**1021323**	**919349**	**809800**	**855564**	**930093**	**956110**	**1006995**	**1137050**
沙坡头区	Shapotou	202315	249506	215125	221302	247419	252481	234657	234060	305290
中宁县	Zhongning	310818	310068	292046	248431	249654	239957	295811	287529	344114
海原县	Haiyuan	385776	461749	412178	340067	358491	437655	425642	485406	487646

注：根据第三次农业普查结果重新修订2013-2017年分市县数据。
Note: Data of livestock 2013-2017 by city and county had been revised according to the data from the third national agricultural census.

4-16 续表 1 continued

单位：只、吨 (head,ton)

市 县	Region	羊出栏 Slaughtered of Livestock of Sheep								
		2013	2014	2015	2016	2017	2018	2019	2020	2021
全 区	**Total**	**4997486**	**5179971**	**5325307**	**5380260**	**5600001**	**5588251**	**5796583**	**6251300**	**6454785**
沿黄地区	**Plain**	**2235728**	**2228572**	**2261954**	**2271531**	**2324233**	**2327055**	**2282525**	**2310220**	**2424749**
中南部地区	**Mountain Area**	**2761759**	**2951399**	**3063353**	**3108730**	**3275768**	**3261196**	**3514058**	**3941080**	**4030036**
银川市	**Yinchuan**	**864486**	**808719**	**805241**	**826726**	**827438**	**862627**	**847858**	**895656**	**1023892**
银川市区	District	105034	95547	98251	100936	102006	103884	79401	54854	80627
兴庆区	Xingqing								29608	50944
金凤区	Jinfeng								8084	10600
西夏区	Xixia								17162	19083
永宁县	Yongning	71128	73884	80783	82141	87715	95037	116716	184696	218127
贺兰县	Helan	74198	71483	65549	72798	72565	70497	74187	110854	119664
灵武市	Lingwu	614126	567805	560658	570850	565152	593210	577554	545252	605474
石嘴山市	**Shizuishan**	**525373**	**527724**	**533347**	**529620**	**558311**	**575557**	**567300**	**561234**	**643942**
石嘴山市辖区	District	212008	212438	208232	225406	236051	233204	226159		
大武口区	Dawukou								13878	13724
惠农区	Huinong								160567	180231
平罗县	Pingluo	313365	315286	325115	304214	322260	342353	341141	386789	449987
吴忠市	**Wuzhong**	**2257733**	**2411147**	**2451893**	**2449873**	**2628812**	**2600853**	**2790472**	**3152303**	**3179322**
利通区	Litong	228121	244599	246564	253684	283285	271927	309672	271256	194136
红寺堡	Hongsipu	226314	231958	246079	277845	318602	313084	314333	345870	325875
盐池县	Yanchi	873108	975487	984979	1045180	1080942	1076117	1154091	1296462	1333463
同心县	Tongxin	714746	753514	768322	676372	741785	762638	881829	1109400	1171008
青铜峡市	Qingtongxia	215444	205589	205949	196792	204198	177088	130547	129315	154840
固原市	**Guyuan**	**668659**	**706228**	**760383**	**788357**	**812490**	**768739**	**802596**	**765890**	**742661**
原州区	Yuanzhou	241042	250195	269984	279767	277184	239439	220665	221407	210770
西吉县	Xiji	155076	167261	181048	196618	215810	212170	274578	256869	245309
隆德县	Longde	28381	28896	29656	26479	27635	26725	27226	28182	21410
泾源县	Jingyuan	8323	8418	9021	9531	8788	8256	8372	7430	7023
彭阳县	Pengyang	235838	251458	270674	275963	283073	282149	271755	252002	258149
中卫市	**Zhongwei**	**681235**	**726153**	**774443**	**785684**	**772950**	**780474**	**788357**	**876217**	**864968**
沙坡头区	Shapotou	163609	177980	193073	206130	203682	202694	183636	185550	150759
中宁县	Zhongning	238695	263961	277780	258578	247319	237162	243512	267209	257180
海原县	Haiyuan	278931	284212	303590	320976	321949	340618	361209	423458	457029

4-16 续表 2 continued

单位：只、吨 (head,ton)

市 县	Region	羊肉产量 Mutton Production								
		2013	2014	2015	2016	2017	2018	2019	2020	2021
全 区	**Total**	**86612.7**	**89274.6**	**92889.0**	**94645.8**	**99060.3**	**99048.6**	**104064.8**	**110938.7**	**114696.4**
沿黄地区	**Plain**	**38028.1**	**37919.3**	**39111.0**	**39584.9**	**40754.1**	**40859.7**	**40815.6**	**42125.3**	**43679.9**
中南部地区	**Mountain Area**	**48584.6**	**51355.3**	**53778.0**	**55060.9**	**58306.2**	**58188.9**	**63249.2**	**68813.4**	**71016.5**
银川市	**Yinchuan**	**14773.8**	**13886.8**	**13965.1**	**14400.6**	**14484.2**	**15111.7**	**15156.7**	**16113.1**	**18461.2**
银川市区	District	1796.7	1639.9	1695.3	1745.1	1771.9	1806.7	1431.0	1104.9	1444.6
兴庆区	Xingqing								591.4	921.9
金凤区	Jinfeng								175.0	179.8
西夏区	Xixia								338.5	342.9
永宁县	Yongning	1223.6	1271.7	1395.7	1426.8	1535.2	1673.5	2064.2	2949.0	3772.3
贺兰县	Helan	1245.5	1208.8	1136.9	1273.7	1271.5	1233.3	1333.7	1874.2	2100.4
灵武市	Lingwu	10507.9	9766.4	9737.2	9954.9	9905.6	10398.1	10327.8	10185.0	11144.0
石嘴山市	**Shizuishan**	**8833.1**	**8878.7**	**9143.0**	**9129.0**	**9690.1**	**9980.3**	**10028.6**	**10071.0**	**11665.4**
石嘴山市辖区	District	3621.0	3629.9	3614.2	3904.1	4113.0	4062.0	4040.2		
大武口区	Dawukou								236.1	213.9
惠农区	Huinong								3030.7	3329.1
平罗县	Pingluo	5212.0	5248.9	5528.8	5224.8	5577.1	5918.3	5988.4	6804.2	8122.4
吴忠市	**Wuzhong**	**39920.4**	**42250.6**	**43338.7**	**43742.9**	**47147.6**	**46726.3**	**50527.3**	**54579.6**	**56087.5**
利通区	Litong	3920.3	4208.0	4288.9	4427.6	4977.2	4792.4	5521.5	5041.8	3607.3
红寺堡	Hongsipu	3713.9	3832.9	4111.5	4676.9	5394.3	5371.2	5474.7	5998.6	5652.9
盐池县	Yanchi	16235.9	17760.1	18102.9	19477.6	20244.3	20098.9	21738.5	22739.5	23276.7
同心县	Tongxin	12344.0	12921.8	13275.6	11747.8	12966.3	13311.9	15456.2	18339.9	20754.7
青铜峡市	Qingtongxia	3706.4	3527.7	3559.8	3413.0	3565.5	3151.9	2336.3	2459.9	2795.8
固原市	**Guyuan**	**11477.9**	**11987.4**	**13064.2**	**13653.3**	**14154.1**	**13487.8**	**14292.3**	**14182.4**	**13449.8**
原州区	Yuanzhou	4113.0	4226.5	4619.8	4850.3	4825.2	4216.7	3964.0	4200.6	3910.2
西吉县	Xiji	2607.6	2791.3	3073.4	3373.5	3726.5	3697.6	4860.1	4684.9	4338.6
隆德县	Longde	481.5	487.5	507.9	460.3	485.8	476.8	484.4	515.3	374.2
泾源县	Jingyuan	142.9	144.2	155.8	165.3	155.5	149.1	152.6	140.0	130.3
彭阳县	Pengyang	4132.9	4337.9	4707.3	4804.0	4961.2	4947.5	4831.3	4641.7	4696.6
中卫市	**Zhongwei**	**11607.6**	**12271.1**	**13377.9**	**13720.0**	**13584.3**	**13742.6**	**14060.0**	**15992.6**	**15032.5**
沙坡头区	Shapotou	2792.6	3026.9	3358.1	3631.3	3611.8	3579.1	3360.1	3563.8	2597.4
中宁县	Zhongning	4002.1	4391.2	4796.1	4583.5	4425.4	4244.3	4412.4	4875.7	4552.8
海原县	Haiyuan	4812.9	4853.0	5223.7	5505.2	5547.1	5919.2	6287.5	7553.1	7882.3

4-17 2013-2021年各市县家禽生产情况

Basic Statistics of Poultry Production (2013-2021)

单位：只、吨 (head,ton)

市 县	Region	2013		2014		2015		2016	
		家禽存栏 Poultry in Stock	#蛋鸡存栏 Egg Laying	家禽存栏 Poultry in Stock	#蛋鸡存栏 Egg Laying	家禽存栏 Poultry in Stock	#蛋鸡存栏 Egg Laying	家禽存栏 Poultry in Stock	#蛋鸡存栏 Egg Laying
全 区	**Total**	**13408172**	**7998871**	**15231688**	**9121714**	**14465438**	**9323317**	**17308465**	**10989380**
沿黄地区	**Plain**	**10195500**	**6431880**	**11969730**	**7566861**	**11369514**	**7673614**	**13005347**	**8637683**
中南部地区	**Mountain Area**	**3212671**	**1566991**	**3261957**	**1554853**	**3095924**	**1649703**	**4303118**	**2351696**
银川市	**Yinchuan**	**3627803**	**1851049**	**4776438**	**2838655**	**4117298**	**2569712**	**5296781**	**2957099**
银川市区	District	920500	308589	1190516	798684	1033807	714666	1149937	786601
兴庆区	Xingqing								
金凤区	Jinfeng								
西夏区	Xixia								
永宁县	Yongning	752200	560970	1448600	1054988	1175300	916065	1244451	293271
贺兰县	Helan	1051511	817082	1045348	774532	891187	743348	1903429	1713222
灵武市	Lingwu	903592	164408	1091975	210451	1017004	195633	998964	164004
石嘴山市	**Shizuishan**	**1066809**	**628478**	**1142380**	**607078**	**1107634**	**618743**	**1347586**	**713536**
石嘴山市辖区	District	415539	251637	500755	269802	466440	255698	609269	319632
大武口区	Dawukou								
惠农区	Huinong								
平罗县	Pingluo	651270	376840	641624	337276	641193	363045	738317	393904
吴忠市	**Wuzhong**	**3278599**	**1487564**	**3280182**	**1374864**	**3457350**	**1527457**	**3053143**	**1601742**
利通区	Litong	896156	156111	893695	177187	928930	199508	1096879	206924
红寺堡	Hongsipu	123032	109427	151523	99257	175829	123280	192301	110031
盐池县	Yanchi	89597	48873	87723	44460	88785	48854	101,875	53519
同心县	Tongxin	452713	123094	444840	111095	494206	177315	487434	213866
青铜峡市	Qingtongxia	1717100	1050059	1702400	942866	1769600	978500	1174654	1017402
固原市	**Guyuan**	**2061209**	**1033285**	**2098439**	**1060075**	**1862728**	**1026705**	**3061529**	**1665278**
原州区	Yuanzhou	968734	689902	962686	722635	798036	638637	1230806	1027555
西吉县	Xiji	191878	98038	231809	121983	213120	162253	704606	293079
隆德县	Longde	170620	93944	168944	75219	210538	91052	269244	145622
泾源县	Jingyuan	74877	50247	83740	49250	100353	59020	124675	101571
彭阳县	Pengyang	655099	101154	651260	90988	540681	75742	732198	97451
中卫市	**Zhongwei**	**3373752**	**2998496**	**3934249**	**3241042**	**3920428**	**3580699**	**4549426**	**4051725**
沙坡头区	Shapotou	2469458	2379840	2956348	2588992	2948238	2885283	3514002	3267538
中宁县	Zhongning	418174	366344	498469	412083	497814	421867	575445	475185
海原县	Haiyuan	486120	252312	479431	239967	474376	273549	459979	309002

注：根据第三次农业普查结果重新修订2013-2017年分市县数据。

Note: Data of livestock 2013-2017 by city and county had been revised according to the data from the third national agricultural census.

4-17 续表 1 continued

单位：只、吨 (head,ton)

市 县	Region	2017		2018		2019		2020		2021	
		家禽存栏 Poultry in Stock	#蛋鸡存栏 Egg Laying	家禽存栏 Poultry in Stock	#蛋鸡存栏 Egg Laying	家禽存栏 Poultry in Stock	#蛋鸡存栏 Egg Laying	家禽存栏 Poultry in Stock	#蛋鸡存栏 Egg Laying	家禽存栏 Poultry in Stock	#蛋鸡存栏 Egg Laying
全 区	**Total**	**11506807**	**8106015**	**11431308**	**8134763**	**12843792**	**9383882**	**11818163**	**9038673**	**12309881**	**9801429**
沿黄地区	**Plain**	**8868897**	**6557755**	**8854502**	**6582590**	**10302251**	**7674372**	**9447147**	**7609479**	**9211512**	**7277219**
中南部地区	**Mountain Area**	**2637911**	**1548260**	**2576806**	**1552173**	**2541541**	**1709510**	**2371016**	**1429194**	**3098369**	**2524210**
银川市	**Yinchuan**	**2845968**	**1969306**	**3059165**	**1974702**	**2892377**	**2125818**	**2348139**	**1700553**	**1966323**	**1543633**
银川市区	District	607213	545130	711550	558018	811457	716837	304417	275113	289769	276020
兴庆区	Xingqing							92472	88310	44548	40990
金凤区	Jinfeng							48859	48404	96808	96808
西夏区	Xixia							163086	138399	148413	138222
永宁县	Yongning	1152775	778411	1169650	878714	817362	583452	905235	657125	733472	549000
贺兰县	Helan	657896	553009	622465	435720	770067	722757	798270	670057	750487	639066
灵武市	Lingwu	428084	92756	555500	102250	493491	102772	340217	98258	192595	79547
石嘴山市	**Shizuishan**	**908685**	**572634**	**796949**	**363900**	**1090923**	**331902**	**873590**	**258932**	**810216**	**358894**
石嘴山市辖区	District	314327	206890	259900	58900	233838	90182				
大武口区	Dawukou							103768	35834	69619	50168
惠农区	Huinong							117892	37456	67723	37456
平罗县	Pingluo	594359	365744	537049	305000	857085	241720	651930	185642	672874	271270
吴忠市	**Wuzhong**	**2876677**	**1587793**	**2958851**	**2021237**	**3702039**	**2636515**	**3357717**	**2892125**	**3927855**	**3399845**
利通区	Litong	595608	182476	625895	145338	797456	138608	200873	107664	336727	138572
红寺堡	Hongsipu	99114	47726	96473	53720	128819	54716	210503	58226	249806	124719
盐池县	Yanchi	86459	70133	71500	56300	88106	84329	141993	119379	167288	128099
同心县	Tongxin	432670	106030	522157	214451	464692	294295	219501	125843	224525	158921
青铜峡市	Qingtongxia	1662826	1181428	1642826	1551428	2222966	2064567	2584847	2481013	2949509	2849534
固原市	**Guyuan**	**1725618**	**1053892**	**1627976**	**1013702**	**1596073**	**1052319**	**1546300**	**873027**	**2242140**	**1897861**
原州区	Yuanzhou	599290	530400	549892	499892	575882	417508	872425	456986	1600827	1498925
西吉县	Xiji	420573	231738	323847	311580	190433	137809	92382	45075	100634	24221
隆德县	Longde	238202	165922	179384	119756	136769	65167	68285	66965	72651	71775
泾源县	Jingyuan	74101	49392	67901	17124	74400	36426	16761	2568	28619	28514
彭阳县	Pengyang	393453	76440	506952	65350	618589	395409	496447	301433	439409	274426
中卫市	**Zhongwei**	**3149859**	**2922391**	**2988367**	**2761222**	**3562380**	**3237328**	**3692417**	**3314036**	**3363347**	**2601196**
沙坡头区	Shapotou	2355352	2259143	2182213	2051302	2872296	2680921	3165277	2837962	2832784	2083529
中宁县	Zhongning	500457	392768	547454	495920	426233	332556	274421	223355	315953	303057
海原县	Haiyuan	294050	270480	258700	214000	263851	223851	252719	252719	214610	214610

4-17 续表 2 continued

单位：只、吨 (head,ton)

市 县	Region	家禽出栏 Slaughtered of Livestock of Poultry								
		2013	2014	2015	2016	2017	2018	2019	2020	2021
全 区	**Total**	**17028902**	**17769801**	**15783859**	**17696469**	**17960245**	**18486528**	**17239435**	**13867008**	**12247015**
沿黄地区	**Plain**	**11849787**	**12372374**	**11418672**	**12623941**	**12634361**	**13970557**	**13136223**	**10396510**	**9298067**
中南部地区	**Mountain Area**	**5179116**	**5397426**	**4365187**	**5072528**	**5325883**	**4515971**	**4103212**	**3470498**	**2948948**
银川市	**Yinchuan**	**5225444**	**5105773**	**4805443**	**5037142**	**4707411**	**5077496**	**4644054**	**3031711**	**3063636**
银川市区	District	1196505	1002818	822609	787551	722332	1120698	1148966	318776	252409
兴庆区	Xingqing								128664	66368
金凤区	Jinfeng								49794	70580
西夏区	Xixia								140318	115461
永宁县	Yongning	1141096	1172291	1513188	1506221	1406334	1361523	1337226	986923	1355570
贺兰县	Helan	1221158	1068358	971285	1310032	1131055	1223881	942107	701338	684564
灵武市	Lingwu	1666685	1862306	1498361	1433338	1447691	1371393	1215755	1024674	771093
石嘴山市	**Shizuishan**	**1805863**	**1803777**	**1792520**	**2008762**	**2175462**	**2168794**	**1912037**	**1920590**	**1435299**
石嘴山市辖区	District	390400	543285	605342	692818	815256	913903	637195		
大武口区	Dawukou								147172	187153
惠农区	Huinong								222821	229579
平罗县	Pingluo	1415462	1260492	1187179	1315944	1360206	1254892	1274842	1550597	1018567
吴忠市	**Wuzhong**	**3636448**	**3439220**	**2905363**	**3546084**	**3557138**	**4668288**	**5240285**	**3997309**	**3504672**
利通区	Litong	1708642	1525279	1389197	1676226	1777904	1897579	1913344	1318941	761795
红寺堡	Hongsipu	230132	251846	206787	284036	306389	293181	243378	400582	291713
盐池县	Yanchi	137365	131535	95868	113524	116146	117327	109446	70041	97979
同心县	Tongxin	778841	701490	546805	687426	559413	594413	629225	591504	419045
青铜峡市	Qingtongxia	781468	829069	666706	784871	797285	1765789	2344892	1616241	1934140
固原市	**Guyuan**	**3713793**	**4017394**	**3249863**	**3731948**	**4121765**	**3299543**	**2840525**	**2201903**	**1881782**
原州区	Yuanzhou	1505580	1755622	1324748	1452596	1716515	1474171	978143	1031769	854680
西吉县	Xiji	489620	445932	401330	475205	566072	420619	347218	164705	223192
隆德县	Longde	254416	229988	202514	227875	261971	198134	196075	129311	26579
泾源县	Jingyuan	222869	208385	221455	284961	300290	252890	196782	113596	56940
彭阳县	Pengyang	1241308	1377468	1099815	1291311	1276916	953730	1122307	762522	720391
中卫市	**Zhongwei**	**2647356**	**3403636**	**3030669**	**3372533**	**3398469**	**3272406**	**2602534**	**2715495**	**2361626**
沙坡头区	Shapotou	1704965	2523751	2079032	2362742	2452364	2348285	1814999	2019655	1651437
中宁县	Zhongning	623406	584725	685773	754197	723934	712615	506897	489372	451760
海原县	Haiyuan	318985	295160	265864	255594	222170	211506	280638	206468	258429

4-17 续表 3 continued

单位：只、吨 (head,ton)

市　县	Region	禽肉产量 Poultry Production								
		2013	2014	2015	2016	2017	2018	2019	2020	2021
全　区	**Total**	**31261.1**	**32818.4**	**30111.8**	**34179.3**	**34205.4**	**35661.9**	**35694.1**	**28861.6**	**25633.4**
沿黄地区	**Plain**	**21420.7**	**22713.8**	**21600.8**	**24105.2**	**23828.3**	**26590.9**	**27211.7**	**21271.1**	**19426.8**
中南部地区	**Mountain Area**	**9840.4**	**10104.6**	**8511.0**	**10074.1**	**10377.1**	**9071.0**	**8482.4**	**7590.5**	**6206.5**
银川市	**Yinchuan**	**9613.8**	**9606.5**	**9235.4**	**9711.8**	**9022.3**	**9825.1**	**9821.7**	**6598.5**	**6431.6**
银川市区	District	2170.6	1891.4	1631.8	1545.7	1401.7	2244.9	2445.5	724.8	506.6
兴庆区	Xingqing								270.4	138.0
金凤区	Jinfeng								104.5	140.4
西夏区	Xixia								350.0	228.2
永宁县	Yongning	2101.3	2155.6	2763.3	2772.9	2572.2	2533.3	2820.2	2089.0	2827.6
贺兰县	Helan	2220.1	2021.4	1948.8	2597.1	2189.6	2370.4	1955.7	1496.3	1388.2
灵武市	Lingwu	3121.8	3538.1	2891.5	2796.1	2858.8	2676.4	2600.4	2288.4	1709.2
石嘴山市	**Shizuishan**	**3335.1**	**3403.1**	**3480.4**	**3929.8**	**4224.3**	**4263.9**	**4041.0**	**3979.5**	**3282.5**
石嘴山市辖区	District	759.0	1057.4	1221.1	1423.0	1646.8	1859.9	1466.6		
大武口区	Dawukou								378.8	412.9
惠农区	Huinong								654.5	539.0
平罗县	Pingluo	2576.1	2345.6	2259.3	2506.8	2577.6	2404.0	2574.4	2946.2	2330.6
吴忠市	**Wuzhong**	**6494.5**	**6330.3**	**5545.6**	**6869.3**	**6746.6**	**8898.1**	**10587.2**	**7822.9**	**7084.2**
利通区	Litong	3026.1	2812.3	2645.8	3270.6	3404.5	3635.8	3871.8	2629.0	1625.0
红寺堡	Hongsipu	433.3	480.0	406.0	554.3	586.6	573.6	520.0	869.0	658.6
盐池县	Yanchi	247.9	240.6	191.3	229.2	233.6	239.4	236.0	213.6	233.8
同心县	Tongxin	1393.5	1310.5	1070.5	1352.4	1055.7	1123.7	1203.0	1103.3	839.2
青铜峡市	Qingtongxia	1393.6	1486.8	1232.0	1462.7	1466.2	3325.7	4756.4	3008.0	3727.6
固原市	**Guyuan**	**7080.8**	**7420.8**	**6225.5**	**7447.9**	**8079.4**	**6730.6**	**5973.1**	**4886.3**	**3911.0**
原州区	Yuanzhou	3045.3	3483.3	2812.9	3113.8	3564.7	3120.2	2214.5	2292.0	1826.8
西吉县	Xiji	689.2	622.2	552.3	866.8	997.6	782.9	678.3	397.6	459.2
隆德县	Longde	419.3	384.7	342.3	409.8	470.5	375.8	379.0	239.2	52.4
泾源县	Jingyuan	429.3	399.5	428.7	556.4	579.7	501.8	423.7	251.4	126.8
彭阳县	Pengyang	2497.7	2531.1	2089.4	2501.0	2466.9	1949.8	2277.6	1706.0	1445.9
中卫市	**Zhongwei**	**4736.9**	**6057.8**	**5624.9**	**6220.6**	**6132.8**	**5944.3**	**5271.1**	**5574.4**	**4924.0**
沙坡头区	Shapotou	2867.4	4271.0	3665.5	4232.4	4353.0	4191.8	3616.4	4054.0	3331.4
中宁县	Zhongning	1184.6	1134.1	1341.7	1498.0	1358.0	1348.6	1104.4	1002.0	1028.7
海原县	Haiyuan	684.9	652.7	617.6	490.2	421.8	403.8	550.3	518.4	563.8

4-17 续表 4 continued

单位：只、吨 (head,ton)

市 县	Region	禽蛋产量 Egg Production 2013	2014	2015	2016	2017	2018	2019	2020	2021
全 区	**Total**	**104570.9**	**122503.2**	**135935.6**	**156999.0**	**152711.8**	**143769.8**	**138601.4**	**138585.0**	**128701.3**
沿黄地区	**Plain**	**84500.2**	**94521.5**	**107386.0**	**124042.3**	**121616.9**	**113934.3**	**111818.0**	**116693.0**	**99152.2**
中南部地区	**Mountain Area**	**20070.7**	**27981.7**	**28549.6**	**32956.7**	**31094.9**	**29835.5**	**26783.4**	**21892.0**	**29549.1**
银川市	**Yinchuan**	**26300.4**	**29720.5**	**36791.0**	**39897.8**	**38292.8**	**38321.7**	**35831.0**	**27541.7**	**22835.1**
银川市区	District	6513.0	7311.3	10314.7	11077.1	12570.7	13190.4	11803.6	6303.6	3876.6
兴庆区	Xingqing								2424.7	1034.2
金凤区	Jinfeng								1500.5	1083.7
西夏区	Xixia								2378.5	1758.7
永宁县	Yongning	6026.0	9902.8	11208.3	12334.7	12771.1	12807.9	10582.0	10012.6	9153.7
贺兰县	Helan	11917.9	9807.0	11579.9	13599.4	11036.0	10268.8	11239.4	9478.2	8425.3
灵武市	Lingwu	1843.5	2699.4	3688.0	2886.6	1915.0	2054.6	2206.0	1747.2	1379.6
石嘴山市	**Shizuishan**	**6608.5**	**9173.6**	**8903.6**	**9816.3**	**11270.5**	**9573.9**	**6182.5**	**4677.1**	**5792.9**
石嘴山市辖区	District	3044.5	3838.8	3965.5	4141.0	5599.4	4675.0	1723.5		
大武口区	Dawukou								676.1	648.7
惠农区	Huinong								530.8	536.1
平罗县	Pingluo	3564.0	5334.8	4938.1	5675.4	5671.1	4898.9	4459.0	3470.2	4608.0
吴忠市	**Wuzhong**	**21171.3**	**23849.5**	**21328.0**	**26587.2**	**29611.0**	**28390.9**	**33008.5**	**35629.7**	**36533.4**
利通区	Litong	1992.4	2326.5	2543.7	3021.3	2494.9	2802.1	3243.2	1098.1	1551.5
红寺堡	Hongsipu	1043.4	1411.0	1211.4	1210.4	889.4	871.4	844.2	352.3	1170.4
盐池县	Yanchi	631.7	768.7	625.2	815.0	1076.6	958.0	1479.2	2067.4	1901.3
同心县	Tongxin	5196.6	6525.7	3476.0	3075.0	3082.3	3122.4	3674.2	3095.5	2134.3
青铜峡市	Qingtongxia	12307.3	12817.6	13471.7	18465.5	22067.8	20637.0	23767.6	29016.3	29776.0
固原市	**Guyuan**	**10039.7**	**15460.9**	**19268.5**	**24095.3**	**22657.3**	**21426.5**	**17529.9**	**12560.3**	**20870.1**
原州区	Yuanzhou	6506.7	7962.0	10355.1	17575.3	13367.3	11320.1	7596.4	5680.8	15477.2
西吉县	Xiji	2317.7	2398.4	2199.1	3121.2	3021.4	3038.0	2297.0	1081.6	948.1
隆德县	Longde	428.4	2732.7	4388.3	1002.1	1460.2	1783.6	1378.7	1260.8	716.7
泾源县	Jingyuan	325.1	1123.5	889.8	1243.3	1250.8	1227.3	1112.4	161.6	343.1
彭阳县	Pengyang	461.8	1244.2	1436.2	1153.4	3557.6	4057.5	5145.3	4375.5	3385.1
中卫市	**Zhongwei**	**40451.0**	**44298.7**	**49644.5**	**56602.4**	**50880.2**	**46056.9**	**46049.4**	**58176.3**	**42669.7**
沙坡头区	Shapotou	33003.9	35407.3	40276.2	46310.6	40697.6	35359.7	36588.4	52008.2	33866.2
中宁县	Zhongning	4287.8	5076.0	5399.9	6530.8	6793.3	7240.0	6205.2	2351.7	5330.5
海原县	Haiyuan	3159.3	3815.5	3968.5	3761.0	3389.3	3457.2	3255.8	3816.4	3473.0

主要指标解释

农作物播种面积　指实际播种或移植有农作物的面积。凡是实际种植有农作物的面积，不论种植在耕地上还是种植在非耕地上，均包括在农作物播种面积中。在播种季节基本结束后，因遭灾而重新改种和补种的农作物面积，也包括在内。它是反映我国耕地面积利用情况的一个重要指标。目前，农作物播种面积主要包括粮食、棉花、油料、糖料、麻类、烟叶、蔬菜和瓜类、药材和其他农作物九大类。

粮食产量　指农业生产经营者日历年度内生产的全部粮食数量。按收获季节包括夏收粮食、早稻和秋收粮食，按作物品种包括谷物、薯类和豆类。其中谷物包括小麦、玉米、早稻、中稻和一季晚稻、双季晚稻、大麦、高粱、谷子、荞麦等禾本科和蓼科粮食作物；薯类只包括马铃薯、甘薯，木薯统计在其他农作物，芋头等其他薯统计在其他蔬菜；豆类包括大豆、绿豆、红小豆、杂豆等。谷物产量按脱粒后的原粮计算，山区生产的薯类按鲜薯重量的5∶1折算为原粮，豆类按去荚后的干豆计算。

肉类总产量　指调查期内各种牲畜及家禽、兔等动物肉产量总计。猪、牛、羊、马、驴、骡、骆驼肉产量按去掉头蹄下水后带骨肉的胴体重量计算,兔禽肉产量按屠宰后去毛和内脏后的重量计算。猪牛羊禽四个品种肉产量由主要畜禽监测抽样调查获得。

当年出栏的畜禽数　指当年（报告期内）乡村各种经济组织和国营农场、农民个人、机关、团体、学校、工矿企业、部队等单位以及城镇居民饲养的，已屠宰或以消费为目的出售的畜禽数，包括集市上出售和农民自食的部分。不包括个别地区习惯吃的“烤小猪”以及为取得“二毛皮”而宰杀的羔羊。

期初（末）畜禽存栏头（只）数　指报告期初（末）农村各种经济组织和国营农场、农民个人、机关、团体、学校、工矿企业、部队等单位以及城镇居民饲养的大牲畜、猪、羊、家禽等畜禽的存栏数。不分大小、公母、品种和用途，一律包括在内。

Explanatory Notes on Main Statistical Indicators

Sown Area of Crops refers to area of land sown or trans-planted with crops regardless of being in cultivated area or non-cultivated area. Area of land sown due to natural disasters is also included. At present, the sown area of crops mainly include the following 9 categories of crops: grain, cotton, oil-bearing crops, sugar crops, fiber crops, tobacco, vegetables and melons, medicinal materials and other farm crops.

Grain Output refers to the total output of grains produced by agricultural producers within a calendar year. It includes summer grain, early rice and autumn grain if classified by harvest seasons; it covers cereal, tubers and beans if classified by type of crops. Cereal include wheat, corn, early rice, semilate rice, one season rice, two season rice, barley, sorghum, millet, buckwheat. The tubers include potatoes and sweet potatoes, not including taros and cassava. Beans include soybean, mung bean, red bean, mixed beans and so on. Output of cereal should be limited to husked grain only. The output of tubers are converted into that of grain at the ratio 5 ∶ 1. Output of beans refers to dry beans without pods.

Total Meat Output refers to the total production of various livestock and poultry, rabbits and other animal meat during the investigation period. Meat output refers to the meat of slaughtered hogs, cattle, sheep, horses, donkeys, mules and camels with head, feet and offal taken away. Meat output refers to the meat of slaughtered rabbit and poultry with hair and offal taken away. The data on the main livestock such as hog, cattle, sheep and poultry became the official data based on the sampling survey.

Number of Livestock or Poultry Slaughtered refers to the numbers of slaughtered or sold livestock and poultry bred by rural cooperative organizations, state farms, rural individuals, government agencies, schools, industrial and mining enterprises, army and urban residents. It includes numbers sold on markets and ate by farmers and not includes obtaining the "two fur" to slaughter the lamb.

Number of Livestock or Poultry in Stock at Beginning (or End) of Period refers to the total number of large animals, pigs, sheep, fowls, etc. raised by rural cooperative organizations, state farms, rural individuals, government agencies, schools, industrial and mining enterprises, army, and urban residents at the beginning (or end) of the reference period. Regardless of size, male or female, variety and use, shall be included.

第五篇

农民工调查

Migrant Workers Survey

简要说明

农民工监测调查以第六次人口普查为抽样框资料，以全区为总体，采用多层、多阶段、PPS 抽样方法随机抽选调查小区，在全区 22 个县（市、区）抽中调查点 110 个，共有 1100 户调查户数据资料参与汇总推算，调查数据结果主要反映农民工数量、流向、结构、就业、收支、生活、社会保障及创业等情况。农民工指的是户口性质为本地农业户口且在本年度的从业状况为外出农民工或本地农民工或期末举家外出的农村劳动力。外出农民工指的是外出从业 6 个月及以上的农村劳动力；本地农民工指的是从事本地非农活动（包括本地非农务工和非农自营活动）6 个月及以上的农村劳动力。

Brief Introduction

Migrant workers monitoring survey base on the sixth census data as sampling frame, overall for district, by adopting the method of multi-level, multi-stage, PPS sampling, randomly selected survey area, selected 110 deals in 22 counties (cities, districts), participate in the summary estimate total of 1100 households, results mainly reflects the number of migrant workers, flow, structure, employment, income, life, social security and business, and so on and so forth. Migrant workers refer to the rural labor force whose household registration is local agricultural household and whose employment status in this year is going out for work or local migrant workers or whole family members going out at the end of the term. Migrant workers refer to the rural labor force who have been out of work for 6 months or more；Local migrant workers refer to the rural labor force engaged in local non-agricultural activities (including local non-agricultural work and non-agricultural self-employment) for 6 months or more.

总量小幅回升　收入稳步提高

——2021年宁夏农民工监测调查报告

2021年，自治区党委、政府统筹疫情防控和民生发展，积极落实“稳就业”“保就业”各项工作任务，推出一系列援企稳岗帮扶政策，大力推进乡村振兴及重点产业发展，多措并举保障农民工就业，宁夏农民工就业保持平稳态势，就业总量小幅回升，务工收入稳步提高，社会保障程度显著加强。

一、农民工就业总体情况

（一）农民工总量小幅回升，从业地域呈现本地化倾向

随着乡村振兴战略的有效推进，环境卫生整治和道路绿化建设的开展，为本地务工提供部分就业岗位，同时自治区积极推进枸杞、肉牛、葡萄酒等九个重点产业，提供了大量劳务岗位，让农民有机会在家门口就业，提高了本地务工的积极性。调查结果显示，2021年宁夏农民工总量99.5万人，同比增加1.4万人，增长1.4%，但较2019年减少6.6万人，下降6.2%。从农民工从业区域看，外出农民工76.3万人，占农民工总量的76.7%，同比减少0.6万人，下降0.8%；本地农民工23.2万人，占农民工总量的23.3%，同比增加2.0万人，增长9.4%，农民工就业呈现本地化倾向。

表1　近三年宁夏农民工规模

单位：万人

指　　标	2019年	2020年	2021年
农民工总量	106.1	98.1	99.5
1. 外出农民工	82.7	76.9	76.3
（1）住户中外出农民工	53.5	47.1	45.7
（2）举家外出农民工	29.2	29.8	30.6
2. 本地农民工	23.4	21.2	23.2

（二）外出就业流向稳定，逾八成选择区内就业

随着国内疫情的平稳可控，加之各地采取了一系列促进就业措施，为稳就业、保就业保驾护航，农民工外出就业岗位不断增加，就业环境持续好转，全年农民工流向保持平稳态势。调查结果显示，从宁夏外出农民工流向看，2021年就业区域仍以区内为主，83.1%的外出农民工选择在区内就业，同比下降2.2个百分点，其中46.8%的人选择在乡外县内就业，36.3%的人选择在县外省内就业；16.9%的外出农民工选择出省就业，同比上升2.2个百分点。从外出区域看，以西部地区、东部地区为主，分别占53.5%和36.2%。从外出省份看，以就近省份为主，内蒙古、新疆、甘肃位列前三，分别为16.3%、13.3%、9.1%，安徽、浙江其次，分别为8.5%、8.4%。

（三）第三产业吸纳农民工就业能力加强

调查结果显示，第三产业仍为吸纳农民工就业的主要行业，占比为68.2%，同比上升0.7个百分点；第二产业为30.7%，同比上升0.5个百分点；第一产业为1.1%，同比下降1.2个百分点。从吸纳农民工就业的主要行业看，居民服务、修理和其他服务业吸纳农民工最多，占14.3%；批发零售业其次，占14.0%；建筑业占13.0%；交通运输仓储和邮政业、制造业吸纳就业占12.4%。

表 2　近三年宁夏农民工就业行业分布

单位：%

指　　标	2019 年	2020 年	2021 年
第一产业	1.0	2.3	1.1
第二产业	30.5	30.2	30.7
其中：制造业	11.4	12.1	12.4
建筑业	14.4	13.6	13.0
第三产业	68.5	67.5	68.2
其中：批发和零售业	13.2	13.4	14.0
交通运输、仓储和邮政业	11.1	11.4	12.4
居民服务、修理和其他服务业	16.1	15.2	14.3

二、农民工基本特征

（一）女性农民工占比同比上升

随着农业规模化和机械化的发展以及扶贫车间、公益岗位不断增加，本地就业机会增加，为女性农民工提供了更多在家门口就业的渠道，越来越多的女性加入到农民工的行列。调查结果显示，2021 年男性农民工占 66.3%，女性占 33.7%，女性人数占比同比上升 0.9 个百分点。

（二）农民工老龄化现象日趋加剧

调查结果显示，农民工仍以中青年为主，但年龄结构持续趋于老化，老龄化现象逐年加剧。从农民工年龄结构看，40 岁以下农民工占 50.9%，分别较 2019 年、2020 年下降 2.7、0.2 个百分点；40-50 岁农民工占 26.8%，分别较 2019 年、2020 年下降 1.9、3.9 个百分点；51 岁及以上农民工占 22.3%，分别较 2019 年、2020 年上升 4.6、4.1 个百分点。

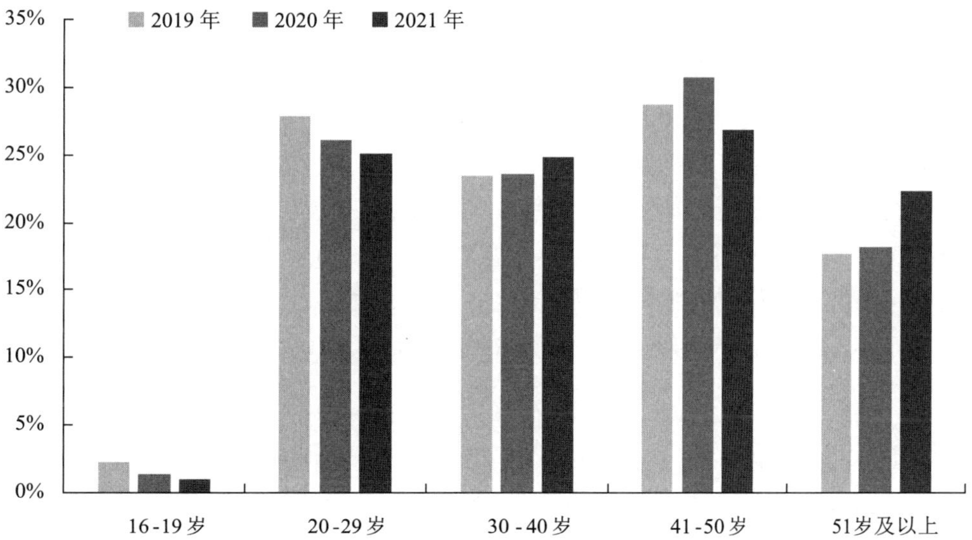

图 1　近三年宁夏农民工年龄构成图

（三）受教育程度不断提高

随着九年义务教育的普及和职业教育、高等教育的全面推进，农民工受教育程度不断提高。从受教育程度看，农民工的学历仍以初中为主，占 47.1%，同比下降 2.4 个百分点；小学及以下文化程度占 21.5%，同比下降 2.7 个百分点；高中文化程度占 16.0%，同比上升 3.2 个百分点；大专及以上文化程度占 15.4%，同比上升 1.9 个百分点。

表 3　近三年宁夏农民工文化程度构成

单位：%

指　　标	2019 年	2020 年	2021 年
未上过学	3.8	2.8	3.4
小　　学	20.7	21.4	18.1
初　　中	48.9	49.5	47.1
高　　中	13.8	12.8	16.0
大专及以上	12.8	13.5	15.4

（四）非农职业技能培训普及率大幅提高

近年来，各地继续加强对农民工的职业技能培训工作，通过线上培训、线下面授等方式，提升农民工技能水平，增强农民工就业能力。调查结果显示，2021 年农民工中接受过非农职业技能培训的人数占 40.8%，同比上升 11.8 个百分点，其中 2021 年接受过非农职业技能培训的占 15.7%；2021 年没有接受过，以前接受过的占 25.1%。

三、农民工就业状况

（一）农民工收入稳步提升

2021 年自治区党委、政府出台了一系列促进就业、扶持创业的政策措施，大力推进“九个重点产业”和“四大提升行动”，在乡村振兴政策的有力推动下，通过项目带动、公益岗位、就业扶贫等措施，为农村劳动力提供更多就业岗位，务工人员收入稳步提高。调查结果显示：2021 年宁夏外出农民工月均收入为 5214 元，同比增加 423 元，增长 8.8%；本地非农务工收入为 3101.0 元，同比增加 428.8 元，增长 16.0%。

（二）劳动合同签订率呈现较快增长

2021 年，各级政府加大宣传力度，强化执法监督，农民工法律意识和自身权益保护意识的不断提高，用人单位与劳动者依法签订并履行劳动合同比例不断上升。调查结果显示，2021 年务工农民工中，签订劳动合同比例为 44.2%，分别较 2019 年、2020 年上升 9.1、10.3 个百分点，其中签订无固定期限劳动合同的占 6.6%，同比上升 1.7 个百分点；签订一年及以上劳动合同的占 32.5%，同比上升 7.8 个百分点；签订一年以下劳动合同的占 5.1%，同比上升 0.8 个百分点。

（三）农民工社会保障水平不断提高

从社会保障情况看，宁夏农民工参保意识有所提高，养老、医疗、失业保险覆盖面继续扩大。调查结果显示，2021 年宁夏农民工医疗保险、养老保险参保率分别为 100%、80.5%，分别比上年提高 9.8 和 5.7 个百分点。外出农民工所在单位或雇主为其缴纳养老、工伤、医疗、失业、生育保险比重分别为 19.8%、21.3%、20.2%、19.7%、16.8%，分别较上年上升 6.8、7.0、6.1、6.1、4.9 个百分点，农民工社会保障水平不断提高。

四、需关注的几个问题

（一）工作稳定性不高

农民工务工类型中灵活用工形式占比较大，工作稳定性不高，更换工作频率高。调查结果显示，在外出务工的农民工中，20.6%的人本年度外出务工期间更换过工作，同比上升 1.1 个百分点，其中更换过 1 次工作的占 14.8%，同比下降 1.2 个百分点；更换过 2 次工作的占 4.9%，同比上升 2.8 个百分点；更换过超过 3 次工作的占 0.8%，同比下降 0.5 个百分点，外出务工稳定性整体不高。

（二）求职渠道待拓宽

尽管近年来就业信息服务在不断创新和发展，但是仍然不能满足农民工的求职需要，一些农民工表示招聘信息不够畅通，找工作还停留自发外出和委托亲戚朋友介绍的阶段。调查结果显示，外出农民工中

79.3%的人选择自发外出务工；18.9%的人通过亲朋好友介绍获得外出工作；仅有 1.5%的人通过政府（单位）及中介组织外出务工，总体求职方式比较传统，信息获取渠道仍不够畅通。

（三）就业结构性矛盾突出

当前企业“招工难”与劳动者“求职难”问题并存，存在“有人无岗”和“有岗无人”的结构性矛盾。主要原因：一是技术人才供求结构失衡。部分企业技工短缺、熟练工短缺、新型技能人才短缺。而大量农民工无技能或技能单一、水平偏低，与新兴行业所需要的技能岗位不匹配，结构性矛盾突出。二是企业薪酬待遇缺乏吸引力。农民工外出更倾向于寻找薪酬待遇高的工作，而受经济环境影响，雇主不愿提高薪酬，压缩利润空间，面临岗位吸引力不足的问题。三是“点对点”劳务输出稳定性不高。政府组织开展的“点对点”劳务输出，在一定程度上解决了农民工外出就业难的问题，但也存在着输出的部分劳务人员文化程度低、技能低，无法满足企业用工需求，被迫离职返家，存在输出效益低的现象。

（余　璐）

5-1 2021年全区农民工监测调查资料
Migrant Workers Monitoring Survey Data (2021)

指 标 名 称	Item	单位	Unit	数量
一、农民工主要推算数据(加权汇总)	**Basic Calculating Statistics of Migrant Workers**			
(一)总量	Total	万人	10000 persons	99.50
其中：外出农民工	Migrant Workers out	万人	10000 persons	76.30
本地农民工	Local Migrant Workers	万人	10000 persons	23.20
(二)外出从业时间	Working Time of Migrant Workers out	月	month	9.20
(三)外出从业月均收入	Average Monthly Income of Migrant Workers out	元	yuan	5214.00
二、农民工基本情况(调查样本数据)	**Basic Statistics of Migrant Workers**			
(一)性别	Gender	人	person	855
1.男性	Male	人	person	571
2.女性	Female	人	person	284
(二)年龄	Age	人	person	855
1.5岁及以下	Aged 5 and under	人	person	
2.6-15岁	Aged 6-15	人	person	
3.16-19岁	Aged 16-19	人	person	9
4.20-24岁	Aged 20-24	人	person	98
5.25-29岁	Aged 25-29	人	person	124
6.30-34岁	Aged 30-34	人	person	107
7.35-40岁	Aged 35-40	人	person	107
8.41-50岁	Aged 41-50	人	person	227
9.51-60岁	Aged 51-60	人	person	159
10.61-65岁	Aged 61-65	人	person	15
11.66岁及以上	Aged 66 and over	人	person	9
(三)6周岁及以上住户成员受教育程度	Culture Level of Household Member 6 Years of Age and Older	人	person	855
1.未上过学	Illiterate and Semi-illiterate	人	person	33
2.小学	Primary School	人	person	165
3.初中	Junior Middle School	人	person	393
4.高中	Senior Middle School	人	person	130
5.大学专科	Junior College	人	person	91
6.大学本科	Undergraduate College	人	person	42
7.研究生	Postgraduate	人	person	1
(四)参加医疗保险情况	Condition of Joining Medical Insurance	人	person	855
1.新型农村合作医疗	New Rural Co-operative Medical System	人	person	
2.城镇职工基本医疗保险	Basic Medical Insurance for Urban Employee	人	person	118
3.城乡居民基本医疗保险	Basic Medical Insurance for Urban and Rural Residents	人	person	737
4.公费医疗	Free Medical Insurance	人	person	
5.商业医疗保险	Commercial Medical Insurance	人	person	11
6.其他医疗保险	Other Medical Insurance	人	person	
7.没有参加任何医疗保险	No Medical Insurance	人	person	
(五)参加养老保险情况	Condition of Joining Pension Insurance	人	person	855
1.城镇职工基本养老保险	Basic Pension Insurance for Urban Employee	人	person	146
2.城乡居民基本养老保险	Basic Pension Insurance for Urban and Rural Residents	人	person	468
3.企业年金(职业年金)	Urban Household Social Pension Insurance	人	person	6
4.商业养老保险	Commercial Pension Insurance	人	person	5
5.其他养老保险	Other Pension Insurance	人	person	67
6.没有参加任何养老保险	No Pension Insurance	人	person	170

5-1 续表 1 continued

指标名称	Item	单位	Unit	数量
三、农民工全年从业情况（调查样本数据）	**Basic Statistics of Migrant Workers Employment**			
(一)本年度主要从业地区	Main Working Region this Year	人	person	855
1.乡内	Town	人	person	291
2.乡外县内	Town out County in	人	person	251
3.县外省内	County out Province in	人	person	213
4.省外国内	Province out Nation in	人	person	100
5.国外及港澳台地区	Nation out and Hong Kong, Macao, Taiwan Region	人	person	
(二)本年度从事主要行业	Working on Main Industry This Year	人	person	855
1.第一产业	Primary Industry	人	person	9
(1)农、林、牧、渔业	Agriculture, Forestry, Animal Husbandry and Fishery	人	person	9
2.第二产业	Secondary Industry	人	person	258
(2)采矿业	Mining	人	person	10
(3)制造业	Manufacturing	人	person	102
(4)电力、热力、燃气及水的生产和供应业	Production and Supply of Electricity, Gas and Water	人	person	35
(5)建筑业	Construction	人	person	111
3.第三产业	Tertiary Industry	人	person	588
(6)批发和零售业	Wholesale and Retail Trades	人	person	117
(7)交通运输、仓储和邮政业	Transport, Storage and Post	人	person	107
(8)住宿和餐饮业	Hotels and Catering Services	人	person	64
(9)信息传输、软件和信息技术服务业	Information Transmission, Computer Services and Software	人	person	13
(10)金融业	Financial Intermediation	人	person	6
(11)房地产业	Real Estate	人	person	4
(12)租赁和商务服务业	Leasing and Business Services	人	person	4
(13)科学研究和技术服务	Scientific Research and Technical Services	人	person	
(14)水利、环境和公共设施管理业	Management of Water Conservancy, Environment and Public Facilities	人	person	22
(15)居民服务、修理和其他服务业	Services to Households and Other Services	人	person	121
(16)教育	Education	人	person	28
(17)卫生、社会工作	Health and Social Work	人	person	33
(18)文化、体育和娱乐业	Culture, Sports and Entertainment	人	person	15
(19)公共管理、社会保障和社会组织	Public Management, Social Securities and Organizations	人	person	54
(20)国际组织	International Organizations	人	person	
四、外出从业农民工情况（调查样本数据）	**Basic Statistics of Migrant Workers Employment out**			
(一)外出地区	Working Region	人	person	562
1.本省	Province in	人	person	462
(1)乡外县内	Town out County in	人	person	250
(2)县外省内	County out Province in	人	person	212
2.省外	Province out	人	person	100
(1)东部地区	Eastern Provinces	人	person	36
北京	Beijing	人	person	5
天津	Tianjin	人	person	
河北	Hebei	人	person	1
辽宁	Liaoning	人	person	
上海	Shanghai	人	person	3
江苏	Jiangsu	人	person	5
浙江	Zhejiang	人	person	10
福建	Fujian	人	person	2
山东	Shandong	人	person	3

5-1 续表 2 continued

指标名称	Item	单位	Unit	数量
广东	Guangdong	人	person	6
海南	Hainan	人	person	1
(2)中部地区	Central Provinces	人	person	9
山西	Shanxi	人	person	
吉林	Jilin	人	person	
黑龙江	Heilongjiang	人	person	
安徽	Anhui	人	person	8
江西	Jiangxi	人	person	
河南	Henan	人	person	
湖北	Hubei	人	person	1
湖南	Hunan	人	person	
(3)西部地区	Western Provinces	人	person	55
内蒙古	Inner Mongolia	人	person	15
广西	Guangxi	人	person	1
重庆	Chongqing	人	person	
四川	Sichuan	人	person	3
贵州	Guizhou	人	person	
云南	Yunnan	人	person	1
西藏	Tibet	人	person	1
陕西	Shaanxi	人	person	8
甘肃	Gansu	人	person	10
青海	Qinghai	人	person	2
宁夏	Ningxia	人	person	462
新疆	Xinjiang	人	person	14
(4)其他地区	Others	人	person	
港澳台	Hong Kong, Macao and Taiwan	人	person	
国外	Foreign	人	person	
(二)外出地区类型	Type of out Working Region	人	person	562
1.直辖市	Municipality Directly under the Central Government	人	person	14
2.省会城市	Provincial Capital	人	person	157
3.地级市	Cities at Prefecture Level	人	person	65
4.县市城区	County	人	person	254
5.建制镇	Towns	人	person	63
6.村委会	Village Committee	人	person	9
7.其他地区	Others	人	person	
(三)外出方式	Pattern of out Working	人	person	562
1.政府(单位)组织	Organized by Government	人	person	6
2.中介组织介绍	Introduced by Intermediary Agent	人	person	2
3.亲朋好友介绍	Introduced by Relatives and Friends	人	person	107
4.自发	Spontaneous	人	person	445
5.其他	Others	人	person	2
(四)本年度从事主要行业	Working on Main Industry this Year	人	person	562
1.第一产业	Primary Industry	人	person	10
(1)农、林、牧、渔业	Agriculture, Forestry, Animal Husbandry and Fishery	人	person	10
2.第二产业	Secondary Industry	人	person	212
(2)采矿业	Mining	人	person	10
(3)制造业	Manufacturing	人	person	81

5-1 续表 3 continued

指标名称	Item	单位	Unit	数量
(4)电力、热力、燃气及水的生产和供应业	Production and Supply of Electricity, Gas and Water	人	person	29
(5)建筑业	Construction	人	person	92
3.第三产业	Tertiary Industry	人	person	340
(6)批发和零售业	Wholesale and Retail Trades	人	person	63
(7)交通运输、仓储和邮政业	Transport, Storage and Post	人	person	83
(8)住宿和餐饮业	Hotels and Catering Services	人	person	43
(9)信息传输、软件和信息技术服务业	Information Transmission, Computer Services and Software	人	person	11
(10)金融业	Financial Intermediation	人	person	6
(11)房地产业	Real Estate	人	person	4
(12)租赁和商务服务业	Leasing and Business Services	人	person	4
(13)科学研究和技术服务	Scientific Research and Technical Services	人	person	
(14)水利、环境和公共设施管理业	Management of Water Conservancy, Environment and Public Facilities	人	person	13
(15)居民服务、修理和其他服务业	Services to Households and Other Services	人	person	59
(16)教育	Education	人	person	19
(17)卫生、社会工作	Health and Social Work	人	person	19
(18)文化、体育和娱乐业	Culture, Sports and Entertainment	人	person	4
(19)公共管理、社会保障和社会组织	Public Management, Social Securities and Organizations	人	person	12
(20)国际组织	International Organizations	人	person	
(五)外出从业住所类型	Type of Residence out Working	人	person	562
1.单位宿舍	Employer's Dormitory	人	person	142
2.工地工棚	Working Shed in Construction Sites	人	person	53
3.生产经营场所	The Sites of Production and Business Operation	人	person	22
4.与人合租住房	Renting Room with Others	人	person	35
5.独立租赁住房	Renting a Room Oneself	人	person	42
6.务工地自购房	Buying House in Working Place	人	person	36
7.乡外从业但回家居住(老家)	Working out of Village but Living in Old Home	人	person	213
8.其他	Others	人	person	19
(六)外出从业时间	Time of Working outside	人	person	562
1.从事当前工作的时间	Time of Working outside at Present	月	month	23340
其中：1年以下	1 Year and under	人	person	135
1-2年	1-2 Years	人	person	158
2-5年	2-5 Years	人	person	157
5年及以上	5 Years and over	人	person	112
2.每月平均工作的天数	Working Days on Average per Month	天	day	13995
其中：15天以下	15 Days and under	人	person	8
15-22天	15-22 Days	人	person	107
22-26天	22-26 Days	人	person	290
26天以上	26 Days and over	人	person	157
3.每天平均工作的小时数	Working Hours on Average per Day	小时	hour	4974
其中：6小时以下	6 Hours and under	人	person	7
6-8小时	6-8 Hours	人	person	10
8-10小时	8-10 Hours	人	person	343
其中：8小时	8 Hours	人	person	300
10-12小时	10-12 Hours	人	person	174
12小时及以上	12 Hours and over	人	person	28

5-1 续表 4 continued

指标名称	Item	单位	Unit	数量
(七)外出月收支情况	Condition of Income and Expenses per Month	人	person	562
1.每月平均收入	Income on Average per Month	元	yuan	2958235.00
其中：800元以下	Less than 800 Yuan	人	person	
800-1000元	800-1000 Yuan	人	person	
1000-1500元	1000-1500 Yuan	人	person	10
1500-2000元	1500-2000 Yuan	人	person	11
2000-3000元	2000-3000 Yuan	人	person	77
3000-5000元	3000-5000 Yuan	人	person	241
5000元及以上	5000 Yuan and over	人	person	223
(八)社会保障与福利情况	Social Security and Welfare Condition	人	person	562
1.外出从业的劳动关系	Labor Relation of Working outside	人	person	562
①无固定期限劳动合同工	Labor Contract with Non-fixed Term	人	person	29
②一年及以上劳动合同工	A Year or More Labor Contract	人	person	151
③一年以下劳动合同工	A Year and under Labor Contract	人	person	27
④没有劳动合同	No Labor Contract	人	person	267
⑤自营	Self-support	人	person	88
⑥其他	Others	人	person	
2.单位或雇主提供伙食情况	Condition of Meals Providing by Employers	人	person	474
①每天提供三顿	Three Meals per Day	人	person	129
②每天提供两顿	Two Meals per Day	人	person	66
③每天提供一顿	One Meal per Day	人	person	59
④不提供，但补贴部分伙食费	No Providing but with some Subsidies	人	person	17
⑤不提供，也没有补贴	No Providing and Subsidies	人	person	203
3.单位或雇主提供住宿情况	Condition of Accommodation Providing by Employers	人	person	474
①提供住宿	Providing Accommodation	人	person	237
②不提供住宿，但住房有补贴	No Accommodation but with some Subsidies	人	person	2
③不提供住宿，也没有住房补贴	No Accommodation and Subsidies	人	person	235
4.单位或雇主拖欠工资情况	Condition of Unpaid Wages by Employers	人	person	
①被拖欠工资人数	Numbers of Unpaid Wages	人	person	3
②被拖欠工资的金额	Sum of Unpaid Wages	元	yuan	35366.00
5.五险一金缴纳情况	Condition of Social Security Payment	人	person	562
①缴纳养老保险	Pension Insurance Payment	人	person	111
②缴纳工伤保险	Injury Insurance Payment	人	person	122
③缴纳医疗保险	Medical Insurance Payment	人	person	113
④缴纳失业保险	Unemployment Insurance Payment	人	person	111
⑤缴纳生育保险	Maternity Insurance Payment	人	person	94
⑥缴纳住房公积金	Housing Fund Payment	人	person	44
(九)务工期间更换工作人数	Changing Jobs during Working Time	人	person	117
1.更换工作的次数	Times of Changing Jobs	人	person	157
2.更换过工作的人数	Numbers of Changing Jobs	人	person	117
其中：换过1次工作	Changing Jobs for One Time	人	person	83
换过2次工作	Changing Jobs Twice	人	person	29
换过超3次以上工作	Changing Jobs Three Times and More	人	person	5

第六篇

脱贫县农村住户监测调查

Rural Household Survey of County Lifted out of Poverty

简要说明

脱贫县农村住户监测调查在盐池、同心、原州、西吉、隆德、泾源、彭阳和海原 8 县（区）开展，主要监测居民现金和实物收支情况、住户成员及劳动力从业情况、居民家庭住房和耐用消费品拥有情况、家庭经营和生产投资情况、社区基本情况、县（区）社会经济基本情况和到县扶贫项目实施情况以及村和户的扶贫参与情况等。本书提供的宁夏脱贫县相关数据资料均为脱贫县农村住户监测调查 77 个调查点数据简单汇总所得。

Brief Introduction

Rural household survey for county lifted out of poverty in Yanchi, Tongxin, Yuanzhou, Xiji, Longde, Jingyuan, Pengyang and Haiyuan, mainly monitoring the condition of residents in cash and in-kind, household members and labor employment, resident housing and consumer durables, investment and production, community basic situation, social and economic situation of the county (district) and poverty alleviation project implementation, poverty participation of village and household, etc. The yearbook provides the related data of key county lifted out of poverty in Ningxia which simply consolidated as 77 poverty monitoring survey areas.

6-1 2021年脱贫县农村住户基本情况

Basic Statistics of Rural Households by County Lifted out of Poverty (2021)

指标名称	Item	单位	Unit	总计
调查户类别	**Category of Households Surveyed**			
一、调查户数	Numbers of Households Surveyed	户	household	770
二、低保户	Households Enjoying the Minimum Living Guarantee	户	household	235
三、五保户	Households Enjoying the Five Guarantees	户	household	
四、建档立卡户	Households Establishing Files	户	household	317
五、退耕还林户	Households Returning the Grain Plots to Forestry	户	household	383
住房及生活设施	**Housing and Domestic Installation**			
一、期末现住房情况	Owning House Condition of Term End			
(一)本住户居住类型	Residence Type	户	household	770
1.普通住宅	General Residence	户	household	770
2.集体宿舍和工棚	Dormitory and Shed	户	household	0
3.工作地住宿	Working Places	户	household	0
(二)本住户居住空间样式	House Construction Space Style	户	household	770
1.单栋楼房	Single Building	户	household	15
2.单栋平房	Single Bungalow	户	household	726
3.四居室及以上单元房	House with Four Bedrooms and Above	户	household	2
4.三居室单元房	House with Three Bedrooms	户	household	16
5.二居室单元房	House with Two Bedrooms	户	household	7
6.一居室单元房	House with One Bedroom	户	household	3
7.筒子楼或连片平房	Tube-shaped or Closely Bungalow	户	household	0
8.其他	Others	户	household	1
(三)主要建筑材料	Main Building Materials	户	household	770
1.钢筋混凝土	Reinforced Concrete	户	household	42
2.砖混材料	Brick and Concrete	户	household	250
3.砖瓦砖木	Brick and Wood	户	household	477
4.竹草土坯	Bamboo Grass Adobe	户	household	0
5.其他	Others	户	household	1
(四)现住房房屋来源	Source of Current Housing	户	household	770
1.租赁公房	Public House Leasing	户	household	2
2.租赁私房	Private House Leasing	户	household	3
3.自建住房	Self-Built Housing	户	household	705
4.购买商品房	Commercial Residential Building	户	household	23
5.购买房改住房	Reformed Housing	户	household	0
6.购买保障性住房	Security Housing	户	household	2
7.拆迁安置房	Removal Settlement Housing	户	household	16
8.继承或获赠住房	Inheritance or Gift Housing	户	household	0

6-1 续表 1 continued

指标名称	Item	单位	Unit	总计
9.免费借用房	Borrow Housing for Free	户	household	1
10.雇主提供免费住房	Free Housing of Employer Offer	户	household	1
11.其他来源	Others	户	household	17
(五)现住房建筑面积	Floor Space of Current Residential Buildings			
1.10平方米以内	Less than 10 sq.m	户	household	0
2.10-20平方米	10-20 sq.m	户	household	0
3.20-30平方米	20-30 sq.m	户	household	0
4.30-60平方米	30-60 sq.m	户	household	50
5.60-90平方米	60-90 sq.m	户	household	149
6.90-120平方米	90-120 sq.m	户	household	264
7.120-200平方米	120-200 sq.m	户	household	278
8.200平方米以上	200 sq.m Above	户	household	29
(六)住宅外道路路面情况	Road Pavement Outside Housing	户	household	770
1.水泥或柏油路面	Cement or Asphalt	户	household	649
2.沙石或石板等硬质路面	Hard Surfacing of Gravel or Slabstone	户	household	100
3.其他	Others	户	household	21
(七)住户主要饮用水来源情况	Source of Drinking Water for Household	户	household	770
1.经过净化处理的自来水	Tap Water for Cleaning Treatment	户	household	755
2.受保护的井水和泉水	Well Water and Spring for Protected	户	household	15
3.不受保护的井水和泉水	Well Water and Spring for Non-protected	户	household	0
4.江河湖泊水	Rivers and Lakes	户	household	0
5.收集雨水	Rainwater	户	household	0
6.桶装水	Barreled Water	户	household	0
7.其他水源	Others	户	household	0
(八)住户获取饮用水的主要困难	Main Difficulty for Gaining Drinking Water	户	household	770
1.单次取水往返时间超过半小时	More than Half an Hour of Getting Water from a Single Round-trip Time	户	household	0
2.间断或定时供水	Water Supply for Gap or Timing	户	household	0
3.当年连续缺水时间超过16天	More than 16 Days for Continuous Hydropenia of the Year	户	household	0
4.无上述困难	No Difficulty	户	household	770
(九)住户饮用水使用前采取的主要处理措施	Main Treatment Measure before Drinking	户	household	770
1.煮沸	Boiling	户	household	725
2.加漂白剂/氯等	Adding Bleach or Chlorine	户	household	0
3.使用水过滤器	Using Water Filter	户	household	45
4.其他处理措施	Other Treatment Measures	户	household	0
5.没有任何水处理措施	No Any Treatment Measures	户	household	0

6-1 续表 2 continued

指标名称	Item	单位	Unit	总计
(十)住户厕所类型	Residence Toilet Type	户	household	770
1.水冲式卫生厕所(冲入下水道)	Sanitary Water Flush Toilet (Flush into Sewer)	户	household	73
2.水冲式卫生厕所(冲入化粪池)	Sanitary Water Flush Toilet (Flush into Septic Tank)	户	household	79
3.水冲式卫生厕所(冲入防渗厕坑)	Sanitary Water Flush Toilet (Flush into Seepage Proof Toilet Pit)	户	household	10
4.水冲式非卫生厕所(冲入其他地方)	Non Sanitary Water Flush Toilet (Flush into Other Places)	户	household	28
5.卫生旱厕	Sanitary Latrine	户	household	152
6.普通旱厕	Ordinary Latrine	户	household	428
7.无厕所	No Toilets	户	household	0
(十一)住户厕所使用情况	Using Condition of Residence Toilet	户	household	770
1.住宅内独用	Exclusive Use in House	户	household	362
2.住宅内合用	Sharing in House	户	household	1
3.院内独用	Exclusive Use in Yard	户	household	374
4.院内合用	Sharing in Yard	户	household	2
5.其他地方独用	Exclusive Use in Other Place	户	household	28
6.其他地方合用	Sharing in Other Place	户	household	0
7.公用厕所	Public Toilets	户	household	3
(十二)住户洗澡设施情况	Residence Shower Equipment Condition	户	household	770
1.统一供热水	Unified Supply Hot Water	户	household	4
2.家庭自装热水器	House Self-Installing Water Heater	户	household	724
3.其他	Others	户	household	23
4.无洗澡设施	No Shower Equipment	户	household	19
(十三)住户主要取暖设备状况	Residence Main Heating Equipment Condition	户	household	770
1.由市政或小区集中供暖	Central Heating by Government or Housing Estate	户	household	29
2.自行供暖	Self Heating	户	household	740
3.无取暖设备	No Heating Equipment	户	household	1
(十四)住户主要取暖用能源状况	Residence Main Heating Energy Condition	户	household	770
1.柴草	Firewood	户	household	2
2.煤炭	Coal	户	household	709
3.罐装液化石油气	Liquefied Petroleum Gas of Can Pack	户	household	0
4.管道液化石油气	Liquefied Petroleum Gas of Pipeline	户	household	0
5.管道煤气	Coal Gas of Pipeline	户	household	0
6.管道天然气	Natural Gas of Pipeline	户	household	2
7.电	Electricity	户	household	27
8.燃料用油	Fuel Oils	户	household	0
9.沼气	Biogas	户	household	0
10.其他	Others	户	household	1
11.无取暖行为	No Heating Behavior	户	household	29
(十五)主要炊用能源状况	Main Condition of Cooking Energy	户	household	770
1.柴草	Firewood	户	household	13
2.煤炭	Coal	户	household	77
3.罐装液化石油气	Liquefied Petroleum Gas of Can Pack	户	household	16
4.管道液化石油气	Liquefied Petroleum Gas of Pipeline	户	household	0
5.管道煤气	Coal Gas of Pipeline	户	household	0
6.管道天然气	Natural Gas of Pipeline	户	household	13
7.电	Electricity	户	household	650

6-1 续表 3 continued

指标名称	Item	单位	Unit	总计
8.燃料用油	Fuel Oils	户	household	0
9.沼气	Biogas	户	household	1
10.其他	Others	户	household	0
11.无炊用行为	No Heating Behavior	户	household	0
二、自有现住房情况	Condition of Own Current Housing			
(一)自有现住房建筑年份	Year of Built			
1.当年新建	New Construction of the Year	户	household	10
2.1-5年	1-5 Years	户	household	239
3.6-10年	6-10 Years	户	household	260
4.11-20年	11-20 Years	户	household	173
5.21-50年	21-50 Years	户	household	63
6.51-99年	51-99 Years	户	household	1
7.100年以上	More than 100 Years	户	household	0
(二)购(建)房总金额	Amount of Built	万元	10000 yuan	7053
(三)购(建)房时借贷款总额(不含利息)	Total Loan of Built	万元	10000 yuan	829
其中：按揭贷款金额	Mortgage Loan	万元	10000 yuan	250
(四)购(建)房时借贷款总利息	Loan Interest of Built	万元	10000 yuan	81
(五)借贷款还款总年限	Loan Years			
1.10年以下	Below 10 Years	户	household	145
2.11-20年	11-20 Years	户	household	4
3.21-30年	21-30 Years	户	household	0
4.30年以上	More than 30 Years	户	household	0
(六)现在是否还在还款	Whether in the Payment at Present	户	household	676
1.现在还在还款	Yes	户	household	14
2.现在已经还完借贷款	Pay Off the Loans at Present	户	household	662
三、租赁住房情况	Condition of Leasing Housing			
(一)租赁住房房屋来源	Source of Leasing Housing			
1.租赁公房	Public House Leasing	户	household	2
2.租赁私房	Private House Leasing	户	household	3
(二)租赁住房实际月租金	The Market Rent per Month of Leasing Housing	元	yuan	1439
1.租赁公房实际月租金	The Market Rent per Month of Public House Leasing	元	yuan	256
2.租赁私房实际月租金	The Market Rent per Month of Private House Leasing	元	yuan	1183
四、期内新建住房情况	Condition of Newly Built Residential Buildings During Period			
(一)期内新建住房竣工建筑面积	Floor Space of Newly Built Residential Buildings	平方米	sq.m	0
1.10平方米以内	Less than 10 sq.m	户	household	0
2.10-20平方米	10-20 sq.m	户	household	0
3.20-30平方米	20-30 sq.m	户	household	0
4.30-60平方米	30-60 sq.m	户	household	0
5.60-90平方米	60-90 sq.m	户	household	0
6.90-120平方米	90-120 sq.m	户	household	0
7.120-200平方米	120-200 sq.m	户	household	0
8.200平方米以上	More than 200 sq.m	户	household	0
(二)新建住房建成时间	Purchasing Date	年	year	0
(三)新建住房总费用	Total Cost	万元	10000 yuan	0
(四)新建住房资金来源	Capital Source of Newly Built Residential Buildings	万元	10000 yuan	0
1.银行信用社贷款	Loans from Bank and Credit Cooperative	万元	10000 yuan	0
2.亲友借款	Debt from Relatives and Friends	万元	10000 yuan	0
3.自筹资金	Self-collected Funds	万元	10000 yuan	0
4.其他资金	Others	万元	10000 yuan	0
五、期内住房大修或装修费用	Housing Overhaul Cost	万元	10000 yuan	10096

6-2 2021年脱贫县农村居民家庭耐用消费品每百户拥有情况

Ownership of Durable Consumer Goods per 100 Rural Households by County Lifted out of Poverty (2021)

单位：百户均 (per 100 households)

指标名称	Item	单位	Unit	总计
家用汽车	Family Car	辆	unit	39
摩托车	Motorcycle	辆	unit	63
助力车	Moped	台	set	62
洗衣机	Washing Machine	台	set	106
电冰箱(柜)	Refrigerator	台	set	102
微波炉	Microwave Oven	台	set	12
彩色电视机	Color TV Set	台	set	109
空调	Air Conditioner	台	set	2
热水器	Water Heater	台	set	107
洗碗机	Dishwasher	台	set	0
排油烟机	Ventilator	台	set	31
固定电话	Telephone	线	set	0
移动电话	Mobile Telephone	部	set	316
其中：接入互联网	Internet Mobile Telephone	部	set	310
计算机	Computer	台	set	27
其中：接入互联网	Internet Computer	台	set	24
照相机	Camera	台	set	1
中高档乐器	Middle and Top Grade Instruments	架	set	2
健身器材	Body-building Apparatus	台	set	0
空气净化器(含新风系统)	Air Cleaner (incl. fresh air system)	台	set	0
吸尘器	Vacuum Cleaner	台	set	1

6-3 2021年脱贫县农村社区基础设施和基本社会服务情况
Base Installation and Community Service of Rural by County Lifted out of Poverty (2021)

指标名称	Item	单位	Unit	总计
一、社区基础设施和基本社会服务情况	Base Installation and Community Service of the Community			
(一)本社区的土地性质主要属于	Land Status			
1.国有土地	State Owned	户	household	330
2.集体土地	Collective	户	household	440
(二)本社区是否通公路	Whether Connected Roads			
1.通公路	Yes	户	household	770
2.不通公路	No	户	household	0
(三)本社区能否便利地乘坐公共汽车	Whether Conveniently by Bus			
1.能便利地乘坐公共汽车	Yes	户	household	760
2.不能便利地乘坐公共汽车	No	户	household	10
(四)本社区是否通电	Whether Electrify			
1.通电	Yes	户	household	770
2.不通电	No	户	household	0
(五)本社区是否通电话	Whether on the Phone			
1.通电话	Yes	户	household	770
2.不通电话	No	户	household	0
(六)本社区能否接收有线电视信号	Whether Receive Cable TV Signal			
1.能接收有线电视信号	Yes	户	household	770
2.不能接收有线电视信号	No	户	household	0
(七)本社区饮用水是否经过集中净化处理	Whether Purified of Drinking Water			
1.饮用水经过集中净化处理	Yes	户	household	760
2.饮用水没有经过集中净化处理	No	户	household	10
(八)本社区主要饮用水水源中是否含有化学污染	Whether Chemical Contamination in Drinking Water			
1.高氟	Fluoride	户	household	0
2.高砷	Arsenic	户	household	0
3.其他化学污染	Other Chemical Pollution	户	household	0
4.没有化学污染	None Chemical Pollution	户	household	770
(九)本社区是否开通了管道燃气	Whether Launched Pipeline Gas			
1.开通管道燃气	Yes	户	household	0
2.未开通管道燃气	No	户	household	770
(十)本社区是否有市政或小区集中供暖	Whether Central Heating by Municipal or Community			
1.有市政或小区集中供暖	Yes	户	household	0
2.没有市政或小区集中供暖	No	户	household	590
3.不适用	Inapplicability	户	household	180
(十一)进入社区道路的路面状况	Road Condition Outside the Community			
1.水泥或柏油路面	Cement or Asphalt	户	household	760
2.沙石或石板等硬质路面	Hard Surfacing of Gravel or Slabstone	户	household	10
3.其他	Others	户	household	0
(十二)社区内主要道路路面状况	Road Condition in the Community			
1.水泥或柏油路面	Cement or Asphalt	户	household	750
2.沙石或石板等硬质路面	Hard Surfacing of Gravel or Slabstone	户	household	20
3.其他	Others	户	household	0
(十三)社区内主要道路是否有路灯	Whether Have Street Light			
1.主要道路有路灯	Yes	户	household	670
2.主要道路没有路灯	No	户	household	100

6-3 续表 1 continued

指 标 名 称	Item	单位	Unit	总计
(十四)社区内垃圾是否能够做到集中处理	Whether Centralized Processing of Rubbish			
1.垃圾集中处理	Yes	户	household	740
2.垃圾不能集中处理	No	户	household	30
(十五)社区内是否有健身器材	Whether Have Fitness Equipment			
1.有健身器材	Yes	户	household	770
2.没有健身器材	No	户	household	0
(十六)社区内是否有绿化园林景观设计	Whether Have Garden Design			
1.有绿化园林景观设计	Yes	户	household	400
2.没有绿化园林景观设计	No	户	household	370
(十七)社区是否有卫生站(室)	Whether Have Health Station			
1.有卫生站(室)	Yes	户	household	770
2.没有卫生站(室)	No	户	household	0
(十八)上幼儿园或学前班的便利程度如何	How Convenient is Kindergarten or Preschool			
1.社区内有，且便利	Yes, and Convenient	户	household	440
2.社区内无，但入园较便利	No, but Kindergarten is Convenient	户	household	320
3.不便利	Inconvenience	户	household	10
(十九)上小学的便利程度如何	How Convenient is in Primary School			
1.社区内有，且便利	Yes, and Convenient	户	household	480
2.社区内无，但入学较便利	No, but Entrance is Convenient	户	household	290
3.不便利	Inconvenience	户	household	0
(二十)社区是否在本年度发生过盗窃或其他刑事案件	Whether Happened Theft or Other Criminal Cases This Year			
1.发生过盗窃或其他刑事案件	Yes	户	household	10
2.没有发生过盗窃或其他刑事案件	No	户	household	760
(二十一)社区是否有专职安全保卫人员	Whether Have Full-time Security Personnel			
1.有专职安全保卫人员	Yes	户	household	610
2.没有专职安全保卫人员	No	户	household	160
(二十二)本社区是否通宽带	Whether Through Broadband Network			
1.已通宽带	Yes	户	household	770
2.未通宽带	No	户	household	0
(二十三)本村所处地势	Village Terrain			
1.平原	Plain	户	household	190
2.丘陵(半山区)	Hill	户	household	110
3.山区	Mountainous	户	household	470
(二十四)本村是否少数民族村	Whether is Minority Village			
1.少数民族村	Yes	户	household	390
2.不是少数民族村	No	户	household	380
(二十五)本村是否开展退耕还林还草工作	Whether Returning Farmland to Forest and Grass			
1.开展退耕还林还草工作	Yes	户	household	640
2.没有开展退耕还林还草工作	No	户	household	130
(二十六)本村到最近县城的距离	Distance of the Village to the Nearest County			
1.2公里以内	Less than 2 km	户	household	30
2.2-5公里	2-5 km	户	household	90
3.5-10公里	5-10 km	户	household	50
4.10-20公里	10-20 km	户	household	150
5.20公里以上	More than 20 km	户	household	450

6-3 续表 2 continued

指标名称	Item	单位	Unit	总计
(二十七)本村到最近乡镇的距离	Distance of the Village to the Nearest Town			
1.2公里以内	Less than 2 km	户	household	120
2.2-5公里	2-5 km	户	household	260
3.5-10公里	5-10 km	户	household	280
4.10-20公里	10-20 km	户	household	70
5.20公里以上	More than 20 km	户	household	40
(二十八)本村到最近火车站/汽车站/码头的距离	Distance of the Village to the Nearest Railway Station or Bus Station			
1.2公里以内	Less than 2 km	户	household	130
2.2-5公里	2-5 km	户	household	170
3.5-10公里	5-10 km	户	household	90
4.10-20公里	10-20 km	户	household	160
5.20公里以上	More than 20 km	户	household	220
(二十九)本村到最近邮局的距离	Distance of the Village to the Nearest Post-office			
1.2公里以内	Less than 2 km	户	household	100
2.2-5公里	2-5 km	户	household	290
3.5-10公里	5-10 km	户	household	260
4.10-20公里	10-20 km	户	household	80
5.20公里以上	More than 20 km	户	household	40
(三十)本村到最近集市的距离	Distance of the Village to the Nearest Market			
1.2公里以内	Less than 2 km	户	household	110
2.2-5公里	2-5 km	户	household	280
3.5-10公里	5-10 km	户	household	270
4.10-20公里	10-20 km	户	household	90
5.20公里以上	More than 20 km	户	household	20
(三十一)本村是否有拥有合法行医证的医生	Whether Have a Legal Certificate of Practicing Medicine Doctor			
1.有拥有合法行医证的医生	Yes	户	household	770
2.没有拥有合法行医证的医生	No	户	household	0
(三十二)本村是否有合格接生员	Whether Have a Qualified Midwives			
1.有合格接生员	Yes	户	household	220
2.没有合格接生员	No	户	household	550
(三十三)本村是否有政府组织的文化服务	Whether Have a Government-organised Cultural Service			
1.有政府组织的文化服务	Yes	户	household	690
2.没有政府组织的文化服务	No	户	household	80
(三十四)本村到最近快递收发点的距离	Distance of the Village to the Delivery point			
1.2公里以内	Less than 2 km	户	household	470
2.2-5公里	2-5 km	户	household	150
3.5-10公里	5-10 km	户	household	60
4.10-20公里	10-20 km	户	household	10
5.20公里以上	More than 20 km	户	household	10

第七篇

附录

Appendix

附-1 主要年份全国各省、自治区、直辖市全体居民人均可支配收入(新口径)

Per Capita Disposable Income of Urban and Rural Households by Region in Main Years (New Caliber)

单位：元 (yuan)

省\自治区\直辖市	Region	1990	2000	2005	2006	2007	2008	2009	2010
全　国	**National**	**904**	**3721**	**6385**	**7229**	**8584**	**9957**	**10977**	**12520**
北　京	Beijing	1741	9230	16853	19296	21458	24371	26571	29228
天　津	Tianjin	1466	6728	10255	11526	13116	15444	16967	19266
河　北	Hebei	771	3315	5581	6295	7233	8365	9267	10428
山　西	Shanxi	802	2924	5518	6235	7282	8333	8911	10149
内蒙古	Inner Mongolia	804	3379	5985	6876	8340	9923	11015	12538
辽　宁	Liaoning	1202	4024	6979	7937	9421	11125	12183	13953
吉　林	Jilin	984	3388	6010	6757	7791	8921	9671	10798
黑龙江	Heilongjiang	976	3602	6048	6748	7656	8877	9643	10846
上　海	Shanghai	2008	11056	17738	19647	22459	25385	27500	30436
江　苏	Jiangsu	1009	4928	8712	9947	11574	13237	14653	17006
浙　江	Zhejiang	1359	6719	12093	13550	15351	17073	18528	21159
安　徽	Anhui	685	2855	4777	5573	6724	7893	8683	9955
福　建	Fujian	975	4940	8042	8948	10138	11785	12985	14566
江　西	Jiangxi	775	2972	5223	5894	7097	8208	9094	10217
山　东	Shandong	895	4095	6860	7795	9085	10411	11398	12922
河　南	Henan	640	2649	4668	5409	6493	7637	8426	9520
湖　北	Hubei	888	3608	5628	6304	7430	8643	9496	11069
湖　南	Hunan	804	3345	5664	6364	7587	8804	9745	10861
广　东	Guangdong	1506	6899	10150	11147	12238	13605	14728	16579
广　西	Guangxi	780	3013	4870	5353	6614	7839	8655	9739
海　南	Hainan	925	3479	5322	6084	7186	8325	9151	10342
重　庆	Chongqing		3414	5942	6632	7520	8756	9688	10984
四　川	Sichuan	745	3001	4703	5247	6322	7413	8214	9373
贵　州	Guizhou	607	2290	3625	4016	4817	5533	6099	7226
云　南	Yunnan	686	2623	4197	4664	5469	6492	7170	8184
西　藏	Tibet	761	2521	3630	3828	4609	5249	5807	6628
陕　西	Shaanxi	711	2637	4395	5029	5974	7263	8122	9412
甘　肃	Gansu	600	2299	3962	4428	5037	5782	6454	7358
青　海	Qinghai	759	2706	4587	5113	5916	6808	7553	8659
宁　夏	**Ningxia**	**797**	**2777**	**4918**	**5576**	**6630**	**7924**	**8742**	**9864**
新　疆	Xinjiang	923	3024	4707	5290	6273	7012	7656	9042

注：本表收入为空格者均无资料，2013年以前的人均可支配收入国家统计局按照2013年城乡一体化住户调查新口径重新测算。
Note: The blank space means that no data is unavailable in this table. Data before 2013 are recalculated according to the integration of urban and rural reform in 2013.

附-1 续表 continued

单位：元 (yuan)

省\自治区\直辖市	Region	2011	2012	2013	2014	2015	2016	2017	2018	2019	2020	2021
全 国	**National**	**14551**	**16510**	**18311**	**20167**	**21966**	**23821**	**25974**	**28228**	**30733**	**32189**	**35128**
北 京	Beijing	33176	36817	40830	44489	48458	52530	57230	62361	67756	69434	75002
天 津	Tianjin	21714	24030	26359	28832	31291	34074	37022	39506	42404	43854	47449
河 北	Hebei	12059	13647	15190	16647	18118	19725	21484	23446	25665	27136	29383
山 西	Shanxi	11959	13592	15120	16538	17854	19049	20420	21990	23828	25214	27426
内蒙古	Inner Mongolia	14715	16800	18693	20559	22310	24127	26212	28376	30555	31497	34108
辽 宁	Liaoning	16429	18761	20818	22820	24576	26040	27835	29701	31820	32738	35112
吉 林	Jilin	12621	14395	15998	17520	18684	19967	21368	22798	24563	25751	27770
黑龙江	Heilongjiang	12605	14302	15903	17404	18593	19838	21206	22726	24254	24902	27159
上 海	Shanghai	34731	38550	42174	45966	49867	54305	58988	64183	69442	72232	78027
江 苏	Jiangsu	19820	22432	24776	27173	29539	32070	35024	38096	41400	43390	47498
浙 江	Zhejiang	24195	27020	29775	32658	35537	38529	42046	45840	49899	52397	57541
安 徽	Anhui	11873	13593	15154	16796	18363	19998	21863	23984	26415	28103	30904
福 建	Fujian	16909	19141	21218	23331	25404	27608	30048	32644	35616	37202	40659
江 西	Jiangxi	11870	13567	15100	16734	18437	20110	22031	24080	26262	28017	30610
山 东	Shandong	15077	17127	19008	20864	22703	24685	26930	29205	31597	32886	35705
河 南	Henan	11206	12772	14204	15695	17125	18443	20170	21964	23903	24810	26811
湖 北	Hubei	12941	14809	16472	18283	20026	21787	23757	25815	28319	27881	30829
湖 南	Hunan	12612	14391	16005	17622	19317	21115	23103	25241	27680	29380	31993
广 东	Guangdong	18916	21268	23421	25685	27859	30296	33003	35810	39014	41029	44993
广 西	Guangxi	11054	12644	14082	15557	16873	18305	19905	21485	23328	24562	26727
海 南	Hainan	12392	14180	15733	17476	18979	20653	22553	24579	26679	27904	30457
重 庆	Chongqing	13037	14924	16569	18352	20110	22034	24153	26386	28920	30824	33803
四 川	Sichuan	11130	12753	14231	15749	17221	18808	20580	22461	24703	26522	29080
贵 州	Guizhou	8594	9850	11083	12371	13697	15121	16704	18430	20397	21795	23996
云 南	Yunnan	9739	11233	12578	13772	15223	16720	18348	20084	22082	23295	25666
西 藏	Tibet	7510	8568	9740	10730	12254	13639	15457	17286	19501	21744	24950
陕 西	Shaanxi	11229	12885	14372	15837	17395	18874	20635	22528	24666	26226	28568
甘 肃	Gansu	8463	9768	10954	12185	13467	14670	16011	17488	19139	20335	22066
青 海	Qinghai	10024	11470	12948	14374	15813	17302	19001	20757	22618	24037	25919
宁 夏	**Ningxia**	**11480**	**13104**	**14566**	**15907**	**17329**	**18832**	**20562**	**22400**	**24412**	**25735**	**27904**
新 疆	Xinjiang	10443	12151	13670	15097	16859	18355	19975	21500	23103	23845	26075

附-2　主要年份全国各省、自治区、直辖市全体居民人均生活消费支出

Per Capita Annual Consumption Expenditure of Urban and Rural Households by Region in Main Years

单位：元　　(yuan)

省\自治区\直辖市	Region	1990	2000	2005	2006	2007	2008	2009	2010
全　国	**National**	**768**	**2914**	**5035**	**5634**	**6592**	**7548**	**8377**	**9378**
北　京	Beijing	1469	7644	13289	15123	15933	17447	19381	21834
天　津	Tianjin	1225	5018	8227	9072	10352	11641	12974	14711
河　北	Hebei	638	2215	4181	4769	5477	6241	6846	7583
山　西	Shanxi	649	2163	3902	4560	5319	5984	6449	7011
内蒙古	Inner Mongolia	670	2648	4746	5385	6578	7706	8873	10209
辽　宁	Liaoning	1020	3216	5657	6182	7241	8652	9587	10462
吉　林	Jilin	811	2782	4677	5183	6010	6817	7677	8176
黑龙江	Heilongjiang	809	2772	4727	5085	5883	7008	7863	8619
上　海	Shanghai	1709	8565	14135	15284	18001	20345	22230	24758
江　苏	Jiangsu	906	3667	6451	7416	8487	9621	10717	12266
浙　江	Zhejiang	1151	5170	9740	10780	11695	12794	13943	15634
安　徽	Anhui	634	2120	3742	4290	5045	5887	6510	7297
福　建	Fujian	862	3842	6290	7068	8084	9358	10287	11474
江　西	Jiangxi	660	2240	4011	4433	5185	5874	6585	7291
山　东	Shandong	734	2982	4740	5443	6249	7128	7794	8560
河　南	Henan	534	1938	3294	3849	4676	5420	6065	6831
湖　北	Hubei	784	2839	4442	4970	5817	6607	7091	8090
湖　南	Hunan	709	2917	4805	5370	6098	6951	7615	8308
广　东	Guangdong	1319	5544	8221	8771	9952	10860	11615	12907
广　西	Guangxi	656	2452	3983	4001	4778	5574	6080	6697
海　南	Hainan	761	2577	3888	4657	5479	6283	6837	7517
重　庆	Chongqing		2866	5117	5603	6138	7074	7843	8810
四　川	Sichuan	665	2430	3926	4302	5048	5804	7078	7490
贵　州	Guizhou	539	1880	2872	3158	3691	4123	4594	5507
云　南	Yunnan	603	2202	3379	3855	4415	5129	5524	6204
西　藏	Tibet		2020	3398	3141	3693	3927	4347	4809
陕　西	Shaanxi	615	2241	3735	4366	5050	5972	6708	7625
甘　肃	Gansu	491	1848	3392	3630	4130	4670	5258	5846
青　海	Qinghai	643	2275	4105	4434	5184	5952	6619	7713
宁　夏	**Ningxia**	**673**	**2338**	**3996**	**4479**	**4981**	**6172**	**6746**	**7745**
新　疆	Xinjiang	701	2375	3777	4134	4937	5591	6122	7126

注：本表收入为空格者均无资料，2013年以前的人均可支配收入国家统计局按照2013年城乡一体化住户调查新口径重新测算。

Note: The blank space means that no data is unavailable in this table. Data before 2013 are recalculated according to the integration of urban and rural reform in 2013.

附-2 续表 continued

单位：元 (yuan)

省\自治区\直辖市	Region	2011	2012	2013	2014	2015	2016	2017	2018	2019	2020	2021
全　国	**National**	**10820**	**12054**	**13220**	**14491**	**15712**	**17111**	**18322**	**19853**	**21559**	**21210**	**24100**
北　京	Beijing	24298	26562	29176	31103	33803	35416	37425	39843	43038	38903	43640
天　津	Tianjin	16796	18542	20419	22343	24163	26129	27841	29903	31854	28461	33188
河　北	Hebei	8852	9773	10872	11932	13031	14247	15437	16722	17987	18037	19954
山　西	Shanxi	8404	9446	10118	10864	11729	12683	13664	14810	15863	15733	17191
内蒙古	Inner Mongolia	11920	13475	14878	16258	17179	18072	18946	19665	20743	19794	22658
辽　宁	Liaoning	11954	13489	14950	16068	17200	19853	20463	21398	22203	20672	23831
吉　林	Jilin	9442	10737	12054	13026	13764	14773	15632	17200	18075	17318	19605
黑龙江	Heilongjiang	9967	10750	12037	12769	13403	14446	15577	16994	18111	17056	20636
上　海	Shanghai	26858	28152	30400	33065	34784	37458	39792	43351	45605	42536	48879
江　苏	Jiangsu	14635	16500	17926	19164	20556	22130	23469	25007	26697	26225	31451
浙　江	Zhejiang	17874	18931	20610	22552	24117	25527	27079	29471	32026	31295	36668
安　徽	Anhui	8683	9878	10544	11727	12840	14712	15752	17045	19137	18877	21911
福　建	Fujian	13218	14843	16177	17645	18850	20167	21249	22996	25314	25126	28440
江　西	Jiangxi	8361	9182	10053	11089	12403	13259	14459	15792	17650	17955	20290
山　东	Shandong	9853	10902	11897	13329	14578	15926	17281	18780	20427	20940	22821
河　南	Henan	7968	9103	10003	11000	11835	12712	13730	15169	16332	16143	18391
湖　北	Hubei	9589	10756	11761	12928	14317	15889	16938	19538	21567	19246	23846
湖　南	Hunan	9713	10806	11946	13289	14267	15750	17160	18808	20479	20998	22798
广　东	Guangdong	14459	16002	17421	19206	20976	23448	24820	26054	28995	28492	31589
广　西	Guangxi	7816	8910	9597	10274	11401	12295	13424	14935	16418	16357	18088
海　南	Hainan	8859	10161	11193	12471	13575	14275	15403	17528	19555	18972	22242
重　庆	Chongqing	10263	11468	12600	13811	15140	16385	17898	19248	20774	21678	24598
四　川	Sichuan	8751	9837	11055	12368	13632	14839	16180	17664	19338	19783	21518
贵　州	Guizhou	6452	7247	8288	9303	10414	11932	12970	13798	14780	14874	17957
云　南	Yunnan	7135	8192	8824	9870	11005	11769	12658	14250	15780	16792	18851
西　藏	Tibet	5063	5468	6307	7317	8246	9319	10320	11520	13029	13225	15342
陕　西	Shaanxi	9026	10175	11217	12204	13087	13943	14900	16160	17465	17418	19347
甘　肃	Gansu	6920	7937	8943	9875	10951	12254	13120	14624	15879	16175	17456
青　海	Qinghai	9032	10386	11577	12605	13611	14775	15503	16557	17545	18284	19020
宁　夏	**Ningxia**	**9010**	**10009**	**11292**	**12485**	**13816**	**14965**	**15350**	**16715**	**18297**	**17506**	**20024**
新　疆	Xinjiang	8575	10171	11392	11904	12867	14066	15087	16189	17397	16512	18961

附-3 主要年份全国各省、自治区、直辖市城镇居民人均可支配收入(新口径)
Per Capita Disposable Income of Urban Households by Region in Main Years (New Caliber)

单位：元 (yuan)

省/自治区/直辖市	Region	1978	1979	1980	1981	1982	1983	1984	1985	1986	1987	1988
全　国	**National**	**343**	**405**	**478**	**500**	**535**	**565**	**652**	**739**	**901**	**1002**	**1180**
北　京	Beijing	365	415	501	555	561	591	694	908	1068	1182	1437
天　津	Tianjin	388	425	527	540	577	604	728	876	1070	1187	1330
河　北	Hebei	276	313	401	402	433	449	519	631	766	855	1080
山　西	Shanxi	301		380	401	433	452	517	595	718	807	945
内蒙古	Inner Mongolia	301	350	407	449	453	474	549	686	774	820	916
辽　宁	Liaoning	363		494	508	529	549	636	704	882	992	1204
吉　林	Jilin			368	444	431	451	499	616	755	852	987
黑龙江	Heilongjiang	455	458	420	424	460	518	580	742	830	889	1004
上　海	Shanghai	406	481	637	637	659	686	834	1075	1293	1437	1723
江　苏	Jiangsu	288		433	448	484	498	626	766	910	1005	1218
浙　江	Zhejiang	332		488	523	530	551	669	904	1104	1228	1589
安　徽	Anhui			0	425	453	488	559	642	815	925	1075
福　建	Fujian	371		450	452	520	573	582	733	929	1021	1236
江　西	Jiangxi	305		386	407	425	439	499	583	730	792	938
山　东	Shandong	391	420	448	495	525	537	639	748	854	987	1163
河　南	Henan	291		342	395	402	422	467	601	668	744	862
湖　北	Hubei	325	324	414	456	481	511	591	704	851	952	1128
湖　南	Hunan	324		476	505	519	564	645	735	904	1018	1255
广　东	Guangdong	412	416	473	561	631	714	818	954	1102	1321	1583
广　西	Guangxi	289		455	460	427	444	563	745	784	899	1158
海　南	Hainan								778		986	1196
重　庆	Chongqing		355	412	481	505	536	616	762	984	1109	1278
四　川	Sichuan	338	369	391	457	445	493	581	700	849	948	1130
贵　州	Guizhou	261	280	344	453	460	483	558	631	824	912	1102
云　南	Yunnan	328	362	420	446	493	533	608	752	872	989	1156
西　藏	Tibet	565	625	683	715	768	840	915	983	1026	1229	1376
陕　西	Shaanxi	310		407	427	452	488	552	650	814	905	1040
甘　肃	Gansu	408	418	403	448	474	491	572	641	777	871	979
青　海	Qinghai				455			685	747	1002	1084	1154
宁　夏	**Ningxia**	**346**	**358**	**464**	**481**	**521**	**530**	**629**	**697**	**884**	**951**	**1084**
新　疆	Xinjiang	319		427	581	513	548	649	697	843	920	1068

注：本表收入为空格者均无资料，2013年以前的人均可支配收入国家统计局按照2013年城乡一体化住户调查新口径重新测算。

Note: The blank space means that no data is unavailable in this table. Data before 2013 are recalculated according to the integration of urban and rural reform in 2013.

附-3 续表 1 continued

单位：元 (yuan)

省/自治区/直辖市	Region	1989	1990	1991	1992	1993	1994	1995	1996	1997	1998	1999
全国	**National**	**1374**	**1510**	**1701**	**2027**	**2577**	**3496**	**4283**	**4839**	**5160**	**5418**	**5839**
北京	Beijing	1597	1902	2170	2556	3547	5085	6235	7332	7813	8536	9322
天津	Tianjin	1478	1639	1845	2238	2769	3982	4930	5967	6609	7053	7527
河北	Hebei	1257	1397	1489	1763	2201	3008	3674	4430	4959	5079	5353
山西	Shanxi	1176	1291	1410	1623	1957	2566	3306	3703	3990	4096	4337
内蒙古	Inner Mongolia	1053	1149	1294	1495	1893	2498	2863	3432	3945	4360	4785
辽宁	Liaoning	1417	1551	1706	1949	2314	3063	3707	4207	4518	4631	4929
吉林	Jilin	1109	1230	1395	1637	1953	2561	3175	3806	4191	4194	4452
黑龙江	Heilongjiang	1138	1211	1389	1630	1960	2597	3375	3768	4091	4288	4638
上海	Shanghai	1976	2183	2486	3009	4277	5868	7172	8159	8439	8788	10972
江苏	Jiangsu	1372	1464	1623	2138	2774	3779	4634	5186	5765	6005	6510
浙江	Zhejiang	1797	1932	2143	2619	3626	5066	6221	6956	7359	7825	8402
安徽	Anhui	1248	1355	1485	1808	2248	3048	3795	4513	4599	4766	5054
福建	Fujian	1555	1749	1953	2351	2923	3935	4853	5574	6144	6443	6770
江西	Jiangxi	1082	1188	1295	1585	1985	2777	3377	3780	4071	4255	4729
山东	Shandong	1349	1466	1688	1974	2515	3444	4264	4890	5191	5361	5766
河南	Henan	1015	1268	1385	1608	1963	2619	3299	3755	4094	4210	4513
湖北	Hubei	1263	1427	1593	1874	2439	3346	4017	4350	4673	4823	5205
湖南	Hunan	1493	1439	1715	2094	2688	3888	4699	5052	5210	5450	5849
广东	Guangdong	2086	2303	2752	3477	4632	6367	7439	8158	8562	8766	8975
广西	Guangxi	1304	1588	1794	2104	2895	3981	4792	5033	5110	5401	5597
海南	Hainan	1367	1650	1799	2318	3072	3920	4770	4926	4850	4845	5320
重庆	Chongqing	1449	1691	1892	2195	2781	3634	4375	5023	5302	5431	5818
四川	Sichuan	1349	1488	1703	2001	2421	3311	4003	4483	4763	5125	5473
贵州	Guizhou	1275	1327	1481	1900	2313	3220	3931	4221	4442	4564	4930
云南	Yunnan	1305	1515	1703	2062	2639	3434	4065	4978	5558	6027	6147
西藏	Tibet	1477	1613	2381	2083	2348	4014	4000	6556	5135	5446	6930
陕西	Shaanxi	1239	1369	1498	1705	2102	2684	3310	3810	4001	4213	4638
甘肃	Gansu	1133	1197	1369	1708	2003	2658	3153	3354	3592	4024	4508
青海	Qinghai	1275	1321	1449	1806	2127	2813	3320	3834	3999	4254	4734
宁夏	**Ningxia**	**1236**	**1421**	**1565**	**1821**	**2171**	**2986**	**3383**	**3612**	**3837**	**4107**	**4462**
新疆	Xinjiang	1176	1421	1614	1952	2423	3170	4163	4650	4845	5023	5367

附-3 续表 2 continued

单位：元 (yuan)

省/自治区/直辖市	Region	2000	2001	2002	2003	2004	2005	2006	2007	2008	2009	2010
全 国	**National**	**6256**	**6824**	**7652**	**8406**	**9335**	**10382**	**11620**	**13603**	**15549**	**16901**	**18779**
北 京	Beijing	10590	11939	12949	14535	16502	18775	21415	23752	26918	29329	32132
天 津	Tianjin	7946	8672	8968	9823	10831	11839	13266	15062	17726	19371	21800
河 北	Hebei	5642	5957	6641	7188	7886	9020	10194	11550	13263	14505	16009
山 西	Shanxi	4715	5377	6214	6977	7866	8866	9967	11487	13021	13883	15510
内蒙古	Inner Mongolia	5152	5568	6096	7076	8208	9247	10499	12566	14676	16140	18050
辽 宁	Liaoning	5408	5871	6629	7381	8190	9346	10677	12710	14924	16396	18487
吉 林	Jilin	4765	5273	6159	6869	7662	8464	9488	10916	12367	13457	14759
黑龙江	Heilongjiang	4981	5528	6246	6870	7722	8592	9583	10744	12205	13305	14741
上 海	Shanghai	11781	12976	13367	15026	16891	18912	21001	24048	27204	29461	32584
江 苏	Jiangsu	6756	7311	8088	9140	10319	12098	13799	16009	18215	19996	22273
浙 江	Zhejiang	9236	10399	11624	13055	14387	16089	18007	20250	22334	24148	26802
安 徽	Anhui	5277	5645	6001	6735	7456	8399	9677	11350	12836	13903	15566
福 建	Fujian	7285	8092	8883	9601	10655	11667	12932	14478	16649	18023	19914
江 西	Jiangxi	5116	5525	6363	6937	7605	8679	9625	11551	12990	14168	15656
山 东	Shandong	6417	6995	7473	8212	9191	10422	11780	13726	15628	17006	18971
河 南	Henan	4735	5221	6176	6833	7584	8512	9611	11217	12901	13982	15463
湖 北	Hubei	5512	5838	6762	7287	7978	8730	9733	11394	13037	14229	15891
湖 南	Hunan	6274	6861	7061	7811	8799	9754	10791	12669	14288	15641	17229
广 东	Guangdong	9518	10068	10673	11759	12829	13783	14815	16228	17930	19432	21332
广 西	Guangxi	5800	6612	7242	7692	8568	9138	9720	11953	13829	15074	16613
海 南	Hainan	5332	5800	6764	7185	7643	8013	9250	10807	12367	13465	15229
重 庆	Chongqing	6152	6544	7000	7773	8793	9700	10878	11758	13321	14502	16032
四 川	Sichuan	5886	6348	6595	7022	7684	8354	9310	11045	12567	13759	15364
贵 州	Guizhou	5117	5444	5933	6555	7303	8127	9086	10638	11710	12804	14073
云 南	Yunnan	6277	6729	7149	7528	8713	9078	9840	11202	12876	13980	15528
西 藏	Tibet	7459	7915	8137	8841	9196	9538	9053	11289	12677	13775	15258
陕 西	Shaanxi	5098	5447	6277	6737	7403	8159	9125	10578	12613	13836	15343
甘 肃	Gansu	4970	5461	6264	6803	7566	8323	9215	10380	11413	12457	13820
青 海	Qinghai	5221	5931	6272	6879	7489	8271	9270	10620	12071	13205	14462
宁 夏	**Ningxia**	**4894**	**5516**	**6030**	**6482**	**7155**	**8013**	**9074**	**10723**	**12751**	**13813**	**15093**
新 疆	Xinjiang	5721	6512	7058	7370	7743	8283	9239	10794	12021	12948	14480

附-3 续表 3 continued

单位：元 (yuan)

省/自治区/直辖市	Region	2011	2012	2013	2014	2015	2016	2017	2018	2019	2020	2021
全 国	**National**	**21427**	**24127**	**26467**	**28844**	**31195**	**33616**	**36396**	**39251**	**42359**	**43834**	**47412**
北 京	Beijing	36365	40306	44564	48532	52859	57275	62406	67990	73849	75602	81518
天 津	Tianjin	24158	26586	28980	31506	34101	37110	40278	42976	46119	47659	51486
河 北	Hebei	18006	20222	22227	24141	26152	28249	30548	32977	35738	37286	39791
山 西	Shanxi	17965	20232	22258	24069	25828	27352	29132	31035	33262	34793	37433
内蒙古	Inner Mongolia	20813	23611	26004	28350	30594	32975	35670	38305	40782	41353	44377
辽 宁	Liaoning	21362	24238	26697	29082	31126	32876	34993	37342	39777	40376	43051
吉 林	Jilin	17043	19352	21331	23218	24901	26530	28319	30172	32299	33396	35646
黑龙江	Heilongjiang	16699	18894	20848	22609	24203	25736	27446	29191	30945	31115	33646
上 海	Shanghai	37079	41130	44878	48841	52962	57692	62596	68034	73615	76437	82429
江 苏	Jiangsu	25570	28808	31585	34346	37173	40152	43622	47200	51056	53102	57743
浙 江	Zhejiang	30340	33846	37080	40393	43714	47237	51261	55574	60182	62699	68487
安 徽	Anhui	18345	20729	22789	24839	26936	29156	31640	34393	37540	39442	43009
福 建	Fujian	22772	25650	28174	30722	33275	36014	39001	42121	45620	47160	51140
江 西	Jiangxi	17692	20085	22120	24309	26500	28673	31198	33819	36546	38556	41684
山 东	Shandong	21678	24496	26882	29222	31545	34012	36789	39549	42329	43726	47066
河 南	Henan	17661	19843	21741	23672	25576	27233	29558	31874	34201	34750	37095
湖 北	Hubei	18183	20623	22668	24852	27051	29386	31889	34455	37601	36706	40278
湖 南	Hunan	19599	22173	24352	26570	28838	31284	33948	36698	39842	41698	44866
广 东	Guangdong	24010	26981	29537	32148	34757	37684	40975	44341	48118	50257	54854
广 西	Guangxi	18356	20681	22689	24669	26416	28324	30502	32436	34745	35859	38530
海 南	Hainan	17954	20446	22411	24487	26356	28453	30817	33349	36017	37097	40213
重 庆	Chongqing	18517	21003	23058	25147	27239	29610	32193	34889	37939	40006	43502
四 川	Sichuan	17787	20180	22228	24234	26205	28335	30727	33216	36154	38253	41444
贵 州	Guizhou	16413	18608	20565	22548	24580	26743	29080	31592	34404	36096	39211
云 南	Yunnan	17956	20371	22460	24299	26373	28611	30996	33488	36238	37500	40905
西 藏	Tibet	16496	18362	20394	22016	25457	27802	30671	33797	37410	41156	46503
陕 西	Shaanxi	17836	20269	22346	24366	26420	28440	30810	33319	36098	37868	40713
甘 肃	Gansu	15707	17979	19873	21804	23767	25693	27763	29957	32323	33822	36187
青 海	Qinghai	16287	18336	20352	22307	24542	26757	29169	31515	33830	35506	37745
宁 夏	**Ningxia**	**17291**	**19507**	**21476**	**23285**	**25186**	**27153**	**29472**	**31895**	**34328**	**35720**	**38291**
新 疆	Xinjiang	16464	19019	21091	23214	26275	28463	30775	32764	34664	34838	37642

附-4 主要年份全国各省、自治区、直辖市城镇居民人均生活消费支出(新口径)

Per Capita Annual Consumption Expenditure of Urban Households by Region in Main Years (New Caliber)

单位：元 (yuan)

省\自治区\直辖市	Region	1978	1979	1980	1981	1982	1983	1984	1985	1986	1987	1988
全　国	**National**	**311**	**.**	**412**	**457**	**471**	**506**	**559**	**673**	**799**	**884**	**1104**
北　京	Beijing	360	409	490	511	535	574	667	923	1067	1148	1456
天　津	Tianjin	345	385	475	486	497	521	600	771	949	1071	1279
河　北	Hebei	402	423	460	401	401	420	476	606	718	800	1119
山　西	Shanxi	275	305	357	373	390	394	433	533	635	708	856
内蒙古	Inner Mongolia	269	351	353	378	397	411	449	595	680	712	844
辽　宁	Liaoning	337		426	455	460	487	545	619	756	883	1128
吉　林	Jilin				348	367	397	425	554	662	715	879
黑龙江	Heilongjiang			361	378	405	459	505	651	726	771	933
上　海	Shanghai	357	429	553	585	576	615	726	992	1170	1282	1648
江　苏	Jiangsu	276		435	441	452	487	578	720	867	953	1239
浙　江	Zhejiang	301		428	476	471	484	562	795	969	1101	1453
安　徽	Anhui				392	403	435	479	566	700	806	1020
福　建	Fujian	285	339	392	405	466	504	494	675	790	893	1077
江　西	Jiangxi			382	374	374	387	436	521	631	703	876
山　东	Shandong	340	367	396	450	455	473	521	670	751	813	1026
河　南	Henan			384	396	408	431	460	605	654	711	895
湖　北	Hubei			369	423	431	465	516	644	752	836	1059
湖　南	Hunan	290		426	466	449	493	541	685	715	811	1049
广　东	Guangdong	400	425	486	517	592	660	744	890	999	1216	1507
广　西	Guangxi				423	399	427	492	664	740	861	1198
海　南	Hainan								711	863	921	1030
重　庆	Chongqing											
四　川	Sichuan	314	340	364	396	407	457	517	680	787	889	1086
贵　州	Guizhou	247	274	333	393	404	426	480	618	693	761	1020
云　南	Yunnan	303	343	381	412	456	480	527	704	814	884	1143
西　藏	Tibet				519	522	602	619	909	820	1008	1211
陕　西	Shaanxi	268		371	379	392	417	457	585	698	772	983
甘　肃	Gansu			399	433	447	482	552	625	737	829	1026
青　海	Qinghai						450	581	679	777	828	1048
宁　夏	**Ningxia**	**300**	**383**	**403**	**423**	**471**	**449**	**533**	**645**	**747**	**792**	**1014**
新　疆	Xinjiang				446	456	472	564	651	722	765	956

注：本表支出为空格者均无资料，2013年以前的人均可支配收入国家统计局按照2013年城乡一体化住户调查新口径重新测算。

Note: The blank space means that no data is unavailable in this table. Data before 2013 are recalculated according to the integration of urban and rural reform in 2013.

附-4 续表 1 continued

单位：元 (yuan)

省\自治区\直辖市	Region	1989	1990	1991	1992	1993	1994	1995	1996	1997	1998	1999
全　国	**National**	**1211**	**1279**	**1454**	**1672**	**2111**	**2851**	**3538**	**3919**	**4186**	**4340**	**4633**
北　京	Beijing	1520	1646	1748	2135	2940	4134	5020	5730	6532	7069	7712
天　津	Tianjin	1291	1440	1586	1907	2322	3301	4064	4680	5204	5482	5875
河　北	Hebei	1188	1278	1336	1612	1984	2613	3257	3424	4004	3859	4080
山　西	Shanxi	993	1048	1171	1303	1560	2043	2641	3036	3229	3278	3516
内蒙古	Inner Mongolia	913	982	1081	1254	1585	2111	2482	2768	3032	3106	3469
辽　宁	Liaoning	1276	1346	1485	1639	1977	2588	3113	3493	3720	3910	4030
吉　林	Jilin	967	1054	1179	1375	1596	2096	2598	3037	3408	3450	3662
黑龙江	Heilongjiang	1004	1051	1375	1378	1660	2164	2776	3111	3213	3328	3535
上　海	Shanghai	1812	1937	2167	2509	3530	4669	5868	6763	6820	6935	8430
江　苏	Jiangsu	1301	1339	1592	1769	2311	3080	3772	4058	4534	4922	5077
浙　江	Zhejiang	1556	1604	1806	2154	2856	4079	5263	5764	6170	6255	6600
安　徽	Anhui	1138	1182	1307	1521	1846	2551	3161	3607	3694	3748	3840
福　建	Fujian	1340	1431	1659	1942	2418	3351	4132	4568	4936	5190	5285
江　西	Jiangxi	978	984	1110	1276	1586	2201	2712	2942	3200	3267	3482
山　东	Shandong	1161	1229	1407	1599	1947	2635	3285	3771	4041	4136	4497
河　南	Henan	964	1068	1232	1343	1609	2155	2674	3009	3378	3423	3512
湖　北	Hubei	1131	1220	1380	1578	2098	2733	3434	3714	3856	4066	4323
湖　南	Hunan	1121	1162	1381	1654	2087	3138	3886	4098	4317	4390	4843
广　东	Guangdong	1921	1984	2389	2831	3777	5181	6254	6736	6853	6997	7396
广　西	Guangxi	1296	1338	1641	1740	2303	3327	4046	4339	4453	4362	4545
海　南	Hainan	1196	1382	1589	1851	2404	3014	3760	3815	3909	3837	4027
重　庆	Chongqing								4467	4920	4943	5345
四　川	Sichuan	1184	1281	1520	1651	2034	2806	3429	3788	4093	4378	4489
贵　州	Guizhou	1064	1109	1325	1564	1876	2532	3251	3573	3556	3801	3967
云　南	Yunnan	1141	1272	1423	1704	2186	2844	3448	4007	4537	5025	4927
西　藏	Tibet	1432			1887				4537			5309
陕　西	Shaanxi	1066	1117	1290	1405	1714	2246	2838	3211	3462	3534	3943
甘　肃	Gansu	1065	1031	1270	1457	1680	2209	2618	2839	2946	3106	3697
青　海	Qinghai	1069	1118	1272	1533	1870	2422	2870	3178	3300	3631	4014
宁　夏	**Ningxia**	**1089**	**1212**	**1347**	**1506**	**1877**	**2478**	**2868**	**3039**	**3271**	**3387**	**3564**
新　疆	Xinjiang	977	1104	1261	1491	1835	2479	3187	3457	3887	3740	4228

附-4 续表 2 continued

单位：元 (yuan)

省\自治区\直辖市	Region	2000	2001	2002	2003	2004	2005	2006	2007	2008	2009	2010
全　国	**National**	**5027**	**5350**	**6089**	**6587**	**7280**	**8068**	**8851**	**10196**	**11489**	**12558**	**13821**
北　京	Beijing	8866	9443	11050	12122	13487	14851	16869	17682	19253	21230	23999
天　津	Tianjin	6158	7045	7265	7964	8930	9813	10745	12280	13732	15174	17015
河　北	Hebei	4439	4604	5249	5673	6112	7091	7829	8845	9832	10547	11324
山　西	Shanxi	3982	4178	4791	5210	5790	6518	7395	8385	9145	9747	10236
内蒙古	Inner Mongolia	3928	4195	4859	5418	6218	6927	7665	9280	10826	12367	13991
辽　宁	Liaoning	4423	4750	5483	6272	6787	7685	8373	9941	11909	13137	14229
吉　林	Jilin	4021	4338	4975	5493	6071	6797	7355	8564	9733	10920	11685
黑龙江	Heilongjiang	3914	4324	4638	5256	5882	6579	7143	8137	9409	10593	11847
上　海	Shanghai	9162	9747	11046	11777	13628	15022	16272	19243	21875	23929	26737
江　苏	Jiangsu	5429	5680	6246	6982	7684	9102	10236	11470	12912	14276	15690
浙　江	Zhejiang	7150	8153	8990	10087	11116	12894	14135	15014	16252	18003	19391
安　徽	Anhui	4132	4373	4548	4823	5392	5960	6767	7844	8681	9251	10317
福　建	Fujian	5668	6057	6690	7434	8263	8919	9965	11254	12749	13742	15096
江　西	Jiangxi	3623	3894	4548	4913	5336	6107	6643	7807	8713	9735	10613
山　东	Shandong	4991	5209	5539	5994	6577	7333	8309	9464	10752	11711	12761
河　南	Henan	3855	4145	4553	5005	5374	6143	6816	7999	9052	9820	11151
湖　北	Hubei	4617	4767	5552	5891	6308	6628	7263	8525	9266	10044	11149
湖　南	Hunan	5290	5648	5701	6250	7108	7784	8513	9413	10461	11443	12555
广　东	Guangdong	7821	7839	8624	9169	10088	11044	11530	13177	14152	15233	16565
广　西	Guangxi	4785	5127	5287	5602	6234	6768	6508	7768	9126	9765	10784
海　南	Hainan	4096	4387	5492	5541	5849	5983	7202	8391	9531	10230	11095
重　庆	Chongqing	5424	5658	6267	6991	7806	8417	9146	9596	10781	11710	12818
四　川	Sichuan	4839	5153	5383	5720	6321	6829	7448	8592	9557	10710	11923
贵　州	Guizhou	4283	4280	4606	4960	5508	6177	6871	7787	8383	9088	10106
云　南	Yunnan	5162	5222	5785	5971	6766	6914	7282	7805	8928	10019	10859
西　藏	Tibet	5610	6117	7174	8394	8786	9170	6635	8165	9118	10000	10831
陕　西	Shaanxi	4260	4614	5343	5623	6177	6588	7466	8318	9633	10539	11623
甘　肃	Gansu	4153	4458	5119	5367	6026	6641	7109	8045	8504	9119	10171
青　海	Qinghai	4364	4969	5407	5870	6346	6978	7395	8634	9548	10382	11519
宁　夏	**Ningxia**	**4231**	**4639**	**5166**	**5407**	**5919**	**6527**	**7362**	**8006**	**9815**	**10580**	**11694**
新　疆	Xinjiang	4526	5088	5865	5807	6098	6608	7221	8522	9459	10258	11305

附-4 续表 3 continued

单位：元 (yuan)

省\自治区\直辖市	Region	2011	2012	2013	2014	2015	2016	2017	2018	2019	2020	2021
全　国	**National**	**15554**	**17107**	**18488**	**19968**	**21392**	**23079**	**24445**	**26112**	**28063**	**27007**	**30307**
北　京	Beijing	26467	28949	31632	33717	36642	38256	40346	42926	46358	41726	46776
天　津	Tianjin	18928	20572	22306	24290	26230	28345	30284	32655	34811	30895	36067
河　北	Hebei	12741	13752	14970	16204	17587	19106	20600	22127	23483	23167	24192
山　西	Shanxi	11869	12765	13763	14637	15819	16993	18404	19790	21159	20332	21965
内蒙古	Inner Mongolia	15874	17712	19244	20885	21876	22744	23638	24437	25383	23888	27194
辽　宁	Liaoning	15847	17780	19318	20520	21557	24996	25379	26448	27355	24849	28438
吉　林	Jilin	13017	14621	15941	17156	17973	19166	20051	22394	23394	21623	24421
黑龙江	Heilongjiang	13367	14398	15704	16467	17152	18145	19270	21035	22165	20397	24422
上　海	Shanghai	28929	30256	32447	35182	36946	39857	42304	46015	48272	44839	51295
江　苏	Jiangsu	18339	20573	22262	23476	24966	26433	27726	29462	31329	30882	36558
浙　江	Zhejiang	22192	23395	25254	27242	28661	30068	31924	34598	37508	36197	42193
安　徽	Anhui	11812	13452	14594	16107	17234	19606	20740	21523	23782	22683	26495
福　建	Fujian	17052	19030	20565	22204	23520	25006	25980	28145	30946	30487	33942
江　西	Jiangxi	11741	12769	13843	15142	16732	17696	19244	20760	22714	22134	24587
山　东	Shandong	14164	15349	16647	18323	19854	21495	23072	24798	26731	27291	29314
河　南	Henan	12692	14128	15249	16184	17154	18088	19422	20989	21972	20645	23178
湖　北	Hubei	12817	14114	15335	16681	18192	20040	21276	23996	26422	22885	28506
湖　南	Hunan	14230	15510	16867	18335	19501	21420	23163	25064	26924	26796	28294
广　东	Guangdong	18144	20065	21622	23612	25673	28613	30198	30924	34424	33511	36621
广　西	Guangxi	12059	13369	14470	15045	16321	17268	18349	20159	21591	20907	22555
海　南	Hainan	12838	14679	15834	17514	18448	19015	20372	22971	25317	23560	27565
重　庆	Chongqing	14394	15931	17124	18279	19742	21031	22759	24154	25785	26464	29850
四　川	Sichuan	13491	14824	16098	17760	19277	20660	21991	23484	25367	25133	26971
贵　州	Guizhou	11407	12646	13768	15255	16914	19202	20348	20788	21402	20587	25333
云　南	Yunnan	12011	13615	14862	16268	17675	18622	19560	21626	23455	24569	27441
西　藏	Tibet	11629	12507	13679	15669	17022	19440	21088	23029	25637	24927	28159
陕　西	Shaanxi	13550	15074	16399	17546	18464	19369	20388	21966	23514	22866	24784
甘　肃	Gansu	11500	13205	14411	15942	17451	19539	20659	22606	24454	24615	25757
青　海	Qinghai	13127	14794	16223	17493	19201	20853	21473	22998	23799	24315	24513
宁　夏	**Ningxia**	**13305**	**14513**	**15807**	**17216**	**18984**	**20364**	**20219**	**21977**	**24161**	**22379**	**25386**
新　疆	Xinjiang	13126	15401	16858	17685	19415	21229	22797	24191	25594	22952	25724

附-5 主要年份全国各省、自治区、直辖市农村居民人均可支配收入(新口径)

Per Capita Disposable Income of Rural Households by Region in Main Years (New Caliber)

单位：元 (yuan)

省/自治区/直辖市	Region	1978	1979	1980	1981	1982	1983	1984	1985	1986	1987	1988
全国	**National**	**134**	**160**	**191**	**223**	**270**	**310**	**355**	**398**	**424**	**463**	**545**
北京	Beijing	225		290	351	433	519	664	775	823	916	1063
天津	Tianjin	153	179	278	298	326	412	505	565	635	749	891
河北	Hebei	114	136	176	204	239	298	345	385	408	444	547
山西	Shanxi	102	145	156	180	227	276	339	358	345	377	439
内蒙古	Inner Mongolia	100		181	225	273	294	336	360	340	389	500
辽宁	Liaoning	185		273	307	334	452	477	468	533	599	700
吉林	Jilin	179		236	293	333	462	487	414	457	523	628
黑龙江	Heilongjiang	172	191	205	224	252	388	432	398	476	474	553
上海	Shanghai	290	360	401	444	530	563	785	806	937	1059	1301
江苏	Jiangsu	155	200	218	258	309	357	448	493	561	627	797
浙江	Zhejiang	165		219	286	346	359	446	549	609	725	902
安徽	Anhui	113		185	246	269	305	323	369	397	429	486
福建	Fujian	138	142	172	232	268	302	345	396	419	485	613
江西	Jiangxi	141		181	227	270	302	334	377	396	429	488
山东	Shandong	115	160	210	252	300	361	395	408	449	518	584
河南	Henan	101		161	216	217	272	301	329	433	378	401
湖北	Hubei	111	160	170	217	286	299	392	421	445	461	498
湖南	Hunan	143		220	242	284	316	348	395	440	471	515
广东	Guangdong	193	223	274	325	382	396	425	495	546	662	809
广西	Guangxi	120		174	204	235	262	267	303	316	354	424
海南	Hainan											567
重庆	Chongqing											
四川	Sichuan	117		188	221	256	258	287	315	338	369	449
贵州	Guizhou	108		161	209	223	225	261	288	304	342	398
云南	Yunnan	131	125	150	178	232	267	310	338	338	365	430
西藏	Tibet								353	344	348	374
陕西	Shaanxi	133		142	177	218	236	263	295	299	329	404
甘肃	Gansu	101	112	153	159	174	213	221	257	283	303	345
青海	Qinghai	113		129	158	201	252	294	343	369	392	493
宁夏	**Ningxia**	**116**		**178**	**202**	**229**	**289**	**313**	**321**	**374**	**383**	**472**
新疆	Xinjiang	119		198	236	227	307	363	394	420	453	496

注：本表收入为空格者均无资料，2013年以前的人均可支配收入国家统计局按照2013年城乡一体化住户调查新口径重新测算。

Note: The blank space means that no data is unavailable in this table. Data before 2013 are recalculated according to the integration of urban and rural reform in 2013.

附-5 续表 1 continued

单位：元 (yuan)

省/自治区/直辖市	Region	1989	1990	1991	1992	1993	1994	1995	1996	1997	1998	1999
全 国	**National**	**602**	**686**	**709**	**784**	**922**	**1221**	**1578**	**1926**	**2090**	**2171**	**2229**
北 京	Beijing	1231	1297	1422	1572	1883	2401	3224	3562	3662	3932	4183
天 津	Tianjin	1020	1069	1169	1309	1473	1836	2406	3000	3244	3388	3396
河 北	Hebei	589	622	657	682	804	1107	1669	2055	2286	2407	2445
山 西	Shanxi	514	604	568	627	718	884	1208	1557	1738	1874	1800
内蒙古	Inner Mongolia	478	607	618	672	778	970	1208	1602	1780	1988	2016
辽 宁	Liaoning	740	836	897	995	1161	1423	1756	2150	2301	2573	2488
吉 林	Jilin	624	804	748	807	892	1272	1610	2126	2186	2387	2266
黑龙江	Heilongjiang	535	760	735	949	1028	1394	1766	2182	2308	2249	2158
上 海	Shanghai	1520	1665	2003	2226	2727	3437	4246	4846	5277	5399	5394
江 苏	Jiangsu	876	884	921	1061	1267	1832	2457	3029	3270	3375	3492
浙 江	Zhejiang	1011	1099	1211	1359	1746	2225	2966	3463	3684	3838	3996
安 徽	Anhui	516	539	446	574	725	973	1303	1608	1809	1875	1925
福 建	Fujian	697	764	850	984	1211	1578	2049	2492	2786	2951	3100
江 西	Jiangxi	559	670	703	768	870	1218	1537	1870	2107	2053	2140
山 东	Shandong	631	680	764	803	953	1320	1715	2086	2292	2454	2552
河 南	Henan	457	527	539	588	696	910	1232	1579	1734	1872	1965
湖 北	Hubei	572	671	627	678	783	1170	1511	1864	2102	2186	2246
湖 南	Hunan	558	664	689	739	852	1155	1425	1792	2037	2076	2151
广 东	Guangdong	955	1043	1143	1308	1675	2182	2699	3183	3468	3513	3601
广 西	Guangxi	483	639	658	732	892	1107	1446	1703	1875	1992	2091
海 南	Hainan	674	696	730	843	992	1305	1520	1746	1917	2026	2104
重 庆	Chongqing								1479	1692	1804	1841
四 川	Sichuan	494	558	590	634	698	946	1158	1459	1681	1797	1860
贵 州	Guizhou	430	435	466	506	580	787	1087	1277	1299	1342	1379
云 南	Yunnan	478	541	573	618	675	803	1011	1229	1376	1396	1457
西 藏	Tibet	397	650	707	830	889	976	1200	1353	1195	1231	1309
陕 西	Shaanxi	434	530	534	559	653	805	963	1165	1273	1415	1475
甘 肃	Gansu	376	431	446	489	551	724	880	1101	1210	1403	1433
青 海	Qinghai	458	560	556	603	673	869	1030	1174	1321	1429	1476
宁 夏	**Ningxia**	**522**	**578**	**590**	**591**	**636**	**867**	**999**	**1398**	**1513**	**1734**	**1779**
新 疆	Xinjiang	546	683	703	740	778	947	1136	1290	1504	1609	1488

附-5 续表 2 continued

单位：元 (yuan)

省/自治区/直辖市	Region	2000	2001	2002	2003	2004	2005	2006	2007	2008	2009	2010
全　国	**National**	**2282**	**2407**	**2529**	**2690**	**3027**	**3370**	**3731**	**4327**	**4999**	**5435**	**6272**
北　京	Beijing	4533	4921	5259	5429	5948	7041	7888	8948	10052	10942	12368
天　津	Tianjin	3598	3911	4229	4502	4938	5475	6096	6845	7705	8441	9764
河　北	Hebei	2484	2611	2695	2865	3187	3501	3826	4324	4833	5194	6014
山　西	Shanxi	1950	2018	2236	2410	2738	3082	3420	3975	4480	4677	5263
内蒙古	Inner Mongolia	2058	1999	2120	2312	2667	3070	3444	4089	4834	5143	5780
辽　宁	Liaoning	2338	2532	2716	2889	3247	3614	3995	4648	5415	5770	6671
吉　林	Jilin	2029	2192	2315	2549	3025	3296	3682	4244	5001	5346	6341
黑龙江	Heilongjiang	2136	2262	2381	2479	2962	3168	3486	4046	4743	5075	6040
上　海	Shanghai	5572	5837	6178	6595	6993	8149	9015	9992	11250	12256	13702
江　苏	Jiangsu	3591	3778	3972	4229	4740	5258	5791	6533	7322	7962	9067
浙　江	Zhejiang	4332	4697	5096	5594	6210	7003	7763	8805	9927	10798	12277
安　徽	Anhui	1972	2073	2187	2211	2617	2784	3152	3804	4529	4887	5776
福　建	Fujian	3245	3401	3565	3767	4132	4503	4900	5549	6299	6801	7573
江　西	Jiangxi	2151	2254	2335	2495	2837	3194	3541	4152	4835	5238	5991
山　东	Shandong	2663	2810	2955	3159	3519	3946	4387	5009	5671	6154	7034
河　南	Henan	2011	2133	2262	2292	2630	2970	3389	4021	4672	5064	5846
湖　北	Hubei	2313	2414	2525	2669	3027	3268	3631	4276	5018	5464	6375
湖　南	Hunan	2234	2351	2465	2619	2952	3262	3567	4134	4808	5262	6063
广　东	Guangdong	3612	3711	3836	3960	4247	4544	4901	5403	6122	6580	7484
广　西	Guangxi	1921	2024	2116	2225	2476	2708	3038	3579	4143	4517	5214
海　南	Hainan	2208	2262	2472	2651	2898	3102	3376	3949	4593	4984	5566
重　庆	Chongqing	1900	1982	2112	2233	2536	2842	2911	3560	4193	4557	5378
四　川	Sichuan	1929	2022	2155	2290	2599	2905	3126	3711	4334	4714	5400
贵　州	Guizhou	1399	1446	1535	1622	1796	1971	2097	2526	2996	3240	3768
云　南	Yunnan	1508	1575	1663	1766	1954	2155	2392	2821	3348	3661	4327
西　藏	Tibet	1330	1402	1460	1688	1858	2073	2429	2780	3166	3519	4123
陕　西	Shaanxi	1472	1529	1648	1741	1953	2162	2396	2824	3373	3722	4477
甘　肃	Gansu	1458	1550	1645	1742	1942	2091	2269	2493	2938	3237	3747
青　海	Qinghai	1504	1577	1695	1828	2001	2206	2427	2771	3171	3477	4028
宁　夏	**Ningxia**	**1760**	**1873**	**1984**	**2129**	**2435**	**2651**	**2938**	**3411**	**3978**	**4405**	**5125**
新　疆	Xinjiang	1644	1747	1914	2176	2332	2593	2876	3364	3723	4150	4993

附-5 续表 3 continued

单位：元 (yuan)

省/自治区/直辖市	Region	2011	2012	2013	2014	2015	2016	2017	2018	2019	2020	2021
全　国	**National**	**7394**	**8389**	**9430**	**10489**	**11422**	**12363**	**13432**	**14617**	**16021**	**17131**	**18931**
北　京	Beijing	13742	15365	17101	18867	20569	22310	24240	26490.3	28928.4	30126	33303
天　津	Tianjin	11941	13593	15353	17014	18482	20076	21754	23065	24804	25691	27955
河　北	Hebei	7187	8158	9188	10186	11051	11919	12881	14031	15373	16467	18179
山　西	Shanxi	6225	7064	7949	8809	9454	10082	10788	11750	12902	13878	15308
内蒙古	Inner Mongolia	6942	7956	8985	9976	10776	11609	12584	13803	15283	16567	18337
辽　宁	Liaoning	8011	9061	10161	11191	12057	12881	13747	14656	16108	17450	19217
吉　林	Jilin	7634	8741	9781	10780	11326	12123	12950	13748	14936	16067	17642
黑龙江	Heilongjiang	7382	8367	9369	10453	11095	11832	12665	13804	14982	16168	17888
上　海	Shanghai	15737	17452	19208	21192	23205	25520	27825	30375	33195	34911	38521
江　苏	Jiangsu	10744	12133	13521	14958	16257	17606	19158	20845	22675	24198	26791
浙　江	Zhejiang	14197	15806	17494	19373	21125	22866	24956	27302	29876	31930	35247
安　徽	Anhui	6811	7826	8850	9916	10821	11720	12758	13996	15416	16620	18368
福　建	Fujian	8952	10164	11405	12650	13793	14999	16335	17821	19568	20880	23229
江　西	Jiangxi	7133	8103	9089	10117	11139	12138	13242	14460	15796	16981	18684
山　东	Shandong	8395	9506	10687	11882	12930	13954	15118	16297	17775	18753	20794
河　南	Henan	6989	7963	8969	9966	10853	11697	12719	13831	15164	16108	17533
湖　北	Hubei	7540	8582	9692	10849	11844	12725	13812	14978	16391	16306	18259
湖　南	Hunan	7082	8024	9029	10060	10993	11930	12936	14093	15395	16585	18295
广　东	Guangdong	8889	9999	11068	12246	13360	14512	15780	17168	18818	20143	22306
广　西	Guangxi	6003	6894	7793	8683	9467	10359	11325	12435	13676	14815	16363
海　南	Hainan	6801	7816	8802	9913	10858	11843	12902	13989	15113	16279	18076
重　庆	Chongqing	6605	7526	8493	9490	10505	11549	12638	13781	15133	16361	18100
四　川	Sichuan	6505	7432	8381	9348	10247	11203	12227	13331	14670	15929	17575
贵　州	Guizhou	4499	5159	5898	6671	7387	8090	8869	9716	10756	11642	12856
云　南	Yunnan	5170	5930	6724	7456	8242	9020	9862	10768	11902	12842	14197
西　藏	Tibet	4886	5698	6553	7359	8244	9094	10330	11450	12951	14598	16935
陕　西	Shaanxi	5484	6285	7092	7932	8689	9396	10265	11213	12326	13316	14745
甘　肃	Gansu	4278	4931	5589	6277	6936	7457	8076	8804	9629	10344	11433
青　海	Qinghai	4806	5594	6462	7283	7933	8664	9462	10393	11499	12342	13604
宁　夏	**Ningxia**	**5931**	**6776**	**7599**	**8410**	**9119**	**9852**	**10738**	**11708**	**12858**	**13889**	**15337**
新　疆	Xinjiang	5853	6876	7847	8724	9425	10183	11045	11975	13122	14056	15575

附-6 主要年份全国各省、自治区、直辖市农村居民人均生活消费支出(新口径)

Per Capita Living Expenditure of Rural Households by Region in Main Years (New Caliber)

单位：元　　　　(yuan)

省/自治区/直辖市	Region	1978	1979	1980	1981	1982	1983	1984	1985	1986	1987	1988
全　国	**National**	**116**	**135**	**162**	**191**	**220**	**248**	**274**	**317**	**357**	**398**	**477**
北　京	Beijing			253	313	362	384	435	510	644	706	883
天　津	Tianjin	132	135	208	249	267	336	371	426	480	539	714
河　北	Hebei	95	116	142	165	175	225	243	298	333	365	446
山　西	Shanxi	91	118	134	148	168	203	224	273	287	313	354
内蒙古	Inner Mongolia			157	177	205	227	246	291	307	349	404
辽　宁	Liaoning			228	259	266	307	335	402	434	472	567
吉　林	Jilin			216	246	253	275	336	364	389	442	516
黑龙江	Heilongjiang	125	147	164	175	201	220	239	307	338	361	424
上　海	Shanghai	193	247	322	390	445	512	619	778	896	977	1229
江　苏	Jiangsu	140	169	195	226	261	322	360	416	499	579	747
浙　江	Zhejiang	157		192	267	302	326	369	474	561	659	839
安　徽	Anhui			163	193	240	258	263	299	340	383	455
福　建	Fujian	112	133	158	199	231	262	288	351	394	443	571
江　西	Jiangxi			156	194	220	252	270	303	341	390	477
山　东	Shandong	94	128	165	202	230	264	287	322	365	406	482
河　南	Henan			136	166	178	196	220	260	292	310	347
湖　北	Hubei	107	149	153	184	227	252	305	335	374	409	451
湖　南	Hunan			193	208	249	274	293	348	386	435	481
广　东	Guangdong	185	205	222	266	312	329	346	388	454	545	685
广　西	Guangxi			151	171	210	224	238	268	284	309	362
海　南	Hainan											466
重　庆	Chongqing											
四　川	Sichuan			159	184	208	231	252	276	311	348	426
贵　州	Guizhou			139	163	187	185	209	255	272	304	360
云　南	Yunnan			125	138	186	224	261	267	305	326	389
西　藏	Tibet								270	258	246	271
陕　西	Shaanxi			140	148	169	203	214	233	263	286	345
甘　肃	Gansu			127	135	141	163	178	205	233	253	277
青　海	Qinghai				153	153	202	225	275	314	345	400
宁　夏	**Ningxia**			**135**	**142**	**179**	**209**	**232**	**265**	**301**	**335**	**398**
新　疆	Xinjiang			151	169	203	228	251	290	317	360	414

注：本表支出为空格者均无资料，2013年以前的人均可支配收入国家统计局按照2013年城乡一体化住户调查新口径重新测算。

Note: The blank space means that no data is unavailable in this table. Data before 2013 are recalculated according to the integration of urban and rural reform in 2013.

附-6 续表 1 continued

单位：元 (yuan)

省/自治区/直辖市	Region	1989	1990	1991	1992	1993	1994	1995	1996	1997	1998	1999
全　国	**National**	**535**	**585**	**620**	**659**	**770**	**1017**	**1310**	**1572**	**1617**	**1604**	**1604**
北　京	Beijing	976	981	1100	1149	1255	1584	2336	2565	2693	2873	3123
天　津	Tianjin	781	733	796	847	938	1161	1548	1957	1882	2008	1963
河　北	Hebei	495	486	558	579	697	779	1104	1399	1395	1314	1373
山　西	Shanxi	409	488	496	493	599	674	928	1174	1145	1064	1062
内蒙古	Inner Mongolia	448	492	571	600	695	835	1180	1438	1560	1602	1582
辽　宁	Liaoning	668	679	767	799	940	1241	1472	1764	1790	1701	1614
吉　林	Jilin	563	633	648	643	670	854	1495	1513	1624	1473	1351
黑龙江	Heilongjiang	482	586	619	674	751	1043	1480	1537	1549	1470	1381
上　海	Shanghai	1319	1262	1540	1967	2200	2715	3368	3868	4228	4180	3820
江　苏	Jiangsu	811	787	878	953	1059	1501	1938	2414	2488	2350	2320
浙　江	Zhejiang	927	946	1027	1112	1263	1680	2378	2702	2839	2908	2840
安　徽	Anhui	498	515	475	502	609	934	1071	1309	1337	1355	1345
福　建	Fujian	653	708	747	821	1070	1440	1794	2034	2120	2225	2320
江　西	Jiangxi	520	577	597	648	712	1031	1256	1553	1569	1558	1651
山　东	Shandong	513	547	613	656	724	996	1338	1653	1626	1587	1662
河　南	Henan	390	438	455	473	565	732	929	1206	1271	1251	1183
湖　北	Hubei	540	608	615	612	722	1013	1245	1636	1660	1727	1623
湖　南	Hunan	516	609	656	708	817	1089	1367	1737	1816	1913	1952
广　东	Guangdong	871	933	942	1060	1391	1882	2255	2584	2618	2697	2673
广　西	Guangxi	419	537	581	616	705	926	1203	1399	1376	1430	1490
海　南	Hainan	578	566	560	672	726	1019	1080	1289	1287	1259	1289
重　庆	Chongqing								1328	1390	1436	1426
四　川	Sichuan	474	509	552	569	647	904	1093	1358	1440	1457	1458
贵　州	Guizhou	407	403	420	454	550	684	931	1068	1066	1103	1087
云　南	Yunnan	436	485	501	536	625	765	981	1209	1318	1322	1287
西　藏	Tibet	290	491	490	541	638	564	897	773	805	716	782
陕　西	Shaanxi	383	477	487	498	560	737	914	1098	1215	1192	1181
甘　肃	Gansu	296	339	403	420	538	674	915	986	976	949	899
青　海	Qinghai	413	475	486	496	639	746	914	1052	1085	1135	1169
宁　夏	**Ningxia**	**461**	**484**	**508**	**545**	**557**	**807**	**1063**	**1236**	**1250**	**1331**	**1276**
新　疆	Xinjiang	453	507	580	611	704	850	942	1347	1395	1466	1309

附-6　续表 2　continued

单位：元 (yuan)

省/自治区/直辖市	Region	2000	2001	2002	2003	2004	2005	2006	2007	2008	2009	2010
全　国	**National**	**1714**	**1803**	**1917**	**2050**	**2326**	**2749**	**3072**	**3536**	**4054**	**4464**	**4945**
北　京	Beijing	3426	3553	3733	4149	4619	5318	5728	6403	7289	8904	9262
天　津	Tianjin	2088	2179	2334	2543	2945	3442	3850	4142	4550	5167	6072
河　北	Hebei	1420	1507	1578	1734	2019	2420	2831	3208	3651	3968	4624
山　西	Shanxi	1175	1259	1407	1502	1728	2000	2421	2908	3386	3642	4070
内蒙古	Inner Mongolia	1694	1656	1784	1950	2337	2796	3225	3860	4364	4870	5572
辽　宁	Liaoning	1747	1777	1770	1870	2054	2776	3030	3322	3757	4184	4410
吉　林	Jilin	1560	1671	1692	1831	1991	2333	2736	3111	3500	3973	4228
黑龙江	Heilongjiang	1558	1629	1707	1701	1888	2629	2716	3248	4025	4459	4635
上　海	Shanghai	4059	4629	5126	5444	6034	6888	7523	8253	8453	9025	9336
江　苏	Jiangsu	2378	2430	2699	2803	3121	3747	4373	5096	5710	6260	7104
浙　江	Zhejiang	3292	3568	3811	4453	4873	5723	6423	7261	8096	8360	9721
安　徽	Anhui	1387	1508	1603	1764	2042	2521	2829	3278	3986	4516	5048
福　建	Fujian	2522	2659	2786	2973	3356	3722	4125	4732	5534	6048	6736
江　西	Jiangxi	1711	1816	1911	2072	2309	2780	3040	3452	3871	4191	4710
山　东	Shandong	1743	1865	1945	2066	2301	2619	2992	3426	3835	4132	4472
河　南	Henan	1351	1425	1517	1591	1772	2034	2422	2938	3375	3793	4161
湖　北	Hubei	1630	1758	1893	1986	2345	2780	3182	3664	4414	4576	5114
湖　南	Hunan	2017	2092	2203	2306	2703	3056	3385	3846	4393	4703	5108
广　东	Guangdong	2686	2758	2898	3018	3360	3866	4073	4428	5164	5348	5908
广　西	Guangxi	1537	1620	1782	1871	2085	2573	2672	3078	3383	3704	4006
海　南	Hainan	1536	1419	1698	1762	1892	2161	2480	2876	3284	3559	4020
重　庆	Chongqing	1452	1556	1601	1716	2041	2394	2498	2906	3368	3722	4359
四　川	Sichuan	1535	1566	1684	1870	2185	2496	2660	3090	3562	4785	4550
贵　州	Guizhou	1123	1134	1184	1243	1371	1658	1752	2080	2374	2679	3184
云　南	Yunnan	1298	1375	1433	1468	1654	1899	2352	2849	3257	3208	3759
西　藏	Tibet	1154	1172	1052	1095	1584	1878	2205	2468	2472	2725	3061
陕　西	Shaanxi	1285	1380	1561	1537	1726	2043	2374	2815	3310	3758	4300
甘　肃	Gansu	1121	1179	1220	1432	1587	1999	2061	2267	2733	3188	3430
青　海	Qinghai	1276	1417	1499	1719	1874	2248	2520	2877	3467	3906	4675
宁　夏	**Ningxia**	**1429**	**1404**	**1438**	**1665**	**1965**	**2143**	**2305**	**2602**	**3195**	**3466**	**4168**
新　疆	Xinjiang	1275	1409	1489	1563	1825	2104	2247	2631	3050	3383	4014

附-6 续表 3 continued

单位：元 (yuan)

省/自治区/直辖市	Region	2011	2012	2013	2014	2015	2016	2017	2018	2019	2020	2021
全　国	**National**	**5892**	**6667**	**6626**	**8383**	**9223**	**10130**	**10955**	**12124**	**13328**	**13713**	**15916**
北　京	Beijing	11086	11888	13553	14535	15811	17329	18810	20195	21881	20913	23574
天　津	Tianjin	8273	10254	10155	13739	14739	15912	16386	16863	17843	16844	19285
河　北	Hebei	5666	6451	6134	8248	9023	9798	10536	11383	12372	12644	15391
山　西	Shanxi	5096	6184	5813	6992	7421	8029	8424	9172	9728	10290	11410
内蒙古	Inner Mongolia	6880	7972	7268	9972	10637	11463	12184	12661	13816	13594	15691
辽　宁	Liaoning	5311	5892	7159	7801	8873	9953	10787	11455	12030	12311	14606
吉　林	Jilin	5409	6307	7380	8140	8783	9521	10279	10826	11457	11864	13411
黑龙江	Heilongjiang	5630	6035	6814	7830	8391	9424	10524	11417	12495	12360	15225
上　海	Shanghai	10103	10947	14235	14820	16152	17071	18090	19965	22449	22095	27205
江　苏	Jiangsu	8788	9921	9910	11820	12883	14428	15612	16567	17716	17022	21130
浙　江	Zhejiang	10849	11598	11760	14498	16108	17359	18093	19707	21352	21555	25415
安　徽	Anhui	6235	6988	5725	7981	8975	10287	11106	12748	14546	15024	17163
福　建	Fujian	8013	9068	8151	11056	11961	12911	14003	14943	16281	16339	19290
江　西	Jiangxi	5611	6176	5654	7548	8486	9128	9870	10885	12497	13579	15663
山　东	Shandong	5489	6304	7393	7962	8748	9519	10342	11270	12309	12660	14299
河　南	Henan	4881	5686	5628	7277	7887	8587	9212	10392	11546	12201	14073
湖　北	Hubei	6264	7159	6280	8681	9803	10938	11633	13946	15328	14472	17647
湖　南	Hunan	6138	6956	6610	9025	9691	10630	11534	12721	13969	14974	16951
广　东	Guangdong	7205	7990	8343	10043	11103	12415	13200	15411	16949	17132	20012
广　西	Guangxi	4882	5720	5206	6675	7582	8351	9437	10617	12045	12431	14165
海　南	Hainan	4860	5572	5466	7029	8210	8921	9599	10956	12418	13169	15487
重　庆	Chongqing	5414	6035	5796	7983	8938	9954	10936	11977	13112	14140	16096
四　川	Sichuan	5458	6265	6309	8301	9251	10192	11397	12723	14056	14953	16444
贵　州	Guizhou	3857	4355	4740	5970	6645	7533	8299	9170	10222	10818	12557
云　南	Yunnan	4424	5045	4744	6030	6830	7331	8027	9123	10260	11069	12386
西　藏	Tibet	3146	3406	3574	4822	5580	6070	6691	7452	8418	8917	10577
陕　西	Shaanxi	5091	5797	5724	7252	7901	8568	9306	10071	10935	11376	13158
甘　肃	Gansu	4273	4834	4850	6148	6830	7487	8030	9065	9694	9923	11206
青　海	Qinghai	5619	6613	6060	8235	8566	9222	9903	10352	11343	12134	13300
宁　夏	**Ningxia**	**4909**	**5558**	**6465**	**7676**	**8415**	**9138**	**9982**	**10790**	**11465**	**11724**	**13536**
新　疆	Xinjiang	5105	6154	6119	7365	7698	8277	8713	9421	10318	10778	12821

附-7 2021年全国各省、自治区、直辖市居民消费和商品零售价格指数
Price Indices for Consumer and Retail by Region (2021)

省/自治区/直辖市	Region	居民消费价格指数 Consumer Price Index		商品零售价格指数 Retail Price Index	
		2020年=100 Year of 2020 = 100	上年同期=100 Preceding Year = 100	2020年=100 Year of 2020 = 100	上年同期=100 Preceding Year = 100
全　国	**National**	**101.4**	**100.9**	**102.4**	**101.6**
北　京	Beijing	101.6	101.1	101.9	101.7
天　津	Tianjin	101.7	101.3	102.2	101.5
河　北	Hebei	101.7	101.0	102.9	101.9
山　西	Shanxi	101.6	101.0	104.1	102.7
内蒙古	Inner Mongolia	101.6	100.9	105.0	103.8
辽　宁	Liaoning	101.6	101.1	102.6	101.9
吉　林	Jilin	101.3	100.6	102.7	101.8
黑龙江	Heilongjiang	101.5	100.6	102.4	101.6
上　海	Shanghai	101.8	101.2	101.6	101.3
江　苏	Jiangsu	102.0	101.6	102.7	102.3
浙　江	Zhejiang	101.9	101.5	103.1	102.2
安　徽	Anhui	101.6	100.9	102.9	101.6
福　建	Fujian	100.8	100.7	101.8	101.1
江　西	Jiangxi	101.2	100.9	101.8	101.2
山　东	Shandong	101.6	101.2	102.0	101.4
河　南	Henan	101.5	100.9	102.3	101.5
湖　北	Hubei	100.7	100.3	101.6	101.2
湖　南	Hunan	101.0	100.5	102.4	101.6
广　东	Guangdong	101.3	100.8	102.3	101.4
广　西	Guangxi	101.4	100.9	101.6	101.1
海　南	Hainan	100.3	100.3	101.6	101.3
重　庆	Chongqing	100.5	100.3	102.1	101.4
四　川	Sichuan	100.8	100.3	102.3	101.4
贵　州	Guizhou	100.4	100.1	102.2	101.2
云　南	Yunnan	100.5	100.2	102.1	101.4
西　藏	Tibet	101.2	100.9	101.8	101.5
陕　西	Shaanxi	102.6	101.5	103.0	101.6
甘　肃	Gansu	101.5	100.9	103.2	102.0
青　海	Qinghai	102.3	101.3	102.8	101.5
宁　夏	**Ningxia**	**102.6**	**101.4**	**103.4**	**102.0**
新　疆	Xinjiang	101.8	101.2	103.1	102.0

附-8　2021年全国居民消费、商品零售价格指数

Price Indices for Consumer and Retail of Nation (2021)

项目名称	Item	上年同期=100 Preceding Year = 100			2020年=100 Year of 2020 = 100		
		合计 General	城市 Urban	农村 Rural	合计 General	城市 Urban	农村 Rural
居民消费价格总指数	**Consumer Price Index**	**101.4**	**101.5**	**101.2**	**102.6**	**102.5**	**102.9**
一、食品烟酒	Food, Tobacco and Liquor	101.5	101.6	101.1	103.5	103.8	102.4
粮　　食	Grain	102.1	102.4	101.5	103.8	104.4	102.6
鲜　　菜	Fresh Vegetables	106.7	106.2	108.1	123.6	123.4	124.3
畜　　肉	Livestock Meat	94.6	94.9	94.0	91.3	91.8	90.1
水 产 品	Aquatic Products	115.8	114.8	121.1	113.2	112.9	114.6
蛋	Eggs	117.9	118.4	116.4	122.1	123.7	117.9
鲜　　果	Fresh Fruits	104.0	104.1	103.8	105.3	106.2	102.9
二、衣着	Clothing	99.0	99.6	96.5	99.1	99.6	97.0
三、居住	Residence	100.8	100.6	101.4	101.6	101.0	103.7
四、生活用品及服务	Household Facilities, Articles and Services	100.7	100.8	100.2	101.2	101.5	100.5
五、交通通信	Transport and Communications	104.1	104.1	104.3	105.4	105.3	105.5
六、教育文化和娱乐	Education, Cultural and Recreation	101.5	101.3	101.9	102.1	101.9	103.0
七、医疗保健	Health Care and Medical Services	101.7	102.1	100.6	103.3	102.4	105.6
八、其他用品及服务	Miscellaneous Goods and Services	98.5	98.8	97.2	97.9	98.0	97.5
商品零售价格总指数	**Retail Price Index**	**102.0**	**102.1**	**101.8**	**103.4**	**103.4**	**103.6**
一、食品	Food	101.9	102.0	101.4	104.4	104.6	103.2
二、饮料、烟酒	Beverages, Tobacco and Liquor	101.1	101.2	100.4	102.4	102.6	101.2
三、服装、鞋帽	Garments, Shoes and Hats	99.2	99.5	96.6	99.1	99.3	97.0
四、纺织品	Textiles	100.5	100.6	99.9	100.7	100.8	100.1
五、家用电器及音像器材	Household Appliances, Music and Video Equipment	102.3	102.5	101.1	103.6	103.9	101.3
六、文化办公用品	Cultural and Office Appliances	102.9	103.0	102.8	105.8	105.9	104.1
七、日用品	Articles for Daily Use	100.8	100.9	100.0	101.6	101.9	99.9
八、体育娱乐用品	Sports and Recreation Articles	101.3	101.4	101.0	101.9	101.9	101.7
九、交通、通信用品	Transport and Communications Appliances	100.9	101.0	100.4	100.5	100.6	99.9
十、家具	Furniture	101.9	102.2	99.8	102.4	102.5	101.7
十一、化妆品	Cosmetics	99.5	99.6	98.5	99.4	99.5	98.1
十二、金银饰品	Gold, Silver and Jewelry	99.1	99.2	97.1	96.3	96.3	96.5
十三、中西药品及医疗保健用品	Traditional Chinese and Western Medicines and Health Care Articles	100.6	100.8	99.7	100.0	100.0	99.7
十四、书报杂志及电子出版物	Books, Newspapers, Magazines and Electronic Publications	100.8	100.9	100.2	101.4	101.6	100.5
十五、燃料	Fuels	112.3	112.1	112.9	117.8	117.0	121.1
十六、建筑材料及五金电料	Building Materials and Hardware	103.7	103.0	106.7	108.3	106.7	116.0

附-9 2021年全国各省、自治区、直辖市工业生产者价格指数
Producer Price Indices for Manufactured Goods by Region (2021)

省/自治区/直辖市	Region	出厂 Manufacturer's Price Index	购进 Purchasing Price Index
全国	**National**	**108.1**	**111.0**
北京	Beijing	101.1	103.7
天津	Tianjin	110.9	114.7
河北	Hebei	116.4	119.8
山西	Shanxi	130.2	116.3
内蒙古	Inner Mongolia	128.5	128.0
辽宁	Liaoning	113.6	115.0
吉林	Jilin	105.1	106.2
黑龙江	Heilongjiang	112.3	110.5
上海	Shanghai	102.1	107.3
江苏	Jiangsu	106.3	113.8
浙江	Zhejiang	106.3	114.5
安徽	Anhui	107.7	111.5
福建	Fujian	104.9	109.2
江西	Jiangxi	110.5	112.3
山东	Shandong	110.3	109.5
河南	Henan	107.8	109.5
湖北	Hubei	104.1	108.5
湖南	Hunan	105.9	108.1
广东	Guangdong	103.4	108.0
广西	Guangxi	108.9	110.7
海南	Hainan	113.5	116.5
重庆	Chongqing	103.2	107.2
四川	Sichuan	105.9	107.5
贵州	Guizhou	106.5	112.0
云南	Yunnan	110.0	108.9
西藏	Tibet	101.5	
陕西	Shaanxi	116.9	116.3
甘肃	Gansu	116.4	118.1
青海	Qinghai	114.5	111.5
宁夏	**Ningxia**	**119.9**	**120.8**
新疆	Xinjiang	119.4	115.0

附-10 2021年全国各省、自治区、直辖市粮食生产情况

Basic Statistics of Grain Production by Region (2021)

单位：千公顷、公斤/公顷、万吨 (1000 ha, kg/ha, 10000 tons)

省/自治区/直辖市	Region	播种面积 Sown Area	单位面积产量 Yield per Unit	总产量 Total Output
全国总计	**National**	**117631.5**	**5805.0**	**68285.1**
北　京	Beijing	60.9	6196.8	37.8
天　津	Tianjin	373.5	6690.3	249.9
河　北	Hebei	6428.6	5950.1	3825.1
山　西	Shanxi	3138.1	4529.1	1421.2
内蒙古	Inner Mongolia	6884.3	5578.3	3840.3
辽　宁	Liaoning	3543.6	7164.4	2538.7
吉　林	Jilin	5721.3	7060.1	4039.2
黑龙江	Heilongjiang	14551.3	5406.9	7867.7
上　海	Shanghai	117.4	8004.7	94.0
江　苏	Jiangsu	5427.5	6902.0	3746.1
浙　江	Zhejiang	1006.7	6167.6	620.9
安　徽	Anhui	7309.6	5592.0	4087.6
福　建	Fujian	835.1	6064.0	506.4
江　西	Jiangxi	3772.8	5810.8	2192.3
山　东	Shandong	8355.1	6583.7	5500.7
河　南	Henan	10772.3	6075.0	6544.2
湖　北	Hubei	4686.0	5899.1	2764.3
湖　南	Hunan	4758.4	6461.0	3074.4
广　东	Guangdong	2213.0	5783.3	1279.9
广　西	Guangxi	2822.9	4911.7	1386.5
海　南	Hainan	271.4	5379.8	146.0
重　庆	Chongqing	2013.2	5428.4	1092.8
四　川	Sichuan	6357.7	5634.3	3582.1
贵　州	Guizhou	2787.7	3927.5	1094.9
云　南	Yunnan	4191.4	4605.4	1930.3
西　藏	Tibet	187.2	5688.0	106.5
陕　西	Shanxi	3004.3	4228.7	1270.4
甘　肃	Gansu	2676.8	4600.6	1231.5
青　海	Qinghai	302.4	3607.4	109.1
宁　夏	**Ningxia**	**689.3**	**5345.2**	**368.4**
新　疆	Xinjiang	2371.7	7318.9	1735.8

注：由于小数位计算机自动进位问题，分省数合计与全国数略有差异。
Note: Due to the "self-instructed problem", the total number by province are different with the total number by nation .

附-11　2021年全国70个大中城市新建商品住宅价格指数
Price Indices for Newly Built Commercial House by 70 Large and Medium-Sized Cities (2021)

(上年=100)　　(preceding year=100)

城　市	City	一月 January	二月 February	三月 March	四月 April	五月 May	六月 June	七月 July	八月 August	九月 September	十月 October	十一月 November	十二月 December
北　京*	Beijing	102.9	103.4	103.6	104.5	104.3	104.9	105.4	104.9	104.5	104.9	105.4	105.1
天　津	Tianjin	101.5	102.3	103.2	103.6	103.9	104.2	104.3	104.3	104.1	104.0	103.0	102.4
石家庄	Shijiazhuang	102.9	102.7	103.0	102.8	103.1	102.9	102.8	102.4	102.1	100.8	99.2	98.5
太　原	Taiyuan	99.2	99.2	98.9	98.9	98.7	97.9	98.0	98.0	97.8	97.9	97.7	97.1
呼和浩特	Hohhot	104.7	104.5	104.1	103.6	103.1	103.1	102.3	102.1	101.2	100.1	99.3	99.1
沈　阳	Shenyang	105.8	105.1	105.1	104.9	104.7	104.5	104.2	103.4	103.3	103.1	102.8	102.7
大　连	Dalian	104.7	104.5	105.2	105.4	105.8	106.0	106.1	106.5	106.1	105.5	105.3	104.7
长　春	Changchun	102.7	102.6	102.1	101.8	101.7	101.2	100.9	100.6	100.7	100.9	100.9	101.0
哈尔滨	Harbin	99.9	100.3	100.3	99.6	99.9	99.8	99.9	99.4	99.3	98.7	98.3	98.2
上　海	Shanghai	104.4	105.0	105.3	104.9	104.5	104.6	104.5	104.3	104.0	103.8	104.0	104.2
南　京	Nanjing	105.0	105.7	106.3	105.1	104.6	104.4	104.6	104.8	105.0	104.5	103.9	104.1
杭　州	Hangzhou	104.2	104.5	103.5	103.3	103.2	102.6	102.8	103.0	103.4	103.9	104.7	105.5
宁　波	Ningbo	104.3	104.9	105.4	105.9	105.0	104.8	104.7	104.2	103.9	103.7	103.5	103.3
合　肥	Hefei	104.3	105.0	105.6	106.8	107.1	106.4	106.1	106.0	105.7	104.9	104.0	103.5
福　州	Fuzhou	105.4	105.1	105.7	105.7	105.8	105.8	105.7	105.7	105.4	105.1	104.2	103.4
厦　门	Xiamen	104.7	105.1	105.5	105.6	106.1	105.8	105.5	105.6	105.3	105.4	104.3	103.9
南　昌	Nanchang	100.8	100.9	101.6	101.6	101.2	100.9	101.0	101.3	101.1	101.2	101.2	100.6
济　南	Jinan	99.6	100.2	101.1	101.9	102.4	103.6	104.2	105.2	105.5	105.2	105.0	105.1
青　岛	Qingdao	102.9	103.4	104.4	104.6	105.1	105.1	105.4	105.4	104.9	105.0	104.7	104.4
郑　州	Zhengzhou	99.4	100.3	101.2	101.8	102.7	103.2	103.7	103.1	102.8	102.6	102.4	101.9
武　汉	Wuhan	104.6	105.0	105.5	106.7	107.3	106.7	106.5	106.4	106.0	105.3	104.3	103.7
长　沙	Changsha	104.9	105.6	105.9	106.3	106.7	106.7	107.1	106.8	106.9	107.1	107.5	107.5
广　州	Guangzhou	105.9	106.9	108.6	109.9	111.2	111.6	110.9	109.8	109.0	107.9	106.3	105.0
深　圳	Shenzhen	103.7	103.8	103.4	103.9	103.7	103.5	103.3	103.9	103.8	103.4	103.4	103.3
南　宁	Nanning	105.0	105.5	106.1	106.0	105.9	105.4	104.9	103.7	102.7	102.1	102.1	101.7
海　口	Haikou	103.2	103.8	104.1	104.6	105.4	105.8	106.5	105.8	105.6	105.4	104.5	104.0
重　庆	Chongqing	104.9	105.7	106.2	106.7	108.0	108.0	108.3	108.8	108.3	108.0	108.0	107.9
成　都	Chengdu	106.9	106.5	106.5	106.6	106.2	105.7	104.8	104.2	103.6	102.8	102.6	102.4
贵　阳	Guiyang	103.4	103.2	103.7	105.0	105.2	104.7	104.9	104.2	103.7	102.9	101.1	100.2
昆　明	Kunming	105.6	106.5	107.5	107.5	106.8	104.7	103.8	102.4	101.5	100.0	99.8	99.4
西　安	Xi'an	106.5	107.4	107.8	108.0	108.0	108.2	108.1	107.7	107.5	107.4	107.4	106.3
兰　州	Lanzhou	104.9	105.6	106.6	106.7	106.6	106.7	106.7	105.9	105.1	104.5	103.5	102.6
西　宁	Xining	109.0	109.1	108.2	108.0	107.9	107.8	108.6	108.0	107.6	106.6	105.5	103.7
银　川	**Yinchuan**	**113.9**	**114.9**	**114.1**	**113.7**	**112.4**	**111.2**	**110.0**	**108.5**	**108.0**	**107.9**	**107.7**	**106.7**
乌鲁木齐	Urumqi	103.4	104.6	105.1	104.5	104.7	103.7	103.5	104.3	104.2	103.3	102.6	102.8

附-11 续表 continued

(上年=100) (preceding year=100)

城　市	City	一月 January	二月 February	三月 March	四月 April	五月 May	六月 June	七月 July	八月 August	九月 September	十月 October	十一月 November	十二月 December
唐　山	Tangshan	109.8	109.2	108.3	106.9	105.9	104.7	103.1	101.2	99.8	99.1	98.6	98.3
秦皇岛	Qinhuangdao	103.1	103.3	103.3	102.5	101.7	100.6	100.3	99.2	98.2	97.8	97.3	96.3
包　头	Baotou	102.6	102.5	102.9	103.4	103.3	103.3	103.0	102.3	101.6	101.2	101.0	100.2
丹　东	Dandong	106.2	106.3	105.9	105.6	105.5	105.8	105.1	104.6	103.9	103.7	102.7	101.7
锦　州	Jinzhou	106.4	106.9	106.7	106.0	105.7	105.6	104.8	103.7	104.4	104.6	103.7	103.2
吉　林	Jilin	103.0	103.4	103.2	103.2	103.4	103.4	103.5	102.9	101.8	101.8	101.7	102.2
牡丹江	Mudanjiang	98.0	97.6	97.6	98.7	99.3	99.6	99.9	99.4	98.7	98.7	98.5	98.5
无　锡	Wuxi	105.6	105.6	105.8	105.9	105.7	105.9	105.4	104.5	104.7	104.6	104.4	104.2
徐　州	Xuzhou	110.0	110.3	110.1	109.9	109.7	109.2	107.9	107.2	105.5	104.5	104.3	103.9
扬　州	Yangzhou	107.0	107.7	108.0	108.5	108.8	109.3	109.0	108.1	107.3	106.0	105.1	104.2
温　州	Wenzhou	104.3	104.9	105.5	105.2	105.2	104.6	104.4	103.2	103.7	103.4	103.7	104.0
金　华	Jinhua	105.9	106.3	107.0	106.9	106.6	106.3	106.1	105.3	105.2	105.2	104.8	104.1
蚌　埠	Bengbu	105.6	105.8	105.5	104.8	104.0	103.5	103.6	103.4	102.8	102.2	101.7	101.3
安　庆	Anqing	98.6	98.5	98.8	98.8	98.7	99.1	99.2	100.0	100.2	99.6	99.1	98.7
泉　州	Quanzhou	106.0	107.1	107.4	108.0	107.7	107.2	107.2	106.6	106.1	105.7	105.0	103.7
九　江	Jiujiang	103.2	103.6	104.3	104.0	103.8	103.3	103.4	103.8	103.1	102.6	102.5	101.8
赣　州	Ganzhou	104.8	105.1	105.5	105.2	105.3	105.2	104.3	103.7	103.5	102.9	102.3	102.5
烟　台	Yantai	105.0	104.6	104.8	105.1	105.2	104.9	105.0	103.6	102.8	101.8	101.3	100.9
济　宁	Jining	108.8	109.4	109.9	110.0	110.4	110.6	110.2	109.0	108.4	107.6	105.9	104.9
洛　阳	Luoyang	102.3	102.2	102.4	102.9	103.5	103.8	103.6	103.7	103.7	103.9	103.5	102.8
平顶山	Pingdingshan	103.3	103.6	103.8	104.0	103.8	103.3	102.7	102.9	102.8	103.0	102.1	101.7
宜　昌	Yichang	102.9	103.3	104.1	104.6	104.9	105.0	104.8	104.7	104.2	103.2	102.6	102.2
襄　阳	Xiangyang	103.6	103.7	104.1	105.0	105.4	105.2	105.0	104.7	104.1	103.5	102.3	101.1
岳　阳	Yueyang	101.0	101.8	101.3	100.9	100.9	99.9	99.1	98.3	97.6	97.6	98.0	97.6
常　德	Changde	98.5	98.3	99.0	99.2	98.6	98.3	97.9	97.6	97.5	97.7	97.8	97.5
韶　关	Shaoguan	100.0	101.2	101.8	102.3	102.9	103.5	103.0	103.1	102.6	101.2	100.9	100.5
湛　江	Zhanjiang	101.1	102.1	103.3	103.9	104.8	104.6	104.7	104.0	102.5	101.4	100.6	99.6
惠　州	Huizhou	107.1	107.4	107.9	108.0	107.5	106.3	105.1	102.8	101.8	100.9	101.4	100.9
桂　林	Guilin	100.3	101.2	102.0	101.8	101.8	101.8	101.6	102.3	101.1	100.0	99.8	99.9
北　海	Beihai	96.3	95.8	95.6	95.5	96.3	97.1	97.7	98.4	98.4	98.8	98.5	98.4
三　亚	Sanya	104.6	104.8	106.3	106.0	106.8	107.3	106.6	105.9	105.1	105.1	105.3	105.0
泸　州	Luzhou	99.4	99.8	100.8	100.5	100.6	99.9	99.7	99.1	97.8	97.3	96.7	96.8
南　充	Nanchong	99.4	100.8	100.8	100.0	98.5	99.0	99.0	98.9	98.8	98.7	98.4	97.8
遵　义	Zunyi	100.4	101.4	101.4	101.5	102.2	102.3	102.1	101.8	101.7	101.2	100.3	100.4
大　理	Dali	100.4	100.2	100.3	100.1	99.8	99.5	98.8	98.3	97.6	96.8	95.8	95.7

附-12 2021年全国70个大中城市二手住宅价格指数

Price Indices for Second-Hand House by 70 Large and Medium-Sized Cities (2021)

(上年=100) (preceding year=100)

城市	City	一月 January	二月 February	三月 March	四月 April	五月 May	六月 June	七月 July	八月 August	九月 September	十月 October	十一月 November	十二月 December
北京	Beijing	106.9	108.5	109.9	110.1	109.3	109.9	110.7	110.4	109.7	108.8	108.1	108.5
天津	Tianjin	96.6	97.1	98	98.5	99.4	100	100.1	100.9	101.7	101.6	101.5	101.3
石家庄	Shijiazhuang	97.9	97.7	97.8	98.4	98.7	98.4	98.5	98.4	98.1	97.9	97.3	96.6
太原	Taiyuan	97.1	97.4	96	96.3	96.9	97.9	98.6	97.8	97.9	97.9	97.3	96.2
呼和浩特	Hohhot	99.1	99.3	100.1	100.1	100.4	100	99.1	99	98.4	98.1	98	98.3
沈阳	Shenyang	107.2	107.4	107.6	106.3	105.9	105.5	105.2	104.5	104.2	103.3	102.4	101.8
大连	Dalian	106.5	107	107.2	106.8	106.5	106.3	106	105.7	105.5	105.3	104.9	104.1
长春	Changchun	98.9	98.3	97.8	97.3	97.6	97.5	98.1	98.3	98.7	99	99	99.3
哈尔滨	Harbin	96	96.3	96.5	96.5	96.9	98.1	99	99.4	99.4	99.3	98.8	98.4
上海	Shanghai	107.6	108.8	109.7	109.3	109.4	110.1	110.3	109.7	108	107	106.7	106.5
南京	Nanjing	104.7	105.2	105.9	106.1	106.2	106.4	106.5	106.4	106.1	105.4	104.5	103.8
杭州	Hangzhou	107.7	108.2	108.7	108.7	108.7	108.6	107.8	107.3	106.6	105.7	105.5	105.2
宁波	Ningbo	108.8	110.1	110.5	110.4	109.7	109	108.1	107.1	105.9	104.8	104	103.2
合肥	Hefei	105	105.8	106.3	106.3	106.1	106.3	106.1	105.6	105	104.3	103.5	102.5
福州	Fuzhou	103.4	104.1	105.2	105.1	104.6	105	105.7	105.6	105.1	104.3	104.2	103.1
厦门	Xiamen	105.1	105.6	105.9	105.8	104.9	104.4	104.2	104.2	104	103.3	102.5	101.4
南昌	Nanchang	100.2	100.1	100.7	100.9	100.2	100.2	100.6	101	101	101	100.4	99.6
济南	Jinan	97.7	98	98.2	98.9	99.2	100	100.2	100.9	101	101.1	101.1	101.5
青岛	Qingdao	97.9	98.8	99.7	100.2	100.7	100.8	101.3	101	101.2	101.5	101.4	101.2
郑州	Zhengzhou	97	97.2	98.3	99.3	100.6	101.3	101.8	101.7	102	101.7	101.3	100.9
武汉	Wuhan	101.1	101.6	102	102.8	103.1	104.2	104.1	103.3	102.8	102.5	102.3	102.2
长沙	Changsha	102	102.7	103.5	104.4	104.7	104.9	105.7	106	106.2	105.7	105.5	105.1
广州	Guangzhou	108.7	109.8	111.5	112.9	113.5	113.2	112.2	110.9	109.6	108.3	106.9	105.8
深圳	Shenzhen	115.3	116	114.6	112.9	110.9	108.7	107	105.4	103.6	102.5	101.7	100.6
南宁	Nanning	103.2	103.3	103.1	102.6	102.5	102.4	101.5	101	100.5	99.8	98.8	98.1
海口	Haikou	102.6	103.2	104.5	105.6	106.7	107.4	108.1	107.8	108	107.5	107.4	107.2
重庆	Chongqing	100.1	100.7	102.3	103.7	104.8	105.5	105.6	105	104.9	105	104.7	104.4
成都	Chengdu	109.3	109.3	109.3	107.4	106.8	106.7	106	105.3	105.1	104.8	103.7	103.8
贵阳	Guiyang	96.7	96.8	97.3	98	98.4	98.5	99.3	99.1	98.7	98.7	98.2	97.9
昆明	Kunming	103.9	104.4	104.2	104.2	104.1	103.1	102.6	102.4	101.3	100.6	100.1	100.5
西安	Xi'an	103.8	104.7	105.6	106.6	107.4	107.8	107.9	107.3	106.8	106.2	106	105.6
兰州	Lanzhou	103.9	104.4	105.3	105.2	105.3	105	104.6	104.2	103.4	102.6	101.9	101.2
西宁	Xining	108.6	108.7	108.6	108.1	107.7	106.8	106.2	105.8	105.5	104.4	103.1	102.1
银川	**Yinchuan**	**109.7**	**110**	**110.4**	**109.8**	**109.3**	**108.4**	**107.4**	**106.1**	**105.4**	**104.3**	**103.5**	**103**
乌鲁木齐	Urumqi	106.1	107.2	106.3	106	104.8	103.5	102.8	102.4	101.1	99.9	99.3	98.5

附-12 续表 continued

(上年=100) (preceding year=100)

城　市	City	一月 January	二月 February	三月 March	四月 April	五月 May	六月 June	七月 July	八月 August	九月 September	十月 October	十一月 November	十二月 December
唐　山	Tangshan	107.8	107.7	106.8	105.5	104.3	103.5	102.2	100.8	99.7	99.5	99.4	98.8
秦皇岛	Qinhuangdao	103	103.3	103.6	103.2	102.4	101.4	99.9	98.8	98.1	97.8	97.3	97.1
包　头	Baotou	101.8	102	102.7	103.9	103.3	102.8	102.3	102	101.4	101.5	101.1	100.5
丹　东	Dandong	104.6	104.5	104.6	104.6	104.7	104.6	104.4	103.6	103.1	102.6	101.8	100.6
锦　州	Jinzhou	99.4	99.6	99.4	99.6	99.8	99.4	99.3	98.9	98.5	98.3	97.5	97.4
吉　林	Jilin	98.2	98.4	98.6	98.7	98.7	98.6	99.4	99.5	99.3	99.2	99.3	99.4
牡丹江	Mudanjiang	90	90.1	90.6	91.7	92.9	94	94.6	95.7	95.4	95.2	95.3	94.3
无　锡	Wuxi	107.9	108.5	109	108.7	108.2	107.5	106.7	105.7	104.9	104.5	104	103.4
徐　州	Xuzhou	109.1	108.8	109.8	110.6	110.9	110.4	109.4	108.1	106.4	105.4	104.1	103.2
扬　州	Yangzhou	105	105.5	106.1	106.5	107.1	107.8	108	107.1	106.1	104.9	104.2	102.6
温　州	Wenzhou	105.8	106.6	107.5	107.3	107.4	107.2	106.5	105.6	104.7	104.2	103.6	103
金　华	Jinhua	106.2	107	107.3	107.5	108.1	108.4	107.9	106.4	105.5	104.9	104.3	103.2
蚌　埠	Bengbu	103.9	104.2	105	104.8	104.6	104.9	105	104.6	104.2	103.7	102.7	101.9
安　庆	Anqing	98.4	98.4	98	97.4	97.3	97.2	97.3	97.2	96.8	96.5	96.3	96.2
泉　州	Quanzhou	105	106.1	107.1	108.2	108.2	108.3	108.4	107.7	106.9	106	104.8	103.6
九　江	Jiujiang	102	102.4	103	103.4	103.1	103	103.2	103.3	103.2	103.1	102	101.4
赣　州	Ganzhou	102.4	102.5	102.8	102.6	101.9	101.8	101.2	100.7	100.3	100.8	100.8	100.9
烟　台	Yantai	99.6	100.6	101.5	102.3	102.8	103.3	104.2	104.2	103.7	103.1	102.6	102.4
济　宁	Jining	105.4	106	106.3	106.3	106.9	106.8	105.9	104.6	104.2	103.6	103.2	101.9
洛　阳	Luoyang	102.9	102.8	102.9	103.8	104.1	104.2	103.7	103.3	103.3	103.2	102.5	101.5
平顶山	Pingdingshan	103.4	103.7	103.6	103.5	103.4	103.1	102.7	102.1	101.3	100.8	100.5	100.3
宜　昌	Yichang	99.3	99.1	99.9	99.9	100	99.9	98.9	98.9	98.4	98.1	97.7	97.5
襄　阳	Xiangyang	98.8	98.6	99.1	99.6	99.7	100	100.5	100.1	100.1	99.7	99.7	99.5
岳　阳	Yueyang	100.9	101.1	100.6	99.9	99.3	98.8	98.1	98.2	97.6	97.8	97.3	96.8
常　德	Changde	98.2	98.2	98.9	99.2	99.3	99.7	99.4	98.8	99	99	98.4	97.8
韶　关	Shaoguan	99.8	100.3	100.7	101.7	102.5	101.7	101.4	101.3	101.4	100.8	99.9	99.9
湛　江	Zhanjiang	98.1	98.8	100	101.1	101.4	102.1	102.2	101.9	100.9	100.4	100.2	100
惠　州	Huizhou	103.9	104.5	105	105.5	105.4	105.6	104.8	103.6	102.4	101.6	101.2	100.6
桂　林	Guilin	102.6	102.6	102.6	102.1	101.7	101.8	101.8	101.5	100.7	99.9	99	99
北　海	Beihai	96.6	96.7	96.6	96.7	97.3	98.1	98.7	98.6	98.7	98.9	98.9	98.3
三　亚	Sanya	100.6	101.3	102.5	103.5	105.1	105.3	105.4	106.3	105.9	106.3	106	104.7
泸　州	Luzhou	97.3	98.4	98.5	99.2	100.1	100.2	100.6	101.6	101.5	100.8	100	99.9
南　充	Nanchong	94.4	95.1	94.7	95.5	95.6	95.5	95	95	95.1	94.8	94.8	94.7
遵　义	Zunyi	99.9	100.9	101.2	101.2	100.8	100.6	100.4	99.7	99.3	99	98.7	98.6
大　理	Dali	102	102.6	102.6	102.7	102.5	102.3	101.5	100.4	99.6	98.9	98.1	97.6